빠르게 진화하는 사용자 중심 데이터베이스 솔루션

티베로 6
실무 활용 테크닉

티맥스데이터 저

티베로 6 실무 활용 테크닉

Copyright ⓒ 2016 by Youngjin.com Inc.
10F. Daeryung Techno Town 13th. Gasan-dong, Geumchen-gu, Seoul 80591, Korea.
All rights reserved. First published by Youngjin.com Inc in 2016. Printed in Korea.

저작권법에 의하여 한국 내에서 보호를 받는 저작물이므로 무단 전재와 무단 복제를 금합니다.

이 책에서 언급된 모든 상표는 각 회사의 등록 상표입니다.
또한 인용된 사이트의 저작권은 해당 사이트에 있음을 밝힙니다.

독자님의 의견을 받습니다
이 책을 구입한 독자님은 영진닷컴의 가장 중요한 비평가이자 조언가입니다. 저희 책의 장점과 문제점이 무엇인지, 어떤 책이 출판되기를 바라는지, 책을 더욱 알차게 꾸밀 수 있는 아이디어가 있으면 이메일, 또는 우편으로 연락 주시기 바랍니다. 의견을 주실 때에는 책 제목 및 독자님의 성함과 연락처(전화번호나 이메일)를 꼭 남겨 주시기 바랍니다. 독자님의 의견에 대해 바로 답변을 드리고, 또 독자님의 의견을 다음 책에 충분히 반영하도록 늘 노력하겠습니다.

주   소 (우)08591 서울특별시 금천구 가산디지털1로 24 대륭13차 10층 영진닷컴
등   록 2007. 4. 27. 제16-4189호
이 메 일 support@youngjin.com
I S B N 978-89-314-5300-3

저자 티맥스데이터, 백성수, 김원만 | **총괄** 김태경 | **진행** 최영록
표지 · 내지 디자인 최영민 | **본문 편집** 이경숙

머리말

DBMS를 이용하여 프로그램을 처음 시작했을 때, 모든 DBMS가 외산 제품이라는 사실이 너무 안타까웠고 국산 DBMS가 꼭 있었으면 좋겠다는 생각을 했다. 국내 IT 기술력이 낙후된 것도 아니고, '충분히 의지와 기술력만 있다면 가능하지 않을까?' 하는 막연한 생각을 가졌다.

또한 국산 DBMS가 개발된다면 그와 관련된 서적을 꼭 만들어서 IT 분야에 종사하는 모든 개발자 및 DBA들에게 보급하여 함께 발전할 수 있는 계기가 됐으면 좋겠다는 생각도 있었다.

하지만 IT에 대한 경력이 길어지고, DBMS에 대한 공부를 해 갈수록 DBMS를 개발한다는 것이 결코 쉬운 일이 아니라는 것을 알게 되었다. 많은 시행착오, 기술력, 인내심 등의 복합적인 문제로 인하여 기업들이 중도에 포기하거나, 아예 시도조차도 하지 못한다는 것을 알게 된 것이다.

이러한 어려움 속에서도 티맥스데이터에서 많은 시간동안 연구와 투자를 지속적으로 진행함으로써 '티베로(Tibero)'라는 국산 DBMS가 세상에 모습을 보이게 되었고, 버전 3, 4, 4sp1, 5, 5sp1을 걸쳐서 마침내 6까지 나오게 되었다. 티베로 6으로 진화를 하면서 기존 버전에서 다루지 못했던 기능들과 아키텍처로써의 긍정적인 많은 변화를 만들어내고 있는 것이다.

국산 DBMS가 국내 및 해외 시장에서 자리를 잡기까지는 자갈길처럼 쉽지 않은 일들이 예상된다. 무엇보다 국산 SW에 대한 신뢰성 부족에서 오는 거부감을 극복해야 할 것이다. 그렇지만 현재 국산 DBMS의 안정성, 가용성, 확장성을 고려한다면 시장에서의 충분한 입지를 구축할 수 있을 것으로 확신한다.

티베로 DBMS 관련 서적을 처음으로 세상에 선보이게 된 것에 대해서 감사하고, 특히 티베로 6을 기반으로 도서를 출판할 수 있었던 부분에 대해 영광으로 생각한다. 이러한 도서가 많은 대학교 및 기존 교육기관에 보급되어 이제는 외산 DBMS로 교육을 받는 것이 아니라, 국산 DBMS로 교육을 받을 수 있었으면 하는 것이 개인적인 바람이다.

마지막으로 이 책을 만들기까지 도움을 준 많은 동료들에게 감사를 드리며, 주말까지 작업할 수 있도록 시간을 배려해준 아내와 아이들에게도 감사를 전한다.

— 백성수 —

많은 기업과 국가 그리고 개인은 다양한 분야에서 중요한 의사 결정을 내릴 때 데이터를 활용해 대상 고객과 국민에게 효율적인 서비스를 제공하고 새로운 가치를 창출하려고 노력한다. 즉, 현대사회에 들어서면서 우리는 어느 때보다 활발하게 데이터를 활용하게 된 것이다. 그럼으로써 폭발적인 데이터의 증가와 다양한 환경 및 플랫폼이 등장하여 빠르게 확장되는 상황을 마주하게 되었다. 이러한 환경이라면 지금보다 훨씬 유연하고 효율적인 데이터 서비스와 정보처리 및 강력한 데이터 관리 기능이 필수불가결하다. 이러한 요구에 대응할 수 있는 키워드가 바로 데이터베이스 관리시스템이라고 할 수 있다.

2003년, 시장에 출시된 티베로 데이터베이스는 10년 이상 지속적으로 성능 개선 및 안정성을 향상시켜 왔고, 2015년에는 새롭게 티베로 6을 출시해 외산 제품들과 경쟁할 수 있는 국산 DBMS 제품으로 자리매김을 해가고 있다.

티베로 6은 새로워진 아키텍처를 기반으로 대용량 데이터 처리를 지원하고, 다른 데이터베이스 시스템들과 뛰어난 호환성을 제공하며, 강력한 관리 및 보안 기능을 통해 우수한 성능을 제공하고 있다는 평가를 받고 있다. 티베로 6의 'Hyper Thread Architecture'는 자원 효율적인 멀티 쓰레드 설계를 통해 CPU나 메모리에 대한 과도한 부하를 주지 않으면서도 효율적으로 자원을 활용하여 성능을 최대화할 수 있다. 이와 함께 다양한 데이터베이스 시스템의 정보를 자동 전환할 수 있는 마이그레이션(Migration) 툴을 비롯한 여러 유용한 유틸리티를 제공하고 있으며, 보안에 있어서 세분화된 기록, 암호화된 데이터, 외부변조방지 기능, 국내외 암호화 알고리즘 등의 기능도 지원하고 있다. 그리고 티베로 데이터베이스는 운영 관리를 위한 모니터링, 백업 및 복구, 보안, 스키마 관리 등의 기능을 포함하고 있어 사용자가 필요로 하는 최적의 데이터베이스 환경을 제공한다.

이 책에서는 티베로 6이 갖는 여러 유용한 기능들에 대해 여섯 항목으로 나누어 설명하고 있다. 각 장에서는 티베로의 성능, 안정성, 호환성, 보안, 확장성 등과 관련된 주요 기능들에 대해서 도표, 도식, 예제들을 사용해 설명함으로써 이해를 돕는다. 최근 티베로 데이터베이스는 외산 제품 대비 우수한 성능은 물론, 뛰어난 운영 안정성 및 높은 호환성 등의 장점으로 공공, 금융, 제조, 통신 분야 등에서 사용 범위를 확대하고 있다. 또한 해외 시장에서도 점차 사용이 확대될 것으로 기대된다. 이 책이 티베로 데이터베이스의 확산에 기여하고, 기존 티베로 데이터베이스 사용자를 포함하여 장차 티베로 데이터베이스를 도입하고 활용하려는 사용자에게 많은 도움이 되기를 바란다.

— 김원만 —

Intro

1장

데이터베이스와 데이터베이스 관리시스템에 대한 시대적 배경과 현재 상황을 살펴보고, 데이터베이스 시스템의 여러 가지 형태와 기능에 대해 다룬다.

2장

티베로는 기업 비즈니스 구현의 기반이 되는 데이터베이스 인프라 구성을 지원하며 고성능, 고가용성 및 확장성의 문제를 해결하는 엔터프라이즈 데이터베이스 관리시스템이다. 티베로의 기능과 기술 지원에 대해 살펴본다.

3장

티베로는 다양한 방법으로 설치할 수 있다. 윈도우와 유닉스, 리눅스에서 수동 설치와 자동 설치가 가능하다. 티베로의 다양한 설치 방법에 대해서 살펴본다.

4장

티베로 데이터베이스를 이용하여 애플리케이션을 작성을 할 때 필요한 티베로 tbadmin 유틸리티 및 SQL 작성 방법, 내부 함수, PSM 등에 대해서 살펴본다.

5장

티베로 데이터베이스 관리자에게 필요한 Cluster 이중화(TAC, TSC) 방법, 각종 장애에 따른 백업/복구 방법, 이기종 데이터베이스 간에 DB Link 생성 방법, 다양한 방법을 통한 애플리케이션 연동 방법 등을 살펴본다. 또한 티베로 6에 새롭게 소개되는 TAS(Tibero Active Storage)에 대해서도 다룬다.

6장

티베로에서는 이기종 데이터베이스로의 데이터 및 오브젝트에 대해서 여러 가지 전환 툴 및 방법을 제공하고 있다. 이 장에서는 이러한 전환 방법들을 소개하고 툴을 통해 전환하는 방법을 살펴본다.

목차

Chapter 01 데이터베이스

- 1.1 데이터베이스 … 12
  - 1.1.1. DBMS … 12
  - 1.1.2. DBMS의 구성 … 15
  - 1.1.3. Relation DBMS … 17

Chapter 02 티베로 소개

- 2.1 고성능 지원 … 22
  - 2.1.1. 프로세스 구조 통합 및 강화 … 23
  - 2.1.2. I/O 프로세스 성능 최적화 … 23
  - 2.1.3. 안정적인 공유 서버(Shared Server) 적용 … 24
  - 2.1.4. Multi Node Parallel Recovery … 24
- 2.2 대용량 지원 … 25
  - 2.2.1. 스토리지 가상화(TAS : Tibero Active Storage) 기술지원 … 25
  - 2.2.2. Bitmap Index, Star Transformation, Partitioning … 26
- 2.3 이기종 데이터베이스 시스템 전환 호환성 … 28
  - 2.3.1. SQL Translation Framework … 28
  - 2.3.2. 뛰어난 DB Link Gateway 호환성 … 29
- 2.4 강력한 보안 및 관리 기능 … 29
  - 2.4.1. 성능 저하 없는 보안 적용 … 30
  - 2.4.2. 보안 솔루션 연동 & 암호화 알고리즘 … 31
  - 2.4.3. 조작에 의한 데이터 안정성 … 31
  - 2.4.4. 티베로 Manager … 32
- 2.5 티베로 아키텍처(Architecture) … 33
  - 2.5.1. 리스너 … 34
  - 2.5.2. 워커(Worker) 프로세스 … 35
  - 2.5.3. 백그라운드 프로세스 … 37

Chapter 03 티베로 설치 및 관리

3.1	티베로 설치 환경 설정	42
	3.1.1. 시스템에 대한 요구사항	42
	3.1.2. 설치 전 준비사항	47
3.2	티베로 데이터베이스 설치	54
	3.2.1. 세부항목 체크 리스트	54
	3.2.2. 티베로 윈도우 자동 설치	57
	3.2.3. 티베로 리눅스/유닉스 수동 설치	67
3.3	티베로 기동 및 종료	78
3.4	티베로 디렉토리 구조	81
3.5	Tablespace 관리	84
	3.5.1. 생성 / 변경 / 삭제	86
3.6	데이터 파일 관리	90
	3.6.1. 생성 / 변경 / 삭제	90
3.7	사용자 관리	92
	3.7.1. 생성 / 변경 / 삭제	93
3.8	리두로그 관리	96
	3.8.1. 생성 / 삭제	100
3.9	컨트롤 파일(Control File) 관리	102
	3.9.1. 생성 / 변경 / 삭제	103
3.10	티베로 사용자 계정 보안	105
	3.10.1. 특권(Privilege) 관리	105
	3.10.2. 롤 관리	111
	3.10.3. 프로파일(Profile)	114
	3.10.4. 감사(Audit)	117

Chapter 04 애플리케이션 개발자를 위한 실무 테크닉

4.1 티베로 tbAdmin 유틸리티 — 122
- 4.1.1. 개요 — 122
- 4.1.2. tbAdmin 설치 — 123
- 4.1.3. 기동 및 종료 — 123
- 4.1.4. tbAdmin 화면 구성 — 126
- 4.1.5. tbAdmin 기본 기능 — 127
- 4.1.6. tbAdmin의 데이터베이스 관리자 기능 — 142

4.2 티베로 SQL 개요 — 150

4.3 SQL 문장의 종류 — 151
- 4.3.1. 데이터 정의어(DDL : Data Definition Language) — 152
- 4.3.2. 데이터 조작어(DML : Data Manipulation Language) — 156
- 4.3.3. 트랜잭션 및 세션 관리 언어(TCL : Transaction Control Language) — 161

4.4 티베로 Object — 166
- 4.4.1. 테이블 — 167
- 4.4.2. 인덱스 — 177
- 4.4.3. 뷰 — 179
- 4.4.4. 시퀀스 — 182
- 4.4.5. 동의어 — 183

4.5 SQL 구성요소 — 184
- 4.5.1. 데이터 타입 — 184
- 4.5.2. 리터럴 — 189
- 4.5.3. 의사 컬럼 — 195
- 4.5.4. NULL — 199
- 4.5.5. 주석 — 200
- 4.5.6. 힌트 — 201
- 4.5.7. 함수 — 207

4.6 티베로 고급 SQL — 213
- 4.6.1. 조인(Join) — 213
- 4.6.2. 부질의(Sub-Query) — 215
- 4.6.3. 계층 질의 — 219
- 4.6.4. 병렬 질의 — 225
- 4.6.5. 집합 연산자 — 227

4.7	tbPSM	228
	4.7.1. 구성요소	229
	4.7.2. 서브 프로그램(Subprogram)	235
	4.7.3. 패키지	241

Chapter 05 티베로 관리자를 위한 실무 테크닉

5.1	티베로 클러스터링(Clustering)	248
	5.1.1. TBCM(Tibero Cluster Manager)	248
	5.1.2. TAC(Tibero Active Cluster)	263
	5.1.3. TAS(Tibero Active Storage)	295
5.2	티베로 백업/복구	313
	5.2.1. 백업	313
	5.2.2. 복구	326
	5.2.3. 복구 관리 툴(Recovery Manager (=TBRMGR))	388
	5.2.4. 티베로 Flashback 기능	399
5.3	티베로 성능관리 및 모니터링	408
	5.3.1. TPR(Tibero Performance Repository)	409
	5.3.2. 데이터베이스 performance	414
	5.3.3. 디스크 I/O	418
	5.3.4. Current Info	421
	5.3.5. 시스템 리소스 사용량(System Resource Usage)	426
	5.3.6. 티베로 로그	427
5.4	티베로 데이터베이스 암호화	429
	5.4.1. 개요	429
	5.4.2. 환경 설정	430
	5.4.3. 컬럼 암호화	431
	5.4.4. 테이블스페이스 암호화	432
5.5	티베로 인터페이스(CLI, ESQL, JDBC, ODBC, OLE DB)	434
	5.5.1. 개요	434
	5.5.2. tbCLI(Tibero Call Level Interface)	434
	5.5.3. ESQL C / Cobol	443
	5.5.4. ODBC	454
	5.5.5. OLD DB	468
	5.5.6. JDBC	473

5.6 티베로 유틸리티(tbSQL, tbExport, tbImport, tbLoader)   483
- 5.6.1. tbSQL   483
- 5.6.2. tbExport   489
- 5.6.3. tbImport   496
- 5.6.4. tbLoader   502

5.7 티베로 데이터베이스 링크   508
- 5.7.1. 개요   508
- 5.7.2. 게이트웨이   510
- 5.7.3. 티베로 to 티베로   513
- 5.7.4. 이기종 간 데이터베이스 DB Link   515
- 5.7.5. Oracle DB Link 생성 예제   519

Chapter 06 전환(Migration)을 위한 실무 테크닉

6.1 개요   526
- 6.1.1. 전환 전 고려사항   526
- 6.1.2. 전환 방법 및 적용   527

6.2 사전 점검   546

6.3 전환 수행   557
- 6.3.1. 스크립트를 이용한 수동 전환   557
- 6.3.2. Table Migrator 유틸리티를 이용한 전환   584
- 6.3.3. tbMigrator 유틸리티를 이용한 전환   594
- 6.3.4. 데이터베이스 링크를 이용한 전환   598
- 6.3.5. tbLoader 유틸리티를 이용한 전환   600
- 6.3.6. 환경 설정   600
- 6.3.7. 전환   600
- 6.3.8. Data 확인   601

6.4 전환 검증   601
- 6.4.1. 오브젝트 개수   601
- 6.4.2. 데이터 검증   605

6.5 애플리케이션 전환(Application Migration)   607
- 6.5.1. 인터페이스 수정   607
- 6.5.2. 애플리케이션 쿼리(Query) 수정   608

찾아보기   609

PART 01 데이터베이스

☑ 데이터베이스

Chapter 01 데이터베이스

데이터베이스와 데이터베이스 관리시스템에 대한 시대적 배경과 현재 상황을 살펴보고, 데이터베이스 시스템의 여러 가지 형태와 기능에 대해 알아보자.

1.1 | 데이터베이스

1.1.1. DBMS

　데이터베이스(Database)는 어떠한 정보를 활용하고 관리할 목적으로 사용할 데이터에 대해 중복을 없애고, 유용하게 처리하기 위해 데이터들 사이에 일정한 관련성을 갖도록 구조화시켜 놓은 데이터 집합을 말한다. 이러한 데이터 집합은 이를 필요로 하는 사람들에게 공유되고 통합적으로 관리된다. 그리고 이러한 데이터베이스는 데이터에 대한 입력/조회/갱신의 효율을 높이고, 데이터의 왜곡이 발생하지 않게 유지될 수 있도록 관리돼야 한다.

　데이터베이스 관리시스템은 다수의 컴퓨터 사용자들이 컴퓨터에 수록한 수많은 자료들을 쉽고 빠르게 추가/수정/삭제할 수 있도록 해주는 소프트웨어라 할 수 있다.

　일반적으로 데이터베이스 관리시스템은 DBMS라는 약어로 많이 사용되고 있다. 또한 데이터베이스 관리시스템은 자료를 축적하고, 축적된 자료를 정의하고 구조화한다. 이렇게 축적되고 구조화된 자료에 대해 조회/추가/변경 그리고 정보 보안(Security) 등의 기능들을 제공하고 있다.

　보통 데이터베이스 관리시스템은 애플리케이션 시스템과 데이터를 저장하고 있는 파일의 중간에 위치한다. 데이터베이스를 관리하면서 애플리케이션으로부터의 액세스 및 서비스의 요구에 대해 효율적이고 적절하게 응답을 하면서 데이터베이스가 관리하고 있는 데이터에 대해 요청된 서비스를 제공하고 액세스시키는 역할을 담당한다.

이해를 돕기 위해 데이터베이스의 시대적 배경을 살펴볼 필요가 있다. 데이터 통신망에서 네트워크를 제어하는 프로그램과 단말기에서 보내온 데이터를 처리하는 응용 프로그램을 보유하고, 데이터 통신망 자체를 위한 기능은 물론 일괄 처리 작업, 프로그램의 컴파일, 다른 통신망의 제어 등의 작업을 동시에 처리할 수 있도록 설계된 시스템을 호스트 컴퓨터 시스템(Host Computer System)이라고 한다.

이러한 호스트 컴퓨터는 1970년대부터 많이 활용됐는데 호스트 컴퓨터 시대에는 현황의 업무를 얼마나 간소화/효율화할 수 있는지가 목적이었으며, 업무의 효율화를 도모하기 위한 데이터베이스로 채택된 것이 「계층형 데이터베이스」나 「네트워크형 데이터베이스」였다.

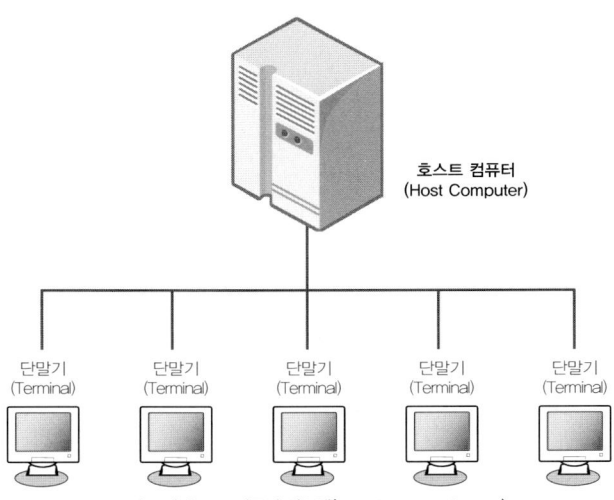

그림 1-1 | **호스트 컴퓨터 시스템**(Host Computer System)

1.1.1.1. 계층형 데이터베이스

계층형 데이터베이스(Hierarchical Database)는 데이터의 관계성을 계층 관계인 트리 구조로 정의하고, 프로그램에서는 트리 구조의 정의를 이용해 데이터에 액세스를 한다. 각 데이터의 요소(개체)들은 상하 관계를 나타내는 링크로 구성된다.

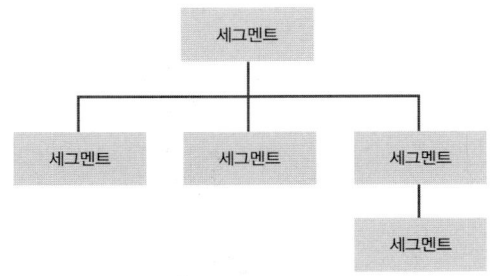

그림 1-2 | **계층형 데이터베이스 구조**

계층형 데이터베이스의 특징을 살펴보면 데이터가 트리(Tree) 형태의 구조로 조직되어 반복적인 부모 대 자식 관계로 표현된다. 즉, 데이터 상호 관계는 계층적으로 정의된 구조로 상위와 하위 레코드가 일대다(1:N)의 대응 관계로 이뤄진 구조이다. 개체 사이의 관계가 반복적인 부모와 자식 관계에 있어 각 부모는 다수의 자식을 가질 수 있고, 자식은 단 하나만의 부모를 가질 수 있다. 표현개체(Entity)가 곧 세그먼트(Segment : 트리를 구성하는 노드, 정보가 전달되는 단위)가 된다.

계층형 구조는 초창기 메인프레임 컴퓨터 데이터베이스 매니지먼트 시스템에서 폭 넓게 사용되었다. 여러 타입의 데이터 사이의 계층형 관계를 이용할 경우 매우 쉽게 처리할 수 있지만, 데이터 중복이 발생하거나 일대다의 관계가 무너졌을 경우 등은 처리가 어려워질 수 있다.

계층형 데이터베이스는 데이터를 빠르게 검색할 수는 있지만 데이터의 중복이 발생하거나 데이터 수정/변경 등의 유연성이 떨어지는 단점이 있다.

1.1.1.2. 네트워크형 데이터베이스

네트워크형 데이터베이스(Network Database)는 계층형 데이터베이스의 데이터 중복화를 배제하고, 데이터를 노드(Node) 단위로 정리해 데이터의 독립성을 높여 데이터 간의 관계성을 정의한다. 그러나 네트워크형 데이터베이스에서는 데이터 간의 관계성이 복잡하게 얽혀 있기 때문에 데이터의 네트워크 구조를 용이하게 변경할 수 없는 문제가 있다.

데이터의 표현에 있어서는 하나의 자식(Child)이 여러 부모(Parent)를 갖는 구조로 레코드 간에 일대다의 대응 관계가 있으며, 역으로도 일대다의 관계가 있는 구조이다. 그래프 구조에 독자적 제약을 설정해 둔 구조를 데이터베이스 시스템 분야에서 네트워크형 구조라고 한다.

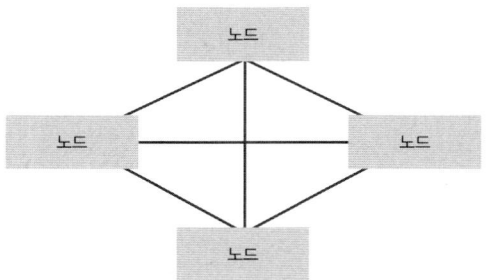

그림 1-3 | 네트워크형 데이터베이스 구조

업무 처리의 효율화를 목적으로 했을 경우, 업무 처리 단위로 데이터 처리를 실시할 수 있는 계층형, 네트워크형 데이터베이스는 시스템 개발자에게 있어서 핸들링하기 쉬운 구조였기 때문에 복잡한 설계를 수반하지 않는 호스트 컴퓨터 시대의 시스템에 많이 사용되었다.

계층형 데이터베이스나 네트워크형 데이터베이스가 가지는 문제점을 해소하기 위해 1980년대 초반 관계형 데이터베이스(Relation Database)가 나왔다. 관계형 데이터베이스는 데이터의 갱신 이상을 배제하고, 데이터의 독립성을 가능하도록 하며 개발 및 유지보수 시에 생산성을 향상시킬 수 있는 장점을 가지고 있다.

1.1.2. DBMS의 구성

데이터베이스 관리시스템(DBMS : DataBase Management System)을 구성하는 요소들에는 여러 가지가 있을 수 있다. 크게 몇 가지로 나눠보면 데이터 집합, 데이터 언어, 사용자, 관리자, 관리 시스템으로 나눠 볼 수 있다.

1.1.2.1. 데이터 집합

데이터베이스 시스템에서 데이터 집합은 논리적인 저장 형태, 물리적인 저장 형태로 적절한 데이터 저장 구조를 가지고 관리된다. 논리적인 저장 영역에는 모든 데이터가 저장되고 물리적인 저장 영역에는 데이터 파일이 하나 이상 저장된다. 논리적인 저장 영역은 데이터베이스의 객체들을 저장하며 일반적으로 다음과 같은 포함 구조를 가지고 있다.

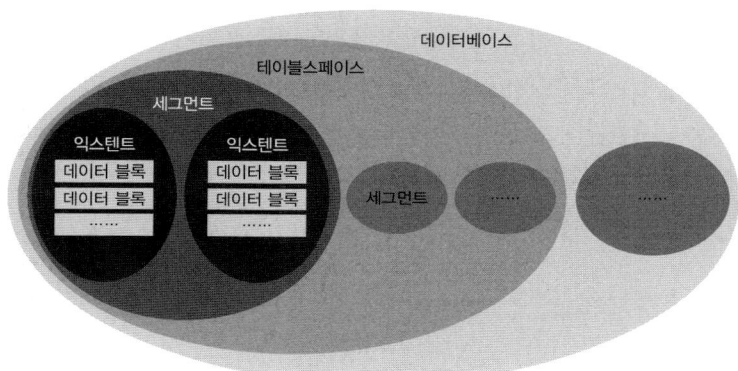

그림 1-4 | 논리적 저장 구조

데이터 블록은 데이터베이스에서 사용하는 데이터의 최소 단위이고, 익스텐트는 연속된 데이터 블록의 집합이다. 이러한 익스텐트는 집합을 이루어 세그먼트에 포함되어 관리된다. 말하자면 세그먼트는 하나의 테이블, 인덱스 등에 대응되는 것으로 테이블 생성(Create Table) 등의 문장을 실행하면 생성된다.

그림 1-5 | 물리적 저장 영역

물리적 저장 영역은 운영체제와 관련된 파일을 저장하는 영역이다. 운영체제의 데이터 블록들이 데이터 파일에 포함되어 저장된다.

1.1.2.2. 데이터 언어

구조화된 데이터들을 정의/조작/제어할 수 있는 수단이 필요하다. 이러한 수단은 데이터 정의어(DDL : Data Definition Language), 데이터 조작어(DML : Data Manipulation Language), 데이터 제어어(DCL : Data Control Language)의 데이터 언어를 통해 지원되고 있다.

데이터 정의어는 데이터 간에 관계를 정의하여 데이터베이스 구조를 설정하는 SQL 문장이다. 기본적으로 스키마 객체를 생성/변경/제거하기 위해 사용되고, 특권(Privilege)과 역할(Role)을 부여하고 회수할 수 있다.

그 다음으로 데이터 조작어를 통해 데이터베이스에 저장된 데이터에 대한 질의/삽입/갱신/삭제를 수행할 수 있다. 여기에는 INSERT, UPDATE, DELETE, CALL, MERGE, 병렬 조작어 등이 있다.

그리고 데이터 제어어는 데이터베이스 관리자가 데이터 관리를 목적으로 사용하는 것으로 트랜잭션 관리 언어와 세션 관리 언어로 구분할 수 있다. 트랜잭션 관리 언어는 트랜잭션의 특성을 설정하거나 트랜잭션을 완료하고 저장하는 등의 작업을 수행하고, 세션 관리 언어는 세션의 특성을 설정하기 위한 쿼리(SQL : Structured Query Language) 문장이다.

데이터 제어 명령어에는 데이터베이스 조작 작업이 정상적으로 완료됐음을 알리는 COMMIT, 데이터베이스 조작 작업이 비정상적으로 종료됐을 때 원래의 상태로 복구하는 ROLLBACK, 데이터베이스 사용자에게 사용권한을 부여하는 GRANT, 데이터베이스 사용자의 사용권한을 취소하는 REVOKE, 세션을 변경하는 ALTER SESSION 등이 있다.

1.1.2.3. 사용자

데이터베이스 사용자는 데이터베이스를 사용하는 업무 분석가, 응용프로그램 개발자, 쿼리나 응용프로그램을 통해 이용하는 일반 사용자들이라 할 수 있다.

데이터베이스를 이용해 여러 가지 응용프로그램을 만드는 응용프로그램 개발자는 보통 넓은 영역의 컴퓨터 프로그래밍이나 전문적인 프로젝트 관리 분야에서 소프트웨어 개발 작업을 하는 전문가이다. 그리고 응용프로그램 개발자는 데이터베이스 사용 측면에서 데이터베이스 애플리케이션 프로그램을 설계하고, 구현하는 역할을 수행한다.

1.1.2.4. 관리자

데이터베이스 관리자는 데이터베이스가 잘 유지되고 관리되어 데이터베이스가 정상적으로 작동하고, 향상된 성능의 처리를 할 수 있도록 하는 책임을 가지고 있다. 데이터베이스 관리자는 데이터베이스의 정확성이나 통합성을 결정하고 데이터베이스의 내부 저장 구조와 접근 관리 대책을 결정하며, 데이터의 보안 정책을 수립하고 점검하는 등의 작업을 수행한다.

1.1.2.5. 관리시스템

데이터베이스 사용자나 관리자들이 이용하기 편리하도록 여러 기능들을 탑재해 시스템화 시켜놓은 것이 데이터베이스 관리시스템이다.

최근 기업의 비즈니스 환경은 급변하고 있고, 대량의 정보를 취급해야 하는 상황에 놓여 있다. 이러한 상황으로 인해 사용자들은 보다 효율적이고 유연한 데이터 서비스 제공과 정보의 처리 능력, 그리고 강력한 데이터 관리 기능을 갖춘 데이터베이스 시스템을 필요로 하고 있다.

이러한 데이터베이스 시스템은 CPU나 메모리 등의 시스템 리소스를 효율적으로 사용하면서 뛰어난 성능과 안정성 및 확장성을 보장하고, 편리한 개발 환경을 제공해야 한다. 이러한 사용자들의 요구를 충족시켜줄 수 있는 대표적인 국산 데이터베이스 관리시스템이 '티베로 데이터베이스'이다.

1.1.3. Relation DBMS

데이터베이스 시스템은 계층형, 네트워크형 그리고 관계형으로 변화되어 왔고, 현재는 관계형 데이터베이스가 널리 사용되고 있다.

관계형 데이터베이스는 키(key)와 값(value)들을 테이블화시키고 이런 테이블을 일정한 규칙에 따라 간단하게 관계를 맺어 놓은 것으로 데이터를 구조화, 시스템화시켜서 가치가 높은 정보를 활용할 목적으로 만든 데이터베이스이다. 이러한 관리 기능들을 탑재하고 있는 데이터베이스 매니지먼트 시스템이 관계형 데이터베이스 관리시스템(RDBMS : Relation DataBase Management System)이다.

관계형 데이터베이스는 데이터의 독립성을 높여 프로그램으로부터 데이터를 분리시키는 데이터 중심 접근(DOA : Data Oriented Approach)이라는 생각에 기인한다. 데이터 중심 접근의 특징은 데이터를 한 통으로 관리해 여러 프로그램에서 공유하고 데이터 중복을 없애며 기능 횡단적인 데이터 추출을 가능하게 한다.

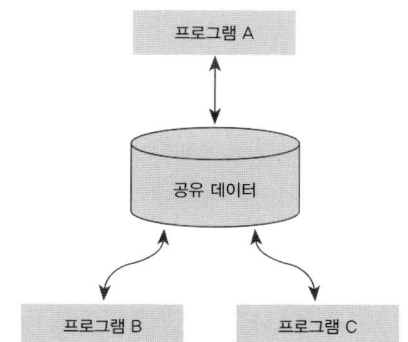

그림 1-6 | **데이터 중심 접근(DOA : Data Oriented Approach)**

이런 특징을 바탕으로 만들어진 관계형 데이터베이스 관리시스템은 프로그램 개발이나 유지보수 시에 생산성을 향상시킬 수 있도록 한 데이터베이스라 할 수 있겠다.

관계형 데이터베이스 시스템은 데이터 정합성 보증, 안정적이고 효율적인 처리능력, 장애에 대한 대비, 보안 등 빠져서는 안 되는 수많은 관리 기능들을 필요로 한다.

1990년 대에 미국 회사들을 중심으로 관계형 데이터베이스 시스템이 상용화되어 여러 정보처리시스템에 적용돼 사용되었고, 이후 2000년대에 들어 와서 국산 제품들이 상용화되어 사용되기 시작하였다. 국산 데이터베이스 시스템 제품인 '티베로 데이터베이스' 역시 이 시기에 등장하였다. 관계형 데이터베이스의 주된 기능으로는 참조 정합성 제약 기능, 배타 제어 기능, 백업 복구 기능, 보안관리 등이 있다.

1.1.3.1. 참조 정합성 제약 기능

「참조 정합성 제약」이란 부모와 자식 관계에 있는 테이블 사이에서 한쪽 테이블에 갱신/삭제/삽입 조작을 했을 경우, 다른 한쪽의 테이블에 대한 제약사항에 근거해 처리를 수행하는 것을 말하는 것으로 데이터의 정합성을 보증하는 기능이다.

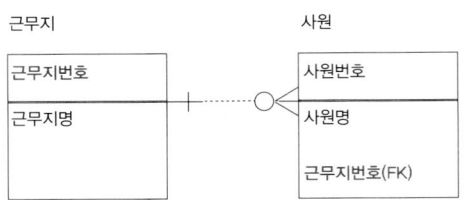

그림 1-7 | **근무지 테이블과 사원 테이블의 관계 예시**

〈그림 1-7〉에서 표현한 「근무지」 테이블과 「사원」 테이블의 관계에 대한 예시에서 생각해 보도록 하겠다.

이들 2개의 테이블은 부모와 자식 관계로 되어 있어, 사원 테이블의 외부 키 「근무지 번호」는 부모 테이블인 「근무지 테이블」의 마스터 키인 「근무지 번호」를 참조하고 있다. 따라서 「사원 테이블」에 있는 「근무지 번호」는 항상 부모 테이블인 「근무지 번호」에 데이터로써 존재하지 않으면 안된다. 이들 테이블 간의 관계성을 보증하는 것이 참조 정합성 기능이다.

근무지 테이블

근무지번호	근무지명
10	서울
20	부산
30	대전

사원 테이블

사원번호	사원명	근무지번호
1	티베로 사원	20
2	티맥스 사원	10
3	제우스 사원	30

그림 1-8 | **근무지 테이블과 사원 테이블의 데이터 예시**

〈그림 1-8〉에 나타내는 「근무지 테이블」과 「사원 테이블」의 부모와 자식 관계에 있어, 부모 테이블인 「근무지」를 변경했을 경우, 자식 테이블인 「사원 테이블」에서는 다음과 같은 3가지 방법으로 갱신

처리를 제한할 수 있다.

- 첫째, 부모 테이블의 데이터 갱신 시에 자식 테이블의 데이터도 동시에 갱신한다(CASCADE).
- 둘째, 자식 테이블로의 데이터 갱신을 금지한다(RESTRICT).
- 셋째, 부모 테이블의 데이터 갱신 시에 자식 테이블의 데이터를 NULL 값으로 세팅한다(SET NULL).

관계형 데이터베이스 관리시스템에서는 이러한 3가지 방법에 의해 데이터의 정합성을 보증하고 있다.

1.1.3.2. 배타 제어 기능

관계형 데이터베이스 관리시스템에서는 「복수 유저」가 「공유 데이터」에 「동시에 액세스」하는 것을 전제로 한 「배타 제어 기능」을 탑재하고 있다.

이런 기능은 어떤 사용자의 갱신 처리 중인 데이터에 대해서 갱신 처리가 끝날 때까지 일시적으로 락(Lock)을 걸어서 다른 유저가 동시에 갱신할 수 없게 하는 것이다. 다시 말해 배타 제어 기능은 데이터에 대한 의도하지 않는 변경이 가해지는 것을 방지해 모순이 생기지 않도록 하는 것이다.

1.1.3.3. 백업 복구 기능

관계형 데이터베이스 관리시스템에는 시스템 자체에 장애가 발생했을 경우의 데이터 보증 기능으로 백업/복구 기능을 탑재하고 있다. 데이터베이스 시스템에 대한 장애에 대비하기 위해 데이터를 복제하고 보관할 수 있는 기능을 데이터베이스 시스템에서 제공하고 있다.

장애 시에는 백업해 놓은 데이터를 리스토어(Restore)하고 물리적으로 복원해, 리스토어한 데이터에 대해서 복구 수행을 한다. 이런 기능을 통해서 데이터베이스 시스템은 장애 발생 이전의 원래 상태로 데이터를 되돌릴 수 있도록 해 데이터 정합성을 보증하고 있다.

1.1.3.4. 보안 관리 기능

관계형 데이터베이스 관리시스템의 본질은 데이터의 공유화에 있지만 모두가 똑같이 데이터를 참조하게 되는 경우에는 보안상의 문제가 발생할 수도 있다.

데이터 보안은 기본적으로 「사용자」, 「조작」, 「데이터」의 3개 요소로 나누어 생각해 볼 수 있다. 다시 말해서 관계형 데이터베이스 관리시스템에 있어 보안 관리 기능은 어떠한 사용자가 어느 데이터에 어떠한 조작을 할 수 있을지를 명확하게 하는 것으로 정보를 공유함에 있어 편리함을 유지하면서도 각각의 데이터 사용자가 관리해야 할 데이터에 대한 기밀성과 데이터의 보관 및 유지 관리를 실현한다.

데이터의 독립성을 높이기 위해서 관계형 데이터베이스에서는 테이블 단위로 데이터 관리를 하고, 테이블 간의 관계성을 릴레이션십(Relationship)으로 정의한다.

관계형 데이터베이스 관리시스템은 데이터의 독립성을 높이면서 시스템을 운용하기 위해서는 다중 접속, 데이터 공유, 동시 접속의 3가지 기능이 필요하다. 말하자면 「복수 유저」가 「공유 데이터」에

「동시에 접속」할 수 있도록 하는 기능이 탑재되어 있다고 말할 수 있다.

애플리케이션 프로그램에서 데이터 제어 등을 하는 것이 아니라 관계형 데이터베이스 관리시스템에 구현되어 있는 다양한 기능을 유효하게 활용해 데이터를 관리하고 활용할 수 있도록 한다. 즉, 관계형 데이터베이스 관리시스템에 데이터 관리를 맡겨 정보 시스템의 개발 및 유지보수 시에 생산성이 향상될 수 있도록 한다.

티베로 데이터베이스는 참조 정합성 제약 기능, 배타 제어 기능, 백업 복구 기능, 보안관리 등 관계형 데이터베이스 관리시스템의 주된 특징들을 충족하고 있을 뿐만이 아니라 빠르게 변화하는 기업 비즈니스 환경에 대응하기 위해 고성능, 고가용성 및 확장성을 충족시키고, 대용량의 데이터를 관리하고 안정적인 비즈니스의 연속성을 보장할 수 있는 엔터프라이즈 데이터베이스 관리시스템이다.

앞으로 티베로 데이터베이스가 가지고 있는 이러한 기능들에 대해 하나씩 하나씩 자세하게 살펴보도록 하겠다.

PART 02 티베로 소개

- ☑ 고성능 지원
- ☑ 대용량 지원
- ☑ 이기종 데이터베이스 시스템 전환 호환성
- ☑ 강력한 보안 및 관리 기능
- ☑ 티베로 아키텍처(Architecture)

Chapter 02 티베로 소개

현재 기업의 비즈니스는 폭발적인 데이터의 증가는 물론 다양한 환경 및 플랫폼의 등장으로 빠르게 확장되고 있다. 새로운 비즈니스 환경이 도래함에 따라 더 효율적이고 유연한 데이터 서비스와 정보의 처리, 데이터 관리 기능이 필요하게 되었다.

티베로는 이러한 변화에 맞춰 기업 비즈니스 구현의 기반이 되는 데이터베이스 인프라 구성을 지원하며 고성능, 고가용성 및 확장성의 문제를 해결하는 엔터프라이즈 데이터베이스 관리시스템이다. 기존 데이터베이스의 단점을 보완하기 위해 티베로(Tibero)는 독자적인 티베로 쓰레드 아키텍처(Tibero Thread Architecture)를 채택했다. 한정된 서버 프로세스의 CPU 및 메모리 등의 시스템 리소스를 효율적으로 사용하면서 뛰어난 성능과 안정성 및 확장성을 보장하고 편리한 개발 환경과 관리 기능을 제공한다.

또한 티베로 6 버전에서는 데이터웨어하우스(Data Warehouse) 등의 대규모 데이터를 처리하고, 고성능의 처리를 위해 티베로 5 버전에서 사용했던 아키텍처를 변경하여 혁신적인 아키텍처로 재탄생했다. 새롭게 변경이 된 아키텍처는 고성능 지원, 대용량 데이터 지원, 서로 다른 기종 데이터베이스와의 호환성 증대, 강력한 보안 및 관리를 가능하게 한다.

2.1 고성능 지원

티베로 6에서는 고성능을 발휘하기 위하여 여러 개의 프로세스들에 대해서 구조를 통합/강화했으며, I/O 프로세스들에 대해서 데이터를 변경하는 쓰레드(Thread)와 데이터를 수집하는 쓰레드를 분리하여 처리함으로써 속도 향상을 가져올 수 있다. 또한 멀티 쓰레드(Multi-Thread) 방식을 채택해 안정적인 성능을 발휘할 수 있다.

2.1.1. 프로세스 구조 통합 및 강화

티베로 6에서 가장 큰 변화는 프로세스들을 통합/강화한 부분이라 할 수 있다.

티베로에서 실제 작업을 진행하는 워킹 프로세스(Working Process)들이 멀티 쓰레드 방식으로 변경됐으며, TAC(Tibero Active Cluster) 환경에서 노드들의 상태를 모니터링 하는 멀티 쓰레드 클러스터 매니저, 기존의 시퀀스 프로세스(AGENT 또는 SEQW : sequence writer)가 에이전트 프로세스(AGNT : agent process)로 이름이 변경된 것들이 모두 싱글쓰레드(Single-thread) 구조에서 멀티 쓰레드 프로세스(Multi-threaded Process)로 변경되었다.

프로세스들에서는 먼저 백그라운드 프로세스(Background Process) 통합을 볼 수 있다. 기존의 로그 쓰기 프로세스(LGWR : log writer 또는 LOGW), LOGA, 체크포인트 프로세스(CKPT : checkpoint process), 데이터 블록 쓰기 프로세스(DBWR : data block writer 또는 BLKW)가 I/O 프로세스로 통합되었다. 클러스터 환경에서는 클러스터를 관리하는 프로세스가 통합되었다.

또한 티베로의 워킹 프로세스 내에서 워킹 쓰레드(Working Thread)들에게 일을 할당해주는 컨트롤 쓰레드(Control Thread)가 AIO(Asynchronous I/O)로 변경되어 높은 성능을 발휘할 수 있게 되었다. 또한 리스너 프로세스(Listener Process)가 티베로 모니터 프로세스(Tibero Monitoring Process)의 자식 프로세스로 변경되었다. 티베로 모니터 프로세스에 의해서 생성되며, 외부에서 강제 종료를 하더라도 다시 생성된다.

2.1.2. I/O 프로세스 성능 최적화

티베로는 데이터를 저장하기 위해 블록(Block)이라는 논리적인 단위를 사용한다. 데이터를 저장하는 최소의 단위가 블록인 것이다. 데이터의 변경 작업이 발생한 블록을 더티 블록(Dirty Block)이라고 하는데, 티베로 5 버전에서는 더티 블록에 쓰는 작업과 모으는 작업을 DBWR라는 프로세스가 담당했다. 하지만 티베로 6에서는 더티 블록을 모으는 작업과 디스크로 쓰는 작업을 쓰레드 레벨(Thread Level)에서 Gather Thread, AIO 쓰레드로 분리하여 비동기 I/O를 수행하므로 효율적이다. 여러 데이터 블록 쓰기 프로세스가 디스크(Disk)에 변경된 데이터에 대해 쓰기 작업(Write)을 진행하다 보면 데이터 블록 쓰기 프로세스 간에 많은 경합이 발생할 수 있다.

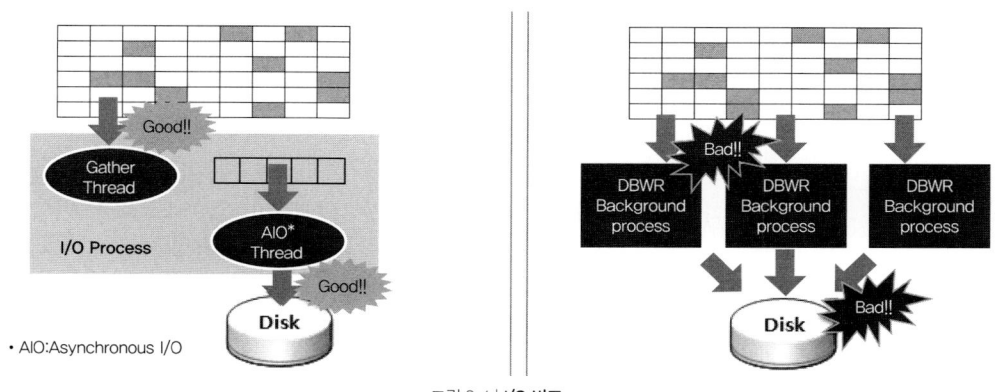

그림 2-1 | I/O 비교

조각을 모으는 Gather Thread가 작업을 해 놓으면, AIO 쓰레드가 디스크에 일괄적으로 쓰기 작업을 진행하는 효율적인 구조로 변경된 것이다.

2.1.3. 안정적인 공유 서버(Shared Server) 적용

오버헤드(Overhead) 없는 효율적인 공유 서버(Shared Server) 구조이기 때문에 세션이 증가할수록 안정적인 성능을 발휘한다. 공유 서버 방식의 경우 프로세스 기반과 쓰레드 기반의 두 가지를 볼 수가 있다. 먼저 프로세스 기반을 살펴 보면, 여러 프로세스가 기동을 하고, 큐(Queue) 형태의 저장 공간이 필요함으로써 불필요한 메모리 사용으로 인하여 속도의 저하가 발생한다. 이에 비해 쓰레드 기반은 컨트롤 쓰레드가 AIO 방식으로 분배를 해 줌으로써 대규모 요청(Request) 처리 시 획기적인 성능 향상을 가져올 수 있다. 즉, 적은 수의 워킹 쓰레드가 동시에 수백 개의 요청 처리가 가능하다는 것이다.

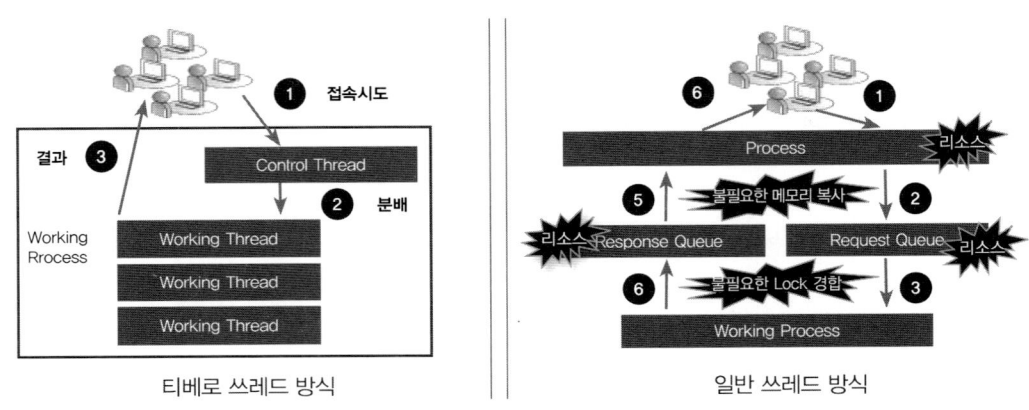

그림 2-2 | 공유 서버(Shared Server)

2.1.4. Multi Node Parallel Recovery

데이터베이스에서 복구(Recovery)는 매우 중요한 부분이다. 장애로 인하여 티베로가 다운이 된 경우에는 안정적으로 복구 시간을 단축시키는 것이 중요하다. 클러스터 환경에서 일상적인 유지보수나 장애로 인한 노드 다운(Node down) 후 재기동 시에, 여러 노드에서 동시에 복구를 병렬로 수행하도록 하여 대량 데이터에 대한 복구 시간을 획기적으로 단축시킬 수 있다. 한 노드에서만 복구를 진행하는 경우 노드의 리소스(Resource)에 따라 복구 시간이 길어질 수도 있다.

〈그림 2-3〉을 보면 리두로그(Redo Log)를 이용하여 Node 1, 2, 3번이 병렬(Parallel)로 복구 처리를 수행하는 것을 볼 수 있다. 여러 노드가 복구를 진행한다면 빠른 시간 내에 완료할 수 있다. 일반적인 복구 방법은 노드 1에서만 복구 처리를 하는 것이다.

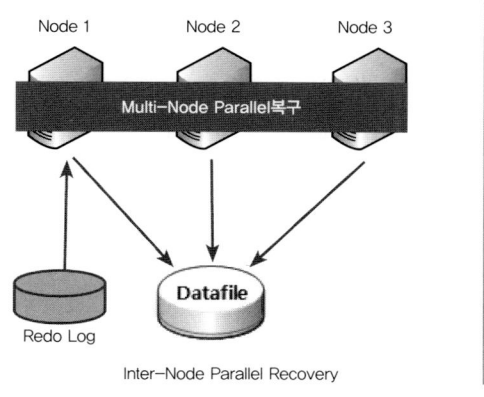 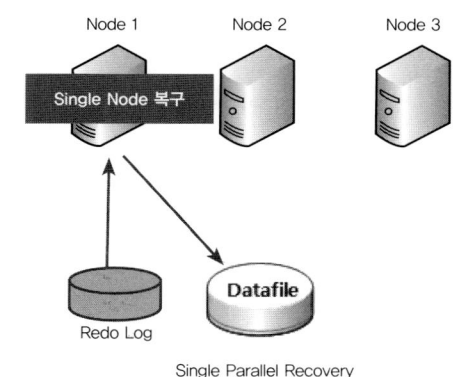

그림 2-3 | 티베로 복구 아키텍처

2.2 | 대용량 지원

티베로 6에서는 대용량의 데이터 처리를 위한 여러 방법들이 소개되고 있다. 스토리지 가상화(TAS : Tibero Active Storage) 기술, 비트맵 인덱스(Bitmap Index), 데이터웨어하우스(Data Warehouse)에 많이 사용되는 Star Transformation, 티베로 5에서부터 지원되고 있는 파티션(Partition) 방법들을 통하여 대용량의 데이터 처리가 가능해진 것이다.

2.2.1. 스토리지 가상화(TAS : Tibero Active Storage) 기술지원

Tibero Active Storage(이하 TAS)는 별도의 외부 솔루션 없이 직접 디스크 장치를 관리하여 티베로 운용에 필요한 데이터 파일, 로그 파일 등을 저장하기 위한 논리 볼륨 관리자(Logical Volume Manager)와 파일 시스템이다. 또한 공유 디스크를 사용할 경우 Tibero Active Cluster(이하 TAC) 기능을 사용할 수 있도록 클러스터링 기능을 제공한다. 이러한 TAS는 티베로에 최적화된 스토리지 가상화 기술이며, 볼륨 매니저(Volume Manager) 및 미러링(Mirroring), 스트라이핑(Striping), 리밸런싱(Rebalancing) 기능을 통해 성능과 안정성을 보장한다.

미러링이란 장비가 고장나는 사고가 발생했을 때 데이터가 손실되는 것을 막기 위하여 데이터를 하나 이상의 장치에 중복 저장하는 것이다. 스트라이핑은 성능 향상을 위해 단일 파일과 같은 논리적으로 연속된 데이터 세그먼트들이 물리적으로 여러 개의 장치에 라운드로빈 방식으로 나뉘어 기록될 수 있는 것이다. 이것은 만약 프로세서가 하나의 디스크에서 공급하거나 또는 받아들일 수 있는 것보다 더 빠르게 데이터를 읽거나 쓸 수 있게 될 때 매우 유용한 기술이다.

데이터는 여러 개의 드라이브에 걸쳐 일정 크기의 바이트(Byte) 또는 섹터(Sector)별로 나뉘어 기록된다. 예를 들면, 서로 겹쳐서 읽거나 쓸 수 있도록 설계된 4개의 드라이브가 있다면, 보통 하나의 섹터를 읽을 수 있는 시간에 4개의 섹터를 동시에 읽을 수 있다.

디스크 스트라이핑 자체가 본래부터 고장에 대비하거나 에러를 체크하는 기능을 제공하는 것은 아니며, 그러한 기능들은 여러 가지 다른 방식들과 함께 사용될 때 비로소 발휘된다.

이러한 스트라이핑을 이용하여 다수의 디스크에 데이터를 분산/저장하여 병렬 디스크 I/O의 활용이 가능해진 것이다.

리밸런싱이란 데이터가 어느 한곳에 편중되지 않고, 모든 디스크에 데이터가 균등하게 저장되도록 하여 병렬 디스크 I/O 효과의 성능 향상을 발휘할 수 있는 것을 말한다. TAS를 이용하여 이러한 리밸런싱 처리가 가능하다.

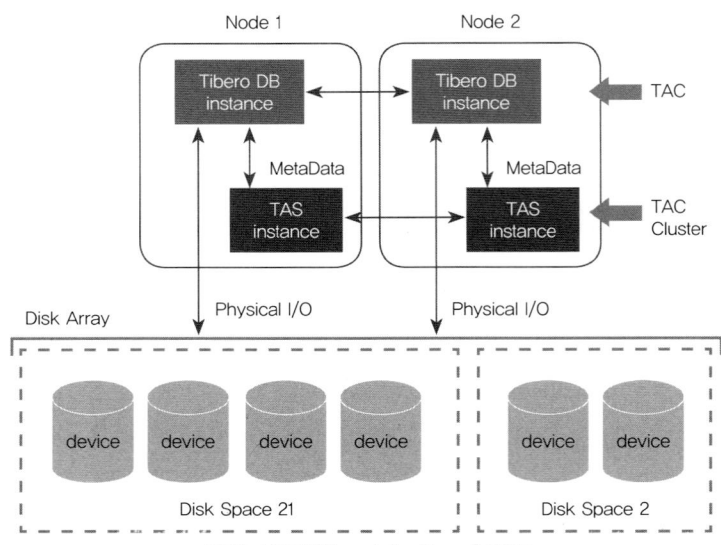

그림 2-4 | TAS (Tibero Active Storage) 구성도

2.2.2. Bitmap Index, Star Transformation, Partitioning

일반적으로 사용하는 밸런스 트리(B-Tree) 인덱스가 가지는 여러 가지의 문제점을 독립적으로 구성되는 각각의 비트맵(Bitmap) 인덱스가 조합되어 해결할 수 있다. 비트맵 인덱스란 컴퓨터에서 사용하는 최소 단위인 비트(Bit)를 이용하여 컬럼 값을 저장하고, 이를 이용하여 ROWID를 자동으로 생성하는 인덱스의 한 방법이다. 비트를 직접 관리하므로 저장 공간이 크게 감소하고 비트연산을 수행할 수 있다는 이점이 있다. 이러한 비트맵 인덱스는 대용량의 데이터를 처리하는 데이터웨어하우스에서 많이 사용되고 있다. 티베로 6에서는 이러한 비트맵 인덱스를 지원한다.

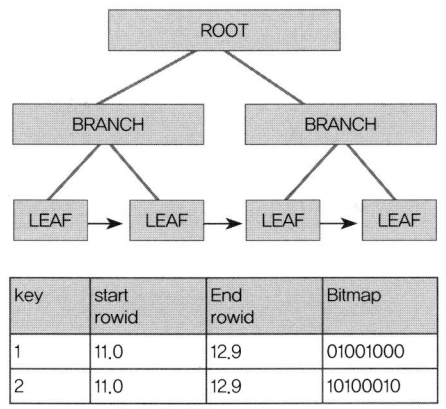

그림 2-5 | 비트맵 인덱스 구조

　Star Transformation이란 데이터웨어하우스에서 쿼리(Query) 성능을 높이기 위해서 가장 많이 사용하는 조인(Join) 방법이다. 데이터웨어하우스는 스노우플레이크(Snowflake)와 스타 스키마 (Star schema) 방식의 구조를 주로 사용한다. 그 중에서 스타 스키마 구조에 최적화된 조인 방법이라고 할 수 있다. 티베로 6에서는 이러한 Star Transformation을 지원함으로써 대용량의 데이터를 지원하는 것이다.

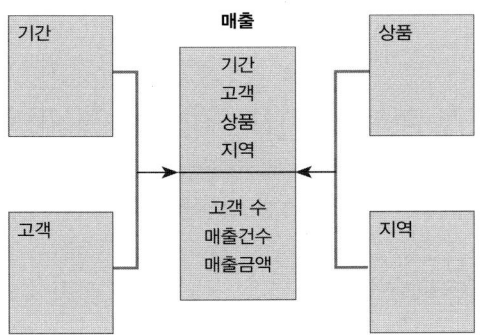

그림 2-6 | 스타 모델(Star Model) 구조

　파티션(Partition)이란 대용량의 큰 테이블(Table)들을 파티션이라는 더 작은 단위로 나눔으로써 성능이 저하되는 것을 방지하고 관리를 수월하게 해주는 것을 말한다. 관리하는 데이터 크기가 커짐에 따라 관리, 조직에 문제점이 발생하는 것을 방지하고, 파티션 별로 독립적인 백업 및 복구를 가능하게 할 수 있는 장점이 있다. 대용량 데이터를 처리하는 데이터웨어하우스에 많이 사용하고 있다. 티베로 6에서는 Range, List, Hash, Composite 방법을 제공하고 있으며, 이와 더불어 병렬 쿼리 (Parallel Query)를 사용하여 성능을 향상시킬 수 있는 것이다.

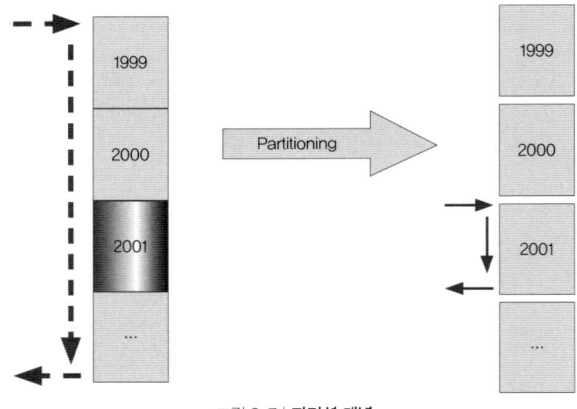

그림 2-7 | 파티션 개념

2.3 | 이기종 데이터베이스 시스템 전환 호환성

티베로 6은 타 데이터베이스 시스템과의 호환성을 위해 많은 노력과 전환(Migration) 도구를 제공하고 있으며, 유연한 DB Link 호환성으로 이기종 데이터베이스 시스템과 연동을 제공한다. 여기서 이기종 데이터베이스라 함은 Oracle, DB2, SQL Server, Sysbase 등을 말한다.

티베로에서는 일부 이기종 데이터베이스에 대해서 마이그레이션 툴(Migration Tool)을 제공하고 있다. 이러한 마이그레이션 툴은 편하고 효율적으로 데이터베이스(Database) 및 오브젝트(Object), 데이터(Data)을 이관할 수 있도록 한다.

2.3.1. SQL Translation Framework

타 DBMS 기반의 애플리케이션을 수정 없이 티베로에서 구동할 수 있으며, 기존의 오라클 호환성 뿐만 아니라 MS SQL Server, DB2에 대해서도 호환성을 확장하였다. DB2, SQL Server 애플리케이션을 티베로로 전환 시 SQL Translation Framework을 통하여 SQL을 자동으로 변환하여 애플리케이션을 수정 없이 구동할 수 있는 것이다. 이것에 대한 전환 절차를 살펴보면, 기존 SQL을 Translated SQL로 변환하고 실제로 수행하는 절차를 수행한다.

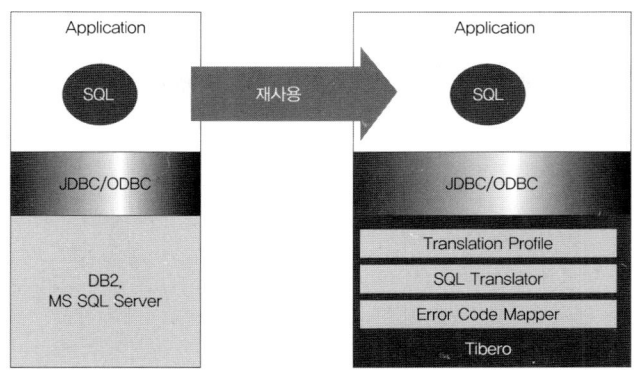

그림 2-8 | SQL Translation Framework

2.3.2. 뛰어난 DB Link Gateway 호환성

티베로에서 타 DBMS에 데이터베이스 링크(DB Link)가 가능하다. 이러한 데이터베이스 링크 방식은 JDBC 3.0 스펙을 지원하는 모든 데이터베이스 시스템과 ODBC Generic Gateway를 모두 지원하고 있다. 특히 JDBC 3.0 스펙의 경우에는 XA 지원을 통해 2 PC(Parse Commit)가 가능하다. JDBC 스펙을 지원하는 DBMS에는 Oracle, DB2, DB2, SQL Server, Sybase, Informix, PostgreSQL, Green plum 등이 있고, ODBC를 지원하는 데이터베이스 시스템은 DB2, SQL Server, Sybase, Informix 등이 있다.

2.4 | 강력한 보안 및 관리 기능

데이터베이스 보안(Security)은 사용자가 고의나 실수로 데이터베이스에 저장된 데이터를 조작해 일관성을 손상시키거나 전체 데이터베이스를 파손시키는 일을 방지하려는 데 목적이 있다.

티베로 데이터베이스 보안을 위한 사용자 계정과 사용자의 특권(Privilege)및 역할(Role) 등을 효율적으로 관리하고 데이터베이스 사용을 감시(Audit)하는 것이 중요하다.

티베로에서는 데이터 보안을 위해 계정 및 특권, 역할 기능을 제공하고 있다. 하지만 데이터베이스 내에서 데이터에 접근하는 경우가 아니라 운영체제에서 데이터 파일에 직접 접근하는 경우라면 앞서 설명한 기능만으로는 데이터를 안전하게 보호할 수가 없다. 따라서 이러한 경우에도 데이터를 보호하기 위해 티베로는 데이터를 암호화하여 디스크에 저장하는 기능을 제공하고 있다.

데이터베이스 관리자(DBA)가 암호화할 데이터(테이블의 컬럼 또는 테이블스페이스)를 지정하면 티베로는 데이터를 저장할 때 내부적으로 암호화하여 저장하고, 검색할 때 복호화해서 보여준다. 이 때 사용자나 애플리케이션 프로그램은 데이터의 암호화 여부를 고려할 필요가 없다. 이러한 기능을

TDE(Transparent Data Encryption)이라고 한다.

또한 티베로는 서버와 클라이언트 간에 송수신되는 메시지에 대한 기밀성을 보장하기 위하여 통신 암호화 기능을 제공한다. 티베로의 통신 암호화 기능은 Netscape사의 SSL 통신 프로토콜을 채택했으며 Open SSL Project에서 제공하는 라이브러리를 사용하여 개발되었다.

2.4.1. 성능 저하 없는 보안 적용

데이터를 암/복호화를 하는 경우에는 성능에 대한 이슈가 크게 나타난다. 데이터를 암/복호화 하는 과정, 암호화된 데이터를 조회할 때의 부하 등에 의해서 성능에 대한 이슈가 발생하는 것이다. 하지만 티베로에서는 TDE(Transparent Data Encryption) 컬럼에 대한 Index Range Scan을 지원하여 성능 저하 없는 보안 적용의 효과를 달성할 수 있다. 〈그림 2-9〉를 살펴보자.

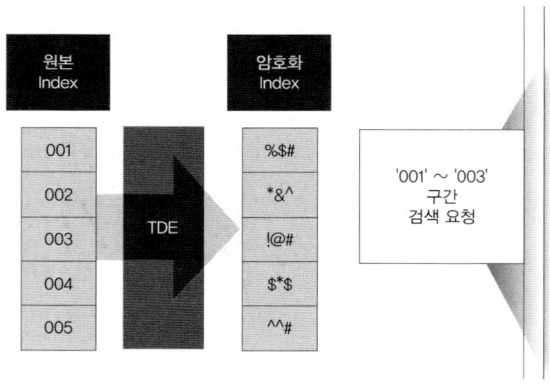

그림 2-9 | TDE 컬럼에 대한 인덱스 암호화 지원

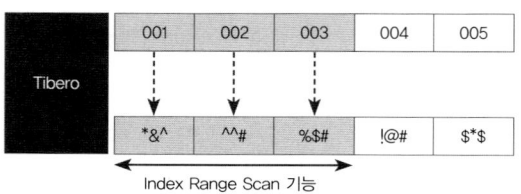

그림 2-10 | Index Range Scan 상세 설명

티베로에서는 암호화 컬럼에 대해서 Index Unique Scan뿐 아니라, Index Range Scan도 가능하다. 또한 SALT 옵션 사용시에도 인덱스 사용이 가능하다. SALT 옵션이란 같은 데이터를 암호화 할때 항상 같은 값으로 암호화되지 않도록 하는 기능을 말한다.

2.4.2. 보안 솔루션 연동 & 암호화 알고리즘

티베로는 〈표 2-1〉과 같은 암호화 알고리즘을 제공하고 있다.

표 2-1 | 티베로에서 지원되는 암호화 알고리즘

암호화 알고리즘	지원 여부	암호화 알고리즘	지원 여부
ARIA128	Y	AES128	Y
ARIA129	Y	AES192	Y
ARIA256	Y	AES256	Y
SEED	Y	SHA-1	Y
SMS4	Y	MD5	Y
DES	Y	MD4	Y
3DES168	Y		

티베로는 각 나라의 알고리즘에 대한 추가 개발을 통해 암호화 표준을 지원하는 작업을 진행하고 있다. 예를 들어, SMS4 같은 경우에는 중국 모바일 표준 암호화 알고리즘이다.

2.4.3. 조작에 의한 데이터 안정성

데이터를 암호화한 경우에도 확신을 하지 못하는 경우가 있다. 암/복호화 알고리즘의 경우에도 해킹이 되는 경우가 많기 때문이다. 이러한 경우를 방지하기 위해 티베로는 TDE가 적용된 컬럼에 대해서 데이터 변경 시에 Digital Signature로 엄격하게 데이터 변조가 불가능하도록 되어 있다.

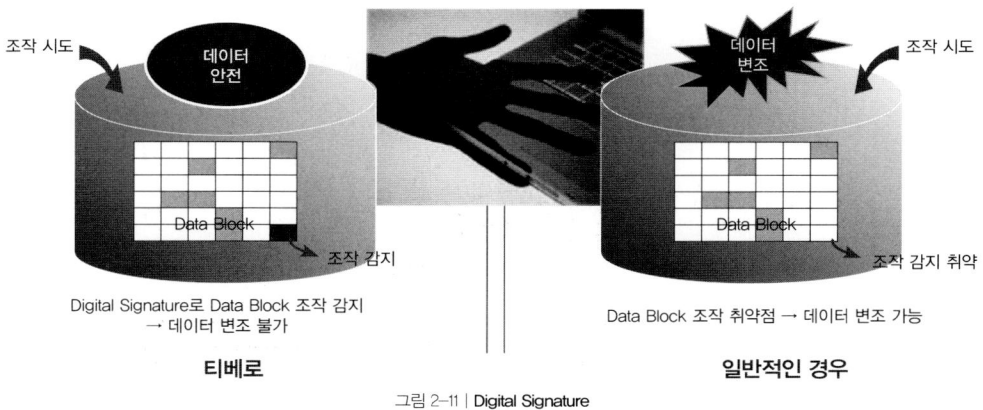

그림 2-11 | Digital Signature

암호화된 데이터에 대해서 조작 시도가 발생하는 경우에는 데이터 블록 중에서 조작 감지 서명 (Signature)를 통해 감지할 수 있다.

2.4.4. 티베로 Manager

티베로 6에서는 트랜잭션 처리 및 자원 현황을 실시간으로 모니터링 하는 성능관리 기능과 티베로 DBMS Admin 기능을 티베로에 내장된 GUI 기반의 통합 툴로 제공한다.

주요 제공 기능으로는 〈표 2-2〉와 같다.

표 2-2 | 티베로 Manager 주요 기능

제공 기능	설명
Monitoring	• SQL, 세션(Session) 실시간 모니터링 • TPR(Tibero Performance Repository) 조회 및 비교 • ASH(Active Session History) 조회 및 분석 • Trace Log 조회 및 분석 (log 파일 및 out 파일)
Availability	• Backup & Recover(RMGR 연동)
Security	• User, Role, Profile 관리(추가/수정/삭제) • Audit 설정
Schema	• DB object 조회/수정 • DB Export/Import
Administration	• Initialization Parameter 조회/수정 • Storage 관리 • Scheduler 관리

〈그림 2-12〉는 GUI로 표현된 화면에 대한 예시이다.

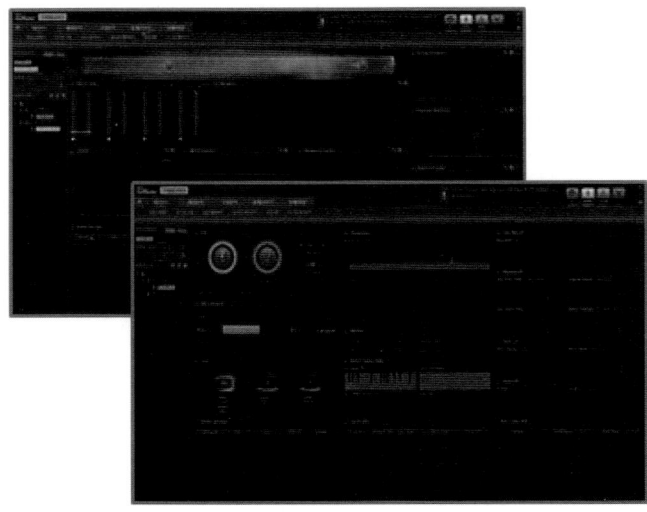

그림 2-12 | 티베로 Manager 예시 화면

이 외에도 기타 부분에서 기능 추가 및 기능이 강화되었다.

아키텍처(Architecture) 부분에서는 Lock Free Query Execution, Fast Application Notification, OS 인증, IPv6 지원, Background Process 재시작을 볼 수 있다.

백업과 복구 부분에서는 Block Level Media Recovery, Flashback Database, MTTR(Mean Time To Recovery), RMGR 기능 개선 등을 볼 수 있다.

TAC(Tibero Active Cluster)에서는 TAC Hang 감지, Global Buffer Cache Hit Ratio 개선, Lock Memory 교환 시 통신 성능개선, I/O 장애 발생시 안정성 확보를 위한 Cluster Manager Guard 도입 등이다.

마지막으로 SQL 및 인터페이스 부분에서는 Binary Float, Binary Double, 64K varchar/nvarchar 지원, Object Type 지원 다양화, Package & Language Globalization 강화, SQL Plan History & Management, Adaptive Cursor Sharing을 볼 수 있다.

2.5 | 티베로 아키텍처(Architecture)

티베로 아키텍처는 대규모 사용자 접속을 수용하는 다중 프로세스(Multi-Process) 및 멀티 쓰레드(Multi-Thread)를 기반으로 하는 쓰레드 아키텍처를 채택하고 있다.

이것은 멀티 쓰레드 구조를 가지지 못하고 다중 프로세스 중심의 구조를 채택하고 있는 다른 데이터베이스 제품보다 진일보한 아키텍처를 채용하고 있다고 평가할 수 있을 것이다.

다중 프로세스 및 멀티 쓰레드의 아키텍처는 사용자(Client) 요구가 있을 때마다 처리 프로세스를 생성하거나 삭제하지 않으므로 사용자 접속 요구에 효율적으로 대응할 수 있다. 이러한 아키텍처는 프로세스의 생성과 소멸에 소모되는 부하를 줄일 수 있는 장점이 있어서 사용자 요구를 처리하는 과정에서 효율적인 접속환경을 제공하고, 부하를 줄일 수 있는 환경을 제공함으로써 안정적으로 데이터를 처리할 수 있는 강점이 있다.

데이터의 입출력 시, 비용기반 옵티마이저(Cost Base Optimizer)를 기반으로 최적화하기 때문에 시스템의 중앙처리장치(CPU)와 메모리 등의 자원을 효율적으로 사용할 수 있는 구조를 가지고 있다.

티베로는 데이터 변경이 진행되는 메모리 영역과 데이터를 저장하는 물리적인 저장 공간 영역으로 나눌 수 있다. 또한 사용자의 요청을 받기 위한 리스너(Listener) 부분, 사용자의 요청을 받아서 실제 작업을 수행하는 작업 프로세스(Foreground, Background), 주기적인 작업을 통해서 데이터에 대한 작업을 수행해주는 백그라운드 프로세스(Background Process), 이러한 작업 프로세스와 백그라운드 프로세스를 지속적으로 모니터링을 수행하는 모니터링 프로세스가 있다. 마지막으로 티베로 운영을 위한 별도의 프로세스인 관리자 프로세스를 볼 수 있다.

아키텍처 부분에서 특이한 부분은 작업 프로세스 영역에서 쓰레드가 요청을 처리한다는 것이다. 쓰레드는 실제 사용자가 여러 인터페이스를 통해서 요청을 수행하게 되면 티베로 내부에서 실제 작업을 진행하게 된다.

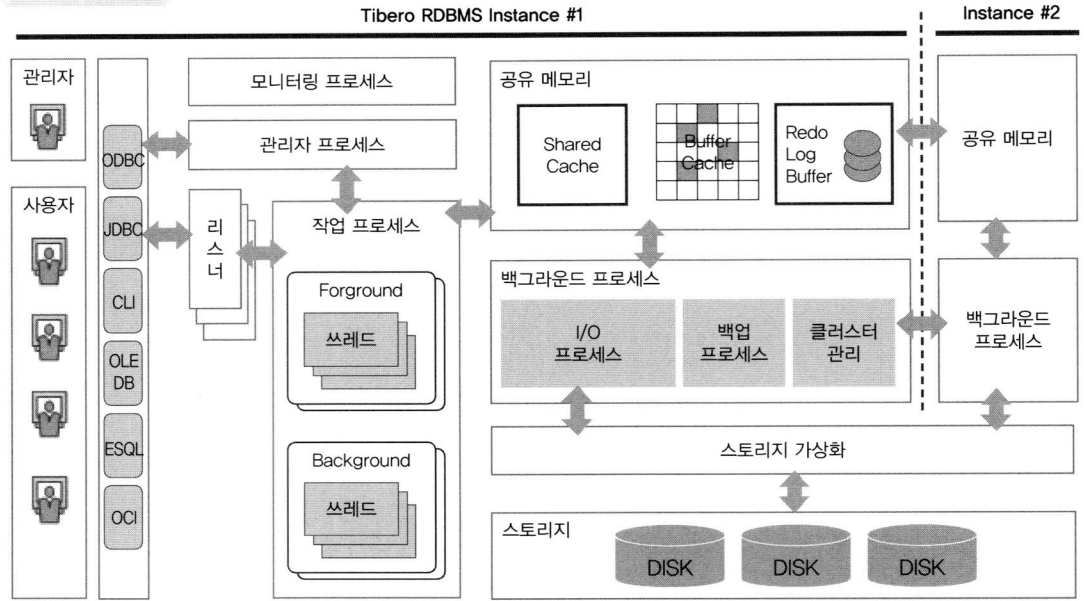

그림 2-13 | 티베로 기본 구조

2.5.1. 리스너

리스너는 사용자로부터 접속 요청을 받게 되면 컨트롤 쓰레드에게 작업 가능한 워커 쓰레드의 할당을 요구한다. 리스너의 요청을 받은 컨트롤 쓰레드(CTHR : Control Thread)는 관리하고 있는 워커 쓰레드의 상태를 검사하여 작업 배정을 받지 않은 상태의 워커 쓰레드에 사용자 요청에 대한 접속을 할당한다. 이렇게 할당된 워커 쓰레드는 사용자와의 인증 절차를 거친 후 세션을 맺어 작업을 수행할 수 있게 된다.

사용자의 접속 요청에 대해 워커 쓰레드가 할당될 때, 파일 디스크립터(File descriptor)와 함께 할당되어 서버의 내부 동작과 상관없이 처음부터 워커 쓰레드에 직접 접속해 동작하는 것과 같은 상태가 된다.

간단하게 리스너의 역할을 정의하자면 리스너는 사용자와 티베로 프로세스 간의 중계 역할을 담당하는 기능이라 할 수 있다.

티베로 6이 출시되기 이전 버전에서는 리스너는 티베로 데이터베이스 인스턴스에서 하나만 기동이 되었다. 하지만 티베로 6부터 여러 개의 리스너가 기동될 수 있게 되었고, 감시 프로세스(MPROC : Monitoring Process)에 의해서 생성되며 외부에서 강제 종료하더라도 다시 생성된다.

2.5.2. 워커(Worker) 프로세스

티베로 데이터베이스에서 사용자의 요청에 대한 작업을 수행하는 것이 워커 프로세스(Worker Process)이다.

티베로 6부터 워커 프로세스는 용도에 따라 포어그라운드 워커 프로세스(Foreground Worker Process)와 백그라운드 워커 프로세스(Background Worker Process)의 두 그룹으로 나눠볼 수 있다.

포어그라운드 워커 프로세스에는 컨트롤 쓰레드와 워커 쓰레드가 존재한다. 티베로는 효율적인 리소스의 활용을 위해 쓰레드 아키텍처 기반으로 작업을 수행하는 구조로 되어 있어 실제로 사용자의 작업 요청에 대한 처리는 워커 쓰레드가 담당하게 된다.

티베로를 설치하면 기본적으로 하나의 워커 프로세스 안에는 1개의 컨트롤 쓰레드와 10개의 워커 쓰레드가 존재하게 된다.

하나의 프로세스마다 설정되는 워커 쓰레드의 개수는 WTHR_PROC_CNT와 _WTHR_PER_PROC라는 초기화 파라미터로 조절할 수 있으며, 이런 초기화 파라미터에 설정된 값은 일단 티베로가 기동된 뒤에는 변경할 수 없다. 그러므로 운용하는 시스템 환경을 고려해 적절하게 값을 설정해 줘야 한다.

티베로 5 이후의 버전부터 워커 쓰레드의 총 개수를 지정하는 MAX_SESSION_COUNT 초기화 파라미터가 생겨났다. WTHR_PROC_CNT와 _WTHR_PER_PROC 초기화 파라미터 값을 직접 바꾸는 것보다는 MAX_SESSION_COUNT 초기화 파라미터를 통해 서버에서 제공하는 최대 세션 개수를 지정하는 것이 티베로 데이터베이스의 권장사항이다.

MAX_SESSION_COUNT 값을 설정하게 되면 WTHR_PROC_CNT와 _WTHR_PER_PROC 값이 자동으로 설정되도록 되어 있다. 만약 WTHR_PROC_CNT와 _WTHR_PER_PROC를 직접 설정할 경우에는 WTHR_PROC_CNT * _WTHR_PER_PROC의 값이 MAX_SESSION_COUNT 값과 동일하도록 두 초기화 파라미터의 값을 설정해주면 된다.

만약 워커 프로세스 1개가 가지는 워커 쓰레드의 개수를 변경하려면 WTHR_PROC_CNT 또는 _WTHR_PER_PROC 둘 중의 하나와 MAX_SESSION_COUNT의 조합으로 설정 값을 조정할 수 있다.

백그라운드 워커 프로세스는 인터널 태스크(Internal Task)나 잡(Job) 스케줄러에 등록된 배치 작업을 수행한다. MAX_BG_SESSION_COUNT 초기화 파라미터로 조절할 수 있다. MAX_BG_SESSION_COUNT 값은 MAX_SESSION_COUNT보다 작은 값을 설정해야 하며 _WTHR_PER_PROC 값의 배수가 되어야 한다.

앞에서 언급한 것과 같은 초기화 파라미터의 설정 값은 티베로 초기 파라미터 설정파일($TB_SID.tip)에서 조절할 수 있다.

다음은 티베로 환경파일에서 초기화 파라미터 값을 설정하는 예시이다.

```
#-------------------------------------------------------------------
#
# Tibero initialization parameter
#
#-------------------------------------------------------------------
DB_NAME=tibero6
LISTENER_PORT=8629
CONTROL_FILES="/home/tibero/tbdata/c1.ctl"
#CERTIFICATE_FILE="/home/tibero/tibero6/config/svr_wallet/tbhws.crt"
#PRIVKEY_FILE="/home/tibero/tibero6/config/svr_wallet/tbhws.key"
#WALLET_FILE="/home/tibero/tibero6/config/svr_wallet/WALLET"

MAX_SESSION_COUNT=100
TOTAL_SHM_SIZE=512M
```

다음과 같이 운영체제 명령을 통해 티베로 데이터베이스의 기동 중인 워커 프로세스를 확인할 수 있다. 확인되는 프로세스 중에서 tbsvr_WP에 숫자가 붙은 것들이 워커 프로세스에 해당한다.

```
# ps -ef | grep tbsvr
tibero   9683     1  0 Oct04 ?   00:00:03 tbsvr             -t NORMAL -SVR_SID tibero6
tibero   9684  9683  0 Oct04 ?   00:00:00 /home/tibero/tibero6/bin/tblistener -n 9
-t NORMAL -SVR_SID tibero6
tibero   9686  9683  0 Oct04 ?   00:00:00 tbsvr_WP000       -t NORMAL -SVR_SID tibero6
tibero   9687  9683  0 Oct04 ?   00:00:00 tbsvr_WP001       -t NORMAL -SVR_SID tibero6
tibero   9688  9683  0 Oct04 ?   00:00:00 tbsvr_WP002       -t NORMAL -SVR_SID tibero6
tibero   9689  9683  0 Oct04 ?   00:00:00 tbsvr_WP003       -t NORMAL -SVR_SID tibero6
tibero   9690  9683  0 Oct04 ?   00:00:00 tbsvr_WP004       -t NORMAL -SVR_SID tibero6
tibero   9691  9683  0 Oct04 ?   00:00:00 tbsvr_WP005       -t NORMAL -SVR_SID tibero6
tibero   9692  9683  0 Oct04 ?   00:00:00 tbsvr_WP006       -t NORMAL -SVR_SID tibero6
tibero   9693  9683  0 Oct04 ?   00:00:00 tbsvr_WP007       -t NORMAL -SVR_SID tibero6
tibero   9694  9683  0 Oct04 ?   00:00:00 tbsvr_WP008       -t NORMAL -SVR_SID tibero6
tibero   9695  9683  0 Oct04 ?   00:00:42 tbsvr_WP009       -t NORMAL -SVR_SID tibero6
tibero   9685  9683  0 Oct04 ?   00:00:05 tbsvr_TBMP        -t NORMAL -SVR_SID tibero6
tibero   9696  9683  0 Oct04 ?   00:00:21 tbsvr_AGNT        -t NORMAL -SVR_SID tibero6
tibero   9697  9683  0 Oct04 ?   00:00:22 tbsvr_DBWR        -t NORMAL -SVR_SID tibero6
tibero   9698  9683  0 Oct04 ?   00:00:00 tbsvr_RECO        -t NORMAL -SVR_SID tibero6
tibero   9699  9683  0 Oct04 ?   00:00:00 tbsvr_TASB        -t NORMAL -SVR_SID tibero6
```

다음은 컨트롤 쓰레드와 워커 쓰레드의 역할과 처리 작업을 비교한다.

◆ 컨트롤 쓰레드

워커 프로세스마다 하나씩 만들어지는 컨트롤 쓰레드(Control Thread)는 티베로가 기동될 때 초기화 파라미터에 설정된 수만큼 워커 쓰레드를 생성한다. 클라이언트의 새로운 접속 요청이 오면 현재 작업 대기중인(Idle) 워커 쓰레드에 클라이언트의 접속을 할당하며 시그널 처리를 담당한다.

티베로 6부터 I/O 멀티플렉션(Multiplexing)을 지원하며, 필요한 경우 워커 쓰레드 대신 메시지를 보내거나 받는 역할을 수행한다.

◆ 워커 쓰레드

워커 쓰레드(Worker Thread)는 사용자와 1:1로 통신하며, 클라이언트가 보내는 메시지를 받아 처리하고, 그 결과를 돌려준다. 주로 SQL(Structured Query Language) 파싱(Parsing)이나 최적화 수행 등의 데이터베이스 시스템이 수행하는 작업 대부분이 워커 프로세스에서 일어난다고 생각해도 좋다.

그리고 워커 쓰레드는 하나의 사용자와 접속하게 되므로 티베로에 동시 접속이 가능한 사용자 세션 수는 WTHR_PROC_CNT * _WTHR_PER_PROC = MAX_SESSION_COUNT가 된다. 티베로는 세션 멀티플렉싱(Session Multiplexing)을 지원하지 않으므로 하나의 사용자 접속은 곧 하나의 세션과 같다. 그러므로 최대 세션이 생성될 수 있는 개수는 WTHR_PROC_CNT 설정 값과 _WTHR_PER_PROC 설정 값을 곱한 것이 되고, 이것은 곧 MAX_SESSION_COUNT의 값과 같은 것이 된다.

워커 쓰레드는 사용자와의 접속이 끊어진다고 해도 없어지지 않으며, 티베로가 기동될 때 생성된다. 이러한 상태는 오류가 없는 한 티베로가 종료될 때까지 계속 유지된다. 이러한 티베로의 아키텍처는 사용자와 접속을 빈번하게 발생시키더라도 접속할 때마다 계속해서 쓰레드를 생성하거나 제거하지 않는 특성을 가지게 되어 시스템 성능적인 면에서 큰 장점을 가져다 준다.

반면 실제 사용자의 수가 적더라도 초기화 파라미터에 설정된 개수만큼 쓰레드를 생성해야 하므로 사용자의 작업 요청이 없는데도 운영체제의 자원을 소모한다는 측면은 있을 수 있다. 하지만, 운영체제 대부분이 유휴(Idle)한 쓰레드 하나를 유지하는데 소모되는 자원은 매우 제한적이므로 시스템을 운영하는 데는 별 무리가 없다.

2.5.3. 백그라운드 프로세스

백그라운드 프로세스(Background Process)는 사용자의 접속 요청을 직접 받지 않고, 워커 쓰레드나 다른 백그라운드 프로세스가 요청하는 경우, 그리고 일정한 주기에 따라 동작하는 작업 시간이 오래 걸리는 디스크 작업을 수행하는 독립된 프로세스이다.

티베로 6에서는 이전 버전과 달리 백그라운드 프로세스들이 통합되어 운영체제 명령으로 프로세스를 확인해 보면 이전 버전보다 프로세스 개수가 줄어든 것을 알 수 있다.

백그라운드 프로세스에는 감시 프로세스(MPROC: monitor process), 티베로 매니저 프로세스(TBMP : Tibero manager process), 에이전트 프로세스(AGNT : agent process), 데이터베이스 쓰기 프로세스(DBWR: Database Writer Process), 복구 프로세스(RECO: Recovery Process)가 있다.

다음은 운영체제 명령으로 프로세스를 확인해 보는 예시로 백그라운드 프로세스들을 확인할 수 있다.

```
# ps -ef | grep tbsvr
tibero    9683     1  0 Oct04 ?    00:00:03 tbsvr          -t NORMAL -SVR_SID tibero6

..... 출력 결과 내용 생략 .....

tibero    9685  9683  0 Oct04 ?    00:00:05 tbsvr_TBMP     -t NORMAL -SVR_SID tibero6
tibero    9696  9683  0 Oct04 ?    00:00:21 tbsvr_AGNT     -t NORMAL -SVR_SID tibero6
tibero    9697  9683  0 Oct04 ?    00:00:22 tbsvr_DBWR     -t NORMAL -SVR_SID tibero6
tibero    9698  9683  0 Oct04 ?    00:00:00 tbsvr_RECO     -t NORMAL -SVR_SID tibero6
tibero    9699  9683  0 Oct04 ?    00:00:00 tbsvr_TASB     -t NORMAL -SVR_SID tibero6
```

◆ 감시 프로세스

데이터베이스에서 프로세스가 정상적으로 작동을 하고 있는지 모니터링할 필요가 있을 것이다. 티베로 데이터베이스 시스템에서 이러한 역할을 하는 것이 감시 프로세스이다.

감시 프로세스는 주기적으로 티베로의 각 프로세스들에 대한 상태를 점검하는 역할을 한다. 티베로 6부터 영문 약자가 쓰레드에서 프로세스로 변경되었으며 실제로 하나의 독립된 프로세스로 존재한다.

티베로 6에서부터 감시 프로세스는 가장 먼저 기동되고 가장 마지막에 종료되는 프로세스가 된다. 티베로가 기동될 때 리스너를 포함한 다른 프로세스를 생성하거나 주기적으로 각 프로세스의 상태를 점검하는 역할을 담당하고 교착 상태에 대해서도 감시를 한다.

◆ 티베로 매니저 프로세스

데이터베이스 시스템을 안정적이고 효율적으로 유지하고 관리하려면 관리자의 작업을 필요로 하게 된다. 이렇게 데이터베이스 시스템을 관리하기 위해 만들어진 것이 티베로 매니저 프로세스이다.

티베로 매니저 프로세스는 관리자의 접속 요청을 받아 이를 시스템 관리 용도로 예약된 워커 쓰레드에 접속을 할당한다. 기본적으로 워커 프로세스와 동일한 역할을 수행하지만 리스너를 거치지 않고 스페셜 포트(Special Port)를 통해 직접 접속을 처리한다. SYS 계정만 접속이 허용된다. 티베로 6 이전 버전에서는 티베로 환경파일($TB_SID.tip)에 스페셜 포트(Special Port)를 명시하여 접속이 가능하도록 했다.

◆ 에이전트 프로세스

티베로 데이터베이스 시스템을 유지하기 위해 주기적으로 처리해야 하는 티베로 내부 작업들을 수행한다. 에이전트 프로세스(AGNT : agent process)가 수행하는 작업들에는 티베로에서 중앙처리장치(CPU : Central Processing Unit)의 작업을 필요로 할 경우 실행 순서를 스케줄링 하는 디스패처(Dispatcher) 역할, 인스턴스를 복구하거나 프로세스를 관리하는 시스템 모니터링(System Monitoring)의 역할, 서로 공유되는 객체 간의 동기화를 설정하는 리시버(Receiver) 역할, 락(Lock)과 관련된 처리를 하는 역할, 시퀀스(sequence) 값을 생성 처리하는 역할 등의 다양한 것들이 있다.

티베로 6 이전 버전에서는 SEQW라는 명칭을 사용했으나 티베로 6부터 에이전트 프로세스로 명칭이 변경되었다.

티베로 6부터 멀티 쓰레드 기반 구조로 동작하며, 서로 다른 용도의 업무를 쓰레드 별로 나누어 수행하고 있다.

◆ 데이터베이스 쓰기 프로세스

데이터베이스 쓰기 프로세스(DBWR : Database Writer Process)는 데이터베이스에서 변경된 내용을 디스크에 기록하는 일과 연관된 쓰레드들이 모여 있는 프로세스이다.

사용자가 변경한 블록을 디스크에 주기적으로 기록하는 쓰레드, 리두로그를 디스크에 기록하는 쓰레드, 이러한 두 개의 쓰레드를 통해 이뤄지는 데이터베이스의 체크포인트 처리 과정을 관리하는 체크포인트 쓰레드 등이 데이터베이스 쓰기 프로세스에 포함되어 있다.

티베로 6 이전의 버전에서 로그 쓰기 프로세스(LGWR : log writer 또는 LOGW), 로그아카이브(LOGA : Log Archive), 체크포인트(CKPT : Check Point), 데이터베이스 쓰기 프로세스(DBWR : Database Writer Process) 프로세스로 분리되어 있던 것을 티베로 6에서 통합시켜 데이터베이스 쓰기 프로세스로 만들었다.

◆ 복구 프로세스

티베로가 비정상적으로 종료되어 크래시 복구(Crash Recovery)가 필요한 경우에는 자체적으로 복구를 수행하게 된다. 티베로 6 이전 버전에서는 첫 번째 워커 프로세스(WT001)의 워커 쓰레드가 이러한 일을 담당했지만 티베로 6에서는 복구 프로세스(RECO : Recovery Process)를 마련해 복구에 관련된 처리를 전담해서 수행하도록 하였다.

MEMO

PART 03 티베로 설치 및 관리

- ✓ 티베로 설치 환경 설정
- ✓ 티베로 데이터베이스 설치
- ✓ 티베로 기동 및 종료
- ✓ 티베로 디렉토리 구조
- ✓ Tablespace 관리
- ✓ 데이터 파일 관리
- ✓ 사용자 관리
- ✓ 리두로그 관리
- ✓ 컨트롤 파일(Control File) 관리
- ✓ 티베로 사용자 계정 보안

Chapter 03 티베로 설치 및 관리

티베로는 다양한 방법으로 설치할 수 있다. 윈도우와 유닉스, 리눅스에서 수동 설치와 자동 설치가 가능하다. 다양한 설치 방법에 대해서 알아보도록 한다.

3.1 | 티베로 설치 환경 설정

티베로를 설치하기 위해서는 다음과 같은 시스템적인 요구사항이 필요하다.

3.1.1. 시스템에 대한 요구사항

① 지원 플랫폼 및 운영시스템

표 3-1 | 지원 플랫폼 및 운영시스템

H/W, S/W	CPU	운영시스템	바이너리 비트
HP	Itanium	HP-UX 11i v2 (11.23) HP-UX 11i v3 (11.31)	64bits
SUN	SPARC	Solaris 9 Solaris 10	64bits
	x86	Solaris 10	64bits
IBM	PPC	AIX 5.3 AIX 6.1 AIX 7.1	64bits

GNU	X86(Pentium4 이상)	32Bit Red Hat Enterprise Linux 4 Red Hat Enterprise Linux 5 Red Hat Enterprise Linux 6 SUSE Linux Enterprise Server 10	32bits, 64bits
		64Bit Red Hat Enterprise Linux 4 Red Hat Enterprise Linux 5 Red Hat Enterprise Linux 6 Red Hat Enterprise Linux 7 SUSE Linux Enterprise Server 10	
	Itanium	Red Hat Enterprise Linux 4 Red Hat Enterprise Linux 5 Red Hat Enterprise Linux 6 Red Hat Enterprise Linux 7 Red Hat Enterprise Linux 5 Red Hat Enterprise Linux 6 Red Hat Enterprise Linux 7	64bits
Microsoft	Intel (x86), AMD64	32Bit (클라이언트 만) 윈도우 7 　윈도우 서버 2008 64Bit 윈도우 7 　윈도우 서버 2008 　윈도우 서버 2012	32bits, 64bits

② 운영시스템별 확인 방법

지원 플랫폼 및 운영체제 확인 방법은 다음과 같다.

- HP의 경우

CPU

```
ioscan -fnC processor
```

운영시스템

```
uname -a
```

운영시스템 bit

```
getconf KERNEL_BITS
```

메모리

```
sam > performance monitor > system properties
```

− SUN의 경우

CPU

```
/usr/sbin/psrinfo -v
```

운영시스템

```
showrev -a
```

운영시스템 비트

```
isainfo -kv
```

메모리

```
/usr/sbin/prtconf
```

− IBM의 경우

CPU

```
lsdev -Cc processor
```

운영시스템

```
oslevel -r
```

운영시스템 비트

```
bootinfo -y
```

메모리

```
bootinfo -r (kbyte)
```

- GNU의 경우

CPU

```
cat /proc/cpuinfo
```

운영시스템

```
uname -r
```

운영시스템 비트

```
getconf LONG_BIT
```

메모리

```
cat /proc/meminfo|grep MemTotal
```

윈도우의 경우

[내컴퓨터]에서 오른쪽 마우스 버튼을 클릭한 뒤 [속성] > [일반]에서 CPU, 운영시스템, 운영시스템 비트, 메모리 정보를 확인한다.

③ 하드웨어 요구사항

티베로를 설치하기 위해서 필요한 하드웨어 요구사항은 다음과 같다.

표 3-2 | 하드웨어 기본 사양

운영시스템	RAM	Swap Space	/tmp Directory Space	HDD Space(전체/클라이언트만)
리눅스 / x86	1GB	2GB	500MB	2.5GB / 400MB
리눅스 / Itanium	1GB	2GB	500MB	2.5GB / 400MB
HP-UX / PA-RISC	1GB	2GB	500MB	2.5GB / 400MB
HP-UX / Itanium	1GB	2GB	500MB	3GB / 400MB
Solaris	1GB	2GB	500MB	2.5GB / 400MB
AIX	1GB	2GB	500MB	2.5GB / 400MB
윈도우	1GB	-	-	2GB / 400MB

④ 소프트웨어 요구사항

티베로를 설치하기 위해 필요한 소프트웨어 요구사항은 다음과 같다.

표 3-3 | 소프트웨어 기본 사양

Platform	운영시스템	Compiler	JDK Version
리눅스 / x86	Red Hat Enterprise Linux 4 kernel 2.6.9 이상	C99 지원 컴파일러, gcc version 3.4.6 이상	Sun JDK 1.5.17 이상
리눅스 / Itanium	Red Hat Enterprise Linux 4 kernel 2.6.9 이상	C99 지원 컴파일러, gcc version 3.4.6 이상	Sun JDK 1.5.17 이상
HP-UX / PA-RISC	HP-UX 11i (11.11) with GOLDBASE11i (== HP-UX 11i, December 2002) 64Bit 커널	C99 지원 컴파일러, HP aC++/ANSI C B3910B A.06.02	Java 1.5 JDK for HP-UX 이상
HP-UX / Itanium	HP-UX 11i v2 (11.23) with BUNDLE11i (== HP-UX 11i v2 (B.11.23), September 2004) 64Bit 커널	C99 지원 컴파일러, HP aC++/ANSI C B3910B A.06.02	Java 1.5 JDK for HP-UX 이상
Solaris	Solaris 9 64Bit 커널 Solaris 10 64Bit 커널	C99 지원 컴파일러, Sun C 5.8 2005/10/13	Sun JDK 1.5.17 이상
AIX	AIX 5L version 5.3 64Bit 커널 AIX 6.1 64Bit 커널	C99 지원 컴파일러, IBM XL C/C++ Enterprise Edition V7.0	JDK 1.5.17 이상
윈도우	윈도우 7 윈도우 서버 2008 윈도우 서버 2012(64Bit Only)	C99 지원 컴파일러	Sun JDK 1.5.17 이상

윈도우 32bit의 경우 클라이언트만 지원하며, 윈도우 AMD64(x64)의 경우 Microsoft Visual C++ 2008 Redistributable Package(x64)나 Microsoft.NET Framework 3.5 SP1이 미리 설치되어 있어야 티베로가 정상적으로 설치될 수 있으며, 운영이 가능하다.

⑤ 패키지 요구사항

각 패키지들은 반드시 해당 버전 이상의 패키지가 설치되어 있어야 하며, 각 운영시스템 및 버전별로 패키지 명이나 버전이 상이할 수 있다.

티베로를 설치하기 위해 필요한 패키지 요구사항은 다음과 같다.

표 3-4 | 패키지 요구 사양

OS	Bit	패키지	비고
HP-UX	64Bit	-	-
HP-UX/itanium	64Bit	-	-
Solaris	64Bit	-	-
AIX	64Bit	xlc 9 or 10	lslpp -l	grep xlC

Linux	32Bit 64Bit	gcc-3.4.6-11 gcc-c++-3.4.6-11 libgcc-3.4.6-11 libstdc++-3.4.6-11 libstdc++-devel-3.4.6-11 compat-libstdc++-33-3.2.3-47.3 libaio-0.3.105-2 libaio-devel-0.3.105-2 rpm -qa | grep glibc	rpm -qa | grep glibc
윈도우	32/64Bit	WSH 5.6	-

티베로를 설치하기 위해서는 이와 같은 조건들이 충족되어야 한다.

3.1.2. 설치 전 준비사항

티베로를 설치하기 전에 확인하고, 설정해야 할 준비사항은 디스크 용량 확인, JDK 설치, 운영시스템별 패키지 설치, 매개변수 설정, shell limits 설정, NTP 서버 설정, 호스트명과 포트 번호, 시스템 계정, localhost이 기본적으로 확인되어야 한다.

또한 티베로 라이선스의 경우에는 호스트 명에 따르기 때문에 사전에 확인되지 않는 경우에는 라이선스 문제로 인하여 정상적인 구동이 불가능하다.

① 디스크 용량 확인

티베로를 설치하기 위해서는 각 플랫폼 별로 약간의 차이가 있지만 최소 2.5GB 이상의 하드디스크 여유공간이 필요하다. 이는 티베로를 설치하고 나서 데이터베이스를 생성할 때 최소로 필요한 하드디스크 공간을 의미하기도 한다.

유닉스 계열에서는 df 명령어를 이용해서 확인 가능하고, 윈도우 계열에서는 하드디스크의 속성 항목을 통해 확인한다.

② JDK 설치

티베로를 설치하기 전에 JDK 1.5.17 이상이 반드시 설치되어 있어야 한다. 다음 위치에서 JDK를 다운로드 할 수 있다.

```
http://www.oracle.com/technetwork/java/javase/downloads/index.html
```

만약 시스템이 Oracle사의 JDK를 사용하지 않는다면 각각의 시스템에 적합한 JDK를 찾아 설치한다. 예를 들어, HP-UX는 HP, AIX는 IBM에서 JDK를 다운로드 받아 설치한다. 각 시스템 별 JDK 설치 방법은 다음 위치에서 확인할 수 있다.

```
http://www.oracle.com/technetwork/java/index.html
```

③ 운영시스템별 커널 매개변수 설정

운영시스템별로 커널 매개변수의 값을 변경한 경우에는 반드시 시스템을 다시 기동시켜야 한다. 커널 매개변수를 정확하게 설정하지 않는 경우에는 티베로가 정상적으로 세마포어(Semaphore)나 공유 메모리 등을 확보하지 못해서 장애가 나는 경우가 발생할 수 있다.

다음은 운영시스템별로 커널 매개변수 설정하는 부분이다.

- HP-UX

HP-UX의 커널 매개변수는 다음과 같다. 커널 매개변수를 수정하려면 SAM(System Administration Manager) 프로그램 등을 사용하여 /usr/sbin/sam에서 kctune을 실행한다.

표 3-5 | HP-UX 커널 매개변수

커널 매개변수	권장하는 식 또는 값	매개변수 설명
nproc	4096	최대 프로세스 개수이다.
semmap	(semmni+2)	semget 호출에 의해 얻어지는 세마포어 공간을 의미한다.
semmni	4096	세마포어 세트의 최대 개수로 65535 이내에 설정 가능하며 하나의 세트당 84Byte의 커널 메모리가 할당된다.
emmns	(semmni*2)	시스템 내의 세마포어의 최대 개수이며 16Byte의 커널 메모리가 할당된다.
semmnu	(nproc-4)	시스템 내의 undo structure의 최대 개수이다.
semvmx	32767	한 개의 세마포어 최대 값을 제한하며 32767보다 크게 지정하지 않는다.
shmmax	물리적 메모리 크기 (0X40000000)나 73741824 중에 큰 값	한 개의 공유 메모리 세그먼트 최대 크기이다.
shmmni	512	시스템 내의 공유 메모리 세그먼트 최대 개수이다.
shmseg	120	한 개의 공유 메모리에 접근 가능한 프로세스 최대 개수이다.

커널 매개변수의 값이 변경된 경우에는 SAM 프로그램 등을 사용하여 다음의 순서로 커널 매개변수에 설정된 값을 확인할 수 있다. SAM 프로그램을 시작한다.

```
# /usr/sbin/sam
```

해당 커널의 구성 영역과 구성이 가능한 매개변수 영역을 선택한다.
명시된 각 커널 매개변수의 값이나 식 등을 확인하고 필요에 따라 수정한다.
SAM 프로그램을 종료한다.

- AIX

AIX에서는 공유 메모리와 세마포어(기본 값 : 10000)에 관련하여 특별히 매개변수를 조정할 필요는 없으나 사용자별 한계 값들은 조정해야 한다. 사용자 한계 값을 변경하기 위해서 smit 유틸리티를 사용한다(예 : /usr/bin/smit).

- Solaris

Solaris의 커널 매개변수는 다음과 같다. Solaris의 경우 커널 매개변수를 수정하려면 /etc/system 파일을 편집한 후 시스템을 재부팅한다. Solaris 9인 경우는 다음과 같이 설정한다.

표 3-6 | Solaris 9 커널 매개변수

커널 매개변수	권장하는 식 또는 값	매개변수 설명
set semsys:seminfo_semmni	100	semaphore set(identifier)의 개수이다.
set semsys:seminfo_semmns	1024	시스템에 있는 세마포어의 개수이다.
set semsys:seminfo_semmsl	10000	하나의 세마포어 ID에 있는 세마포어 최대 개수이다.
set semsys:seminfo_semvmx	32767	세마포어 최대 값이다.
set shmsys:shminfo_shmmax	4294967295 (물리적인 메모리의 절반)	한 개의 공유 메모리 세그먼트의 최대 크기이다.
set shmsys:shminfo_shmmin	1	공유 메모리 세그먼트의 크기이다.
set shmsys:shminfo_shmmni	100	시스템내의 공유 메모리 세그먼트의 최대 개수이다.
set shmsys:shminfo_shmseg	10	한 개의 공유 메모리에 접근 가능한 프로세스의 최대 개수이다.

Solaris 10인 경우는 다음과 같이 설정한다.

표 3-7 | Solaris 10 커널 매개변수

커널 매개변수	권장하는 식 또는 값	매개변수 설명
project.max-sem-ids	1024	semaphore set(identifier)의 개수이다.
process.max-sem-nsems	10000	하나의 세마포어 ID에 있는 세마포어 최대 개수이다.
project.max-shm-memory	4294967295 (물리적인 메모리의 절반)	한 개의 공유 메모리 세그먼트의 최대 크기이다.
project.max-shm-ids	100	시스템내의 공유 메모리 세그먼트의 최대 개수이다.

shmmin, shmseg, noexec_user_stack은 Solaris 9,10에서 필요없고, semmns, semvmx은 Solaris10에서 필요없다. shmmni, semmsl, semmni는 Solaris10에서 기본 값이 더 크게 설정되어 있다.

- 리눅스

리눅스의 커널 매개변수는 다음과 같다.

표 3-8 | 리눅스 커널 매개변수

커널 매개변수	권장하는 식 또는 값	매개변수 설명
semmsl	10000	• 세마포어 셋 당 세마포어의 최대 개수를 정의한다. (설정 위치 : /proc/sys/kernel/sem)
semmns	32000	• Linux 시스템의 세마포어 최대 개수를 정의한다. (설정 위치 : /proc/sys/kernel/sem)
semopm	10000	• semop 시스템 호출(system call)별로 수행될 수 있는 세마포어 작업의 수를 설정한다. (설정 위치 : /proc/sys/kernel/sem)
semmni	10000	• 전체 Linux 시스템의 세마포어 셋의 최대 개수를 정의한다. (설정 위치 : /proc/sys/kernel/sem)
shmall	2097152	• 특정 시점에 시스템에서 사용 가능한 공유 메모리의 최대 크기(페이지 단위)이다. (설정 위치 : /proc/sys/kernel/shmall)
shmmax	물리적인 메모리의 절반 (byte)	• 공유 메모리 세그먼트의 최대 크기이다. (설정 위치 : /proc/sys/kernel/shmmax)
shmmni	4096	• 공유 메모리 식별자의 개수를 의미한다. (설정 위치 : /proc/sys/kernel/shmmni)
file-max	6815744	• Linux에서 한 번에 운용할 수 있는 파일 수를 지정한다. (설정 위치 : /proc/sys/fs/file-max)
ip_local_port_range	1024 ~ 65000	• 할당할 수 있는 포트 번호의 범위를 설정한다. (설정 위치 : /proc/sys/net/ipv4/ip_local_port_range)

④ 운영시스템별 shell limits 설정

운영시스템별로 커널 매개변수의 값을 변경한 경우에는 반드시 시스템을 다시 기동시켜야 한다.

- AIX

표 3-9 | AIX shell limit

매개변수	권장 값
Soft FILE size	-1 (Unlimited)
Soft CPU time	-1 (Unlimited)
Soft DATA segment	-1 (Unlimited)
Soft STACK size	-1 (Unlimited)
Soft Real Memory size	-1 (Unlimited)

- Solaris

표 3-10 | Solaris shell limit

매개변수	Soft Limit	Hard Limit
nofile	1024	65536
nproc	2047	16384

- Linux

표 3-11 | Linux shell limit

매개변수	Soft Limit	Hard Limit
nofile	1024	65536
nproc	2047	16384

⑤ NTP 서버 설정

데이터베이스 운영 중에 xntpd 데몬에 의해 시스템 시간이 거꾸로 가게 되어 데이터가 잘못 출력되는 현상이 발생할 수 있다. 이를 방지하기 위하여 시스템 시간을 동기화한 후에 -x 옵션을 주어 데몬을 재시작한다.

```
# stopsrc -s xntpd
# startsrc -s xntpd -a "-x"
```

만약 시스템 재시작할 때에도 해당 옵션을 적용하고자 한다면 /etc/rc.tcpip에서 다음의 내용의 주석을 해제한다.

```
# start /usr/sbin/xntpd "$src_running" "-x"
```

⑥ 호스트명과 포트 번호, 시스템 계정 확인

티베로를 설치하기 전에 반드시 호스트명과 포트 번호, 시스템 계정을 확인한다. 이것이 확정되지 않으면 정상적인 설치가 어렵게 된다.

- 호스트명 확인

라이선스를 요청할 때 필요한 호스트명을 확인한다. /etc/hosts 파일을 확인하거나 콘솔 화면에서 다음의 명령어를 입력하여 확인한다.

유닉스 계열의 경우

```
# uname -n
```

윈도우 계열일 경우

```
hostname
```

- 포트 번호 확인

   티베로가 기동할 때 부여될 포트 번호를 확인한다(기본 값 : 8629).

   기본 포트 외에 몇 개의 포트를 더 사용을 하게 되는데 포트 종류에 대한 설명은 다음과 같다.

표 3-12 | 티베로 사용포트

종류	설명	사용시점
서비스 포트	티베로가 사용자의 요청을 처리하고 응답할 포트 번호를 확인한다(기본 값 : 8629).	티베로 엔진이 기동되는 시점
스페셜 포트	세션이 가득찬 상황에서 응급조치를 하기 위해 사용할 포트를 확인한다. 환경파일에 _LSNR_SPECIAL_PORT를 이용한 임의 설정도 가능하다(기본 값 : 서비스 포트 + 1).	티베로 엔진이 기동되는 시점
SSL 포트	보안 통신을 위해 사용할 포트를 확인한다. 환경파일에 _LSNR_SSL_PORT를 이용한 임의 설정도 가능하다(기본 값 : 서비스 포트 +2).	보안 통신을 사용할 경우
TBCM 포트	TBCM이 사용할 포트를 확인한다. 환경파일에 CM_PORT를 이용 한 임의 설정도 가능하다(기본 값 : 서비스 포트 +3).	TAC를 사용할 경우

- 시스템 계정 확인

   티베로를 설치하고 운영할 운영시스템 계정을 확인한다.

⑦ unlimit 설정 확인

   티베로 설치 전 ulimit 설정 값을 확인한다. open files, max user processes의 권장 값은 unlimited 이다.

   다음은 각 운영시스템에 따른 ulimit 설정 확인 명령어다.

AIX, 리눅스, Solaris 인 경우

```
# ulimit -a
```

HP-UX 인 경우

```
# kctune sysdef
```

⑧ 티베로 클러스터 환경 구축인 경우

   티베로 클러스터(Tibero Active Cluster = TAC)을 하는 경우에는 다음과 같이 추가적인 사항을 확인한다.

– 시스템 요구사항

TAC는 여러 시스템이 공유 디스크 기반으로 동작한다. 따라서 여러 인스턴스가 같은 컨트롤 파일과 데이터 파일들을 사용하게 된다. 티베로는 공유 파일을 위해 RAW Device, TAS(Tibero Active Storage) 운영시스템 벤더, 3rd Party 업체에서 제공하는 CFS(Cluster File System) 등을 사용할 수 있다.

⑨ 라이선스 파일 준비 및 설치 파일 준비

uname –n으로 호스트 네임을 확인 후에, 라이선스를 다운받을 수 있는 사이트에서 다운로드 후에 적용한다.

```
# uname -n
tibero_server
```

티맥스소프트의 테크넷 사이트(http://technet.tmax.co.kr/)에서 회원 가입 후 [다운로드] 〉 [라이선스 신청]을 선택한다. 설치 파일도 다운로드를 한다.

다음은 라이선스를 신청할 경우 작성해야 할 항목이다.

표 3-13 | 라이선스 신청 시 작성 항목

구분	설명
제품명	티베로를 선택한다.
Version	발급받을 티베로 버전을 선택한다.
발급 유형	Demo를 선택한다.
Host Name	uname –n으로 확인한 호스트 네임을 정확하게 입력한다.
Edition	standard와 enterprise 중에서 하나를 선택한다. 단, TAC 또는 TSC Mode로 설치할 때는 반드시 enterprise로 신청해야 한다.
Email	라이선스 받을 메일주소를 입력한다. 라이선스 파일(license.xml)이 첨부되어 수신 받을 주소를 정확한 주소를 입력해야 한다.
신청자	신청자 이름을 입력한다.
소속회사명	소속회사 이름을 입력한다.
연락처	연락처를 입력한다.
사용목적	사용목적을 입력한다.

자동 모드로 설치할 경우에 유닉스 계열(Linux 64bit)은 Tibero_6_FS01_Linux_x86_64.bin, 윈도우 계열(64bit)은 Tibero_RDBMS_6_Win_x86_64_trial.exe을 다운로드 한다.

수동 모드로 설치할 경우 유닉스 계열(리눅스 64bit), 윈도우 계열(64bit) 모두 *.tar.gz 파일을 다운로드 한다. 현재 예제로 사용하는 티베로 버전은 tibero6-bin-6_rel_FS01-linux64-102934-opt-tested.tar.gz를 사용하고 있다.

⑩ 티베로 운영시스템 사용자 생성

유닉스 계열에 설치할 경우 티베로 운영시스템 유저를 생성한다. 다음과 같이 티베로 운영시스템 유저를 생성한다. 운영시스템의 사용자 등록 명령어로 티베로를 설치할 사용자(예 : tibero)를 등록하고 그룹은 dba로 설정한다.

```
#useradd -d /home/tibero -g dba tibero
```

사용자 생성 후에 티베로를 설치할 디렉토리는 /home/tibero이다.

3.2 | 티베로 데이터베이스 설치

티베로를 설치하기 위해 운영시스템 및 여러 부분들을 살펴 보았고, 실제로 티베로를 설치하기 위해 티베로 데이터베이스에 대한 세부적인 사항을 살펴보도록 한다.

3.2.1. 세부항목 체크 리스트

티베로를 설치할 때는 다음과 같은 세부항목까지 체크해야 한다.

- **파일 시스템 또는 RAW 디바이스, TAS(Tibero Active Storage) 여부**
  데이터 파일을 저장할 경우 파일 시스템 방식과 RAW 디바이스, TAS(Tibero Active Storage) 방식 중에서 하나를 선택한다.
- **FTP 활성화**
  티베로 설치 바이너리를 위해 FTP(File Transfer Protocol)가 필요하다.
- **TB_SID**
  티베로 인스턴스 이름이다(기본 값 : tibero).
  싱글은 티베로가 한 대의 서버에 설치되므로 TB_SID는 하나만 필요하다(예 : tibero).
  TAC는 액티브-액티브(Active-Active) 방식으로 티베로가 2대의 서버에 각각 설치된다. TAC 구성 후 장애 발생 시점에 정보를 확인하기 위해 TB_SID는 서버별로 다르게 설정한다(예 : Node1 - tibero1, Node2 - tibero2).
- **DB_NAME**
  데이터베이스 이름을 지정한다(기본 값 : tibero).
- **TB_HOME 위치**
  티베로 엔진이 설치될 위치이다(기본 값 : /tibero/tibero6).

- **TSM 사이즈(기본 값 : 물리 메모리의 절반)**

    TSM(Tibero Shared Memory)은 티베로에서 사용할 물리 메모리 값으로 일반적으로 서버의 물리 메모리 절반을 설정한다(기본 값 : 물리 메모리의 절반).

- **DB_BLOCK_SIZE**

    데이터 블록 크기를 지정한다. 2KB, 4KB, 8KB, 16KB, 32KB 중에서 하나를 입력해야 하며 다른 값을 입력해서는 안 된다(기본 값 : 8KB).

- **CHARACTER_SET**

    데이터베이스에 디폴트로 사용할 문자 집합을 지정할 수 있다. 지정할 수 있는 문자 집합은 다음과 같다.

표 3-14 | 캐릭터 셋

언어	문자 집합	설명
다국어	UTF8	24-bit 국제 표준 다국어
한국어	EUCKR	EUC 16-bit 한국어
	MSWIN949	MS 윈도우 코드 페이지 949 한국어(기본 값)
영어	ASCII	ASCII 7-bit 영어
일본어	SJIS	SHIFT-JIS 16-bit 일본어
	JA16SJIS	MS 윈도우 코드 페이지 932 일본어
	JA16SJISTILDE	전각물결문자를 포함하는 MS 윈도우 코드 페이지 932 일본어
	JA16EUC	EUC 24-bit 일본어
	JA16EUCTILDE	전각물결문자를 포함하는 EUC 24-bit 일본어
중국어	GBK	MS 윈도우 코드 페이지 936 중국어
중국어, 홍콩어	ZHT16HKSCS	HKSCS2001 홍콩어 MS 윈도우 코드 페이지 950 중국어
베트남어	VN8VN3	VN3 8-bit 베트남어
동유럽어	EE8ISO8859P2	ISO8859-2 동유럽어
서유럽어	WE8MSWIN1252	MS 윈도우 코드 페이지 1252 서유럽어
	WE8ISO8859P1	ISO8859-1 서유럽어
	WE8ISO8859P9	ISO8859-9 서유럽어(터키어)
	WE8ISO8859P15	ISO8859-15 서유럽어
러시아어, 불가리아어	CL8MSWIN1251	MS 윈도우 코드 페이지 1251 키릴문자
	CL8KOI8R	KOI8-R 키릴문자
	CL8ISO8859P5	ISO8859-5 키릴문자

- 싱글, TAC, TSC 여부

표 3-15 | 싱글/TAC/TSC 여부

구분	설명
싱글	티베로를 싱글로 구성한다.
TAC	티베로를 액티브-액티브 구조로 구성하여 DB를 이중화하는 방식이다.
TSC	티베로를 액티브-스탠바이 구조로 구성하여 DB를 이중화하는 방식이다.

- 데이터 파일 위치

  데이터 파일은 실제 데이터를 저장하고 있다. 사용자는 데이터 파일의 경로를 지정할 수 있다(기본 값 : /tibero/tbdata).

- 리스너 포트 확보

  티베로가 사용자의 요청을 처리하고 응답할 포트 번호이다(기본 값 : 8629).

- 리두로그 그룹 및 멤버의 수

  로그 파일은 리두로그를 저장한다. 리두로그는 2개 이상의 로그 그룹으로 구성되며, 하나의 로그 그룹은 하나 이상의 로그 멤버로 구성할 수 있다. 이러한 구성을 다중화(Multiplexing)라고 한다. 하나의 로그 그룹을 여러 로그 멤버로 구성하는 이유는 일부 로그 멤버가 손상되더라도 다른 로그 멤버를 사용하기 위함이다. 디스크가 대단히 신뢰성이 높거나 데이터가 손실되어도 큰 문제가 없다면 다중화를 하지 않아도 된다.

- 로그 멤버의 다중화

  로그 그룹 하나에 포함된 로그 멤버는 시스템의 성능을 위해 서로 다른 디스크에 저장하고 같은 로그 그룹 내의 모든 멤버는 같은 레코드를 저장한다. 모든 로그 멤버가 서로 다른 디스크에 존재한다면 로그 레코드를 저장하는 과정을 동시에 수행할 수 있다.

- 로그 그룹의 다중화

  로그 그룹의 크기와 개수를 정할 때는 아카이브 작업을 충분히 고려해야 한다. 로그 그룹의 크기는 제 3의 저장 장치에 빠르게 전달하고, 저장 공간을 효율적으로 사용할 수 있도록 설정한다. 로그 그룹의 개수는 아카이브 중인 로그 그룹이 대기하는 경우가 발생하지 않도록 해야 한다. 로그 그룹의 크기와 개수는 데이터베이스를 실제로 운영하면서 변경한다. 데이터베이스에 최적화된 매개변수를 설정한 후 로그 그룹의 크기와 개수를 증가시키고, 데이터베이스 처리 성능에 무리가 가지 않는 범위에서 변경한다.

- 아카이브 로그 모드의 사용 여부 및 아카이브 파일의 위치

  아카이브 로그 모드를 사용하는 경우에는 미디어 복구를 할 수 있다. 사용자는 아카이브 파일이 저장될 위치를 지정할 수 있다.

- 컨트롤 파일 이중화 및 위치

  컨트롤 파일은 데이터베이스 자체의 메타 데이터를 보관하고 있는 바이너리 파일이다. 최초의 컨트롤 파일은 티베로를 설치할 때 함께 생성된다.

컨트롤 파일에는 다음과 같은 정보가 포함되어 있다.

표 3-16 | **컨트롤 파일 저장 정보**

정보	설명
데이터베이스	데이터베이스 이름, $TB_SID.tip 파일의 이름, 생성되었거나 변경된 타임스탬프 등이 있다.
테이블스페이스	테이블스페이스를 구성하는 데이터 파일 또는 생성되었거나 변경된 타임스탬프 등이 있다.
데이터 파일	데이터 파일의 이름과 위치 또는 생성되었거나 변경된 타임스탬프 등이 있다.
Redo 로그	로그 그룹의 개수 및 이를 구성하는 로그 멤버(로그 파일)의 이름과 위치 또는 생성되었거나 변경된 타임스탬프 등이 있다.
체크포인트	최근 체크포인트를 수행한 타임스탬프 등이 있다.

티베로에서는 같은 크기, 같은 내용의 컨트롤 파일을 2개 이상 유지하고, 컨트롤 파일의 복사본을 서로 다른 디스크에 저장하도록 권장한다. 이는 데이터베이스의 시스템 성능과 안정성을 유지하는데 필요하다. 티베로를 설치하는 방법은 4가지를 사용할 수 있다. 티베로 윈도우 자동/수동 설치, 리눅스, 유닉스 콘솔/수동 설치가 있으며, 다음 예제에서는 티베로 윈도우 자동, 리눅스/유닉스 수동 설치 방법을 보도록 한다.

3.2.2. 티베로 윈도우 자동 설치

티베로 윈도우를 설치하기 위해 Tibero_6_Win_x86.exe 파일을 더블 클릭하면 티베로 6 인스톨러가 실행된다. 정상적으로 실행됐다면 〈그림 3-1〉과 같은 화면에서 설치 안내 메시지에 출력할 언어를 선택한 후에 [OK] 버튼을 클릭해서 진행한다. 티베로 인스톨러에서 제공하는 설치 안내 메시지는 한국어와 영어 두 가지를 제공한다.

그림 3-1 | **설치 언어 화면**

티베로를 설치할 디렉터리를 선택하는 화면이 나타난다.

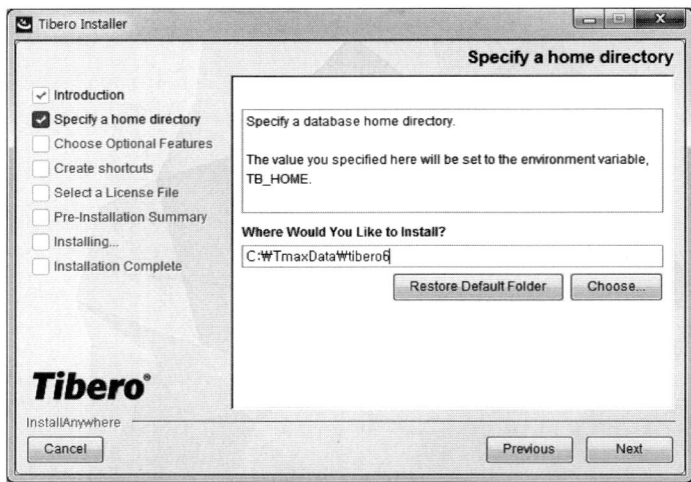

그림 3-2 | **설치 폴더 확인**

디폴트 디렉터리로 C:₩TmaxData₩tibero6가 설정되어 있다. 설치 경로로 설정한 위치에 티베로가 설치되며, 이 위치는 사용자의 환경 설정 파일 중 TB_HOME으로 입력된다. 이때 디렉터리 명에 공백을 입력해서는 안 된다.

설치 경로를 변경하려면 **[Choose...]** 버튼을 클릭하여 티베로가 설치될 디렉터리의 위치를 선택한다. 이렇게 변경된 설치 경로를 다시 디폴트 디렉터리로 복원하려면 **[Restore Default Folder]** 버튼을 클릭한다. 설치 경로가 정해지면 **[Next]** 버튼을 클릭하여 다음 단계로 진행한다.

티베로 설치할 때 추가로 설치할 옵션을 선택한다.

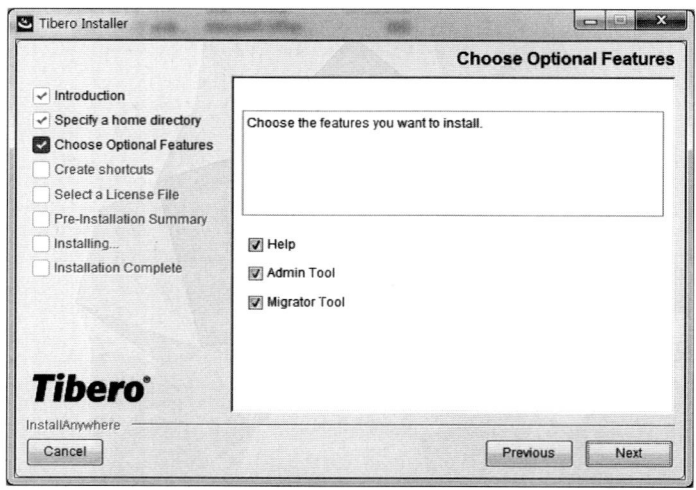

그림 3-3 | **설치 모듈 선택**

각 옵션에서 선택 가능한 항목은 다음과 같다.

표 3-17 | 설치 추가 옵션

구분	설명
Help	티베로 매뉴얼을 설치한다.
Admin Too	tbAdmin을 설치한다. tbAdmin은 그래픽 사용자 환경을 기반으로 한 데이터베이스 개발 및 관리 툴이다
Migrator Tool	tbMigrator 2.0을 설치한다. tbMigrator 2.0는 티베로에서 제공하는 마이그레이션 유틸리티로, 다른 데이터베이스가 구성한 데이터베이스 전체 또는 일부를 티베로로 옮기는 마이그레이션 작업을 도와준다.

티베로 설치 완료 후 바로가기 아이콘의 생성여부를 설정하고 [Next] 버튼을 클릭하여 다음 단계로 진행한다.

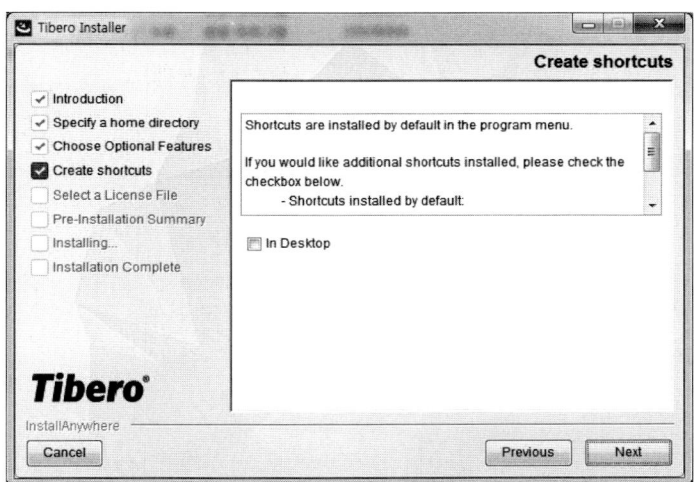

그림 3-4 | 바로가기 설치 여부

티베로 라이선스 파일의 경로를 설정한다.

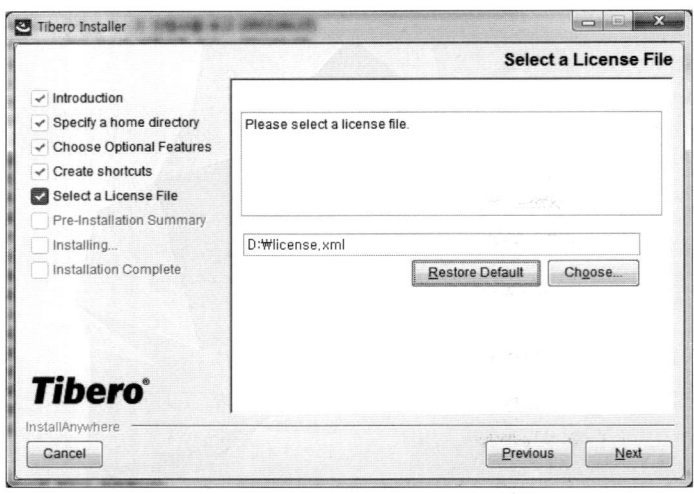

그림 3-5 | 라이선스 위치 확인

설치 시작부터 지금까지 설정한 설치 정보를 확인할 수 있도록 요약 정보를 보여준다. 설치 경로 등 설정이 올바른지 확인하고 티베로의 설치를 진행하기 위해 [Install] 버튼을 클릭한다.

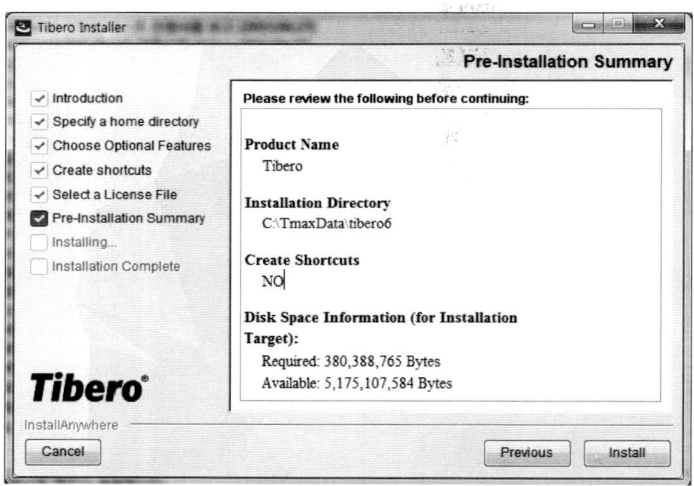

그림 3-6 | Pre-Install Summary

티베로 데이터베이스 인스턴스 생성을 위한 환경 설정 및 파일 압축 해제 과정들을 진행한다.

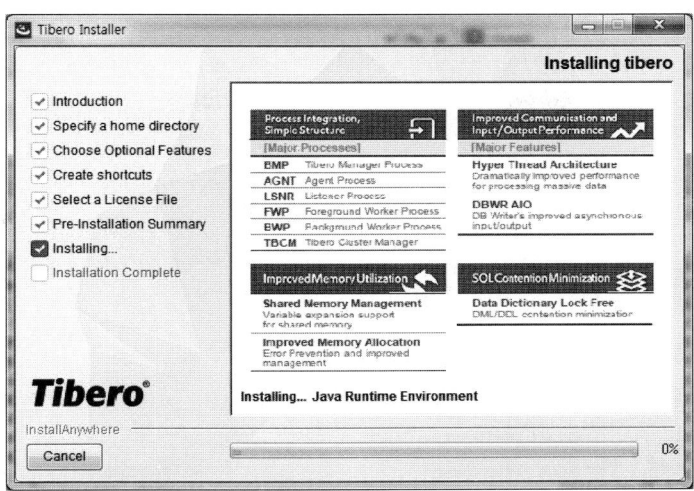

그림 3-7 | 티베로 설치 진행 현황

티베로 사전 설치 과정이 완료되면 다음과 같이 데이터베이스 인스턴스 생성 진행 여부의 확인을 위한 경고 창이 출력된다. 데이터베이스 생성 과정을 진행하는 경우 [yes]를 클릭한다.

그림 3-8 | 인스턴스 생성 진행 여부 확인

만약 해당 과정에서 [no]를 클릭하거나, 사용자가 별도로 실행하고자 하는 경우에는 윈도우 커맨드 창을 '관리자 권한'으로 실행한 후 마법사(Wizard)만 실행하여 데이터베이스 설치를 진행할 수 있다.

```
%TB_HOME%\client\bin\runWizard -m gui
```

〈그림 3-9〉와 같이 티베로 데이터베이스 생성을 위한 마법사가 실행된다.

해당 과정의 마법사(Wizard)에서 설치 안내 메시지에 출력할 언어를 선택한 후에 [Next] 버튼을 클릭해서 진행한다. 티베로 마법사에서 제공하는 설치 안내 메시지는 '한국어'와 '영어' 두 가지를 제공한다.

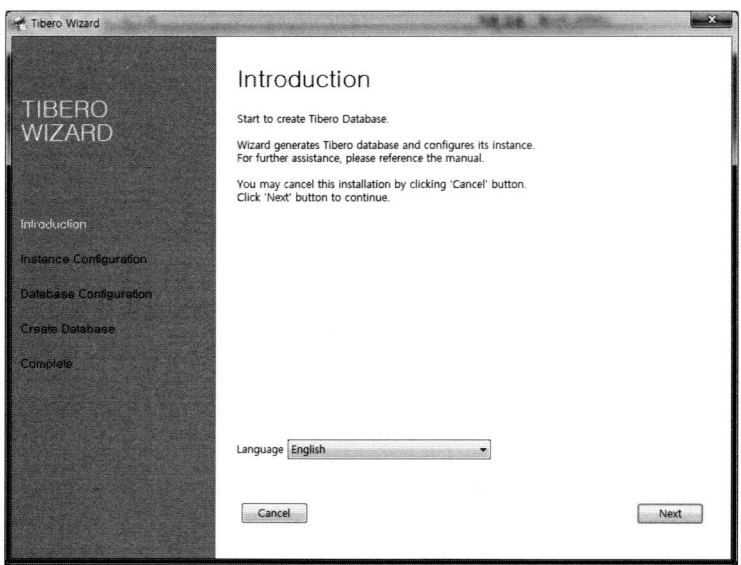

그림 3-9 | **설치 마법사 소개**

데이터베이스를 설치하기 위한 환경 설정 정보를 설정하고 [Next] 버튼을 클릭한다.

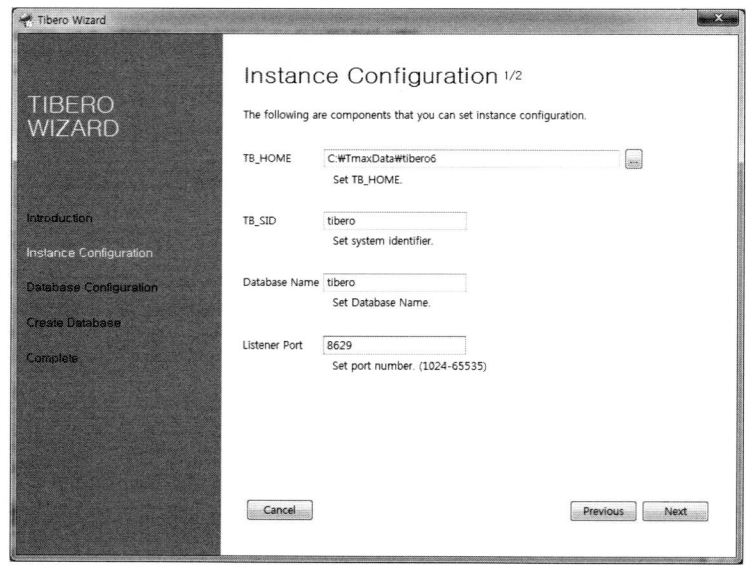

그림 3-10 | **인스턴스 구성 확인 1**

각 설치 옵션에서 입력하는 항목들에 대한 설명은 다음과 같다.

표 3-18 | 인스턴스 구성 추가 옵션 1

옵션	설명
TB_HOME	티베로 바이너리가 설치된 경로를 선택한다. 즉, %TB_HOME%으로 지정된 디렉토리 경로를 선택한다.
TB_SID	해당 머신에서 티베로 인스턴스를 운영할 때 사용할 서비스 아이디를 입력한다.
Database Name	데이터베이스 이름을 설정한다(기본 값 : tibero).
Listener Port	리스너가 사용할 포트 번호를 설정한다(기본 값 : 8629).

TB_SID 및 Database Name을 입력할 때, SID는 서버 내에서 유일한 값(기본 값 : tibero)이어야 하며, '숫자, 문자, -, _'의 조합으로 만들 수 있다. SID를 만들 때 첫 문자로 숫자를 입력하면 안 되고, 중간에 특수문자를 입력하면 안 된다.

티베로 데이터베이스를 설치하는 과정에 설정할 초기화 매개변수를 설정한다.

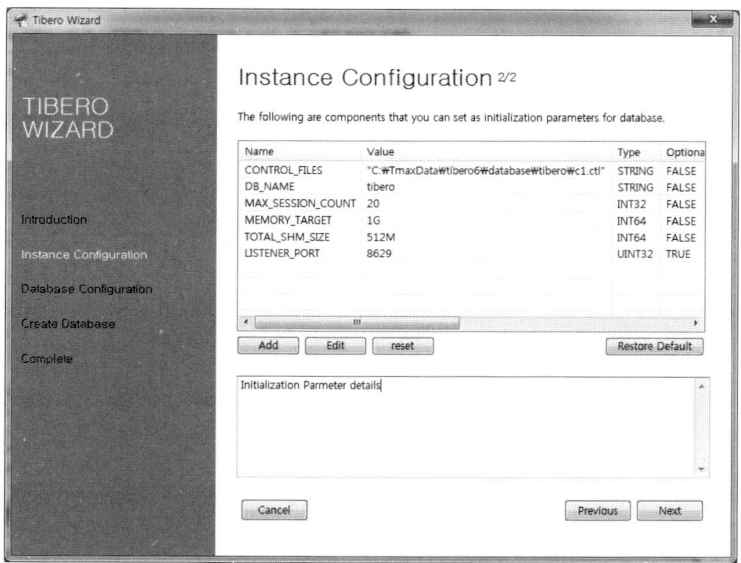

그림 3-11 | 인스턴스 구성 확인 2

기본으로 설정하는 초기화 매개변수에 대한 설명은 다음과 같다.

표 3-19 | 데이터베이스 추가 옵션

옵션	설명
CONTROL_FILES	컨트롤 파일이 존재하는 위치로서 절대 경로로 설정한다.
DB_NAME	데이터베이스 이름을 설정한다(기본 값 : tibero).
MAX_SESSION_COUNT	데이터베이스에 접속 가능한 최대 세션 수를 설정한다(기본 값 : 20).
MEMORY_TARGET	데이터베이스가 사용할 수 있는 메모리의 총 크기를 설정한다.

| TOTAL_SHM_SIZE | 데이터베이스의 인스턴스 내에서 사용할 전체 공유 메모리의 크기를 설정한다. |
| LISTENER_PORT | 리스너가 사용할 포트 번호를 설정한다(기본 값 : 8629). |

사용자가 별도로 초기화 매개변수를 [Add] 또는 [Del] 버튼을 이용하여 추가 또는 삭제할 수 있으며, [Edit] 버튼을 이용하여 설정된 값을 편집할 수 있다. 만약 추가 설정한 값들을 원복하고자 한다면 [Restore Default] 버튼을 클릭해서 초기화한다.

티베로 시스템 사용자의 패스워드 정보와 데이터베이스 생성을 위한 정보들을 설정한 뒤 [Next] 버튼을 클릭해서 다음으로 진행한다.

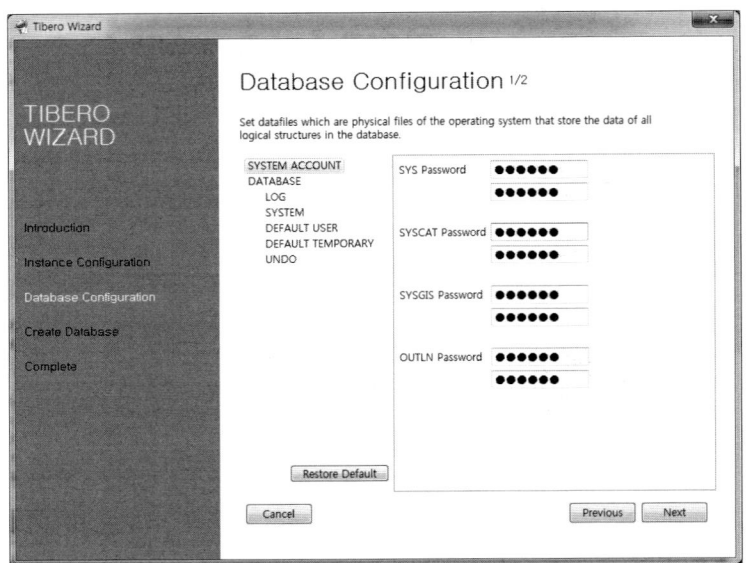

그림 3-12 | 데이터베이스 구성 1

데이터베이스 생성 후에 사용자가 추가로 실행하고자 하는 스크립트 파일을 설정한 후 [Create] 버튼을 클릭해서 데이터베이스 설치를 진행한다.

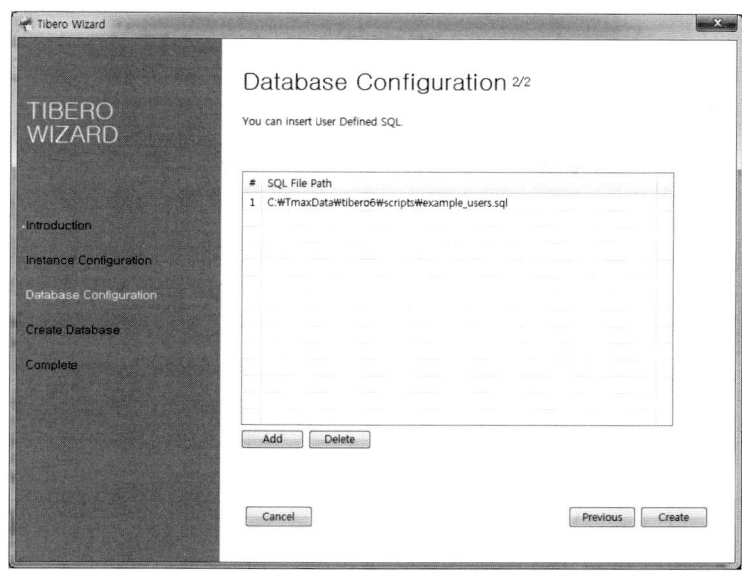

그림 3-13 | 데이터베이스 구성 2

[Add] 또는 [Delete] 버튼을 이용하여 사용자 정의 SQL 스크립트 파일을 추가 또는 삭제할 수 있다. 기본으로 %TB_HOME%\scripts\example_users.sql 스크립트를 실행하도록 설정되어 있으며, 해당 스크립트를 실행하면 다음과 같은 샘플 사용자 계정을 생성한다.

표 3-20 | 샘플 사용자 계정 생성

계정	설명
TIBERO	CONNECT, RESOURCE, DBA 역할이 부여된 샘플 사용자 계정이다.
TIBERO1	CONNECT, RESOURCE, DBA 역할이 부여된 샘플 사용자 계정이다.

정상적으로 데이터베이스 생성을 위한 설정이 완료됐다면 〈그림 3-14〉와 같이 설치가 진행되는 것을 확인할 수 있다. 만약 설치 과정에서 에러가 발생하는 경우 설치 과정이 모두 롤백(Rollback)되며 설치는 에러로 종료된다.

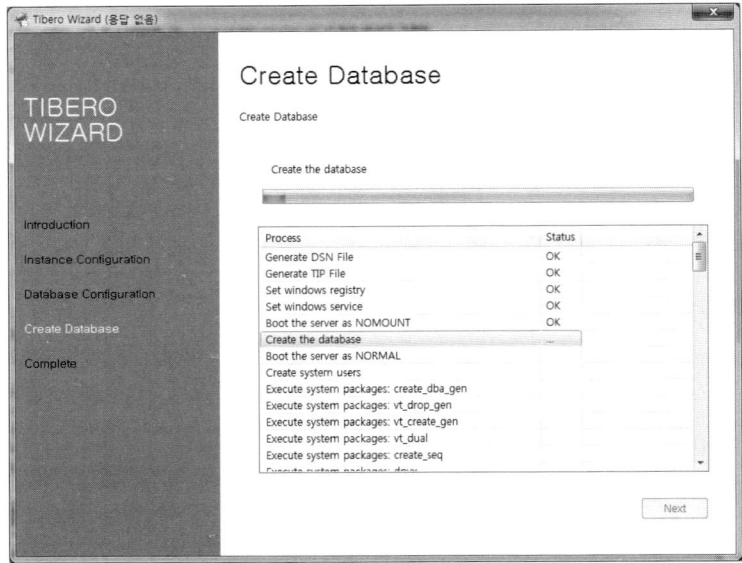

그림 3-14 | 데이터베이스 생성

데이터베이스 생성이 완료되면 〈그림 3-15〉와 같은 화면이 출력된다.

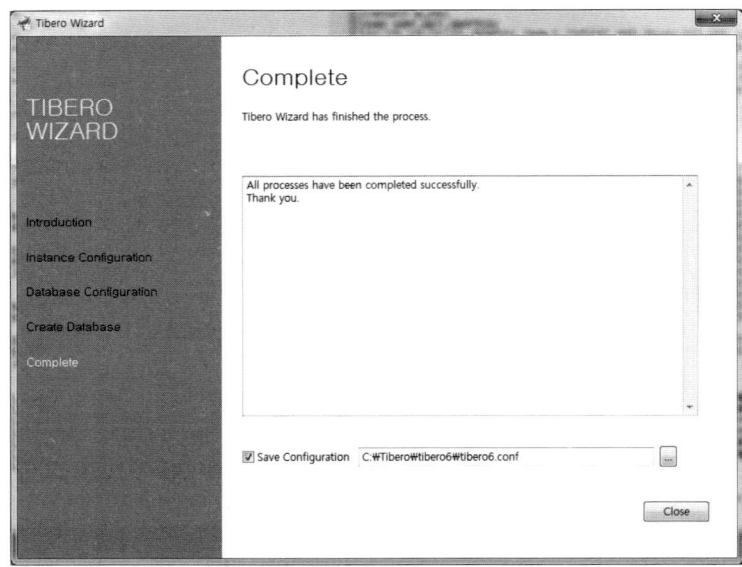

그림 3-15 | 데이터베이스 생성 완료

3.2.3. 티베로 리눅스/유닉스 수동 설치

유닉스 환경에서 수동으로 티베로를 설치하는 과정이다. 설치 과정에서 바이너리 실행 파일, 라이선스 파일이 반드시 필요하다. 본 예제에서는 tibero6-bin-6_rel_FS01-linux64-102934-opt-tested.tar.gz을 사용하도록 한다.

해당 운영체제의 사용자 계정 별로 존재하는 환경 설정 파일(.bashrc, .bash_profile, .profile 등)에 환경변수를 설정한다. 각 운영시스템별 환경 설정에 관련된 부분을 보여준다. 내용을 수정한 후에는 반드시 적용해줘야 한다.

리눅스인 경우

```
### Tibero 6 ENV ###
export TB_HOME=/home/tibero/tibero6
export TB_SID=tibero
export TB_PROF_DIR=$TB_HOME/bin/prof
export PATH=.:$TB_HOME/bin:$TB_HOME/client/bin:$JAVA_HOME:$PATH
export LD_LIBRARY_PATH=$TB_HOME/lib:$TB_HOME/client/lib:$LD_LIBRARY_PATH
```

Solaris인 경우

```
### Tibero 6 ENV ###
export TB_HOME=/home/tibero/tibero6
export TB_SID=tibero
export TB_PROF_DIR=$TB_HOME/bin/prof
export PATH=.:$TB_HOME/bin:$TB_HOME/client/bin:$JAVA_HOME:$PATH
export LD_LIBRARY_PATH_64=
$TB_HOME/lib:$TB_HOME/client/lib:/usr/ucblib/sparcv9:$LD_LIBRARY_PATH_64
```

AIX인 경우

```
### Tibero 6 ENV ###
export TB_HOME=/home/tibero/tibero6
export TB_SID=tibero
export TB_PROF_DIR=$TB_HOME/bin/prof
export PATH=.:$TB_HOME/bin:$TB_HOME/client/bin:$JAVA_HOME:$PATH
export LIBPATH=$TB_HOME/lib:$TB_HOME/client/lib:$LIBPATH
export LINK_CNTRL=L_PTHREADS_D7
```

HP인 경우

```
### Tibero 6 ENV ###
export TB_HOME=/home/tibero/tibero6
export TB_SID=tibero
export TB_PROF_DIR=$TB_HOME/bin/prof
export PATH=.:$TB_HOME/bin:$TB_HOME/client/bin:$JAVA_HOME:$PATH
export SHLIB_PATH=$TB_HOME/lib:$TB_HOME/client/lib:$SHLIB_PATH
```

AIX와 HP의 경우는 임베디드-SQL 컴파일할 때 LIBPATH의 라이브러리로 접근이 되지 않으면 export LD_LIBRARY_PATH=$TB_HOME/client/lib:$LD_LIBRARY_PATH를 설정한다.

별칭 관련 환경 설정

```
######## TIBERO alias ########
alias tbhome='cd $TB_HOME'
alias tbbin='cd $TB_HOME/bin'
alias tblog='cd $TB_HOME/instance/$TB_SID/log'
alias tbcfg='cd $TB_HOME/config'
alias tbcfgv='vi $TB_HOME/config/$TB_SID.tip'
alias tbcli='cd ${TB_HOME}/client/config'
alias tbcliv='vi ${TB_HOME}/client/config/tbdsn.tbr'
```

해당 운영시스템 사용자 홈 디렉터리에서 압축된 바이너리 실행 파일을 해제한다. 그 후에 발급받은 라이선스 파일을 $TB_HOME/license 디렉터리에 복사한다.

리눅스인 경우

```
# cd /home/tibero
# tar -xvzf tibero_binary.tar.gz
```

유닉스인 경우

```
# gunzip tibero_binary.tar.gz
# tar -xvf tibero_binary.tar
```

티베로 운영시스템 사용자에 압축을 해제하고, 라이선스를 복사하는 예제이다.

```
# cp license.xml $TB_HOME/license/.

# ls -lart $TB_HOME/license
drwxrwxr-x. 2 tibero tibero 4096 2015-07-20 14:36 oss_licenses
-rw-r--r--. 1 tibero tibero  485 2015-07-20 14:37 license.xml
```

$TB_HOME/config 디렉토리에서 다음의 명령어를 입력한다.

```
gen_tip.sh
```

이 명령이 실행되면 환경파일($TB_SID.tip)과 tbdsn.tbr, psm_commands 파일이 생성된다.

```
# ./gen_tip.sh
Using TB_SID "tibero"
/home/tibero/tibero6/config/tibero.tip generated
/home/tibero/tibero6/config/psm_commands generated
/home/tibero/tibero6/client/config/tbdsn.tbr generated.
Running client/config/gen_esql_cfg.sh
Done.
```

다음은 각 항목에 대한 설명이다.

표 3-21 | 초기화 매개변수 생성 파일명

항목	설명
$TB_HOME/config/$TB_SID.tip	티베로의 초기화 매개변수 파일이다.
$TB_HOME/config/psm_commands	예전 방식의 PL/SQL의 컴파일 스크립트 파일이다.
$TB_HOME/client/config/tbdsn.tbr	티베로의 클라이언트 접속 설정 파일이다.

티베로 초기화 매개변수 파일은 별도로 수정 없이 기본으로 설치하도록 한다. 컨트롤 파일은 디폴트로 인스턴스 폴더에 생성되지만 컨트롤 파일 및 데이터 파일은 되도록 티베로 엔진이 설치가 된 영역 밖의 폴더를 지정해 저장하는 것을 권장한다. LISTENER_PORT를 수정할 경우 $TB_HOME/client/config/tbdsn.tbr 파일의 LISTENER_PORT 부분을 수정한다. 이때 $TB_SID.tip 파일과 tbdsn.tbr 파일의 포트 번호가 일치해야 접속이 가능하다.

티베로 데이터베이스 생성을 위해서 노마운트 모드로 티베로를 기동(tbboot nomount)한 후 티베로에서 제공되는 tbSQL 유틸리티를 이용하여 데이터베이스에 접속한다. 예제에서는 'sys' 사용자로 접속한다.

```
# tbboot nomount
Change core dump dir to /home/tibero/tibero6/bin/prof.
Listener port = 4629
Tibero 6
TmaxData Corporation Copyright (c) 2008-. All rights reserved.
Tibero instance started up (NOMOUNT mode).

# tbsql sys/tibero

tbSQL 6
TmaxData Corporation Copyright (c) 2008-. All rights reserved.
Connected to Tibero.
SQL>
```

CREATE DATABASE 문을 이용하여 원하는 데이터베이스를 생성한다. 예제에서는 'tibero'로 생성한다.

```
SQL> create database "tibero"
user sys identified by tibero
maxinstances 8
maxdatafiles 100
character set MSWIN949
logfile group 1 'log001.log' size 100M,
group 2 'log002.log' size 100M,
group 3 'log003.log' size 100M
maxloggroups 255
maxlogmembers 8
noarchivelog
datafile 'system001.dtf' size 100M
autoextend on next 100M maxsize unlimited
default tablespace USR datafile 'usr.dtf' size 512M
        autoextend on next 10M maxsize unlimited
        extent management local autoallocate
syssub datafile 'syssub.dtf' size 512M
        autoextend on next 100M
default temporary tablespace TEMP tempfile 'temp001.dtf' size 100M
autoextend on next 100M maxsize unlimited
extent management local autoallocate
undo tablespace UNDO                                              ▶
```

```
datafile 'undo001.dtf' size 100M
autoextend on next 100M maxsize unlimited
extent management local autoallocate;
Database created.

SQL> quit
```

데이터베이스 생성이 완료되면, 자동적으로 다운이 되기 때문에 tbboot 명령어로 티베로를 다시 기동한다

```
# tbboot
Change core dump dir to /home/tibero/tibero6/bin/prof.
Listener port = 4629


Tibero 6
TmaxData Corporation Copyright (c) 2008-. All rights reserved.
Tibero instance started up (NORMAL mode).
```

$TB_HOME/scripts 디렉토리에서 system.sh 명령어를 입력한다. 이 명령어를 입력하면, 현재 디렉토리에 있는 SQL 파일이 수행된다. SQL 파일을 수행하면 롤, 시스템 사용자, 뷰, 패키지 등이 생성된다. 사용되는 sys 및 syscat 계정에 대한 기본 암호는 각각 tibero, syscat이다. 해당 비밀번호를 잘못 입력하면 데이터 딕셔너리 등이 정상적으로 설치되지 않는다. 각각의 비밀번호는 정확하게 입력해야 하며, 잘못 입력했을 경우에는 system.sh를 이용하여 다시 수행하면 된다.

```
# ./system.sh
Enter SYS password:
tibero
Enter SYSCAT password:
syscat
Creating the role DBA...
create default system users & roles?(Y/N):
y
Creating system users & roles... Creating virtual tables(1)...
Creating virtual tables(2)...
Granting public access to _VT_DUAL...
Creating the system generated sequences...
Creating internal dynamic performance views...
Creating outline table...                                        ▶
```

```
Creating system package specifications:
Running /home/tibero/Tibero/tibero6/scripts/pkg/pkg_standard.sql...
Running /home/tibero/Tibero/tibero6/scripts/pkg/pkg_dbms_output.sql...
Running /home/tibero/Tibero/tibero6/scripts/pkg/pkg_dbms_lob.sql...
Running /home/tibero/Tibero/tibero6/scripts/pkg/pkg_dbms_utility.sql...
......중간 생략......

Create TPR tables?(Y/N):
y

Dropping tables used in TPR...
Creating auxiliary tables used in TPR...
Creating packages for TPR...
    Running /home/tibero/tibero6/scripts/pkg/_pkg_dbms_tpr.tbw...
    Running /home/tibero/tibero6/scripts/pkg/_pkg_dbms_apm.tbw...
Start TPR
Creating spatial meta tables and views ...
Creating internal system jobs...
Creating internal system notice queue ...
Done.
For details, check /home/tibero/tibero6/instance/tibero/log/system_init.log.
```

정상적으로 생성됐는지는 $TB_HOME/instance/$TB_SID/log/system_init.log 파일을 확인한다. 에러 확인 시에 SYS._*, SYSCAT._* 관련된 데이터 에러는 내부적으로 삭제와 재생성을 반복하는 것이므로 처음 설치 시 Not Found는 정상적인 에러이다.

티베로의 설치가 정상적으로 완료되면 티베로 프로세스가 실행된다. 이 프로세스는 다음의 명령어를 실행하면 확인할 수 있다.

```
# ps -ef|grep tbsvr|grep tibero
tibero 37896     1 0 15:52 pts/2 00:00:00 tbsvr       -t NORMAL -SVR_SID tibero
tibero 37898 37896 0 15:52 pts/2 00:00:00 tbsvr_TBMP  -t NORMAL -SVR_SID tibero
tibero 37899 37896 3 15:52 pts/2 00:00:22 tbsvr_WP000 -t NORMAL -SVR_SID tibero
tibero 37900 37896 0 15:52 pts/2 00:00:01 tbsvr_WP001 -t NORMAL -SVR_SID tibero
tibero 37901 37896 0 15:52 pts/2 00:00:00 tbsvr_AGNT  -t NORMAL -SVR_SID tibero
tibero 37902 37896 0 15:52 pts/2 00:00:01 tbsvr_DBWR  -t NORMAL -SVR_SID tibero
tibero 37903 37896 0 15:52 pts/2 00:00:00 tbsvr_RECO  -t NORMAL -SVR_SID tibero
tibero 39884 36178 0 16:03 pts/2 00:00:00 grep tbsvr
```

마지막으로 tbsql 툴을 이용하여 티베로 접속 후에 v$database 뷰를 조회하면 정상적으로 조회된다.

```
# tbsql sys/tibero

tbSQL 6
TmaxData Corporation Copyright (c) 2008-. All rights reserved.
Connected to Tibero.

SQL> SELECT * FROM v$database;

      DBID NAME
---------- ------------------------------------
CREATE_DATE                             CURRENT_TSN OPEN_MODE  RESETLOG_TSN
--------------------------------------- ----------- ---------- ------------
RESETLOG_DATE                           PREV_RESETLOG_TSN
--------------------------------------- -----------------
PREV_RESETLOG_DATE                      LOG_MODE      CKPT_TSN
--------------------------------------- ------------ -----------
CKPT_DATE
---------------------------------------
-1.732E+09 tibero
2015/07/20                                    32221 READ WRITE            0
                                                  0
                                        NOARCHIVELOG        31891
2015/07/20
```

이상으로 티베로 설치에 대해서 살펴 보았다.

다음은 티베로 설치 시에 생성되는 tbdsn.tbr, $TB_SID.tip, system.sh 항목들에 대한 부분을 살펴본다. tbdsn.tbr 파일 구조는 다음과 같이 이루어져 있다.

```
SID_1=(
(INSTANCE= (항목1=값1)
(항목2=값2)
...
)
)
SID_2=(
(INSTANCE= (항목1=값1)
(항목2=값2)
...
)
```

```
)
TB_NLS_LANG=EUCKR
TBCLI_LOG_LVL=TRACE
TBCLI_LOG_DIR=/home/tibero6/log
...
```

SID는 클라이언트에서 해당 서버를 식별하기 위한 고유한 이름으로 앞의 구조와 같이 세부 항목이 포함되어 있으며 병렬 구조의 형태를 띤다. tbdsn.tbr에서 SID로 사용할 수 있는 표준문자는 문자(A ~ Z, a ~ z), 숫자(0 ~ 9) 및 언더라인(_)이며 대소문자를 구별한다.

SID의 세부 항목은 다음과 같다.

표 3-22 | tbdsn.tbr 항목 설명

항목	설명
HOST	서버의 IP 주소이다(예 : HOST=168.1.1.33).
PORT	서버의 포트 번호이다(예 : PORT=8629).
DB_NAME	데이터베이스의 이름이다(예 : DB_NAME=tibero).
TB_NLS_LANG	클라이언트에서 사용하는 캐릭터 셋을 지정할 수 있다(예 : TB_NLS_LANG=EUCKR).
TBCLI_LOG_LVL	CLI의 로그 레벨을 지정할 수 있다(예 : TBCLI_LOG_LVL=TRACE).
TBCLI_LOG_DIR	CLI의 로그를 저장할 디렉토리를 지정할 수 있다. 디폴트 디렉토리는 윈도우 계열이 c:\이고, 유닉스 계열은 /tmp이다(예 : TBCLI_LOG_DIR=/home/test/log).

SID 외에 클라이언트 환경 설정도 할 수 있다. 이 설정들은 환경변수로도 지정 가능하며, 양쪽 다 설정되어 있을 경우 tbdsn.tbr 파일설정을 우선적으로 따른다.

tbdsn.tbr 파일의 예를 들면 다음과 같다.

```
tb=(
   (INSTANCE=(HOST=168.1.1.33)
        (PORT=8629)
      (DB_NAME=tibero)
   )
)
```

티베로를 설치하고, 자동으로 설정되는 초기화 매개변수를 설명한다. 초기화 매개변수에 대한 설정 예이다.

$TB_SID.tip

```
DB_NAME=$TB_SID
LISTENER_PORT=8629
CONTROL_FILES="$TB_HOME/database/tibero/c1.ctl"
DB_CREATE_FILE_DEST="$TB_HOME/instance/$TB_SID/database"
DBWR_CNT=1
DBMS_LOG_TOTAL_SIZE_LIMIT=300M
TRACE_LOG_TOTAL_SIZE_LIMIT=300M
MAX_SESSION_COUNT=1
_WTHR_PER_PROC=10
TOTAL_SHM_SIZE=512M
DB_BLOCK_SIZE=8K
DB_CACHE_SIZE=256M
LOG_BUFFER=10M
LOG_LVL=4
SQL_LOG_ON_MEMORY=Y
MEMORY_TARGET=1G
```

다음은 앞에서 설정한 각 매개변수에 대한 설명이다.

표 3-23 | 티베로 환경파일($TB_SID.tip) 항목 설명

매개변수	설명
DB_NAME	데이터베이스 이름을 설정한다(기본 값 : tibero).
LISTENER_PORT	리스너가 사용할 포트 번호를 설정한다(기본 값 : 8629). SHMKEY와 더불어 한 서버에서 2개 이상의 데이터베이스 인스턴스를 수행할 때에는 반드시 다르게 설정해 줘야 한다.
CONTROL_FILES	컨트롤 파일이 존재하는 위치로서 절대 경로로 설정한다.
DB_CREATE_FILE_DEST	데이터 파일이 존재하는 위치로서 절대 경로로 설정한다.
DBWR_CNT	디스크에 데이터베이스 블록을 사용하는 프로세스의 개수를 설정한다. 프로세스는 1개만 사용할 수 있다.
DBMS_LOG_TOTAL_SIZE_LIMIT	하나의 데이터베이스의 로그 파일에 저장되는 최대 용량을 설정한다.
TRACE_LOG_TOTAL_SIZE_LIMIT	하나의 트레이스 로그 파일에 저장되는 최대 용량을 설정한다.
MAX_SESSION_COUNT	접속 가능한 모든 세션의 개수를 설정한다.
_WTHR_PER_PROC	워킹 프로세스 하나에 할당될 워킹 쓰레드의 개수를 설정한다.
TOTAL_SHM_SIZE	데이터베이스의 인스턴스 내에서 사용할 전체 공유 메모리의 크기를 설정한다. 전체 공유 메모리의 크기는 DB_CACHE_SIZE + LOG_BUFFER + 20M(초기 기동 시 할당 영역)+ (WTHR_PROC_CNT *_WTHR_PER_PROC)*1M를 계산한 값보다 좀 더 초과하여 설정하면 된다.

MEMORY_TARGET	데이터베이스가 사용할 수 있는 메모리의 총 크기를 설정한다.
DB_BLOCK_SIZE	데이터베이스의 블록의 크기를 설정한다.
DB_CACHE_SIZE	데이터베이스의 캐시 버퍼의 크기를 설정한다.
LOG_BUFFER	로그를 저장하는 메모리 공간의 크기를 설정한다.
LOG_LVL	로그를 저장할 범위의 레벨을 설정한다. 높은 레벨을 설정할수록 많은 로그가 저장된다. 단, 레벨을 높일수록 데이터베이스 성능에 영향이 미치므로 주의해야 한다.
SQL_LOG_ON_MEMORY	워킹 쓰레드마다 메모리에 SQL 로그를 캐시하고 있다가 문제가 발생할 경우, 그 내용을 파일로 저장할 것인지를 설정한다. - Y : 사용한다. - N : 사용하지 않는다.

◆ **바이너리 TIP 사용**

바이너리 TIP(이하 BTIP)은 티베로 초기화 매개변수 값을 바이너리 파일 형태로 저장하는 기능이다. 기존의 TIP 파일과 차이점은 운영 중 변경한 매개변수의 값을 저장하여 다음 부팅할 때 반영할 수 있다.

BTIP의 생성은 다음의 DDL 구문을 실행한다.

```
SQL> CREATE BTIP FROM TIP;
```

$TB_HOME/config 하위의 TIP 파일로부터 BTIP을 $TB_HOME/config/$TB_SID.btip로 생성한다.

```
SQL> CREATE BTIP='PATH' FROM TIP;
```

BTIP을 $TB_HOME/config 아닌 곳에 생성하고 싶은 경우 BTIP 파일명의 절대 경로를 주면 된다. 파일 확장명은 반드시 .btip이어야 한다.

부팅할 때 $TB_HOME/config 하위에 $TB_SID.btip 파일이 있으면, BTIP 파일에서 매개변수 정보를 읽는다. BTIP이 없는 경우 $TB_SID.tip 파일을 사용하여 매개변수 정보를 읽는다.

사용 중인 TIP 파일의 정보는 다음처럼 조회할 수 있다. $TB_HOME/config 하위의 BTIP 파일을 사용 중이다.

```
SQL> SHOW PARAMETER USING_TIP
NAME              TYPE       VALUE
--------------    -------    -----------------------------------
USING_TIP         DIRNAME    /home/tibero/work/6/config/t6.btip
```

운영 중 매개변수 동적 변경을 BTIP에 저장하려면 다음의 DDL 구문을 이용하여 반영하려고 하는

scope를 지정하면 된다.

```
SQL> ALTER SYSTEM SET PARAMETER1 = NEW_VALUE SCOPE BTIP ;
```

PARAMETER1의 변경된 값 NEW_VALUE는 BTIP에만 반영하여 다음 부팅부터 PARAMETER1의 값은 NEW_VALUE로 동작한다. DDL 구문 수행 후 PARAMETER1의 값은 OLD_VALUE이다.

```
SQL> ALTER SYSTEM SET PARAMETER1 = NEW_VALUE SCOPE MEMORY ;
```

PARAMETER1의 변경된 값 NEW_VALUE는 운영 중인 시점에만 반영하고, 다음 부팅 시 PARAMETER1의 값은 OLD_VALUE이다.

```
SQL> ALTER SYSTEM SET PARAMETER1 = NEW_VALUE SCOPE BOTH ;
```

PARAMETER1의 변경된 값 NEW_VALUE는 운영 시점과 BTIP 모두 반영하며, 다음 부팅 시 PARAMETER1의 값은 NEW_VALUE이다. DDL 구문 수행 후 PARAMETER1의 값도 NEW_VALUE이다.

BTIP에서 TIP 파일을 생성하는 것은 운영 중인 서버가 BTIP을 사용 중일 때 가능하다.

```
SQL> CREATE TIP FROM BTIP;
```

- system.sh

system.sh(vbs)에서 사용 가능한 옵션은 다음과 같다

```
# system.sh -h
Usage: system.sh [option] [arg]
-h : dispaly usage
-p1 password : sys password
-p2 password : syscat password
-a1 Y/N : create default system users & roles
-a2 Y/N : create system tables related to profile
-a3 Y/N : register dbms stat job to Job Scheduler
-a4 Y/N : create TPR tables
pkgonly : create psm builtin package only
```

표 3-24 | 샘플 사용자 계정 생성

옵션	설명
-h	도움말 화면을 출력한다.
-p1 password	sys 계정의 패스워드를 입력한다(기본 값 : tibero).
-p2 password	syscat 계정의 패스워드를 입력한다(기본 값 : syscat).

옵션	설명
-a1	시스템 유저 생성 및 권한 부여 여부를 입력한다. 최초 설치일 경우 반드시 'Y'를 입력한다. - Y : 시스템 유저 생성 및 권한을 부여한다. - N : 데이터를 보존한다.
-a2	데이터베이스 사용자의 패스워드 관리 정책을 지정할 수 있는 프로파일을 위한 테이블의 생성여부를 선택한다. 최초 설치일 경우 반드시 'Y'를 입력한다. - Y : 기존 테이블을 삭제한 후 생성한다. - N : 데이터를 보존한다.
-a3	데이터베이스 객체의 통계 정보 수집을 위한 잡(Job) 스케줄링 등록 여부를 입력한다. 최초 설치일 경우 'Y'를 입력하는 것을 권장한다. - Y : 통계 정보 수집을 위한 Job을 삭제한 후 등록한다. - N : 등록하지 않는다.
-a4	통계 정보를 주기적으로 자동 수집하기 위한 TPR 관련 테이블의 생성여부를 입력한다. 최초 설치일 경우 반드시 'Y'를 입력한다. - Y : 기존 테이블을 삭제한 후 생성한다. - N : 데이터를 보존한다.
pkgonly	패키지 관련 스크립트를 수행한다.

3.3 | 티베로 기동 및 종료

티베로의 기동과 종료는 데이터베이스 관리자(DBA : Database Administrator, 이하 DBA)만 할 수 있다. 운영시스템 프롬프트에서 명령어를 수행해야 한다.

① 기동

티베로의 기동은 tbboot 명령어를 사용한다. 옵션을 포함한 tbboot의 명령어는 다음과 같다.

```
# tbboot [-h] [-v] [-l] [-C] [-t BOOTMODE]
```

표 3-25 | 티베로 기동 옵션

옵션	설명
-h	tbboot 명령어의 도움말을 보여주는 옵션이다.
-v	티베로의 버전 정보를 보여주는 옵션이다.
-l	티베로의 라이선스 정보를 보여주는 옵션이다.
-C	티베로가 지원하는 문자 집합의 정보를 보여주는 옵션이다.
-t	티베로 서버를 기동할 수 있는 옵션이다. 이 옵션은 생략이 가능하다.

티베로에서는 tbboot 명령어에서 부트 모드를 제공한다.

표 3-26 | 티베로 부트 모드 옵션

부트 모드	설명
NOMOUNT	티베로의 프로세스만 기동시키는 모드이다.
MOUNT	미디어 복구 등의 데이터베이스 관리를 위해 사용하는 모드이다.
RECOVERY	Tibero Standby Cluster를 구축할 때 스탠바이 쪽의 데이터베이스를 운영하는 모드이다.
NORMAL	정상적으로 데이터베이스의 모든 기능을 사용할 수 있는 모드이다. 기본 사용 부트모드 옵션이다. tbboot 다음에 아무런 옵션을 주지 않는다면 해당 모드로 기동된다 (tbboot = tbboot normal).
RESETLOGS	티베로 서버를 기동하는 과정에서 로그 파일을 초기화하며, 불완전 미디어 복구 이후에 사용하는 모드이다.
READONLY	데이터베이스를 읽는 작업만 허용하고, 변경 작업을 허용하지 않는 모드이다.

```
# tbboot
Change core dump dir to /home/tibero/tibero6/bin/prof.
Listener port = 8629

Tibero 6
TmaxData Corporation Copyright (c) 2008-. All rights reserved.
Tibero instance started up (NORMAL mode).
```

② 종료

티베로의 종료는 tbdown 명령어를 사용한다. 옵션을 포함한 tbdown의 명령어는 다음과 같다.

```
# tbdown [-h] [-t DOWNMODE]
```

표 3-27 | 티베로 종료 옵션

옵션	설명
-h	tbdown 명령어의 도움말을 보여주는 옵션이다.
-t	티베로 서버를 종료할 수 있는 옵션이다. 이 옵션은 생략이 가능하다.

표 3-28 | 티베로 다운 모드 옵션

다운 모드	설명
NORMAL	일반적인 종료 모드이다. 기본 값이다(tbdown = tbdown normal).
POST_TX	모든 트랜잭션이 끝날 때까지 대기한 후 티베로를 종료하는 모드이다.

IMMEDIATE	현재 수행 중인 모든 작업을 강제로 중단시키며 진행 중인 모든 트랜잭션을 롤백한다. 티베로를 종료하는 모드이다.
ABORT	티베로의 프로세스를 강제로 종료하는 모드이다.
SWITCHOVER	TSC 환경에서 스탠바이와 액티브 데이터베이스를 동기화시킨 후 액티브 데이터베이스를 NORMAL 모드처럼 종료하는 모드이다.
ABNORMAL	티베로 서버에 접속하지 않고 서버 프로세스를 무조건 강제로 종료시키는 모드이다.

```
# tbdown
Tibero instance terminated (NORMAL mode).
```

티베로는 tbdown clean이라는 명령어를 제공한다. tbdown clean은 티베로 서버가 비정상 종료된 상태에서 운영 중에 사용했던 공유 메모리나 세마포어 자원들을 해제하는 옵션이다. 티베로 서버가 운영 중일 때는 사용할 수 없는 옵션이다.

```
# ps -ef|grep tbsvr |grep tibero
tibero 43782     1  0 16:46 pts/2 00:00:00 tbsvr          -t NORMAL -SVR_SID tibero
tibero 43784 43782  2 16:46 pts/2 00:00:00 tbsvr_TBMP     -t NORMAL -SVR_SID tibero
tibero 43785 43782  0 16:46 pts/2 00:00:00 tbsvr_WP000    -t NORMAL -SVR_SID tibero
tibero 43786 43782  0 16:46 pts/2 00:00:00 tbsvr_WP001    -t NORMAL -SVR_SID tibero
tibero 43787 43782  0 16:46 pts/2 00:00:00 tbsvr_AGNT     -t NORMAL -SVR_SID tibero
tibero 43788 43782  0 16:46 pts/2 00:00:00 tbsvr_DBWR     -t NORMAL -SVR_SID tibero
tibero 43789 43782  0 16:46 pts/2 00:00:00 tbsvr_RECO     -t NORMAL -SVR_SID tibero
tibero 43872 36178  0 16:46 pts/2 00:00:00 grep tbsvr

# kill -9 43782 43784 43785 43786 43787 43788 43789
# tbboot
Change core dump dir to /home/tibero/tibero6/bin/prof.
*************************************************************
*                    BOOT FAILED.
* Garbage files have not been deleted.
* Please run "tbdown clean" and try again.
*************************************************************
# tbdown clean
#
```

3.4 티베로 디렉토리 구조

티베로가 설치되면 다음과 같은 기본 디렉토리가 생성된다. 디렉토리 중에서 database 디렉토리의 경우 데이터 파일 및 컨트롤 파일, 리두로그 파일이 저장되는 위치를 물리적으로 다른 곳으로 변경했을 경우에는 생성되지 않는다.

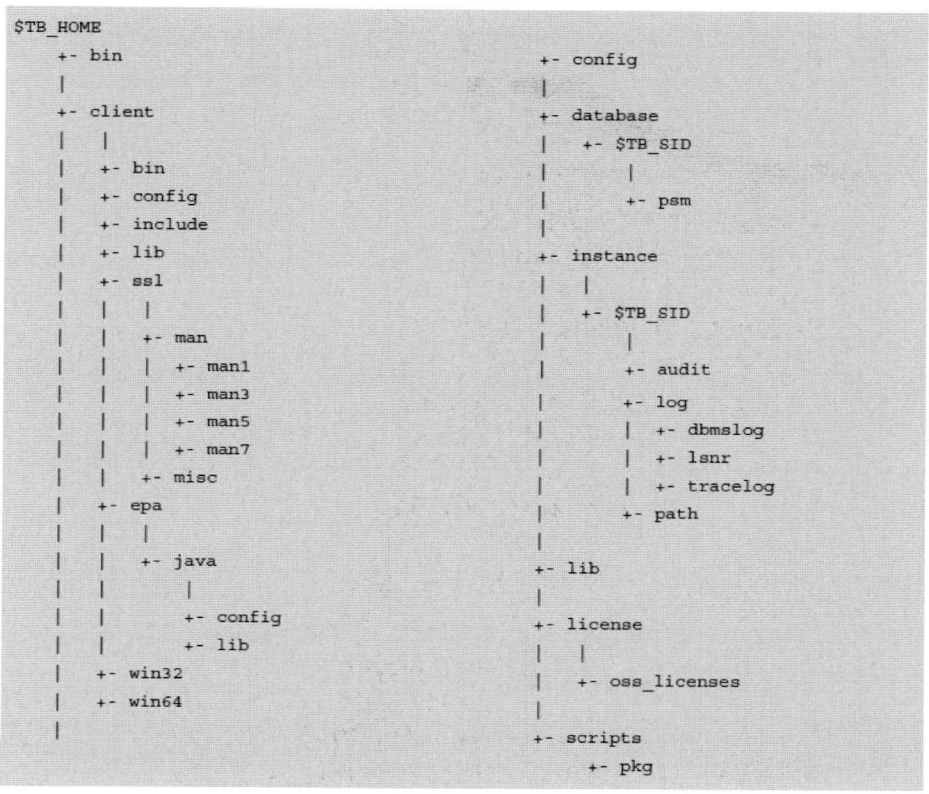

그림 3-16 | 티베로 설치 디렉토리 구조

〈그림 3-16〉에서 $TB_SID라고 보이는 부분은 각각의 시스템 환경에 맞는 서버의 SID로 바꿔서 읽어야 한다. 티베로에서 사용하는 고유의 디렉토리는 다음과 같다.

- bin

  티베로의 실행 파일과 서버 관리를 위한 유틸리티가 위치한 디렉토리다. 이 디렉토리에 속한 파일 중에서 tbsvr과 tblistener는 티베로를 구성하는 실행 파일이며, tbboot와 tbdown은 각각 티베로를 기동하고 종료하는 역할을 담당한다.

  tbsvr과 tblistener 실행 파일은 반드시 tbboot 명령어를 이용해 실행돼야 하며, 절대로 직접 실행해서는 안 된다.

- client/bin

    티베로의 클라이언트 실행 파일이 있는 디렉토리다. 이 디렉토리에는 다음과 같은 유틸리티가 있다.

표 3-29 | 티베로 클라이언트 유틸리티

유틸리티	설명
tbSQL	기본적인 클라이언트 프로그램으로 사용자가 직접 SQL 질의를 하고 그 결과를 확인할 수 있는 유틸리티이다.
tbMigrator	다른 데이터베이스의 내용을 티베로의 데이터베이스로 옮기는 것을 지원하는 유틸리티이다.
tbExport	논리적 백업이나 데이터베이스 간에 데이터 이동을 위해 데이터베이스의 내용을 외부 파일로 저장하는 유틸리티이다.
tbImport	외부 파일에 저장된 내용을 데이터베이스로 가져오는 유틸리티이다.
tbLoader	대량의 데이터를 데이터베이스로 한꺼번에 읽어 들이는 유틸리티이다.
tbpc	C 언어로 작성된 프로그램 안에서 내장 SQL(Embedded SQL)을 사용하는 프로그램을 개발할 때 이를 C 프로그램으로 변환하는 유틸리티이다. 이렇게 변환된 프로그램을 C 컴파일러를 통해 컴파일할 수 있도록 도와주는 역할도 담당한다.
tbrmgr	데이터베이스의 온라인 백업 및 복구를 손쉽게 수행할 수 있는 유틸리티이다. 증분 백업 및 백업의 압축, 백업 리스트 관리 등을 수행한다.
tbdv	데이터베이스를 이루는 데이터 파일의 기본적인 정합성을 검사하는 유틸리티이다. 헤더 블록의 정보 및 데이터 블록의 정합성 확인, 데이터 블록의 남은 공간 등을 확인한다.

- client/config

    티베로의 클라이언트 프로그램을 실행하기 위한 설정 파일이 위치하는 디렉토리다.

    티베로 클라이언트 파일인 tbdsn.tbr 파일이 위치한다.

- client/include

    티베로의 클라이언트 프로그램을 작성할 때 필요한 헤더 파일이 위치하는 디렉토리다.

- client/lib

    티베로의 클라이언트 프로그램을 작성할 때 필요한 라이브러리 파일이 위치하는 디렉토리다.

- client/ssl

    서버 보안을 위한 인증서와 개인 키를 저장하는 디렉토리다.

- client/epa

    외부 프로시저(External Procedure)와 관련된 설정 파일과 로그 파일이 있는 디렉토리다.

- client/win32

    32bit 윈도우용 ODBC/OLE DB 드라이버가 위치하는 디렉토리다.

- client/win64

    64bit 윈도우용 ODBC/OLE DB 드라이버가 위치하는 디렉토리다.

- config

  티베로의 환경 설정 파일이 위치하는 디렉토리다.

  이 위치에 존재하는 $TB_SID.tip 파일이 티베로의 환경 설정을 결정한다

- database/$TB_SID

  티베로의 데이터베이스 정보를 별도로 설정하지 않는 한, 모든 데이터베이스 정보가 이 디렉토리와 그 하위 디렉토리에 저장된다. 이 디렉토리에는 데이터 자체에 대한 메타데이터뿐만 아니라 다음과 같은 종류의 파일이 있다.

표 3-30 | 티베로 데이터베이스 디렉토리 내용

파일	설명
컨트롤 파일	다른 모든 파일의 위치를 담고 있는 파일이다.
데이터 파일	실제 데이터를 저장하고 있는 파일이다.
로그 파일	데이터 복구를 위해 데이터에 대한 모든 변경 사항을 저장하는 파일이다.

- database/$TB_SID/psm

  tbPSM 프로그램을 컴파일드 모드로 컴파일하는 경우 컴파일된 파일이 저장되는 디렉토리이다. 하지만 현재 티베로에서는 인터프리터 모드만을 지원하고 있다.

- instance/$TB_SID/audit

  데이터베이스 사용자가 시스템 특권 또는 스키마 객체 특권을 사용하는 것을 감시한 내용을 기록한 파일이 저장되는 디렉토리다.

- instance/$TB_SID/log

  티베로의 트레이스 로그 파일과 데이터베이스 로그 파일이 저장되는 디렉토리다.

표 3-31 | 티베로 로그 디렉토리

파일	설명
트레이스 로그 파일	디버깅을 위한 파일이다. 서버가 하는 모든 일이 자세하게 기록되는 파일이며, 서버 성능이 저하되는 원인을 찾거나 티베로 자체의 버그를 해결하는 데 사용될 수 있다.
데이터베이스 로그 파일	Trace 로그 파일에 기록되는 정보보다 좀 더 중요한 정보가 기록되는 파일이며, 서버 기동 및 종류, DDL 문장의 수행 등이 기록되는 파일이다.

트레이스 로그 파일과 데이터베이스 로그 파일은 데이터베이스를 사용할수록 계속 누적되어 저장된다. 전체 디렉토리의 최대 크기를 지정할 수 있으며, 티베로는 그 지정된 크기를 넘어가지 않도록 오래된 파일을 삭제한다.

데이터베이스 DBMS 로그 파일을 설정하는 초기화 매개변수는 다음과 같다.

표 3-32 | 티베로 로그 관련 초기화 매개변수

초기화 매개변수	설명
DBMS_LOG_FILE_SIZE	데이터베이스 로그 파일 하나의 최대 크기를 설정한다.
DBMS_LOG_TOTAL_SIZE_LIMIT	데이터베이스 로그 파일이 저장된 디렉터리의 최대 크기를 설정한다.
TRACE_LOG_FILE_SIZE	트레이스 로그 파일 하나의 최대 크기를 설정한다.
TRACE_LOG_TOTAL_SIZE_LIMIT	트레이스 로그 파일이 저장된 디렉터리의 최대 크기를 설정한다.

- instance/$TB_SID/path

  티베로 프로세스 간에 통신을 위한 소켓 파일이 있는 디렉터리다.

  티베로가 운영 중일 때 이 위치에 존재하는 파일을 읽거나 수정해서는 안 된다.

- lib

  티베로 서버에서 Spatial과 관련된 함수를 사용하기 위한 라이브러리 파일이 있는 디렉터리다.

- license

  티베로의 라이선스 파일이 있는 디렉터리다.

  XML 형식이므로 일반 텍스트 편집기로도 라이선스의 내용을 확인할 수 있다.

- license/oss_licenses

  반드시 준수해야 하는 오픈소스 라이선스에 대한 정보를 확인할 수 있는 디렉터리다.

- scripts

  티베로의 데이터베이스를 생성할 때 사용하는 각종 SQL 문장이 있는 디렉터리다.

  티베로의 현재 상태를 보여주는 각종 뷰의 정의도 이 디렉터리에 있다.

- scripts/pkg

  티베로에서 사용하는 패키지의 생성문이 저장되는 디렉터리다.

3.5 Tablespace 관리

티베로의 데이터를 저장하는 구조는 논리적 저장 영역과 물리적인 저장 영역으로 나뉘어진다. 논리적 저장 영역은 데이터베이스의 스키마 객체를 저장하며, 다음과 같은 포함 관계가 있다.

데이터베이스 〉 테이블스페이스 〉 세그먼트 〉 익스텐트

물리적인 저장 영역은 운영체제와 관련된 파일을 저장하며, 다음과 같은 포함 관계가 있다.

데이터 파일 〉 운영체제의 데이터 블록

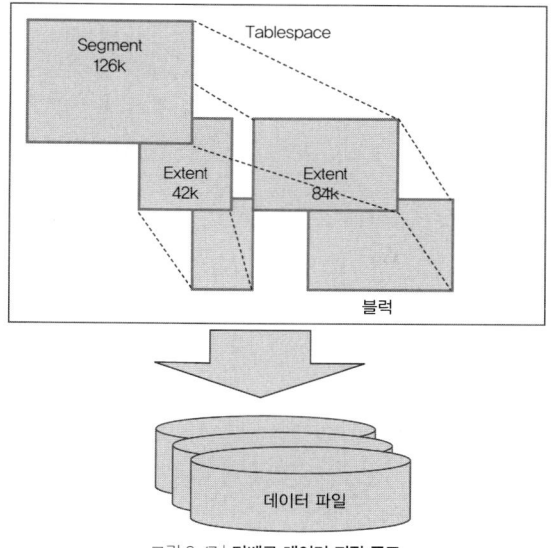

그림 3-17 | 티베로 데이터 저장 구조

테이블스페이스는 논리적 저장 영역과 물리적 저장 영역에 공통적으로 포함된다. 논리적 저장 영역에는 티베로의 모든 데이터가 저장되며, 물리적 저장 영역에는 데이터 파일이 하나 이상 저장된다. 테이블스페이스는 논리적 저장 영역과 물리적 저장 영역을 연관시키기 위한 단위이다. 테이블스페이스는 논리적인 구성과 물리적인 구성으로 티베로의 데이터를 구성한다. 〈그림 3-18〉은 논리적인 구성을 나타낸다.

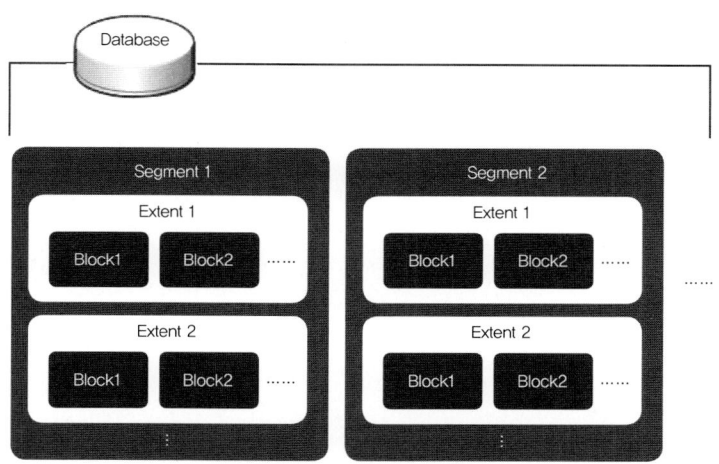

그림 3-18 | 테이블스페이스의 논리적 구성

테이블스페이스는 세그먼트(Segment), 익스텐트(Extent), 데이터 블록(Block)으로 구성된다.

표 3-33 | 테이블스페이스 논리적 구성 요소

구성요소	설명
세그먼트	익스텐트의 집합이다. 하나의 테이블, 인덱스 등에 대응되는 것으로 CREATE TABLE 등의 문장을 실행하면 생성된다.
익스텐트	연속된 데이터 블록의 집합이다. 세그먼트를 처음 만들거나 세그먼트의 저장 공간이 더 필요한 경우 티베로는 테이블스페이스에서 연속된 블록의 주소를 갖는 데이터 블록을 할당 받아 세그먼트에 추가한다.
데이터 블록	데이터베이스에서 사용하는 데이터의 최소 단위이다. 티베로는 데이터를 블록단위로 저장하고 관리한다. 2k, 4k, 8k, 16k, 32k 단위로 나누어지며, 8k가 기본 크기이다.

〈그림 3-19〉는 테이블스페이스의 물리적 구성을 나타낸다.

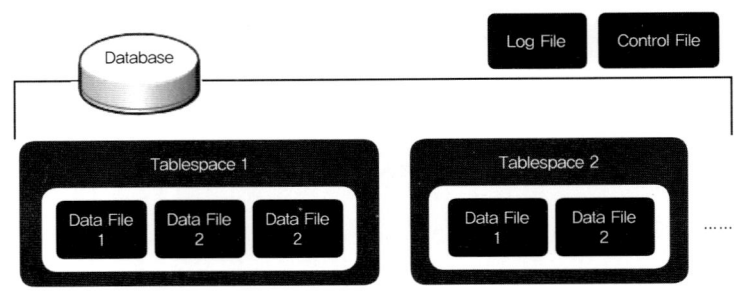

그림 3-19 | 테이블스페이스의 물리적 구성

테이블스페이스는 물리적으로 여러 개의 데이터 파일로 구성된다. 티베로는 데이터 파일 외에도 컨트롤 파일과 로그 파일을 이용하여 데이터를 저장할 수 있다.

빈번하게 사용되는 두 테이블스페이스(예 : 테이블과 인덱스)는 물리적으로 서로 다른 디스크에 저장하는 것이 좋다. 한 테이블스페이스를 액세스하는 동안에 디스크의 헤드가 그 테이블스페이스에 고정되어 있기 때문에 다른 테이블스페이스를 액세스할 수 없다. 따라서 서로 다른 디스크에 각각의 테이블스페이스를 저장하여 동시에 액세스하는 것이 데이터베이스 성능을 향상시키는 데 도움이 된다. 티베로를 설치하면 SYSTEM, SYSSUB, UNDO, TEMP, USR 테이블스페이스가 기본적으로 생성된다.

3.5.1. 생성 / 변경 / 삭제

테이블스페이스는 생성되는 유형에 따라 시스템 테이블스페이스와 비시스템 테이블스페이스로 구분된다. 시스템 테이블스페이스는 데이터베이스가 생성될 때 자동으로 생성되는 테이블스페이스이며, 비시스템 테이블스페이스는 일반 사용자가 생성한 테이블스페이스이다.

비시스템 테이블스페이스를 생성하고 제거하는 방법에 대해서 알아본다.

① 생성

테이블스페이스를 생성하기 위해서는 CREATE TABLESPACE 문을 사용해야 한다. 테이블스페이스의 이름, 테이블스페이스에 포함되는 데이터 파일과 데이터 파일의 크기, 익스텐트의 크기 등을 설정할 수 있다.

다음은 하나의 데이터 파일 my_file.dtf로 구성되는 테이블스페이스 my_space를 생성하는 예이다.

```
CREATE TABLESPACE my_space
DATAFILE '/usr/tibero/dtf/my_file.dtf' SIZE 50M
EXTENT MANAGEMENT LOCAL UNIFORM SIZE 256K;
```

데이터 파일 my_file.dtf는 SQL 문장을 실행함과 동시에 생성된다. 만약 동일한 이름의 파일이 이미 사용 중이라면, 에러를 반환하게 된다. 데이터 파일 my_file.dtf의 크기는 50MB이며, 테이블스페이스의 크기도 50MB가 된다.

티베로에서는 데이터 파일마다 데이터 블록을 2^{22}개까지 관리한다. 따라서 데이터 파일의 최대 크기는 "데이터 블록의 크기 * 2^{22}"이다. 예를 들어, 데이터 블록의 크기가 8KB라고 한다면, 데이터 파일의 최대 크기는 32GB이다.

티베로에서는 하나의 테이블스페이스 내의 모든 익스텐트의 크기를 항상 일정하게 관리한다. 예를 들어, 하나의 익스텐트의 크기가 256KB이고, 데이터 블록의 크기가 4KB라고 한다면 하나의 익스텐트에는 총 64개의 데이터 블록이 포함된다. 또한 하나의 테이블스페이스를 2개 이상의 데이터 파일로 구성할 수도 있다.

예를 들면 다음과 같다.

```
CREATE TABLESPACE my_space2
DATAFILE '/usr/tibero/dtf/my_file21.dtf' SIZE 20M, ... 1 ...
         '/usr/tibero/dtf/my_file22.dtf' SIZE 30M  ... 2 ...
EXTENT MANAGEMENT LOCAL UNIFORM SIZE 64K; ... 3 ...
```

1. 20MB 크기의 데이터 파일 my_file21.dtf를 정의한다.
2. 30MB 크기의 데이터 파일 my_file22.dtf를 정의한다. 테이블스페이스 my_space2의 전체 크기는 총 50MB가 된다.
3. 테이블스페이스 my_space2는 하나의 익스텐트의 크기를 64KB로 설정한다.

하나의 테이블스페이스에 포함되는 데이터 파일의 개수는 데이터베이스와 시스템 환경에 따라 달라진다. 하나의 테이블스페이스에 많은 데이터가 저장되면 여러 개의 데이터 파일로 테이블스페이스를 생성해야 한다. 단, 운영체제에 따라 동시에 처리할 수 있는 데이터 파일의 최대 개수가 달라질 수 있으므로 범위 내에서 데이터 파일의 개수를 조정해야 한다.

데이터 파일의 크기는 데이터베이스의 크기를 추정하여 설정해야 한다. 테이블스페이스를 생성할 때 설정된 크기보다 더 많은 공간이 필요할 것에 대비하여 데이터 파일의 크기가 자동으로 확장되도록 설정할 수도 있다.

다음은 CREATE TABLESPACE 문의 DATAFILE 절에 AUTOEXTEND 절을 추가하여 저장 공간이 더 필요할 것에 대비하여 1MB씩 확장하도록 설정하는 예이다.

```
CREATE TABLESPACE my_space
DATAFILE '/usr/tibero/dtf/my_file.dtf' SIZE 50M
AUTOEXTEND ON NEXT 1M
EXTENT MANAGEMENT LOCAL UNIFORM SIZE 256K;
```

티베로에서는 데이터 블록을 할당한 정보를 테이블스페이스에 비트맵 형태로 저장한다. 따라서 테이블스페이스 내의 익스텐트의 최대 개수는 "테이블스페이스의 크기/익스텐트의 크기"보다 작은 값이 된다.

티베로에서는 테이블스페이스를 효율적으로 관리하기 위해 〈표 3-34〉에 나열된 뷰(정적 뷰(Static View), 동적 뷰(Dynamic View) 포함)를 통해 테이블스페이스의 정보를 제공하고 있다. 테이블스페이스 내의 익스텐트의 크기 및 개수, 할당된 서버, 포함된 데이터 파일의 이름 및 크기, 세그먼트의 이름 및 종류, 크기 등의 정보를 제공한다.

표 3-34 | 테이블스페이스 정보 조회

뷰	설명
DBA_TABLESPACES	티베로 내의 모든 테이블스페이스의 정보를 조회하는 뷰이다.
USER_TABLESPACES	현재 사용자에 속한 테이블스페이스의 정보를 조회하는 뷰이다.
V$TABLESPACE	티베로 내의 모든 테이블스페이스에 대한 간략한 정보를 조회하는 뷰이다.

② 변경

테이블스페이스의 저장 공간이 더 필요한 경우 데이터 파일이 자동으로 확장하도록 설정하는 방법도 있지만 ALTER TABLESPACE 문에서 ADD DATAFILE 절을 삽입하여 새로운 데이터 파일을 테이블스페이스에 추가하는 방법도 있다.

다음은 테이블스페이스 my_space에 새로운 데이터 파일 my_file02.dtf를 추가하는 예이다.

```
ALTER TABLESPACE my_space ADD DATAFILE 'my_file02.dtf' SIZE 20M;
```

데이터 파일을 추가할 때 앞의 예처럼 절대 경로를 명시하지 않으면 디폴트로 설정된 디렉터리에 데이터 파일이 생성된다. 이때 생성되는 데이터 파일의 개수는 하나 이상이 될 수 있으며, 각 데이터 파일에 대한 크기를 자동으로 확장하도록 설정할 수 있다. 데이터 파일의 절대 경로를 명시하지 않았을 때 디폴트로 생성되는 위치는 초기화 매개변수 파일($TB_HOME/config/$TB_SID.tip)에 설정된 DB_CREATE_FILE_DEST이다. 단, 해당 매개변수가 정의되지 않았으면 디폴트 위치는 $TB_

HOME/database/$TB_SID에 생성된다.

특정 테이블스페이스에 읽고 쓰는 모든 접근을 허용하지 않으려면 ALTER TABLESPACE 문에서 OFFLINE 절을 이용하여 테이블스페이스를 오프라인 상태로 변경하면 된다. 테이블스페이스 오프라인은 NORMAL과 IMMEDIATE 두 가지 모드를 지원한다.

표 3-35 | **테이블스페이스 모드**

모드	설명
NORMAL	체크포인트를 수행한 후 테이블스페이스 오프라인을 수행한다. 향후 테이블스페이스 온라인을 수행할 때 미디어 복구가 필요없다.
IMMEDIATE	체크포인트를 수행하지 않고 테이블스페이스 오프라인을 수행한다. 향후 테이블스페이스 온라인을 수행할 때 미디어 복구가 필요하다. 따라서 아카이브 로그 모드에서만 가능하다.

다음은 테이블스페이스 my_space를 NORMAL 모드로 오프라인 상태로 만든 후 다시 온라인 상태로 만드는 예이다.

```
ALTER TABLESPACE my_space OFFLINE [NORMAL];
ALTER TABLESPACE my_space ONLINE;
```

SYSTEM, UNDO, TEMP 테이블스페이스는 오프라인 상태로 변경할 수 없다.

다음은 테이블스페이스 my_space를 IMMEDIATE 모드로 오프라인 상태로 만든 후 미디어 복구를 수행한 뒤 다시 온라인 상태로 만드는 예이다.

```
ALTER TABLESPACE my_space OFFLINE IMMEDIATE;
ALTER DATABASE RECOVER AUTOMATIC TABLESPACE my_space;
ALTER TABLESPACE my_space ONLINE;
```

③ 삭제

테이블스페이스를 제거하기 위해서는 DROP TABLESPACE 문을 사용해야 한다. 단, 테이블스페이스를 제거하면 그 안에 포함되어 있는 모든 스키마 객체가 제거되므로 주의해야 한다.

다음은 테이블스페이스를 제거하는 예이다.

```
DROP TABLESPACE my_space;
```

이 SQL 문장을 실행하면 데이터베이스에서 테이블스페이스는 제거되지만 테이블스페이스를 구성하는 데이터 파일은 삭제되지 않는다. 데이터 파일까지 제거하려면 다음과 같이 INCLUDING 절을 삽입하여 DROP TABLESPACE 문을 실행해야 한다. 테이블스페이스를 생성하거나 제거하면 그러한 내용이 컨트롤 파일에 동시에 반영된다.

```
DROP TABLESPACE my_space INCLUDING CONTENTS AND DATAFILES;
```

3.6 | 데이터 파일 관리

테이블스페이스는 하나 이상의 물리적인 데이터 파일을 가지고, 하나의 데이터 파일은 오직 하나의 테이블스페이스에 포함된다.

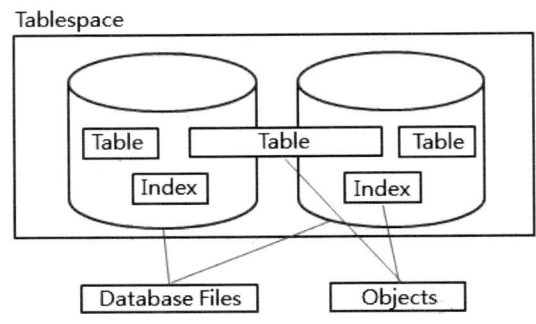

그림 3-20 | 테이블스페이스와 데이터 파일

데이터 딕셔너리(Data Dictionary)를 저장하기 위한 시스템 테이블스페이스에 속한 데이터 파일은 최소한 2M 이상을 지정해야 한다. 또한, 데이터 파일과 리두로그 파일의 디스크는 반드시 분리를 해서 저장할 것을 권장하고 있다.

3.6.1. 생성 / 변경 / 삭제

데이터 파일에 대한 변경은 테이블스페이스를 생성시에 사용했던 명령을 통해서 가능하다.

① 생성

테이블스페이스 생성시에 사용했던 CREATE TABLESPACE 구문을 사용해 데이터 파일에 대해서 생성할 수 있다. 테이블스페이스를 생성을 했던 부분을 참조하도록 한다. 기존 테이블스페이스에 추가로 데이터 파일을 추가할 수 있다.

다음은 테이블스페이스 my_space에 새로운 데이터 파일 my_file02.dtf를 추가하는 예이다.

```
ALTER TABLESPACE my_space ADD DATAFILE 'my_file02.dtf' SIZE 20M;
```

표 3-36 | 데이터 파일 정보 조회

뷰	설명
V$DATAFILE	데이터베이스 내에 데이터 파일들에 대한 정보를 조회한다.
V$IMAGEFILE	데이터베이스 내에 이미지 파일들에 대한 정보를 조회한다.

V$TEMPFILE	데이터베이스 내에 임시 파일들에 대한 정보를 조회한다.
V$RECOVER_FILE	데이터베이스 내에 미디어 복구가 필요한 파일들에 대한 정보를 조회한다.
DBA_DATA_FILES	데이터 파일 정보를 조회한다.
DBA_TEMP_FILES	임시 파일에 대한 정보를 조회한다.

② 변경

데이터 파일에 대한 변경은 ALTER DATABASE 또는 ALTER TABLESPACE 명령어를 통해 할 수 있다. 데이터 파일은 ALTER DATABASE 문을 통해 크기를 변경할 수도 있다. ALTER DATABASE 문을 사용하면 데이터 파일의 크기를 늘리거나 줄이는 것이 모두 가능하다. 단, 데이터 파일의 크기를 줄이는 경우 데이터 파일 안에 저장되어 있는 스키마 객체의 전체 크기보다 작을 경우에는 에러가 발생된다.

다음은 데이터 파일 my_file01.dtf의 크기를 변경하는 예이다.

```
ALTER DATABASE DATAFILE 'my_file01.dtf' RESIZE 100M;
```

테이블스페이스에서 데이터 파일의 크기가 자동적으로 증가할 수 있게 하는 옵션을 없앨 수 있다. 다음은 크기가 자동적으로 증가하지 못하도록 설정을 하는 예시이다.

```
ALTER DATABASE DATAFILE 'my_file01.dtf' AUTOEXTEND OFF;
```

ALTER TABLESPACE 명령어를 통해 데이터 파일에 대한 이름과 위치를 재지정을 하는 것이 가능하다.

다음은 my_space 테이블스페이스 내에 데이터 파일에 대한 이름을 변경하는 예제이다.

```
ALTER TABLESPACE my_space
RENAME DATAFILE 'my_file01.dtf', 'my_file02.dtf' TO 'my_file03.dtf', 'my_file04.dtf';
```

③ 삭제

데이터 파일을 삭제할 때는 DROP TABLESPACE를 사용하는 것도 가능하지만, 특정한 데이터 파일만을 삭제하는 것이 가능하다. 데이터베이스가 아카이브 모드 여부에 따라서 실행하는 구문이 상이하다.

다음은 노아카이브 모드일 때 my_file01.dtf 파일을 오프라인으로 변경시키는 예제이다.

```
ALTER DATABASE DATAFILE 'my_file01.dtf' OFFLINE DROP;
```

아카이브 모드일 경우에는 DROP 구문을 기술할 필요가 없다.

3.7 사용자 관리

티베로 내부의 데이터에 접근하기 위해서는 사용자 계정이 필요하다. 각 계정은 패스워드를 통해 보안이 유지된다. 패스워드는 사용자 계정을 생성할 때 설정하며, 생성된 이후에 변경할 수 있다. 티베로는 패스워드를 데이터 사전(Data Dictionary)에 암호화된 형태로 저장한다.

티베로에서 하나의 사용자 계정은 하나의 스키마를 가지며, 스키마의 이름은 사용자의 이름과 같다. 스키마(Schema)는 테이블, 뷰, 인덱스 등의 스키마 객체(Schema object)의 묶음이다. 특정 스키마에 속한 스키마 객체를 나타내려면 다음과 같이 입력한다.

사용자 계정.스키마 객체

다음은 tbsql 유틸리티를 이용하여 티베로라는 사용자 계정으로 접속하여 SYS 사용자의 SYSTEM_PRIVILEGES에 접근하는 예이다.

```
# tbsql tibero/tmax

tbSQL 6
TmaxData Corporation Copyright (c) 2008-. All rights reserved.
Connected to Tibero.

SQL> SELECT * FROM SYS.SYSTEM_PRIVILEGES;
```

다음은 스키마 객체 앞에 특정한 사용자 계정을 명시하지 않았을 경우의 예이다.

```
SELECT * FROM V$DATABASE;
```

사용자 계정이 생략되면 스키마 객체에 접근할 때 다음과 같은 과정을 거친다.

① 사용자 자신이 소유한 스키마 객체 중에 V$DATABASE가 있는지 검색한다. 티베로라는 사용자 계정으로 접속했다고 가정하면 tibero.V$DATABASE를 검색한다.
② 사용자가 소유한 스키마 객체 중 V$DATABASE가 존재하지 않으면, PUBLIC 사용자가 소유한 동의어를 검색한다. 즉, PUBLIC.V$DATABASE를 검색한다. PUBLIC 사용자는 오직 동의어만을 소유할 수 있다. PUBLIC 사용자가 소유한 동의어를 검색할 때 스키마 객체 앞에 PUBLIC 사용자 계정을 명시할 수 없다. PUBLIC 사용자가 소유한 동의어 V$DATABASE를 찾는다고 가정하면 PUBLIC.V$DATABASE라고 입력할 수 없고 V$DATABASE만 입력해야 한다.
③ PUBLIC.V$DATABASE라는 이름의 스키마 객체가 없거나 있어도 사용자가 PUBLIC.V$DATABASE 객체에 대한 특권이 없다면 에러를 반환한다.

티베로를 기본 설치하게 되면, SYS, SYSCAT, SYSGIS, OUTLN 사용자가 기본적으로 만들어지며, 테스트 사용자로 TIBERO, TIBERO1을 생성하는 것이 가능하다.

3.7.1. 생성 / 변경 / 삭제

사용자를 새로 생성하거나 변경, 제거하기 위해서는 DBA 특권을 가진 사용자로 티베로에 접속한다. 티베로에서는 기본적으로 SYS라는 사용자를 제공한다. SYS 사용자는 티베로를 설치하는 과정에서 생기는 계정으로 데이터베이스 관리자 역할이 부여된다. SYS 사용자는 데이터베이스 관리자의 역할이 부여된 만큼 될 수 있으면 다른 사용자 계정을 사용할 것을 권장한다.

SYS 사용자로 티베로에 접속하는 방법은 다음과 같다.

```
$ tbsql sys/tibero

tbSQL 6
TmaxData Corporation Copyright (c) 2008-. All rights reserved. Connected to Tibero.
```

① 생성

사용자를 생성할 때에는 데이터베이스 보안 정책에 따라 적당한 특권을 가진 사용자 계정을 생성한다. 사용자를 생성하는 방법은 다음과 같다.

```
SQL> CREATE USER Steve
IDENTIFIED BY dsjeoj134
DEFAULT TABLESPACE USR;
```

- CREATE USER 문을 사용하여 Steve라는 사용자를 생성한다.
- 사용자 Steve의 패스워드를 dsjeoj134로 설정한다. CREATE USER 문을 사용할 때에는 반드시 패스워드를 설정해야 한다.
- 디폴트 테이블스페이스를 USR로 설정한다.

다음은 데이터베이스 보안 정책에 따른 사용자를 동일한 방법으로 여러 사용자를 생성하는 예이다.

```
SQL> CREATE USER Peter IDENTIFIED BY abcd;
User 'PETER' created.

SQL> CREATE USER John IDENTIFIED BY asdf;
User 'JOHN' created.

SQL> CREATE USER Smith IDENTIFIED BY aaaa;
User 'SMITH' created.
```

```
SQL> CREATE USER Susan IDENTIFIED BY bbbb;
User 'SUSAN' created.
```

이와 같이 테이블스페이스를 지정하지 않으면 자동으로 시스템 테이블스페이스를 사용하게 된다. 새로 생성된 사용자는 아무런 특권을 가지지 않으며 데이터베이스에 접속할 수 없다. 데이터베이스에 접속하기 위해서는 CREATE SESSION 시스템 특권이나 이를 포함하는 역할을 부여받아야 한다. 다음은 생성된 사용자에게 특권을 할당하는 예이다.

```
SQL> GRANT CONNECT TO Peter;
Granted.

SQL> GRANT RESOURCE TO John;
Granted.

SQL> GRANT CONNECT TO Smith;
Granted.

SQL> GRANT DBA TO Susan;
Granted.
```

티베로에서는 사용자의 정보를 제공하기 위해 〈표 3-37〉에 나열된 정적 뷰(Static View)를 제공하고 있다. 데이터베이스 관리자나 일반 사용자 모두 사용할 수 있다.

표 3-37 | 사용자 정보 조회

정적 뷰	설명
ALL_USERS	데이터베이스의 모든 사용자의 기본적인 정보를 조회하는 뷰이다.
DBA_USERS	데이터베이스의 모든 사용자의 자세한 정보를 조회하는 뷰이다.
USER_USERS	현재 사용자의 정보를 조회하는 뷰이다.

② 변경

사용자에게 설정된 패스워드, 테이블스페이스 등을 변경하는 방법은 다음과 같다.

```
ALTER USER Peter
IDENTIFIED BY abcdef
DEFAULT TABLESPACE USR;
```

- ALTER USER 문을 사용하여 Peter라는 사용자의 정보를 변경한다.
- 사용자 Peter의 패스워드를 abcdef로 변경한다.

- 테이블스페이스를 USR 테이블스페이스로 변경한다.

③ 제거

사용자를 제거하는 방법은 다음과 같다.

```
DROP USER user_name CASCADE;
```

표 3-38 | 사용자 옵션

항목	설명
DROP USER user_name	DROP USER 문을 통해 user_name에 설정된 사용자를 제거한다.
CASCADE	DROP USER 문의 옵션 중 하나인 CASCADE는 사용자를 제거하기 전에 해당 사용자의 모든 스키마 객체를 제거한다. CASCADE 옵션을 사용하지 않으면 해당 사용자가 아무런 스키마 객체를 가지고 있지 않을 경우에만 사용자를 제거할 수 있다. 제거된 사용자의 스키마 객체를 참조하는 뷰나 동의어, 프로시저, 함수는 모두 INVALID 상태가 된다. 나중에 동일한 이름의 다른 사용자가 만들어지면 새로운 사용자는 그 이름을 가졌던 이전 사용자로부터 아무것도 상속받지 못한다.

④ 계정 잠금 및 해제

데이터베이스 사용자가 계정에 접속할 수 없도록 계정을 잠금 상태로 설정하거나 잠금 상태를 해제할 수 있다.

```
SQL> ALTER USER Peter ACCOUNT LOCK;
User 'PETER' altered.
```

계정 잠금 상태에서 해당 계정에 접속을 시도하면 다음과 같은 오류 코드와 함께 접속이 중단된다.

```
SQL> conn peter/abcd;
TBR-17006: Account is locked.
No longer connected to server.
```

계정 잠금을 해제하려면 다음의 SQL을 수행한다. 프로파일 설정에 따라 패스워드 사용 기한이 만료되거나 패스워드 오류 횟수 초과 등으로 계정 잠금 상태가 된 경우에도 동일한 방법으로 잠금 해제할 수 있다.

```
SQL> ALTER USER Peter ACCOUNT UNLOCK;
User 'PETER' altered.
```

⑤ 운영시스템 인증을 사용한 사용자 생성

사용자 생성은 보안 정책에 따라 데이터베이스 보안 정책을 따르는 사용자 생성과 운영시스템 인증 정책을 따르는 사용자 생성으로 구분된다.

운영시스템 인증을 사용하는 사용자 계정은 다음과 같이 생성할 수 있다.

```
SQL> CREATE USER OSA$Steve IDENTIFIED externally
```

CREATE USER 문을 사용하여 운영시스템 사용자인 Steve라는 사용자를 생성하는데 운영시스템 인증 정책 사용자를 알리는 OSA$ prefix를 붙여 생성한다. 해당 값은 OS_AUTH_PREFIX에서 변경할 수 있으며, 기본 값은 OSA$이다.

운영시스템 인증을 사용하는 사용자 OSA$Steve의 패스워드는 데이터베이스에서 별도로 관리하지 않는다. 즉, 운영시스템의 사용자 Steve가 존재하는 경우 host에서 인증을 완료한 것으로 가정하여 데이터베이스에서 별도로 확인하지 않는다(운영시스템의 보안이 취약한 경우에는 사용을 권하지 않는다). 또한 원격에서 운영시스템 인증 사용자 접속은 보안상의 문제로 지원하지 않는다.

운영시스템 인증 사용자 생성 이후 로컬에서 접속하는 방법은 다음과 같다.

```
# tbsql /

tbSQL 6
TmaxData Corporation Copyright (c) 2008-. All rights reserved.
Connected to Tibero.
```

3.8 리두로그 관리

로그 파일은 리두로그를 저장한다. 리두로그는 데이터베이스에서 발생하는 모든 변경 내용을 포함하며, 데이터베이스에 치명적인 에러가 발생한 경우 커밋(Commit)된 트랜잭션의 갱신된 내용을 복구하는 핵심적인 데이터 구조이다. 〈그림 3-21〉은 리두로그의 구조를 나타낸다.

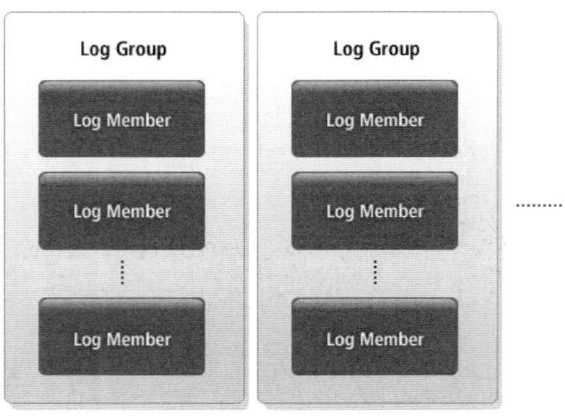

그림 3-21 | **리두로그의 구조**

그림에서 보듯이 리두로그는 2개 이상의 로그 그룹으로 구성된다. 티베로에서는 이러한 로그 그룹을 순환적으로 사용한다.

예를 들어 3개의 로그 그룹으로 리두로그를 구성하는 경우 먼저 로그 그룹 1에 로그를 저장한다. 로그 그룹 1에 로그가 가득 차면, 그 다음 로그 그룹 2, 3에 로그를 저장한다. 로그 그룹 3까지 로그가 가득 차면 로그 그룹 1부터 다시 저장한다. 이처럼 하나의 로그 그룹을 모두 사용하고 그 다음 로그 그룹을 사용하는 것을 로그 전환(Log Switch)이라고 한다.

리두로그에는 하나 이상의 로그 레코드가 저장된다. 로그 레코드에는 데이터베이스에서 발생하는 모든 변경 내용이 포함되어 있으며, 이전에 변경된 값과 새로운 변경 값이 함께 저장된다. 티베로는 동시에 하나의 로그 그룹만을 사용하는데 현재 사용 중인 로그 그룹을 CURRENT 로그 그룹이라고 한다. 사용된 로그 그룹을 INACTIVE, 한번도 사용되지 않은 로그 그룹을 UNUSED라고 한다.

```
SQL> SELECT * FROM v$log;

  THREAD#    GROUP#   SEQUENCE#      BYTES     MEMBERS   ARCHIVED   STATUS
---------- --------- ----------- ----------- ---------- ---------- ----------
        0         2           2   104857600           1         NO   CURRENT
        0         1           1   104857600           1         NO   INACTIVE
        0         3          -1   104857600           1         NO   UNUSED
```

하나의 로그 그룹은 하나 이상의 로그 멤버로 구성할 수 있다. 이러한 구성을 다중화(multiplexing)라고 한다. 단, 다중화를 하려면 동일한 그룹에 속해 있는 모든 로그 멤버의 크기는 일정해야 하며, 동일한 데이터를 저장하고 동시에 갱신되어야 한다. 반면에 서로 다른 영역에 있는 로그 그룹은 각각 다른 개수의 로그 멤버를 포함할 수 있으며, 로그 멤버의 크기가 같지 않아도 된다.

하나의 로그 그룹을 여러 로그 멤버로 구성하는 이유는 일부 로그 멤버가 손상되더라도 다른 로그 멤버를 사용하기 위함이다. 디스크가 대단히 신뢰성이 높거나 데이터가 손실되어도 큰 문제가 없다면 다중화를 하지 않아도 된다.

◆ 아카이브 로그 모드 설정

리두로그에 저장된 내용을 제3의 저장 장치에 반영구적으로 저장할 수 있다. 이러한 과정을 아카이브라고 하며, 디스크 상에 로그 파일이 손상될 경우를 대비하는 작업이다. 아카이브에 사용되는 저장 장치로는 대용량 하드디스크 또는 테이프 등이 있다.

티베로에서는 리두로그를 사용하지 않을 때나 데이터베이스와 함께 사용 중인 경우에도 동시에 아카이브를 수행할 수 있다. 리두로그를 사용하는 중에 아카이브를 하려면 로그 아카이브 모드를 ARCHIVELOG로 설정해야 한다.

아카이브 로그 모드는 마운트(Mount) 상태에서 다음의 SQL 문장을 실행하여 설정할 수 있다. 설정 후에는 티베로를 다운하고 다시 부팅을 하는 방법과 ALTER DATABASE OPEN 구문을 이용해서 적용할 수 있다. 아카이브 설정 전에는 반드시 LOG_ARCHIVE_DEST 초기화 매개변수를 환경파일($TB_SID.tip)에 적용하여 아카이브 파일이 저장이 될 위치를 설정해야 한다.

```sql
SQL> ALTER DATABASE ARCHIVELOG;
```

아카이브 로그 모드에서는 아카이브가 되지 않은 로그 그룹은 재사용되지 않는다.

예를 들어 로그 그룹 1을 전부 사용하고 나서 로그 그룹 2를 사용하려고 할 때 로그 그룹 2 이전에 저장된 로그가 아카이브가 되지 않은 경우에는 로그 그룹 2가 아카이브가 될 때까지 대기해야 한다. 이때 읽기 전용이 아닌 모든 트랜잭션은 실행이 잠시 중지된다. 로그 그룹 2가 아카이브가 되면 바로 활성화되어 로그를 저장한다. 잠시 중지되었던 트랜잭션도 모두 다시 실행된다. DBA는 이러한 일이 발생하지 않도록 로그 그룹의 개수를 충분히 설정해야 한다.

◆ 노아카이브 로그 모드 설정

리두로그를 사용하는 중에 아카이브를 수행하지 않으려면, 로그 아카이브 모드를 NOARCHIVELOG로 설정해야 한다. 노아카이브 로그 모드에서는 아카이브가 수행되지 않으며, 로그 그룹을 순환적으로 활성화하기 전에 아카이브 되기를 기다리는 경우가 발생하지 않으므로 데이터베이스의 성능이 향상된다. 하지만 데이터베이스와 리두로그 자체에 문제가 발생하여 동시에 복구할 수 없는 경우라면 이전에 커밋된 트랜잭션에 의해 갱신된 데이터를 모두 잃어버리게 된다. 따라서 노아카이브 로그 모드에서는 복구가 제한적으로 이루어지므로 항상 데이터베이스 전체를 백업할 것을 권장한다.

◆ 로그 파일 구성

로그 멤버는 기본적으로 하나의 로그 파일이다. 리두로그를 구성할 때 각 로그 그룹과 로그 멤버에 서로 다른 로그 파일을 할당해야 한다. 로그 파일은 데이터 파일과 서로 다른 디스크에 저장할 것을 권장한다. 로그 파일과 데이터 파일을 같은 디스크에 저장하는 경우 디스크에 장애가 발생한다면 데이터베이스를 다시 복구할 수 없게 된다. 각 로그 그룹이 여러 개의 로그 멤버로 구성된다면 최소한 로그 멤버 하나는 데이터 파일과 다른 디스크에 저장되어야 한다.

로그 그룹 하나에 포함된 로그 멤버는 시스템의 성능을 위해 서로 다른 디스크에 저장하는 것이 좋다. 같은 로그 그룹 내의 모든 멤버는 같은 로그 레코드를 저장해야 한다. 모든 로그 멤버가 서로 다른 디스크에 존재하게 된다면 로그 레코드를 저장하는 과정을 동시에 수행할 수 있다.

〈그림 3-22〉는 로그 그룹의 모든 로그 멤버를 서로 다른 디스크에 배치한 것이다.

그림 3-22 | 로그 멤버의 다중화

그림에서 Log Member 1-1은 로그 그룹 1의 첫 번째 로그 멤버라는 의미이다. 하나의 디스크에 같은 그룹의 로그 멤버가 존재한다면 동시에 같은 로그 레코드를 저장할 수 없다. 이 때문에 데이터베이스 시스템의 성능이 저하되는 원인이 되기도 한다.

로그 아카이브 모드를 아카이브 로그로 설정했을 때 리두로그 안에 활성화된 로그 그룹의 로그가 저장됨과 동시에 비활성화된 로그 그룹 중 하나에 대해서 아카이브가 수행된다. 활성화된 로그 그룹과 아카이브 중인 로그 그룹이 한 디스크에 존재하게 된다면 이 또한 데이터베이스 시스템의 성능이 저하되는 원인이 된다. 따라서 서로 다른 로그 그룹의 로그 파일은 각각 다른 디스크에 저장하는 것이 시스템 성능을 높이는데 도움이 된다.

로그 멤버에 대한 다중화뿐 아니라 그룹에 대해서도 다중화를 해야 한다. 〈그림 3-23〉은 2개의 로그 멤버로 구성된 2개의 로그 그룹을 서로 다른 디스크에 분리하여 배치한 것이다.

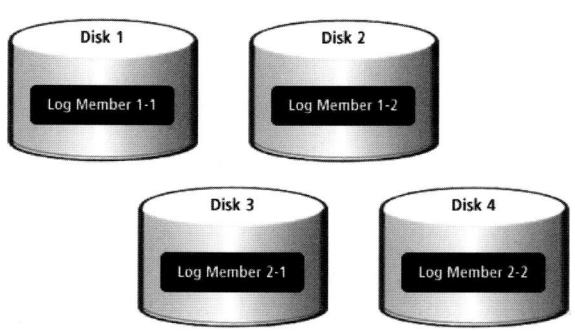

그림 3-23 | 로그 그룹의 다중화

로그 그룹의 크기와 개수를 정할 때는 아카이브 작업을 충분히 고려해야 한다. 로그 그룹의 크기는 제 3의 저장 장치에 빠르게 전달하고, 저장 공간을 효율적으로 사용할 수 있도록 설정해야 한다. 또한 로그 그룹의 개수는 아카이브 중인 로그 그룹을 대기하는 경우가 발생하지 않도록 해야 한다.

로그 그룹의 크기와 개수는 데이터베이스를 실제로 운영하면서 변경해야 한다. 즉, 데이터베이스에 최적화된 매개변수를 설정한 후 로그 그룹의 크기와 개수를 증가시켜가면서 데이터베이스 처리 성능에 무리가 가지 않는 범위에서 변경해야 한다.

◆ 아카이브 로그의 저장과 다중화

아카이브된 로그가 저장되는 위치는 초기화 매개변수 LOG_ARCHIVE_DEST로 지정한다. 필요한 아카이브 로그를 찾지 못하면 미디어 복구를 할 수 없기 때문에 아카이브 로그를 잘 보관하는 것이 중요하다.

아카이브 로그 역시 다중화하여 여러 위치에 저장할 수 있다. 아카이브 로그를 다중화할 때는 초기화 매개변수 LOG_ARCHIVE_DEST_1, LOG_ARCHIVE_DEST_2, …, LOG_ARCHIVE_DEST_9를 사용한다.

매개변수 문자열에서 'location='으로 저장위치를 지정하고, mandatory나 optional로 다중화 아카이브 로그 저장에 실패하는 경우 동작을 지정한다(지정하지 않으면 optional로 처리된다).

mandatory로 지정된 경우 해당 위치에 다중화된 아카이브 로그 저장을 성공할 때까지 계속 시도한다. 계속 실패할 경우 리두로그 그룹이 재사용되지 않아 데이터베이스 전체가 멈출 수 있다. optional 로 지정된 위치는 아카이브 로그 저장에 실패하더라도 재시도하지 않으며, 다른 작업이 정상적으로 계속 진행된다.

```
LOG_ARCHIVE_DEST   = "/usr/tibero/log/archive"
LOG_ARCHIVE_DEST_1 = "location=/usr/tibero/archive1 mandatory"
LOG_ARCHIVE_DEST_2 = "location=/usr/tibero/archive2 mandatory"
LOG_ARCHIVE_DEST_3 = "location=/usr/tibero/archive3"
LOG_ARCHIVE_DEST_4 = "location=/usr/tibero/archive4 optional"
```

3.8.1. 생성 / 삭제

새로운 로그 그룹 또는 로그 그룹에 포함되어 있는 로그 멤버를 생성하거나 제거하려면 ALTER DATABASE 문을 사용해야 한다. 단, ALTER DATABASE 문을 사용하기 위해서는 시스템 특권이 필요하다.

① 생성

새로운 로그 그룹을 생성하려면 ALTER DATABASE 문에 ADD LOGFILE 절을 삽입해야 한다. 이 절은 로그 파일을 추가할 때 사용한다. 단, 로그 파일을 추가할 때에는 로그 그룹 단위로만 해야 한다. 로그 멤버의 크기의 최소 값은 512KB, 최대 값은 2TB이다.

다음은 두 개의 로그 멤버로 구성된 로그 그룹을 추가하는 예이다. 본 예제에서는 두 로그 멤버의 크기를 512KB로 설정한다. 이때 두 로그 멤버의 크기는 항상 같아야 한다.

```
ALTER DATABASE ADD LOGFILE (
'/usr/tibero/log/my_log21.log',
'/usr/tibero/log/my_log22.log') SIZE 512K;
```

ADD LOGFILE 절에 로그 그룹의 번호를 지정할 수 있는 GROUP 옵션을 추가할 수 있다. 로그 그룹의 번호를 설정하면 이후에 특정한 로그 그룹을 지칭하여 로그 멤버를 추가하는 등의 작업을 수행할 수 있다. 다음은 로그 그룹에 번호를 설정하는 예이다.

```
ALTER DATABASE ADD LOGFILE GROUP 5 (
'/usr/tibero/log/my_log21.log',
'/usr/tibero/log/my_log22.log') SIZE 512K;
```

기존의 로그 그룹에 새로운 로그 멤버를 추가하려면 ADD LOGFILE MEMBER 절을 삽입해야 한다. 다음의 SQL 문장은 로그 그룹 5에 새로운 로그 멤버를 추가하는 예이다.

```
ALTER DATABASE ADD LOGFILE MEMBER
'/usr/tibero/log/my_log25.log' TO GROUP 5;
```

새로운 로그 멤버를 추가할 때에는 로그 파일의 크기를 지정하면 할 수가 없다. 로그 파일의 크기는 같은 로그 그룹 내의 로그 멤버의 크기와 동일하게 설정한다.

티베로에서는 리두로그 관리에 도움을 주기 위해 〈표 3-39〉에 나열된 동적 뷰를 제공하고 있다. 리두로그의 그룹별 로그 파일, 다중화 정보, 갱신 날짜 등의 정보를 제공하며 데이터베이스 관리자나 일반 사용자 모두가 이 뷰를 조회할 수 있다.

표 3-39 | 리두로그 정보 조회

동적 뷰	설명
V$LOG	로그 그룹의 정보를 조회하는 뷰이다.
V$LOGFILE	로그 파일의 정보를 조회하는 뷰이다.

② 삭제

로그 그룹을 제거하려면 DROP LOGFILE 절을 삽입해야 한다. 다음의 SQL 문장은 로그 그룹 5를 제거하는 예이다.

```
ALTER DATABASE DROP LOGFILE GROUP 5;
```

로그 그룹을 제거하기 전에는 항상 다음을 고려해야 한다.

- 로그 그룹이 둘 이상인가? 티베로는 로그 그룹을 최소한 두 개 이상 가져야 한다.
- 로그 그룹을 제거한 후 남은 로그 그룹의 개수가 하나인가? 남은 로그 그룹의 개수가 하나이면 에러를 반환한다.
- 현재 활성화되어 사용 중인 로그 그룹인가? 그렇다면 로그 그룹은 제거되지 않는다.
- 아카이브 모드에서 아카이브 되지 않은 로그 그룹인가? 그렇다면 로그 그룹은 제거되지 않는다.

로그 그룹 내 하나의 로그 멤버를 제거하기 위해서는 DROP LOGFILE MEMBER 절을 삽입해야 한다. 로그 그룹이 할당된 서버를 명시해야 하며 로그 그룹은 명시하지 않아도 된다.

다음의 SQL 문장은 로그 멤버 하나를 제거하는 예이다.

```
ALTER DATABASE DROP LOGFILE MEMBER '/usr/tibero/log/my_log25.log'
```

로그 멤버도 로그 그룹을 제거할 때처럼 로그 그룹 내에 남겨진 로그 멤버가 하나도 없는 경우 에러를 반환하게 된다. 뿐만 아니라 현재 활성화되어 사용 중이거나 아카이브 로그 모드에서 아카이브 되지 않은 로그 그룹 내의 로그 멤버도 제거되지 않는다.

3.9 | 컨트롤 파일(Control File) 관리

컨트롤 파일은 데이터베이스 자체의 메타데이터(Meta Data)를 보관하고 있는 바이너리 파일이다. 최초의 컨트롤 파일은 티베로를 설치할 때 함께 생성된다. 최초로 설정된 컨트롤 파일에 대한 정보는 환경파일($TB_SID.tip)에 저장된다. 컨트롤 파일은 티베로에 의해서만 생성과 갱신을 할 수 있으며 데이터베이스 관리자가 컨트롤 파일의 내용을 조회하거나 갱신할 수는 없다.

컨트롤 파일에는 다음과 같은 정보가 포함되어 있다.

표 3-40 | 컨트롤 파일에 저장된 정보

정보	설명
데이터베이스	데이터베이스 이름, $TB_SID.tip 파일의 이름 또는 생성되었거나 변경된 타임스탬프 등이 있다.
테이블스페이스	테이블스페이스를 구성하는 데이터 파일 또는 생성되었거나 변경된 타임스탬프 등이 있다.
데이터 파일	데이터 파일의 이름과 위치 또는 생성되었거나 변경된 타임스탬프 등이 있다.
리두로그	로그 그룹의 개수 및 이를 구성하는 로그 멤버(로그 파일)의 이름과 위치 또는 생성되었거나 변경된 타임스탬프 등이 있다.
체크포인트	최근 체크포인트를 수행한 타임스탬프 등이 있다.

티베로에서는 데이터베이스를 다시 기동할 때마다 먼저 컨트롤 파일을 참조한다. 참조하는 절차는 다음과 같다.

- 테이블스페이스와 데이터 파일의 정보를 얻는다.
- 데이터베이스에 실제 저장된 데이터 사전과 스키마 객체의 정보를 얻는다.
- 필요한 데이터를 읽는다.

티베로에서 컨트롤 파일은 같은 크기, 같은 내용의 파일을 2개 이상 유지하기를 권장한다. 이는 리두로그 멤버를 다중화하는 방법과 유사하다. 같은 로그 그룹 내의 로그 멤버를 서로 다른 디스크에 설치하는 것처럼 컨트롤 파일의 복사본을 서로 다른 디스크에 저장하는 것이 좋다. 이는 데이터베이스의 시스템 성능과 안정성을 유지하는데 매우 필요하다.

예를 들어 한 디스크에 컨트롤 파일의 복사본이 존재하는 경우 문제가 발생할 수 있다. 만약 이 디스크를 영구적으로 사용할 수 없게 된다면 컨트롤 파일은 복구할 수 없는 상태가 된다. 따라서 컨트롤 파일은 리두로그와 연관하여 배치하는 것이 좋다.

컨트롤 파일은 〈그림 3-24〉와 같이 다중화가 가능하다. 그림에서 보듯이 디스크마다 하나의 로그 그룹에 여러 로그 멤버를 배치한 것처럼 컨트롤 파일의 복사본을 같은 위치에 배치한다.

티베로에서는 컨트롤 파일로부터 정보를 확인할 때 여러 복사본 중에서 하나만 읽는다. 그리고 테이블스페이스의 변경 등의 이유로 컨트롤 파일을 갱신해야 하는 경우에는 모든 복사본을 동시에 갱신한다.

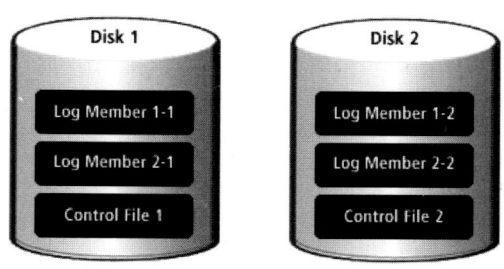

그림 3-24 | **컨트롤 파일의 다중화**

컨트롤 파일의 갱신을 유발하는 SQL 문장은 모두 데이터 정의어(Data Definition Language) 문장이다. 데이터 정의어 문장의 특징은 하나의 문장이 하나의 트랜잭션이 된다는 것이다. 따라서 데이터 정의어 문장을 실행하면 바로 커밋되며, 갱신된 내용은 바로 디스크에 반영된다.

3.9.1. 생성 / 변경 / 삭제

① **생성**

컨트롤 파일은 티베로 데이터베이스를 생성할 때 생성된다. 환경파일에서 초기화 매개변수 CONTROL_FILES에서 지정한 위치에 생성된다.

② **변경**

데이터베이스 관리자는 컨트롤 파일의 복사본을 추가하거나 제거할 수 있다. 컨트롤 파일은 데이터베이스에 대한 메타데이터이므로 데이터베이스를 운영 중일 때에는 컨트롤 파일의 변경이 불가능하다. 따라서 컨트롤 파일의 복사본을 추가 또는 제거하기 위한 SQL 문장은 존재하지 않는다. 반드시 데이터베이스를 종료한 후 컨트롤 파일을 변경해야 한다.

이처럼 컨트롤 파일을 추가 또는 제거하기 위한 SQL 문장이 존재하지 않기 때문에 일반적인 운영체제 명령어를 사용하여 변경 작업을 수행해야 한다. 그 다음 변경된 내용을 환경파일에 반영한다.

다음은 티베로 환경파일을 수정한 후에 리눅스/유닉스 명령어에서 컨트롤 파일을 복사하는 예이다.

```
# vi $TB_HOME/config/$TB_SID.tip
CONTROL_FILES="/usr1/tibero/control01.ctl ", "/usr3/tibero/control03.ctl"

# cp /usr1/tibero/control01.ctl /usr3/tibero/control03.ctl
```

예제에서 usr1과 usr3은 서로 다른 디스크에 존재하는 디렉토리다. 내용을 수정 후에는 티베로를 재기동하면 적용된다.

티베로는 데이터베이스를 다시 기동하면서 환경파일을 읽고, 변경된 내용에 따라 컨트롤 파일의 갱신을 수행한다. 이때 유의할 점은 환경파일 내에 설정된 컨트롤 파일의 이름은 절대경로를 포함한 이름이어야 한다. 디스크 에러 등의 원인으로 일부 컨트롤 파일에 장애가 발생했을 경우에도 하나 이상의 컨트롤 파일이 정상이면 티베로는 문제없이 운영된다.

컨트롤 파일의 백업은 논리적 백업만을 지원한다. 따라서 컨트롤 파일을 생성하는 SQL 문장을 백업해야 한다. 특히 테이블스페이스, 데이터 파일, 리두로그를 새로 생성하거나 변경 또는 제거를 수행한 경우에는 바로 컨트롤 파일을 백업하는 것이 관리 측면에서 안전하다. 물론 데이터베이스 전체를 백업할 때에도 컨트롤 파일 자체를 백업해야 한다.

다음의 SQL 문장은 컨트롤 파일을 백업하는 예이다.

```
SQL> ALTER DATABASE BACKUP CONTROLFILE TO TRACE AS '/tibero6/backup/ctrlfile1.sql' REUSE NORESETLOGS;
```

예제에서 보듯이 백업할 컨트롤 파일의 복사본(ctrlfile1.sql)은 기존의 복사본과 다른 디스크에 저장해야 하므로 반드시 절대 경로를 포함한 이름을 명시해야 한다.

티베로에서는 컨트롤 파일을 관리하는 데 도움을 주기 위해 〈표 3-41〉에 동적 뷰를 제공하고 있다. 데이터베이스 생성 시간, 체크포인트 정보 등의 정보를 제공하며, 데이터베이스 관리자나 일반 사용자 모두가 이 뷰를 조회할 수 있다.

표 3-41 | 컨트롤 파일 정보 조회

동적 뷰	설명
V$DATABASE	아카이브 로그 모드여부와 체크포인트 등의 정보를 조회하는 뷰이다.
V$CONTROLFILE	컨트롤 파일의 이름과 상태 등의 정보를 조회하는 뷰이다.

③ 삭제

컨트롤 파일은 최소 1개 이상 있어야 한다. 따라서 컨트롤 파일을 삭제할 때는 이를 고려하여 삭제해야 하며, 삭제 방법은 티베로 데이터베이스를 다운 후에 티베로 환경파일을 수정하고 재기동하면 된다. 이때, 물리적으로 저장된 파일을 삭제하고 싶다면 운영시스템 명령어를 통해서 삭제하면 된다.

다음 예제는 이중화된 컨트롤 파일을 하나를 삭제한 것이다.

```
# tbdown
# vi $TB_HOME/config/$TB_SID.tip
변경 전 :CONTROL_FILES="/usr1/tibero/control01.ctl","/usr3/tibero/control03.ctl"
변경 후 :CONTROL_FILES="/usr1/tibero/control01.ctl "

# tbboot
```

3.10 | 티베로 사용자 계정 보안

티베로에서는 사용자에 대한 보안 유지를 위해서 여러 방법을 제공하고 있다. 특권(Priviliege), 롤 프로파일(Role Profile), 감사가 있다. 하나씩 살펴 보기로 한다.

3.10.1. 특권(Privilege) 관리

사용자가 데이터베이스의 특정 스키마 객체에 접근하려면 특권을 부여받아야 한다. 특권을 부여받으면 허용된 스키마 객체에 SQL 문장 등을 실행할 수 있다.

다음은 사용자에게 특권을 부여하는 예이다.

```
SQL> conn Peter/abcdef
Connected.

SQL> CREATE TABLE EMPLOYEE
     (ID NUMBER, EMPLOYEE_NAME VARCHAR(20), ADDRESS VARCHAR(50));
Created.

SQL> GRANT SELECT ON EMPLOYEE TO Smith;
Granted.
```

- Peter라는 사용자 계정으로 데이터베이스에 접속한다.
- CREATE TABLE 문을 사용하여 EMPLOYEE 테이블을 생성한다.
- 총 3개의 컬럼(ID, EMPLOYEE_NAME, ADDRESS)을 생성한다.
- Smith라는 사용자가 Peter 사용자가 생성한 EMPLOYEE 테이블에 GRANT 명령을 실행하여 SELECT 특권을 부여한다.

사용자 Smith는 Peter의 EMPLOYEE 테이블을 조회할 수 있다. PUBLIC 사용자에게 특권을 부여할 수 있는데 존재하는 모든 사용자에게 특권을 부여한 것과 동일한 효과를 갖는다. 특권을 효율적으로 관리하기 위해 특권의 집합인 역할을 생성한다. 동일한 특권을 부여해야 할 사용자가 많은 경우 역할을 이용함으로써 GRANT 명령의 사용 횟수를 줄일 수 있다. 특권과 마찬가지로 역할도 PUBLIC 사용자에게 부여하면 모든 사용자에게 역할을 부여한 것과 동일한 효과를 갖는다.

티베로에서 제공하는 특권은 크게 두 가지로 나뉜다. 스키마 객체 특권(Schema Object Privilege)는 특정 객체에 대한 질의 및 갱신 특권이며, 시스템 특권(System Privilege)은 데이터베이스에서 특정 작업을 수행할 수 있는 특권이다.

① 스키마 객체 특권

스키마 객체 특권은 스키마 객체인 테이블, 뷰, 시퀀스, 동의어 등에 접근하는 것을 제어하는 권한이다. 스키마 객체 특권은 GRANT 명령을 사용해 다른 사용자에게 부여할 수 있으며, 그 내용은 데이터 사전에 기록된다.

표 3-42 | 스키마 객체 특권

스키마 객체 특권	설명
SELECT	테이블을 조회하는 권한이다.
INSERT	테이블에 로우를 삽입하는 권한이다.
UPDATE	테이블에 로우를 갱신하는 권한이다.
DELETE	테이블에 로우를 삭제하는 권한이다.
ALTER	스키마 객체의 특성을 변경하는 권한이다.
INDEX	테이블에 인덱스를 생성하는 권한이다.
REFERENCES	테이블을 참조하는 제약조건을 생성하는 권한이다.
TRUNCATE	테이블에 TRUNCATE를 수행할 수 있는 권한이다. 이 권한을 사용하려면 USE_TRUNCATE_PRIVILEGE 매개변수를 'Y'로 설정해야 한다.

다음은 WITH GRANT OPTION을 이용하여 스키마 객체 특권을 부여하는 예이다.

```
SQL> GRANT SELECT, UPDATE (EMPLOYEE_NAME, ADDRESS) ON EMPLOYEE TO Smith WITH
GRANT OPTION;
```

WITH GRANT OPTION을 이용하여 특권을 부여받았을 경우, 특권을 부여받은 사용자가 부여받은 특권을 다른 사용자에게 부여할 수 있다. 사용자 Peter가 위의 GRANT 명령을 실행하기 위해서는 특권을 갖고 있어야 한다. 그 특권은 스키마 객체 EMPLOYEE에 대한 SELECT, UPDATE 특권과 WITH GRANT OPTION을 함께 사용할 수 있는 특권이다.

위의 명령이 실행되면 사용자 Smith는 EMPLOYEE에 대한 SELECT 및 UPDATE 특권을 갖게 된다. 이때 EMPLOYEE에 대한 UPDATE 특권은 컬럼 EMPLOYEE_NAME과 ADDRESS에 제한한다. 사용자 Smith는 또한 EMPLOYEE에 대한 SELECT, UPDATE, WITH GRANT OPTION 특권을 다른 사용자에게 부여할 수 있는 특권도 갖게 된다.

마찬가지로 사용자 Susan과 John에게도 다음과 같은 특권을 할당한다.

```
SQL> GRANT ALL ON EMPLOYEE TO Susan WITH GRANT OPTION;
Granted.

SQL> GRANT SELECT, DELETE ON EMPLOYEE TO John WITH GRANT OPTION;
Granted.
```

다른 사용자로부터 스키마 객체 특권을 회수하기 위해서는 REVOKE 명령을 사용해야 한다. 이 명령은 사용자의 스키마 객체 특권의 일부 또는 전체를 회수할 수 있다. DBA는 자신이 직접 부여하지 않는 특권에 대해서도 다른 사용자로부터 회수할 수 있다.

다음은 각각 Peter로부터 테이블 EMPLOYEE에 대한 DELETE 특권을 회수하고 John으로부터 모든 특권을 회수하는 예이다.

```
SQL> REVOKE DELETE ON EMPLOYEE FROM Peter;
SQL> REVOKE ALL ON EMPLOYEE FROM John;
```

WITH GRANT OPTION과 함께 부여된 특권을 회수할 때에는 연속적으로 특권이 회수된다.

다음은 Peter로부터 부여받은 Peter.EMPLOYEE에 대한 특권을 사용자 Smith가 Susan에게 부여하는 예이다.

```
SQL> conn Smith/abcd
Connected.

SQL> GRANT ALL ON Peter.EMPLOYEE TO Susan;
Granted.
```

사용자 Peter가 다음과 같이 Smith에게 부여한 테이블 EMPLOYEE의 특권을 회수하면 사용자 Smith가 Susan에게 부여한 같은 특권도 동시에 회수된다.

```
SQL> conn Peter/abcdef
Connected

SQL> REVOKE ALL ON EMPLOYEE FROM Smith;
```

② 시스템 특권

데이터베이스를 관리하는데 필요한 시스템 명령어를 사용하기 위해서는 시스템 특권을 부여받아야 한다. 시스템 특권은 기본적으로 SYS 사용자가 소유하고 있으며 다른 사용자에게 부여할 수 있다. 시스템 특권은 〈표 3-43〉과 같다.

표 3-43 | 시스템 특권

시스템 특권	설명
ALTER SYSTEM	ALTER SYSTEM 문을 실행할 수 있는 권한이다.
CREATE SESSION	데이터베이스에 세션을 생성할 수 있는 권한이다. 즉, 로그인이 가능하다는 것을 의미한다.
CREATE USER	사용자를 생성하는 권한이다.
ALTER USER	사용자의 정보를 변경하는 권한이다.

DROP USER	사용자를 제거하는 권한이다.
CREATE TABLESPACE	테이블스페이스를 생성하는 권한이다.
ALTER TABLESPACE	테이블스페이스를 변경하는 권한이다.
DROP TABLESPACE	테이블스페이스를 제거하는 권한이다.
SELECT ANY DICTIONARY	딕셔너리를 조회할 수 있는 권한이다. 이 권한을 할당받으면 SYS, SYSCAT, SYSGIS 소유의 객체들을 조회할 수 있다.
CREATE TABLE	자신의 스키마에 테이블을 생성하는 권한이다.
CREATE ANY TABLE	임의의 스키마에 테이블을 생성하는 권한이다.
ALTER ANY TABLE	임의의 스키마에 속한 테이블을 변경하는 권한이다.
DROP ANY TABLE	임의의 스키마에 속한 테이블을 제거하는 권한이다.
COMMENT ANY TABLE	임의의 스키마에 속한 테이블에 주석을 추가하는 권한이다.
SELECT ANY TABLE	임의의 스키마에 속한 테이블을 조회하는 권한이다.
INSERT ANY TABLE	임의의 스키마에 속한 테이블에 로우를 삽입하는 권한이다.
UPDATE ANY TABLE	임의의 스키마에 속한 테이블에 로우를 갱신하는 권한이다.
DELETE ANY TABLE	임의의 스키마에 속한 테이블에 로우를 제거하는 권한이다.
TRUNCATE ANY TABLE	임의의 스키마에 속한 테이블에 TRUNCATE를 수행할 수 있다. 이 권한을 사용하기 위해서는 USE_TRUNCATE_PRIVILEGE 매개변수를 'Y'로 설정해야 한다.
CREATE ANY INDEX	임의의 스키마에 속한 테이블에 인덱스를 생성하는 권한이다.
ALTER ANY INDEX	임의의 스키마에 속한 테이블에 인덱스를 수정하는 권한이다.
DROP ANY INDEX	임의의 스키마에 속한 테이블에 인덱스를 제거하는 권한이다.
CREATE SYNONYM	자신의 스키마에 동의어를 생성하는 권한이다.
CREATE ANY SYNONYM	임의의 스키마에 동의어를 생성하는 권한이다.
DROP ANY SYNONYM	임의의 스키마에 속한 동의어를 제거하는 권한이다.
SYSDBA	SHUTDOWN, ALTER DATABASE, CREATE DATABASE, ARCHIVELOG, RECOVERY 문을 실행할 수 있는 권한이다.
CREATE PUBLIC SYNONYM	PUBLIC 스키마에 동의어를 생성하는 권한이다.
DROP PUBLIC SYNONYM	PUBLIC 스키마에 속한 동의어를 제거하는 권한이다.
CREATE VIEW	자신의 스키마에 뷰를 생성하는 권한이다.
CREATE ANY VIEW	임의의 스키마에 뷰를 생성하는 권한이다.
DROP ANY VIEW	임의의 스키마에 속한 뷰를 제거하는 권한이다.
CREATE SEQUENCE	자신의 스키마에 시퀀스를 생성하는 권한이다.

CREATE ANY SEQUENCE	임의의 스키마에 시퀀스를 생성하는 권한이다.
ALTER ANY SEQUENCE	임의의 스키마에 속한 시퀀스를 변경하는 권한이다.
DROP ANY SEQUENCE	임의의 스키마에 속한 시퀀스를 제거하는 권한이다.
SELECT ANY SEQUENCE	임의의 스키마에 속한 시퀀스를 조회하는 권한이다.
CREATE ROLE	역할을 생성하는 권한이다.
DROP ANY ROLE	역할을 제거하는 권한이다.
GRANT ANY ROLE	임의의 역할에 부여하는 권한이다.
ALTER ANY ROLE	역할을 수정하는 권한이다.
ALTER DATABASE	데이터베이스를 변경하는 권한이다.
CREATE PROCEDURE	자신의 스키마에 프로시저를 생성하는 권한이다.
CREATE ANY PROCEDURE	임의의 스키마에 프로시저를 생성하는 권한이다.
ALTER ANY PROCEDURE	임의의 스키마에 속한 프로시저를 변경하는 권한이다.
DROP ANY PROCEDURE	임의의 스키마에 속한 프로시저를 제거하는 권한이다.
EXECUTE ANY PROCEDURE	임의의 스키마에 속한 프로시저를 실행하는 권한이다.
CREATE TRIGGER	자신의 스키마에 속한 트리거를 생성하는 권한이다.
CREATE ANY TRIGGER	임의의 스키마에 속한 트리거를 생성하는 권한이다.
ALTER ANY TRIGGER	임의의 스키마에 속한 트리거를 변경하는 권한이다.
DROP ANY TRIGGER	임의의 스키마에 속한 트리거를 제거하는 권한이다.
GRANT ANY OBJECT PRIVILEGE	모든 스키마 객체에 대한 특권을 가지는 권한이다.
GRANT ANY PRIVILEGE	모든 특권을 전부 부여할 수 있는 권한이다.

WITH ADMIN OPTION과 함께 부여된 특권은 WITH GRANT OPTION과는 달리 연속적으로 회수되지 않는다.

다음은 사용자 Susan이 사용자 SYS로부터 부여받은 특권을 Peter에게 부여하는 예이다.

```
SQL> conn Susan/abcd
Connected to Tibero.

SQL> GRANT SELECT ANY TABLE TO Peter;
Granted.
```

다음과 같이 Susan에게 부여한 시스템 특권을 회수하더라도 사용자 Susan이 Peter에게 부여한 시스템 특권은 그대로 유지된다.

```
SQL> conn SYS/tibero
Connected to Tibero.

SQL> REVOKE SELECT ANY TABLE FROM Susan;
```

티베로에서는 특권의 정보를 제공하기 위해 〈표 3-44〉에 나열된 정적 뷰를 제공하고 있다. DBA나 일반 사용자 모두 사용할 수 있다.

표 3-44 | 특정 정보 조회

정적 뷰	설명
DBA_SYS_PRIVS	사용자에게 부여된 모든 특권의 정보를 조회하는 뷰이다.
USER_SYS_PRIVS	현재 사용자에게 부여된 특권의 정보를 조회하는 뷰이다.
DBA_TBL_PRIVS	데이터베이스 내의 모든 스키마 객체 특권의 정보를 조회하는 뷰이다.
USER_TBL_PRIVS	현재 사용자가 소유한 모든 스키마 객체 특권의 정보를 조회하는 뷰이다.
ALL_TBL_PRIVS	현재 사용자가 소유한 모든 스키마 객체 특권과 모든 사용자가 사용할 수 있도록 공개한 모든 스키마 객체 특권의 정보를 조회하는 뷰이다.
DBA_COL_PRIVS	데이터베이스 내의 모든 스키마 객체 특권 중 스키마 객체의 특정 컬럼에 부여된 특권의 정보를 조회하는 뷰이다.
USER_COL_PRIVS	현재 사용자가 소유한 스키마 객체 특권 중 스키마 객체의 특정 컬럼에 부여된 특권의 정보를 조회하는 뷰이다.
ALL_COL_PRIVS	현재 사용자가 소유한 스키마 객체 특권 또는 모든 사용자가 사용할 수 있도록 공개한 모든 스키마 객체 특권 중 스키마 객체의 특정 컬럼에 부여된 특권의 정보를 조회하는 뷰이다.
USER_COL_PRIVS_MADE	현재 사용자 소유한 객체 중 특정 컬럼에 부여된 특권의 정보를 조회하는 뷰이다.
ALL_COL_PRIVS_MADE	현재 사용자가 만든 특권 중 스키마 객체의 특정 컬럼에 부여된 특권의 정보를 조회하는 뷰이다.
USER_COL_PRIVS_RECD	현재 사용자에게 부여된 모든 스키마 객체 특권 중 스키마 객체의 특정 컬럼에 부여된 특권의 정보를 조회하는 뷰이다.
ALL_COL_PRIVS_RECD	현재 사용자 또는 PUBLIC 사용자에게 부여된 모든 스키마 객체 특권 중 스키마 객체의 특정 컬럼에 부여된 특권의 정보를 조회 뷰이다.

티베로는 다음과 같이 부가적인 특권을 설정할 수 있는 매개변수도 존재한다.

- **USE_TRUNCATE_PRIVILEGE**

  TRUNCATE 수행을 위해 TRUNCATE ANY TABLE 시스템 특권 또는 TRUNCATE 스키마 객체 특권을 사용할 수 있다. 이 특권들을 사용하기 위해서는 USE_TRUNCATE_PRIVILEGE 매개변수를 'Y'로 설정해야 한다.

표 3-45 | USE_TRUNCATE_PRIVIEGE 설정 값

설정 값	설명
Y	TRUNCATE를 수행하기 위해서 자신의 스키마에 속한 테이블이 아닐 경우에는 TRUNCATE 특권이 부여되어야 한다.
N	TRUNCATE 수행을 위해 DROP ANY TABLE 시스템 특권이 부여되어 있어야 한다.

- **GRANT ALL**

  GRANT ALL을 수행할 때 ALL 특권의 기준은 USE_TRUNCATE_PRIVILEGE 매개변수의 여부에 따라 다르다.

표 3-46 | USE_TRUNCATE_PRIVILEGE와 GRANT ALL 비교

설정 값	설명
Y	GRANT ALL에 TRUNCATE 특권까지 포함된다.
N	GRANT ALL에 TRUNCATE 특권이 포함되지 않는다.

- **REVOKE ALL**

  REVOKE ALL의 경우 시스템 특권과 스키마 객체 특권의 경우가 약간 다르게 동작한다. 시스템 특권의 경우에는 GRANT ALL과 마찬가지로 USE_TRUNCATE_PRIVILEGE 매개변수에 따라 취소되는 권한의 기준이 달라진다.

표 3-47 | USE_TRUNCATE_PRIVILEGE 와 ROVOKE ALL 비교

설정 값	설명
Y	REVOKE ALL 수행할 때 TRUNCATE ANY TABLE 특권까지 취소된다.
N	TRUNCATE ANY TABLE 특권은 취소되지 않는다.

3.10.2. 롤 관리

사용자는 데이터베이스와 관련된 애플리케이션 프로그램을 실행하려면 해당 스키마 객체에 대한 적절한 특권을 부여받아야 한다. 예를 들어, 20개의 테이블에 30명의 사용자가 접근하는 경우라면 데이터베이스 관리자는 "20개 테이블*30명의 사용자"로 계산된 총 600번의 특권을 부여하는 작업을 수행해야 한다.

특권은 시간을 필요로 하는 작업이다. 따라서 특권의 효율적인 관리를 위해 데이터베이스 관리자가 부여할 특권을 모아놓은 역할을 미리 정의한다면 600번의 특권 부여 작업을 실행할 필요가 없고 특권의 관리가 훨씬 더 간편해진다.

롤은 여러 특권을 모아 놓은 것이며 하나의 단위로서 사용자에게 부여할 수 있다. 역할을 생성하거나 변경, 부여하기 위해서는 이에 맞는 특권이 필요하다.

다음은 역할을 생성하거나 변경, 특권을 부여하는 예이다. 앞의 예에서는 사용자 SYS로 접속하여 사용자 Peter에게 CREATE ROLE, ALTER ANY ROLE, GRANT ANY ROLE 특권을 부여하고 있다.

```
SQL> conn SYS/tibero
Connected to Tibero.

SQL> GRANT CREATE ROLE, ALTER ANY ROLE, GRANT ANY ROLE TO Peter;
Granted.
```

① 생성

다음은 역할을 생성하는 예이다.

```
SQL> CREATE ROLE APP_USER;
Role 'APP_USER' created.

SQL> GRANT CREATE SESSION TO APP_USER;
Granted.

SQL> CREATE ROLE CLERK;
Role 'CLERK' created.

SQL> GRANT SELECT, INSERT ON Peter.EMPLOYEE TO CLERK;
Granted.

SQL> GRANT SELECT, INSERT ON Peter.TIME_CARDS TO CLERK;
Granted.

SQL> GRANT SELECT, INSERT ON Peter.DEPARTMENT TO CLERK;
Granted.
```

다음은 본 예제를 기준으로 생성된 역할을 설명한다.

표 3-48 | 역할 생성 예제 설명

역할	설명
APP_USER	CREATE ROLE 문을 사용하여 역할 App_User를 생성한다. 시스템 특권인 CREATE SESSION 문이 역할 APP_USER에 부여된다. APP_USER 역할을 부여받은 사용자는 데이터베이스에 접속할 수 있다.
CLERK	CREATE ROLE 문을 사용하여 Clerk 역할을 생성한다. 여러 개의 테이블에 스키마 객체 특권이 부여된다. Peter 스키마에 속한 EMPLOYEE 테이블에 SELECT, INSERT를 할 수 있다. Peter 스키마에 속한 TIME_CARDS 테이블에 SELECT, INSERT를 할 수 있다. Peter 스키마에 속한 DEPARTMENT 테이블에 SELECT, INSERT를 할 수 있다.

티베로에서는 역할의 정보를 제공하기 위해 〈표 3-49〉에 나열된 정적 뷰를 제공하고 있다. 데이터베이스 관리자나 일반 사용자 모두 사용할 수 있다.

표 3-49 | **역할 정보 조회**

정적 뷰	설명
DBA_ROLES	티베로 내의 모든 역할의 정보를 조회하는 뷰이다.
DBA_ROLE_PRIVS	사용자나 다른 역할에 부여된 모든 역할의 정보를 조회하는 뷰이다.
USER_ROLE_PRIVS	현재 사용자나 PUBLIC 사용자에 부여된 역할의 정보를 조회하는 뷰이다.
ROLE_SYS_PRIVS	현재 사용자가 접근할 수 있는 역할에 부여된 시스템 특권 정보를 조회하는 뷰이다.
ROLE_TAB_PRIVS	현재 사용자가 접근할 수 있는 역할들에 부여된 스키마 객체 특권들을 조회하는 뷰이다.
ROLE_ROLE_PRIVS	현재 사용자가 접근할 수 있는 역할들에 부여된 다른 역할들의 정보를 조회하는 뷰이다.

② 부여

역할을 다른 역할에게 부여할 수 있다. 예를 들면 다음과 같이 역할 APP_USER를 역할 CLERK에 부여할 수 있다.

```
SQL> GRANT APP_USER TO CLERK;
Granted.
```

위의 SQL 문장이 실행되면 역할 CLERK을 부여받은 사용자에게 동시에 역할 APP_USER가 부여되고, 역할 CLERK과 APP_USER에 양쪽에 포함된 모든 특권을 사용할 수 있게 된다.

역할을 부여받은 사용자는 그 역할을 다른 사용자에게 다시 부여할 수 있다. 단, 역할을 부여하는 사용자가 그 역할을 다음과 같이 WITH ADMIN OPTION과 함께 부여받아야 한다.

```
SQL> GRANT CLERK TO Susan WITH ADMIN OPTION;
Granted.

SQL> GRANT CLERK TO Peter;
Granted.
```

위의 GRANT 명령이 실행되면, 사용자 Susan은 부여된 역할을 다시 다른 사용자에게 부여할 수 있으며 그 사용자로부터 역할을 회수할 수도 있다. 하지만 사용자 Peter는 CLERK 역할을 사용만 할 뿐 그 역할을 다시 다른 사용자에게 부여하거나 회수하지는 못 한다.

③ 회수

다른 사용자로부터 역할을 회수시키기 위해서는 REVOKE 명령을 사용해야 한다. DBA는 자신이 직접 부여하지 않은 역할에 대해서도 다른 사용자로부터 회수할 수 있다.

다음은 사용자 Peter와 역할 CLERK으로부터 역할 APP_USER를 회수하는 예이다. 예에서는 회수 대상이 사용자든 역할이든 문법은 동일하다.

```
SQL.> REVOKE APP_USER FROM Peter;
SQL.> REVOKE APP_USER FROM CLERK;
```

④ 미리 정의된 역할

티베로에서는 자주 사용되는 시스템 특권을 모아 다음과 같은 역할로 미리 정의하고 있다.

표 3-50 | 기 정의된 역할

역할	포함된 특권	설명
CONNECT	CREATE SESSION	단순히 데이터베이스에 접속만 할 수 있는 특권이다. 이 특권은 모든 사용자에게 필요한 특권이다.
RESOURCE	CREATE PROCEDURE CREATE SEQUENCE CREATE TABLE CREATE TRIGGER	자신의 스키마에 기본적인 스키마 객체를 생성하는 특권이다. 이 특권은 애플리케이션 프로그램 개발자에게 필요한 기본적인 특권이다.
DBA	-	데이터베이스 관리자에게 필요한 시스템 특권을 포함하고 있는 특권이다. 이 역할을 부여받은 데이터베이스 관리자는 시스템 특권을 임의로 다른 사용자에게 부여할 수 있다. 모든 시스템 특권이 WITH ADMIN OPTION으로 부여된다.
HS_ADMIN_ROLE	-	이기종 서비스를 이용하는 데이터베이스 관리자에게 필요한 시스템 특권을 포함하고 있는 특권이다.

3.10.3. 프로파일(Profile)

데이터베이스 사용자의 패스워드 관리 정책을 지정할 수 있다.

예를 들어 사용자 1, 2, 3은 90일 후 패스워드 사용 기간이 만료되도록 설정하고, 사용자 4, 5는 패스워드 사용 기간이 30일 후 만료되며 한 번 사용한 패스워드는 재사용 못하도록 패스워드 사용 정책을 각각 다르게 설정할 필요가 있다고 가정한다. 이 경우 90일 후 패스워드 사용 기간이 만료되도록 설정한 프로파일과 30일 후 패스워드 사용 기간이 만료되며 한 번 사용한 패스워드는 재사용 못하도록 설정한 프로파일을 각각 생성한다. 사용자 1, 2, 3은 첫 번째 프로파일을 사용하도록 지정하고 사용자 4, 5는 두 번째 프로파일을 사용하도록 지정하면 된다. 이처럼 프로파일은 사용자 패스워드 관리 정책을 다양하게 생성하고 각각의 사용자에게 특정 정책을 사용하도록 지정함으로써 사용자 별로 그룹화된 패스워드 정책을 관리할 수 있는 기능을 제공한다.

① 프로파일 생성

다음은 프로파일을 생성하는 예이다.

```
SQL> CREATE PROFILE prof LIMIT
failed_login_attempts 3
password_lock_time 1/1440
password_life_time 90
password_reuse_time unlimited
password_reuse_max 10
password_grace_time 10
password_verify_function verify_function;

Profile 'PROF' created.
```

앞의 예제에서 보았듯이 프로파일을 생성, 변경할 때는 세부적인 매개변수를 지정할 수 있다. 각 매개변수에 대한 설명은 〈표 3-51〉을 참조한다.

표 3-51 | 패스워드 매개변수 설명

구성요소	설명
FAILED_LOGIN_ATTEMPTS	잘못된 패스워드로 로그인 시도할 경우 사용자 계정을 잠글 때까지 로그인 시도 허용 횟수를 지정한다.
LOGIN_PERIOD	이 값이 지정되어 있을 경우 마지막 로그인 후 지정된 시간이 지나면 계정이 잠긴다.
PASSWORD_LIFE_TIME	패스워드 만료 기간을 설정한다. 숫자와 수식 두 가지 형태로 지정할 수 있다. 숫자로 지정할 경우 단위는 일(day)이다. 예를 들어 30으로 지정하면 패스워드 만료 일자가 30일 후가 된다. 해당 값을 1일 미만으로 지정하는 등 특별한 용도로 사용하기 위해 수식을 사용할 수 있다. 예를 들어 1/1440으로 지정하면 패스워드 만료일자가 1분 후가 된다.
PASSWORD_REUSE_TIME	패스워드 재사용 금지 기간을 설정한다. 숫자와 수식 두 가지 형태로 지정할 수 있다. 예를 들어 해당 값을 30으로 설정하면 30일동안 동일한 패스워드로 다시 변경할 수 없다.
PASSWORD_REUSE_MAX	설정된 개수만큼 최근 변경한 패스워드는 재사용할 수 없다. 예를 들어 해당 값을 10으로 지정하면 현재 패스워드를 재사용하기 위해서는 10회 이상 다른 값으로 먼저 패스워드를 변경해야 한다.
PASSWORD_LOCK_TIME	패스워드 오류 횟수 초과로 계정이 잠금 상태가 되었을 때 자동으로 잠금 상태를 해제하는 기간을 설정한다. 숫자와 수식 두 가지 형태로 지정할 수 있다. 예를 들어 1/1440으로 지정하면 1분후 자동으로 잠금 상태가 해제된다.
PASSWORD_GRACE_TIME	패스워드 사용기간(PASSWORD_LIFE_TIME) 만료 후 패스워드 만료 경고를 보내는 기간을 설정한다. 숫자와 수식 두 가지 형태로 지정할 수 있다.

각 매개변수의 기본 값은 데이터베이스를 생성할 때 함께 생성된 기본 프로파일에 의해 결정되며, 이 기본 값들은 DBA_PROFILES 뷰를 통해 확인할 수 있다.

다음은 프로파일을 변경하는 예이다.

```
SQL> ALTER PROFILE prof LIMIT
password_lock_time 1
password_reuse_time 30;

Profile 'PROF' altered.
```

앞의 SQL 문장이 실행되면 PROF라는 프로파일의 패스워드가 오류 횟수를 초과하는 경우 계정 잠금 상태가 1일간 지속된다. 한번 사용한 패스워드는 30개의 다른 패스워드를 사용한 이후에 다시 사용할 수 있다.

다음은 프로파일을 삭제하는 예이다.

```
SQL> DROP PROFILE prof CASCADE;
Profile 'PROF' dropped.
```

삭제하려는 프로파일을 이미 사용자가 지정한 경우 반드시 cascade 옵션을 붙여야 한다. cascade 옵션을 사용하면 해당 프로파일을 지정한 모든 사용자의 프로파일 지정 정보를 일괄 삭제한다. 단, 사용자 정보는 삭제하지 않는다. 프로파일 관련 정보는 다음과 같이 확인할 수 있다.

```
SQL> SELECT * FROM dba_profiles;
PROFILE    RESOURCE_NAME              RESOURCE TYPE    LIMIT
--------   -------------------------  ---------------  ---------------
DEFAULT    FAILED_LOGIN_ATTEMPTS      PASSWORD         UNLIMITED
DEFAULT    PASSWORD_LIFE_TIME         PASSWORD         UNLIMITED
DEFAULT    PASSWORD_REUSE_TIME        PASSWORD         UNLIMITED
DEFAULT    PASSWORD_REUSE_MAX         PASSWORD         UNLIMITED
DEFAULT    PASSWORD_VERIFY_FUNCTION   PASSWORD         NULL_VERIFY_FUNCTION
DEFAULT    PASSWORD_LOCK_TIME         PASSWORD         1
DEFAULT    PASSWORD_GRACE_TIME        PASSWORD         UNLIMITED
DEFAULT    LOGIN_PERIOD               PASSWORD         UNLIMITED
```

다음은 사용자별로 적용된 프로파일 정보를 조회하는 예이다. TIBERO라는 사용자에 T_PROF라는 프로파일이 할당된 상황을 확인할 수 있다.

```
SQL> SELECT username, profile FROM dba_users;
USERNAME     PROFILE
----------   ----------
TIBERO1
TIBERO       T_PROF
OUTLN
SYSGIS
SYSCAT
SYS
```

② 프로파일 지정

다음은 사용자 계정을 생성할 때 프로파일을 지정하는 예이다.

```
SQL> CREATE USER Peter IDENTIFIED BY abcd PROFILE prof;
User 'PETER' created.
```

다음은 PROF 프로파일에서 기본 프로파일로 변경하는 예이다. 기본 프로파일은 데이터베이스를 생성할 때 기본으로 함께 생성된다.

```
SQL> ALTER USER Peter PROFILE default;
User 'PETER' altered.
```

3.10.4. 감사(Audit)

감사는 데이터베이스 내에서 지정된 사용자의 동작을 기록하는 보안 기술이다. 관리자는 감사 기능을 통해 특정 동작 또는 특정 사용자에 대해 별도의 로그를 남김으로써 데이터베이스를 더 효과적으로 보호할 수 있다.

감사 기능은 감사의 대상에 따라 두 종류로 구분된다. 스키마 객체에 대한 감사는 지정된 스키마 객체에 수행되는 모든 동작을 기록할 수 있다. 시스템 특권에 대한 감사는 지정된 시스템 특권을 사용하는 모든 동작을 기록할 수 있다.

감사 기록을 남기고 싶은 사용자 또는 역할을 지정할 수 있으며, 성공한 동작 또는 실패한 동작에 대해서만 감사 기록을 남기도록 지정할 수 있다. 또한 세션 별로 한 번만 감사 기록을 남기거나 동작이 수행될 때마다 감사 기록을 남기도록 지정할 수 있다.

① 감사 설정 및 해제

감사를 설정하거나 해제하려면 AUDIT 또는 NOAUDIT 명령을 사용한다.

- 스키마 객체에 대한 감사

다른 사용자가 소유한 스키마의 객체 또는 디렉토리 객체를 감사하기 위해서는 AUDIT ANY 시스템 특권을 부여받아야 한다. 다음의 SQL 문장이 성공하면 테이블 t에 수행되는 모든 delete 문이 성공하는 경우에만 감사 기록을 남긴다.

다음은 스키마 객체에 대한 감사를 설정하는 예이다.

```
SQL> AUDIT delete ON t BY SESSION WHENEVER SUCCESSFUL;
Audited.
```

- 시스템 특권에 대한 감사

시스템 특권을 감사하기 위해서는 AUDIT SYSTEM 시스템 특권을 부여받아야 한다.

다음은 시스템 특권에 대한 감사를 설정하는 예이다. 다음의 SQL 문장이 성공하면 tibero라는 사용자가 테이블을 생성하려고 할 때 그것이 성공하든 실패하든 관계없이 감사 기록을 남긴다.

```
SQL> AUDIT create table BY tibero;
Audited.
```

시스템 특권의 감사를 해제하기 위해서는 AUDIT SYSTEM 시스템 특권을 부여받아야 한다. 다른 사용자가 소유한 스키마의 객체 또는 디렉토리 객체의 감사를 해제하기 위해서는 AUDIT ANY 시스템 특권을 부여받아야 한다.

다음은 이미 설정된 감사를 해제하는 예이다.

```
SQL> NOAUDIT create table BY tibero;
Noaudited.
```

앞의 SQL 문장이 성공하면 tibero라는 사용자가 테이블을 생성할 때 더 이상 감사 기록을 남기지 않는다.

② 감사 기록

감사 기록은 명령을 수행한 사용자, 명령이 수행된 스키마 객체, 수행 시각, 세션 ID 등의 기본 정보와 실행된 SQL 문장으로 이루어진다.

감사 기록은 환경 파일($TB_SID.tip)에 설정된 AUDIT_TRAIL 매개변수에 따라 데이터베이스 내부 또는 운영시스템 파일에 저장할 수 있다. OS 파일에 감사 기록을 저장하는 경우 파일의 위치와 최대 크기를 각각 $TB_SID.tip 파일의 AUDIT_FILE_DEST 매개변수와 AUDIT_FILE_SIZE 매개변수로 설정할 수 있다. 다음은 감사 기록의 저장 위치를 지정하는 예이다.

```
<$TB_SID.tip>
AUDIT_TRAIL=DB_EXTENDED
```

앞과 같이 설정하면 감사 기록에 포함되는 기본 정보뿐만 아니라 사용자가 실행한 SQL 문장까지 데이터베이스에 저장된다.

```
<$TB_SID.tip>
AUDIT_TRAIL=OS
AUDIT_FILE_DEST=/home/tibero/audit/audit_trail.log
AUDIT_FILE_SIZE=10M
```

위와 같이 설정하면 "/home/tibero/audit/audit_trail.log"에 최대 10MB의 크기로 감사 기록이 저장된다.

SYS 사용자에 대한 감사 기록은 데이터베이스에 저장되지 않는다. 감사 기록은 운영시스템 파일 또는 데이터베이스에 저장된다. 운영시스템 파일에 저장하도록 설정한 경우 일반 텍스트 파일의 형태로 저장되므로 쉽게 내용을 열람할 수 있다. 데이터베이스에 저장하도록 설정한 경우에는 다음의 정적 뷰를 통해 감사 기록을 조회할 수 있다.

표 3-52 | 감사기록 정보 조회

정적 뷰	설명
DBA_AUDIT_TRAIL	데이터베이스에 저장된 모든 감사 기록을 조회하는 뷰이다.
USER_AUDIT_TRAIL	데이터베이스에 저장된 현재 사용자의 감사 기록을 조회하는 뷰이다.

③ SYS 사용자에 대한 감사

SYS 사용자의 명령은 보안 상의 이유로 다른 사용자의 명령과는 다른 방식으로 감사된다. SYS 사용자는 기본적으로 감사의 대상에서 제외되기 때문에 AUDIT 또는 NOAUDIT 명령을 사용해 감사를 설정 또는 해제할 수 없다.

SYS 사용자의 명령을 감사하기 위해서는 환경파일의 AUDIT_SYS_OPERATIONS 매개변수를 'Y'로 설정해야 한다. SYS 사용자의 명령을 감사하도록 설정하면 수행한 모든 동작이 운영시스템 파일에 기록되며, 보안 상의 이유로 데이터베이스에는 기록되지 않는다.

다음은 SYS 사용자의 동작을 감사하도록 설정한 예이다.

```
<$TB_SID.tip>
AUDIT_SYS_OPERATIONS=Y
AUDIT_FILE_DEST=/home/tibero/audit/audit_trail.log
AUDIT_FILE_SIZE=10M
```

위와 같이 설정하면 SYS 사용자가 수행한 모든 동작이 "/home/tibero/audit/audit_trail.log"에 최대 10MB의 크기로 저장된다.

MEMO

애플리케이션 개발자를 위한 실무 테크닉

- ✓ 티베로 tbAdmin 유틸리티
- ✓ 티베로 SQL 개요
- ✓ SQL 문장의 종류
- ✓ 티베로 Object
- ✓ SQL 구성요소
- ✓ 티베로 고급 SQL
- ✓ tbPSM

Chapter 04 애플리케이션 개발자를 위한 실무 테크닉

티베로 데이터베이스를 이용하여 애플리케이션을 작성할 때 필요한 티베로 tbadmin 유틸리티 및 SQL 작성 방법, 내부 함수, PSM 등에 대해서 살펴보기로 한다.

4.1 티베로 tbAdmin 유틸리티

4.1.1. 개요

tbAdmin은 티베로에서 제공하는 데이터베이스 개발 및 관리 도구로써 사용하기 편리하도록 GUI(Graphic User Interface) 환경을 기반으로 하고 있다.

tbAdmin은 SQL(Structured Query Language) 질의 뿐만 아니라 데이터 정의 언어(Data Definition Language, 이하 DDL)와 트랜잭션과 관련된 SQL 문장을 실행할 수 있고, 데이터베이스 관리자를 위한 명령어 실행, 모니터링 등의 여러 관리 기능을 포함하고 있다. 또한 tbPSM 프로그램을 생성하거나 실행할 수 있으며, 여러 SQL 문장과 tbPSM 프로그램을 하나의 파일로 생성하거나 저장하여 호출할 수 있다. tbAdmin이 제공하는 주요 기능을 살펴보면 다음과 같다.

- tbAdmin의 환경 설정
- 일반적인 SQL 문장 및 tbPSM 프로그램의 입력, 편집, 실행, 저장
- 트랜잭션 설정 및 종료
- 스키마 객체의 관리
- 외부 유틸리티 및 프로그램의 실행
- 데이터베이스 관리자(DBA : Database Administrator)에 의한 데이터베이스 관리

4.1.2. tbAdmin 설치

티베로 데이터베이스 설치 시에 tbAdmin을 포함해 다운로드 할 수 있고, tbAdmin은 설치 과정이 없이 바이너리 실행 파일을 실행시키면 바로 기동된다. tbAdmin가 다운로드되는 경로는 티베로 설치 경로의 클라이언트 디렉토리의 bin 디렉토리 아래에 위치한다.

초기 tbAdmin이 다운로드된 상태는 압축 파일 형태로 존재하므로 이 압축 파일을 해제한다.

압축 파일을 해제하면 플랫폼별 디렉토리의 하위 디렉토리에 tbAdmin을 실행할 수 있는 바이너리 실행 파일이 있다.

tbAdmin을 사용하기 위해서는 자바가 필요한데 JRE 1.5 이상의 버전이 반드시 설치되어 있어야 기동시킬 수 있다. 그리고 기존에 tbAdmin 디렉토리의 존재 여부를 반드시 확인해야 하고, 만약 존재한다면 삭제하도록 한다.

4.1.3. 기동 및 종료

4.1.3.1. 기동

tbAdmin을 기동하기 위해서는 초기 다운로드 시의 압축 파일을 해제한 후에 tbAdmin 실행 파일을 실행시키면 된다. 초기 tbAdmin 다운로드 압축 파일을 해제하면 설치된 플랫폼에 따라 〈그림 4-1〉과 같은 디렉토리 구조가 나타난다.

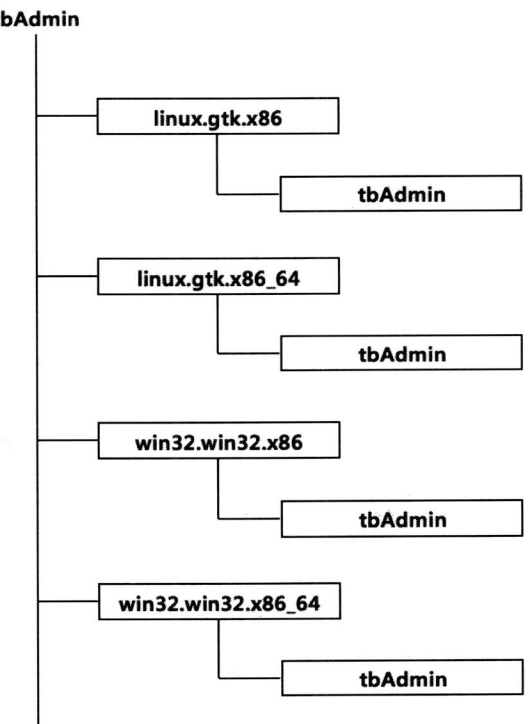

그림 4-1 | tbAdmin 다운로드 압축 해제 후의 디렉토리 구조

압축 파일 내에는 플랫폼별로 tbAdmin을 실행할 수 있는 바이너리 실행 파일이 있다. 바이너리 실행 파일은 플랫폼별 디렉토리의 하위 디렉토리인 tbAdmin에 존재한다.

- linux.gtk.x86 : 설치할 플랫폼이 32bit일 때 유닉스 계열(리눅스 포함)에서 실행할 수 있는 tbAdmin 실행 파일이 있는 디렉토리다.
- linux.gtk.x86_64 : 설치할 플랫폼이 64bit일 때 유닉스 계열에서 실행할 수 있는 tbAdmin 실행 파일이 있는 디렉토리다.
- win32.win32.x86 : 설치할 플랫폼이 32bit일 때 윈도우 계열에서 실행할 수 있는 tbAdmin 실행 파일이 있는 디렉토리다.
- win32.win32.x86_64 : 설치할 플랫폼이 64bit일 때 윈도우 계열에서 실행할 수 있는 tbAdmin 실행 파일이 있는 디렉토리다.

설치할 플랫폼에 맞는 디렉토리에서 tbAdmin 바이너리 실행 파일을 실행해 기동하도록 한다.

4.1.3.2. 로그인 및 접속 설정

tbAdmin 바이너리 실행 파일을 실행하면, 〈그림 4-2〉와 같이 데이터베이스 서버에 접속하기 위해 필요한 정보를 설정하는 Login & Connection Config 대화상자가 나타나고, 여기에 데이터베이스 접속 로그인의 정보 설정을 한 후, 데이터베이스 서버에 접속해 tbAdmin 툴의 기능을 사용한다.

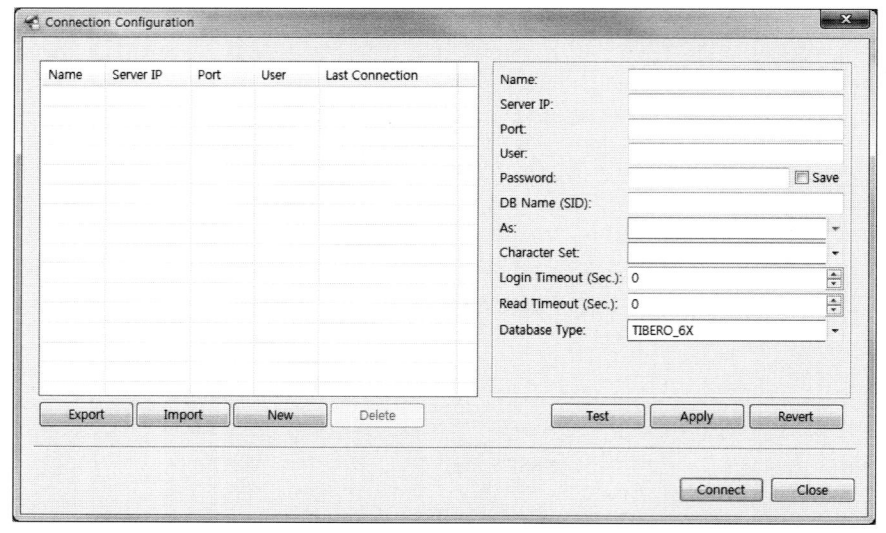

그림 4-2 | Login & Connection Config 대화상자

tbAdmin을 통해 데이터베이스 서버에 접속하는 방법은 우선 Login & Connection Config 대화상자의 각 항목에 접속할 데이터베이스 서버의 로그인 정보를 입력한다.

입력된 로그인 정보가 맞는지 테스트하려면 [Test] 버튼을 클릭하고, 테스트 없이 새로운 로그인 정보를 등록하려면 [Apply] 버튼을 클릭한다.

입력한 데이터베이스 서버의 로그인 정보에 문제가 없는 경우 [Connect] 버튼을 클릭하면 데이터베이스 서버에 접속된다. Login & Connection Config 대화상자에 각 입력 항목을 입력한 뒤 [Connect] 버튼을 클릭했을 때 데이터베이스 서버에 정상적으로 접속되면 초기 화면이 나타난다.

〈표 4-1〉에서 Login & Connection Config 대화상자의 각 입력 항목에 대한 내용을 알 수 있다.

표 4-1 | 옵션에 사용할 수 있는 항목

항목	설명
Name	접속 정보를 나타내는 이름을 입력한다.
Database Type	데이터베이스 타입(Database Type)을 선택하는 항목이다. 드롭다운 메뉴에서 티베로를 선택한다.
Server IP	데이터베이스 서버의 IP 주소를 입력한다.
Port	데이터베이스 서버의 포트 번호를 입력한다. 티베로를 설치할 때 별도의 포트 번호를 지정하지 않았다면, 디폴트로 지정되는 포트 번호는 '8629'이다.
User	접속할 데이터베이스의 사용자 이름을 입력한다.
Password	접속할 데이터베이스의 사용자 패스워드를 입력한다. 오른쪽의 [Save] 체크 박스를 선택하면 입력한 패스워드를 저장할 수 있다. 패스워드를 저장하면 다음에 접속할 때 패스워드를 다시 입력하지 않아도 된다.
DB NAME(Sid)	SID(system identifier)를 입력한다. 티베로를 설치할 때 별도의 SID를 지정하지 않았다면, 디폴트로 지정되는 SID는 tibero이다.
As	오라클(Oracle) 데이터베이스에 접속할 때 권한을 설정한다.
Character Set	접속할 데이터베이스의 문자 집합(character set)을 지정한다.
Login Timeout	접속할 때 Login Timeout 값을 지정한다.
Read Timeout	접속할 때 Read Timeout 값을 지정한다.

Login & Connection Config 대화상자에서 사용할 수 있는 각 버튼에 대해 〈표 4-2〉에서 설명하겠다.

표 4-2 | Login & Connection Config 대화상자의 버튼 설명

버튼	설명
Export	데이터베이스 접속을 위해 만들어진 로그인 정보를 xml 파일로 내보낸다. 단, 패스워드(Password)는 저장되지 않는다.
Import	데이터베이스 접속을 위해 기존에 xml 파일로 만들어진 로그인 정보를 가져온다.
New	데이터베이스에 접속하기 위한 새로운 로그인 정보를 만든다.
Delete	선택한 로그인 정보를 삭제한다.

Test	입력한 로그인 정보로 데이터베이스에 정상으로 접속되는지 테스트한다.
Apply	입력한 로그인 정보를 등록한다.
Revert	입력한 로그인 정보를 제거하고 각 입력 항목을 초기화한다.
Connect	등록된 데이터베이스 서버에 접속을 요청한다.
Close	Login & Connection Config 대화상자를 닫는다.

4.1.3.3. 종료

tbAdmin을 종료시키려면 [File] > [Exit] 메뉴를 선택하거나 오른쪽 상단의 [x] 버튼을 클릭하면 된다.

4.1.4. tbAdmin 화면 구성

tbAdmin을 실행한 후, 데이터베이스 서버에 접속하면 8개의 영역으로 구성된 초기 화면이 나타난다.

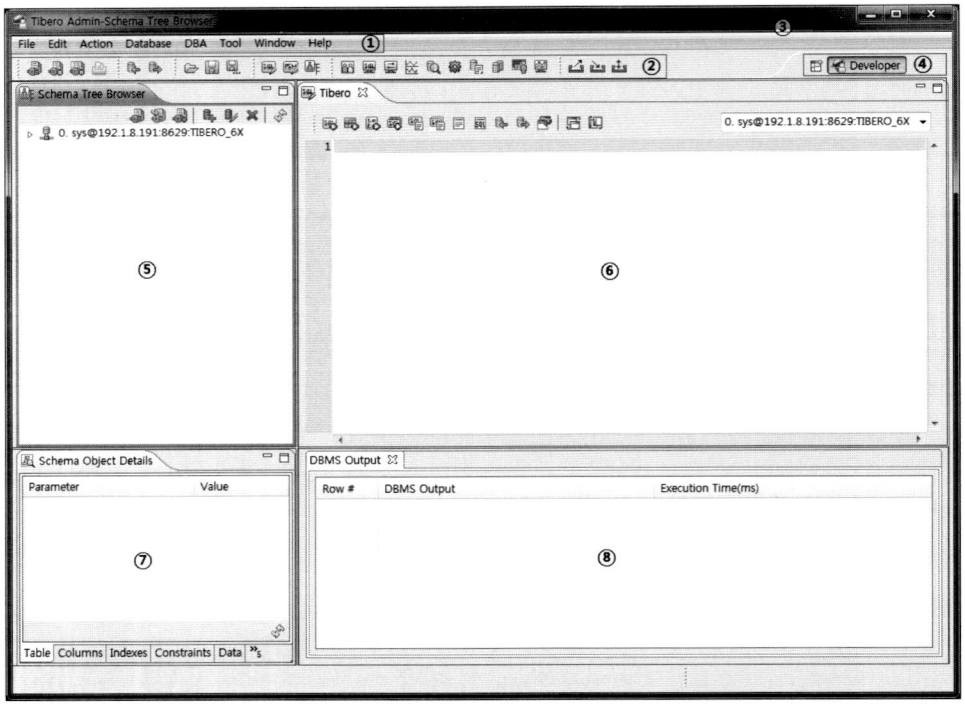

그림 4-3 | tbAdmin 화면 구성

화면의 8개 영역에 대한 설명은 <표 4-3>과 같다.

표 4-3 | 화면의 8개 영역에 대한 설명

영역	설명
① Menu	tbAdmin에서 사용할 수 있는 전체 메뉴가 있는 부분이다.
② Tool bar	빠르고 간편하게 메뉴를 실행할 수 있도록 메뉴 중 일부가 아이콘 형태로 나열되어 있다.
③ Title bar	현재 사용 중인 기능과 로그인 및 접속 정보가 나타난다.
④ Perspective	현재 활성화된 Perspective가 표시되며 다른 Perspective로 변경할 수 있다.
⑤ Schema Tree Browser	tbAdmin과 연결을 유지하고 있는 데이터베이스의 스키마 객체의 정보가 트리 형태로 나타난다.
⑥ Editor	SQL, PSM 등을 편집할 수 있는 Editor와 Browser, Monitor 등의 View가 있다.
⑦ Schema Object Details	Schema Tree Browser에서 선택된 스키마 객체의 세부 정보를 보여준다.
⑧ View	Editor 영역과 관련된 세부 정보를 보여준다.

4.1.5. tbAdmin 기본 기능

4.1.5.1. SQL Editor

SQL Editor는 SQL 문장을 입력하고 실행할 수 있는 화면 상단의 Editor 영역과 SQL 문장의 실행 결과나 실행 계획을 볼 수 있는 화면 하단의 뷰(View) 영역으로 구성되어 있다. SQL Editor 화면 상단에는 여러 가지 기능의 아이콘이 준비되어 있다.

SQL Editor의 시작은 [Database] > [SQL Editor] 메뉴를 선택하거나 툴바에서 SQL로 표시되어 있는 아이콘을 클릭하는 것으로 수행할 수 있다. Editor 창에서 SQL 문장을 입력, 편집하고 이것을 실행시키고 저장할 수 있다.

① 일반적인 SQL 문장의 입력

일반적인 SQL 문장은 Editor 영역에 입력하며, 하나의 SQL 문장을 여러 라인에 걸쳐 입력할 수 있다. 여러 라인에 걸쳐 입력할 경우 하나의 SQL 문장을 한 라인의 연속된 문자열 형태가 아닌 여러 라인으로 분리된 형태로 입력할 수 있다. 절 단위로 분리해서 입력하면 읽기가 편하고 변경이 쉽다.

② 템플릿을 사용한 SQL 문장의 입력

[Action] > [Template] 메뉴를 선택하거나 SQL Editor의 화면 상단에 위치한 아이콘을 클릭하면 DML, DDL, PL/SQL, PL/SQL Control Structure의 템플릿이 트리 형태로 나타난다.

트리 형태로 나타난 각 템플릿의 이름을 더블 클릭하면 Editor 영역에 해당 문장의 템플릿이 입력된다. 입력된 템플릿을 수정하여 손쉽게 SQL 문장을 완성할 수 있다.

③ 주석(comment)의 삽입

SQL 문장을 입력하는 중간에 주석을 삽입할 수 있다. 주석은 2개의 마이너스 기호(--)로 시작되며, 그 라인의 마지막까지 주석으로 포함한다. 주석은 자체만으로 하나의 라인이 될 수도 있으며, 한 라인에서 다른 문자열의 뒤쪽에 위치할 수도 있다.

④ 단축키의 사용

기존의 다른 텍스트 Editor와 마찬가지로 다시 실행은 키보드의 〈Ctrl〉키 + 〈Y〉키, 실행 취소는 〈Ctrl〉키 + 〈Z〉키, 찾기/바꾸기는 〈Ctrl〉키 + 〈F〉키로 이루어진 단축키를 제공한다.

⑤ 여러 SQL 문장의 실행

SQL 문장을 실행할 때 해당 Editor 영역의 모든 SQL 문장을 실행(단축키 : 〈F5〉)하거나 선택한 문장(〈Ctrl〉키 + 〈Enter〉키)만을 실행할 수 있다. 여러 SQL 문장을 실행했을 경우 화면 하단의 View에 각 SQL 문장마다 탭이 생성되며 각각의 결과를 개별적으로 확인할 수 있다.

⑥ SQL 문장의 저장과 Editor의 탭 이름 변경

SQL 문장의 저장(〈Ctrl〉키 + 〈S〉키)은 SQL Editor의 탭을 기준으로 저장하며, 기존의 SQL 파일을 불러온 경우 Editor의 탭 이름은 파일명으로 바뀐다. 탭의 이름을 변경하려면 [Action] 〉 [Change tab title] 메뉴를 선택하거나 SQL Editor의 화면 상단에 위치한 아이콘을 클릭하여 사용자가 원하는 이름으로 변경할 수 있다.

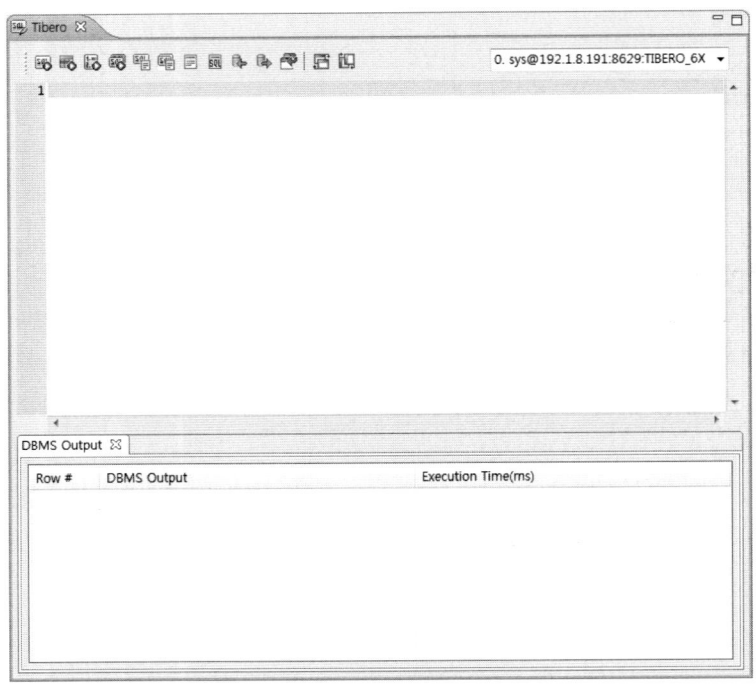

그림 4-4 | SQL Editor의 화면

〈표 4-4〉는 SQL Editor의 화면 상단에 위치한 아이콘에 대한 설명이다.

표 4-4 | SQL Editor 화면 상단에 위치한 아이콘 설명

아이콘	설명
	선택된 SQL 문이나 다수의 SQL 문을 실행한다. [Action] > [Run SQL] 메뉴를 선택하면, 이와 같이 실행된다.
	현재 커서부터 끝까지 SQL 문을 실행한다. [Action] > [Run All From Cursor] 메뉴를 선택하면, 이와 같이 실행된다.
	현재 커서에서부터 하나씩 실행하면서 다음 SQL 문으로 이동한다. [Action] > [Run Step] 메뉴를 선택하면, 이와 같이 실행된다.
	현재 커서에 있는 SQL 문을 실행한다. [Action] > [Run current SQL] 메뉴를 선택하면, 이와 같이 실행된다.
	선택된 부분의 SQL 문의 실행 계획을 보여준다. [Action] > [Plan] 메뉴를 선택하면, 이와 같이 실행된다.
	해당 SQL 문의 실행 계획을 보여준다. 아이콘을 클릭하면, 작성한 SQL 문장의 실행 계획이 화면 하단에 나타난다. [Action] > [Current Plan] 메뉴를 선택하면, 이와 같이 실행된다.
	SQL 문장에 필요한 DML, DDL 형식이나 PL/SQL에 필요한 조건, 문법이나 함수를 호출하여 SQL Editor에 나타내는 기능을 제공한다. 아이콘을 클릭하면, SQL 문장을 작성할 때 편의를 제공하는 [Template] 탭이 화면 오른쪽에 나타난다.
	이전에 실행했던 SQL 문장들을 다시 확인할 수 있다. 아이콘을 클릭하면, SQL 문장 목록을 보여주는 [SQL History] View가 화면 아래쪽에 나타난다.
	DML 실행 후의 결과를 데이터에 영구적으로 반영하기 위해서 실행한다. [Action] > [Commit] 메뉴를 선택하면, 이와 같이 실행된다.
	지금까지 DML을 실행한 결과를 취소한다. [Action] > [Rollback] 메뉴를 선택하면, 이와 같이 실행된다.
	현재 가리키는 탭의 이름을 변경한다. [Action] > [Change Tab title] 메뉴를 선택하면, 이와 같이 실행된다.
	SQL Editor의 화면 상단 영역의 SQL 편집 화면을 극대화한다. [Action] > [Maximize SQL] 메뉴를 선택하면, 이와 같이 실행된다.
	SQL Editor의 화면 하단 영역의 상세 결과 화면을 극대화한다. [Action] > [Maximize Result] 메뉴를 선택하면, 이와 같이 실행된다.

SQL Editor 창에 SQL 문장을 입력하고 SQL Editor의 화면 상단에 위치한 SQL 실행 아이콘을 클릭하거나 키보드의 〈F5〉키를 누르면 화면 하단에 위치한 결과창에 해당 SQL 문장의 실행 결과가 나타난다.

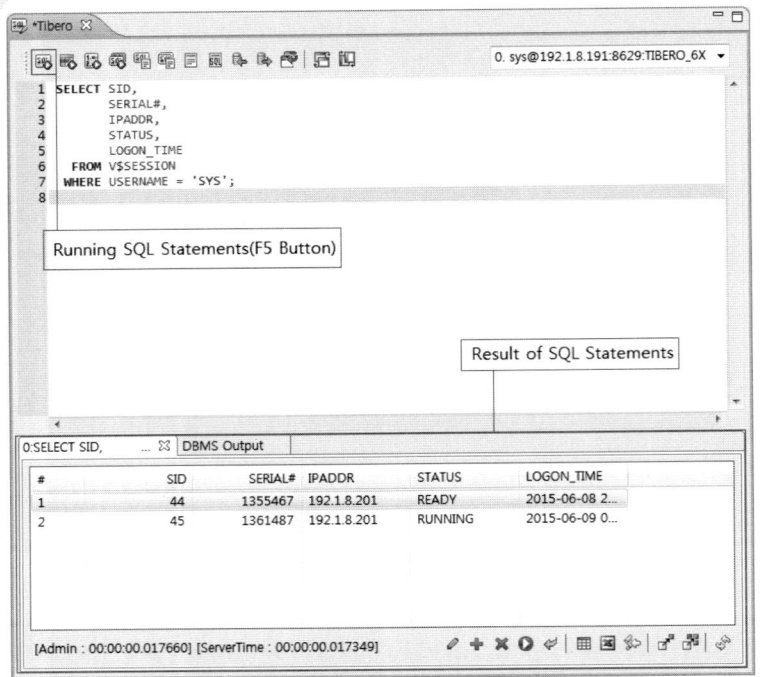

그림 4-5 | SQL Editor 창에서의 SQL 문장 입력 및 실행

Editor 창에서 마우스 오른쪽 버튼을 클릭하면 SQL 문장을 편집할 때 사용할 수 있는 컨텍스트 메뉴가 나타난다. 컨텍스트 메뉴에는 여러 가지 편집 메뉴와 실행 메뉴들이 포함되어 있다.

컨텍스트 메뉴의 각 항목에 대해 〈표 4-5〉와 같이 정리를 하였다.

표 4-5 | 오른쪽 마우스 클릭 컨텍스트 메뉴

항목	설명
Describe	지정된 Table에 대한 정보를 보여준다.
Cut	선택한 영역을 잘라낸다.
Delete	선택한 영역을 삭제한다.
Copy	선택한 영역을 복사한다.
Paste	복사한 내용을 붙인다.
Undo	실행을 취소한다.
Redo	취소한 실행을 다시 실행한다.
Select All	모든 내용을 선택한다.
Select One	마우스 커서에 있는 현재 SQL 문을 선택한다.
Format	비규칙적이고 읽기 어려운 SQL을 보기 좋게 만들어 줌으로써 가독성을 높인다.
Format all	비규칙적이고 읽기 어려운 모든 SQL을 보기 좋게 만들어 줌으로써 가독성을 높인다.

Copy to Clipboard	SQL을 Visual Basic, C/C++, PowerBuilder, Delphi, Java, Perl 코드로 변환한다. - Copy as Visual Basic Code - Copy as C/C++ Code - Copy as PowerBuilder Code - Copy as Delphi Code - Copy as Java Code - Copy as Perl Code
Bookmark	SQL 문장이 길어질 때 또는 인라인 뷰, 서브쿼리 등 다양한 SQL 문을 작성할 때 원하는 라인에 커서를 위치시키고 원하는 곳으로 바로 이동하여 작성할 수 있다. - Bookmarks : SQL Editor에서 해당 라인을 선택한 후 Ctrl + [0 ~ 9] 키를 누르거나 [Action] 〉 [Bookmark] 〉 [Bookmarks] 〉 [BookMark 0 ~ 9] 메뉴를 이용하여 책갈피 정보를 저장한다. - Goto Bookmark : 지정된 책갈피 정보로 이동하기 위해 Alt+ [0 ~ 9] 키를 누르거나 [Action] 〉 [Bookmark] 〉 [Goto Bookmark] 〉 [BookMark 0 ~ 9] 메뉴를 선택한다.

4.1.5.2. SQL 실행 계획

SQL Editor 창에 SQL 문장을 입력하고 SQL Editor의 화면 상단에 위치한 SQL 실행 계획 아이콘을 클릭하면 화면 하단의 결과창에 해당 SQL 문장의 실행 계획을 조회할 수 있다. 사용자는 이런 기능을 통해 작성한 SQL 문장의 실행 계획을 확인할 수 있고, 쿼리 튜닝이 필요한 경우 이 기능을 수행하여 최적의 SQL 문장을 작성하는데 사용할 수 있다.

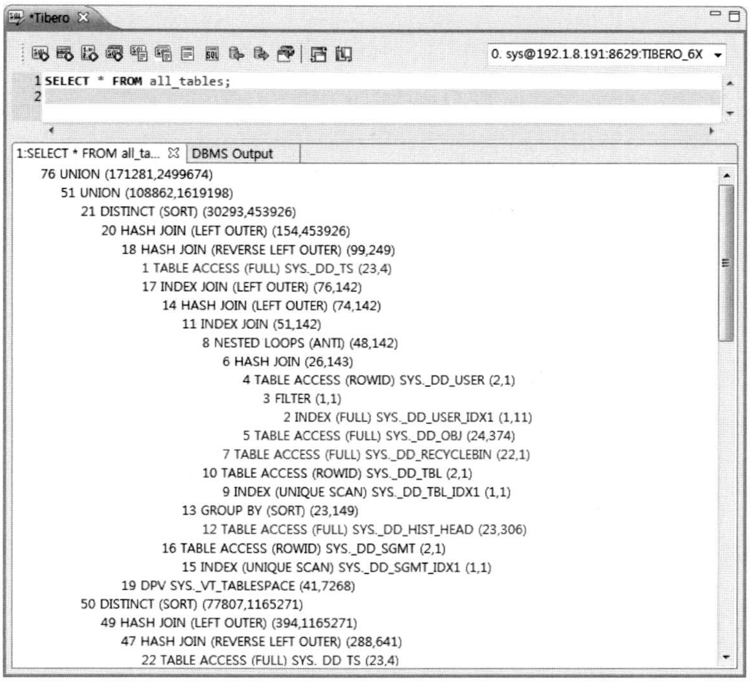

그림 4-6 | SQL 실행 계획

4.1.5.3. SQL History 보기창

SQL History 보기창에서 이전에 실행하였던 SQL 문장들을 조회해 볼 수 있다.

SQL Editor 화면 상단에 위치한 SQL History 보기 아이콘을 클릭하면 하단에 SQL History 보기창이 활성화된다. 사용자는 이것을 통해 이전에 실행하였던 SQL 문장들을 다시 확인할 수 있다. 항목을 더블클릭하여 SQL 문장을 다시 에디터에 불러올 수도 있다.

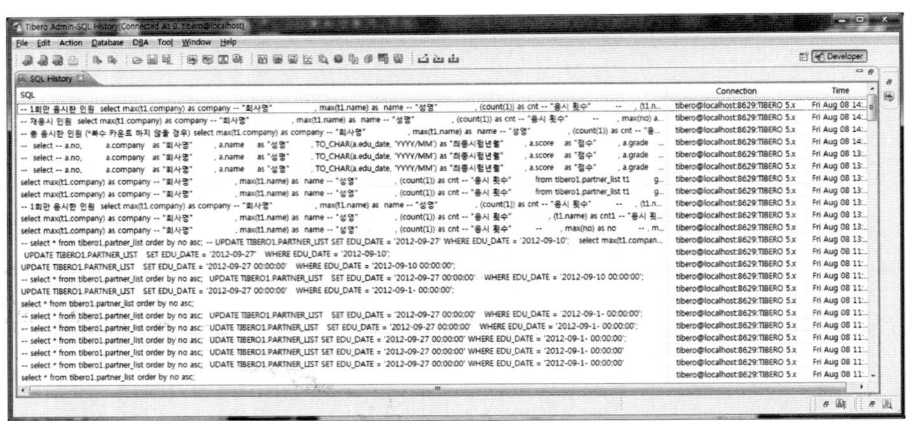

그림 4-7 | SQL History 보기창

4.1.5.4. PSM Editor

메뉴에서 [Database] > [PSM Editor] 메뉴를 선택하거나 툴바에서 PSM 편집 아이콘을 클릭해 PSM Editor를 실행할 수 있다.

PSM Editor는 PSM 문장을 입력하고 실행할 수 있는 화면 상단의 Editor 영역과 PSM 문장의 실행 결과나 실행 계획을 볼 수 있는 화면 하단의 결과창 영역으로 구성되어 있다. 또한 화면 왼쪽에는 PMS 문장 목록을 트리로 볼 수 있도록 되어 있고, 왼쪽 하단의 아이콘을 클릭하면 PSM 문장 목록을 리플래시할 수 있다.

SQL Editor 창에서와 같이 PSM Editor 창에서 마우스 오른쪽 버튼을 클릭하면 PSM 문장을 편집할 때 사용할 수 있는 컨텍스트 메뉴가 나타난다. 메뉴에 있어서 Add Variable을 제외한 각 SQL Editor 창의 컨텍스트 메뉴와 동일하다. Add Variable 메뉴는 선택한 영역의 텍스트를 Variable Tab에 Variable로 추가하는 기능을 제공한다.

화면의 상단에는 여러 가지의 아이콘으로 구성되어 있고, 이 아이콘으로 세부 기능을 수행할 수 있다. 예를 들어 화면 상단의 Pane Toggle 아이콘을 이용하여 추가 정보를 표시하는 보기창을 표시하거나 숨길 수 있는 기능 등이 있다.

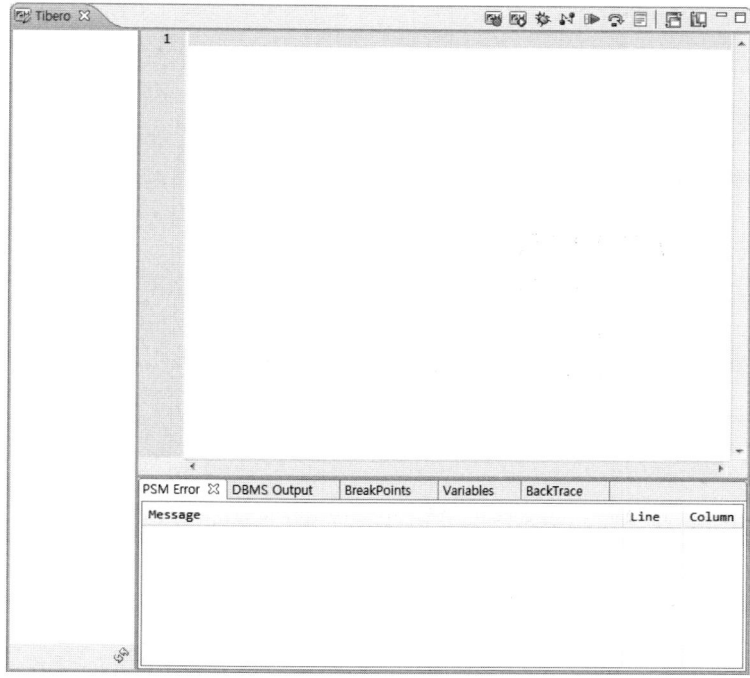

그림 4-8 | PSM Editor 화면

PSM Editor 화면 상단에 위치한 아이콘들을 〈표 4-6〉으로 정리해 설명하겠다.

표 4-6 | PSM Editor 화면 상단 아이콘

아이콘	설명
	PSM 문장을 컴파일한다.
	PSM 문장을 실행한다.
	PSM 문장을 디버그한다. 설정된 Breakpoint가 없을 경우 PSM Run과 같은 동작이 수행된다.
	수행중인 디버거의 연결을 끊는다.
	다음 Breakpoint로 디버그 라인을 이동한다.
	다음 라인으로 디버그 라인을 이동한다.
	PSM 문장을 작성할 때 편의를 제공하는 [Template] 탭이 화면 오른쪽에 나타난다.
	PSM Editor의 화면 왼쪽에 있는 트리를 보이게 하거나 숨긴다.
	PSM Editor의 화면 하단에 있는 View를 보이게 하거나 숨긴다.

PSM Editor 창에서 PSM 문장을 입력, 편집하고 이것을 실행시키고 저장할 수 있다.

① 일반적인 PSM 문장의 입력

일반적인 PSM 문장은 Editor 영역에 입력하며, 하나의 PSM 문장을 여러 라인에 걸쳐 입력할 수 있다. 여러 라인에 걸쳐 입력할 경우 하나의 PSM 문장을 한 라인의 연속된 문자열 형태가 아닌 여러 라인으로 분리된 형태로 입력할 수 있다. 대부분 절 단위로 분리하여 입력하는데, 이렇게 하면 읽기가 편하고 변경이 쉽다.

② 템플릿을 사용한 PSM 문장의 입력

PSM Editor의 화면 상단에 위치한 아이콘을 클릭하면 DML, DDL, PL/SQL, PL/SQL Control Structure의 템플릿이 트리 형태로 나타난다. 트리 형태로 나타난 각 템플릿의 이름을 더블 클릭하면 Editor 영역에 해당 문장의 템플릿이 입력된다. 입력된 템플릿을 수정하여 손쉽게 PSM 문장을 완성할 수 있다.

③ 주석(comment)의 삽입

SQL 문장을 입력하는 중간에 주석을 삽입할 수 있다. 주석은 2개의 마이너스 기호(--)로 시작되며, 그 라인의 마지막까지 주석으로 포함한다. 주석은 자체만으로 하나의 라인이 될 수도 있으며, 한 라인에서 다른 문자열의 뒤쪽에 위치할 수도 있다.

④ 단축키의 사용

기존의 다른 텍스트 Editor와 마찬가지로 다시실행(〈Ctrl〉 + 〈Y〉), 실행취소(〈Ctrl〉 + 〈Z〉), 찾기/바꾸기(〈Ctrl〉 + 〈F〉) 단축키를 제공한다.

⑤ PSM 문장의 실행과 저장

PSM 문장의 저장(〈Ctrl〉 + 〈S〉)은 PSM Editor의 탭을 기준으로 저장하며, 기존의 PSM 파일을 불러온 경우 Editor의 탭 이름은 파일명으로 바뀐다.

⑥ PSM 문장의 저장과 Editor의 탭 이름 변경

PSM Editor 영역에서 PSM 문장의 디버그를 수행할 수 있다. 하지만 Package, Package Body에 대해서는 지원하지 않고 있다. 다음과 같은 진행 방법으로 PSM 문장의 디버그를 수행할 수 있다.

- **문장 입력** : 디버그를 하려는 PSM 문장을 Editor 창에 입력한다.
- **Breakpoint 설정** : 라인 번호의 오른쪽을 클릭하면 해당 라인에 Breakpoint가 설정된다. PSM 디버그가 실행되면 PSM 문장에 설정 가능한 Breakpoint 만 남는다.
- **Variable 설정** : 확인하고자 하는 Variable이 있다면 컨텍스트 메뉴에서 설정(Add Variable)한다.
- **디버그 진행** : PSM Editor 창의 상단 탭에 PSM Debug로 디버그를 시작하고 Disconnect, Resume, Step Over 버튼을 통해 PSM 디버거를 진행한다.
- **디버그 완료** : 디버그가 완료되면 수행한 PSM의 실행 결과를 볼 수 있다.

⑦ PSM 문장의 실행 결과 확인

PSM Editor 창에 PSM 문장을 입력하고 PSM Editor의 화면 상단에 위치한 PSM 컴파일 아이콘을 클릭하면 컴파일이 되고, PSM 실행 아이콘을 클릭하면 PSM Editor의 화면 하단에 위치한 결과창에 해당 PSM 문장의 실행 결과가 나타난다.

표 4-7 | PSM Editor 결과창 탭의 설명

탭	설명
[PSM Error] 탭	PSM 문장을 실행할 때 에러가 발생하면 이 탭에 에러 메시지가 표시된다.
[DBMS Output] 탭	PSM 문장을 실행한 결과가 표시된다.
[BreakPoints] 탭	설정된 Breakpoint의 리스트를 볼 수 있다. Breakpoints 탭에서 Breakpoint의 리스트를 클릭시 Editor 상에 선택된 Breakpoint 라인이 하이라이트 된다.
[Variables] 탭	설정된 Variable과 Step에 따른 Value를 볼 수 있다. Variables 탭에서 추가되어 있는 Variable 항목을 클릭시 클릭한 Variable이 탭에서 제거된다.
[BackTrace] 탭	디버그 수행중인 PSM 문장의 Stack을 확인할 수 있다.

4.1.5.5. 스키마 트리 브라우저

스키마 트리 브라우저(Schema Tree Browser)에서 tbAdmin과 연결을 유지하고 있는 데이터베이스의 스키마 객체의 정보를 트리 형태로 볼 수 있다. 스키마 트리 브라우저는 tbAdmin의 초기 화면의 왼쪽에 위치하고 있다. 해당 화면이 보이지 않으면 [Database] > [Schema Tree Browser] 메뉴를 선택하거나 툴바에서 스키마 트리 브라우저 아이콘을 클릭해서 볼 수 있다.

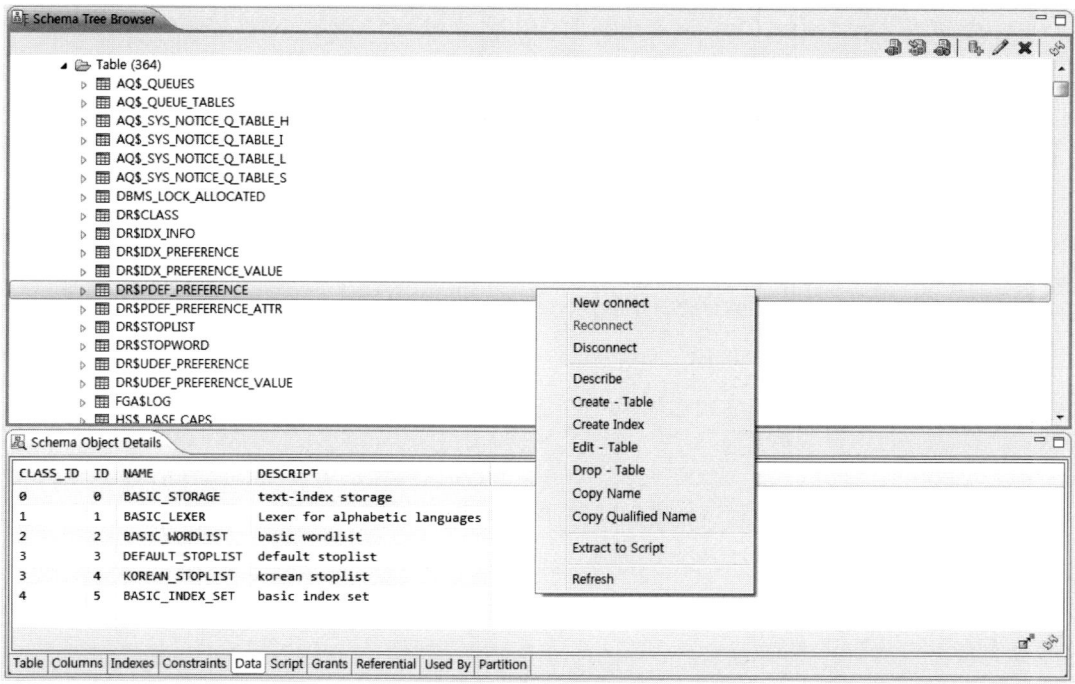

그림 4-9 | 스키마 트리 브라우저 화면

스키마 트리 브라우저는 스키마 객체를 트리 형태로 보여 주는 화면 상단의 영역과 스키마 객체의 상세 정보를 보여 주는 화면 하단의 뷰창으로 구성되어 있고, 화면 오른쪽 상단에 실행 및 편집에 관한 아이콘들이 위치해 있다. 〈표 4-8〉은 화면 오른쪽 상단의 실행 및 편집에 관한 아이콘들에 대한 설명이다.

표 4-8 | 스키마 트리 브라우저의 실행 및 편집 관련 아이콘

아이콘	설명
	새롭게 데이터베이스에 연결을 맺는다.
	데이터베이스와의 연결을 다시 맺는다.
	데이터베이스와의 연결을 끊는다.
	새로운 스키마나 테이블스페이스 또는 스키마 객체를 생성한다.
	선택된 스키마 객체를 편집한다.
	선택된 스키마 객체를 삭제한다.
	스키마 객체에 대해 새로고침을 한다.

스키마 트리 브라우저의 화면 상단 영역에서 스키마 객체를 선택한 뒤 마우스 오른쪽 버튼을 클릭하면 컨텍스트 메뉴가 나타난다. 단, 컨텍스트 메뉴는 각 스키마 객체마다 다르게 나타난다.

컨텍스트 메뉴를 사용해서 스키마 객체를 생성하고, 수정, 삭제할 수 있다. 편리한 점은 별도의 SQL 문장을 작성할 필요없이 스키마 객체의 생성, 수정, 삭제 작업을 대화상자를 통해서 간편하게 수행할 수 있다. 〈표 4-9〉는 스키마 트리 브라우저의 창 화면에서 마우스 오른쪽을 클릭해서 나타나는 컨텍스트 메뉴에 대한 설명이다.

표 4-9 | 스키마 트리 브라우저의 컨텍스트 메뉴

메뉴	설명
New connect	새롭게 데이터베이스에 연결을 맺는다.
Reconnect	데이터베이스와의 연결을 다시 맺는다.
Disconnect	데이터베이스와의 연결을 끊는다.
Describe	선택된 스키마 객체에 대한 자세한 설명을 표시한다.
Create {해당 스키마 객체}	새로운 스키마나 테이블스페이스 또는 스키마 객체를 생성한다.
Edit {해당 스키마 객체}	선택된 스키마 객체를 편집한다.
Drop {해당 스키마 객체}	선택된 스키마 객체를 삭제한다.
Copy Name	선택된 스키마 객체 이름을 클립보드에 복사한다.
Copy Qualified Name	선택된 스키마 이름과 스키마 객체 이름을 클립보드에 복사한다.

Extract to Script	스키마 객체를 생성하기 위한 스크립트를 파일이나 클립보드에 출력한다.
Refresh	스키마 객체를 새로고침한다.

4.1.5.6. Export 및 Import 기능

티베로에서는 tbAdmin을 통해 데이터베이스의 구조와 데이터를 Export 할 수 있으며, Export한 파일을 Import하여 데이터베이스 구조를 만들고 데이터를 입력할 수 있다.

tbAdmin의 Export 및 Import 기능은 티베로에서 제공하는 tbExport와 tbImport 유틸리티와 동일한 기능을 수행한다. 차이점이 있다면 tbAdmin의 Export 및 Import 기능은 GUI(Graphic User Interface) 기반에 수행할 수 있다는 점 뿐이다. tbAdmin의 Export 메뉴는 화면 상단 메뉴의 [Tool] 〉 [Export]에 위치한다. 이것을 실행시키면 GUI 기반에서 Export 작업을 할 수 있다.

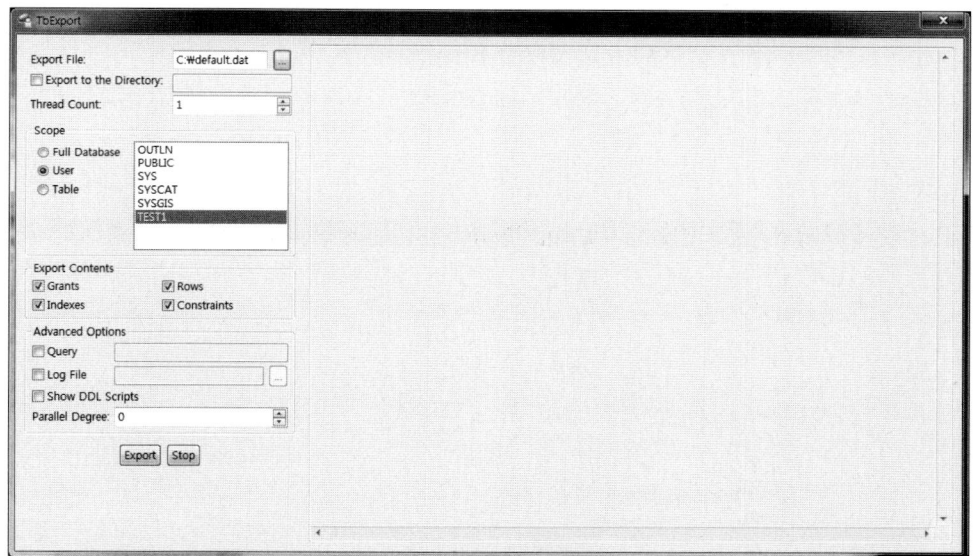

그림 4-10 | tbAdmin의 Export 화면

Export 화면 왼쪽에는 설정 영역이 있고, 화면 오른쪽에는 콘솔 화면 영역으로 구성되어 있다. 다음은 Export 화면의 각 항목에 대한 설명이다.

표 4-10 | Export 화면의 각 항목 설명

항목	설명
Export File	Export 결과 파일의 저장 경로를 지정한다.
Export to the Directory	압축이 해제된 파일의 저장 경로를 지정한다.
Thread Count	Export를 수행할 때 사용될 쓰레드 카운트를 지정한다.

Scope	추출 대상 범위를 Full Database, User, Table 단위로 설정해 수행할 수 있다. 1) Full Database : 데이터베이스 전체를 Export한다. 2) User : 선택한 사용자의 스키마 전체를 Export한다. 3) Table : 선택한 테이블을 Export한다.
Export Contents	추출 내용에 대해 추가적인 설정을 할 수 있다. 1) Grants : grant을 Export한다. 2) Rows : 테이블의 로우를 Export한다. 3) Indexes : 인덱스를 Export한다. 4) Constraints : 제약조건을 Export한다.
Advanced Options	추출 작업 시에 필요한 옵션을 설정할 수 있다. 1) Query : 실행할 쿼리 문을 지정한다. 2) LogFile : 생성할 로그 파일의 위치를 지정한다. 3) Show DDL Scripts : Export 과정에서 생성되는 DDL 문의 표시 여부를 지정한다. 4) Parallel Degree : 병렬 수행의 수준을 지정한다.

tbAdmin에서 Export를 수행한 파일이 있다면 이를 바탕으로 tbAdmin에서 Import 작업을 수행할 수 있다. 메뉴는 화면 상단 메뉴의 [Tool] > [Import]에 위치한다. 이것을 실행시키면 GUI 기반에서 Import 작업을 할 수 있다.

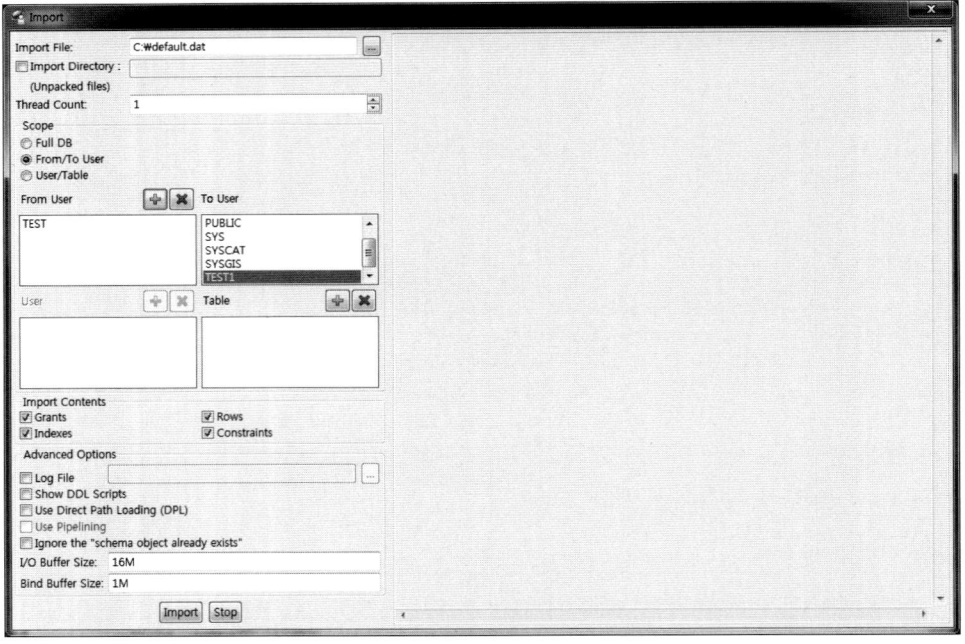

그림 4-11 | tbAdmin의 Import 화면

Import 화면은 왼쪽에 설정 영역이 있고, 오른쪽에 콘솔 화면이 배치되어 있다.

〈표 4-11〉은 Import 화면의 각 항목에 대한 설명이다.

표 4-11 | Import 화면의 각 항목 설명

항목	설명
Import File	Import할 파일의 경로를 지정한다.
Import Directory(Unpacked files)	Import할 압축이 해제된 파일의 경로를 지정한다.
Thread Count	Import를 수행할 때 사용될 쓰레드 카운트를 지정한다.
Scope	입력 대상 범위를 Full Database, User, Table 단위로 설정해 수행할 수 있다. 1) Full DB : 데이터베이스 전체를 Import한다. 2) From/To User : 사용자 스키마에서 사용자 스키마로 Import한다. 3) User/Table : 특정 사용자와 테이블만 Import한다.
Import Contents	입력 내용에 대해 추가적인 설정을 할 수 있다. 1) Grants : grant을 Import한다. 2) Rows : 테이블의 로우를 Import한다. 3) Indexes : 인덱스를 Import한다. 4) Constraints : 제약조건을 Import한다.
Advanced Options	입력 작업 시에 필요한 옵션을 설정할 수 있다. 1) LogFile : 생성할 로그 파일의 위치를 지정한다. 2) Show DDL Scripts : Import 과정에서 생성되는 DDL 문의 표시 여부를 지정한다. 3) Use Direct Path Loading(DPL) : DPL 방식으로 Import할 지의 여부를 지정한다. 4) Use Pipelining : Import할 때 파이프라이닝(Pipelining)을 사용할 지의 여부를 지정한다. 5) Ignore the "schema object already exists" : 스키마 객체가 이미 존재한다는 에러를 무시할 지의 여부를 지정한다. 6) I/O Buffer Size : Import할 때 사용할 I/O 버퍼의 크기를 지정한다. 7) Bind Buffer Size : 바인딩할 때 필요한 버퍼의 크기를 지정한다.

4.1.5.7. ExpImp 기능

ExpImp 화면은 Excel 파일로 데이터베이스 테이블의 데이터를 추출하거나, 입력할 수 있는 기능이다. 메뉴에서 [Tool] > [ExpImp]를 선택하면 ExpImp 화면이 나타난다. 화면은 Options, Import, Export 탭으로 구성된다.

- **Options 탭 화면**

데이터베이스 테이블의 데이터를 추출하거나, 입력할 때 사용하는 옵션을 지정할 수 있다. 파일 설정이나 형식 등을 설정할 수 있다.

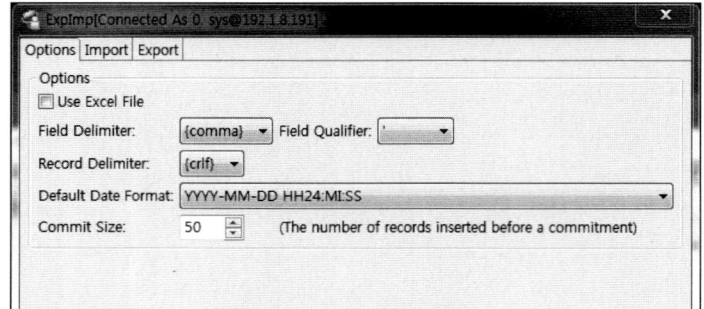

그림 4-12 | ExpImp 기능의 Options 탭 화면

〈표 4-12〉는 Options 탭 화면의 각 항목에 대한 설명이다.

표 4-12 | Options 탭 화면의 각 항목 설명

항목	설명
Use Excel File	Excel 형식을 사용할지를 지정한다.
Field Delimiter	각 필드를 구분할 구분자(Delimiter)를 지정한다.
Field Qualifier	각 필드를 감쌀 수식어(Qualifier)를 지정한다.
Record Delimiter	각 레코드를 구분할 구분자를 지정한다.
Default Date Format	디폴트 날짜 형식을 지정한다.
Commit Size	커밋을 하기 전에 삽입될 레코드의 개수를 지정한다.

- Options 탭 화면

Export 탭에서 Excel 파일로 데이터를 추출한다. 생성된 질의에 조건절을 추가할 수 있다.

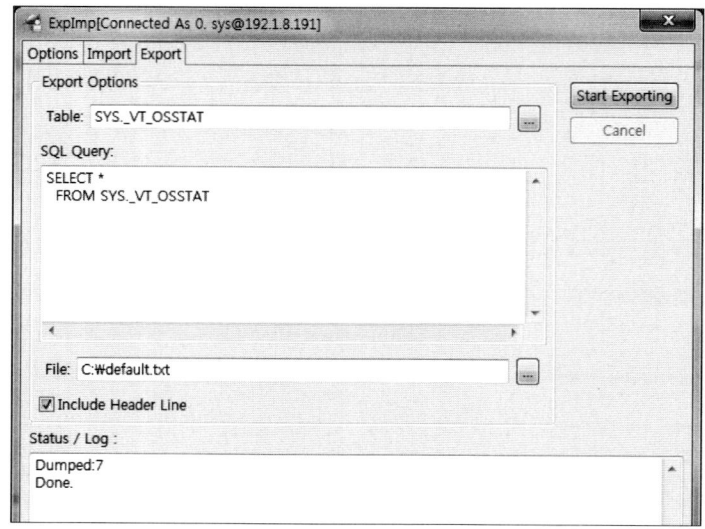

그림 4-13 | ExpImp 기능의 Export 탭 화면

〈표 4-13〉은 Export 탭 화면의 각 항목에 대한 설명이다.

표 4-13 | Export 탭 화면의 각 항목 설명

항목	설명
Table	Export할 테이블을 선택한다.
SQL Query	Export 수행을 위한 SQL 쿼리를 편집한다.
File	Export 결과가 저장될 Excel 파일의 경로를 지정한다.
Include Header Line	Excel 파일에 테이블의 항목을 포함할지 지정한다.

- **Import 탭 화면**

Import 탭 화면에서는 Excel 파일에서 읽어 들인 데이터를 해당 테이블에 입력하는 기능을 제공한다.

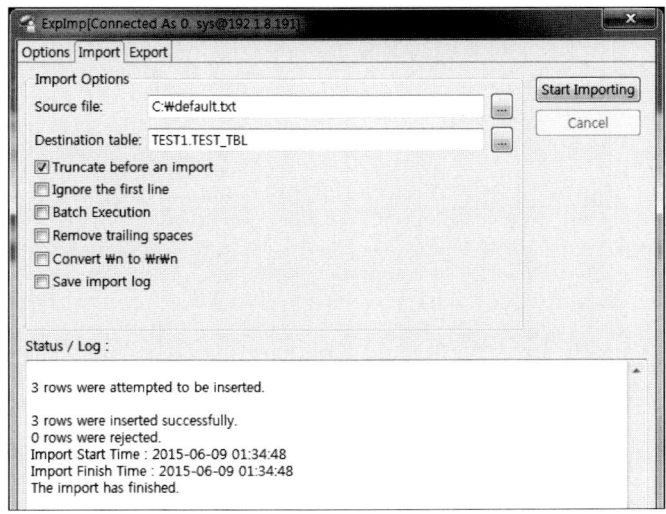

그림 4-14 | ExpImp 기능의 Import 탭 화면

〈표 4-14〉는 Import 탭 화면의 각 항목에 대한 설명이다.

표 4-14 | Import 탭 화면의 각 항목 설명

항목	설명
Source file	Import할 Excel 파일의 경로를 지정한다.
Destination table	Excel 파일의 내용을 삽입할 테이블을 선택한다.
Truncate before an import	기존 테이블의 내용을 삭제할지 지정한다.
Ignore the first line	Excel 파일의 첫 번째 라인을 무시할지 지정한다.
Batch Execution	Import 작업을 batch로 실행할지를 지정한다.
Status / Log	Import 상태와 로그를 보여준다.

4.1.6. tbAdmin의 데이터베이스 관리자 기능

tbAdmin 툴에서는 데이터베이스 관리자를 위한 기능을 제공하고 있다. 예를 들어 세션 관리, SQL 모니터링, 데이터베이스 정보 등을 조회하고 관리할 수 있는 기능을 제공한다.

4.1.6.1. 세션 관리 기능

세션 관리(Session Manager) 기능에서 현재 연결된 데이터베이스의 세션 정보를 조회할 수 있다. 실행을 위해서는 화면 상단의 메뉴에서 [DBA] > [Session Manager]를 선택하거나 툴바에서 세션관리 아이콘을 클릭해야 한다.

세션 관리 기능 화면은 세션 정보를 조회할 수 있는 화면 상단의 영역과 화면 하단의 여러 탭으로 구성되어 있다. 세션 관리 기능 화면은 Sessions, All Locks, Blocking Locks 탭으로 구분되어 구성되어 있다.

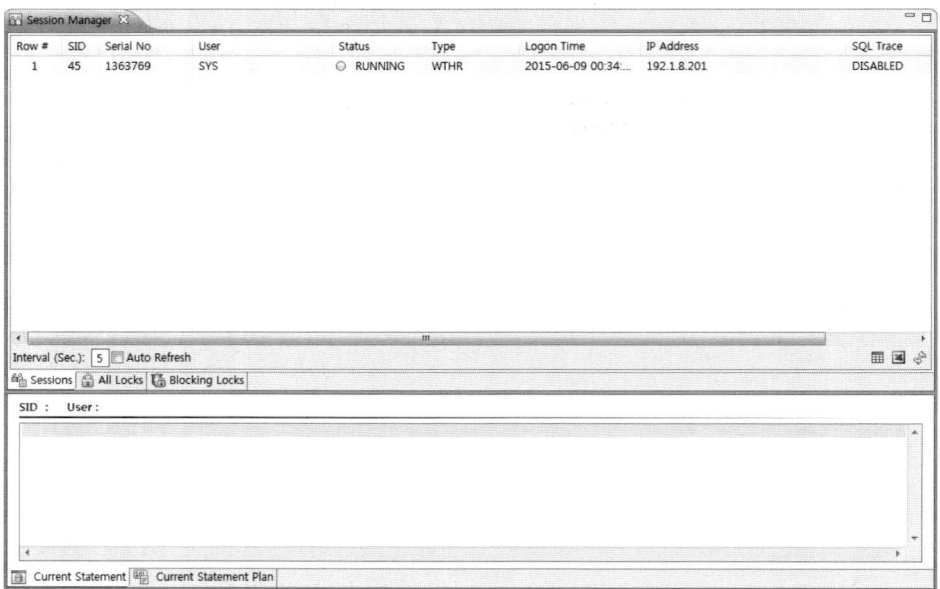

그림 4-15 | 세션 관리 기능 화면

4.1.6.2. SQL 모니터링 기능

티베로 서버의 SQL을 모니터링할 수 있는 기능을 제공한다. 화면 상단의 메뉴에서 [DBA] > [SQL Monitor]를 선택하거나 툴바에서 [SQL 모니터링] 아이콘을 클릭해 사용할 수 있다.

SQL 모니터링 화면은 모니터링 조건을 설정할 수 있는 Criteria 영역과 SQL 필터를 설정할 수 있는 SQL Filter 영역, 그리고 SQL의 세부 정보를 표시하는 영역으로 구성되어 있다.

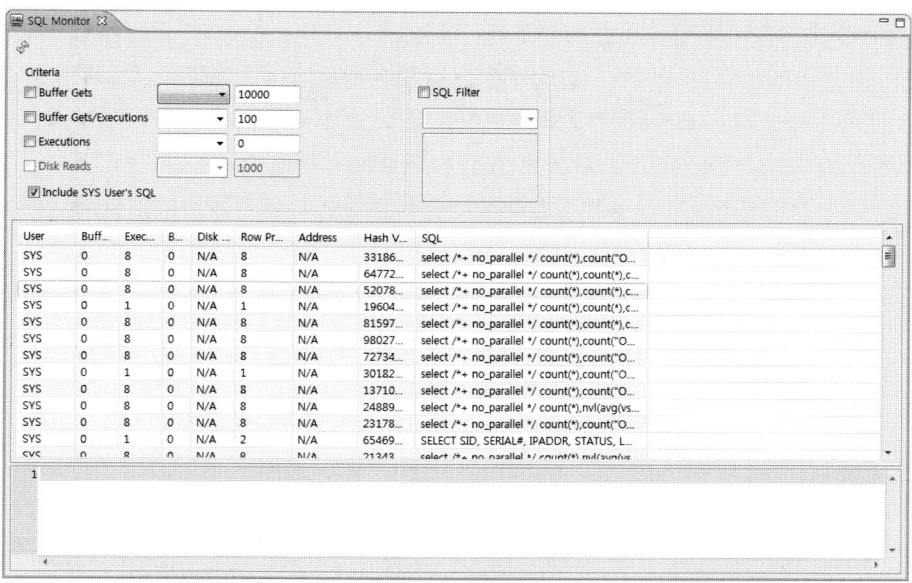

그림 4-16 | SQL 모니터링 기능 화면

4.1.6.3. 트랜잭션 모니터링 기능

티베로 서버의 트랜잭션을 모니터링할 수 있는 기능을 제공한다. 화면 상단의 메뉴에서 [DBA] 〉 [Transaction Monitor]를 선택하거나 툴바에서 [트랜잭션 모니터] 아이콘을 클릭해서 실행시킬 수 있다. 트랜잭션 모니터링 기능 화면은 트랜잭션 정보를 볼 수 있는 화면 상단의 영역과 트랜잭션의 상세 정보를 볼 수 있는 화면 하단의 부분으로 구성되어 있다.

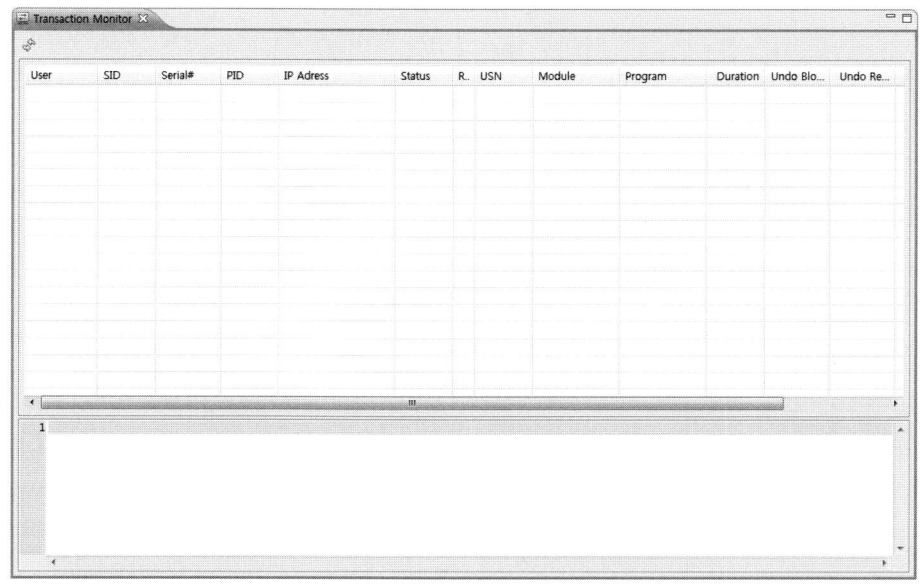

그림 4-17 | 트랜잭션 모니터링 기능 화면

4.1.6.4. 통계 정보 분석 관리 기능

통계 정보 분석 관리(Analyze Manager) 기능은 데이터베이스 객체의 통계 정보를 수집하여 데이터베이스 관리자에게 분석 값을 통해 성능 최적화를 하기 위한 정보를 제공한다. 내부적으로 분석을 위하여 티베로 PSM에서 제공하는 DBMS_STATS 패키지를 사용하고 있다.

화면 상단 메뉴에서 [DBA] 〉 [Analyze Manager]를 선택하거나 툴바에서 분석관린 아이콘을 클릭하면 Analyze Manager의 화면이 나타난다(그림 4-18).

통계 정보 분석 관리기능 화면은 분석을 요청하는 화면 상단의 영역과 분석 결과 정보를 볼 수 있는 화면 하단의 부분으로 구성된다. 세부적으로 Options, Tables and Indexes, Database and Schemas 탭으로 나누어져 정보 및 관리 기능을 제공한다.

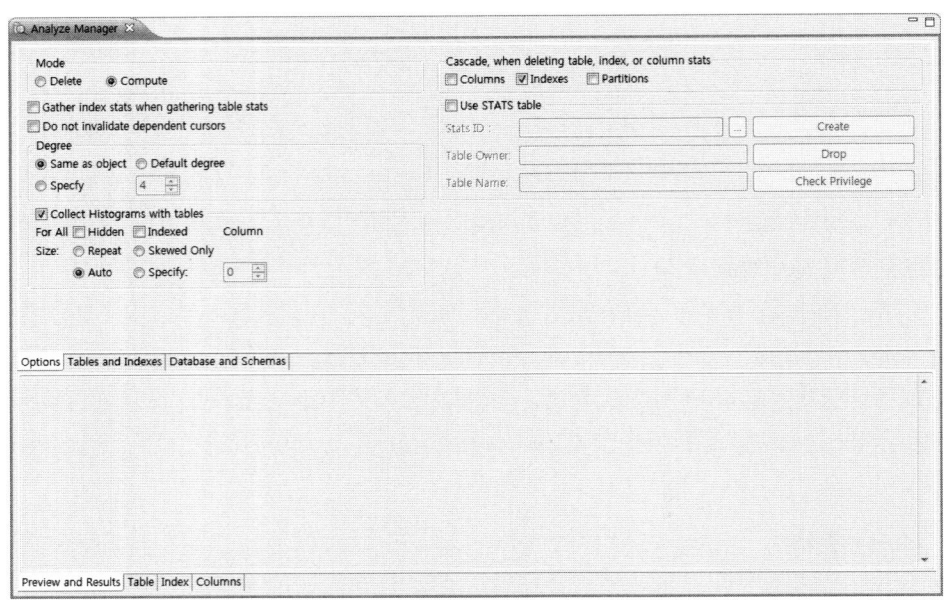

그림 4-18 | 통계 정보 분석관리 기능 화면

4.1.6.5. 통계 정보의 그래프 형태 리포트 기능

성능 튜닝에 사용되는 여러 통계 정보를 그래프 형태로 보여주는 기능을 제공한다. 화면 상단 메뉴에서 [DBA] 〉 [Graph and Report]를 선택하거나 툴바에서 Graph and Report 아이콘을 클릭하면 화면이 나타난다(그림 4-19).

통계 정보의 그래프 형태 리포트 기능 화면은 성능 튜닝에 사용되는 통계 정보를 선택할 수 있는 아이템 선택 영역과 이를 그래프와 리포트의 형태로 출력할 수 있는 화면 오른쪽의 영역으로 구성되어 있다. 온라인 그래프 탭, 배치 그래프 탭으로 구분되어 상세 정보 및 관리를 수행할 수 있도록 하고 있다.

그림 4-19 | **통계 정보의 그래프 형태 리포트 기능 화면**

4.1.6.6. 파라미터 관리 기능

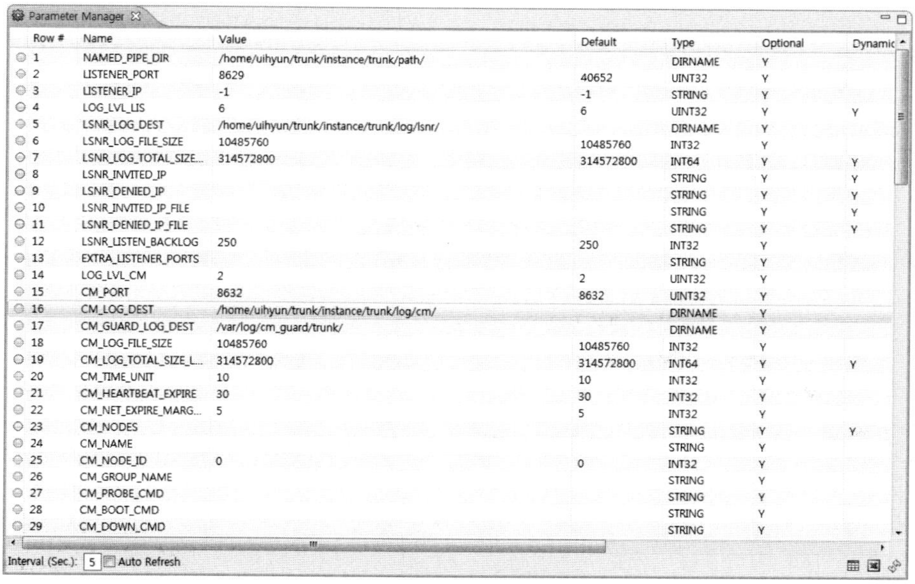

연결된 데이터베이스의 파라미터 정보를 조회하고, 수정할 수 있는 기능을 제공하고 있다.

화면 상단에서 [DBA] > [Parameter Manager]를 선택하거나 툴바에서 톱니바퀴 모양의 [파라미터 관리] 아이콘을 클릭해 실행시킬 수 있다. 대화상자에서 마우스 오른쪽 클릭을 통해 파라미터를 편집할 수 있도록 하는 기능을 제공하고 있다.

Row #	Name	Value	Default	Type	Optional	Dynamic
1	NAMED_PIPE_DIR	/home/uihyun/trunk/instance/trunk/path/		DIRNAME	Y	
2	LISTENER_PORT	8629	40652	UINT32	Y	
3	LISTENER_IP	-1	-1	STRING	Y	
4	LOG_LVL_LIS	6	6	UINT32	Y	Y
5	LSNR_LOG_DEST	/home/uihyun/trunk/instance/trunk/log/lsnr/		DIRNAME	Y	
6	LSNR_LOG_FILE_SIZE	10485760	10485760	INT32	Y	
7	LSNR_LOG_TOTAL_SIZE...	314572800	314572800	INT64	Y	Y
8	LSNR_INVITED_IP			STRING	Y	Y
9	LSNR_DENIED_IP			STRING	Y	Y
10	LSNR_INVITED_IP_FILE			STRING	Y	Y
11	LSNR_DENIED_IP_FILE			STRING	Y	Y
12	LSNR_LISTEN_BACKLOG	250	250	INT32	Y	
13	EXTRA_LISTENER_PORTS			STRING	Y	
14	LOG_LVL_CM	2	2	UINT32	Y	
15	CM_PORT	8632	8632	UINT32	Y	
16	CM_LOG_DEST	/home/uihyun/trunk/instance/trunk/log/cm/		DIRNAME	Y	
17	CM_GUARD_LOG_DEST	/var/log/cm_guard/trunk/		DIRNAME	Y	
18	CM_LOG_FILE_SIZE	10485760	10485760	INT32	Y	
19	CM_LOG_TOTAL_SIZE_L...	314572800	314572800	INT64	Y	Y
20	CM_TIME_UNIT	10	10	INT32	Y	
21	CM_HEARTBEAT_EXPIRE	30	30	INT32	Y	
22	CM_NET_EXPIRE_MARG...	5	5	INT32	Y	
23	CM_NODES			STRING	Y	Y
24	CM_NAME			STRING	Y	
25	CM_NODE_ID	0	0	INT32	Y	
26	CM_GROUP_NAME			STRING	Y	
27	CM_PROBE_CMD			STRING	Y	
28	CM_BOOT_CMD			STRING	Y	
29	CM_DOWN_CMD			STRING	Y	

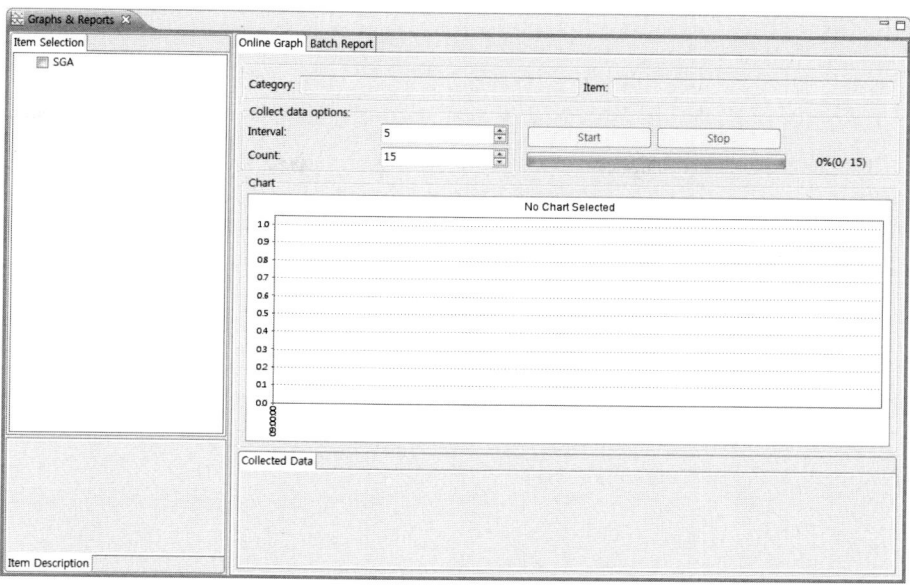

그림 4-20 | **파라미터 관리 기능 화면**

4.1.6.7. 익스텐트 정보 제공(Extents Viewer) 기능

데이터베이스에서 데이터를 저장하는 논리적인 단위인 익스텐트의 위치와 크기 등의 정보를 볼 수 있는 익스텐트 정보 제공 기능을 마련해 놓고 있다. 화면 상단 메뉴에서 [DBA] 〉 [Extents Viewer]를 선택하거나 툴바에서 [ExtentViewer] 아이콘을 클릭하면 화면을 실행시킬 수 있다.

익스텐트 정보 제공 기능 화면은 익스텐트 정보를 검색할 수 있는 화면 상단의 검색 조건 영역과 화면 하단의 검색 결과 영역으로 구성되어 있다.

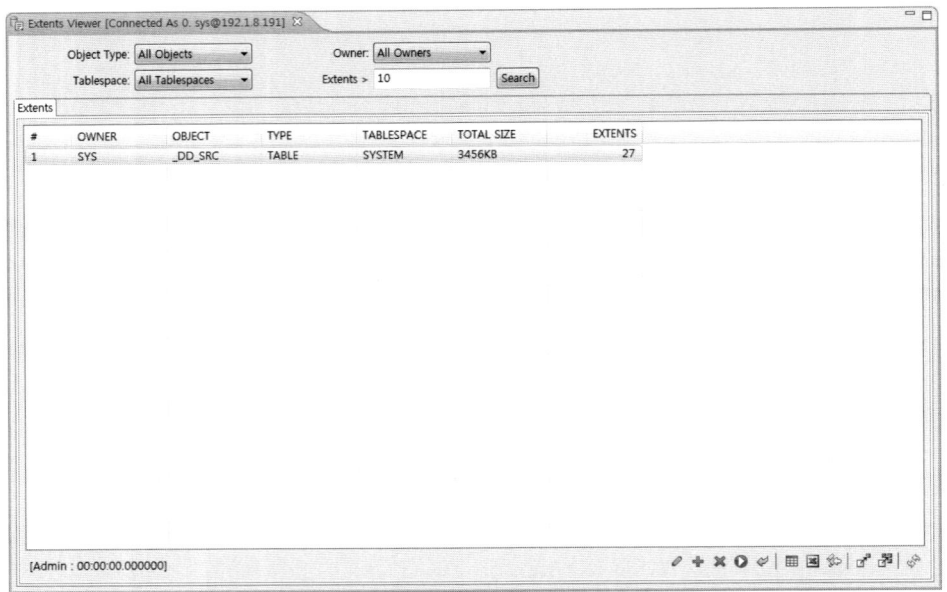

그림 4-21 | 익스텐트 정보 제공 기능 화면

4.1.6.8. 데이터베이스 정보 제공 기능

tbAdmin과 연결 중인 데이터베이스의 물리적인 리소스 현황을 볼 수 있는 기능을 제공한다.

화면 상단 메뉴에서 [DBA] 〉 [Database Information]를 선택하거나 툴바에서 데이터베이스 정보 아이콘을 클릭하면 Database Information 화면을 실행시킬 수 있다.

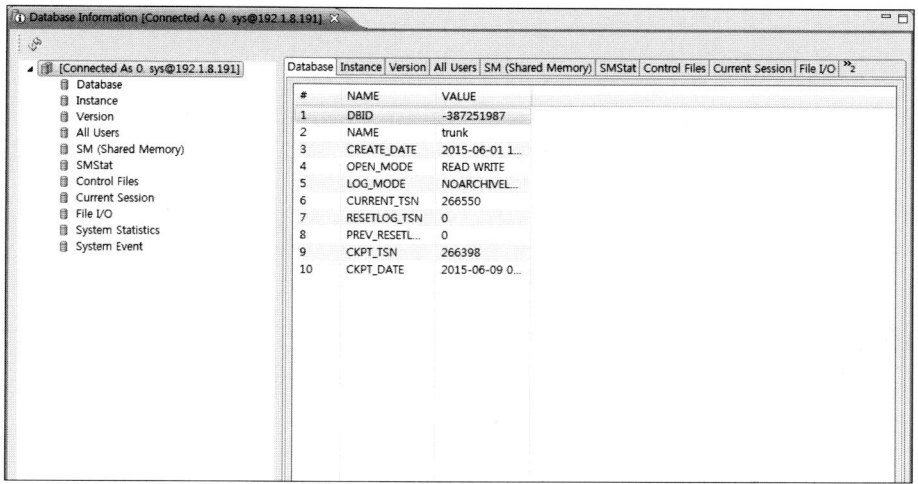

그림 4-22 | 데이터베이스 정보 제공 기능 화면

4.1.6.9. 테이블스페이스 관리 기능

tbAdmin과 연결 중인 데이터베이스에 존재하는 테이블스페이스의 정보를 조회할 수 있도록 하고, 테이블스페이스의 생성, 수정, 삭제 기능을 통해서 테이블스페이스를 관리할 수 있는 기능을 제공하고 있다. 화면 상단 메뉴에서 [DBA] > [Tablespace Manager]를 선택하거나 툴바에서 [테이블스페이스관리] 아이콘을 클릭해서 화면을 실행시킬 수 있다.

테이블스페이스 관리 기능 화면은 데이터베이스에 존재하는 테이블스페이스를 볼 수 있는 화면 왼쪽의 트리 뷰 영역과 해당 테이블스페이스의 정보를 볼 수 있는 화면 오른쪽의 상세 정보 영역으로 구성되어 있다.

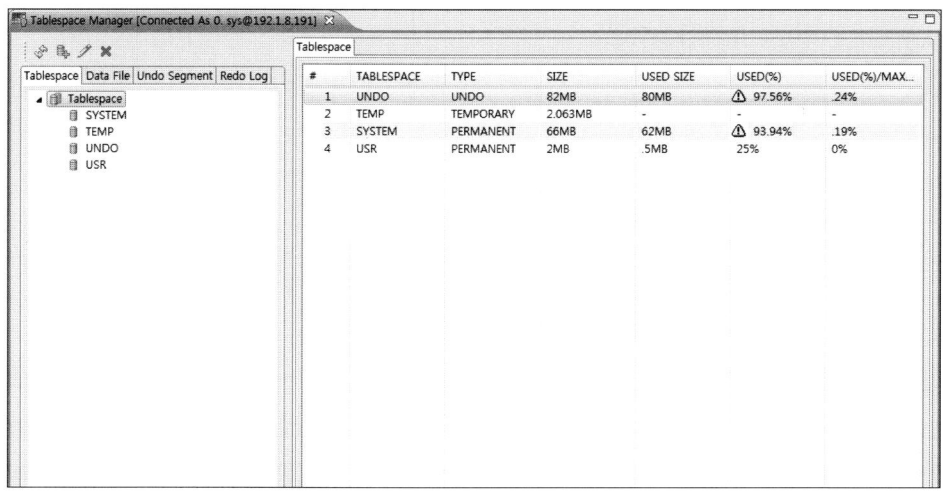

그림 4-23 | 테이블스페이스 관리 기능 화면

4.1.6.10. 인스턴스 상태 감시 기능

티베로 데이터베이스 인스턴스의 상태를 실시간으로 감시할 수 있는 기능을 제공하고 있다. 화면 상단 메뉴에서 [DBA] > [Instance Monitor]를 선택하거나 툴바에서 인스턴스 감시 아이콘을 클릭하면 화면을 실행시킬 수 있다.

인스턴스 상태 감시 기능 화면은 동작 방식과 주기를 설정할 수 있는 화면 상단의 영역과 모니터링 결과를 그래프로 볼 수 있는 화면 하단의 영역으로 구성되어 있다.

그림 4-24 | 인스턴스 상태 감시 기능 화면

4.1.6.11. 유효하지 않은 객체 컴파일 기능

유효하지 않은 객체(Invalid Object)를 일괄로 컴파일할 수 있는 기능을 제공하고 있다. 화면 상단 메뉴에서 [DBA] > [Compile Invalid Objects]를 선택하면 대화상자가 나타난다.

대화상자는 필터 영역과 각 버튼, 진행 상황을 표시하는 상태 바와 유효한 객체를 트리 형태로 보여주는 Object Tree 탭, Start Compiling 버튼을 클릭한 결과를 나타내는 Compile Status 탭으로 구성되어 있다.

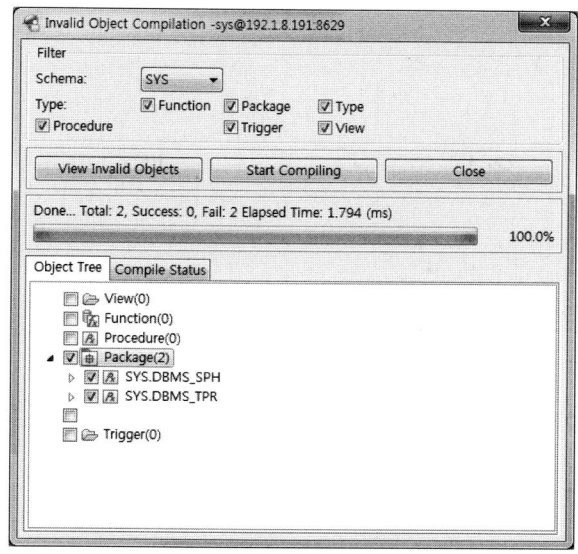

그림 4-25 | **유효하지 않은 객체 컴파일 기능 화면**

4.1.6.12. 보안 관리 기능

사용자, 역할, 권한, 프로파일 등 데이터베이스의 모든 보안과 관련된 사항을 다양한 관점에서 조회할 수 있으며 실시간으로 변경하고 설정할 수 있는 기능을 제공하고 있다. 화면 상단 메뉴에서 [DBA] > [Security Manager]를 선택하면 화면을 실행시킬 수 있다.

보안 관리 기능 화면은 보안(Security) 객체를 볼 수 있는 화면 왼쪽의 트리 영역과 해당 보안 객체의 정보를 볼 수 있는 화면 오른쪽의 상세 정보 영역으로 구성되어 있다. General, Role, System 탭으로 구성되어 상세 정보 조회와 관리 기능을 제공하고 있다.

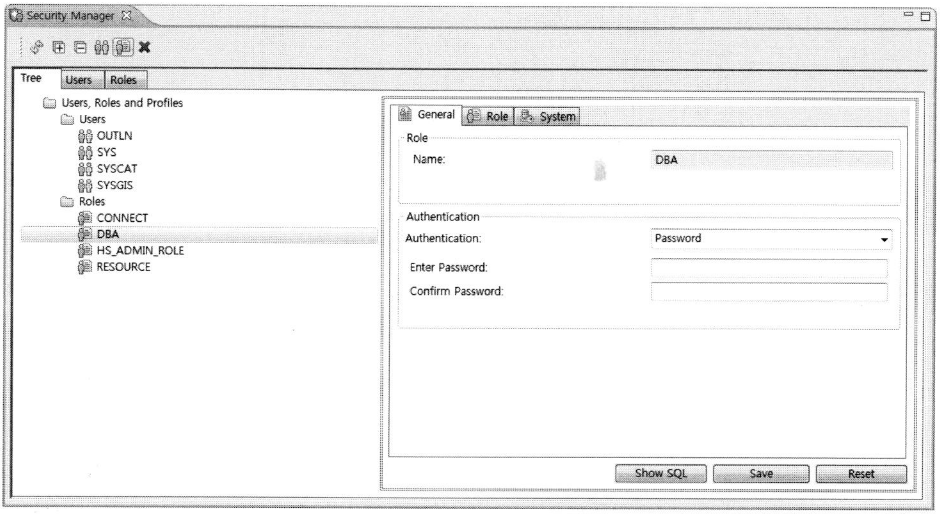

그림 4-26 | **보안 관리 기능 화면**

4.2 티베로 SQL 개요

　SQL은 Structured Query Language의 약자이다. 영문명을 풀이하면 구조화된 질의 언어라는 의미이다. 단순하게 질의만을 수행하는 것이 아니라 데이터베이스의 모든 작업을 통제하는 비절차적(Non-procedural) 언어이다.

　비절차적 언어라는 것은 데이터베이스 사용자(이하 사용자)가 SQL을 사용해 원하는 작업의 결과만 기술하고, 그 작업이 어떻게 수행될 것인지는 전혀 고려하지 않아도 된다는 것을 의미한다. 사용자가 작성한 SQL 문장을 데이터베이스 안에서 어떻게 수행할 것인가는 각 시스템에 의해서 결정된다. 데이터베이스 시스템은 데이터를 어떻게 저장할 것인지, 메모리를 어떻게 이용할 것인지, 데이터를 어떠한 순서로 읽을 것인지 등에 대한 정책과 최적화 과정을 수립하고 있다

　SQL은 일반적인 데이터베이스 작업을 기술하기 위한 SQL 문장(Statement)을 정의하고 있다. 이처럼 SQL을 이용하여 기술할 수 있는 데이터베이스 작업은 다음과 같다.

- 스키마 객체(Schema Object)의 생성, 변경, 제거
- 데이터베이스 질의
- 데이터의 삽입, 갱신, 삭제
- 트랜잭션 관리 및 세션 관리 등을 포함하는 데이터베이스 관리

　SQL 표준은 ANSI(American National Standard Institute)와 ISO/IEC(International Standard Organization/International Electrotechnical Commission)에서 공동으로 제정하였다.

　SQL 표준은 1992년과 1999년에 각각 버전 2와 버전 3이 제정되었다. 1993년에 발표된 SQL 표준은 SQL2 또는 SQL-92라고 불리며, 관계형 데이터베이스를 위한 언어이다. 1999년에 제정된 SQL 표준은 SQL3 또는 SQL-99라고 불리며, SQL2에 객체지향 개념을 추가하여 확장한 객체관계형 데이터베이스 언어이다. SQL-200에는 XML, OLAP, Object-Rotational 관련 기능과 MERGE 문 등이 추가되었다.

　SQL 표준은 구현 범위에 따라 몇 개의 단계에 걸쳐 제정된다. SQL-92는 다음과 같이 3단계로 구분된다.

- **Entry Level** : Entry Level은 SQL-92 내용의 80% 이상을 포함한다.
- **Intermediate Level** : Entry Level을 포함하고, 여기에 덧붙여 추가적인 내용을 포함하고 있다.
- **Full Level** : SQL-92 내용의 전체를 포함한다.

　SQL 표준의 내용은 매우 방대하여 제정한 모든 내용을 지원하는 상업용 데이터베이스 시스템은 하나도 없다. 티베로에서는 Entry Level의 대부분과 Intermediate Level의 일부를 지원한다.

　SQL 언어는 프로그램 언어에 포함되어 사용되기도 한다. SQL 표준으로 정해진 프로그램 언어 인터페이스로는 내장 SQL(Embedded SQL, 이하 ESQL)과 저장 프로시저(Persistent Stored Module, 이

하 PSM)가 있다. 티베로에서는 각각에 대해 tbESQL과 tbPSM이라는 인터페이스를 제공하고 있다.

tbPSM은 티베로 서버 쪽에 저장되고 실행되는 프로그램 인터페이스이다. tbPSM 프로그램은 서버 쪽에서만 실행되므로 클라이언트와의 통신이 최소화되어 작업의 수행 속도를 크게 향상시킬 수 있다. 하지만 클라이언트 쪽의 사용자가 프로그램 실행의 과정을 검토할 수 없으므로 에러를 처리하기 위한 작업을 좀 더 세밀하게 해야 한다.

또한 tbESQL이라는 별도의 SQL을 지원하는데, tbESQL은 프로그램 언어와 SQL의 장점을 융합한 것이다. 일반적으로 프로그램 언어는 매우 복잡하고 세밀한 작업을 빠르게 수행할 수 있으며, SQL은 간단한 문장만으로 데이터베이스에 대한 직접적인 작업을 표현할 수 있다.

4.3 | SQL 문장의 종류

SQL 표준에서 정의하고 있는 SQL 문장은 다음과 같이 크게 3가지로 나눌 수 있다.

- 데이터 정의어(Data Definition Language)
- 데이터 조작어(Data Manipulation Language)
- 데이터 제어어(Data Control Language)

티베로에서 제공하는 데이터 조작어(DML)의 명령어는 〈표 4-15〉와 같다.

표 4-15 | 티베로 데이터 조작어

명령어	설명
SELECT	데이터를 조회한다.
INSERT	데이터를 삽입한다.
UPDATE	데이터를 변경한다.
DELETE	데이터를 삭제한다.
MERGE	데이터를 갱신/삭제/삽입한다.

트랜잭션 제어어(TCL)는 트랜잭션을 관리하는 SQL 문장으로 데이터 관리 언어라고도 한다. 즉, 트랜잭션의 특성을 설정하거나 트랜잭션을 완료하고 저장하는 등의 작업을 수행한다.

세션 관리 언어는 세션의 특성을 설정하기 위한 SQL 문장이다. 티베로에서 제공하는 트랜잭션 관리 및 세션 관리 명령어는 〈표 4-16〉과 같다.

표 4-16 | 티베로 트랜잭션, 세션 관리 명령어

명령어	설명
COMMIT	트랜잭션을 완료하고 저장한다.
ROLLBACK	트랜잭션을 원래 상태로 복구한다.
SAVEPOINT	저장점을 설정한다.
SET TRANSACTION	트랜잭션의 특성을 설정한다.
SET ROLE	사용자에게 할당된 역할을 활성화하거나 비활성화한다.

4.3.1. 데이터 정의어(DDL : Data Definition Language)

데이터 정의어(DDL)는 데이터 간에 관계를 정의하여 데이터베이스 구조를 설정하는 SQL 문장으로 데이터베이스 객체를 생성, 변경, 제거하기 위해 사용된다. 대부분의 스키마 객체에 대해서 생성, 변경, 제거를 위한 CREATE, ALTER, DROP 명령이 모두 존재하지만, 일부 객체는 한두 가지 명령어밖에 존재하지 않는다.

DDL은 그 외에 특권(Privilege)과 역할(Role)을 부여하고 회수하기 위한 명령어와 이러한 특권과 역할을 감시(Auditing)하기 위한 명령어, 테이블 객체에 대한 최적화(Optimization)를 위한 명령어를 포함한다. 티베로에서 제공하는 DDL은 〈표 4-17〉과 같다.

표 4-17 | 티베로 데이터 정의어(DDL : Data Definition Language)

구분	명령어	설명
데이터베이스	CREATE DATABASE	데이터베이스를 생성한다.
	ALTER DATABASE	데이터베이스를 변경한다.
테이블스페이스	CREATE TABLESPACE	테이블스페이스를 생성한다.
	ALTER TABLESPACE	테이블스페이스를 변경한다.
	DROP TABLESPACE	테이블스페이스를 제거한다.
테이블	CREATE TABLE	테이블을 생성한다.
	ALTER TABLE	테이블을 변경한다.
	DROP TABLE	테이블을 제거한다.
인덱스	CREATE INDEX	인덱스를 생성한다.
	ALTER INDEX	인덱스를 변경한다.
	DROP INDEX	인덱스를 제거한다.

뷰	CREATE VIEW	뷰를 생성한다.
	ALTER VIEW	뷰를 변경한다.
	DROP VIEW	뷰를 제거한다.
동의어	CREATE SYNOMYM	동의어를 생성한다.
	DROP SYNOMYM	동의어를 제거한다.
사용자	CREATE USER	사용자를 생성한다.
	ALTER USER	사용자를 변경한다.
	DROP USER	사용자를 제거한다.
함수	CREATE FUNCTION	함수를 생성한다.
	ALTER FUNCTION	함수를 변경한다.
	DROP FUNCTION	함수를 제거한다.
프로시저	CREATE PROCEDURE	프로시저를 생성한다.
	ALTER PROCEDURE	프로시저를 변경한다.
	DROP PROCEDURE	프로시저를 제거한다.
타입	CREATE TYPE	타입을 생성한다.
	ALTER TYPE	타입을 변경한다.
	DROP TYPE	타입을 제거한다.
특권	GRANT	사용자에게 특권을 부여한다.
	REVOKE	사용자에게 특권을 회수한다.
역할	CREATE ROLE	역할을 생성한다.
	ALTER ROLE	역할을 변경한다.
	DROP ROLE	역할을 제거한다.
객체	RENAME	테이블, 뷰, 동의어, 시퀀스 등의 스키마 객체의 이 름을 변경한다.
감시	AUDIT	특권의 사용을 감시한다.
	NOAUDIT	특권의 감시를 해제한다.
세션	ALTER SESSION	세션 환경을 조정한다.
시스템	ALTER SYSTEM	시스템의 조작이나 속성을 변경한다.

DDL의 CREATE, ALTER, DROP 명령의 사용에 대해 다음의 예시들을 통해 간단하게 살펴보겠다.

4.3.1.1. 테이블스페이스 생성

테이블스페이스를 생성하기 위해서는 CREATE TABLESPACE 문을 사용해야 한다. 테이블스페이스의 이름, 테이블스페이스에 포함되는 데이터 파일과 데이터 파일의 크기, 익스텐트의 크기 등을 설정할 수 있다.

다음은 하나의 데이터 파일 my_file.dtf로 구성되는 테이블스페이스 my_space를 생성하는 예이다.

```
SQL> CREATE TABLESPACE my_space DATAFILE '/home/tibero/tbdata/my_file.dtf' SIZE
50M AUTOEXTEND ON NEXT 10M MAXSIZE 3G EXTENT MANAGEMENT LOCAL UNIFORM SIZE
256K;
```

위 예문의 데이터 파일 my_file.dtf는 SQL 문장을 실행함과 동시에 생성된다. 만약 동일한 이름의 파일이 이미 사용 중이라면 에러를 반환하게 된다. 데이터 파일 my_file.dtf의 크기는 50MB이며, 테이블스페이스의 크기도 50MB가 된다.

티베로에서는 하나의 테이블스페이스 내의 모든 익스텐트의 크기를 항상 일정하게 관리한다. 예를 들어 하나의 익스텐트의 크기가 256KB이고, 데이터 블록의 크기가 4KB라고 한다면 하나의 익스텐트에는 총 64개의 데이터 블록이 포함된다. 또한 하나의 테이블스페이스를 2개 이상의 데이터 파일로 구성할 수도 있다.

예를 들면 다음과 같다.

```
SQL> CREATE TABLESPACE my_space2 DATAFILE '/home/tibero/tbdata/my_file2.dtf'
SIZE 20M, '/usr/tibero/dtf/my_file22.dtf' SIZE 30M EXTENT MANAGEMENT LOCAL
UNIFORM SIZE 64K;
```

티베로에서는 데이터 파일의 크기는 데이터베이스의 크기를 추정하여 설정해야 한다. 테이블스페이스를 생성할 때 설정된 크기보다 더 많은 공간이 필요할 것에 대비하여 데이터 파일의 크기가 자동으로 확장되도록 설정할 수도 있다.

다음은 CREATE TABLESPACE 문의 DATAFILE 절에 AUTOEXTEND 절을 추가하고 저장 공간이 더 필요할 것에 대비하여 1MB씩 확장하도록 설정하는 예이다.

```
SQL> CREATE TABLESPACE my_space3 DATAFILE '/home/tibero/tbdata/my_file3.dtf'
SIZE 50M AUTOEXTEND ON NEXT 1M EXTENT MANAGEMENT LOCAL UNIFORM SIZE 256K;
```

티베로에서는 데이터 블록을 할당한 정보를 테이블스페이스에 비트맵 형태로 저장한다. 따라서 테이블스페이스 내의 익스텐트의 최대 개수는 "테이블스페이스의 크기/익스텐트의 크기"보다 작은 값이 된다.

4.3.1.2. 테이블스페이스 변경

테이블스페이스의 저장 공간을 늘리거나 온/오프라인 상태를 변경할 수 있다. 단, SYSTEM, UNDO, TEMP 테이블스페이스는 오프라인 상태로 변경할 수 없다.

```
SQL> ALTER TABLESPACE my_space ADD DATAFILE 'my_file02.dtf' SIZE 20M;
SQL> ALTER TABLESPACE my_space OFFLINE [NORMAL];
SQL> ALTER TABLESPACE my_space ONLINE;
```

4.3.1.3. 테이블스페이스 제거

테이블스페이스를 제거하기 위해서는 DROP TABLESPACE 문을 사용해야 한다. 단, 테이블스페이스를 제거하면 그 안에 포함되어 있는 모든 스키마 객체가 제거되므로 주의해야 한다. 테이블스페이스를 생성하거나 제거하면 그러한 내용이 컨트롤 파일에 동시에 반영된다.

다음은 테이블스페이스를 제거하는 예이다.

```
SQL> DROP TABLESPACE my_space;
SQL> DROP TABLESPACE my_space INCLUDING CONTENTS AND DATAFILES;
```

4.3.1.4. ALTER SESSION

실행자가 가지고 있는 세션 환경을 조정한다. ALTER SESSION으로 변경된 초기화 환경변수나 세션 환경변수는 실행자의 접속이 끊어질 때까지 유효하고, 아무런 특권을 요구하지 않는다.

다음은 ALTER SESSION을 사용해 세션 환경을 변경하는 예이다.

```
SQL> ALTER SESSION CLOSE DATABASE LINK remote;
SQL> ALTER SESSION SET CURRENT_SCHEMA = tibero;
SQL> ALTER SESSION SET ISOLATION_LEVEL = SERIALIZABLE;
SQL> ALTER SESSION SET CURSOR_SHARING = EXACT;
```

4.3.1.5. ALTER SYSTEM

체크포인트 작업을 수행하거나 진행 중인 세션을 중지하는 등의 시스템을 조작하거나, 초기화 파라미터를 동적으로 변경하는 등 시스템의 속성을 변경할 때 사용한다. ALTER SYSTEM 시스템 특권을 부여받아야 한다.

다음은 ALTER SYSTEM을 사용하여 시스템의 속성을 변경하는 예이다.

```
SQL> ALTER SYSTEM CHECKPOINT;
SQL> ALTER SYSTEM SWITCH LOGFILE;
SQL> ALTER SYSTEM KILL SESSION (1, 1);
SQL> ALTER SYSTEM SET ENCRYPTION WALLET OPEN IDENTIFIED BY "password";
SQL> ALTER SYSTEM SET ENCRYPTION WALLET CLOSE;
SQL> ALTER SYSTEM SET DBMS_LOG_DEST = '/tmp/log';
SQL> ALTER SYSTEM RECOMPILE ALL;
```

다음은 KILL SESSION을 사용했을 때 해당 세션이 없는 경우 에러가 발생하는 예이다.

```
SQL> ALTER SYSTEM KILL SESSION (1, 1);
TBR-7204: Requested session may be closed already or not exist.
```

4.3.2. 데이터 조작어(DML : Data Manipulation Language)

데이터 조작어에는 Insert, Update, Delete, Call, Merge, 병렬 DML이 존재한다.

4.3.2.1. INSERT

INSERT 구문은 테이블 또는 뷰에 0개 이상의 로우를 삽입한다. INSERT ANY TABLE 시스템 특권을 가진 사용자는 모든 테이블과 모든 뷰에서 ROW를 삽입할 수 있다. 테이블에 ROW를 삽입하기 위해서는 테이블을 사용자가 소유하고 있거나, 그 테이블에 대해 INSERT 스키마 오브젝트 특권을 가지고 있어야 한다.

뷰 기반 테이블에 ROW를 삽입하기 위해서는 사용자가 뷰를 가지고 있거나 뷰에 대한 INSERT 스키마 오브젝트 특권이 있어야 한다. 또한 뷰가 속한 스키마의 사용자가 뷰 기반 테이블을 가지고 있거나, 기반 테이블에 대해 INSERT 스키마 오브젝트 특권을 가지고 있어야 한다.

INSERT를 사용하는 구문은 다음과 같은 형식을 사용한다.

```
SQL> INSERT INTO 테이블명 VALUES (값, 값, 값 .... );
```

다음은 INSERT를 사용하는 예이다.

```
SQL> INSERT INTO WORKER VALUES (35, 'John', 'Houston', 30000, 5);
SQL> INSERT INTO WORKER (WORKERNO, WNAME, DEPTNO) VALUES (35, John, 5);
SQL> INSERT INTO WORKER VALUES (35, 'John', DEFAULT, 30000, NULL);
```

4.3.2.2. UPDATE

UPDATE 구문은 테이블 또는 뷰 내의 로우에 지정된 컬럼의 값을 갱신한다. UPDATE ANY TABLE 시스템 특권을 가지고 있으면 사용자는 모든 테이블과 모든 뷰를 갱신할 수 있다. 테이블을 갱신하기 위해서는 테이블을 사용자가 소유하고 있거나, 그 테이블에 대해 UPDATE 스키마 오브젝트 특권을 가지고 있어야 한다.

뷰 기반 테이블을 갱신하기 위해서는 사용자가 뷰를 가지고 있거나 뷰에 대한 UPDATE 스키마 오브젝트 특권이 있어야 한다. 또한 뷰가 속한 스키마의 사용자가 뷰 기반 테이블을 가지고 있거나 기반 테이블에 대해 UPDATE 스키마 오브젝트 특권을 가지고 있어야 한다. UPDATE를 사용하는 구문은 다음과 같은 형식을 사용한다.

```
SQL> UPDATE 테이블명
      SET 컬럼명 = 값
      , 컬럼명 = 값
      ... ;
```

다음은 UPDATE를 사용하는 예이다.

```
SQL> UPDATE WORKER SET SALARY = 35000;
SQL> UPDATE WORKER SET SALARY = 35000 WHERE DEPTNO = 5;
SQL> UPDATE WORKER SET DEPTNO = DEFAULT WHERE DEPTNO IS NULL;
SQL> UPDATE WORKER SET SALARY = SALARY * 1.05, ADDR = (SELECT LOC FROM DEPT
      WHERE DEPTNO = 5) WHERE DEPTNO = 5;
```

4.3.2.3. DELETE

DELETE 구문은 테이블이나 뷰에서 로우를 삭제한다. DELETE가 가능한 뷰의 경우[1] 로우가 삭제될 기반 테이블이 하나로 정해진다. 테이블은 파티션으로 분할되어 있을 수 있다.

DELETE ANY TABLE 시스템 특권을 가진 사용자는 모든 테이블과 모든 뷰에서 로우를 삭제할 수 있다. 테이블에서 로우를 삭제하기 위해서는 테이블을 사용자가 소유하고 있거나, 그 테이블에 대해 DELETE 스키마 오브젝트 특권을 가지고 있어야 한다.

뷰의 기반 테이블에서 로우를 삭제하기 위해서는 사용자가 뷰를 가지고 있거나 뷰에 대한 DELETE 스키마 오브젝트 특권이 있어야 한다. 그리고 뷰가 속한 스키마의 사용자가 뷰의 기반 테이블을 가지고 있거나 기반 테이블에 대해 DELETE 스키마 오브젝트 특권을 가지고 있어야 한다.

DELETE를 사용하는 구문은 다음과 같은 형식으로 사용한다.

```
SQL> DELETE
      FROM 테이블명
      WHERE 조건절
      ... ;
```

다음은 DELETE를 사용하는 예이다.

```
SQL> DELETE FROM WORKER;
SQL> DELETE FROM WORKER WHERE SALARY < 20000
```

---

[1] 주석_ 뷰에 대한 UPDATE/DELETE가 가능하지 않은 경우를 위해 INSTEAD OF TRIGGER 기능이 존재한다.

4.3.2.4. CALL

CALL 구문은 단독으로[2] 정의되거나 패키지 내에 정의된 프로시저나 함수를 실행한다.

단독으로 정의된 프로시저나 함수를 실행하려면, 그 프로시저나 함수에 대한 EXECUTE 스키마 오브젝트 특권을 가지고 있어야 한다. 프로시저나 함수가 패키지 내에 정의된 경우에는 패키지에 대한 EXECUTE 특권을 가지고 있어야 한다. EXECUTE ANY PROCEDURE 시스템 특권이 있으면 어떤 프로시저나 함수라도 실행할 수 있다.

다음은 CALL을 사용하는 예이다.

```
CALL get_board_name (30);
```

4.3.2.5. MERGE

MERGE 구문은 하나, 또는 그 이상의 원본(Source) 데이터로부터 로우를 선택하여 테이블에 삽입 또는 갱신, 삭제 작업을 수행한다. 삽입, 갱신, 삭제 작업 중 어느 작업을 수행할 것인지를 결정하는 조건을 명시할 수 있다.

MERGE는 여러 작업을 통합할 수 있는 편리한 방법이다. MERGE를 수행함으로써 여러 번 삽입, 갱신, 삭제 작업을 수행해야 하는 수고를 줄일 수 있다. 하나의 MERGE 문에서 같은 로우를 여러 번 갱신할 수 없다.

MERGE를 수행하기 위해서는 대상(Target) 데이터에 대한 INSERT 스키마 오브젝트 특권과 UPDATE 스키마 오브젝트 특권을 가지고 있어야 하며, 원본 데이터에 대한 SELECT 스키마 오브젝트 특권을 가지고 있어야 한다. UPDATE 처리 문장에 DELETE 문을 명시하기 위해서는 대상 데이터에 대한 DELETE 스키마 오브젝트 특권 또한 가지고 있어야 한다.

MERGE를 사용하는 구문은 다음과 같은 형식을 사용한다.

```
SQL> MERGE INTO table_name alias
     USING (table | view | subquery) alias
        ON (join condition)
     WHEN MATCHED THEN
           UPDATE SET col1 = val1[, ...]
     WHEN NOT MATCHED THEN
           INSERT (column lists) VALUES (values);
```

다음은 MERGE를 사용하는 예이다.

---

[2] 주석_ CALL 문장의 경우 SQL로 처리되기 때문에 프로시저나 함수의 인자에 PL/SQL에서만 사용할 수 있는 데이터 타입인 boolean, pls_integer, pls_float을 사용한 경우 오류가 발생한다.

```
SQL> MERGE INTO BONUS
    USING PERSONNEL
    ON (B.PNUM = PERSONNEL.PNUM)
    WHEN MATCHED THEN
        UPDATE SET BONUS.BONUS = BONUS.BONUS*1.5
        DELETE WHERE (PERSONNEL.SALARY > 3000)
    WHEN NOT MATCHED THEN
        INSERT VALUES (PERSONNEL.PNUM, PERSONNEL.SALARY*0.2)
```

4.3.2.6. 병렬 DML

병렬 DML도 병렬 질의와 마찬가지로 PARALLEL 힌트를 지정하여 사용할 수 있다. INSERT INTO SELECT 문장은 PARALLEL 힌트의 위치에 따라 어느 부분을 병렬화할 것인지 지정할 수 있다.

SELECT 뒤에만 힌트를 주면 SELECT하는 부분만 병렬화되고 INSERT 뒤에만 힌트를 주면 실제 INSERT하는 작업만 병렬화하게 된다. 따라서 두 작업 모두 병렬화하기 위해서는 INSERT, SELECT 뒤에 모두 힌트를 주어야 한다.

◆ 수행 방법

DML을 병렬로 수행하기 위해서는 우선 다음과 같이 세션에 병렬 DML의 실행 여부를 설정해 주어야 한다.

```
SQL> ALTER SESSION ENABLE PARALLEL DML;
Session altered.
```

위의 예처럼 ALTER SESSION 문장으로 세션의 속성을 변경시키지 않으면 PARALLEL 힌트는 동작하지 않고 병렬 DML은 수행되지 않는다.

다음은 트랜잭션이 수행되는 중에 병렬 DML을 수행했을 때 발생하는 에러이다.

```
SQL> INSERT INTO TEMP_TBL VALUES (1, 1);
1 row inserted.

SQL> ALTER SESSION ENABLE PARALLEL DML;
TBR-12064: Unable to alter the session PDML state within a transaction
```

트랜잭션이 수행되는 중에는 COMMIT 또는 ROLLBACK 명령어로 현재 트랜잭션의 수행을 종료해야만, ALTER SESSION 문장을 수행할 수 있다.

병렬 DML을 수행할 때 트랜잭션과 관련해 두 가지 제약조건이 있으며, 이러한 제약이 있는 것은 트랜잭션의 정합성을 보장하기 위해서이다. 병렬 DML을 수행한 트랜잭션에서는 병렬 DML로 수정한 테이블에 어떠한 접근도 할 수 없다. 같은 트랜잭션 내에서 수정한 테이블에 대해 병렬 DML로 접근하려 할 경우에도 병렬 DML을 수행할 수 없다.

다음은 병렬 DML을 수행한 트랜잭션에서 병렬 DML로 수정한 테이블에 접근하려고 하는 경우 에러가 발생하는 예이다.

```
SQL> ALTER SESSION ENABLE PARALLEL DML;
Session altered.

SQL> INSERT /*+ parallel (3) */ INTO TEMP_TBL2 SELECT /*+ parallel (3) */ * FROM
TEMP_TBL;
100000 rows inserted.

SQL> SELECT COUNT(*) FROM TEMP_TBL2;
TBR-12063: Unable to read or modify an object after modifying it in parallel
```

다음은 같은 트랜잭션에서 수정한 테이블에 대해 병렬 DML로 접근하려 할 경우에 에러가 발생하는 예이다.

```
SQL> ALTER SESSION ENABLE PARALLEL DML;
Session altered.

SQL> INSERT INTO TEMP_TBL2 VALUES (1, 1);
1 row inserted.

SQL> INSERT /*+ parallel (3) */ INTO TEMP_TBL2 SELECT /*+ parallel (3) */ *
FROM TEMP_TBL;
TBR-12067: Unable to modify an object with PDML after modifying it
```

◆ 제약 사항

병렬 DML은 다음 같은 경우에서는 수행되지 않는다.

- 삽입, 갱신, 삭제를 하려는 테이블에 트리거가 있는 경우
- Returning 문이 있는 경우
- 대상 테이블에 대용량 객체형 컬럼이 있는 경우
- 대상 테이블의 인덱스가 online-rebuild를 수행 중인 경우
- standby replication을 사용 중인 경우
- self-referential integrity, delete cascade, deferred integrity 등이 있는 경우
- 분산 트랜잭션을 사용하는 경우

4.3.3. 트랜잭션 및 세션 관리 언어(TCL : Transaction Control Language)

트랜잭션 및 세션 관리를 위한 명령어를 말하며, COMMIT, ROLLBACK, SAVEPOINT, SET ROLE, SET TRANSACTION이 포함된다.

4.3.3.1. COMMIT

현재 트랜잭션을 종료하고 트랜잭션의 갱신된 내용을 데이터베이스에 반영한다. 동시에 모든 저장점을 삭제하고 로우에 설정된 잠금을 해제한다.

다음은 COMMIT을 실행하는 예이다.

```
SQL> COMMIT;

SQL> COMMIT WORK;

SQL> COMMIT FORCE '2.16.18';
```

존재하지 않는 트랜잭션을 지정하면, 다음과 같은 에러가 발생한다.

```
SQL> COMMIT FORCE '2.16.18';
TBR-21022: No prepared transaction found with transaction id 2.16.18.
```

4.3.3.2. ROLLBACK

현재 트랜잭션을 종료하고 트랜잭션에서 갱신된 내용을 모두 취소한다. 동시에 모든 저장점을 삭제하고 로우에 설정된 잠금을 해제한다. 다음은 SAVEPOINT로 저장점을 지정하고, ROLLBACK을 사용해 지정된 저장점까지 롤백하는 예이다.

```
SQL> INSERT INTO T VALUES(1);
1 row inserted.

SQL> COMMIT;
Commit completed.

SQL> SELECT * FROM T;
A
---------
1
1 selected.
```

```
SQL> UPDATE T SET A=2;
1 updated.

SQL> SAVEPOINT SP1;
Savepoint created.

SQL> UPDATE T SET A=3;
1 updated.

SQL> SELECT * FROM T;
A
---------
3
1 selected.

SQL> ROLLBACK TO SAVEPOINT SP1;
Rollback succeeded.

SQL> SELECT * FROM T;
A
---------
2
1 selected.

SQL> ROLLBACK;
Rollback succeeded.

SQL> SELECT * FROM T;
A
---------
1
1 selected.

SQL> ROLLBACK TO SAVEPOINT SP1;
TBR-21008 : No such savepoint: 'SP1'
```

다음은 존재하지 않는 트랜잭션을 지정했을 때 발생하는 에러이다.

```
SQL> ROLLBACK FORCE '2.16.18';
TBR-21022: No prepared transaction found with transaction id 2.16.18.
```

4.3.3.3. SAVEPOINT

현재 트랜잭션에 저장점을 설정한다. 부분 롤백을 수행하기 위해서는 반드시 저장점을 미리 설정해야 한다. 저장점 설정은 트랜잭션의 실행에 전혀 영향을 주지 않는다.

다음은 SAVEPOINT를 사용해 저장점을 설정하는 예이다.

```
SQL> SAVEPOINT sp1;
```

4.3.3.4. SET ROLE

사용자에게 할당된 역할을 활성화하거나 비활성화한다.

활성화 또는 비활성화하려는 역할은 해당 사용자에게 이미 사용이 허가된 역할이어야 한다.

> **참고**
> 1. 역할을 생성, 변경, 제거하기 위해서는 티베로에서 제공하는 'CREATE ROLE', 'ALTER ROLE', 'DROP ROLE'의 설명 내용을 참고한다.
> 2. 역할에 특권을 부여하거나 회수하기 위해서는 티베로에서 제공하는 'GRANT', 'REVOKE'의 내용을 참고한다.

다음은 사용자에게 역할을 할당하고, 할당된 역할을 SET ROLE을 사용해 활성화하는 예이다.

```
SQL> CONN sys/tibero
Connected.

SQL> CREATE USER u1 IDENTIFIED BY xxx; -- u1 사용자를 생성한다.
User created.

SQL> GRANT CREATE SESSION TO u1;
Granted.

SQL> CREATE ROLE a; -- 역할을 생성한다.
Role created.

SQL> CREATE ROLE b;
Role created.

SQL> CREATE ROLE c;
Role created.

SQL> CREATE ROLE d IDENTIFIED BY aaa; -- 일부 역할은 패스워드를 사용한다.
Role created.

SQL> CREATE ROLE e IDENTIFIED BY bbb;
Role created.
```

```
SQL> GRANT a, b, c, d, e TO u1; -- U1 사용자에게 역할을 허가한다.
Granted.

SQL> CONN u1/xxx
Connected.

SQL> SET ROLE a, b, c;
Set.

SQL> SELECT * FROM session_roles;
ROLE
------------------------------
A
B
C

3 rows selected.

SQL> SET ROLE a, b, c, d;
TBR-7181: need password to enable the role

SQL> SET ROLE c, d IDENTIFIED BY aaa, e IDENTIFIED BY bbb;
Set.

SQL> SELECT * FROM session_roles;
ROLE
------------------------------
C
D
E

3 rows selected
```

앞의 예를 보면, 역할 A, B, C, D, E를 생성하는데, 그 중 역할 D와 역할 E는 패스워드를 설정하여 생성하였다. 패스워드가 설정되지 않은 역할 A, B, C는 아무런 제약 없이 사용할 수 있지만, 패스워드가 설정된 역할 D와 E는 IDENTIFIED BY 절을 사용하여 패스워드를 입력해야만 사용할 수 있다.

마지막 SET ROLE 문장을 보면 역할 A, B를 제외한 C, D, E만 사용할 수 있게 설정했으므로, 기존에 사용할 수 있었던 역할 A, B가 사용할 수 없는 상태로 설정이 변경된 것을 볼 수 있다.

다음은 EXCEPT를 사용하는 예이다.

```
SQL> SET ROLE ALL;
TBR-7181: need password to enable the role

SQL> SET ROLE ALL EXCEPT d, e;
Set.

SQL> SELECT * FROM session_roles;
ROLE
------------------------------
A
B
C

3 rows selected.
```

앞의 예에서 역할 D, E는 패스워드가 설정되어 있다. ALL 절에서는 패스워드를 입력할 방법이 없으므로 ALL 절을 이용해서는 역할 D, E를 사용할 수 있게 설정할 수 없다. 패스워드를 사용하는 역할을 EXCEPT 절을 이용하여 제외하면, 제외되고 남은 나머지 역할을 ALL 절을 이용하여 사용할 수 있게 설정할 수 있다.

4.3.3.5. SET TRANSACTION

현재 트랜잭션의 고립성 수준이나 이름을 설정한다. 이 명령어는 현재 트랜잭션에서 실행하는 최초의 문장이어야 한다.

다음은 현재 트랜잭션을 READ COMMITTED로 설정한 후 동적 뷰 V$TRANSACTION을 조회하는 예시이다.

```
SQL> SET TRANSACTION ISOLATION_LEVEL READ COMMITTED;
Set.

SQL> SELECT name, state FROM v$transaction;

NAME                STATE
------------------  ----------
                         3

1 row selected.

SQL> SET TRANSACTION NAME 'tx1';
TBR-7191 : Unable to execute SET TRANSACTION: transaction has already started.
```

위와 같이 SET TRANSACTION 문은 트랜잭션 최초의 문장이어야 하며, 그렇지 않은 경우 에러가 발생한다.

다음과 같이 트랜잭션의 이름을 설정할 수도 있다.

```
SQL> SELECT name, state FROM v$transaction;

NAME                        STATE
--------------------        ----------
0 row selected.


SQL> SET TRANSACTION NAME 'tx1';
Set.
```

4.4 티베로 Object

티베로 데이터베이스는 여러 객체(Object)로 구성되어 있다. 여기서 객체란 구조적 또는 쓰임새에 따라 분류한 것으로 논리적 구조로 다뤄질 수 있는 형식의 데이터로 보면 된다.

일반적으로 각 객체는 '데이터베이스 〉 사용자 〉 스키마 〉 객체'의 순으로 포함 관계를 갖고 있다. 하나의 데이터베이스는 여러 사용자가 공유하고 있다. 또한 사용자 중에는 데이터베이스를 관리하기 위해 특별한 권한을 부여받고 있는 데이터베이스 관리자가 존재한다.

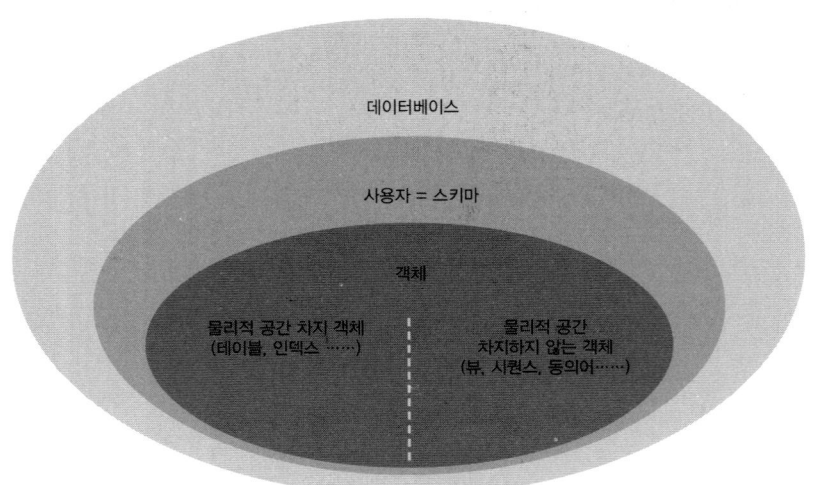

그림 4-27 | 티베로 객체 포함 관계

스키마라고 하는 것은 사용자가 소유한 객체의 모임(Collection)이라고 생각하면 되는데 티베로에서는 한 사용자가 하나의 스키마만을 정의할 수 있고, 스키마의 이름은 항상 사용자의 이름과 동일하다. 모든 오브젝트는 한 스키마에 의해 생성되며, 생성된 스키마에 속하게 된다. 이렇게 스키마에 포함된 객체를 스키마 객체 또는 일반적으로 스키마라는 명칭을 생략하고 객체라고 한다. SQL 표준에서 정의한 스키마 객체 외에도 데이터베이스 시스템에 따라 추가적인 스키마 객체를 제공하고 있다.

객체에는 테이블(Table), 인덱스(Index), 뷰(View), 시퀀스(Sequence), 동의어(Synonym), 트리거(Trigger), 프로시저(Procedure), 사용자 생성 함수(Function), 사용자 생성 패키지 등이 있다. 객체 중에 실제 물리적 공간을 차지하는 테이블, 인덱스, 언두 세그먼트(Undo Segment) 등이 있고, 뷰, 시퀀스, 동의어 등의 물리적인 공간을 차지하지 않는 객체가 있다.

이번 장에서는 티베로에서 제공하는 스키마 객체인 테이블, 인덱스, 뷰, 시퀀스, 동의어에 대해서 살펴보도록 한다.

4.4.1. 테이블

테이블은 관계형 데이터베이스의 기본 저장 단위로 행(Row)과 컬럼(Column)의 구성으로 데이터베이스에서 실제 데이터가 저장되는 논리적 구조를 갖는다. 테이블은 하나 이상의 컬럼으로 구성되고 각 컬럼은 고유의 데이터 타입을 가지고 있으며 2차원 행렬(Matrix)의 형태를 취한다. 또한 하나의 테이블은 0개 이상의 로우를 포함하고 있고, 각 로우는 각 컬럼에 해당하는 값을 가지고 있다.

테이블에는 일반 테이블(General Table), 인덱스 결합 테이블(IOT : Index Organized Table), 파티션 테이블(Partition Table), 익스터널 테이블(External Table), 임시 테이블(Temporary Table)이 있다.

4.4.1.1. 일반 테이블

기본 테이블을 정의하기 위한 정의문의 형식은 다음과 같다.

```
SQL> CREATE TABLE table_name
        ( {col_name data_type    [NOT NULL]  [DEFAULT],}+
        [ PRIMARY KEY (column_list), ]
        { [UNIQUE (column_list),] }*
        { [FOREIGN KEY (column_list)
        REFERENCES table_name [(column_list)]
        [ ON DELETE option ]
        [ ON UPDATE option ], ] }*
        [ CONSTRAINT constraint_name]
        [ CHECK(conditional_expression) ] );
```

* 위의 구문에서 "[ ]"로 묶여진 부분은 생략 가능한 부분이고, "{ }"로 묶여진 부분은 중복 가능 부분을 나타내는데 +는 1번 이상, *는 0번 이상 반복을 나타낸다.

```
SQL> CREATE TABLE TIBERO.T1(C1 NUMBER, C2 VARCHAR(20));
```

표 4-18 | 테이블 정의문 형식 설명

구성 요소	설명
table_name	생성할 테이블의 이름을 명시한다.
col_name	테이블의 컬럼을 정의한다.
data_type	컬럼의 데이터 타입을 명시한다.
column_list	PRIMARY KEY, UNIQUE, FOREIGN KEY 등 제약조건이 명시되는 컬럼 리스트이다.
option	옵션의 종류에는 NO ACTION, CASCADE, SET NULL, SET DEFAULT가 있다.
constraint_name, conditional_expression	CHECK 절은 무결성 제약 조건을 명시하기 위해 지정하는 이름이며, CONSTRAINT 키워드와 함께 사용된다. 테이블의 모든 행은 CHECK 절의 조건을 만족해야 한다.

① 생성

테이블을 생성하려고 할 경우에는 CREATE TABLE 권한이 필요하고, 다른 사용자의 스키마에서 생성을 한다면 CREATE ANY TABLE 권한이 필요하다. 테이블스페이스의 할당량 혹은 UNLIMITED를 하려면 TABLESPACE 권한이 필요하다.

다음은 테이블스페이스를 만들어서 여기에 테이블을 생성하는 예시이다.

```
SQL> CREATE TABLESPACE my_space001 DATAFILE '/home/tibero/tbdata/my_space001.
dtf' SIZE 10M AUTOEXTEND ON NEXT 10M MAXSIZE 3G EXTENT MANAGEMENT LOCAL
UNIFORM SIZE 256K;
```

```
SQL> CREATE TABLE TIBERO.TEST (
        TEST_ID         NUMBER(6),
        TEST_NAME    VARCHAR2(50),
        TEST_COST    VARCHAR2(30),
        TEST_TEAMID    NUMBER(6),
        TEST_DATE     DATE
    )
    TABLESPACE MY_SPACE001
    PCTFREE 5
    INITRANS 3;
```

위의 예시에서 기술된 TABLESPACE, PCTFREE, INITRANS에 대한 설명은 다음과 같다.

- **TABLESPACE** : 테이블을 생성하면서 테이블의 데이터가 저장될 저장소를 지정한다.

- **PCTFREE** : 테이블의 각 데이터 블록에 있는 공간 비율로 행을 갱신하기 위해 예약해 두는 공간의 비율(%)이다.
- **INITRANS** : 테이블에 할당된 데이터 블록에 동시에 액세스 가능한 트랜잭션의 초기 값(기본값 : 2)이다.

② 변경

ALTER TABLE 문을 사용해 테이블을 변경할 수 있다. 현재 사용자가 자신의 스키마에 속한 테이블을 변경하는 경우 ALTER TABLE 문을 사용할 수 있는 시스템 특권이 필요하다. 다른 사용자의 스키마에 있는 테이블을 변경하는 경우 ALTER ANY TABLE 문을 사용할 수 있는 시스템 특권이 있어야 한다. 테이블을 변경할 수 있는 작업에는 테이블 명, 저장 영역, 트랜잭션 엔트리 공간, 컬럼 정의, 컬럼 명, 컬럼 타입, 기존 제약조건(CONSTRAINT)의 이름이 있다. 테이블에 할당된 테이블스페이스는 변경할 수 없다.

- 테이블 명 변경

테이블의 이름은 최대 128자로 변경할 수 있다.

```
SQL> ALTER TABLE RENAME TIBERO.TEST TO TIBERO.TEST_CHANGE;
```

- 저장 영역 변경

데이터를 디스크 블록에 저장할 때 데이터가 변경되어 크기가 증가할 것에 대비하여 얼마만큼의 영역을 예비로 남겨둘지를 설정하는 값이다. 1~99 사이의 값을 설정할 수 있으며, 지정하지 않으면 기본 값은 10이다. PCTFREE 뒤에는 부호 없는 정수 값을 명시하도록 한다.

```
SQL> ALTER TABLE TIBERO.TEST PCTFREE 15;
```

- 트랜잭션 엔트리 공간 변경

디스크 블록마다 트랜잭션 엔트리를 위한 공간을 몇 개를 확보할 것인가를 표시한다.

트랜잭션 엔트리는 블록에 공간이 남아있다면 필요할 때 확장되므로 미리 큰 값을 설정할 필요는 없다. 최소 값은 1이며, 최대 값은 디스크 블록의 크기에 따라 다르고, 지정하지 않으면 기본 값은 2가 된다. INITRANS 뒤에 부호 없는 정수 값을 명시하도록 한다.

```
SQL> ALTER TABLE TIBERO.TEST INITRANS 3;
```

- 컬럼 정의 변경

컬럼에 정의된 속성(디폴트 값, 제약조건 등)을 변경하는 것으로 컬럼의 디폴트 값과 제약조건은 MODIFY 절을 이용하여 변경할 수 있다.

```
SQL> ALTER TABLE TIBERO.TEST MODIFY (test_cost default 1 not null);
```

- 컬럼 명 변경

    컬럼 명은 최대 30자로 변경할 수 있으며 RENAME COLUMN 절을 사용하여 변경한다.

    ```
    SQL> ALTER TABLE TIBERO.TEST RENAME COLUMN test_cost TO cost;
    ```

- 기존 제약조건(CONSTRAINT)의 이름 변경

    제약조건의 이름 및 상태를 변경하고, 제약조건을 추가하거나 제거한다.

    ```
    SQL> ALTER TABLE TIBERO.TEST RENAME CONSTRAINT [기존 CONSTRAINT 명] TO [변경할 CONSTRAINT 명];
    ```

③ 삭제

DROP TABLE 문을 사용해 테이블을 삭제할 수 있다. 현재 사용자가 자신의 스키마에 속한 테이블을 제거하는 경우 DROP TABLE 문을 사용할 수 있는 시스템 특권이 필요하고, 다른 사용자의 스키마에 있는 테이블을 제거하는 경우 DROP ANY TABLE 문을 사용할 수 있는 시스템 특권이 있어야 한다. 다른 사용자가 소유한 테이블을 제거하려면, 반드시 다른 사용자의 이름을 명시한 후 DROP TABLE 문을 실행해야 한다.

제거하려는 테이블의 기본 키가 다른 테이블의 참조 무결성 제약조건으로 정의된 경우 참조된 테이블은 바로 제거할 수 없다. 이러한 경우에는 참조하는 테이블을 먼저 제거하거나 참조하는 테이블에 정의된 참조 무결성 제약조건을 제거할 필요가 있다.

참조하는 테이블에 정의된 참조 무결성 제약조건을 제거하기 위해서는 DROP TABLE 문에 CASCADE CONSTRAINTS 절을 삽입해야 한다.

```
SQL> DROP TABLE TIBERO.TEST_PERSONNEL CASCADE CONSTRAINTS;
```

4.4.1.2. 인덱스 결합 테이블

인덱스 결합 테이블(IOT : Index Organized Table)은 인덱스의 비트리(B-TREE) 구조를 이용해 데이터를 저장하는 형태의 테이블을 말한다. 일반적인 테이블에서는 데이터가 로우 단위로 무작위로 블록에 저장되지만, 인덱스 결합 테이블은 인덱스와 유사한 형태로 기본키를 기준으로 로우가 정렬되어 인덱스 리프 블록에 저장된다.

로우가 너무 크거나 지역 효율성을 위해 특정 컬럼부터는 데이터 영역에 저장할 수도 있는데 이것을 오버플로우 데이터 영역이라고 한다.

일반 테이블에서 인덱스를 통해 레코드를 액세스 할 때에는 키 값을 가지고 인덱스를 탐색해서 로우아이디(ROWID)를 얻은 다음에 다시 로우아이디를 이용해서 테이블을 읽는 두 번의 과정을 거쳐야 한다. 이것은 키 컬럼이 인덱스와 테이블 양쪽에 중복해서 저장되므로 키 값이 큰 경우에는 디스크의 낭비에 대해서 무시할 수 없다. 이러한 문제점을 해결하고자 고안된 것이 인덱스 결합 테이블이다. 인덱스 결합 테이블은 명칭으로 보면 테이블이지만 실제로는 기본키(Primary Key)를 근간으로 한 인덱스이기 때문에 전제 조건으로 기본 키를 필요로 한다. 일반 테이블과 인덱스 결합 테이블의 차이점을 정리해 보면 다음과 같다.

- 일반 테이블은 로우아이디로 행을 구별하지만 인덱스 결합 테이블은 기본키로 행을 구별한다.
- 일반 테이블의 풀스캔(Full Scan) 처리 시에 행이 반환되는 순서를 예측할 수 없지만, 인덱스 결합 테이블은 기본키 값의 순서에 따라 출력된다.
- 인덱스 결합 테이블은 유니크(Unique) 제약조건을 설정할 수 없다.
- 인덱스 결합 테이블은 클러스터를 사용할 수 없다.
- 인덱스 결합 테이블은 일반 테이블보다 저장 공간이 감소한다.
- 인덱스 결합 테이블은 IOT 는 기본키를 꼭 생성해야 한다.
- 인덱스 결합 테이블의 두 번째(Secondary) 인덱스는 기본키 값과 그것을 기반으로 하는 유니버셜 로우아이디(Universal Rowid) 즉, 유니버셜 로우아이디를 가지고 인덱스가 만들어진다. 여기서 유니버셜 로우아이디란 인덱스 결합 테이블 행의 논리적인 위치를 말한다.

① 생성

인덱스 결합 테이블을 생성할 때 몇 가지 제약조건이 있다.

- LOB 데이터타입이나 LONG 데이터타입은 포함할 수 없다.
- 컬럼의 최대 개수는 1000개이다.
- 인덱스 영역에는 최대 255개의 컬럼만 저장할 수 있고 컬럼 개수가 그 이상인 경우 오버플로우(Overflow)를 지정해야 한다.
- PCTTHRESHOLD의 값은 1~50이다. 하지만 실제 인덱스 영역에 저장할 수 있는 로우의 최대 크기는 구조적인 문제로 블록의 50%보다 더 작다. 모든 컬럼은 PCTTHRESHOLD보다 작아야 한다.

```
SQL> CREATE TABLE TIBEERO.TEST_IOT
     (
        COL1 NUMBER,
        COL2 VARCHAR2(20),
        COL3 VARCHAR2(10),
        COL4 VARCHAR2(10),
        PRIMARY KEY (COL1, COL2)
     )
     ORGANIZATION INDEX
     PCTTHRESHOLD 40
     OVERFLOW;
```

② 삭제

DROP TABLE 구문으로 삭제할 수 있다. DROP 구문 사용시 테이블의 모든 행이 삭제되고 사용된 공간이 해제, 테이블 삭제 구문은 자동 커밋이므로 롤백(Roleback)이 불가능하다.

```
SQL> DROP TABLE SAMPLE02_IOT CASCADE CONSTRAINTS;
```

4.4.1.3. 파티션 테이블

테이블 내의 데이터들을 제공되는 기준에 따라 여러 개의 부분으로 나누는 테이블을 말한다.

각 파티션 테이블은 별개의 세그먼트에 저장되어 개별적으로 관리가 가능하고, 서로 다른 테이블 스페이스에 생성할 수 있어 입출력 처리가 발생할 때 물리적인 부하를 감소시킬 수 있다. 테이블의 용량이 크거나 지속적으로 용량이 증가하는 논리적 테이블에 대해 여러 개의 물리적인 공간으로 나누어 파티션을 적용시킨다면 성능 향상에 많은 도움을 가져올 수 있다.

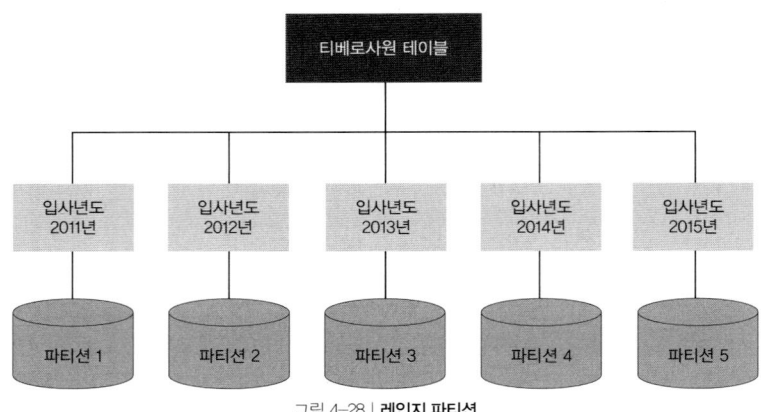

그림 4-28 | 레인지 파티션

티베로가 제공하는 파티션의 종류에는 컬럼 값의 범위를 기준으로 행을 분할해 사용하는 레인지 파티션(Range Partition), 컬럼 값에 해시(Hash) 함수를 적용하여 Data를 분할하는 방식의 해시 파티션(Hash Partition), 컬럼의 특정 값으로 분할하는 방식의 리스트 파티션(List Partition), 한 개의 키로 우선 파티션을 한 뒤 각 파티션을 같은 키 혹은 다른 키로 다시 파티션을 하는 복합 파티션(Composite Partition)이 있다.

〈그림 4-28〉은 레인지 파티션을 표현한 예시이다.

① 생성

1. 레인지 파티션

컬럼 값의 범위를 기준으로 하여 행을 분할하는 형태로 레인지 파티션에서 테이블은 단지 논리적인 구조이며 실제 데이터가 물리적으로 저장되는 곳은 파티션으로 나누어진 테이블스페이스(Tablespace)에 저장한다. 테이블스페이스를 지정하지 않을 경우 디폴트 테이블스페이스에 세그먼트(Segment)로 나뉘어서 각 파티션 저장된다. 다음은 디폴트 테이블스페이스에 레인지 파티션 테이블을 생성하는 예시이다.

```sql
SQL> CREATE TABLE tibero.range_partition1 (order_id number, order_date date)
            partition by range (order_date)
 (partition rangepart1 values less than (to_date('2014-01-01', 'YYYY-MM-DD')),
  partition rangepart3 values less than (to_date('2014-03-01', 'YYYY-MM-DD')),
  partition rangepart5 values less than (to_date('2014-05-01', 'YYYY-MM-DD')),
  partition rangepart2014 values less than (MAXVALUE)
            );
```

다음은 테이블스페이스를 지정해 레인지 파티션 테이블을 생성하는 예시이다. 우선 지정에 사용할 테이블스페이스를 생성한다.

```sql
SQL> CREATE TABLESPACE my_space1 DATAFILE '/home/tibero/tbdata/my_file001.dtf' SIZE
10M AUTOEXTEND ON NEXT 10M MAXSIZE 3G EXTENT MANAGEMENT LOCAL UNIFORM SIZE 256K;

SQL> CREATE TABLESPACE my_space2 DATAFILE '/home/tibero/tbdata/my_file002.dtf' SIZE
10M AUTOEXTEND ON NEXT 10M MAXSIZE 3G EXTENT MANAGEMENT LOCAL UNIFORM SIZE 256K;

SQL> CREATE TABLESPACE my_space3 DATAFILE '/home/tibero/tbdata/my_file003.dtf' SIZE
10M AUTOEXTEND ON NEXT 10M MAXSIZE 3G EXTENT MANAGEMENT LOCAL UNIFORM SIZE 256K;

SQL> CREATE TABLESPACE my_space4 DATAFILE '/home/tibero/tbdata/my_file004.dtf' SIZE
10M AUTOEXTEND ON NEXT 10M MAXSIZE 3G EXTENT MANAGEMENT LOCAL UNIFORM SIZE 256K;
```

다음은 테이블스페이스를 지정해 레인지 파티션 테이블을 생성한다.

```sql
SQL> CREATE TABLE range_partition2 (order_id number, order_date date)
            partition by range (order_date)
  (partition rangepart2 values less than (to_date('2015-01-01', 'YYYY-MM-DD'))
   TABLESPACE MY_SPACE1,
   partition rangepart4 values less than (to_date('2015-03-01', 'YYYY-MM-DD'))
   TABLESPACE MY_SPACE2,
   partition rangepart6 values less than (to_date('2015-05-01', 'YYYY-MM-DD'))
   TABLESPACE MY_SPACE3,
   partition rangepart2015 values less than (MAXVALUE)   TABLESPACE MY_SPACE4
            );
```

2. 해시 파티션

파티션하는 컬럼(Partitioning Column)의 키 값에 해시 함수를 적용하여 데이터를 분할하는 방식이다. 해시 파티션은 레인지 파티션에서 범위를 기반으로 나누었을 경우 특정 범위에 분포도가 몰려서 각기 사이즈가 다르게 되는 것을 보완하여 일정한 분포를 가진 파티션으로 나누고, 분포도를 이용한 병렬처리로 더 높은 성능 향상을 가져올 수 있다. 해시 파티션에서 테이블은 단지 논리적인 구조이며 실제 데이터가 물리적으로 저장되는 곳은 파티션으로 나누어진 테이블스페이스에 저장한다.

다음은 테이블스페이스를 지정해 해시 파티션 테이블을 생성하는 예시이다.

```
SQL> CREATE TABLE hash_partition
        (order_id number, order_date date)
        PARTITION BY HASH (order_date)
        (PARTITION hashpart1 TABLESPACE MY_SPACE1,
         PARTITION hashpart2 TABLESPACE MY_SPACE2,
         PARTITION hashpart3 TABLESPACE MY_SPACE3,
         PARTITION hashpart4 TABLESPACE MY_SPACE4
        );
```

3. 리스트 파티션

파티션하는 테이블의 컬럼을 특정 값으로 분할해 사용하는 방식으로 데이터 분포도가 낮지 않고, 균등하게 분포되어 있을 때 유용하다. 다른 파티션 방식과 다르게 다중 컬럼을 지원하지 않고 단일 컬럼만 가능하다. 복합 파티션(Composite Partition)에서 'Range-List'로 파티션할 경우 그 효율이 더욱 높아진다.

```
SQL> CREATE TABLE sales_list
( salesman_id   NUMBER(5),
    salesman_name VARCHAR2(30),
    sales_state   VARCHAR2(20),
    sales_amount  NUMBER(10),
    sales_date    DATE)
PARTITION BY LIST(sales_state)
(
    PARTITION sales_west VALUES ('Seoul', 'Deajeon'),
    PARTITION sales_east VALUES ('Busan', 'Deagu', 'Ulsan'),
    PARTITION sales_central VALUES ('Naju', 'Gangju'),
    PARTITION sales_other VALUES (DEFAULT)
);
```

4. 복합 파티션

복합 파티션은 한 개의 키로 우선 파티션을 한 뒤 각 파티션을 같은 키 혹은 다른 키로 다시 파티션을 하는 테이블 파티션의 한 방식이다.

```sql
SQL> CREATE TABLE composite_partition
    (
        product_id NUMBER,
        product_name VARCHAR(20),
        price NUMBER,
        sold_date DATE
    )
PARTITION BY RANGE (sold_date)
SUBPARTITION BY HASH (product_id)
    (
        PARTITION jan_sales VALUES LESS THAN (TO_DATE('31-01-2013', 'DD-MM-YYYY')),
        PARTITION feb_sales VALUES LESS THAN (TO_DATE('28-02-2013', 'DD-MM-YYYY')),
        PARTITION mar_sales VALUES LESS THAN (TO_DATE('31-03-2013', 'DD-MM-YYYY')),
        PARTITION apr_sales VALUES LESS THAN (TO_DATE('30-04-2013', 'DD-MM-YYYY')),
        PARTITION may_sales VALUES LESS THAN (TO_DATE('31-05-2013', 'DD-MM-YYYY')),
        PARTITION jun_sales VALUES LESS THAN (TO_DATE('30-06-2013', 'DD-MM-YYYY')),
        PARTITION jul_sales VALUES LESS THAN (TO_DATE('31-07-2013', 'DD-MM-YYYY')),
        PARTITION aug_sales VALUES LESS THAN (TO_DATE('31-08-2013', 'DD-MM-YYYY')),
        PARTITION sep_sales VALUES LESS THAN (TO_DATE('30-09-2013', 'DD-MM-YYYY')),
        PARTITION oct_sales VALUES LESS THAN (TO_DATE('31-10-2013', 'DD-MM-YYYY'))
SUBPARTITIONS 2,
        PARTITION nov_sales VALUES LESS THAN (TO_DATE('30-11-2013', 'DD-MM-YYYY'))
SUBPARTITIONS 4,
        PARTITION dec_sales VALUES LESS THAN (TO_DATE('31-12-2013', 'DD-MM-YYYY'))
(SUBPARTITION dec_1, SUBPARTITION dec_2, SUBPARTITION dec_3, SUBPARTITION dec_4)
);
```

② 추가

파티션 테이블을 추가할 수 있다.

```sql
SQL> ALTER TABLE range_partition ADD PARTITION rangepart5 VALUES LESS THAN
('20140701');
```

③ 삭제

파티션 테이블을 삭제할 수 있다.

```
SQL> ALTER TABLE range_partition DROP PARTITION rangepart1;
```

4.4.1.4. 임시 테이블

임시 테이블(Temp Table)은 사용자의 트랜잭션 또는 세션 내에서만 임시 테이블의 데이터를 활용할 수 있으며, 사용자 세션이 중단되면 임시 테이블의 있는 모든 내용은 자동으로 삭제된다.

일반 테이블과 다르게 테이블의 레이아웃은 딕셔너리(Dictionary)에 존재하지만 데이터는 디스크(Disk) 상에 존재하지 않고 메모리상에서 등록(Insert), 삭제(Delete), 갱신(Update), 조회(Select)하는 테이블이다.

다시 말해 임시 테이블의 스키마 자체는 일반 테이블과 다를 바 없이 모든 세션에 동일하게 보이지만, 테이블의 데이터는 각각의 세션이 따로 유지하게 된다. 따라서 한 세션의 임시 테이블의 데이터는 다른 세션에서 접근할 수도 볼 수도 없다. 오직 자신의 세션에서만 해당 테이블의 데이터를 볼 수 있다. 임시 테이블을 사용하는 목적은 큰 정렬 작업 등이 필요할 경우 임의적으로 생성하여 사용할 수 있다.

◆ 트랜잭션 내에서만 행을 접근해 데이터 사용

트랜잭션 별로 데이터가 존재하고, 커밋하면 데이터는 소실된다. ON COMMIT DELETE ROWS를 지정하면 트랜잭션을 커밋할 때 임시 테이블의 데이터를 깨끗하게 제거한다. 그러나 이렇게 저장된 임시 테이블의 정보는 옵션에 관계없이 세션의 종료와 동시에 모두 제거된다.

임시 테이블을 생성할 때 ON COMMIT 옵션을 지정하지 않았다면 디폴트로 ON COMMIT DELETE ROWS로 생성된다.

```
SQL> CREATE GLOBAL TEMPORARY TABLE tibero.test_worker_temp1
     (eno NUMBER, wname VARCHAR2(20), sal NUMBER) ON COMMIT DELETE ROWS;
```

```
SQL> INSERT INTO tibero.test_worker_temp1 values(1001,'Clark', 2572.50);
SQL> INSERT INTO tibero.test_worker_temp1 values(1002,'King', 5500.00);
SQL> INSERT INTO tibero.test_worker_temp1 values(1003,'Miller', 920.10);
SQL> INSERT INTO tibero.test_worker_temp1 values(1004,'Jones', 3123.07);
SQL> INSERT INTO tibero.test_worker_temp1 values(1005,'Martin', 1312.50);

SQL> COMMIT;
```

◆ 전체 세션에서 접근해 데이터 사용

세션 레벨로 데이터가 존재하고, 세션이 종료되면 데이터는 소실된다.

ON COMMIT PRESERVE ROWS를 지정해 사용하게 되는데 이것을 지정하면 트랜잭션을 커밋할 때 데이터를 테이블에 저장하게 된다.

```
SQL> CREATE GLOBAL TEMPORARY TABLE tibero.test_worker_temp2
     (wno NUMBER, wname VARCHAR2(20), sal NUMBER) ON COMMIT PRESERVE ROWS;

SQL> INSERT INTO tibero.test_worker_temp2 values(2001,'Robert', 1572.5);
SQL> INSERT INTO tibero.test_worker_temp2 values(2002,'Kelly', 2500.00);
SQL> INSERT INTO tibero.test_worker_temp2 values(2003,'Micheal', 3920.10);
SQL> INSERT INTO tibero.test_worker_temp2 values(2004,'Janet','Manager',
4123.07);
SQL> INSERT INTO tibero.test_worker_temp2 values(2005,'Cabin', 5312.50);

SQL> COMMIT;
```

4.4.2. 인덱스

테이블에서 원하는 데이터를 빠르게 검색하기 위하여 사용하는 데이터 구조라고 말할 수 있다.

인덱스는 테이블과는 별도의 스키마 오브젝트이므로 독립적으로 생성, 제거, 변경, 저장할 수 있다. 인덱스 종류에는 단일 컬럼 인덱스(Single Index), 복합 인덱스(Concanated Index), 유일 인덱스(Unique Index), 비유일 인덱스(Non-Unique Index)가 있다. 그리고 인덱스 유형에는 CREATE TABLE 문에서 기본키에 의해 생성되는 자동 인덱스와 기존 테이블에 대해 CREATE INDEX 문에 의해 만드는 수동 인덱스가 있다.

인덱스 생성 시 다음과 같은 내용들을 고려하도록 한다.

- WHERE 조건절에서 자주 사용되는 컬럼을 대상으로 선정
- Query와 DML 요구 간의 균형
- 티베로는 기본키, UNIQUE 그리고 외래키 제약조건이 설정된 컬럼들에 대해 자동으로 인덱스 생성
- 복합키 인덱스 생성 시 컬럼 값의 순서에 유의

〈표 4-19〉와 같이 인덱스 구조 형태에 따라 분류를 해볼 수 있다.

표 4-19 | 인덱스 구조 형태에 따른 분류

인덱스 분류	설명
밸런스트리(B*Tree) 인덱스	CREATE INDEX 인덱스명 ON 테이블명(컬럼명, ...);
함수기반 인덱스	CREATE INDEX 인덱스명 ON 테이블명(함수식(컬럼명)	산술식);

역방향 인덱스	CREATE INDEX 인덱스명 ON 테이블명(컬럼명1,컬럼명2....) REVERSE;
내림차순 인덱스	CREATE INDEX 인덱스명 ON 테이블명(컬럼명1, 컬럼명2, ... DESC);
인덱스 결합 테이블(IOT) 인덱스	CREATE TABLE 테이블명 (컬럼1 ......, 컬럼2 ....) ORGANIZATION INDEX TABLESPACE 테이블스페이스명 PCTTHRESHOLD n OVERFLOW TABLESPACE 테이블스페이스명;
비트맵(Bitmap) 인덱스	CREATE BITMAP INDEX 인덱스명 ON 테이블명(컬럼명, ...); (*Tibero 6 버전부터 지원하고 있다. 비트맵 인덱스 지원을 통해 OLAP성 쿼리에 대한 효율적인 수행이 가능해졌다)

① 인덱스 생성

티베로는 기본키, 유일키 그리고 외래키에 제약조건이 설정된 컬럼을 제외하고는 임의의 컬럼에 인덱스를 생성하거나 제거할 수 있다. 인덱스의 이름은 사용자가 별도로 지정하지 않으면 디폴트로 지정된 제약조건의 이름과 동일하게 생성된다.

유일 인덱스는 기본키와 유일키의 제약조건이 생성될 때 티베로에서 해당 컬럼에 대하여 인덱스를 자동으로 생성한다.

다음과 같이 인덱스 생성 구문을 사용할 수 있다.

```
SQL> CREATE [Unique] INDEX index_name
        ON [schema.]table (column[ASC|DESC][,column])
        [Tablespace tablespace_name]
        [Initrans integer];
```

```
SQL> CREATE INDEX TEST_ID_FK ON TIBERO.TEST (TEST_ID);
```

- Unique : Unique 인덱스 여부
- index_name : 생성할 인덱스의 이름을 설정
- column [ASC | DESC][,column] : 해당 컬럼 정의 및 정렬 방향 지정
- Tablespace tablespace_name : 해당 인덱스의 저장 테이블스페이스 지정
- Initrans integer : 디스크 블록의 파라미터(Initrans) 값을 설정

② 인덱스 재생성

기존 인덱스를 생성할 수 있고, 블록(Block)내부의 Fragmentation을 줄이는 것이 가능하다.

```
SQL> ALTER INDEX TEST_ID_FK REBUILD;
```

③ 인덱스 삭제

DROP INDEX 문을 사용해 인덱스를 삭제할 수 있다.

인덱스는 테이블처럼 독립적인 스키마 객체이므로 인덱스를 제거하더라도 테이블의 데이터에는 영향을 미치지 않는다. 단, 인덱스를 제거하게 되면 해당 컬럼의 데이터를 조회할 때 이전과 다르게 조회 속도가 느려질 수도 있다. 인덱스가 더 이상 필요하지 않은 경우에는 제거하는 것이 데이터베이스 성능 향상에 도움이 된다.

```
SQL> DROP INDEX TEST_ID_FK;
```

4.4.3. 뷰

뷰는 기본적으로 SELECT 문장으로 표현되는 질의에 이름을 부여하여 정의한 가상의 테이블이고, SQL 문장 내에서 테이블과 동일하게 사용한다. 테이블은 물리적으로 구현되어 데이터가 실제로 저장되지만, 뷰는 반드시 물리적으로 구현되어 있는 것은 아니다.

뷰의 생성 형식은 다음과 같다.

```
SQL> CREATE VIEW view_name [(col_name_list)]
     AS SELECT [WITH CHECK OPTION];
```

표 4-20 | 뷰의 생성 형식 설명

구성 요소	설명
view_name	생성할 뷰의 이름을 명시한다.
AS SELECT	일반 검색문과 같은데 UNION, ORDER BY를 사용할 수 없다.
WITH CHECK OPTION	뷰에 대한 갱신이나 삽입 연산을 실행할 때 뷰의 정의 조건을 위반하면 실행이 거부된다는 내용을 나타낸다.

뷰의 이점은 다음과 같다.

- 뷰의 사용은 데이터베이스의 재구성 측면에서 어느 정도의 논리적 데이터 독립성을 제공한다.
- 동시에 같은 데이터를 여러 사용자에게 상이한 방법으로 볼 수 있게 한다.
- 필요한 테이블의 데이터만을 결합해 뷰로 제공하기 때문에 SQL 작성 및 처리 시 연산은 크게 감소된다.
- 감춰진 데이터에 대해 자동적으로 보안이 제공된다.

① 뷰의 생성

CREATE VIEW 문을 사용해 생성할 수 있다. 모든 기반 객체(Base Objects)의 액세스 권한을 갖고 있어야 하며, 기반 테이블의 수에 상관 없이 액세스 권한이 있어야 한다.

현재 사용자가 자신의 스키마에 속한 뷰를 생성하는 경우 CREATE VIEW 문을 사용할 수 있는 시스템 특권이 필요하고, 다른 사용자의 스키마에 있는 뷰를 생성하는 경우 CREATE ANY VIEW 문을 사용할 수 있는 시스템 특권이 있어야 한다.

다음은 사원 테이블을 생성하고 이를 가지고 뷰를 생성하는 예시이다. 우선 테이블을 생성한다.

```
SQL> CREATE TABLE TIBERO.WORKER
     (WORKERNO NUMBER(4) NOT NULL,
     WNAME VARCHAR2(10),
     JOB VARCHAR2(9),
     HIREDATE DATE,
     SAL NUMBER(7, 2),
     COMM NUMBER(7, 2),
     DEPTNO NUMBER(2));
```

다음으로 생성한 테이블에 데이터를 등록하고 커밋한다.

```
SQL> INSERT INTO tibero.worker values(1001,'Clark','Manager',to_
date('2011/01/11 07:59:44','YYYY/MM/DD HH24:MI:SS'), 2572.50,10,20);

SQL> INSERT INTO tibero.worker values(1002,'King','President',to_
date('2012/11/17 07:59:45','YYYY/MM/DD HH24:MI:SS'),5500.00,null,10);

SQL> INSERT INTO tibero.worker values(1003,'Miller','Clerk',to_
date('2007/10/12 07:59:46','YYYY/MM/DD HH24:MI:SS'),920.10,null,10);

SQL> INSERT INTO tibero.worker values(1004,'Jones','Manager',to_
date('2014/04/02 07:59:47','YYYY/MM/DD HH24:MI:SS'),3123.07,null,20);

SQL> INSERT INTO tibero.worker values(1005,'Martin','Sale smn',to_
date('2011/10/28 07:59:48','YYYY/MM/DD HH24:MI:SS'),1312.50,3,10);

SQL> INSERT INTO tibero.worker values(2001,'Robert','Manager',to_
date('2001/01/11 07:59:44','YYYY/MM/DD HH24:MI:SS'), 2572.5,10,20);

SQL> INSERT INTO tibero.worker values(2002,'Kelly','President',to_
date('2002/11/17 07:59:45','YYYY/MM/DD HH24:MI:SS'),5500.00,null,10);
```

```
SQL> INSERT INTO tibero.worker values(2003,'Micheal','Clerk',to_
date('2003/10/12 07:59:46','YYYY/MM/DD HH24:MI:SS'),920.01,null,10);

SQL> INSERT INTO tibero.worker values(2004,'Janet','Manager',to_
date('2004/04/02 07:59:47','YYYY/MM/DD HH24:MI:SS'),3123.75,null,20);

SQL> INSERT INTO tibero.worker values(2005,'Cabin','Sale smn',to_
date('2005/10/28 07:59:48','YYYY/MM/DD HH24:MI:SS'),1312.80,3,10);

SQL> COMMIT;
```

뷰를 생성해 보도록 한다.

```
SQL> CREATE VIEW V_WORKER
      AS
      SELECT WNAME, SAL
      FROM WORKER
      WHERE WORKERNO >= 2001;
```

② 뷰의 변경

뷰의 정의 변경은 저장된 SQL 구문을 새로 생성하는 것이므로 삭제 후 새로 생성해야 한다.
뷰 또는 기반 객체의 변경으로 인해 사용할 수 없게 된 뷰를 다시 사용하기 위해서는 CREATE OR REPLACE VIEW 문을 사용해야 한다. 단, 뷰를 생성하고 제거할 수 있는 권한이 있어야 한다.

```
SQL> CREATE OR REPLACE VIEW V_WORKER
      AS
      SELECT WNAME, SAL
      FROM WORKER
      WHERE WORKERNO >= 1001;
```

③ 뷰의 삭제

DROP VIEW 문을 사용해 삭제할 수 있다.
현재 사용자가 자신의 스키마에 속한 뷰를 제거하는 경우 DROP VIEW 문을 사용할 수 있는 시스템 특권이 필요하다. 다른 사용자의 스키마에 속한 뷰를 제거하는 경우 DROP ANY VIEW 문을 사용할 수 있는 시스템 특권이 있어야 한다.

```
SQL> DROP VIEW V_WORKER;
```

4.4.4. 시퀀스

티베로에서 순차적으로 자동 부여한 고유번호로 시퀀스를 생성할 경우에는 CREATE SEQUENCE 권한 또는 CREATE ANY SEQUENCE가 있어야 생성할 수 있다.

시퀀스는 데이터베이스 성능 향상을 위해 내부적으로 메모리에 값을 캐시한다. MAX_SEQ_BUFFER 파라미터에 캐시의 크기를 지정하며 기본 값은 20이다.

시스템이 정상적으로 종료될 경우 캐시에 존재하지만 아직 실제로 쓰이지 않은 값은 디스크에 저장되어 다음번 티베로가 기동할 때 사용할 수 있다. 하지만 시스템이 비정상적으로 종료될 경우 캐시에 존재하던 값은 모두 사용된 것으로 간주되며 캐시의 최대 크기만큼 시퀀스의 값을 건너뛸 수 있다. 이러한 경우가 발생하지 않으려면 시퀀스를 NOCACHE로 선언해야 한다. 하지만 시퀀스를 사용할 때마다 디스크 액세스가 일어나므로 데이터베이스 성능이 저하된다. 특수한 상황이 아니면 NOCACHE를 사용하지 않기를 권장한다.

① 시퀀스의 생성

다음은 시퀀스 생성 시에 필요한 구성요소에 대한 설명이다.

- **시퀀스 이름** : 시퀀스의 이름을 설정하는 것으로 시퀀스를 생성할 때 반드시 필요
- **MINVALUE / MAXVALUE** : 시퀀스의 최소 값 / 최대 값 설정
- **NOCYCLE / CYCLE** : 기본은 NOCYCLE이고, 최고 값까지 증가가 완료되면 에러를 발생할지 자동으로 순환할지 설정
- **CACHE** : 해당 시퀀스의 값을 메모리에서 관리하는 방법으로 기본적으로 10 설정
- **START WITH** : 시퀀스를 가장 처음 사용할 때 생성되는 값 설정

다음은 테이블을 생성하고 이를 가지고 시퀀스를 생성해 사용하는 예시이다. 우선 테이블을 생성한다.

```
SQL> CREATE TABLE TIBERO.TEST_SEQUENCE_TABLE (
    SEQ NUMBER PRIMARY KEY,
    TITLE VARCHAR(20));
```

시퀀스를 생성해 보도록 한다.

```
SQL> CREATE SEQUENCE SEQ_SAMPLE01
    START WITH 10
    INCREMENT BY 1
    MAXVALUE 99999999
    MINVALUE 1
    NOCYCLE
    NOCACHE;
```

다음으로 시퀀스를 사용해 테이블에 데이터를 등록하고 커밋한다.

```
SQL> INSERT INTO TEST_SEQUENCE_TABLE (SEQ,TITLE) VALUES(SEQ_SAMPLE01.NEXTVAL,'
제목1');

SQL> INSERT INTO TEST_SEQUENCE_TABLE (SEQ,TITLE) VALUES(SEQ_SAMPLE01.NEXTVAL,'
제목2');

SQL> INSERT INTO TEST_SEQUENCE_TABLE (SEQ,TITLE) VALUES(SEQ_SAMPLE01.NEXTVAL,'
제목3');

SQL> COMMIT;
```

② 시퀀스의 변경

ALTER SEQUENCE 문을 사용해 변경할 수 있다.

현재 사용자가 자신의 스키마에 속한 시퀀스를 변경하는 경우 ALTER SEQUENCE 문을 사용할 수 있는 시스템 특권이 필요하고, 다른 사용자의 스키마에 속한 시퀀스를 변경하는 경우 ALTER ANY SEQUENCE 문을 사용할 수 있는 시스템 특권이 있어야 한다.

```
SQL> ALTER SEQUENCE SEQ_SAMPLE01 INCREMENT BY 5 MAXVALUE 999999 CYCLE CACHE 10;
```

③ 시퀀스의 삭제

DROP SEQUENCE 문을 사용해 삭제할 수 있다.

현재 사용자가 자신의 스키마에 속한 시퀀스를 제거하는 경우 DROP SEQUENCE 문을 사용할 수 있는 시스템 특권이 필요하다. 다른 사용자의 스키마에 속한 시퀀스를 제거하는 경우 DROP ANY SEQUENCE 문을 사용할 수 있는 시스템 특권이 있어야 한다.

```
SQL> DROP SEQUENCE SEQ_SAMPLE01;
```

4.4.5. 동의어

동의어는 오브젝트에 대한 별칭(Alias)이다. 보통 이름이 긴 경우의 객체에 대하여 짧은 이름의 동의어로 정의하거나, 특별한 용도의 객체에 대하여 동의어를 정의할 수도 있다.

동의어는 긴 이름 대신 사용한다는 점에서 뷰와 같다. 그러나 뷰는 하나의 완전한 SQL 문장에 대한 것이고, 동의어는 하나의 스키마 객체에 한정된다는 차이점이 있다. 또한 동의어는 뷰와 다르게 접근 권한이 별도로 설정되지 않는다. 만약 특정 스키마 객체에 대한 접근 권한이 있다면 그에 대한 동의어에 대해서도 접근 권한을 갖게 된다.

동의어는 기본적으로 동의어를 정의한 사용자만이 사용할 수 있으나, 다른 모든 사용자도 함께 사용하도록 공용으로 정의할 수도 있다. 이렇게 모든 사용자가 사용할 수 있는 동의어를 공유 동의어라고 부른다. 티베로에서는 데이터베이스 관리자(DBA)와 일반 사용자가 데이터 사전(Data Dictionary)의 정보를 쉽게 접근할 수 있도록, 여러 가지 시스템 뷰를 정의하고 각각에 대한 동의어를 정의하고 있다.

① 동의어의 생성

CREATE SYNONYM 문을 사용해 생성할 수 있다.

```
SQL> CREATE SYNONYM worker FOR tibero.worker;
```

또한 CREATE PUBLIC SYNONYM 문을 사용해 공용 동의어를 생성할 수도 있다.

```
SQL> CREATE PUBLIC SYNONYM worker FOR tibero.worker;
```

공용 동의어 worker가 생성되면 모든 사용자가 tibero.worker에 접근할 수 있지만, worker를 사용하기 위해서는 사용자가 그에 해당하는 특권을 가지고 있어야 한다.

② 동의어의 변경

동의어 정의를 변경하기 위해서는 동의어를 제거하고 다시 생성한다. 동의어를 제거하기 위해서는 DROP SYNONYM을 사용하며, 공유 동의어를 제거하려면 DROP PUBLIC SYNONYM 명령 이용한다. 동의어의 재생성은 CREATE OR REPLACE SYNONYM 문을 사용해 재생성할 수 있다.

```
SQL> CREATE OR REPLACE SYNONYM worker FOR tibero.worker;
```

③ 동의어의 삭제

동의를 제거하기 위해서는 DROP SYNONYM을 사용하며, 공유 동의어를 제거하려면 DROP PUBLIC SYNONYM 명령을 이용한다.

```
SQL> DROP SYNONYM worker;
```

4.5 | SQL 구성요소

4.5.1. 데이터 타입

티베로에서는 SQL 표준에 기반한 여러 가지 데이터 타입을 제공한다. 〈표 4-21〉은 티베로에서 제공하는 데이터 타입이다.

표 4-21 | 티베로 제공 타입

구분	데이터 타입
문자형	CHAR, VARCHAR, VARCHAR2, NCHAR, NVARCHAR, NVARCHAR2, RAW, LONG, LONG RAW
숫자형	NUMBER, BINARY_FLOAT, BINARY_DOUBLE (* INTEGER, FLOAT 타입의 경우는 PSM에서만 지원한다.)
날짜형	DATE, TIME, TIMESTAMP, TIMESTAMP WITH TIME ZONE, TIMESTAMP WITH LOCAL TIME ZONE
간격형	INTERVAL YEAR TO MONTH, INTERVAL DAY TO SECOND
대용량 객체형	CLOB, BLOB, XMLTYPE
내재형	ROWID
사용자 정의형	배열, 네스티드 테이블

4.5.1.1. 문자형

문자형은 문자열을 표현하는 데이터 타입이다. 문자형에는 CHAR, VARCHAR, VARCHAR2, NCHAR, NVARCHAR, NVARCHAR2, RAW, LONG, LONG RAW 타입 등이 있다.

CHAR 타입은 문자열을 저장하는 데이터 타입이다. 항상 고정된 문자열 길이를 갖는다.

```
CHAR (size[BYTE|CHAR])
```

다음은 CHAR 타입을 설명하는 예이다.

```
PRODUCT_NAME CHAR(10)
```

위 예제에서 보듯이, PRODUCT_NAME 컬럼은 항상 10byte의 문자열 길이를 갖는다. 예를 들어 'Tibero' 문자열이 입력되었다면, 4개의 공백 문자가 채워져서 'Tibero____' 문자열이 저장된다. 이처럼 선언된 길이보다 짧은 문자열이 입력되면 남은 부분은 공백 문자(space)로 채워진다.

VARCHAR 타입도 CHAR 타입과 마찬가지로 문자열을 저장하는 데이터 타입이다. 단, CHAR 타입과 다른 점은 문자열 길이가 일정하지 않은 가변 길이를 갖는다는 것이다.

```
VARCHAR (size[BYTE|CHAR])
```

다음은 VARCHAR 타입을 설명하는 예이다.

```
WORKER_NAME VARCHAR(10)
```

위 예제에서 보듯이, WORKER_NAME 컬럼은 10byte의 문자열 길이를 갖는다. 예를 들어 'jeus' 문자열이 입력됐다면 'jeus' 문자열이 저장된다. 다시 말해 WORKER_NAME 컬럼의 문자열 길이는 10byte로 선언됐지만 실제로 저장된 문자열 길이는 5byte이다.

이처럼 VARCHAR 타입은 선언된 문자열 길이의 범위 내에서 입력된 문자열 길이와 동일한 길이를 갖는다. VARCHAR2 타입은 VARCHAR 타입과 완전히 동일하다. NCHAR 타입은 유니코드 문자열을 저장하기 위한 타입이다. 항상 고정된 문자열 길이를 갖는다.

`NCHAR(size)`

NVARCHAR 타입은 NCHAR과 마찬가지로 유니코드 문자열을 저장하기 위한 타입이다. 단, NCHAR 타입과 다른 점은 문자열 길이가 일정하지 않은 가변 길이를 갖는다는 것이다.

`NVARCHAR(size)`

NVARCHAR2 타입은 NVARCHAR 타입과 완전히 동일하다.

RAW 타입은 임의의 바이너리 데이터를 저장하는 데이터 타입이다. 이때 바이너리 데이터는 선언된 최대 길이 내에서 임의의 길이를 갖는다.

RAW 타입이 CHAR, VARCHAR 타입과 다른 점은 RAW 타입은 데이터 중간에 NULL 문자('₩0')가 올 수 있지만 CHAR, VARCHAR 타입은 그렇지 않다. 따라서 RAW 타입은 NULL 문자로 데이터의 끝을 나타낼 수 없으므로 항상 길이 정보를 같이 저장한다.

`RAW(size)`

LONG 타입은 VARCHAR 타입을 확장한 데이터 타입이다. VARCHAR 타입과 마찬가지로 문자열이 저장된다.

`LONG`

LONG RAW 타입은 RAW 타입을 확장한 데이터 타입이다. RAW 타입과 마찬가지로 바이너리 데이터가 저장된다.

`LONG RAW`

4.5.1.2. 숫자형

숫자형은 정수나 실수의 숫자를 저장하는 데이터 타입이다. 숫자형에는 NUMBER, INTEGER, FLOAT, BINARY_FLOAT, BINARY_DOUBLE의 타입이 있다.

티베로에서는 ANSI에서 제정한 SQL 표준의 숫자 타입의 선언을 지원한다. 즉, INTEGER 타입 또는 FLOAT 타입으로 컬럼을 선언하더라도 내부적으로 적절한 정밀도와 스케일을 설정하여 NUMBER 타입으로 변환해 준다.

NUMBER는 정수 또는 실수를 저장하는 데이터 타입이다. NUMBER 타입이 표현할 수 있는 수의 범위는 음양으로 절대 값이 1.0×10^{-130}보다 크거나 같고, 1.0×10^{126}보다 작은 38자리의 수를 표현할 수 있으며 0과 ±무한대를 포함한다.

NUMBER 타입은 선언할 때 다음과 같이 자릿수를 의미하는 정밀도와 스케일을 함께 정의할 수 있다.

```
NUMBER [(precision[,scale])]
```

〈표 4-22〉는 입력된 데이터가 NUMBER 타입의 정밀도와 스케일에 정의된 값에 따라 실제 데이터베이스에 어떤 형태로 저장되는지를 보여준다.

표 4-22 | **NUMBER 타입의 실제 형태**

입력된 데이터	NUMBER 타입 선언	실제 저장된 데이터
12,345.678	NUMBER	12,345.678
12,345.678	NUMBER(*,3)	12,345.678
12,345.678	NUMBER(8,3)	12,345.678
12,345.678	NUMBER(8,2)	12,345.68
12,345.678	NUMBER(8)	12,346
12,345.678	NUMBER(8,-2)	12,300
12,345.678	NUMBER(3)	입력된 데이터의 자릿수가 정밀도를 초과했으므로 저장할 수 없다.

BINARY_FLOAT은 실수나 정수를 표현하고, 32비트로 저장하는 단일 정밀도 데이터 타입이다.

BINARY_FLOAT 타입은 음양으로 절대 값이 1.17549E-38보다 크거나 같고, 3.40282E+38보다 작은 수를 표현할 수 있다.

BINARY_DOUBLE은 실수나 정수를 표현하고, 64비트로 저장하는 2배 정밀도 데이터 타입이다.

BINARY_DOUBLE 타입은 음양으로 절대값이 2.22507485850720E-308보다 크거나 같고, 1.79769313486231E+308보다 작은 수를 표현할 수 있다.

날짜형은 시간이나 날짜를 저장하는 데이터 타입이다. 날짜형에는 DATE 타입, TIME 타입, TIMESTAMP, TIMESTAMP WITH TIME ZONE, TIMESTAMP WITH LOCAL TIME ZONE 타입이 있다.

DATE는 특정 날짜와 초 단위까지의 시간을 표현하는 데이터 타입이다.

```
DATE
```

TIME은 초 단위 소수점 9자리까지의 특정 시간을 표현하는 데이터 타입이다.

```
TIME [(fractional_seconds_precision)]
```

TIMESTAMP는 날짜와 초 단위 소수점 9자리까지의 시간을 모두 표현하는 데이터 타입이다.

```
TIMESTAMP [(fractional_seconds_precision)]
```

TIMESTAMP WITH TIME ZONE은 TIMESTAMP 타입을 확장하여 시간대까지 표현하는 데이터 타입이다.

```
TIMESTAMP [(fractional_seconds_precision)] WITH TIME ZONE
```

TIMESTAMP WITH LOCAL TIME ZONE은 특정 세션의 시간대에 따라 다르게 시간 정보를 표현하는 데이터 타입이다.

```
TIMESTAMP [(fractional_seconds_precision)] WITH LOCAL TIME ZONE
```

4.5.1.3. 간격형

간격형은 시간이나 날짜 사이의 간격을 저장하는 데이터 타입이다. 간격형에는 INTERVAL YEAR TO MONTH 타입, INTERVAL DAY TO SECOND 타입이 있다.

INTERVAL YEAR TO MONTH은 연도와 월을 이용하여 시간 간격을 표현하는 데이터 타입이다.

```
INTERVAL YEAR [(year_precision)] TO MONTH
```

INTERVAL DAY TO SECOND은 일, 시, 분, 초를 이용하여 시간 간격을 표현하는 데이터 타입이다.

```
INTERVAL DAY [(day_precision)] TO SECOND [(fractional_seconds_precision)]
```

4.5.1.4. 대용량 객체형

대용량 객체형은 말 그대로 대용량의 객체를 저장하기 위해 티베로에서 제공하는 가장 큰 데이터 타입이며, CLOB 타입과 BLOB 타입, XMLTYPE 타입이 있다.

CLOB 타입은 LONG 타입을 확장한 데이터 타입이다. 데이터를 최대 4GB까지 저장할 수 있다. BLOB 타입은 LONG RAW 타입을 확장한 데이터 타입이며, 데이터를 최대 4GB까지 저장할 수 있다.

XMLTYPE은 XML(Extensible Markup Language)은 구조화 되거나 그렇지 않은 모든 데이터를 표현하기 위해 W3C(World Wide Web Consortium)에 의해 표준으로 제정된 형식이다.

티베로에서는 이 XML 데이터를 저장하기 위해 XMLTYPE 타입을 제공하며, 내부적으로 CLOB 형식으로 저장된다.

4.5.1.5. 내재형

내재형은 사용자가 명시적으로 선언하지 않아도 티베로가 삽입되는 로우마다 자동으로 부여하는 데이터 타입이다. 내재형에는 로우아이디(ROWID) 타입이 있다.

ROWID는 데이터베이스의 각 로우를 식별하기 위해 티베로가 각 로우마다 자동으로 부여하는 데이터 타입이다. 각 로우가 저장된 물리적인 위치를 포함하고 있다.

```
ROWID
```

사용자 정의형은 사용자가 정의하여 사용하는 콜렉션 형태의 타입이다. tbPSM 타입으로 사용 가능하며 서버에서 저장된다. 사용자 정의형에는 배열과 네스티드 테이블이 있다.

배열은 최대 배열 길이를 가지는 동일한 타입을 구성요소로 갖는 콜렉션 형태의 사용자 정의 타입이다. 네스티드 테이블은 최대 배열 길이가 없는 동일한 타입을 구성요소로 갖는 콜렉션 형태의 사용자 정의 타입이다.

4.5.2. 리터럴

리터럴(Literal)은 상수 값을 나타내는 단어이다. 상수란 변수에 대응되는 개념으로 말 그대로 변하지 않는 값을 의미한다. 문자열 리터럴은 작은따옴표를 사용하여 다른 스키마 객체와 구분한다. 리터럴은 SQL 문장에서 연산식이나 조건식의 일부로 사용할 수 있다.

4.5.2.1. 문자열 리터럴

문자열 리터럴은 문자열을 표현할 때 사용하는 리터럴이다.
다음은 문자열 리터럴의 예이다.

```
'Tibero'
'Database'
'2015/10/01'
```

4.5.2.2. 숫자 리터럴

숫자 리터럴은 정수 또는 실수를 표현할 때 사용하는 리터럴이다.
다음은 숫자 리터럴의 예이다.

```
123
+1.23
0.123
123e-123
-123
```

다음은 부동 소수점 리터럴의 예이다.

```
123f
+1.23F 0.123d
-123D
```

4.5.2.3. 날짜형 리터럴

날짜형 리터럴은 날짜와 시간 정보를 표현하는 리터럴이다. 날짜형 리터럴에는 DATE 리터럴, TIME 리터럴, TIMESTAMP 리터럴, TIMESTAMP WITH TIME ZONE 리터럴이 있다.

DATE 리터럴은 날짜와 시간 정보를 표현하는 날짜형 리터럴이고, 세기, 년, 월, 일, 시, 분, 초의 특별한 속성이 있다.

날짜형 리터럴 변환은 TO_DATE 함수를 사용하여 날짜 값을 직접 지정하거나 문자 리터럴이나 숫자 리터럴로 표현된 날짜 값을 DATE 리터럴로 변환할 수 있다. 이때 날짜를 리터럴로 표현하려면 그레고리안 달력을 사용한다.

```
TO_DATE('2005/01/01 12:38:20', 'YY/MM/DD HH24:MI:SS')
```

기본 날짜 형식은 'YYYY/MM/DD'이며 초기화 파라미터 파일에 NLS_DATE_FORMAT 파라미터로 정의되어 있다. NLS_DATE_FORMAT은 날짜 형식을 지정하는 파라미터이다.

만일 시간 정보가 없는 값으로 DATE 리터럴을 표현해야 한다면 기본 시간은 자정(HH24 00:00:00, HH 12:00:00)이다. 또한 날짜 정보가 없는 값으로 DATE 리터럴을 표현해야 한다면 기본 날짜는 현재 시스템의 시간을 기준으로 달의 첫째 날로 지정된다.

따라서 DATE 리터럴을 비교할 때는 리터럴의 시간 정보가 포함된 에러인지 확인이 필요하다. 한쪽에만 시간 정보가 있고 다른 쪽에는 시간 정보가 없을 경우, 두 날짜가 같다고 비교하기 위해서는 시간 정보를 제거하고 비교해야 하는데 이때 TRUNC 함수를 사용하면 된다.

다음은 TRUNC 함수를 사용한 예이다.

```
TO_DATE('2005/01/01', 'YY/MM/DD') =
TRUNC(TO_DATE('2005/01/01 12:38:20', 'YY/MM/DD HH24:MI:SS'))
```

ANSI는 다음과 같이 표현하며, 시간 정보가 없고, 기본 형식은 'YYYY-MM-DD'이다. 구분자는 하이픈(-) 외에도 슬래시(/), 애스터리스크(*), 점(.) 등이 있다.

```
DATE '2005-01-01'
```

TIME은 시간 정보를 표현하는 날짜형 리터럴이다. TIME 리터럴은 시, 분, 초, 소수점 아래의 초의 특별한 속성이 있다.

날짜형 리터럴 변환은 TO_TIME 함수를 사용하여 시간 값을 직접 지정하거나 문자 리터럴이나 숫자 리터럴로 표현된 시간 값을 TIME 리터럴로 변환할 수 있다.

```
TO_TIME('12:38:20.123456789', 'HH24:MI:SSXFF')
```

기본 시간 형식은 초기화 파라미터 파일에 NLS_TIME_FORMAT 파라미터로 정의되어 있다.

ANSI는 다음과 같이 표현하며, 기본 형식은 'HH24:MI:SS.FF9'이다. 분 이하는 생략할 수 있다.

```
TIME '10:23:10.123456789'
TIME '10:23:10'
TIME '10:23'
TIME '10'
```

TIMESTAMP은 DATE 리터럴을 확장한 날짜형 리터럴이다. TIMESTAMP 리터럴은 년, 월, 일의 날짜와 시, 분, 초, 소수점 아래의 초의 특별한 속성이 있다.

날짜형 리터럴 변환은 TO_TIMESTAMP 함수를 사용하여 문자열 리터럴이나 숫자 리터럴로 표현된 날짜 값을 TIMESTAMP 리터럴로 변환할 수 있다.

```
TO_TIMESTAMP('09-Aug-01 12:07:15.50', 'DD-Mon-RR HH24:MI:SS.FF')
```

기본 TIMESTAMP 형식은 초기화 파라미터 파일에 NLS_TIMESTAMP_FORMAT 파라미터로 정의되어 있다. NLS_TIMESTAMP_FORMAT은 TIMESTAMP 형식을 지정하는 파라미터이다.

ANSI 표현하는 방법은 다음과 같고, 기본 형식은 'YYYY/MM/DD HH24:MI:SSxFF'이다. 날짜 부분('YYYY/MM/DD') 이외에는 생략할 수 있다. 소수점 아래의 초('FF') 부분은 0~9자리까지 표현할 수 있다.

```
TIMESTAMP '2005/01/31 08:13:50.112'
TIMESTAMP '2005/01/31 08:13:50'
TIMESTAMP '2005/01/31 08:13'
TIMESTAMP '2005/01/31 08'
TIMESTAMP '2005/01/31'
```

TIMESTAMP WITH TIME ZONE은 TIMESTAMP 리터럴을 확장한 날짜형 리터럴이다. TIMESTAMP 타입과 동일하게 년, 월, 일의 날짜와 시, 분, 초, 소수점 아래의 초의 속성이 있다.

날짜형 리터럴 변환은 TO_TIMESTAMP_TZ 함수를 사용하여 문자열 리터럴이나 숫자 리터럴로 표현된 날짜 값을 TIMESTAMP WITH TIME ZONE 리터럴로 변환할 수 있다.

```
TO_TIMESTAMP_TZ('2004-05-15 19:25:43 Asia/Seoul', 'YYYY-MM-DD HH24:MI:SS.FF TZR')  TO_TIMESTAMP_TZ('1988-11-21 10:31:58.754 -07:30',  'YYYY-MM-DD HH24:MI:SS.FF TZH: TZM')
```

기본 TIMESTAMP WITH TIME ZONE 형식은 초기화 파라미터 파일에 NLS_TIMESTAMP_TZ_FORMAT 파라미터로 정의되어 있다. NLS_TIMESTAMP_TZ_FORMAT은 TIMESTAMP WITH TIME ZONE 형식을 지정하는 파라미터이다.

ANSI 표현하는 방법은 다음과 같고, 기본 형식은 'YYYY/MM/DD HH24:MI:SSXFF TZR' 이다. 소수점 아래의 초('FF') 부분은 0~9자리까지 표현할 수 있고, 시간대('TZR') 부분은 지역이름 또는 오프셋 형식으로 표현할 수 있다. 만약 시간대('TZR') 부분을 생략하는 경우엔 TIMESTAMP 타입 리터

릴로 해석된다.

```
TIMESTAMP '1993/12/11 13:37:43.27 Asia/Seoul'
TIMESTAMP '1993/12/11 13:37:43.27 +09:00'
TIMESTAMP '1993/12/11 13:37:43.27 +07'
```

TIMESTAMP WITH LOCAL TIME ZONE 리터럴은 TIMESTAMP 리터럴과 동일한 형식을 사용한다.

4.5.2.4. 간격 리터럴

간격 리터럴(Interval literal)은 특정 시간과 시간 사이의 간격을 표현한다. 이러한 간격은 '연과 월'로 구성된 단위나 '날짜, 시간, 분, 초'로 구성된 단위 중 하나로 표현될 수 있다.

티베로에서는 간격 리터럴을 다음과 같이 두 가지 타입으로 지원한다.

- **YEAR TO MONTH** : 간격을 가장 가까운 월 단위로 표현하는 타입이다.
- **DAY TO SECOND** : 간격을 가장 가까운 분 단위로 표현하는 타입이다.

이처럼 각 타입의 리터럴은 첫 번째 필드와 생략 가능한 두 번째 필드로 구성된다. 첫 번째 필드는 표현할 날짜 또는 시간의 기본 단위를 정의하고, 두 번째 필드는 기본 단위의 최소 증가 단위를 나타낸다. 간격 리터럴은 같은 타입의 간격 리터럴끼리 서로 더하거나 뺄 수 있다.

YEAR TO MONTH 타입은 간격을 연과 월로 표현하는 간격 리터럴이다. 다음은 YEAR TO MONTH의 예이다.

```
INTERVAL '12-3' YEAR TO MONTH
INTERVAL '123' YEAR(3)
INTERVAL '123' MONTH
INTERVAL '1' YEAR
INTERVAL '1234' MONTH(3)
```

DAY TO SECOND 타입은 간격을 '날짜, 시간, 분, 초'로 표현하는 간격 리터럴이다. 다음은 DAY TO SECOND의 예이다.

```
INTERVAL '1 2:3:4.567' DAY TO SECOND(3)
INTERVAL '1 2:3' DAY TO MINUTE
INTERVAL '123 4' DAY(3) TO HOUR
INTERVAL '123' DAY(3)
INTERVAL '12:34:56.1234567' HOUR TO SECOND(7)
INTERVAL '12:34' HOUR TO MINUTE
INTERVAL '12' HOUR
INTERVAL '12:34' MINUTE TO SECOND
INTERVAL '12' MINUTE
INTERVAL '12.345678' SECOND(2,6)
```

4.5.2.5. 형식 문자열

형식 문자열이란 NUMBER 타입과 날짜형 타입의 값을 문자열로 변환하기 위한 형식을 정의한 것이다. 형식 문자열은 문자열 타입으로 변환된 NUMBER 타입과 날짜형 타입의 값을 다시 원래의 타입의 값으로 변환하는 데 필요하다.

문자열 타입과 날짜형 타입, NUMBER 타입의 값 사이에는 데이터 타입의 변환을 할 수 있다. 하지만 실제 값에 따라 변환이 불가능한 경우도 있다. 예를 들어 문자열 '12345'는 NUMBER 타입의 값으로 변환할 수 있지만 문자열 'ABCDE'는 변환할 수 없다.

디폴트 시간 형식으로 되어 있지 않은 문자열이나 숫자 이외의 문자를 포함하는 문자열은 각각 날짜형 또는 NUMBER 타입의 값으로 변환할 수 없다. 이러한 경우 반드시 TO_DATE, TO_NUMBER 등의 변환 함수를 사용해야 한다.

형식 문자열은 TO_CHAR, TO_DATE, TO_NUMBER 함수의 파라미터로 사용된다. 만약 함수 파라미터로 형식 문자열이 주어지지 않으면, 디폴트 형식을 사용하여 변환한다.

NUMBER 타입의 형식 문자열은 TO_CHAR 함수와 TO_NUMBER 함수에서 파라미터로 사용할 수 있다.

표 4-23 | 숫자 리터럴

함수	설명
TO_CHAR	NUMBER 타입의 값을 문자열로 변환한다.
TO_NUMBER	문자열을 NUMBER 타입의 값으로 변환한다.

〈표 4-24〉는 TO_NUMBER 함수를 사용했을 때 각 NUMBER 타입의 값이 형식 문자열에 따라 어떻게 출력되는지를 보여준다.

표 4-24 | TO_NUMBER 함수 출력 결과

NUMBER 타입의 값	형식 문자열	출력 결과
0	99.99	' .00'
0.1	99.99	' .10'
-0.1	99.99	' -.10'
0	90.99	' 0.00'
0.1	90.99	' 0.10'
-0.1	90.99	' -0.10'
0	9999	' 0'
1	9999	' 1'
0.1	9999	' 0'
-0.1	9999	' -0'

123.456	999.999	' 123.456'
-123.456	999.999	'-123.456'
123.456	FM999.999	'123.456'
123.45	999.009	' 123.450'
123.45	FM999.009	'123.45'
123	FM999.009	'123.00'
12345	99999S	'12345+'

날짜형 타입의 형식 문자열은 TO_CHAR와 TO_DATE, TO_TIMESTAMP, TO_TIMES TAMP_TZ와 같은 함수에서 파라미터로 사용할 수 있다.

표 4-25 | 날짜형 타입의 형식 문자열

함수	설명
TO_CHAR	날짜형 타입의 값을 문자열로 변환한다.
TO_DATE	문자열을 날짜형 타입의 값으로 변환한다.
TO_TIMESTAMP	문자열을 날짜/시간형 타입의 값으로 변환한다.
TO_TIMESTAMP_TZ	문자열을 시간대를 포함하는 날짜/시간형 타입의 값으로 변환한다.

날짜형 타입의 형식 문자열은 다음과 같은 특징이 있다.

- 여러 가지 형식 요소로 구성된다.
- 날짜형 타입에 포함된 '연, 월, 일, 시, 분, 초' 등의 값을 각각 어떤 형식으로 출력할 것인지 지정한다. 예를 들어 연도를 나타내는 형식 요소 문자열인 'YYYY'와 'YY'의 경우 연도의 마지막 4자리 또는 2자리만 출력하도록 한다. 즉, 2009년의 경우 각각 '2009'와 '09'를 출력한다.
- 하이픈(-) 또는 슬래시(/)를 삽입할 수 있다. 만약 형식 문자열 내에 형식 요소 이외의 문자열을 삽입하고 싶다면 큰따옴표(" ")를 이용하여 나타낸다.
- 대소문자를 구분하는 형식 요소가 있다.

예를 들어 요일을 출력하기 위한 형식 요소인 'DAY'는 요일 문자열 전체를 대문자로, 'Day'는 맨 앞 글자만 대문자로, 'day'는 전체를 소문자로 출력한다. 월요일의 경우 각각 'MONDAY', 'Monday', 'monday'로 출력한다.

다음은 2000~2049년에 수행했음을 가정했을 때의 예제이다.

```
SQL> SELECT TO_CHAR(TO_DATE('20/08/13', 'RR/MM/DD'), 'YYYY') YEAR FROM DUAL;

YEAR
----------------------------
2020

SQL> SELECT TO_CHAR(TO_DATE('98/12/25', 'RR/MM/DD'), 'YYYY') YEAR FROM DUAL;

YEAR
----------------------------
1998
```

① 현재 연도의 마지막 두 자리가 50~99 사이일 경우

명시한 두 자릿수 연도가 00~49 사이일 경우 반환되는 연도의 앞의 두 자리는 현재 연도의 앞의 두 자리에 1을 더한 값과 같다.

명시한 두 자릿수 연도가 50~99 사이일 경우 반환되는 연도는 현재 연도와 앞의 두 자리가 같다. 다음은 1950~1999년에 수행 했음을 가정했을 때의 예제이다.

```
SQL> SELECT TO_CHAR(TO_DATE('12/10/27', 'RR/MM/DD'), 'YYYY') YEAR FROM DUAL;

YEAR
----------------------------
2012

SQL> SELECT TO_CHAR(TO_DATE('92/02/08', 'RR/MM/DD'), 'YYYY') YEAR FROM DUAL;

YEAR
----------------------------
1992
```

4.5.3. 의사 컬럼

의사 컬럼은 사용자가 명시적으로 선언하지 않아도, 티베로 시스템이 자동으로 모든 테이블에 포함하는 컬럼이다.

4.5.3.1. ROWID

ROWID는 전체 데이터베이스 내의 하나의 로우를 유일하게 참조하는 식별자이다. ROWID는 그 로우의 디스크의 물리적인 위치를 가리키고 있으며, 그 로우가 삭제될 때까지 변화되지 않는다.

티베로에서는 데이터베이스의 저장을 위한 디스크 구조를 다단계로 구성하고 있다. ROWID를 이용하여 디스크의 특정 로우를 찾아갈 수 있으려면, ROWID는 이러한 디스크 구조를 반영해야 한다.
티베로의 ROWID는 다음과 같은 구조를 갖는다.

그림 4-29 | ROWID의 구조

ROWID는 전체 12byte로 구성되어 있으며, Segment, Data File, Data Block, Row가 각각 4, 2, 4, 2byte로 되어 있다.

ROWID 값을 표현하기 위한 포맷으로는 BASE64 인코딩을 이용한다. BASE64 인코딩은 6bits에 포함된 숫자를 8bits 문자로 나타내는 방식으로, 0~63까지의 숫자를 A~Z, a~z, 0~9, +, /로 대치한다.

ROWID를 BASE64 인코딩으로 변환하면 Segment#, Data File#, Data Block#, Row#가 각각 6, 3, 6, 3byte로 되고, 'SSSSSSFFFBBBBBBRRR'의 형태를 갖는다. 예를 들어 Segment# = 100, Data File# = 20, Data Block# = 250, Row# = 0인 ROWID는 'AAAABkAAUAAAAD6AAA'로 나타낸다.

4.5.3.2. ROWNUM

ROWNUM은 SELECT 문장의 실행 결과로 나타나는 로우에 대하여 순서대로 번호를 부여한다. 질의 결과로 반환되는 첫 번째 로우는 ROWNUM = 1이며 두 번째 로우는 ROWNUM = 2, 세 번째 로우는 ROWNUM = 3 등의 값을 갖는다.

티베로에서 ROWNUM이 할당되는 순서는 다음과 같다.

① 질의를 수행한다.
② 질의 결과로 로우가 생성된다.
③ 로우를 반환하기 직전에 그 로우에 ROWNUM이 할당된다.
④ 티베로는 내부적으로 ROWNUM 카운터를 가지고 있으며, 카운터 값을 질의 결과의 로우에 할당한다.
⑤ ROWNUM을 할당 받은 로우에 ROWNUM에 대한 조건식을 적용한다.
⑥ 조건식을 만족하면 할당된 ROWNUM이 확정되고, 내부의 ROWNUM 카운터의 값이 1로 증가한다.
⑦ 조건식을 만족하지 않으면 그 로우는 버려지고, 내부의 ROWNUM 카운터의 값은 증가하지 않는다.

ROWNUM은 질의 결과의 로우 개수를 한정하기 위하여 많이 사용된다. 다음의 SQL 문장은 10개의 로우만을 반환하는 예이다.

```
SQL> SELECT * FROM WORKER WHERE ROWNUM <= 10;
```

ROWNUM은 질의를 처리하는 거의 마지막 단계에서 할당된다. 따라서 같은 SELECT 문장이라 하더라도 내부적으로 어떤 단계로 질의를 처리했는가에 따라 다른 결과를 가져올 수 있다. 예를 들어 질의 최적화기가 인덱스의 사용 유무를 어떻게 결정하느냐에 따라 다른 결과를 얻는다.

ROWNUM을 포함하는 질의가 항상 같은 결과를 반환하도록 하기 위하여 ORDER BY 절을 사용할 수 있다. 하지만 티베로에서는 WHERE 절을 포함하는 모든 부질의를 처리한 다음에 ORDER BY 절을 처리한다. 따라서 ORDER BY 절을 이용해서 항상 같은 결과를 얻을 수는 없다.

예를 들어 다음의 질의는 실행할 때마다 다른 결과를 얻는다.

```
SQL> SELECT * FROM WORKER WHERE ROWNUM <= 5 ORDER BY WORKERNO;
```

위의 질의를 다음과 같이 변환하면 ORDER BY 절을 먼저 처리하게 되므로 항상 같은 결과를 얻을 수 있다.

```
SQL> SELECT * FROM (SELECT * FROM WORKER ORDER BY WORKERNO) WHERE ROWNUM <= 5;
```

또한 다음과 같은 SELECT 문장은 하나의 로우도 반환하지 않는다.

```
SQL> SELECT * FROM WORKER WHERE ROWNUM > 6;
```

그 이유는 ROWNUM 값이 확정되기 전에 ROWNUM에 대한 조건식이 수행되기 때문이다. 앞의 SELECT 문의 결과는 첫 번째 로우가 ROWNUM = 1이기 때문에 조건식을 만족하지 않는다.

조건식을 만족하지 않으면 ROWNUM 카운터의 값은 변하지 않는다. 따라서 두 번째 결과 로우도 ROWNUM = 1이므로 반환되지 않는다. 결국, 하나의 로우도 반환되지 않는다.

4.5.3.3. LEVEL

LEVEL은 계층 질의를 실행한 결과에 각 로우의 트리 내 계층을 출력하기 위한 컬럼 타입이다. 최상위 로우의 LEVEL 값은 1이며, 하위 로우로 갈수록 1씩 증가한다.

4.5.3.4. CONNECT_BY_ISLEAF

CONNECT_BY_ISLEAF 의사 컬럼은 현재 로우가 CONNECT BY 조건에 의해 정의된 트리(Tree)의 리프(Leaf)이면 1을 반환하고, 그렇지 않을 경우에는 0을 반환한다. 이 정보는 해당 로우가 계층구조(Hierarchy)를 보여주기 위해 확장될 수 있는지 없는지를 나타낸다. 다음은 CONNECT_BY_ISLEAF 의사 컬럼을 사용한 예이다.

```
SQL> SELECT WNAME, CONNECT_BY_ISLEAF,
     LEVEL, SYS_CONNECT_BY_PATH(WNAME,'-') "PATH"
     FROM tb_level
     START WITH WNAME = 'Clark'
     CONNECT BY PRIOR WORKERNO = MGRNO
     ORDER BY WNAME;
```

WNAME	CONNECT_BY_ISLEAF	LEVEL	PATH
Alicia	1	3	-Clark-Martin-Alicia
Allen	1	3	-Clark-Ramesh-Allen
Clark	0	1	-Clark
James	1	3	-Clark-Martin-James
John	0	3	-Clark-Ramesh-John
Martin	0	2	-Clark-Martin
Ramesh	0	2	-Clark-Ramesh
Ward	1	4	-Clark-Ramesh-John-Ward

4.5.3.5. CONNECT_BY_ISCYCLE

CONNECT_BY_ISCYCLE은 계층형 질의에서 사용되는 의사 컬럼으로서 해당 로우가 자식 노드를 갖고 있음과 동시에 그 자식 노드가 해당 로우의 부모 노드가 되는지를 판별한다. 즉, 부모 노드와 자식 노드의 루프 여부를 판별하여 이러한 자식 노드가 있을 경우 1, 없을 경우 0을 반환한다.

이 의사 컬럼은 CONNECT BY 절에 반드시 NOCYCLE 구문이 명시되어야만 사용할 수 있다. 만약 NOCYCLE을 명시할 경우 루프가 발생하더라도 에러를 발생시키지 않는다.

다음은 CONNECT_BY_ISCYCLE 의사 컬럼을 사용한 예이다.

```
SQL> SELECT WNAME, CONNECT_BY_ISCYCLE, LEVEL FROM tb_level
START WITH WNAME = 'Alice'
CONNECT BY NOCYCLE PRIOR WORKERNO = MGRNO
ORDER BY WNAME;
```

WNAME	CONNECT_BY_ISCYCLE	LEVEL
Alice	0	1
Smith	1	2
Micheal	0	3
Viki	0	2
Jane	1	2
Jacob	0	4

4.5.4. NULL

한 로우에서 어떤 컬럼에 값이 없을 때 그 컬럼을 NULL이라고 하거나 NULL 값을 가진다고 한다. NULL은 NOT NULL 제약과 PRIMARY KEY 제약이 걸리지 않은 모든 데이터 타입의 컬럼에 포함될 수 있다. 실제 값을 모르거나 아무런 의미 없는 값이 필요할 때 사용할 수 있다. NULL과 0은 다르기 때문에 NULL을 0으로 나타내면 안 된다. 다만 문자 타입의 컬럼에 빈 문자열('')이 들어가면 NULL로 처리된다. NULL을 포함한 산술연산의 결과는 항상 NULL이다.

```
NULL + 1 = NULL
```

문자열 접합 연산(||)을 제외한 NULL을 포함하는 모든 연산의 결과도 NULL이다.

함수에서의 NULL은 REPLACE, NVL, CONCAT을 제외한 모든 상수 함수는 함수의 파라미터가 NULL일 경우 반환 값은 NULL이다. NVL 함수를 사용하면 NULL을 다른 값으로 반환할 수 있다. 컬럼 값이 NULL일 때 NVL(column, 0)= 0이 되며, 컬럼 값이 NULL이 아닐 때 NVL(column, 0) = column이 된다. 대부분의 집단 함수는 NULL을 무시한다.

다음은 NULL을 포함한 데이터에 AVG 함수를 사용했을 때의 결과이다.

```
DATA = {1000, 500, NULL, NULL, 1500}
AVG(DATA) = (1000 + 500 + 1500) /3 = 1000
```

NULL을 검사할 수 있는 비교조건은 IS NULL과 IS NOT NULL만 가능하다. NULL은 데이터가 없다는 것을 의미한다. 때문에 NULL과 NULL, NULL과 NULL이 아닌 다른 값을 서로 비교할 수 없다. 다만 DECODE 함수에서는 두 개의 NULL을 비교할 수 있다.

```
SQL> SELECT DECODE(NULL, NULL, 1) FROM DUAL;

DECODE(NULL,NULL,1)
-------------------
        1
```

위의 예에서 DECODE 함수를 통해 NULL이 서로 비교됐으며, 그 결과로 서로 같다는 의미인 '1'이 반환되었음을 알 수 있다.

만일 NULL에 다른 비교조건을 사용하면 결과는 UNKOWN으로 나타난다. UNKNOWN으로 판별되는 조건은 거의 대부분 FALSE처럼 처리된다. 그 예로 SELECT 문에서 WHERE 절에 UNKNOWN으로 판별되는 조건이 있을 경우 반환되는 로우가 없다. 하지만 UNKNOWN이 FALSE와 다른 점은 UNKNOWN 조건에 또 다른 연산자가 더해져도 결과는 UNKNOWN이라는 점이다.

다음은 FALES에 NOT 연산자를 사용한 결과와 UNKNOWN에 NOT 연산자를 사용한 결과의 차이를 보여준다.

```
NOT FALES = TRUE
NOT UNKNOWN = UNKNOWN
```

4.5.5. 주석

SQL 문장과 스키마 객체에는 주석을 삽입할 수 있다. 책이나 문서에서 주석이 낱말이나 문장의 뜻을 쉽게 풀이하는 역할을 하듯 SQL 문장에도 주석을 활용하여 해당 문장의 부연 설명을 삽입할 수 있다.

주석의 내용은 데이터베이스에서 사용하는 문자 집합으로 표현할 수 있는 문자라면 어떤 내용이라도 포함될 수 있으며, 예약어, 파라미터, 점 사이 등 어떤 곳에도 추가될 수 있다. 주석은 SQL 문장의 실행에는 전혀 영향을 주지 않는다.

주석은 애플리케이션의 소스 코드를 읽기 쉽고 관리하기 좋게 만들어 준다. 예를 들어 애플리케이션 소스 코드 내부에 있는 SQL 문장에, 그 문장의 용도와 목적 등의 주석을 삽입해 두면, 각각의 문장의 의미를 쉽게 파악할 수 있다.

주석을 삽입하는 방법은 다음과 같이 두 가지이다.

- 시작 기호(/*)로 주석의 시작을 나타내고 마침 기호(*/)로 주석을 끝낸다.
- 주석의 내용을 여러 줄에 걸쳐 삽입할 수 있다. 시작 기호(/*)와 마침 기호(*/)를 내용과 구분하기 위해 공백이나 줄 바꿈을 사용할 필요는 없다.
- '--'로 주석의 시작을 나타내고 바로 뒤에 주석의 내용을 적는다. 해당 줄의 끝이 주석의 끝을 나타내므로 주석의 내용이 다음 줄로 넘어가서는 안 된다.

다음은 SQL 문장에 주석을 삽입한 예이다.

```
SQL> SELECT worker_id, worker_name,
         e.dept_id        /* 부서가 총무과인 직원의 명단을 출력한다. */
     FROM worker e, dept d      /* 테이블 */
     WHERE e.dept_id = d.dept_id
     AND   d.dept_name = '총무과'
     AND   e.status != 1;       /* 퇴사한 사람 제외 */

SQL> SELET worker_id, worker_name, e.dept   -- 부서가 자재과인 직원의 명단을 출력한다.
     FROM worker e, dept d                   -- 테이블
     WHERE e.dept_id = d.dept_id
     AND   d.dept_name = '자재과'
     AND   e.status != 1;            -- 퇴사한 사람 제외
```

위와 같이 SQL 문장뿐만 아니라 스키마 객체에도 주석을 삽입할 수 있다. 즉, COMMENT 명령을 사용하여 스키마 객체인 테이블, 뷰, 컬럼에 주석을 삽입할 수 있다. 스키마 객체에 삽입된 주석은 데이터 사전에 저장된다.

4.5.6. 힌트

힌트는 일종의 지시문이다. SQL 문장에 힌트를 추가하여 티베로의 질의 최적화기(Optimizer)에 특정 행동을 지시하거나 질의 최적화기의 실행 계획을 변경한다. 질의 최적화기가 항상 최적의 실행 계획을 수립할 수는 없다. 따라서 개발자가 질의 최적화기의 실행 계획을 직접 수정할 수 있는 방법을 마련한 것이 바로 힌트이다.

SQL 문장의 한 블록당 힌트는 하나만 올 수 있으며, SELECT, UPDATE, INSERT, DELETE 절 바로 뒤에 위치해야 한다.

다음은 힌트를 사용한 예이다.

```
DELETE|INSERT|SELECT|UPDATE)    /*+ hint [hint] ... */
또는
(DELETE|INSERT|SELECT|UPDATE)   --+ hint [hint] ...
```

힌트를 사용할 때 주의할 점은 다음과 같다.

- 힌트는 반드시 DELETE, INSERT, SELECT, UPDATE 절 뒤에만 올 수 있다.
- '+' 기호는 반드시 주석 구분자('/*' 또는 '--') 바로 뒤에 공백 없이 붙여써야 한다.
- 힌트와 '+' 기호 사이에 공백은 있어도 되고, 없어도 된다.
- 문법에 맞지 않는 힌트는 주석으로 취급되며, 에러는 발생하지 않는다.

〈표 4-26〉은 힌트의 종류이다.

표 4-26 | 힌트 종류

구성 요소	힌트	설명
질의 변형	NO_QUERY_TRANSFORMATION	질의 변형기에게 전체 쿼리에 대해서 변형을 실행하지 않도록 지시한다.
	NO_MERGE	질의 변형기에게 특정 뷰에 대한 뷰 병합(View Merging)을 하지 않도록 지시한다.
	UNNEST	질의 변형기에게 특정 부질의를 언네스팅(Unnesting)하도록 지시한다.
	NO_UNNEST	질의 변형기에게 특정 부질의에 대해 언네스팅을 수행하지 않도록 지시한다.
최적화 방법	ALL_ROWS	전체 결과에 대한 처리량이 가장 많도록 처리과정의 최적화를 선택한다.
	FIRST_ROWS	결과를 가장 빠르게 보여줄 수 있도록 결과 표시의 최적화를 선택한다.
접근 방법	FULL	전체 테이블을 스캔하도록 지시한다.

	INDEX	명시한 인덱스를 사용한 인덱스 스캔을 하도록 지시한다.
	NO_INDEX	명시한 인덱스를 사용한 인덱스 스캔을 하지 않도록 지시한다.
	INDEX_ASC	명시한 인덱스를 사용한 인덱스 스캔을 오름차순으로 하도록 지시한다.
	INDEX_DESC	명시한 인덱스를 사용한 인덱스 스캔을 내림차순으로 하도록 지시한다.
	INDEX_FFS	명시한 인덱스를 사용한 인덱스를 사용해 빠른 전체 인덱스 스캔(Fast Full Index Scan)을 하도록 지시한다.
	NO_INDEX_FFS	명시한 인덱스를 사용한 빠른 전체 인덱스 스캔을 하지 않도록 지시한다.
	INDEX_RS	명시한 인덱스를 사용한 인덱스를 사용해 범위 인덱스 스캔(Range Index Scan)을 하도록 지시한다.
	NO_INDEX_RS	명시한 인덱스를 사용한 범위 인덱스 스캔을 하지 않도록 지시한다.
	INDEX_SS	명시한 인덱스를 사용한 인덱스를 사용해 인덱스 스킵 스캔(Index Skip Scan)을 하도록 지시한다.
	NO_INDEX_SS	명시한 인덱스를 사용한 인덱스 스킵 스캔을 하지 않도록 지시한다.
조인 순서	LEADING	먼저 조인되어야 할 테이블의 집합을 명시한다.
	ORDERED	테이블을 FROM 절에 명시된 순서대로 조인하도록 지시한다.
조인 방법	USE_NL	중첩 루프 조인을 사용하도록 지시한다.
	NO_USE_NL	중첩 루프 조인을 사용하지 않도록 지시한다.
	USE_NL_WITH_INDEX	명시한 인덱스와 두 테이블에 대한 조인 조건을 이용해 중첩 루프 조인을 사용하도록 지시한다.
	USE_MERGE	합병 조인을 사용하도록 지시한다.
	NO_USE_MERGE	합병 조인을 사용하지 않도록 지시한다.
	USE_HASH	해시 조인을 사용하도록 지시한다.
	NO_USE_HASH	해시 조인을 사용하지 않도록 지시한다.
	HASH_SJ	부질의를 언네스팅할 때 해시방법을 이용한 세미 조인으로 하도록 지시한다.
	HASH_AJ	부질의를 언네스팅할 때 해시방법을 이용한 안티 조인으로 하도록 지시한다.
	MERGE_SJ	부질의를 언네스팅할 때 머지방법을 이용한 세미 조인으로 하도록 지시한다.
	MERGE_AJ	부질의를 언네스팅할 때 머지방법을 이용한 안티 조인으로 하도록 지시한다.
	NL_SJ	부질의를 언네스팅할 때 네스티드 룹 방법을 이용한 세미 조인으로 하도록 지시한다.
	NL_AJ	부질의를 언네스팅할 때 네스티드 룹 방법을 이용한 안티 조인으로 하도록 지시한다.
병렬 처리	PARALLEL	지정한 개수의 쓰레드를 사용해 질의의 수행을 병렬로 진행하도록 지시한다.
	NO_PARALLEL	질의의 수행을 병렬로 진행하지 않도록 지시한다.
	PQ_DISTRIBUTE	조인을 포함한 질의의 병렬 처리에서 로우의 분산 방법을 지시한다.

실체화 뷰	REWRITE	비용의 비교 없이 실체화 뷰(Materialized View)를 사용하여 질의의 다시 쓰기를 지시한다.
	NO_REWRITE	질의 다시 쓰기를 하지 않도록 지시한다.
기타	APPEND	DML 문장에서 직접 데이터 파일에 추가하는 삽입 방법 즉, 다이렉트패스(Direct-Path) 방식을 수행하도록 지시한다.
	APPEND_VALUES	VALUES 절을 사용하는 INSERT 문에서 직접 데이터 파일에 추가하는 삽입 방법 즉, Direct-Path 방식을 수행하도록 지시한다.
	NOAPPEND	DML 문장에서 Direct-Path(Direct-Path) 방식을 수행하지 않도록 지시한다.
	IGNORE_ROW_ON_DUPKEY_INDEX	유일키 제약조건을 위배하는 로우가 삽입될 때, 에러를 발생하지 않도록 한다.
	CARD	지정 테이블의 카디널리티(Cardinality)를 지정하여, 쿼리를 최적화 할 때 이용하도록 한다.
	MONITOR	쿼리를 수행할 때 쿼리 수행 정보를 모으도록 지시한다.
	NO_MONITOR	쿼리를 수행할 때 쿼리 수행 정보를 모으지 않도록 지시한다.

① 질의 변형(Query Transformation)에 대한 힌트를 사용하여 티베로의 질의 변형 방식에 영향을 줄 수 있다. 현재는 NO_MERGE 힌트만 사용할 수 있다.

- NO_QUERY_TRANSFORMATION는 질의 변형기(Query Transformer)가 전체 쿼리에 대해 변형을 실행하지 않도록 지시하는 힌트이다. 티베로에서는 쿼리 변형이 자동으로 수행되며, 최적화된 형태로 쿼리를 변형하여 실행 계획을 생성한다. NO_QUERY_TRANSFORMATION 힌트를 사용한다면 디폴트로 수행되는 쿼리 변형을 막을 수 있다.
- NO_MERGE는 질의 변형기가 특정 뷰에 대해 뷰 병합을 하지 않도록 지시하는 힌트이다. 티베로에서는 뷰 병합이 디폴트로 수행되며, 뷰가 병합이 가능할 경우 상위의 질의 블록과 결합해 하나의 질의 블록을 형성한다. NO_MERGE 힌트를 사용하면 이렇게 디폴트로 수행되는 뷰의 병합을 막을 수 있다.

다음은 NO_MERGE 힌트를 사용하는 예이다.

```
SQL> SELECT *
    FROM T1, (SELECT /*+ NO_MERGE */ *
    FROM T2, T3
    WHERE T2.A = T3.B) V
    WHERE T1.C = V.D;
```

위의 예에서처럼 NO_MERGE 힌트는 병합되기를 원하지 않는 뷰의 질의 블록에 명시한다. 힌트가 없었다면 뷰가 병합되어 질의 최적화기에서 테이블 T1, T2, T3에 대한 조인 순서와 조인 방법을 고려하게 되지만, 이와 같이 힌트가 있을 경우 뷰가 병합되지 못하기 때문에 T2와 T3가 먼저 조인되고, 그 이후에 T1이 조인된다.
- UNNEST는 질의 변형기가 특정 부질의(Subquery)를 언네스팅하도록 지시하는 힌트이다. 티베로는 부질의 언네스팅을 디폴트로 수행하지만, 특정 쿼리만 언네스팅을 하려면 초기화 파라미터에서 언네스팅을 해제하면 된다. 그러면 UNNEST 힌트를 이용할 수 있다. UNNEST 힌트는 부질의 블록에 명시한다. NO_UNNEST는 질의 변형기가 특정 부질의에 대해 언네스팅을 수행하지 않도록 지시하는 힌트이다. 티베로는 부질의 언네스팅을 디폴트로 수행하며 언네스팅이 가능한 경우 부질의를 조인으로 변환한다. 이 때 NO_UNNEST 힌트를 사용해서 언네스팅을 막을 수 있다. NO_UNNEST 힌트는 부질의 블록에 명시한다.

② **최적화 방법이 적용된 힌트를 사용하여 처리 과정과 결과 표시를 최적화할 수 있다.**

만약 최적화 방법이 적용된 힌트가 사용된 질의가 있다면 해당 질의에 대해서는 통계 정보와 초기화 파라미터의 최적화 방법(Optimizer Mode)의 값이 없는 것처럼 처리된다.

- ALL_ROWS는 최소한의 리소스를 사용하여 전체 결과에 대한 처리량이 가장 많도록 처리 과정의 최적화 방법을 선택하는 힌트이다.
- FIRST_ROWS는 첫 로우부터 파라미터로 입력된 번호의 로우까지 가장 빠르게 보여줄 수 있도록 결과 표시의 최적화 방법을 선택하는 힌트이다.

③ **접근 방법이 적용된 힌트는 질의 최적화기가 특정 접근 방법을 사용할 경우 그 방법을 사용하도록 명시한다.**

만일 힌트에서 명시한 방법을 사용할 수 없는 경우에는 질의 최적화기는 그 힌트를 무시한다. 힌트에 명시하는 테이블명은 SQL 문에서 사용하는 이름과 동일해야 한다. 즉, 테이블 이름에 대한 별칭을 사용했다면, 테이블 이름 대신에 별칭을 사용해야 하고, SQL 문에서 테이블 이름에 스키마 이름을 포함해서 명시를 했어도 힌트에서는 테이블 이름만을 명시해야 한다.

- FULL은 명시한 테이블을 스캔할 때, 전체 테이블을 스캔하도록 지시하는 힌트이다. WHERE 절에 명시된 조건식에 맞는 인덱스가 있더라도 전체 테이블 스캔을 사용한다.
- INDEX는 명시한 테이블을 스캔할 때, 명시한 인덱스를 사용하여 인덱스 스캔을 하도록 지시하는 힌트이다.
- NO_INDEX는 명시한 테이블을 스캔할 때, 명시한 인덱스를 사용하는 인덱스 스캔을 하지 않도록 지시하는 힌트이다. 만일 NO_INDEX 힌트와 INDEX 또는 INDEX_ASC, INDEX_DESC 힌트가 동일한 인덱스를 명시한다면 질의 최적화기는 이 두 힌트를 모두 무시한다.
- INDEX_ASC는 명시한 테이블을 스캔할 때, 명시한 인덱스를 사용하여 인덱스 스캔을 하도록 지시하는 힌트이다. 만일 인덱스 범위 스캔을 사용하는 경우에는 인덱스를 오름차순으로 스캔하도록 한다. 현재 티베로의 인덱스 스캔의 기본 동작이 오름차순이기 때문에 INDEX_ASC는

INDEX와 동일한 작업을 수행한다. 분할된 인덱스의 경우 분할된 각 영역 내에서 오름차순으로 스캔한다.

- INDEX_DESC는 명시한 테이블을 스캔할 때, 명시한 인덱스를 사용하여 인덱스 스캔을 하도록 지시하는 힌트이다. 만일 인덱스 범위 스캔을 사용하는 경우에는 인덱스를 내림차순으로 스캔하도록 한다. 분할된 인덱스의 경우 분할된 각 영역 내에서 내림차순으로 스캔한다.
- INDEX_FFS는 명시한 테이블에 대해 명시한 인덱스를 사용하여 빠른 전체 인덱스 스캔(Fast Full Index Scan)을 사용하도록 지시하는 힌트이다.
- NO_INDEX_FFS는 명시한 테이블에 대해 명시한 인덱스를 사용하는 빠른 전체 인덱스 스캔을 사용하지 않도록 지시하는 힌트이다.
- INDEX_RS는 명시한 테이블에 대해 명시한 인덱스를 사용하여 범위 인덱스 스캔(Range Index Scan)을 사용하도록 지시하는 힌트이다.
- NO_INDEX_RS는 명시한 테이블에 대해 명시한 인덱스를 사용하는 범위 인덱스 스캔을 사용하지 않도록 지시하는 힌트이다.
- INDEX_SS는 명시한 테이블에 대해 명시한 인덱스를 사용하여 인덱스 스킵 스캔(Index Skip Scan)을 사용하도록 지시하는 힌트이다.
- NO_INDEX_SS는 명시한 테이블에 대해 명시한 인덱스를 사용하는 인덱스 스킵 스캔을 사용하지 않도록 지시하는 힌트이다.

④ **조인 순서가 적용된 적용된 힌트에는 LEADING, ORDERED가 있다.**

LEADING 힌트가 ORDERED보다 질의 최적화기를 선택할 수 있는 폭이 넓어서 LEADING을 사용하는 것이 좋다.

- LEADING은 조인에서 먼저 조인되어야 할 테이블의 집합을 명시하는 힌트이다. LEADING 힌트가 먼저 조인될 수 없는 테이블을 포함하는 경우 무시된다. LEADING 힌트끼리 충돌하는 경우에는 LEADING, ORDERED 힌트가 모두 무시된다. 만일 ORDERED 힌트가 사용되는 경우에는 LEADING 힌트는 모두 무시된다.
- ORDERED는 테이블을 FROM 절에 명시된 순서대로 조인하도록 지시하는 힌트이다. 질의 최적화기는 조인의 결과 집합의 크기에 대한 정보를 추가로 알고 있다. 사용자가 그 정보를 통해 질의 최적화기의 조인 순서를 명확히 알고 있을 경우에만 ORDERED 힌트를 사용하는 것이 좋다.

⑤ **조인 방법이 적용된 힌트는 한 테이블에 대해서만 조인 방법을 지시한다.**

조인 방법이 적용된 힌트는 명시한 테이블이 조인의 내부 테이블로 사용될 경우에만 참조된다. 명시한 테이블을 외부 테이블로 사용하는 경우에는 조인 방법이 적용된 힌트는 무시된다.

- USE_NL은 명시한 테이블을 다른 테이블과 조인하는 경우 중첩 루프 조인을 사용하도록 지시하는 힌트이다.
- NO_USE_NL은 명시한 테이블을 다른 테이블과 조인하는 경우 중첩 루프 조인을 사용하지 않도록 지시하는 힌트이다. 하지만 특수한 경우에는 이 힌트가 주어졌더라도 질의 최적화기에서

중첩 루프 조인을 사용하는 플랜을 생성할 수 있다.
- USE_NL_WITH_INDEX는 명시한 테이블을 다른 테이블과 조인하는 경우 중첩 루프 조인을 사용하도록 지시하는 힌트이다. 이때 명시한 테이블에 대한 접근은 명시한 인덱스와 두 테이블에 대한 조인 조건을 이용하여 이루어져야 한다. 만일 인덱스를 사용할 수 없는 경우이면 힌트는 무시된다.
- USE_MERGE는 명시한 테이블을 다른 테이블과 조인하는 경우 합병 조인을 사용하도록 지시하는 힌트이다.
- NO_USE_MERGE는 명시한 테이블을 다른 테이블과 조인하는 경우 합병 조인을 사용하지 않도록 지시하는 힌트이다.
- USE_HASH는 명시한 테이블을 다른 테이블과 조인하는 경우 해시 조인을 사용하도록 지시하는 힌트이다.
- NO_USE_HASH는 명시한 테이블을 다른 테이블과 조인하는 경우 해시 조인을 사용하지 않도록 지시하는 힌트이다.
- HASH_SJ는 부질의를 언네스팅할 때, 해시방법을 이용한 세미 조인으로 하도록 지시하는 힌트이다.
- HASH_AJ는 부질의를 언네스팅할 때, 해시방법을 이용한 안티 조인으로 하도록 지시하는 힌트이다.
- MERGE_SJ는 부질의를 언네스팅할 때, 머지방법을 이용한 세미 조인으로 하도록 지시하는 힌트이다.
- MERGE_AJ는 부질의를 언네스팅할 때, 머지방법을 이용한 안티 조인으로 하도록 지시하는 힌트이다.
- NL_SJ는 부질의를 언네스팅할 때 네스티드 루프 방법을 이용한 세미 조인으로 하도록 지시하는 힌트이다.
- NL_AJ는 부질의를 언네스팅할 때 네스티드 루프 방법을 이용한 안티 조인으로 하도록 지시하는 힌트이다.

⑥ **병렬 처리가 적용이 된 힌트는 다음과 같다.**
- PARALLEL은 지정한 개수의 쓰레드를 사용해 질의의 수행을 병렬로 진행하도록 지시하는 힌트이다.
- NO_PARALLEL은 질의의 수행을 병렬로 진행하지 않도록 지시하는 힌트이다.
- PQ_DISTRIBUTE는 조인을 포함한 질의의 병렬 처리에서 조인될 로우의 분산 방법을 지시하는 힌트이다. 분산 방법으로는 HASH-HASH, BROADCAST-NONE, NONE-BROADCAST, NONE-NONE이 있으며 특정한 분산 방법을 선택함으로써 병렬 처리에서 조인의 성능을 향상시킬 수 있다.

⑦ **실체화 뷰가 적용이 된 힌트는 다음과 같다.**
- REWRITE는 해당 질의 블록에서 비용의 비교 없이 실체화 뷰를 사용하여 질의의 다시 쓰기를

하도록 지시하는 힌트이다. 따라서 최종으로는 REWRITE 힌트가 사용된 질의 블록만 다시 쓰기를 한 결과와 모든 블록에서 다시 쓰기를 한 결과의 비용을 비교해서 더 좋은 쪽을 질의 최적화기가 선택하게 된다. 그리고 실체화 뷰의 목록이 명시된 경우에는 목록에 있는 실체화 뷰만 사용하여 질의의 다시 쓰기를 시도한다.
- NO_REWRITE는 해당 질의 블록에서는 질의의 다시 쓰기를 하지 않도록 지시하는 힌트이다.

⑧ 주요 구성 요소 이외의 힌트

- APPEND는 DML 문장에서 직접 데이터 파일에 추가하는 삽입 방법, 즉 다이렉트 패스(Direct-Path) 방식을 수행하도록 지시하는 힌트이다. 다이렉트 패스 방식은 일반적인 삽입 방법과 달리 항상 새로운 데이터 블록을 할당 받아서 데이터 삽입을 수행하며, 버퍼 캐시를 이용하지 않고 직접 데이터 파일을 추가하기 때문에 성능 향상에 많은 이점이 있다.
- APPEND_VALUES는 VALUES 절을 사용하는 INSERT 문에서 직접 데이터 파일에 추가하는 삽입 방법 즉 다이렉트 패스 방식을 수행하도록 지시하는 힌트이다. 다이렉트 패스 방식은 일반적인 삽입 방법과 달리 항상 새로운 데이터 블록을 할당받아서 데이터 삽입을 수행하며, 버퍼 캐시를 이용하지 않고 직접 데이터 파일을 추가하므로 일괄 삽입에 사용하면 성능 향상에 많은 이점이 있다.
- NOAPPEND는 DML 문장에서 다이렉트 패스 방식을 수행하지 않도록 지시하는 힌트이다.
- IGNORE_ROW_ON_DUPKEY_INDEX는 single table INSERT 문에서만 사용이 가능하다. 유일키 제약조건을 위배하면 에러를 발생시키지 않고 삽입하던 로우를 롤백하고 다음 로우부터 삽입을 재개한다. 인덱스를 명시하지 않은 경우, 여러 개의 인덱스를 명시한 경우, 명시된 인덱스가 UNIQUE 속성을 갖지 않는 경우에는 힌트이지만 에러를 발생시킨다. 이 힌트를 명시하면 APPEND, PARALLEL 힌트는 무시된다.
- CARD는 쿼리를 최적화 할 때 지정 테이블의 Cardinality를 주어진 값을 이용하여 계산하도록 지시하는 힌트이다.
- MONITOR는 쿼리를 수행할 때 쿼리 수행 정보를 모으도록 지시하는 힌트이다.
- NO_MONITOR는 쿼리를 수행할 때 쿼리 수행 정보를 모으지 않도록 지시하는 힌트이다.

4.5.7. 함수

티베로에서는 다양한 내장 함수를 제공하고 있다. 이러한 함수 중의 일부는 SQL 표준에 정의되어 있으며, 일부는 티베로에서 추가적으로 제공하는 것이다. 티베로의 함수는 크게 단일 로우 함수와 집단 함수로 구분할 수 있다.

일부 함수는 파라미터가 없는 것도 있지만, 대부분의 함수는 하나 이상의 파라미터를 입력으로 받는다. 또한 모든 함수는 하나의 출력 값을 반환한다. 각 파라미터는 데이터 타입이 정해져 있다. 정해진 데이터 타입 이외의 다른 타입의 값이 입력된 경우에는 데이터 타입의 변환을 시도한다. 데이터 타입의 변환이 불가능한 경우에는 에러를 반환한다. 범위를 넘는 값을 컬럼에 저장할 때에도 에러를 반환한다.

대부분의 함수는 파라미터 값으로 NULL이 입력된 경우 NULL을 반환한다. NULL이 입력된 경우에도 NULL을 반환하지 않는 함수로는 CONCAT, NVL, REPLACE 등이 있다. 함수의 반환 값을 컬럼에 저장할 때에는 반환 값의 범위에 유의해야 한다.

- 함수의 반환 값이 NUMBER 타입인 경우, 컬럼의 정밀도와 스케일 범위 내의 값이어야 한다.
- CHAR 타입인 경우, 컬럼의 최대 길이 범위 내의 값이어야 한다.
- VARCHAR 타입인 경우, 컬럼의 최대 길이 범위 내의 값이어야 한다.

4.5.7.1. 단일 로우 함수

단일 로우 함수는 하나의 로우로부터 컬럼 값을 파라미터로 입력받는 함수이다. 함수의 파라미터는 반드시 컬럼 값만 입력받는 것은 아니고 실제 데이터를 직접 입력으로 받을 수도 있다.

단일 로우 함수는 SQL 문장 내의 어떤 연산식에도 포함될 수 있다.

4.5.7.2. 집단 함수

집단 함수는 하나 이상의 로우로부터 컬럼 값을 파라미터로 입력받는 함수이다. 함수의 파라미터는 반드시 컬럼 값만 입력받는 것은 아니고 실제 데이터를 직접 입력으로 받을 수도 있다. 집단 함수는 SELECT 문의 SELECT 절, GROUP BY 절, HAVING 절에만 포함된다.

티베로에서 제공하는 집단 함수에는 AVG, COUNT, MAX, MIN, SUM 등이 있다. 이러한 함수는 각각 파라미터로 주어진 컬럼에 대하여 평균, 개수, 최대 값, 최소 값, 합계 등을 구한다. 만약 파라미터로 실제 데이터 값이 주어지면 그 값을 그대로 반환한다.

SELECT 문에서 SELECT 절의 집단 함수는 중첩될 수 있다. 단, 다른 위치의 집단 함수는 중첩되면 안된다. SELECT 절의 집단 함수도 한 번의 중첩만을 허용한다.

다음과 같은 집단 함수는 에러를 반환한다.

```
COUNT(SUM(AVG(SALARY)))
```

중첩된 집단 함수의 계산은 먼저 각 그룹에 대한 안쪽의 집단 함수를 계산하고, 여기에서 반환된 모든 값에 대하여 바깥쪽의 집단 함수를 계산한다. 예를 들어 SUM(AVG(SALARY)) 함수는 모든 그룹으로부터 SALARY 컬럼 값의 평균을 구하고, 그 다음 모든 평균 값의 합계를 구하여 반환한다.

집단 함수의 괄호 내에는 조건식이 아닌 임의의 연산식이 올 수 있다. SELECT 문에서 SELECT 절의 집단 함수는 다른 집단 함수를 포함하는 연산식이 올 수도 있다.

다음과 같은 집단 함수도 유효하다.

```
SUM(AVG(SALARY) * COUNT(WORKERNO) + 1.10)
```

COUNT 함수는 괄호 안에 애스터리스크(*)가 올 수도 있다. 이 경우 특정 컬럼이 아닌 전체 로우의 개수를 반환한다.

로우를 하나도 포함하지 않는 빈 테이블에 대해 집단 함수를 포함하는 SELECT 문을 실행하면, 결과 로우가 하나도 반환되지 않는다. 예외적으로 SELECT 절에 COUNT(*) 함수를 포함하면 0 값의 컬럼을 갖는 하나의 로우가 반환된다.

집단 함수는 대개 SELECT 문 내에서 GROUP BY 절과 함께 사용한다. 집단 함수는 GROUP BY 절에 의하여 분리된 각 그룹에 포함된 모든 로우에 대하여 하나의 값을 반환한다. 만약 SELECT 문에서 GROUP BY 절을 포함하지 않으면, 전체 테이블을 하나의 그룹으로 인식한다.

다음의 SELECT 문은 GROUP BY 절을 포함한 예이다.

```
SQL> SELECT AVG(SALARY) FROM WORKER GROUP BY DEPTNO;
```

위의 문장은 테이블 WORKER 내의 모든 로우 중에서 같은 DEPTNO 컬럼 값을 갖는 로우의 그룹으로 분리하고, 각 그룹에 포함된 모든 직원의 SALARY 컬럼 값의 평균을 계산한다.

HAVING 절은 SELECT 문에서 그룹에 대한 조건식을 포함한다. HAVING 절은 SELECT 절이나 GROUP BY 절에 포함된 컬럼 또는 그 이외의 컬럼에 대한 집단 함수를 포함할 수 있다.

다음의 SELECT 문은 HAVING 절을 포함한 예이다. 본 예제에서는 3명 이상의 직원이 소속된 부서에 대해서만 SALARY 컬럼 값의 평균을 계산한다.

```
SQL> SELECT AVG(SALARY) FROM WORKER GROUP BY DEPTNO HAVING COUNT(WORKERNO) >= 3;
```

집단 함수의 파라미터 앞에는 DISTINCT 또는 ALL 예약어를 포함시킬 수 있다. 이러한 예약어는 중복되는 컬럼 값에 대한 처리를 정의하며, DISTINCT는 중복을 제거하고, ALL은 중복을 허용한다.

예를 들어 한 그룹 내의 로우가 갖고 있는 SALARY 컬럼 값이 20000, 20000, 20000, 40000 이라면, AVG(DISTINCT SALARY) 함수의 결과는 30000이며, AVG(ALL SALARY) 함수의 결과는 25000이다. 만약 아무 것도 지정하지 않으면 디폴트는 ALL이다.

〈표 4-27〉은 티베로에서 제공하는 집단 함수 목록이다.

표 4-27 | 집단 함수 목록

집단 함수	설명
AVG	그룹 내의 모든 로우에 대한 expr 값의 평균을 구하는 함수이다.
CORR	파라미터로 주어진 expr1가 expr2의 상관계수를 계산하는 함수이다.
COUNT	쿼리가 반환하는 로우의 개수를 세는 함수이다.
COVAR_POP	expr1, expr2의 모공분산을 계산하는 함수이다.
COVAR_SAMP	expr1, expr2의 표본공분산을 계산하는 함수이다.
DENSE_RANK	각 그룹별로 로우를 정렬한 다음 그룹 내의 각 로우에 대한 순위를 반환하는 함수이다.
FIRST	정렬된 로우에서 처음에 해당하는 로우를 뽑아내어 명시된 집단 함수를 적용한 결과를 반환한다.

LAST	정렬된 로우에서 마지막에 해당하는 로우를 뽑아내어 명시된 집단 함수를 적용한 결과를 반환한다.
MAX	그룹 내의 모든 로우에 대한 expr 값 중의 최대 값을 구하는 함수이다.
MIN	그룹 내의 모든 로우에 대한 expr 값 중의 최소 값을 구하는 함수이다.
PERCENT_RANK	파라미터로 주어진 값의 그룹 내의 위치를 나타내 주는 함수이다.
PERCENTILE_CONT	연속 분포 모델에서 파라미터로 주어진 백분위 값에 해당하는 값을 계산하는 역분포 함수이다.
PERCENTILE_DISC	이산 분포를 가정한 역분산 함수로 분석 함수로도 사용할 수 있다.
RANK	그룹별로 로우를 정렬한 후 그룹 내의 각 로우의 순위를 반환하는 함수이다.
REGR_SLOPE REGR_INTERCEPT REGR_COUNT REGR_R2 REGR_AVGX REGR_AVGY REGR_SXX REGR_SYY REGR_SXY	임의의 수치 데이터 쌍의 집합에 가장 맞는 선형 방정식을 구하기 위해 사용된다.
STDDEV	expr의 표본 표준편차를 반환하는 함수이다.
STDDEV_POP	expr의 모표준편차를 반환하는 함수이다.
STDDEV_SAMP	expr의 누적표본 표준편차를 반환하는 함수이다.
SUM	그룹 내의 모든 로우에 대한 expr 값의 합계를 구하는 함수이다.
VARIANCE	expr의 분산을 반환한다.
VAR_POP	expr의 모분산을 반환한다.
VAR_SAMP	expr의 표본분산을 반환하는 함수이다.
XMLAGG	XML 조각을 받고, 이를 한데 모아 XML 문서로 만들어 반환하는 함수이다.

4.5.7.3. 분석 함수

분석 함수는 집단 함수와 마찬가지로 특정 로우 그룹에 대한 집계 값을 구하는데 사용된다. 집단 함수와 다른 점은 하나의 로우 그룹에 속한 모든 로우가 하나의 집계 값을 공유하지 않는다는 것이다. 각각의 로우에 대해 로우 그룹이 별개로 정의되며, 때문에 모든 로우가 별개로 각각 자신의 로우 그룹에 대한 집계 값을 갖게 된다. 이 로우 그룹을 분석 함수에서는 윈도우라고 부르며, analytic_clause 안에 정의된다. 윈도우 영역은 물리적인 로우의 개수로 정의될 수도 있고, 논리적인 어떤 계산 값을 통해서 정의될 수도 있다.

하나의 쿼리 블록 안에서 분석 함수는 ORDER BY 절을 제외하고 가장 마지막에 수행되는 연산이다. WHERE 절, GROUP BY 절, HAVING 절 모두 분석 함수가 수행되기 전에 먼저 적용된다. 그러므로 분석 함수는 SELECT 절 또는 ORDER BY 절에만 나올 수 있다.

분석 함수는 크게 analytic_function, argument, analytic_clause로 구성된다. OVER analytic_clause를 사용하여 함수를 분석 함수로 수행할 수 있다. 분석 함수는 ORDER BY 절을 제외한 다른 모든 절의 내용이 처리된 다음에 적용된다. 그러므로 분석 함수가 계산한 결과의 일부만 선택하고자 한다면 분석 함수를 수행한 쿼리를 뷰로 둘러싸고, 그 쿼리를 둘러싼 뷰에 WHERE 절을 적용하면 된다. analytic_clause 안에 분석 함수를 사용할 수는 없다. 그러나 부질의 내에 분석 함수를 사용하는 것은 가능하다.

partition_by 문을 사용하여 분석 함수를 계산하기 전에 현재 질의 블록의 결과 집합을 expr 또는 expr의 리스트를 기준으로 분할한다. 이 절을 명시하지 않으면, 분석 함수의 윈도우는 전체 로우 집합 내에서 움직이게 된다.

하나의 질의 블록의 SELECT 절 또는 ORDER BY 절에 여러 개의 분석 함수를 명시할 수 있으며, 각각이 서로 다른 PARTITION BY 키를 갖는 것도 가능하다.

order_by_clause를 사용하여 partition_by에 의해 분할된 하나의 파티션 내에서 로우를 어떻게 정렬할지를 명시한다. 정렬에 사용되는 키 값은 여러 개를 명시할 수 있다.

분석 함수에서 사용되는 order_by_clause 내에서는 위치 상수[3]를 사용할 수 없다. SIBLINGS 역시 사용할 수 없다. SELECT 리스트의 컬럼의 별칭도 사용할 수 없다. 그 외에는 보통의 ORDER BY 절과 사용 방식이 같다.

분석 함수에 사용된 order_by_clause는 파티션 내의 로우의 순서를 결정할 뿐이지 분석 함수를 적용하고 난 쿼리 블록의 최종 결과 집합의 로우의 순서를 결정해 주는 것은 아니다. 이를 위해서는 쿼리 블록을 위한 별도의 ORDER BY 절을 추가로 명시해야만 한다.

window_clause 절은 분석 함수에 따라 가질 수 있는 경우가 있다. 분석 함수의 order_by_clause를 명시할 경우에만 window_clause를 명시할 수 있다. window_clause를 명시하지 않았을 때는 필요한 경우에 디폴트 윈도우로 RANGE BETWEEN UNBOUNDED PRECEDING AND CURRENT ROW가 지정된다. 〈표 4-28〉은 티베로에서 제공하는 분석 함수와 함수별 window_clause의 명시 가능 여부를 나타낸다.

표 4-28 | 분석 함수 별 window_clause 명시 가능 여부

분석 함수	window_clause 명시 가능 여부
AVG	예
CORR	예
COUNT	예
COVAR_POP	예
COVAR_SAMP	예
DENSE_RANK	아니오

[3] 주석_ (ORDER BY 1과 같은)

FIRST	아니오
FIRST_VALUE	예
LAG	아니오
LAST	아니오
LAST_VALUE	예
LEAD	아니오
MAX	예
MIN	예
NTILE	아니오
PERCENT_RANK	아니오
PERCENTILE_CONT	아니오
PERCENTILE_DISC	아니오
RANK	아니오
RATIO_TO_REPORT	아니오
REGR_SLOPE REGR_INTERCEPT REGR_COUNT REGR_R2 REGR_AVGX REGR_AVGY REGR_SXX REGR_SYY REGR_SXY	예
ROW_NUMBER	아니오
STDDEV	예
STDDEV_POP	예
STDDEV_SAMP	예
SUM	예
VARIANCE	예
VAR_POP	예
VAR_SAMP	예

4.6 | 티베로 고급 SQL

4.6.1. 조인(Join)

조인은 2개 또는 여러 개의 테이블이나 뷰로부터 로우를 결합하는 질의이다. 티베로에서는 FROM 절에 다수의 테이블이 있을 때 조인을 실행한다.

질의의 SELECT 절에서 조인 테이블에 속하는 컬럼을 선택할 수 있다. 만일 조인될 테이블 중에 같은 이름의 컬럼이 2개 이상이 있다면 테이블 이름을 함께 명시해 모호함을 없애야 한다.

4.6.1.1. 조인 조건

대부분의 조인 질의는 서로 다른 두 테이블의 컬럼을 비교하는 WHERE 절의 조건을 포함한다. 이런 조건을 조인 조건(Join Condition)이라고 한다.

조인을 실행하기 위해서 각 테이블의 로우를 하나씩 가져와 조인 조건이 TRUE로 결정되는 경우에만 결합한다. 조인 조건에 포함되는 컬럼이 반드시 SELECT 절에 포함될 필요는 없다.

3개 이상의 테이블을 조인할 때는 우선 2개의 테이블과 그 두 테이블의 컬럼에 대응 되는 조인 조건을 이용해서 조인을 한다. 그 후에, 그 두 테이블의 조인 결과의 컬럼과 세 번째 조인할 테이블의 컬럼에 해당 하는 조인 조건으로 조인하여 새로운 결과를 만든다.

티베로는 이러한 과정을 하나의 결과가 나올 때까지 반복한다. 최적화기(Optimizer)는 조인 조건과 테이블에 대한 인덱스와 통계 정보를 사용해 테이블 간의 조인 순서를 정한다. WHERE 절에 조인 조건 이외에 테이블 하나에 대한 조건도 있을 수 있는데, 이러한 조건은 조인 질의로 반환되는 로우를 더욱 한정한다.

4.6.1.2. 카티션 프로덕트

조인 질의에서 테이블에 대한 조인 조건이 없을 경우 카티션 프로덕트를 반환한다. 카티션 프로덕트는 테이블의 한 로우가 다른 테이블의 모든 로우와 결합되는 것을 말한다.

예를 들어 100개의 로우를 가지는 2개의 테이블의 카티션 프로덕트는 100 * 100 = 10,000 로우이다. 이렇게 카티션 프로덕트는 결과가 너무 많기 때문에 거의 사용되지 않는다. 특별히 카티션 프로덕트가 필요한 경우가 아니라면, 항상 조인 조건을 포함해야 한다. 만일 3개 이상의 테이블을 조인할 때 그 중 2개의 테이블에 대한 조인 조건이 없었다면, 최적화기는 되도록 카티션 프로덕트가 생기지 않도록 조인순서를 정할 것이다.

4.6.1.3. 동등 조인

동등 조인(Equal Join)은 동등 연산자(=)로 구성된 조인 조건을 포함한 조인이다. 동등 조인은 정해진 컬럼에 대해 같은 값을 가지는 로우를 결합하여 결과로 반환한다.

4.6.1.4. 자체 조인

자체 조인(Self Join)은 하나의 테이블을 사용해서 자신에게 조인하는 것을 의미한다. 동일한 하나의 테이블이 FROM 절에 두 번 사용되기 때문에 별칭을 사용하여 컬럼을 구분한다.

4.6.1.5. 내부 조인

간단한 조인(Simple Join)이라고도 불리는 내부 조인(Inner Join)은 조인 조건을 만족하는 로우만 반환하는 2개 이상의 테이블에 대한 조인이다.

4.6.1.6. 외부 조인

외부 조인(Outer Join)은 일반 조인을 확장한 결과를 출력한다. 외부 조인은 조인 조건을 만족하는 로우뿐만 아니라, 한 테이블의 어떤 로우에 대해 반대편 테이블의 모든 로우가 조인 조건을 만족하지 못하는 경우에도 그 로우를 출력한다.

외부 조인은 왼쪽 외부 조인, 오른쪽 외부 조인, 완전 외부 조인이 있다.

① 왼쪽 외부 조인

1. 테이블 A와 B를 조인하는 경우 조인 조건에 맞는 로우를 출력하고, A의 로우 중에 조인 조건에 맞는 B의 로우가 없는 경우에도 그 로우를 모두 출력한다.
2. A의 로우 중 조인 조건을 만족하는 B의 로우가 없는 로우에 대해서는 조인의 출력에서 B 컬럼이 필요한 부분에 모두 NULL을 출력한다.
3. 왼쪽 외부 조인을 SQL 문장에 명시하려면 LEFT [OUTER] JOIN을 FROM 절에 명시하거나, WHERE 절의 조인 조건에 있는 B의 모든 컬럼에 외부 조인 연산자 (+)를 명시한다.

② 오른쪽 외부 조인

1. 테이블 A와 B를 조인하는 경우 조인 조건에 맞는 로우를 출력하고, B의 로우 중에 조인 조건에 맞는 A의 로우가 없는 경우에도 그 로우를 모두 출력한다.
2. B의 로우 중 조인 조건을 만족하는 A의 로우가 없는 로우에 대해서는 조인의 출력에서 A 컬럼이 필요한 부분에 모두 NULL을 출력한다.
3. 오른쪽 외부 조인을 SQL 문장에 명시하려면 RIGHT [OUTER] JOIN을 FROM 절에 명시하거나, WHERE 절의 조인 조건에 있는 A의 모든 컬럼에 외부 조인 연산자 (+)를 명시한다.

③ 완전 외부 조인

1. 테이블 A와 B를 조인하는 경우 조인 조건에 맞는 로우를 출력하고, A의 로우 중에 조인 조건에 맞는 B의 로우가 없는 경우에도 그 로우를 모두 출력하고, B의 로우 중에 조인 조건에 맞는 A의 로우가 없는 경우에도 그 로우를 모두 출력한다.
2. A의 로우 중 조인 조건을 만족하는 B의 로우가 없는 로우에 대해서는 조인의 출력에서 B 컬럼이 필요한 부분에 모두 NULL을 출력한다. B의 로우 중 조인 조건을 만족하는 A의 로우가 없는 로우에 대해서는 조인의 출력에서 A 컬럼이 필요한 부분에 모두 NULL을 출력한다.
3. 완전 외부 조인을 SQL 문장에 명시하려면 FULL [OUTER] JOIN을 FROM 절에 명시한다.

여러 테이블 간의 외부 조인을 수행하는 질의에서 하나의 테이블은 오직 다른 하나의 테이블에 대해서만 NULL을 제공하는 테이블의 역할을 할 수 있다. 따라서 테이블 A와 B에 대한 조건과 테이블 B와 C에 대한 조건에서 모두 B의 컬럼 쪽에 (+) 연산자를 적용할 수는 없다. 외부 조인 연산자 (+)에는 FROM 절에 외부 조인을 명시할 경우에 다음과 같은 규칙과 제약 조건이 있다.

- FROM 절에 조인이 있는 질의 블록에는 외부 조인을 사용할 수 없다.
- (+) 연산자는 WHERE 절에만 올 수 있고, 테이블이나 뷰의 컬럼에만 적용할 수 있다.
- 테이블 A와 B의 조인 조건이 여러 개 있을 경우에는 (+) 연산자를 모든 조건에 사용해야 한다. 그렇지 않은 경우에는 아무런 경고나 에러 메시지 없이 일반 조인과 같이 취급한다.
- (+) 연산자를 외부 테이블과 내부 테이블에 모두 사용할 경우에는 일반 조인과 같이 취급한다.
- (+) 연산자는 컬럼에만 적용될 수 있고 일반 연산식에는 적용될 수 없다. 단, 연산식 내의 컬럼에 (+) 연산자를 적용할 수는 있다.
- (+) 연산자를 포함하는 조건은 WHERE 절의 다른 조건과 OR 연산자를 통해 묶일 수 없다.
- (+) 연산자가 적용된 컬럼을 IN 연산자를 이용해 비교하는 조건을 사용할 수 없다.
- (+) 연산자가 적용된 컬럼을 부질의의 결과와 비교할 수 없다.
- 테이블 A와 B의 외부 조인의 조건 중에 B의 컬럼을 상수와 비교하는 조건이 있다면, (+) 연산자를 B의 컬럼에 적용해야 한다. 그렇지 않으면, 일반 조인과 같이 취급한다.

4.6.1.7. 안티 조인

안티 조인(Anti Join)은 프리디키트의 오른쪽 부분에 해당하는 로우가 없는 왼쪽 부분의 프리디키트에 해당하는 로우를 반환한다. 즉 프리디키트의 오른쪽 부분을 NOT IN의 부질의로 실행했을 때 일치하지 않는 로우를 반환한다.

4.6.1.8. 세미 조인

세미 조인(Semi Join)은 프리디키트의 오른쪽의 다수의 로우에 해당하는 왼쪽 부분의 로우를 중복 없이 처리하는 EXIST 부질의와 같은 로우를 반환한다.
부질의가 WHERE 절의 OR로 연결되어 있으면 세미 조인과 안티 조인으로 변환되지 않는다.

4.6.2. 부질의(Sub-Query)

질의를 사용해서 어떤 문제를 해결하고자 할 때 단계를 나누어서 수행하면 좀더 쉽게 문제를 풀 수 있는 경우가 있다.

예를 들어 '제우스'라는 사람이 속해있는 부서에서 일하는 사람 모두를 구하고자 한다면 먼저 '제우스'의 부서를 구하는 질의를 작성한 다음, 그 질의의 결과를 이용해 최종 답을 얻는 형태로 단계를 나눈 질의를 생각해 볼 수 있다. 이처럼 하나의 질의가 내부에 또 다른 질의를 포함하고 있을 경우 이 내부에 포함된 질의를 부질의라고 한다.

부질의는 질의가 사용된 위치에 따라 〈표 4-29〉와 같이 두 가지 형태로 나눌 수 있다.

표 4-29 | 사용된 위치에 따른 질의의 형태

부질의 종류	설명
인라인 뷰	부질의가 부모 질의의 FROM 절에서 사용되었을 경우 이런 부질의를 보통 인라인 뷰(Inline View)라고 부른다.
중첩된 부질의	• 부질의가 부모 질의의 SELECT 리스트 또는 WHERE 절 등에서 사용되었을 경우 이런 부질의를 중첩된 (Nested) 부질의 또는 부질의라고 부른다. • 단일 행(Sing-Row) 서브쿼리로 SELECT 문장으로부터 오직 하나의 행만을 검색하는 질의다. 단일 행 연산자(=,), >=, <, <=, <>, !=)가 사용된다. • 다중 행(Multiple-Row) 서브쿼리로 SELECT 문장으로부터 하나 이상의 행을 검색하는 질의이다. 복수 행 연산자(IN, NOT IN, ANY, ALL, EXISTS)가 사용된다. • 다중 열(Multiple-Column) 서브쿼리로 SELECT 문장으로부터 하나 이상의 컬럼을 검색하는 질의이다. • 관계 서브쿼리로 바깥쪽 쿼리의 컬럼 중의 하나가 안쪽 서브쿼리의 조건에 이용되는 처리 방식이다.

부질의는 다음과 같은 경우에 종종 사용된다.

- INSERT 문을 통해 삽입할 로우의 값을 결정할 때
- CREATE TABLE을 통해 테이블을 생성함과 동시에 테이블의 내용을 채울 때
- CREATE VIEW 문을 통해 뷰가 질의하는 로우의 집합을 정의할 때
- UPDATE 문에서 UPDATE할 값을 결정할 때
- SELECT, UPDATE, DELETE 문에서 WHERE 절, HAVING 절, START WITH 절과 같은 조건을 명시할 때
- 테이블처럼 사용하고 싶은 로우의 집합을 정의할 때
- SELECT의 FROM 절 또는 INSERT, UPDATE, DELETE에서 테이블을 명시할 수 있는 자리에 사용할 수 있다.

부질의는 내부에 다른 부질의를 포함할 수 있으며, 티베로에서는 부질의가 다른 부질의를 포함할 수 있는 단계에 대해 제한을 두지 않는다.

4.6.2.1. 인라인 뷰

인라인 뷰(View) 내부에서는 부모 질의의 FROM 절에 명시된 다른 테이블 또는 뷰의 컬럼을 볼 수 없다. 또한 FROM 절 상에 오는 서브쿼리로 뷰처럼 작용을 한다. 다음과 같은 구조의 형식을 갖는다.

```
SQL> SELECT alias.컬럼명
     FROM (SELECT 컬럼명,
                  컬럼명,
                  ..
           FROM 테이블명
           WHERE 조건절) alias
     WHERE 조건절;
```

4.6.2.2. 중첩된 부질의

인라인 뷰와 달리 중첩된 부질의는 부모 질의의 FROM 절에 명시된 테이블의 컬럼을 볼 수 있다. 부모 질의가 또 다른 질의의 중첩된 부질의일 경우 이 부모 질의의 FROM 절에 명시된 테이블의 컬럼 역시, 이 자식 부질의에서 볼 수 있다.

① 단일행 로우(Single-Row) 부질의

서브쿼리로 SELECT 문장으로부터 오직 하나의 행만을 검색하는 질의다. 단일 행 연산자(=,〉, 〉=, 〈, 〈=, 〈〉, !=)가 사용된다.

다음과 같은 구조의 형식을 갖는다.

```
SQL> SELECT 컬럼명
     FROM 테이블명
     WHERE 컬럼명 =  (SELECT 컬럼명
                     FROM 테이블명
                     WHERE 조건절);
```

② 다중행 로우(Multi-Row) 부질의

SELECT 문장으로부터 하나 이상의 행을 검색하는 질의이다. 복수 행 연산자인 IN, NOT IN, ANY, ALL, EXISTS가 사용된다.

다음과 같은 구조의 형식을 갖는다.

```
SQL> SELECT 컬럼명
     FROM 테이블명
     WHERE 컬럼명 IN (SELECT 컬럼명
                     FROM 테이블명
                     WHERE 조건절);
```

③ 다중행 열(Multi-Column) 부질의

SELECT 문장으로부터 하나 이상의 컬럼을 검색하는 질의이다.

다음과 같은 구조의 형식을 갖는다. 부질의가 한번 실행되면서 모든 조건을 검색해서 주 쿼리로 넘겨주는 형식이다.

```
SQL> SELECT 컬럼명
     FROM 테이블명
     WHERE (컬럼명, 컬럼명, ..) IN  ( SELECT 컬럼명, 컬럼명, ..
                                     FROM 테이블명
                                     WHERE 조건절);
```

부질의가 여러 조건별로 사용되어서 결과 값을 주 쿼리로 넘겨주는 형식이다.

```
SQL> SELECT 컬럼명
     FROM 테이블명
     WHERE 컬럼명 IN (SELECT 컬럼명
                     FROM 테이블명
                     WHERE 조건절
     AND 컬럼명 IN ( SELECT 컬럼명
                    FROM 테이블명
                    WHERE 조건절
     ... ;
```

④ 서로 관련된(Correlated) 부질의

중첩된 부질의가 부모 질의의 테이블의 컬럼을 참조할 경우 이러한 부질의를 서로 관련된 부질의라고 한다. 부질의의 컬럼을 참조할 때의 규칙은 다음과 같다.

- 서로 관련된 부질의 내에서 부모 질의의 FROM 절의 테이블 컬럼을 참조할 때 자신의 FROM 절의 테이블 컬럼과 동일한 이름을 가지고 있는 컬럼을 참조하고자 하는 경우에는 컬럼 이름 앞에 부모 질의의 테이블 이름을 붙여 주어야 한다.
- 부모 질의의 컬럼을 참조할 때 위로 올라가는 단계에 대한 제한은 없다. 서로 관련된 부질의는 부모 질의의 각각의 로우를 처리할 때 매번 별도로 수행된다.
- 컬럼 이름에 대한 모호함이 발생하지 않는 한, 부질의에서 명시하는(테이블 이름을 앞에 붙이지 않은) 컬럼 이름은 자신의 FROM 절의 테이블에서부터 시작해서 자신의 부모, 부모의 부모 순으로 컬럼 이름을 찾아본다.

서로 관련된 부질의는 하위 단계에서 구하고자 하는 값이 상위 단계의 각각의 로우에 따라 별도로 결정되어야 하는 경우에 사용된다. 다음과 같은 경우를 가정해보자.

- 자신의 부서의 평균 연봉보다 많은 연봉을 받는 사원의 리스트를 구하는 질의가 있다.
- 이때, 하위 단계에서 계산하고자 하는 값은 각 사원에 대해서 그 사원이 근무하고 있는 부서의 평균 연봉이 된다.
- 또한 상위 단계에서는 하위 단계에서 구한 평균 연봉을 현재 사원의 연봉과 비교하게 된다.

이러한 경우 평균 연봉을 각 사원에 대해 매번 구해야 하므로 이럴 경우 서로 관련된 부질의를 구사해서 문제를 해결할 수 있다. 다음과 같은 구조의 형식을 갖는다.

```
SQL> SELECT 컬럼명
     FROM 테이블명 A
     WHERE EXIST (SELECT B.컬럼명
                  FROM 테이블명 B
                  WHERE A.컬럼명 = B.컬럼명);
```

4.6.2.3. 스칼라 부질의(Scalar subquary)

함수처럼 한 레코드당 정확히 하나의 값만을 리턴하는 서브쿼리를 말한다(Select-List). 다음은 스칼라 부질의에 대한 설명이다.

- 어떤 부질의가 0개 또는 1개의 로우에서 1개의 컬럼만을 반환할 경우 이러한 부질의를 특별히 스칼라 부질의라고 부른다.
- 스칼라 부질의는 연산식의 하나로 연산식 expr이 올 수 있는 자리에 마치 하나의 값처럼 간주되어 자유로이 사용될 수 있다.

다음과 같은 구조의 형식을 갖는다.

```
SQL> SELECT 컬럼명,
            컬럼명,
            (SELECT B.컬럼명
             FROM 테이블명 B
             WHERE B.컬럼명 = A.컬럼명)
     FROM 테이블명 A
     WHERE 조건절;
```

4.6.3. 계층 질의

계층 질의(Hierarchical Query)란 테이블에 포함된 로우 사이에 상하 계층 관계가 성립된 경우 그 상관 관계에 따라 로우를 출력하는 질의이다.

하나의 대상 테이블에 계층 관계는 하나 이상 정의할 수 있으며, 계층 질의는 하나의 테이블 또는 조인된 둘 이상의 테이블에 대해서도 가능하다. 계층 질의를 위하여 SELECT 문장 내에 START WITH … CONNECT BY 절을 이용한다.

- START WITH 절은 계층 내의 루트 로우를 지정하기 위한 것이다.
- CONNECT BY 절은 로우 간의 상하 관계를 정의하기 위한 것이다.
- START WITH 절과 CONNECT BY 절에는 하나의 조건식이 포함되며, 단순 조건식 또는 복합 조건식일 수 있다.

4.6.3.1. PRIOR

CONNECT BY 절에는 다른 조건식에서는 포함되지 않는 특별한 연산자가 사용되는데, 로우 간의 상하 관계를 나타내기 위한 PRIOR 연산자이다.

PRIOR 연산자가 포함된 조건식은 다음과 같은 형식을 갖는다.

```
PRIOR expr = expr
expr = PRIOR expr
```

PRIOR 쪽 연산식의 결과 값을 갖는 로우가 반대 쪽의 연산식의 결과 값을 갖는 로우의 부모가 된다. 예를 들어 2개의 컬럼 WORKERNO와 MGRNO를 포함하는 테이블 WORKER에 대하여 다음의 조건식을 이용하여 계층 질의를 수행한다면, 특정 (부모) 로우의 WORKERNO 컬럼 값과 같은 MGRNO 컬럼 값을 갖는 모든 로우는 WORKERNO 컬럼 값을 갖는 로우의 자식 로우가 된다.

```
PRIOR WORKERNO = MGRNO
```

다음의 테이블 사원 테이블 내의 로우 중에서 WORKERNO 컬럼 값이 27인 (부모) 로우에 대하여 WORKERNO 컬럼 값이 35, 42인 로우가 자식 로우가 된다. 두 컬럼 모두 MGRNO 컬럼 값이 27이기 때문이다.

WORKERNO	WNAME	ADDR	SALARY	MGRNO
35	John	Houston	30000	27
54	Alicia	Castle	25000	24
27	Ramesh	Humble	38000	12
69	James	Houston	35000	24
42	Allen	Brooklyn	29000	27
87	Ward	Humble	28500	35
24	Martin	Spring	30000	12
12	Clark	Palo Alto	45000	5

CONNECT BY 절의 조건식은 여러 단순 조건식이 연결된 복합 조건식이 될 수 있다. 하지만 PRIOR 연산자를 포함한 단순 조건식은 반드시 하나만 포함되어야 하며, 0개 또는 2개 이상이 포함된 경우에는 에러를 반환한다. CONNECT BY 절의 조건식은 부질의를 포함할 수 없다.

4.6.3.2. CONNECT_BY_ROOT

계층 질의에서만 사용되는 또 다른 특수 연산자로 CONNECT_BY_ROOT가 있다. CONNECT_BY_ROOT 연산자를 사용하면 데이터베이스는 루트 로우의 데이터를 이용하여 컬럼 값을 반환한다.

다음은 CONNECT_BY_ROOT 연산자를 사용한 예이다.

```
SQL> SELECT WNAME, CONNECT_BY_ROOT WNAME MANAGER,
            SYS_CONNECT_BY_PATH(WNAME, '-') PATH
       FROM WORKER2
       WHERE LEVEL > 1
CONNECT BY PRIOR WORKERNO = MGRNO
   START WITH WNAME = 'Clark';

WNAME            MANAGER         PATH
-----------      ------------    ----------------------
Martin           Clark           -Clark-Martin
James            Clark           -Clark-Martin-James
Alicia           Clark           -Clark-Martin-Alicia
Ramesh           Clark           -Clark-Ramesh
Allen            Clark           -Clark-Ramesh-Allen
JohnClark        Clark           -Ramesh-John
Ward             Clark           -Clark-Ramesh-John-Ward

7 rows selecte
```

4.6.3.3. 계층 질의의 조건식

◆ CONNECT BY 절

CONNECT BY 절의 조건식에는 등호 이외에 다른 비교 연산자를 사용할 수 있다. 하지만 이때 상하 관계가 순환적으로 정의될 수 있으며 무한 루프에 빠질 수 있다. 이러한 경우 티베로에서는 에러를 반환하고, 실행을 중지한다. 상하 관계의 순환 여부는 의사 컬럼인 CONNECT_BY_ISCYCLE 값으로 출력할 수 있다.

◆ START WITH 절

START WITH 절은 계층 관계를 검색하기 위한 루트 로우에 대한 조건식을 포함한다. 조건식에 따라 0개 이상의 루트 로우로부터 시작될 수 있다. 만약 START WITH 절이 생략되면 대상 테이블 내의 모든 로우를 루트 로우로 하여 계층 관계를 검색한다.

◆ CONNECT BY 절과 WHERE 절의 혼합

하나의 SELECT 문 내에 CONNECT BY 절과 WHERE 절이 함께 사용된 경우 CONNECT BY 절의 조건식을 먼저 적용한다. 만약 SELECT 문이 조인 연산을 수행하며 WHERE 절 내에 조인 조건이 포함되어 있다면, 조인 조건만 먼저 적용하여 조인을 수행한 후에 CONNECT BY 절의 조건식과 WHERE 절 내의 나머지 조건식을 차례로 적용한다.

WHERE 절 내의 조건식은 CONNECT BY 절의 조건식에 의하여 로우 간에 상하 관계가 정해진 후에 적용되므로, 특정 로우가 WHERE 절에 의하여 제거되더라도 그 로우의 하부 로우도 최종 결과에 포함될 수 있다.

◆ ORDER SIBLINGS BY 절

계층 질의에 대해 일반적인 ORDER BY를 사용할 경우 상하 관계를 무시하고 정렬이 된다. 그러나 ORDER SIBLINGS BY 절을 사용할 경우엔 계층간의 상하 관계를 유지한 상태에서 같은 레벨에 있는 로우들에 대해서만 정렬을 하므로 원하는 결과를 얻을 수 있다.

4.6.3.4. 계층 질의의 실행 방식

계층 질의는 재귀적(Recursive)으로 실행된다. 먼저 하나의 루트 로우에 대해 모든 자식 로우를 검색한다. 그 다음 각 자식 로우의 자식 로우를 다시 검색한다. 이러한 방법으로 다시는 자식 로우가 발견되지 않을 때까지 계속 진행한다. 만약 무한 루프가 되면 에러를 반환한다. 계층 질의의 결과를 출력하는 순서는 깊이 우선(Depth-First) 순서를 따른다.

〈그림 4-30〉은 테이블 WORKER2의 계층 질의 결과로 구성된 계층 관계의 한 예이며, 원 안의 값은 WORKERNO 컬럼의 값이다. 이때, 로우의 출력 순서는 12, 27, 35, 87, 42, 24, 54, 69이다.

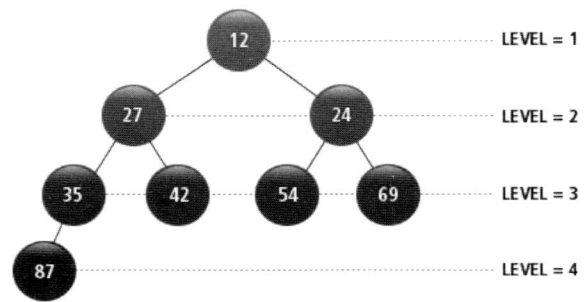

그림 4-30 | WORKER2 테이블의 계층 관계

계층 트리의 각 로우는 레벨 값을 갖는다. 루트 로우의 레벨 값은 1이며 자식 로우로 내려가면서 1씩 증가한다. 따라서, 〈그림 4-30〉에서 WORKERNO = 12인 로우는 레벨이 1이며, WORKERNO = 27, 24인 로우는 레벨이 2, WORKERNO = 35, 42, 54, 69인 로우는 레벨이 3이고, WORKERNO = 87인 로우는 레벨이 4이다. 레벨 값은 의사 컬럼인 LEVEL 컬럼의 값으로 출력할 수 있다.

다음은 START WITH 절을 이용하지 않고 계층 질의를 실행하는 SELECT 문의 예이다. 본 예제에서는 모든 로우를 루트 로우로 하여 하부 로우를 출력한다.

```
SQL> SELECT WORKERNO, WNAME, ADDR, MGRNO
     FROM WORKER2
     CONNECT BY PRIOR WORKERNO = MGRNO;

WORKERNO     WNAME         ADDR           MGRNO
----------   -----------   ------------   ----------
12           Clark         Palo Alto      5
27           Ramesh        Humble         12
35           John          Houston        27
87           Ward          Humble         35
42           Allen         Brooklyn       27
24           Martin        Spring         12
54           Alicia        Castle         24
69           James         Houston        24
27           Ramesh        Humble         12
35           John          Houston        27
87           Ward          Humble         35
42           Allen         Brooklyn       27
24           Martin        Spring         12
54           Alicia        Castle         24
69           James         Houston        24
54           Alicia        Castle         24
69           James         Houston        24
35           John          Houston        27
87           Ward          Humble         35
42           Allen         Brooklyn       27
87           Ward          Humble         35

21 rows selected.
```

다음은 START WITH 절을 이용하여 계층 질의를 실행하는 SELECT 문의 예이다. 본 예제에서는 WORKERNO = 12인 조건식을 만족하는 하나의 루트 로우에 대해서만 하부 로우를 검색한다.

```
SQL> SELECT WORKERNO, WNAME, ADDR, MGRNO
     FROM WORKER2
     START WITH WORKERNO = 12
     CONNECT BY PRIOR WORKERNO = MGRNO;

WORKERNO    WNAME           ADDR            MGRNO
-----       -----------     -----------     ----------
12          Clark           Palo Alto       5
27          Ramesh          Humble          12
35          John            Houston         27
87          Ward            Humble          35
42          Allen           Brooklyn        27
24          Martin          Spring          12
54          Alicia          Castle          24
69          James           Houston         24

8 rows selected.
```

다음은 WHERE 절을 포함하여 계층 질의를 실행하는 SELECT 문의 예이다. 본 예제에서는 WORKERNO = 27인 로우가 WHERE 절 때문에 제거되었으나, 그 하부 로우는 모두 그대로 출력된다.

```
SQL> SELECT WORKERNO, WNAME, ADDR, MGRNO
     FROM WORKER2
     WHERE WNAME != 'Ramesh'
     START WITH WORKERNO = 12
     CONNECT BY PRIOR WORKERNO = MGRNO;

WORKERNO    WNAME           ADDR            MGRNO
-----       -----------     -----------     ----------
12          Clark           Palo Alto       5
35          John            Houston         27
87          Ward            Humble          35
42          Allen           Brooklyn        27
24          Martin          Spring          12
54          Alicia          Castle          24
69          James           Houston         24

7 rows selected.
```

다음은 LEVEL 컬럼을 포함하여 계층 질의를 실행하는 SELECT 문의 예이다.

```
SQL> SELECT WORKERNO, WNAME, ADDR, MGRNO, LEVEL
     FROM WORKER2
     START WITH WORKERNO = 12
     CONNECT BY PRIOR WORKERNO = MGRNO;

WORKERNO  WNAME          ADDR         MGRNO   LEVEL
-----     ------------   ----------   -----   ----------
12        Clark          Palo Alto    5       1
27        Ramesh         Humble       12      2
35        John           Houston      27      3
87        Ward           Humble       35      4
42        Allen          Brooklyn     27      3
24        Martin         Spring       12      2
54        Alicia         Castle       24      3
69        James          Houston      24      3

8 rows selected.
```

4.6.4. 병렬 질의

병렬 질의(Parallel Quary)란 하나의 SQL 문장을 여러 워킹 쓰레드를 사용하여 처리하는 것을 말한다. 대용량 테이블을 스캔할 때 여러 워킹 쓰레드가 테이블의 영역을 나눠서 처리하면 워킹 쓰레드 하나를 사용했을 때보다 빠르게 작업을 실행할 수 있다.

병렬 질의는 OLTP(Online transaction processing) 환경보다는 주로 데이터웨어하우스(Data warehouse)와 같은 대용량 데이터를 다루는 환경에서 주로 사용된다. 다음은 병렬 질의를 사용하는 예이다.

```
SQL> SELECT /*+ PARALLEL (4) */
     DEPTNO, AVG(SAL)
     FROM WORKER2
     GROUP BY DEPTNO;
```

위의 예에서처럼 병렬 질의를 사용하기 위해서는 PARALLEL 힌트를 사용하면 된다. 'PARALLEL (4)'라고 명시한 부분의 숫자 4는 병렬 질의 처리에서 사용할 워킹 쓰레드의 개수를 나타내며 보통 DOP(Degree Of Parallelism)라고 한다. 즉, 4개의 워킹 쓰레드를 사용해 해당 질의를 처리하도록 지시한다. 이와 같이 병렬 질의 실행이 지시되면 티베로 서버는 유휴 상태의 워킹 쓰레드를 사용자가 지정한 DOP 개수만큼 확보하려 할 것이다.

현재 사용할 수 있는 워킹 쓰레드가 힌트에 지정된 개수보다 부족하다면 확보할 수 있는 워킹 쓰레드만을 사용해 병렬 질의를 실행한다. 만약 유휴 상태의 워킹 쓰레드가 없어서 DOP가 1이 되면 병렬 질의는 진행되지 않으며, 일반 질의처럼 처리된다. 이러한 상황을 별도의 에러 메시지를 통해 알려주지는 않는다.

티베로가 병렬 질의로 실행할 수 있는 연산은 다음과 같다.

- TABLE FULL SCAN
- INDEX FAST FULL SCAN
- HASH JOIN
- NESTED LOOP JOIN
- MERGE JOIN
- SET 연산
- GROUP BY
- ORDER BY
- 집계 함수

티베로는 병렬 질의를 실행하기 위해 실행 계획을 생성한다. 다음은 병렬 질의를 실행하기 위해 실행 계획을 생성한 예이다.

```
SQL> SET AUTOT TRACE EXPLAIN
SQL> SELECT WORKERNO, WNAME, SAL FROM WORKER2 ORDER BY SAL;
SQL ID: 451
Plan Hash Value: 2848347407

Explain Plan
-------------------------------------------------------------------------------
1 ORDER BY (SORT)
2    TABLE ACCESS (FULL): WORKER


SQL> SELECT /*+ PARALLEL (4) */ WORKERNO, WNAME, SAL FROM WORKER ORDER BY SAL;
SQL ID: 449
Plan Hash Value: 979088785

Explain Plan
-------------------------------------------------------------------------------
1 PE MANAGER
2    PE SEND QC (ORDER)
3       ORDER BY (SORT)
```

```
4              PE RECV
5                  PE SEND (RANGE)
6                       PE BLOCK ITERATOR
7                            TABLE ACCESS (FULL): WORKER
```

위의 예를 보면, PARALLEL 힌트를 사용한 병렬 질의의 실행 계획에 기존에는 없던 새로운 연산 노드가 추가된 것을 확인할 수 있다. 이때 새로 추가된 노드는 병렬 질의 실행에 필요한 작업을 하게 된다.

PE RECV, PE SEND 노드가 추가된 경우에는 티베로는 병렬 질의를 실행하기 위해 2-set 모델을 사용한다. 이 경우 실제 사용하는 워킹 쓰레드의 개수는 DOP의 2배가 되며 2개의 set 중에서 한 곳의 워킹 쓰레드는 consumer의 역할을, 다른 set의 워킹 쓰레드는 producer의 역할을 하게 된다. 이렇게 2-set 모델을 사용하는 이유는 두 연산 노드를 동시에 병렬로 실행하여 파이프라이닝(Pipelining) 효과를 보기 위해서이다.

4.6.5. 집합 연산자

집합 연산자는 2개의 질의를 하나로 결합하는 데 사용된다. 집합 연산자에 의해 결합된 질의의 select_list에 명시된 연산식의 개수는 동일해야 하고 대응되는 연산식은 같은 데이터 타입 그룹에 속해야 한다. 〈표 4-30〉은 집합 연산자의 우선순위에 대한 설명이다.

표 4-30 | 집합 연산자의 우선순위

우선순위	집합 연사자	설명
1	INTERSECT	2개의 질의 결과 양쪽 모두에 존재하는 로우를 결과로 반환한다(A ∩ B).
2	UNION	2개의 질의의 결과에서 중복된 로우를 제거한 후 결과를 반환한다(A ∪ B).
	UNION ALL	2개의 질의의 결과에서 중복된 로우를 제거시키지 않고 모든 결과를 반환한다(A + B).
	MINUS	앞의 질의 결과에서 뒤의 질의 결과를 뺀 결과를 반환한다(A - B).
	EXCEPT	MINUS 집합 연산자와 동일하게 동작한다(A - B).

2개 이상의 질의가 집합 연산자에 의해 결합되면, 다음과 같은 규칙이 적용된다.

- 왼쪽에서 오른쪽 순서로 질의를 수행한다.
- 괄호를 사용하여 쿼리의 수행 순서를 조정할 수 있다.

집합 연산자는 다음과 같은 제약조건이 있다.

- select_list가 BLOB, CLOB 타입의 연산식을 가질 경우 집합 연산자를 사용할 수 없다.
- UNION, INTERSECT, MINUS, EXCEPT 연산자의 경우 LONG 타입의 컬럼이 허용되지 않는다.

- 먼저 명시된 질의의 select_list에 나오는 연산식에 별칭이 명시되어야만 order_by_clause에서 참조할 수 있다.
- for_update_clause를 명시할 수 없다.

대응되는 연산식이 동일한 데이터 타입의 그룹이 아니면 암시적인 형 변환은 허용되지 않으며, 동일한 데이터 타입의 그룹이면 다음과 같은 형 변환이 일어난다.

데이터 타입의 그룹이 숫자이면 결과는 NUMBER 타입이고, 데이터 타입의 그룹이 문자이면 다음의 규칙에 의해 결과의 데이터 타입이 결정된다. 그리고 양쪽이 CHAR 타입이면 결과는 CHAR 타입이고, 하나 또는 양쪽 모두 VARCHAR2 타입이면 결과는 VARCHAR2 타입이다.

4.7 tbPSM

SQL은 비절차적(Non-Procedural) 언어로 데이터베이스의 모든 작업을 통제한다. SQL은 대체로 간단하고 적은 수의 명령어로 구성되어 있다. 따라서 일반적으로 사용자는 SQL의 기초가 되는 데이터 구조와 알고리즘을 몰라도 자유롭게 SQL 명령을 실행할 수 있다. SQL의 장점에도 불구하고 사용자가 원하는 프로그램을 작성하려고 할 때 여전히 불편함이 따른다.

tbPSM(Tibero Persistent Stored Modules)은 티베로에서 제공하는 PSM 프로그램 언어 및 실행 시스템이다. 순차적으로 원하는 결과를 얻어야 하는 프로그램을 SQL 문장만으로 작성할 수 없다는 제약 때문에 tbPSM이 필요하다.

PSM(Persistent Stored Modules)은 절차적 기능을 갖춘 확장된 SQL을 생성하는 강력한 프로그래밍 언어이다. 그 기능이 매우 단순하고 강력하여 사용자에 의해 널리 사용되고 있다. 또한 PSM은 데이터베이스 프로그래밍을 위한 ISO 표준에 기반을 두고 있으며, SQL 명령을 사용하여 데이터베이스와 상호 연동을 할 수 있다.

tbPSM은 SQL 문장을 제어 구조(예: if...then...else..., loop) 등에 추가하여 프로그램을 절차적으로 구성할 수 있다. SQL의 비절차적인 구조의 문제점을 해결하여 사용자가 원하는 프로그램을 작성할 수 있다.

빈번하게 수행되는 작업을 데이터베이스 시스템에 컴파일 된 상태로 저장함으로써, 매번 해당 질의를 다시 컴파일해야 하는 부담을 덜어준다. 뿐만 아니라 tbPSM 내부에 IF, WHILE 등과 같은 제어 문장과 변수 등을 활용할 수 있기 때문에 복잡한 작업의 수행을 위해 애플리케이션 프로그램과 데이터베이스 서버 간의 빈번한 통신이 발생하는 것을 줄여 준다. 이 기능은 널리 사용되고 있는 PL/SQL 기능과 대등하다.

tbPSM은 다음과 같은 절차형 언어(제3세대 언어)의 성격을 SQL에 추가함으로써 사용자에게 편의를 제공한다.

- 변수와 타입
- 제어 구조
- 프로시저와 함수

4.7.1. 구성요소

4.7.1.1. 변수와 상수

변수는 프로그램을 작성할 때 값을 나타내는 문자나 문자들의 집합이다. 변수를 선언하는 방법은 다음과 같다.

```
변수 이름 변수의 타입[제약조건] [기본 값 정의]
```

표 4-31 | 변수 선언 항목

항목	설명
변수 이름	값을 나타내는 문자나 문자 세트의 이름이다. - 변수 이름을 먼저 입력한다. - 변수 이름 뒤에 변수의 타입과 제약조건이 따른다.
변수의 타입	데이터베이스 고유의 타입뿐만 아니라 tbPSM 프로그램에서 전용으로 사용하는 타입도 포함된다.
제약조건	데이터 타입에 따라 사용 여부가 달라진다.
기본 값 정의	정의된 변수에 값이 할당되지 않은 경우에는 정의된 기본 값을 사용한다.

다음은 변수를 선언하는 예이다.

```
id NUMBER;
product_name VARCHAR2(20) := 'Tibero';
```

변수를 할당하는 방법은 콜론(:)과 등호(=)를 조합하여 이루어진다.

```
[할당받는 대상] := [할당하는 대상]
```

표 4-32 | 변수 할당 항목

항목	설명
할당받는 대상	반드시 변수가 와야 한다.
:=	이 기호를 기준으로 왼쪽에 위치한 것은 할당 받는 대상이고 오른쪽은 할당하는 대상이다.
할당하는 대상	변수, 표현 식, 함수의 결과 등이 올 수 있으며 대상의 제약이 없다.

다음은 변수를 할당하는 예이다.

```
gravity := 9.8;
force := mass * acceleration;
grade := calculate_the_grade('Darwin');
```

상수는 프로그램이 수행되는 동안은 변하지 않는 값을 나타내는 데이터로 숫자, 문자, 문자열 등이 있다. 상수를 선언하는 방법은 다음과 같다.

```
변수이름 CONSTANT 변수의 타입 := [기본 값 정의]
```

표 4-33 | 상수 선언 항목

항목	설명
변수 이름	변수 이름이 제일 먼저 위치한다.
CONSTANT	상수의 선언은 CONSTANT라는 예약어를 사용하면 된다.
변수의 타입	변수의 데이터 타입을 설정한다.
기본 값 정의	정의된 상수에 값을 할당한다. 상수로 선언된 변수에는 어떠한 값도 다시 할당할 수 없다.

다음은 상수를 선언하고 특정 값을 할당하는 예이다.

```
PI CONSTANT NUMBER := 3.141592;
```

4.7.1.2. 제어 구조

tbPSM은 프로그램 실행 중에 발생되는 조건에 따라 특정 작업을 수행하거나 반복적인 작업을 수행하는 제어 구조(Control Structure)를 제공한다. 특정 작업을 수행하는 조건 구조(Conditional Structure)와 반복 작업을 수행하는 반복 구조(Iterative Structure)를 위한 다양한 명령어를 제공한다. tbPSM의 제어 구조는 다음과 같이 구분할 수 있다.

- **선택적(Selective) 제어 구조** : IF 문과 CASE 문이 포함된다.
- **반복 제어 구조(Iterative Structure)** : LOOP 문, WHILE 문, FOR 문이 포함된다.

다음은 IF 문의 예이다.

```
DECLARE
   evaluation_score NUMBER;
BEGIN
   SELECT bonus into evaluation_score FROM worker WHERE worker_no = 19963077; ▶
```

```
    IF evaluation_score > 80 THEN
      DBMS_OUTPUT.PUT_LINE('This person gets a salary bonus.');
    ELSE
      DBMS_OUTPUT.PUT_LINE('This person does not get a salary bonus.');
    END IF;
END;
```

4.7.1.3. 서브 프로그램과 패키지

서브 프로그램(Subprogram)은 일반적인 프로그래밍에서의 함수와 동일한 기능을 수행한다. 기본적으로 프로시저(Procedure)와 함수(Function)를 제공하는데, 이 둘의 차이점은 프로시저는 반환 값이 없고, 함수는 반환 값이 있다는 것이다. 서브 프로그램은 tbPSM의 프로그램 구조와 마찬가지로 선언부, 실행부, 예외 처리부로 구성된다.

다음은 서브 프로그램을 작성한 예이다.

```
CREATE [OR REPLACE] PROCEDURE check_sal(name VARCHAR2) IS
    sal NUMBER;
    invalid_id exception;
BEGIN
    SELECT registered_num INTO sal FROM worker WHERE worker_name = name;
    IF sal < 7000 THEN
      raise invalid_sal;
    END IF;
    DBMS_OUTPUT.PUT_LINE('Correct');
EXCEPTION
    WHEN invalid_id THEN
      DBMS_OUTPUT.PUT_LINE('Invalid registration number');
END
```

패키지(Package)는 서브 프로그램과 변수, 상수의 집합이라 할 수 있다. 즉, 관련된 기능을 그룹으로 묶어 사용할 수 있어 프로그램을 관리하기가 쉽다. 패키지는 사용하는 시점에 패키지의 구성요소가 일시에 메모리에 로드되므로 특정 작업을 수행할 때 데이터베이스 서버의 성능을 향상시키는데 도움이 되기도 한다. 모듈 간의 의존성 축소화(Dependency Minimizing)를 위해서도 사용된다.

패키지는 선언부(Specification)와 구현부(Body)로 구성된다. 선언부에는 패키지에서 사용할 함수와 프로시저의 이름 그리고 변수, 상수, 타입, 예외 상황, 커서의 선언 정보가 포함된다.

다음은 선언부의 작성 예이다.

```
CREATE [OR REPLACE] PACKAGE book_manager IS
  book_cnt NUMBER;
  PROCEDURE add_new_book(author VARCHAR2, name VARCHAR2, publish_year DATE);
PROCEDURE remove_lost_book(author VARCHAR2, name VARCHAR2);
  FUNCTION search_book_position(author VARCHAR2, name VARCHAR2)
    RETURN NUMBER;
  FUNCTION get_total_book_cnt RETURN NUMBER;
END;
```

구현부에는 선언된 프로시저나 함수가 실제로 구현되는 부분이다. 다음은 구현부의 작성 예이다.

```
CREATE [OR REPLACE] PACKAGE BODY book_manager IS
  PROCEDURE add_new_book(v_author VARCHAR2, v_name VARCHAR2,
       publish_year DATE) IS
  BEGIN
    IF substr(v_name, 1, 1) >= 'a' AND
      substr(v_name, 1, 1) < 'k' THEN
         INSERT INTO books
      VALUES (1, v_author, v_name, publish_year);
    ELSE
         INSERT INTO books
      VALUES (2, v_author, v_name, publish_year);
    END IF;
    COMMIT;
    book_cnt := book_cnt + 1;
  END;

  PROCEDURE remove_lost_book(v_author VARCHAR2, v_name VARCHAR2) IS
  BEGIN
    DELETE FROM books WHERE author = v_author AND name = v_name;
    COMMIT;
  END;

  FUNCTION search_book_position(v_author VARCHAR2, v_name VARCHAR2)
  RETURN NUMBER IS
    book_position NUMBER;
  BEGIN
    SELECT kind INTO book_position FROM books
      WHERE author = v_author AND name = v_name;
    RETURN book_position;
  EXCEPTION
    WHEN NO_DATA_FOUND THEN
```

▶

```
        DBMS_OUTPUT.PUT_LINE('NOT EXIST...SORRY');
        RAISE;
    END;

    FUNCTION get_total_book_cnt RETURN NUMBER IS
    BEGIN
        RETURN book_cnt;
    END;
BEGIN
    book_cnt := 0;
END;
```

4.7.1.4. 커서

커서(Cursor)는 SQL 문장을 처리한 후 얻은 결과 집합에 대한 포인터이다. 데이터베이스에서 탐색된 여러 로우를 처리하기 위해 사용된다. 프로그램은 커서를 사용하여 질의(Query)의 결과로 생성된 집합을 한 번에 한 로우씩 검사하고 처리할 수 있다. 커서는 질의의 결과와 반환되는 결과 집합이 매우 크거나 크기를 예상할 수 없는 경우에 유용하게 사용된다. tbPSM은 커서와 커서의 변수를 제공한다.

다음은 커서를 사용한 예이다.

```
DECLARE
    WORKER_NO VARCHAR(8);
    CURSOR c1 IS SELECT WORKER_NO FROM worker;
BEGIN
    OPEN c1;
    LOOP
        FETCH c1 INTO WORKER_NO;
        EXIT WHEN c1%NOTFOUND;
    END LOOP;
END;
```

4.7.1.5. 에러 처리

tbPSM 프로그램은 실행 중에 에러가 발생할 수 있다. 예를 들어 SELECT INTO 문을 실행했을 때 반환되는 로우가 없는 경우를 들 수 있다. 이러한 에러를 예외 상황(Exception)이라 한다. tbPSM 프로그램 내에서는 실행 중에 발생할 수 있는 예외 상황을 처리하기 위한 루틴을 포함시킬 수 있다. 이러한 루틴을 에러 처리 루틴(Error Handling Routine)이라고 한다. 에러가 발생했을 때 그 에러에 대한 처리 루틴이 정의된 경우 해당 루틴을 실행하게 된다. 이러한 루틴을 통해 tbPSM 프로그램은 구조가 명확해지고 관리가 쉬워진다는 장점이 있다.

다음은 에러를 처리하는 예이다.

```
DECLARE
  no_bonus exception;
  the_sales NUMBER := 12000;
BEGIN
  IF the_sales < 20000 THEN
    raise no_bonus;
  END IF;
  DBMS_OUTPUT.PUT_LINE('Your bonus is $' || the_sales * 0.1);
EXCEPTION
  WHEN no_bonus THEN
    DBMS_OUTPUT.PUT_LINE('Sorry, increase the sales');
END;
```

4.7.1.6. 프로그램 구조

tbPSM 프로그램은 기본적으로 블록(block) 구조로 이루어져 있다. 하나의 블록은 크거나 작은 하나의 작업을 수행하는 모듈이며, 다른 블록을 포함할 수 있다.

전형적인 tbPSM의 블록은 다음과 같이 세 부분으로 구성된다.

① 선언부

DECLARE와 함께 시작되며, 블록 내에서 사용할 데이터 변수를 선언하는 부분이다. 선언부는 다음과 같은 특징이 있다.

- 생략할 수 있다.
- 선언부는 실행 코드부와 에러 처리부와는 달리 서브 블록을 포함할 수 없다.
- 실행 코드부에서 사용하는 변수가 없으면 선언부는 블록에 포함하지 않아도 된다.

② 실행 코드부

BEGIN 예약어와 END 예약어 중간에 포함된다. 실행 코드부는 다음과 같은 특징이 있다.

- 데이터베이스를 액세스하기 위한 일반적인 SQL 문장과 제어 구조 문장이 포함된다.
- 실행 코드부 내의 모든 SQL 문장과 코드는 항상 세미콜론(;)으로 끝난다.

③ 에러 처리부

BEGIN 예약어와 END 예약어 중간에 포함되며, 실행 코드부에서 발생한 에러를 처리하는 부분이다. 이러한 에러를 예외 상황이라 한다. 예외 상황에는 시스템이 미리 정의해 둔 것과 사용자가 프로그램에서 정의한 것이 있다.

다음은 tbPSM 프로그램의 구조를 나타내는 예이다.

```
DECLARE
    -- 선언부
    name varchar(32);

BEGIN
    -- 실행 코드부
    SELECT worker_name INTO name FROM worker WHERE worker_no = 100;

EXCEPTION
    -- 에러 처리부
WHEN NO_DATA_FOUND THEN
    dbms_output.put_line(' worker not exist');

END;
```

위 예에 있어서 tbPSM 프로그램 수행 처리 순서를 설명하면 다음과 같다.

① 선언부는 DECLARE와 함께 name이라는 변수를 선언한다. 데이터 타입은 varchar이며, 길이는 32이다.
② 실행 코드부는 WORKER 테이블에서 worker_no 컬럼이 100인 worker_name의 데이터를 검색한다. 검색한 결과는 선언 부에서 정의한 name에 할당한다. 만약, 검색된 결과가 없으면 에러 처리부로 이동한다.
③ 에러 처리부는 검색된 결과가 없을 때 처리되는 부분으로 메시지 버퍼에 worker not exist라는 메시지를 EOF 문자와 함께 저장한다.

4.7.2. 서브 프로그램(Subprogram)

서브 프로그램은 다른 tbPSM 프로그램 내에서 호출할 수 있는 프로그램 블록이다. 서브 프로그램을 호출할 때에는 해당 서브 프로그램 내에서 사용할 파라미터를 함께 전달해야 한다.

서브 프로그램의 실행이 모두 끝나면 해당 서브 프로그램을 호출한 뒷부분부터 프로그램의 실행은 계속된다. 서브 프로그램은 항상 이름을 가져야 하며, 서브 프로그램 내에서 또 다른 서브 프로그램을 호출할 수 있다.

서브 프로그램을 이용함으로써 얻을 수 있는 장점은 다음과 같다.

- **모듈성(Modularity)** : 기능별로 각각의 모듈로 분리하여 프로그램을 작성할 수 있다. 이러한 모듈은 복잡한 모듈이 될 수도 있고 작은 모듈일 수도 있다.
- **재사용성(Reusability), 관리의 편의성(Maintainability)** : 서브 프로그램은 정해진 특정 기능을 수행하므로, 동일한 기능을 필요로 하는 여러 프로그램에서 해당 서브 프로그램을 공통적으로

이용할 수 있다. 재사용성은 관리의 편의성(maintainability)을 의미하기도 한다.
- **추상화(Abstraction)** : 기능이 같다면 서브 프로그램 내부를 변경하더라도 프로그램 전체에 영향을 주지 않는다. 즉, 인터페이스에 변화가 없으며 문제가 발생되지 않는다.

4.7.2.1. 프로시저(Procedure)

프로시저는 서브 프로그램의 한 종류로써 함수와는 다르게 반환 값이 없다. 프로시저를 선언하는 방법은 다음과 같다.

```
[CREATE [OR REPLACE]] PROCEDURE 프로시저_이름 [(파라미터[, 파라미터])]
[AUTHID {DEFINER | CURRENT_USER}] {AS | IS}
  [PRAGMA AUTONOMOUS_TRANSACTION;]
  [선언부]
BEGIN
  [실행부]
  [예외 처리부]
END;
```

프로시저는 1개 이상의 파라미터를 가질 수 있으며, 2개 이상의 파라미터를 갖는 경우 각 파라미터는 콤마(,)로 분리하여 사용한다.

프로시저 이름과 동일한 이름을 갖는 프로시저가 이미 존재하는 경우에도 OR REPLACE 문이 삽입된 경우 해당 프로시저를 생성할 수 있다. 또한 동일한 이름을 갖는 프로시저가 이미 존재하는 경우 프로시저의 내용은 새롭게 작성된 프로시저의 내용으로 갱신된다.

다음은 새로운 직원 정보를 WORKER 테이블에 삽입하는 프로시저의 예시이다.

```
CREATE OR REPLACE PROCEDURE NEW_WORKER (wname VARCHAR2, deptno NUMBER) ... ①
...
IS
  salary NUMBER;
  deptno_not_found EXCEPTION;
BEGIN
  IF deptno = 5 THEN
    salary := 30000;
  ELSIF deptno = 6 THEN
    salary := 35000;
  ELSE
    RAISE deptno_not_found;                          ... ② ...
```

```
    END IF;

    INSERT INTO WORKER2 (WNAME, SALARY, DEPTNO)    ... ③ ...
       VALUES (wname, salary, deptno);
EXCEPTION
WHEN deptno_not_found THEN
    ROLLBACK;                      ... ④ ...
END NEW_WORKER;
```

위의 예시에 대한 설명은 다음과 같다.

① 2개의 입력 파라미터를 받는다.
② 입력된 부서 번호에 따라 봉급(Salary)을 결정하고, 만약 미리 정해진 부서 번호가 아니면 예외 상황을 발생시킨다. 사용자가 정의한 예외 상황을 발생시키는 것은 RAISE 문을 이용한다. 이때 사용자가 정의한 예외 상황은 선언부에 미리 정의되어 있어야 한다.
③ 봉급이 결정되면 WORKER 테이블에 새로운 로우를 삽입한다.
④ 프로시저를 종료한다. 프로시저 또는 함수의 맨 마지막에 COMMIT 또는 ROLLBACK 문을 포함시킨다. 단, 하나의 트랜잭션에서 여러 프로시저나 함수를 호출하는 경우에는 모든 프로시저와 함수를 호출한 후 커밋 또는 롤백을 수행해야 한다.

4.7.2.2. 함수

함수(Function)는 프로시저와는 다르게 반환 값이 있다. 따라서 RETUN 문이 반드시 삽입돼야 한다. 함수를 선언하는 방법은 다음과 같다.

```
[CREATE [OR REPLACE]] FUNCTION 함수_이름 [(파라미터[, 파라미터])]
RETURN 반환_타입 [AUTHID {DEFINER | CURRENT_USER}] {AS | IS}
    [PRAGMA AUTONOMOUS_TRANSACTION;]
    [선언부]
BEGIN
    [실행부]
    RETURN 반환 값;
    [예외 처리부]
END;
```

RETURN 문 다음에는 함수의 선언부에서 해당 함수가 반환할 값의 데이터 타입을 미리 지정해야 한다. 만약 예외 처리부가 있는 경우에는 예외 처리부가 시작하기 직전에 반환할 값을 입력하고, 예외 처리부가 없는 경우에는 실행부의 마지막에 반환할 값을 입력한다.

다음은 함수의 예이다. salary 값을 반환하는 NEW_WORKER 함수이다.

```
CREATE OR REPLACE FUNCTION NEW_WORKER (wname VARCHAR, deptno INT)
RETURN NUMBER IS      ... ① ...
   ...
BEGIN
   ...
   RETURN salary;    ... ② ...
EXCEPTION
   ...
END NEW_WORKER;
```

위의 예시에 대한 설명은 다음과 같다.

① 반환 값의 데이터 타입을 선언한다
② RETURN 문장을 포함한다.

4.7.2.3. 서브 프로그램의 파라미터

실제 파라미터의 값은 프로시저가 호출될 때 프로시저에 전달되며, 프로시저 내에서 형식 파라미터를 사용하여 참조된다. 이때 값뿐만 아니라 변수에 대한 제한도 함께 전달된다.

프로시저의 내부에 선언된 변수는 다른 프로시저의 인수로 전달된다. 이를 실제 파라미터라고 한다. 또한 프로시저의 인수 부분에 선언된 파라미터는 형식 파라미터라고 한다.

실제 파라미터는 호출될 때 프로시저에 전달되는 값을 포함하고, 반환할 때 프로시저로부터 결과를 받는다. 실제 파라미터의 값은 프로시저에서 사용될 값이다.

형식 파라미터는 실제 파라미터의 값에 대한 위치 지정자이다. 프로시저가 호출될 때 형식 파라미터는 실제 파라미터의 값을 할당받고, 프로시저 내에서 형식 파라미터에 의해 참조된다. 프로시저가 호출될 때 실제 파라미터는 형식 파라미터의 값을 할당받는다. 이 할당은 필요하다면 타입 변환을 실행한다.

프로시저를 선언할 때는 형식 파라미터의 데이터 타입에 대한 제한이 없다. 데이터 타입에 대한 제한은 실제 프로그램 내에서 선언한 프로시저를 사용할 때 명시한다.

◆ 파라미터 모드

형식 파라미터는 다음과 같이 4개의 모드를 제공한다. 만약 모드를 지정하지 않으면 디폴트는 IN 모드로 선언된다.

〈표 4-34〉는 각 모드에 대한 설명이다.

표 4-34 | 각 모드에 대한 설명

모드	설명
IN 모드	실제 파라미터의 값은 프로시저가 호출될 때 프로시저에 전달한다. 프로시저 내에서 형식 파라미터는 읽기 전용으로 간주된다. 즉, 값을 변경할 수 없다는 뜻이다. 프로시저가 끝나고 제어가 호출 환경에 반환될 때 실제 파라미터는 변경되지 않는다.
OUT 모드	프로시저가 호출될 때 실제 파라미터가 가지는 값은 무시된다. 프로시저 내에서 형식 파라미터는 쓰기 전용으로 간주된다. 즉, 할당만 될 수 있고 읽을 수는 없다. 프로시저가 끝나고 제어가 호출 환경에 반환될 때 형식 파라미터의 내용은 실제 파라미터에 전달된다.
INOUT 모드	IN 모드와 OUT 모드의 조합이다. 실제 파라미터의 값은 프로시저가 호출될 때 프로시저에 전달한다. 프로시저 내에서 형식 파라미터는 읽거나 쓸 수 있다. 프로시저가 끝나고 제어가 호출 환경에 반환될 때 형식 파라미터의 내용은 실제 파라미터에 할당된다.
NOCOPY 모드	실제 파라미터가 형식 파라미터에 전달될 때 복사 여부를 결정한다. NOCOPY 모드가 선언된 경우에는 복사하지 않고, 단순히 참조(reference)만 하므로 서브 프로그램의 호출 속도를 높일 수 있다. 단, OUT 모드 또는 IN OUT 모드에서만 사용할 수 있다.

◆ 중복 선언

tbPSM에서는 서브 프로그램의 이름을 중복 선언(Overloading)하는 것을 허용한다. 단, 다음과 같은 몇 가지 제약조건이 있다.

- 중복 선언은 패키지 내의 서브 프로그램이나 선언부에 정의된 서브 프로그램 사이에서만 가능하다.
- 파라미터의 이름만 다른 경우에는 중복 선언을 할 수 없다.
- 파라미터의 모드만 다른 경우에는 중복 선언을 할 수 없다.
- 파라미터의 서브타입만 다른 경우에는 중복 선언을 할 수 없다.
- 함수에서 반환 값의 타입만 다른 경우에는 중복 선언을 할 수 없다.

다음은 중복 선언의 예이다.

```
DECLARE
  PROCEDURE compute_mass(age NUMBER, name VARCHAR2) IS
  BEGIN
  DBMS_OUTPUT.PUT_LINE('Type of age is NUMBER');
  END;
  PROCEDURE compute_mass(age DATE, name VARCHAR2) IS
  BEGIN
  DBMS_OUTPUT.PUT_LINE('Type of age is DATE');
  END;
BEGIN
```

```
    compute_mass(24, 'Tibero');           -- 첫 번째 프로시저 호출
    compute_mass(date '2010/10/24', 'Tibero');  -- 두 번째 프로시저 호출
END;
/

Type of age is NUMBER
Type of age is DATE


PSM completed
SQL>
```

◆ 정의자 권한과 호출자 권한

tbPSM에서는 다음과 같이 2개의 권한을 정의하고 있다.

1. 정의자 권한(Definer's Rights)

서브 프로그램이 처음 정의될 때 해당 스키마(Schema)가 가진 권한으로 항상 수행되며, 그 스키마가 소유한 객체만 볼 수 있다. 따라서 항상 같은 스키마에 같은 객체를 보게 된다.

2. 호출자 권한(Invoker's Rights)

서브 프로그램을 수행하는 주최자(또는 호출자)의 스키마가 가진 권한으로 수행되며, 호출자가 소유한 스키마의 객체만 볼 수 있다. 호출자 권한으로 정의한 경우 다음과 같은 장점이 있다.

- **프로그램의 유연성** : 소스 코드를 재사용할 수 있어 하나의 프로그램으로 여러 사용자에게 프로그래밍의 유연성을 제공할 수 있다.
- **중요한 데이터 보호** : 중요한 정보에 접근하는 프로그램은 정의자 권한으로 생성하고, 다시 이 프로그램을 호출자 권한으로 생성하면 다수의 사용자로부터 중요한 데이터를 보호할 수 있다.

정의자 권한으로 선언할 때에는 AUTHID 절에 DEFINER를 정의하고, 호출자 권한으로 선언할 때에는 CURRENT_USER로 정의한다. 예를 들면 다음과 같이 선언한다.

```
CREATE PROCEDURE count_total_days_per_year(year NUMBER)
AUTHID {CURRENT_USER | DEFINER} IS
   ....
BEGIN
   ....
END;
```

4.7.3. 패키지

4.7.3.1. 패키지 구조

패키지(Package)는 개념적으로 관련 있는 tbPSM의 변수나 타입, 서브 프로그램을 그룹화하여 모아 놓은 객체이다. 패키지는 보통 선언부와 구현부로 구성된다. 선언부는 사용자에게 보이는 인터페이스로 공개(Public)적인 성격을 갖는다.

패키지의 선언부는 다음과 같은 형식을 갖는다.

```
CREATE [OR REPLACE] PACKAGE 패키지_이름
[AUTHID {CURRENT_USER | DEFINER}] {IS | AS}
    [변수, 타입 선언...]    -- 공개
    [커서 선언...]
    [함수 선언...]
    [프로시저 선언...]
END;
```

표 4-35 | 패키지 선언부 AUTHID

옵션	설명
AUTHID	패키지 수준으로 패키지 된 모듈이 수행하는 권한(privileges)을 지정한다.

패키지 모듈에서는 독립형 모듈과 달리 AUTHID 절을 사용하여 각 단위를 개별적으로 다른 권한을 지정할 수 없다.

구현부는 선언부에서 선언한 내용을 실제로 구현하는 부분이다. 사용자에게는 구현된 내용이 보이지 않으며, 비공개적(Private)인 성격을 갖는다. 패키지 구현부는 다음과 같은 형식을 갖는다.

```
CREATE [OR REPLACE] PACKAGE BODY 패키지_이름
[AUTHID {CURRENT_USER | DEFINER}] {IS | AS}
[변수, 타입 선언...]    -- 비공개
[커서 구현...]
[함수 구현...]
[프로시저 구현...]
[BEGIN
초기화]
END;
```

패키지는 선언부에서 선언된 커서나 서브 프로그램 등에 대해 구현부에서 실제로 실행될 내용을 구현해야 한다. 그렇지 않으면 예외 상황이 발생한다. 패키지 구현부에서는 변수, 타입, 커서, 예외 상황, 서브 프로그램 등을 선언하고 구현할 수 있다. 선언부에 존재하지 않는 변수나 서브 프로그램

등은 사용자에게 공개되지 않기 때문에 사용할 수 없다.

4.7.3.2. 패키지 초기화

패키지 구현부에는 BEGIN ... END 절을 사용할 수 있다. BEGIN ... END 절 사이에는 선언부에서 명시한 변수를 초기화할 수 있고, 패키지가 처음 사용되는 시점에 단 한번 호출된다.

다음은 anniversary_manager 패키지의 선언부의 예시이다.

```
CREATE PACKAGE anniversary_manager IS
  month_counter PLS_INTEGER;
  PROCEDURE compute_elapsed_days(start_day DATE);
END;
```

다음은 anniversary_manager 패키지의 구현부의 예시이다.

```
CREATE PACKAGE BODY anniversary_manager IS
  PROCEDURE compute_elapsed_days(start_day DATE) IS
  BEGIN
    month_counter := months_between(sysdate(), start_day);
    DBMS_OUTPUT.PUT_LINE(month_counter * 30 || ' days...');
  END;
BEGIN
  month_counter := 0;
  DBMS_OUTPUT.PUT_LINE('package is initialized');
END;
```

다음은 anniversary_manager 패키지를 수행한 결과 예시이다.

```
SQL> BEGIN
  anniversary_manager.compute_elapsed_days('1979/10/27');   ... 첫 번째 호출 ...
  DBMS_OUTPUT.PUT_LINE('============ ');
  anniversary_manager.compute_elapsed_days('1998/03/02');   ... 두 번째 호출 ...
    END;
/
package is initialized
9780 days...
============
3180 days...

PSM completed
SQL>
```

앞의 결과에서 보듯이 첫 번째로 compute_elapsed_days 프로시저가 호출된 경우에는 패키지 구현부의 'BEGIN ... END' 절이 수행되는 반면, 두 번째로 호출된 경우에는 수행되지 않는 것을 알 수 있다.

4.7.3.3. 패키지 객체

패키지 객체(Instance)란 패키지에 선언한(서브 프로그램을 제외한) 변수, 타입, 예외 상황, 커서 등을 말한다.

◆ **패키지 객체 연속성**

최초로 패키지가 참조되는 순간에 패키지 객체의 전부가 메모리에 로딩되고, 한번 로딩된 패키지 객체는 세션이 닫히기 전까지는 계속 존재하게 된다. 또한 한 명의 사용자가 서로 다른 프로그램을 호출하는 동안에도(직접 해당 변수를 수정하지 않는 조건이라면) 패키지 객체는 동일한 값을 갖는다.

다음은 test_instance 패키지의 선언부의 예시이다.

```
CREATE PACKAGE test_instance IS
  total_cnt NUMBER;
  FUNCTION get_total_cnt RETURN NUMBER;
END;
```

다음은 test_instance 패키지의 구현부의 예시이다.

```
CREATE PACKAGE BODY test_instance IS
  FUNCTION get_total_cnt RETURN NUMBER IS
  BEGIN
    RETURN total_cnt;
  END;
BEGIN
  DBMS_OUTPUT.PUT_LINE('Package is initialized');
  total_cnt := 0;
END;
```

다음은 test_instance 패키지를 수행한 결과 예시이다.

```
SQL> BEGIN
  MS_OUTPUT.PUT_LINE('초기 값 = ' || test_instance.get_total_cnt);
  - 패키지 객체인 total_cnt의 값을 바꾼다.
  est_instance.total_cnt := 3;   ... ⓐ ...
      END;
/
```

```
Package is initialized
초기 값 = 0

PSM completed
SQL>
```

위의 예시의 ⓐ에서 total_cnt에 대입한 값이 계속 유지되고 있다. 이때 SQL 문장을 실행하면 다음과 같이 변경된 값의 결과가 출력된다.

```
SQL> BEGIN
  DBMS_OUTPUT.PUT_LINE(test_instance.get_total_cnt);
    END;
/

3

PSM completed
SQL>
```

◆ 패키지 객체 참조범위

한 패키지 객체는 한 명의 사용자에게만 한정된다. 따라서 서로 다른 사용자는 각각 다른 객체를 참조하게 된다. test_instance 패키지의 예를 기준으로 다음과 같이 SQL 문장을 실행한다.

```
SQL> BEGIN
        DBMS_OUTPUT.PUT_LINE('초기 값 = ' || test_instance.get_total_cnt);
        -- 패키지 객체인 total_cnt의 값을 바꾼다. test_instance.total_cnt := 3;
        DBMS_OUTPUT.PUT_LINE('바꾼 값 = ' || test_instance.get_total_cnt);
END;
/

Package is initialized
초기 값 = 0
바꾼 값 = 3

PSM completed
SQL>
```

이러한 과정을 수행하고 나서 다른 콘솔 창을 실행하여 다시 같은 사용자로 접속한다.

```
SQL> BEGIN
DBMS_OUTPUT.PUT_LINE(test_instance.get_total_cnt);
END;
/

Package is initialized
0

PSM completed
SQL>
```

이전에 total_cnt의 값을 0에서 3으로 바꾼 것과는 상관없이 초기 값 0이 그대로 유지되고 있는 것을 확인할 수 있다.

4.7.3.4. 패키지 서브 프로그램 중복 선언

패키지의 서브 프로그램은 중복 선언을 할 수 있다. 다음은 패키지 서브 프로그램의 중복 선언에 대한 예이다. 다음은 calculator 패키지의 선언부의 예시이다.

```
CREATE PACKAGE calculator IS
  ...
  FUNCTION add (x NUMBER, y NUMBER) RETURN NUMBER;
  FUNCTION add (x NUMBER, y VARCHAR2) RETURN NUMBER;
  ...
END;
```

다음은 calculator 패키지의 구현부의 예시이다.

```
CREATE PACKAGE BODY calculator IS
  ...
  FUNCTION add (x NUMBER, y NUMBER) RETURN NUMBER IS
  BEGIN
    RETURN x + y;
  END;
  FUNCTION add (x NUMBER, y VARCHAR2) RETURN NUMBER IS
  BEGIN
    RETURN x + to_number(y);
  END;
END;
```

4.7.3.5. 시스템 패키지

tbPSM에서는 사용자의 편의를 위해 STANDARD, DBMS_LOB, DBMS_OUTPUT, UTL_RAW 등의 시스템 패키지를 제공한다.

STANDARD 패키지는 tbPSM에서 사용하는 모든 타입과 예외 상황, 시스템 서브 프로그램을 정의한다.

만약 사용자의 실수로 이 패키지가 삭제되거나 내용이 변경된다면 tbPSM 프로그램의 수행 자체가 실패하거나 잘못된 결과를 출력할 수 있으므로 주의해야 한다. STANDARD 패키지를 직접 수정하지 않고, 사용자의 편의에 따라 같은 이름의 서브 프로그램이나 패키지를 생성할 수 있는데, 이러한 경우 우선순위에 따라 항상 사용자 패키지나 서브 프로그램이 우선권을 가지게 된다. 따라서 STANDARD 패키지를 다시 사용하려면 STANDARD.XXX 형식으로 생성하면 된다.

PART 05 티베로 관리자를 위한 실무 테크닉

- ☑ 티베로 클러스터링(Clustering)
- ☑ 티베로 백업/복구
- ☑ 티베로 성능관리 및 모니터링
- ☑ 티베로 데이터베이스 암호화
- ☑ 티베로 인터페이스(CLI, ESQL, JDBC, ODBC, OLE DB)
- ☑ 티베로 유틸리티(tbSQL, tbExport, tbImport, tbLoader)
- ☑ 티베로 데이터베이스 링크

Chapter 05 티베로 관리자를 위한 실무 테크닉

 티베로 데이터베이스 관리자에게 필요한 Cluster 이중화(TAC, TSC) 방법, 각종 장애에 따른 백업/복구 방법, 이기종 데이터베이스 간에 DB Link 생성 방법, 다양한 방법을 통한 애플리케이션 연동 방법 등을 살펴보기로 한다. 또한 티베로 6에 새롭게 소개되는 TAS(Tibero Active Storage)에 대해서도 살펴보기로 한다.

5.1 티베로 클러스터링(Clustering)

5.1.1. TBCM(Tibero Cluster Manager)

5.1.1.1. TBCM 개요

 Tibero Cluster Manager(TBCM)는 클러스터의 가용성을 높이고 관리의 편의를 지원하는 티베로의 부가 기능이다. 데이터베이스 클러스터를 구성하는 요소들에는 데이터베이스 인스턴스(Instance), 인터커넥트(Interconnect), 공유 디스크 등이 있는데, TBCM은 이러한 구성 요소들에 대한 모니터링 및 관리 작업을 수행한다. 구체적으로 클러스터를 구성하는 각 노드의 TBCM들은 해당 노드에 속한 클러스터 구성 요소들에 대한 감시를 진행하고, TBCM 간에 네트워크와 공유 디스크를 통해 하트비트(Heartbeat) 메시지를 주고 받으며 다른 노드의 상태를 파악한다. 이러한 모니터링 과정 중 클러스터 구성 요소의 비정상적인 상태가 감지된 경우, TBCM 간에 공유된 정보를 통해 클러스터의 멤버십 구성을 자동으로 변경한다. 이는 일부 클러스터 구성 요소의 문제로 인해 전체 클러스터의 서비스가 중단되지 않도록 하기 위해서이다.

TBCM은 티베로 인스턴스(Tibero Instance)와 별도로 기동과 종료를 수행하는 별도의 프로세스로 존재한다. 데이터베이스 클러스터로 구성돼 있는 티베로 인스턴스의 기동을 위해서는 해당 티베로 인스턴스를 관리하는 TBCM의 기동이 선행돼야 한다.

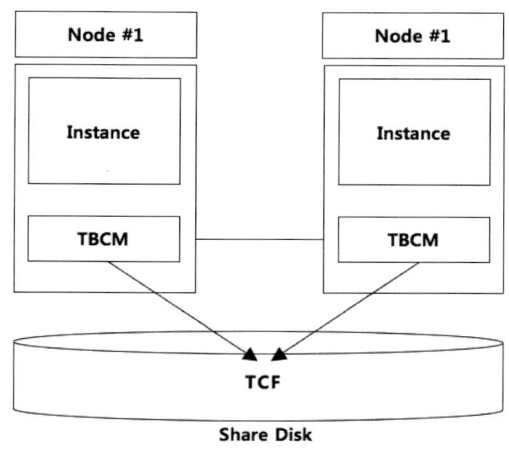

그림 5-1 | TBCM 구성도

〈그림 5-1〉에서 보이는 것과 같이 TBCM 환경파일(Tibero Control File = TCF)은 공유 디스크 상에 공유하여 클러스터에 속한 모든 노드들이 읽기/쓰기를 할 수 있도록 구성해야 한다.

5.1.1.2. TBCM 동작 모드

티베로의 클러스터를 구성하기 위하여 클러스터 파일(TCF)에 매개변수를 각기 다르게 적용한다. 즉, 동작 방식의 차이가 있음을 의미하며 분류는 〈표 5-1〉과 같다.

표 5-1 | TBCM 동작모드

동작 모드	설명
ACTIVE_SHARED	SHARED 동작 모드는 공유 디스크에 TBCM 클러스터 파일을 저장하여 클러스터를 관리한다. ACTIVE_SHARED 동작 모드는 TAC(Tibero Active Cluster)를 위해 사용하는 모드이다. 공유 디스크를 기반으로 구성한 클러스터에 속하는 모든 노드의 티베로가 클러스터 서비스에 함께 참여한다. 서비스 중에 특정 노드가 동작을 멈춰도 나머지 노드의 서비스가 중지되지 않도록 클러스터의 구성을 자동으로 변경시키는 기능을 수행한다.
ACTIVE_REPLACATION	REPLICATION 동작 모드는 공유 디스크 대신 TBCM 코디네이터 데몬을 이용하여 클러스터를 관리한다. ACTIVE_REPLICATION 동작 모드는 티베로를 위해 사용하는 모드이다. 이중화 기능으로 연결된 클러스터에서 서비스 하는 특정 노드가 동작을 멈춰도 나머지 노드의 서비스가 중지되지 않도록 클러스터의 구성을 자동으로 변경시키는 기능을 수행한다.

동작 방식을 살펴보면 공유 디스크와 TBCM 코디네이션 데몬의 차이로 볼 수 있다. 공유 디스크는 일반적으로 사용되는 파일 시스템(File System) 또는 로우 디바이스(RAW Device)에 클러스터 파일

에 정보를 저장하여 관리하고, TBCM 코디네이션 데몬은 별도의 데몬에 정보를 저장 관리하는 방식을 말하는 것이다. TBCM 환경 설정 시에 가장 자주 실수하는 부분이 클러스터를 구성하는 각 노드에서 공유 파일에 대한 접근 권한 문제로 인한 것이다.

5.1.1.3. TBCM 멤버십 관리

클러스터에 속한 노드들 안에 포함되어 있는 TBCM들이 추가되거나 삭제되는 경우에 대해 상호간에 인지를 하고 있어야 한다. 노드가 적은 경우라면 담당 데이터베이스 관리자가 임의적으로 추가를 할 수도 있다. 하지만 여러 시스템을 운영하고 노드가 많다면 관리의 한계가 발생할 수 있으며, 장애에 대한 포인트도 어려울 수 있다. 이러한 것을 방지하고자 티베로는 멤버십을 관리하기 위해 두 가지의 방식을 사용하고 있다.

- **자동 멤버십 관리** : 자동 멤버십 관리 방법으로 TBCM 클러스터 파일을 생성한 경우에는 별도의 멤버십 변경 작업을 하지 않아도 새로운 노드에 TBCM 데몬을 실행한 경우 동작 중인 클러스터 멤버십에 자동으로 참여할 수 있다. TBCM 클러스터 파일을 생성할 때 CM_NODES 초기화 매개변수를 설정하지 않으면 TBCM 클러스터 파일이 생성된다.
- **수동 멤버십 관리** : 수동 멤버십 관리 방법으로 TBCM 클러스터 파일을 생성한 경우에는 TBCM의 클러스터에 새로운 TBCM 노드를 추가할 때 반드시 수동으로 멤버십 변경 작업을 먼저 수행해야 새로운 노드가 멤버십에 참여할 수 있다. 새로운 TBCM에 노드를 추가 또는 삭제하기 위해서는 tbcm -n 명령어를 이용하여 해당 노드를 기존의 TBCM 클러스터에 수동으로 등록하거나 삭제해야 한다.

수동으로 멤버십을 관리하는 경우라면 클러스터 노드 변경 작업이 있을 때마다 관리자가 수작업을 해야 하기 때문에 누락이 발생할 수 있다. 또한 수동 변경 작업을 마친 후에 클러스터 파일(Tibero Control File = TCF) 재생성 과정을 거쳐야만 변경 내용이 적용된다. 이러한 이유로 TBCM 멤버십 관리를 위해 자동 멤버십 관리를 사용하는 것을 권고한다. 이와 관련한 파라미터는 TBCM 환경 설정 부분에서 자세하게 다루도록 한다.

5.1.1.4. TBCM 환경 설정

티베로 클러스터 파일을 직접 편집하는 것은 불가능하다. 클러스터 파일을 변경하기 위해서는 티베로 환경파일($TB_SID.tip)을 수정한 후에 클러스터 파일에 적용할 수 있도록 해야 한다. 또한 TBCM과 관련한 초기화 매개변수를 운영 중간에 변경하는 경우에는 클러스터 파일을 반드시 재생성 해야 한다. TBCM은 티베로와 환경변수 및 환경 설정 파일을 공유한다. 따라서 TB_HOME, TB_SID 환경변수를 설정하고, TBCM을 사용하기 위한 초기화 매개변수를 티베로 환경파일에 설정해야 한다.

◆ **환경변수 설정**

환경변수를 설정하는 방법은 다음과 같다. $TB_HOME 티베로 설치된 경로를 지정한다. 절대 경로를 지정하도록 한다.

```
TB_HOME=/home/tibero/tibero6
```

- $TB_SID : 노드를 식별할 수 있는 SID를 지정한다. 클러스트 내에 속한 각 노드는 서로 다른 값을 갖도록 설정해야 한다.

```
TB_SID=tac
```

◆ 환경 설정 파일 설정

TBCM을 사용하기 위해서는 클러스터 파일을 설정해야 하며, 클러스터 파일이 바이너리(Binary) 형태로 만들어지기 때문에 티베로 환경파일에 초기화 매개변수를 설정해서 사용해야 한다. 현재 설정하는 매개변수는 TBCM과 관련된 항목들에 대한 설명이다.

앞에서 살펴본 TBCM 동작모드에 따라 설정하는 방법이 상이하기 때문에 각각의 환경파일의 예시를 통해 살펴보기로 한다. 먼저 ACTIVE_SHARED 모드에 대한 예시이다.

- ACTIVE SHARE 모드인 경우

다음은 ACTIVE SHARE 모드의 환경 설정한 예시이다.

```
# 필수 입력 항목
CM_CLUSTER_MODE=ACTIVE_SHARED
CM_PORT=6000
LOCAL_CLUSTER_ADDR=192.168.1.1
LOCAL_CLUSTER_PORT=8000
CM_FILE_NAME=/path/to/cm/file

# 선택 입력 항목
CM_NAME=node1
CM_NODE_ID=1
CM_NODES=node1@192.168.1.1:8000;node2@192.168.1.2:8000
CM_TIME_UNIT=10
CM_HEARTBEAT_EXPIRE=300
CM_WATCHDOG_EXPIRE=200
CM_DOWN_CMD=/path/to/cm_down_cmd.sh
LOCAL_CLUSTER_VIP=192.168.100.1
LOCAL_CLUSTER_NIC=lan1
LOCAL_CLUSTER_VIP_NETMASK=255.255.255.0
LOCAL_CLUSTER_VIP_BROADCAST=192.168.100.255
LOG_LVL_CM=2
CM_LOG_DEST=/path/to/log/cm/
CM_LOG_FILE_SIZE=10485760
CM_LOG_TOTAL_SIZE_LIMIT=4294967296
```

- ACTIVE_REPLICATION 모드의 코디네이터 노드인 경우

다음은 코디네이터 노드의 환경 설정한 예시이다.

```
# 필수 입력 항목
CM_CLUSTER_MODE=ACTIVE_REPLICATION
CM_PORT=6000
LOCAL_CLUSTER_ADDR=192.168.1.1
CM_FILE_NAME=/path/to/cm/file
CM_COORDINATOR_MODE=Y

# 선택 입력 항목
CM_NAME=coordinator
CM_NODE_ID=1
CM_TIME_UNIT=10
CM_HEARTBEAT_EXPIRE=300
LOG_LVL_CM=2
CM_LOG_DEST=/path/to/log/cm/
CM_LOG_FILE_SIZE=10485760
CM_LOG_TOTAL_SIZE_LIMIT=4294967296
```

- ACTIVE_REPLICATION 모드의 워커(Worker) 노드인 경우

다음은 워커 노드의 환경 설정한 예시이다.

```
# 필수 입력 항목
CM_CLUSTER_MODE=ACTIVE_REPLICATION
CM_PORT=7000
LOCAL_CLUSTER_ADDR=192.168.1.2
CM_FILE_NAME=/path/to/cm/file
CM_COORDINATOR_NAME=coordinator@192.168.1.1:6000

# 선택 입력 항목
CM_NAME=worker1
CM_NODE_ID=10
CM_TIME_UNIT=10
CM_HEARTBEAT_EXPIRE=300
CM_DOWN_CMD=/path/to/cm_down_cmd.sh
LOCAL_CLUSTER_VIP=192.168.100.1
LOCAL_CLUSTER_NIC=eth0
LOCAL_CLUSTER_VIP_NETMASK=255.255.255.0
LOCAL_CLUSTER_VIP_BROADCAST=192.168.100.255
```

```
LOG_LVL_CM=2
CM_LOG_DEST=/path/to/log/cm/
CM_LOG_FILE_SIZE=10485760
CM_LOG_TOTAL_SIZE_LIMIT=4294967296
```

ACTIVE_REPLICATION 모드의 경우는 코디네이터 노드와 워커 노드에 대한 설정을 다르게 한다.

◆ 환경 설정 파일 초기화 매개변수

TBCM을 사용하기 위한 환경파일(=$TB_SID.tip)에 설정할 수 있는 매개변수는 여러 가지가 있다. 실제 업무 환경에서는 꼭 필요한 매개변수만을 사용할 수 있도록 권고한다. 정확한 이해 없이 매개변수를 사용할 경우 인지할 수 없는 장애가 발생할 가능성이 있기 때문이다.

표 5-2 | TBCM 초기화 매개변수

초기화 매개변수	필수여부	설 명
CM_CLUSTER_MODE	Y	• TBCM의 동작 모드를 설정한다. • 다음의 값 중에서 하나를 선택하여 설정할 수 있다. ACTIVE_SHARED, ACTIVE_REPLICATION
CM_PORT	Y	• TBCM 데몬에서 접속을 받는 용도로 사용하는 포트번호이다(기본 값 : LISTENER_PORT + 3). • 포트번호는 임의로 변경이 가능하다.

CM_FILE_NAME	Y	• 현재 동작 중인 클러스터의 상태를 저장하는 TBCM 클러스터 파일의 경로명을 설정한다.
		• 파일에 대한 경로는 절대경로로 설정한다.
		• TBCM 클러스터 파일은 tbcm -c 명령어를 사용하여 생성된다.
		• TBCM의 동작 모드에 따라 TBCM 클러스터 파일의 경로명을 설정하는 방법은 다음과 같다.
		  - ACTIVE_SHARED : TBCM 클러스터 파일로 할당된 공유 디스크 파티션의 경로명을 설정한다. 만약 클러스터 파일 시스템을 사용하는 환경이라면 클러스터 파일 시스템 상의 파일 경로명을 설정한다.
		  - ACTIVE_REPLICATION : 각 로컬 디스크에서 클러스터의 구성 정보를 임시로 저장할 파일의 경로명을 설정한다.

LOCAL_CLUSTER_ADDR	Y	• 각각의 노드에서 TBCM 데몬 간의 통신을 위해 사용하는 개인 아이피(Private IP)를 설정한다. • TBCM 데몬 간의 통신뿐만 아니라 클러스터를 구성하는 티베로 서버 간의 통신(또는 클러스터를 구성하는 티베로 서버 간의 통신)을 위해서도 사용된다.
LOCAL_CLUSTER_PORT	Y	클러스터를 구성하는 티베로 서버 간의 통신(또는 클러스터를 구성하는 티베로 서버 간의 통신)을 위해 사용되는 포트 번호를 설정한다.

CM_NAME		• 클러스터에서 각각의 노드를 구분하기 위해 노드 식별 이름에서 사용될 접두사를 설정한다. 생략하면 기본 값은 tbcm으로 설정된다. • 노드 식별 이름은 다음과 같은 형태로 설정한다. 　[노드 이름]@[IP 주소]:[포트 번호] 　　−[노드 이름] : CM_NAME 초기화 매개변수로 설정된 문자열로 설정하지 않을 경우 tbcm이라는 문자열이 설정된다. 　　−[IP 주소] : LOCAL_CLUSTER_ADDR 초기화 매개변수에 설정된 IP 주소이다. 　　−[포트번호] : CM_PORT 초기화 매개변수에 설정된 포트번호이다. 예를 들어 다음과 같이 설정이 된 경우 　CM_NAME=node1 　LOCAL_CLUSTER_ADDR=192.168.1.1 　　CM_PORT=8000 해당 노드의 식별 이름은 "node1@192.168.1.1:8000"이 된다.
CM_NODE_ID		• 티베로에서 각각의 노드를 구분하기 위해 숫자로 설정한 ID이다. • 티베로의 경우 각 노드의 TBCM 데몬은 노드 식별 이름 이외에도 노드 ID라는 숫자를 통해 각 노드를 구분한다. • 이 초기화 매개변수를 설정하지 않은 노드의 경우 TBCM 데몬을 부팅할 때 클러스터 내에서 유일한 노드 ID를 자동으로 부여받게 된다. 반면에 TBCM 데몬의 노드 ID를 사용자가 설정하기 위해서는 CM_NODE_ID 초기화 매개변수에 설정된 해당 노드 ID를 설정한다. • 전체 클러스터에 참여한 TBCM 데몬의 모든 노드 ID는 유일해야 하므로 동작 중인 클러스터의 다른 노드에서 해당 CM_NODE_ID 초기화 매개변수에 설정된 노드 ID를 사용 중이라면 TBCM을 부팅할 때 에러가 발생한다.
CM_NODES		• 수동 멤버십 관리 방법으로 TBCM 클러스터 파일을 생성할 때 설정한다. • 세미콜론(;)으로 각 노드 식별 이름을 구분하여, 다음과 같이 표현한다. 　CM_NODES="node1@192.168.1.1:8000;node2@192.168.1.2:8000;node3@192.168.1.2:8001" • 일반적으로 사용하지 않는 매개변수이다.
CM_TIME_UNIT		• TBCM에서 사용하는 디폴트 시간 단위(1 tick)를 설정한다. • TBCM은 단위 시간마다 자신의 노드에 설치된 티베로 서버와 다른 노드의 현재 상태를 확인한다. 시간은 0.1초 단위로 설정한다(기본 값 : 10 (= 1초)).
CM_HEARTBEAT_EXPIRE		• 하트비트(Heartbeat) 제한 시간을 설정한다. • 초기화 매개변수로 설정된 시간 동안 하트비트가 전달되지 않는 노드가 있는 경우 다른 노드의 TBCM 데몬은 해당 노드를 장애 상태로 판단한다. • TBCM의 동작 모드에 따라 하트비트의 제한 시간을 설정하는 방법은 다음과 같다. 　−ACTIVE_SHARED : TBCM 데몬 간에는 네트워크 및 공유 디스크를 통해 하트비트Heartbeat를 전달하여 각 노드의 티베로의 동작 상태를 파악한다. 　−ACTIVE_REPLICATION : 공유 디스크 대신 코디네이터 노드Coordinator Node를 이용하여 하트비트Heartbeat를 전달한다. • (기본 값 : 30ticks)

CM_WATCHDOG_EXPIRE	• ACTIVE_SHARED 모드의 경우 디스크 I/O 장애 등으로 인해 TBCM 데몬의 동작이 멈출 수 있다. 정상적인 다른 노드에서는 비정상적인 노드의 TBCM 데몬이 하트비트를 보내지 못하기 때문에 비정상적인 노드를 시스템 중단 상태라고 판단하고, 해당 노드의 티베로 서버를 제외하고 새로운 멤버십을 구성하게 된다. • 만약 비정상적인 노드의 티베로 서버가 여전히 공유 디스크를 계속 이용하여 작업을 수행 중이라면 다른 노드의 멤버십 상태와 불일치가 발생한다. 이로 인해 데이터베이스의 일관성이 문제가 된다. • 이러한 현상을 해결하기 위해서 TBCM은 와치독(Watchdog)이라는 기능을 제공한다. 이 초기화 매개변수에 설정된 시간 동안 TBCM 데몬이 반응이 없을 경우 해당 노드의 티베로 서버는 동작을 자동으로 멈추고 셧다운(Shutdown)을 한다. • CM_WATCHDOG_EXPIRE 초기화 매개변수는 반드시 CM_HEARTBEAT_EXPIRE 초기화 매개변수보다 작게 설정해야 한다. 정상적인 다른 노드에서 비정상적인 노드의 하트비트에 대한 타임아웃이 발생하게 되면, 해당 노드에서 와치독기능에 의해 티베로 서버가 다운됐음을 보장받을 수 있다. • (기본 값 : 25ticks)
CM_DOWN_CMD	• 클러스터를 구성하는 노드 간의 통신에 사용되는 인터컨텍트(Interconnect) 네트워크의 연결이 끊어진 경우에는 티베로의 서비스가 중단되는 현상이 발생할 수 있는데 이를 스플릿 브레인(Split Brain)이라고 한다. • TBCM은 스플릿 브레인 현상이 발생했는지를 감시한다. 스플릿 브레인 현상이 발생했을 때 문제가 되는 노드의 티베로 서버를 강제로 종료시킨다. 이를 통해 나머지 노드는 서비스를 지속적으로 제공할 수 있다. 이때 본 초기화 매개변수에 설정된 스크립트 파일을 이용하여 문제가 되는 노드의 티베로를 강제적으로 종료시킨다. • 티베로를 관리하는 시스템 관리자는 반드시 본 초기화 매개변수에 설정된 스크립트 파일의 명령이 정상적으로 동작하는지를 사전에 반드시 확인해야 한다. • (기본 값 : $TB_HOME/scripts/cm_down_cmd.sh)

CM_COORDINATOR_MODE	• ACTIVE_REPLICATION 모드에서만 사용되는 초기화 매개변수이다.
	• 공유디스크가 존재하지 않는 경우 별도의 코디네이터 노드(Coordinator Node)로 동작하는 TBCM 데몬이 필요하다. 각 노드별 TBCM 데몬은 코디네이터 노드를 통해서 클러스터의 구성 정보를 공유한다. 필요시 다음과 같이 설정한다.
	   – 코디네이터 노드로 동작할 TBCM의 경우 : Y로 설정
	   – 워커 노드(코디네이터 노드가 아닌 나머지 노드)의 경우 : 파라미터를 설정하지 않거나 값을 N으로 설정
	• 이때 코디네이터 노드가 아닌 다른 노드의 경우에는 코디네이터 노드의 노드 식별 이름을 설정해야 한다.

CM_COORDINATOR_NAME	• ACTIVE_REPLICATION 모드에서 동작하는 클러스터에서 코디네이터 노드 이외의 워커 노드에서 코디네이터 노드의 노드 식별 이름을 설정한다. • 워커 노드에서는 반드시 코디네이터 노드의 노드 식별 이름을 미리 설정해야만 TBCM이 정상적으로 동작한다.
LOCAL_CLUSTER_VIP	• 클러스터를 구성하는 티베로 서버가 가상 아이피 주소를 이용하여 서비스하는 경우 LOCAL_CLUSTER_VIP 초기화 매개변수에 각각의 노드에서 사용할 가상 아이피 주소를 설정한다.

		• 클러스터를 구성할 때 특정한 노드에서 장애가 발생한 경우 나머지 노드로 클라이언트 접속을 장애극복(Failover)하게 된다. 기존에 연결된 클라이언트의 네트워크 접속을 빠르게 장애극복 하기 위해서는 가상 아이피(Virtual IP)를 이용한 장애극복 기능을 구성해야 한다. 이 설정을 할 경우 TBCM을 반드시 OS 관리자 권한으로 기동시켜야 한다.
LOCAL_CLUSTER_NIC		각각의 티베로 서버의 노드가 가상 아이피 주소를 이용해 서비스를 하는 경우 로컬 서버에서 가상 아이피를 할당할 네트워크 인터페이스 카드(Network Interface Card)의 이름을 반드시 설정한다.
LOCAL_CLUSTER_VIP_NETMASK		각각의 티베로 서버의 노드가 가상 아이피 주소를 이용해 서비스를 하는 경우 로컬 서버에서 가상 아이피의 네트워크 마스크(Network Mask)를 설정한다.
LOCAL_CLUSTER_VIP_BROADCAST		각각의 티베로 서버의 노드가 가상 아이피 주소를 이용해 서비스를 하는 경우 로컬 서버에서 가상 아이피의 브로드캐스팅(Broadcasting) 주소를 설정한다.
LOG_LVL_CM		• TBCM 로그의 출력 레벨을 설정한다. • 1~6 사이의 값 중에서 설정할 수 있으며 값이 클수록 더 많은 로그가 출력된다(기본 값 : 2).
CM_LOG_DEST		• TBCM 로그가 저장되는 파일의 디렉토리 경로이다. 단, 절대 경로로 설정을 해야 한다. • (기본 값 : $TB_HOME/instance/$TB_SID/log/cm/)
CM_LOG_FILE_SIZE		• TBCM 로그 파일 하나의 최대 크기를 설정한다. • TBCM 로그 파일의 크기가 설정된 값보다 커지면 현재의 로그 파일을 백업하고 새로운 로그 파일을 생성한다(기본 값 : 10MB).
CM_LOG_TOTAL_SIZE_LIMIT		• CM_LOG_DEST 초기화 매개변수로 설정된 디렉토리에 저장되는 각 로그 파일의 크기를 합한 총합의 크기이다. • 설정 값을 초과하는 로그가 발생하는 경우 가장 오래된 로그 파일을 삭제하고 새로운 로그 파일을 생성한다(기본 값 : 4GB).
CM_FENCE		• ACTIVE_SHARED 모드에서 공유 스토리지와 물리적 연결이 끊어진 장애가 발생할 경우 TBCM과 서버가 공유 스토리지에 파일을 제대로 읽거나 쓸 수가 없어 멈추어 있을 가능성이 있다. • CM_FENCE 기능을 켜면 이러한 장애 상황을 감지하는 I/O Fence 데몬이 독립적으로 실행되어 장애가 발생한 경우로 간주하여 데이터베이스를 보호하기 위하여 시스템을 강제로 재부팅시켜 준다. • I/O Fence 데몬의 장애 감지와 관련된 매개변수는 CM_WATCHDOG_EXPIRE이다. I/O fence 데몬은 TBCM으로부터 CM_WATCHDOG_EXPIRE(초)만큼의 시간 동안 하트비트를 전달받지 못하는 경우 장애로 판단한다. 이 설정을 할 경우 TBCM을 반드시 OS 관리자 권한으로 기동시켜야 한다. • (기본 값 : N)
CM_ENABLE_CM_DOWN_NOTIFICATION		• TBCM이 tbcm –d와 같이 정상적으로 종료되는 경우 다른 노드의 TBCM에게 네트워크를 통해 종료되는 것을 알려주어 다른 노드가 하트비트의 제한 시간까지 기다리지 않고 바로 다운을 인식하게 하는 기능을 설정한다(기본 값 : Y).

CM_ENABLE_FAST_NET_ ERROR_ DETECTION		• TBCM간 연결된 네트워크 커넥션(Network Connection)에서 에러를 감지하면 즉시 상대 노드가 다운된 것으로 판단하도록 설정한다. • 단순한 네트워크 지연은 에러가 아니며, 더 이상 커넥션이 유효하지 않는 종류의 에러만 감지 대상이 된다. 즉, 일반적으로 TBCM이 kill 등으로 다운이 된 경우에 감지된다. • (기본 값 : N)
CM_AUTO_VIP_FAILBACK		• 가상 아이피 주소가 할당된 네트워크 인터페이스 카드가 다운(Down)되거나 케이블 단절 등으로 다른 노드로 장애극복된 경우 NIC를 복구하면 가상 아이피 주소를 다른 노드로 부터 다시 가져오는 작업을 자동으로 할 것인지 설정한다. - N : 장애극복 중인 가상 아이피 주소를 다른 노드로 부터 가져오기 위해서 tbcm -f를 수행해야 한다. • (기본 값 : N)

CM_GUARD_LOG_DEST		• TBCM Guard의 로그가 저장되는 파일의 디렉토리 경로이다.
		• 단, 절대 경로로 설정해야 하며, 로컬 디스크 상에 위치해야 한다. 윈도우에서는 해당 기능을 지원하지 않는다. 또한 TBCM을 운영시스템 관리자 권한으로 기동 시켜야 로그가 저장된다.
		  - HP-UX 기본 값 : /var/adm/syslog/cm_guard/
		  - Linux /AIX /Solaris 기본 값 : /var/log/cm_guard/

CM_VIP_FAILOVER_ BASED_ON_SVC_STATUS		• TBCM의 가상 아이피 주소 장애극복 정책을 결정하는 매개변수이다.
		• 다음과 같이 설정을 한다.
		  - Y : 티베로 서버의 상태에 따라서 가상 아이피 주소가 장애극복된다. 즉, 서버가 내려간 경우, 서버가 동작 중인 노드로 가상 아이피 주소가 장애극복 된다.
		  - N : TBCM 의 상태에 따라서 가상 아이피 주소가 장애극복 된다.
		• (기본 값 : N)

CM_ENABLE_VIP_ALIAS_ CHECK		• 티베로 서버가 가상 아이피 주소를 이용하여 서비스하는 경우 해당 가상 아이피 주소가 정상적으로 할당되어 있는지 확인하는 기능의 동작 여부를 결정한다. 다음과 같이 설정을 한다.
		  - Y : 해당 기능을 사용한다. 가상 아이피 주소를 소실하는 상황일 때 로그를 남겨준다.
		  - N : 해당 기능을 사용하지 않는다.
		• (기본 값 : N)

CM_ENABLE_VIP_ALIAS_ RETRY		• 티베로 서버가 가상 아이피 주소를 이용하여 서비스하며, CM_ENABLE_VIP_ ALIAS_CHECK 기능이 동작 중인 경우에 가상 아이피 주소가 소실된 경우 해당 가상 아이피 주소의 재할당 여부를 결정한다. 다음과 같이 설정을 한다.
		  - Y : 해당 기능을 사용한다. 가상 아이피 주소를 소실하는 상황일 때 해당 가상 아이피 주소를 재할당한다.
		  - N : 해당 기능을 사용하지 않는다.
		• (기본 값 : N)

티베로 버전이 업그레이드 될수록 추가되는 초기화 매개변수가 많다. 가상 아이피와 관련한 초기화 매개변수인 CM_VIP_FAILOVER_BASED_ON_SVC_STATUS, CM_ENABLE_VIP_ALIAS_CHECK,

CM_ENABLE_VIP_ALIAS_RETRY 등은 티베로 6에서 신규로 추가된 것들이다. TAC 클러스터를 이용하는 환경이라면, 초기화 매개변수에 충분한 값을 설정한 후에 여러 장애에 대비하는 것이 좋다.

CM_HEARTBEAT_EXPIRE, CM_NET_EXPIRE_MARGIN, CM_FENCE, CM_ENABLE_FAST_NET_ERROR_DETECTION, CM_AUTO_VIP_FAILOVER 등은 대표적으로 여러 장애와 관련된 초기화 매개변수들이다. 다음은 장애 상황에 따라서 관련된 초기화 매개변수가 있는지를 보도록 한다.

- 해당 노드의 티베로가 비정상 종료된 경우

티베로가 비정상적으로 종료된 상황이라면, 클러스터 파일에는 해당 노드의 상태가 Service Down으로 변경되고, 다른 노드에서도 이 상황에 대해 확인할 수 있다. 즉, 동일 노드 상에 TBCM이 즉시 장애 상황으로 인지를 하며, 관련된 초기화 매개변수는 없다.

- 해당 노드의 TBCM이 비정상 종료된 경우

티베로와 TBCM 간에 Loop-Back TCP Connection 외에 별도 연결된 Pipe가 끊어질 때 장애로 인지하고 티베로는 스스로 종료된다. 공유 디스크에 장애가 발생하여 I/O가 심각하게 느려지거나 응답이 없는 경우에도 티베로는 장애로 인지하고 스스로 종료가 된다. CM_HEARTBEAT_EXPIRE에서 지정된 시간에 장애로 인지한다.

- 다른 노드의 티베로가 비정상 종료된 경우

다른 노드의 TBCM이 기동되어 있는 경우라면, 해당 TBCM이 장애 사실을 알려주기 때문에 바로 감지할 수 있다.

- 다른 노드의 TBCM이 비정상 종료된 경우

TBCM이 클러스터 파일에 디스크 하트비트(Disk Heartbeat)를 남기지 못하게 되고, 다른 노드에서는 클러스터 파일을 통해서 이러한 멤버십 변화를 인식하게 된다. CM_HEARTBEAT_EXPIRE에서 지정된 시간에 장애로 인지한다

- 인터커넥트 장애가 발생한 경우

인터커넥트(InterConnect) 장애가 발생을 하면, 스플릿 브레인(Split-Brain) 현상을 해결해야 한다. 이로 인해 마스터 노드(Master Node)의 TBCM이 어느 노드들과 연결되어 있는지를 모두 알아야 한다. 이러한 정보는 인터커넥트가 끊어져도 알 수 있어야 하기 때문에 하트비트를 남길 때에 자신과 연결된 노드들의 리스트로 같이 남게 된다.

즉, 인터커넥트 장애 시에도 디스크 하트비트 내용에 의존하기 때문에 디스크 하트비트(Disk Heartbeat)보다 길게 설정해야 한다. 만약 짧게 설정을 한다면 인터커넥트 장애 시에도 디스크 하트비트 장애로 가려지게 된다.

CM_HEARTBEAT_EXPIRE + CM_NET_EXPIRE_MARGIN 시간에 장애로 인지를 하게 되고, 문제가 되는 노드의 티베로 인스턴스를 강제로 종료함으로써 나머지 노드를 통해 지속적인 서비스가 가능하게 되는 것이다. 인스턴스의 수가 가장 많은 그룹이 남게 되며, 그룹 수가 같다면 노드 아이디(Node Id)가 가장 작은 인스턴스가 포함한 그룹이 남게 된다.

CM_DOWN_CMD 초기화 매개변수에 설정된 스크립트 파일을 이용하여 문제가 되는 노드의 티베로 인스턴스를 강제로 종료한다. 기본 값은 $TB_HOME/scripts/cm_down_cmd.sh에 위치를 하고 있다.

스플릿 브레인은 원래 의학용어로 좌뇌와 우뇌 간의 연결에 이상이 생기는 현상을 말한다. 클러스터 시스템에서의 스플릿 브레인은 말 그대로 각 노드 간의 연결에 이상이 생겨 노드 간의 동기화가 이루어지지 않는 것을 말한다. 이러한 현상이 발생하면 각 노드가 서로의 존재를 무시한 채 독립적으로 작업을 하므로 공유 자원의 정합성이 깨지는 현상이 발생할 수 있다. 이 때문에 현존하는 모든 클러스터 솔루션들은 스플릿 브레인을 피할 수 있는 다양한 기법들을 제공하고 있다.

- SAN(Storage) 장애

TBCM이 클러스터 파일(TCF)에 디스크 하트비트를 남기지 못하게 되고, 다른 노드에서는 클러스터 파일을 통해서 이러한 멤버십 변화를 인식하게 된다. CM_HEARTBEAT_EXPIRE에서 지정된 시간에 장애로 인지한다. 단, SAN 장애 후에 I/O FENCE 옵션을 설정하게 되면, 서버가 자동으로 재부팅이 된다. OS의 루트 계정으로 TBCM를 기동을 해야 한다.

5.1.1.5. 가상 아이피(VIP)

TBCM를 통한 가상 아이피를 이용한 서비스의 설정과 복구 방법에 대해서 설명한다.

◆ 가상 아이피 설정

티베로는 가상 아이피를 이용하여 서비스를 할 수 있다. 가상 아이피를 이용하여 서비스를 하고자 할 경우 다음과 같은 관련된 초기화 매개변수를 설치환경에 맞게 설정해야 한다.

```
LOCAL_CLUSTER_VIP=192.168.100.1
LOCAL_CLUSTER_NIC=eth0
LOCAL_CLUSTER_VIP_NETMASK=255.255.255.0
LOCAL_CLUSTER_VIP_BROADCAST=192.168.100.255
```

TBCM은 운영시스템 명령어를 통해서 시스템에 가상 아이피를 설정하고 해제한다. 따라서 가상 아이피 기능을 사용하기 위해서 TBCM은 운영시스템의 관리자 권한으로 실행되어야 한다. 위와 같은 초기화 매개변수를 설정한 후 TBCM을 관리자 권한으로 기동시키면 해당 시스템에 가상 아이피가 추가되며, ifconfig와 같은 운영시스템 명령어를 통해서 이를 확인할 수 있다. 이러한 가상 아이피를 이용하는 이유는 가상 아이피에 대해 장애복구(Fail-Over) 처리가 가능하기 때문이다.

◆ 가상 아이피 장애복구

클러스터의 특정 노드에서 장애가 발생하여 그 노드의 TBCM까지 다운된 경우 정상적으로 작동하는 노드들 중에 한 노드의 TBCM이 다운된 노드의 가상 아이피를 자신의 돌고 있는 시스템에 설정한다. 이를 통해서 티베로는 다운된 노드의 가상 아이피로도 계속해서 서비스를 할 수 있다. 만약 다운된 노드가 다시 기동되면 다운된 노드의 가상 아이피를 자신의 시스템에 설정했던 TBCM은 그 가상 아이피를 해제하고, 기동된 노드의 TBCM은 가상 아이피를 자신의 시스템에 다시 설정한다.

5.1.1.6. TBCM 실행 방법

TBCM은 티베로 인스턴스와 다른 방법으로 기동/종료를 해야 한다. 운영시스템 프롬프트 환경에서 명령을 실행하면 된다. TBCM을 실행하기 위해서는 반드시 TB_HOME과 TB_SID 환경변수가 적절히 설정되어 있는지를 먼저 확인해야 한다. TBCM의 실행 파일은 $TB_HOME/bin 디렉토리에 있는 tbcm 파일이다. 다음은 tbcm을 실행하는 명령어이다.

```
tbcm    [Option]    [추가 모드]
```

표 5-3 | TBCM 실행 옵션

옵션	추가 옵션	설명
-b	LOCK UNLOCK	• TBCM 데몬을 실행한다. • $TB_SID.tip 환경 설정 파일에 설정한 초기화 매개변수에 따라 동작한다. TBCM 데몬이 이미 동작 중인 경우 같은 포트 번호로 데몬을 실행하는 것은 불가능하다. 이러한 경우에는 기존의 TBCM 데몬을 종료시키거나 $TB_SID.tip 환경 설정 파일에서 포트 번호를 수정한 후 다시 실행해야 한다. • -b 옵션에서 추가적으로 사용할 수 있는 모드이다. 　- LOCK : TBCM 데몬이 티베로를 강제 종료시키지 못하는 command lock 모드로 TBCM 데몬을 부팅한다. 　- UNLOCK : TBCM 데몬이 CM_DOWN_CMD 초기화 매개변수를 이용하여 티베로를 강제로 종료할 수 있는 command unlock 모드로 TBCM 데몬을 부팅한다. • TBCM에 별도의 옵션을 기술하지 않는다면 기본 값이 설정된다. (기본 값 : UNLOCK) (예: tbcm -b LOCK)
-d		• TBCM 데몬을 종료시킬 때 사용한다. • TBCM 데몬이 실행 중이지 않을 때는 에러가 출력된다. (예 : tbcm -d)
-s		• TBCM 데몬이 실행 중인 경우 현재 클러스터의 상태 정보를 화면에 출력한다. • TBCM 데몬이 실행 중이지 않을 때는 에러가 출력된다. • $TB_HOME/scripts 디렉토리에 있는 cm_stat.sh 스크립트 파일을 실행시키면 1초에 한 번씩 주기적으로 tbcm -s 명령어가 실행되므로 클러스터의 상태 변화를 지속적으로 확인할 수 있다. (예 : tbcm -s)
-v		TBCM의 버전 정보를 출력한다(예 : tbcm -v).
-l		TBCM 데몬이 실행 중일 때 TBCM이 티베로를 강제로 종료시키지 못하도록 command lock 모드로 변경한다(예 : tbcm -l).
-u		TBCM이 티베로를 자동으로 종료시킬 수 있도록 command unlock 모드로 변경한다(예 : tbcm -u).
-c		• TBCM에서 클러스터의 구성 상태를 저장하는 TBCM 클러스터 파일의 내용을 초기화시킨다. • 만약 CM_FILE_NAME 초기화 매개변수에 설정된 파일이 존재하지 않는 경우 해당 파일을 생성한 후 초기화를 한다. 한번 초기화된 내용은 이전 상태로 복구할 수 없으므로 주의해야 한다. 이미 클러스터가 구성된 TBCM 데몬이 실행 중이라면 -c 옵션으로 TBCM 클러스터 파일을 초기화하는 것은 데이터베이스의 정합성을 해칠 수 있으므로 주의해야 한다(예 : tbcm -c).

-n	• 동작 중인 TBCM 클러스터에 새로운 노드를 추가하거나, 이미 클러스터에 포함된 노드를 삭제한다.
	• TBCM 클러스터가 수동 멤버십 관리 방법으로 동작 중인 경우에는 반드시 본 옵션을 통해 노드를 추가하거나 삭제해야 한다.
	- 노드 추가
	  tbcm -n add node1@192.168.1.1:8000
	- 노드 삭제
	  tbcm -n del node2@192.168.1.2:8000

tbcm -s 명령어를 통한 클러스터의 상태를 체크하는 예시이다.

```
# tbcm -s
====================== LOCAL STATUS ==========================
NODE NAME           : [101] cm@127.0.0.1:18649
CLUSTER MODE        : ACTIVE_SHARED (GUARD ON, FENCE OFF)
STATUS              : SERVICE ACTIVE
INCARNATION_NO      : 16 (ACK 16, COMMIT 16)
HEARTBEAT PERIOD    : 30 ticks (1 tick = 1000000 micro-sec)
SVC PROBE PERIOD    : 10 ticks (expires 10 ticks later)
SVC DOWN CMD        : "/home/tac10/tibero6/scripts/cm_down_cmd.sh"
CONTROL FILE (A)    : /home/tac30/tbcm (512 byte/block)
CONTROL FILE EXPIRE : 29 ticks later
LOG LEVEL           : 2
====================== CLUSTER STATUS ========================
INCARNATION_NO      : 16 (COMMIT 16)
FILE HEADER SIZE    : 1024 bytes ( 512 byte-block )
# of NODES          : 2 nodes (LAST_ID = 102)
MASTER NODE         : [101] cm@127.0.0.1:18649
MEMBERSHIP          : AUTO (SPLIT)
NODE LIST... (R:role, Scd:scheduled, F/O: index of VIP failover node)
     H/B F/O    VIP
Idx R Scd   Node Status    offset Idx    Alias    ID Name
--- - ---   -------------- ------ ---    ------   -- ----------------
#0  M ON    SERVICE ACTIVE  1024  N/A    N/A      101 cm@127.0.0.1:18649
#1  S ON    SERVICE ACTIVE  1536  N/A    N/A      102 cm@127.0.0.1:28649
==================== OTHER NODE STATUS =======================
SEQ (NAME)          : #1 ([102] cm@127.0.0.1:28649)
STATUS (CONN.)      : SERVICE ACTIVE (CONNECTED)
NET ADDR (PORT)     : 127.0.0.1 (34226)
NET/FILE HEARTBEAT EXPIRES  : 34/29 ticks later
```

◆ CLUSTER MODE

　TBCM의 동작 모드를 설정한다. ACTIVE_SHARED(TAC), ACTIVE_REPLICATION(Tibero MMDB) ACTIVE_SHARED에서 FENCE_ON일 경우 공유 스토리지 장애 시 스스로 노드를 재기동 하게 되고, 이를 위해 tbcm을 관리자 권한으로 실행해야 한다.

◆ STATUS

　TAC 클러스터 서비스의 현재 상태를 나타내고 있다. SERVICE ACTIVE는 TBCM과 인스턴스가 정상적으로 기동되어 있는 상태이다. 클러스터에 속한 여러 노드들 중에서 한쪽 노드라도 정상적인 상황이라면 정상적인 서비스가 이루어지고 있는 것이다. SERVICE DOWN는 클러스터에 속한 모든 노드에서 TBCM은 정상적으로 기동이 되어 있으나, 인스턴스가 다운이 된 상태이다. NODE DOWN 은 클러스터에 속한 모든 노드에서 TBCM과 인스턴스가 다운이 된 상태이다.

◆ INCARNATION_NO

　TBCM 노드가 새로 추가 또는 삭제되거나 tbcm 노드의 상태가 바뀌는 등의 멤버십의 변화가 있을 때, 클러스터를 구성하는 tbcm 노드 간의 멤버십 상태 변화를 숫자로 나타낸다. 클러스터 노드들의 상태 변화가 있을 때마다 1씩 증가한다. 내부적으로 각 노드에서는 클러스터 상태 변화를 티베로 서버에게 2단계 커밋으로 알리기 때문에 ack, commit이라는 숫자가 함께 표현된다.

◆ HEARTBEAT PERIOD

　설정된 시간 동안 하트비트(Heartbeat)가 전달되지 않는 노드가 있는 경우, 다른 노드의 TBCM 데 몬은 해당 노드를 장애상태로 판단한다. 공유 디스크에 저장되는 클러스터 파일에 정보를 남기는 것 이다.

◆ SVC PROBE PERIOD

　액티브-스탠바이(Active-Standby) 구성을 위해 TBCM이 사용되는 경우, 액티브 서버나 스탠바이 서버의 상태를 체크하기 위해 만든 기준 값이다. 초기화 매개변수는 CM_PROBE_EXPIRE이다.

　예를 들어 svc probe period가 10이고, 대략 10초 동안 액티브 서버가 살아있다는 것을 TBCM이 확인을 못하면 액티브 서버가 다운된 것으로 판단하고, 스탠바이를 기동하게 된다.

◆ SVC DOWN CMD

　인터커넥트(InterConnect) 장애로 스플릿 브레인(Split Brain) 현상이 발생했을 때, 문제가 되는 노드의 티베로 서버를 강제로 종료시킨다. 이를 통해 나머지 노드는 서비스를 지속적으로 제공할 수 있다. 이때, 본 초기화 매개변수에 설정된 스크립트 파일을 실행하여 다운 시 필요한 작업들을 하게 된다. 서비스를 기동하기 전에 반드시 해당하는 디렉토리에 스크립트 존재여부를 확인해야 한다.

◆ CONTROL FILE No.0, CONTROL FILE No.1

　동작 중인 클러스터의 상태를 저장하는 TBCM 클러스터 파일이다. 클러스터 파일이 있는 물리적 인 경로와 크기를 나타낸다. 클러스터 파일은 이중화를 통해 장애에 항상 대비할 수 있도록 설정한 다. 이중화하는 방법은 티베로 환경파일($TB_SID.tip) 수정 후 클러스터 파일을 물리적으로 복사 후 에 재기동을 해주면 된다.

◆ CONTROL FILE EXPIRE

마스터(Master) 노드가 정상적으로 기동되어 있는지를 TBCM의 Slave 노드들이 판단하는 기준이 된다. TBCM의 각 노드가 컨트롤 파일의 헤더에 정보를 1초에 한 번씩 읽으면서, 컨트롤 파일의 헤더가 control file expire 초 이상으로 업데이트가 안되면 마스터 노드가 다운된 걸로 판단하고 새로운 Master를 선정한다. control file expire 값은 초기화 매개변수 CM_HEARTBEAT_EXPIRE 값과 동일하다.

◆ LOG LEVEL

TBCM에 동작에 대한 로그를 생성시에 로그의 레벨을 지정한 값이다. 숫자가 높을수록 더 상세한 내용을 남기게 되며, 환경파일을 통해 변경이 가능하다.

◆ FILE HEADER SIZE

TBCM 컨트롤 파일의 헤더의 크기를 알려준다. 뒤에 붙는 byte-block은 블록당 크기이다. 보통 블록 단위로 파일에 저장한다. 헤더가 몇 블록으로 구성됐는지를 알 수 있다.

◆ MEMBERSHIP

AUTO와 MANUAL이 있는데, MANUAL은 환경파일에 다른 모든 노드 정보까지 사용자가 직접 적어서 멤버십을 관리하는 방식이고, AUTO는 환경파일에 다른 노드의 정보를 저장하지 않고, 자동으로 노드를 추가할 수 있는 방식이다.

마지막으로 AUTO 뒤에 따라 붙은 SPLIT은 인터커넥트 장애로 인한 노드 간의 스플릿 브레인 현상을 체크하겠다는 의미이다. 만약 초기화 매개변수 CM_NO_SPLIT_BRAIN 값이 Y라면 해당 값이 NO_SPLIT이 되고 스플릿 브레인 현상을 체크하지 않는다. NET ADDR(PORT)은 TBCM이 통신하는 인터커넥트 아이피와 포트번호이다.

5.1.2. TAC(Tibero Active Cluster)

액티브-액티브(Active-Active) 구성이 되는 클러스터를 말하며, 스탠바이(Standby) 상태로 대기하는 클러스터 멤버 없이 모든 클러스터 멤버가 사용자의 요청을 처리하는 특징을 가지고 있다. 대부분의 클러스터들은 부하가 특정 클러스터 멤버에게 집중되는 것을 방지하고, 로드밸런싱(Load Balancing) 처리를 효과적으로 하기 위해 동일한 사양으로 구성을 한다. 액티브-액티브 클러스터에서는 디스크와 메모리 같은 전체 리소스를 공유하기 위한 노드 간 동기화가 필요하기 때문에 공유 스토리지와 클러스터 인스턴스 간의 네트워크 연결이 필요하다.

스플릿 브레인 현상은 앞에서 언급을 한적이 있다. 클러스터의 모든 노드가 실행 중이지만, 클러스터 멤버 간의 통신이 중단되는 현상이 발생하는 것이다. 각 노드의 클러스터 멤버는 다른 쪽 노드가 크래시(Crash) 되었다고 생각을 하고, 장애복구를 하며, 새로운 클러스터 멤버를 구성하려고 할 것이다. 이러한 부분에서 데이터 손상의 위험이 발생한다. 애플리케이션에서는 동기화되지 않는 클러스터 노드와 통신을 하여 디스크에 잘못된 데이터가 기록될 수 있다. 그래서 티베로는 앞에서 언급을 한 TBCM 프로세스를 두는 것이다.

TAC 환경에서 티베로의 액티브-액티브 구성을 통해 고성능을 제공하고, TBCM 프로세스를 통해 스플릿 브레인 현상과 같은 데이터 손실 상황에 대처해 고가용성을 제공한다. TAC에 대해서 구체적으로 살펴보기로 한다.

5.1.2.1. TAC 개요

Tibero Active Cluster(TAC)는 확장성과 고가용성을 목적으로 제공하는 티베로의 주요 기능이다. TAC 환경에서 실행 중인 모든 인스턴스는 공유된 데이터베이스를 통해 트랜잭션을 수행하며, 공유된 데이터에 대한 접근은 데이터의 일관성과 정합성 유지를 위해 상호 통제하에 이뤄진다. 큰 업무를 작은 업무의 단위로 나누어 여러 노드 사이에 분산하여 수행할 수 있기 때문에 업무 처리 시간을 단축할 수 있다.

여러 시스템이 공유 디스크를 기반으로 데이터 파일을 공유한다. TAC 구성에 필요한 데이터 블록은 노드 간을 연결하는 고속 사설 인터컨넥트(Private Interconnect)을 통해 주고 받음으로써 노드가 하나의 공유 캐시(Shared Cache)를 사용하는 것처럼 동작한다. 운영 중에 한 노드가 멈추더라도 동작 중인 다른 노드들이 서비스를 지속하게 된다. 이러한 과정은 투명하고 신속하게 처리된다.

5.1.2.2. TAC 구성 요소

TAC가 어떠한 모듈들로 구성되어 있는지를 보고, TAC에서 실행되는 프로세스와 쓰레드에 대해서 알아보도록 한다.

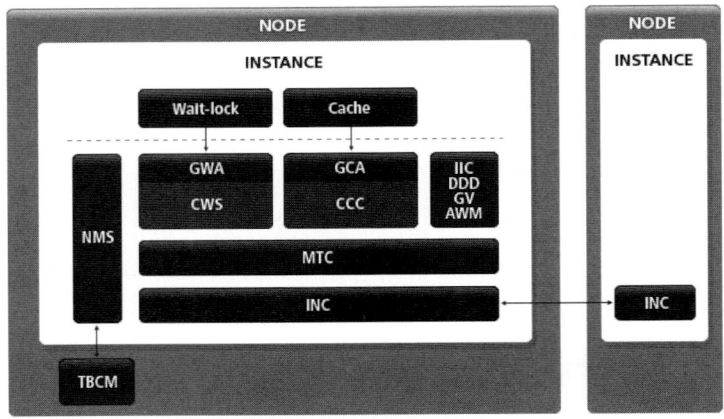

그림 5-2 | TAC 구조

TAC의 구조는 다음과 같은 모듈로 구성되어 있다.

◆ **CWS(Cluster Wait-lock Service)**

기존 Wait-lock(Wlock)이 클러스터 내에서 동작할 수 있도록 구현된 모듈이다. Distributed Lock Manager(DLM)이 내장되어 있다. Wlock은 GWA를 통해 CWS에 접근할 수 있으며 이와 관련된 배경 쓰레드로는 WATH, WLGC, WRCF가 존재한다. 티베로 3 버전에서는 Wlock이 싱글 인스턴스의 리소스만 보호했으나 멀티 인스턴스를 지원하는 TAC 환경에서는 CWS를 통해 다른 노드와의 동기화를 통제할 수 있다.

◆ GWA(Global Wait-lock Adapter)

Wlock은 CWS를 사용하기 위한 인터페이스 역할을 수행하는 모듈이다. CWS에 접근하기 위한 핸들인 CWS Lock Status Block과 매개변수를 설정하고 관리한다.

Wlock에서 사용하는 잠금 모드와 타임아웃을 CWS에 맞게 변환하며 CWS에서 사용할 Complete Asynchronous Trap(CAST), Blocking Asynchronous Trap(BAST)을 등록할 수 있다. 타임아웃을 CWS에 맞게 변환하며, CWS에서 사용할 CAST, BAST를 등록할 수 있다.

◆ CCC(Cluster Cache Control)

데이터베이스의 데이터 블록에 대한 클러스터 내 접근을 통제하는 모듈이다. DLM이 내장되어 있다. CR Block Server, Current Block Server, Global Dirty Image, Global Write 서비스가 포함되어 있다. Cache layer에서는 Global Cache Adapter(GCA)를 통해 CCC에 접근할 수 있으며 이와 관련된 배경 쓰레드로 CATH, CLGC, CRCF이 존재한다.

◆ GCA(Global Cache Adapter)

Cache layer에서 CCC 서비스를 사용하기 위한 인터페이스 역할을 수행하는 모듈이다. CCC에 접근하기 위한 핸들인 CCC LKSB와 매개변수를 설정하고 관리하며, 캐시 레이어(Cache layer)에서 사용하는 블록 잠금 모드(Block Lock Mode)를 CCC에 맞게 변환한다.

CCC의 lock-down event에 맞춰 데이터 블록이나 리두로그를 디스크에 저장하는 기능과 DBWR가 Global Write를 요청하거나 CCC에서 DBWR에게 블록 쓰기를 요구하는 인터페이스를 제공한다. CCC에서는 GCA를 통해 CR block, Global dirty block, Current block을 주고받는다.

◆ MTC(Message Transmission Control)

노드 간의 통신 메시지의 손실과 규칙에 위배되는 문제를 해결하는 모듈이다. 문제를 해결하기 위해 Retransmission Queue와 Out-of-Order Message Queue를 관리한다.

General Message Control(GMC)을 제공하여 CWS/CCC 이외의 모듈에서 노드 간의 통신이 안전하게 이뤄지도록 보장한다. 현재 Inter-Instance CallIIC, Distributed Deadlock Detection(DDD)에서 노드 간의 통신을 위해 GMC를 사용하고 있다.

◆ INC(Inter-Node Communication)

노드 간의 네트워크 연결을 담당하는 모듈이다. INC를 사용하는 사용자에게 네트워크 토폴로지(Network Topology)와 프로토콜(Protocol)을 투명하게 제공하며, TCP/UDP 등의 프로토콜을 관리한다.

◆ NMS(Node Membership Service)

TBCM으로부터 전달받은 정보(Node Id, Ip Address, Port, Incarnation Number)와 노드 워크로드(Node workload)를 나타내는 가중치(Weight)를 관리하는 모듈이다. 노드 멤버십의 조회, 추가, 삭제 기능을 제공하며 이와 관련된 배경 쓰레드로 NMGR이 있다.

5.1.2.3. TAC 프로세스

TAC에서 사용하는 프로세스는 단일 노드에서 사용하는 프로세스와 개수가 다르다. 티베로 5 버전에서는 8개의 백그라운드 프로세스가 추가로 기동됐지만, 티베로 6 TAC는 1개의 프로세스(ACSD : Active Cluster Service Daemon)가 추가로 생성된다. 기존에 티베로 5에서 실행됐던 프로세스들은 대부분 쓰레드로 변경됐다. 이와 같이 변경이 된 이유는 높은 성능과 관리적인 부분에서 더 용이하게 처리를 하기 위해서이다. 이 프로세스는 ACCT, NMGR, DIAG, WRCF, CRCF, WLGC, CLGC, WATH, CATH, CMPT 쓰레드(Thread)로 구성되며, 각 쓰레드는 다음과 같은 그룹에 각각 포함된다.

◆ **Active Cluster Control Thread(ACCT)**

ACCT는 클러스터간 메시지 통신을 담당하는 쓰레드다. 클러스터 내의 원격 노드로부터 CWS/CCC의 잠김 작동(Lock Operation)과 재구성(Reconfiguration) 요청을 받아 CMPT에게 전달해주거나, 내 노드의 세션으로부터 전송해야 할 메시지를 넘겨 받아 원격 노드로 전송하는 쓰레드다. 또한 ACSD 프로세스의 메인 쓰레드로서 나머지 쓰레드를 감독하는 역할을 한다.

◆ **Diagnostic Thread(DIAG)**

DIAG는 클러스터간 주고받는 요청에서 hang이 발생했을 때, 이상 여부를 추후에 확인하기 위해 필요한 정보를 자동으로 덤프(Dump)하는 쓰레드다.

◆ **Cluster Message Processor(Message handler) (CMPT)**

CMPT는 다른 노드에서 보낸 메시지의 요청을 처리하는 쓰레드다. CMPT 쓰레드는 ACF_CMPT_CNT 초기화 매개변수에 설정된 값만큼 공통 풀로 생성된다. CMPT는 ACCT로부터 메시지를 받아 주로 다음과 같은 일을 수행한다.

- CR block 요청을 받아 주어진 스냅샷(Snapshot)에 해당하는 CR Block을 생성하고, 요청자에게 전송한다.
- Current block 요청을 받으면 Local Block Cache에 존재하는 Current Block을 읽어서 요청자에게 전송한다.
- Global Write 요청을 받아 주어진 데이터 블록이 Dirty이면 BLKW가 이를 디스크에 기록하도록 지시한다.
- MTC IIC 요청을 받아 처리한다.

◆ **Asyncronous Thread(WATH, CATH)**

CWS/CCC에서 세션을 담당하는 워킹 쓰레드가 처리해야 할 비동기적 업무를 대신 수행하는 쓰레드다. WATH, CATH 쓰레드는 다음과 같은 특징이 있다.

- BAST를 맞거나 스스로 잠금을 설정할 때 캐시된 잠김 모드를 다운그레이드(Downgrade)하기 전에 LOGW로부터 로그 Flush를 기다린 후 마스터에게 Lock Downgrade를 통보한다(이 특징은 CATH 쓰레드만이 수행할 수 있다).

- BLKW가 마스터로부터 받은 Global Write 요청 처리를 완료한 후 CATH에게 통보해 준다.
- Shadow Resource Block를 Reclaim하기 전에 Master에게 MC lock에 대한 제거 요청을 보낸다. 요청을 보낸 후 이에 대한 응답을 받아서 처리한다.

◆ **Garbage Collector(WLGC, CLGC)**

주기적으로 lock resource을 관리하고 타임아웃을 체크하는 쓰레드이다. WLGC, CLGC 쓰레드는 다음과 같은 특징이 있다.

- Distributed Deadlock Detection(DDD)를 수행하기 위해 주기적으로 타임아웃이 발생한 Lock Waiter를 체크한다. 체크할 때 교착 상태가 발생하면 DDD를 시작한다.
- 주기적으로 TSN의 동기화를 수행한다(이 특징은 WLGC thread만이 수행할 수 있다).
- Lock Resource를 위한 공유 메모리가 부족하게 되면 Resource Block Reclaiming을 시작하여 필요한 리소스를 확보한다.

◆ **Reconfigurator(WRCF, CRCF)**

NMGR 쓰레드로부터 Node Join 및 Leave Event를 받아 CWS/CCC Lock Remastering/Reconfiguration을 수행한다.

◆ **Node Manager(NMGR)**

TBCM과 통신하여 Node Join 및 Leave Event를 받아 처리하며 노드 멤버십을 관리한다. WRCF, CRCF 쓰레드에 의해 수행되는 CWS/CCC Reconfiguration을 통제(Suspend 또는 Resume)한다.

5.1.2.4. TAC 환경 설정

TAC는 기본적으로 단일 인스턴스일 때의 설정은 그대로 사용한다. 이 외에는 추가로 설정해야 할 초기화 매개변수와 주의사항이 있다.

다음은 TAC를 사용하기 위해 추가로 설정해야 하거나 주의해야 하는 초기화 매개변수의 예이다.

```
<$TB_SID.tip>
MEMORY_TARGET=6144M
TOTAL_SHM_SIZE=4096M
DB_CACHE_SIZE=2048M
CLUSTER_DATABASE=Y
THREAD=0
UNDO_TABLESPACE=UNDO0
LOCAL_CLUSTER_ADDR=192.168.1.1
LOCAL_CLUSTER_PORT=12345
CM_CLUSTER_MODE=ACTIVE_SHARED
```

표 5-4 | TAC 초기화 매개변수

초기화 매개변수	설 명
MEMORY_TARGET	인스턴스가 사용할 전체 메모리의 크기를 설정한다. 이것은 공유 메모리, 정렬 및 해시 등의 메모리를 요구하는 연산에서 사용하는 메모리, 데이터베이스 내부에서 사용되는 기타 메모리를 모두 포함한다. 이 중에 공유 메모리는 데이터베이스의 부팅과 동시에 점유하게 되지만 나머지 메모리는 필요에 따라 할당 및 해제를 반복하게 된다.
TOTAL_SHM_SIZE	인스턴스가 사용할 전체 공유 메모리의 크기를 설정한다.
DB_CACHE_SIZE	TAC는 버퍼 캐시 이외에도 사용하는 공유 메모리가 많다. 따라서 버퍼 캐시의 크기를 싱글 인스턴스의 경우보다 더 작게 설정해야 한다. 일반적으로 전체 공유 메모리 크기의 절반 정도가 적절하다.
CLUSTER_DATABASE	TAC를 사용할 때 설정한다. 초기화 매개변수의 값은 반드시 Y로 설정해야 한다.
THREAD	리두 쓰레드의 번호로 각 인스턴스마다 고유의 번호를 부여한다.
UNDO_TABLESPACE	언두 테이블스페이스의 이름으로 각 인스턴스마다 고유하게 부여한다.
LOCAL_CLUSTER_ADDR	TAC 인스턴스 간에 통신할 내부 아이피 주소를 설정한다.
LOCAL_CLUSTER_PORT	TAC 인스턴스 간에 통신할 내부 포트 번호를 설정한다.
CM_CLUSTER_MODE	초기화 매개변수의 값은 반드시 ACTIVE_SHARED로 설정해야 한다.

다음은 TAC를 설정할 때 주의해야 할 사항이다.

- 리두 쓰레드의 번호와 언두 테이블스페이스의 이름은 동일한 데이터베이스를 서비스하는 서버 사이에서 유일해야 한다.
- 모든 서버의 인스턴스의 설정 파일에 CONTROL_FILES와 DB_CREATE_FILE_DEST는 물리적으로 같은 파일이거나 또는 같은 디바이스를 가리키도록 설정해야 한다.
- 각 인스턴스별로 보유하는 리두로그, 아카이브 로그, 언두는 공유 디스크 상에서 각 인스턴스가 Read 할 수 있도록 설정해야 한다. 향후 장애가 발생을 하여 복구할 경우에 머지(Merge)를 통해서 복구하는데 사용된다.
- 각 인스턴스에서 사용하는 DB_NAME은 동일해야 한다.

5.1.2.5. TAC 설치

TAC는 메쉬(Mesh) 방식과 데디케이트(Dedicate) 방식으로 구성이 가능하다. 먼저 데디케이트 방식을 보도록 한다.

데디케이트 방식은 정상적인 운영 상태에서 업무 서버와 데이터베이스 서버가 1:1 연결이 되는 구성이다. 한 쪽 노드의 장애가 발생을 했을 때 업무 서버에서 장애복구를 수행하여, 다른 쪽 노드로 접속이 가능한 구성인 것이다. 〈그림 5-3〉 상에서 업무 서버 앞에 로드밸런싱 처리를 수행한다. 노드의 수가 증가를 하게 되면 업무 서버가 비례해서 증가하는 방식이다.

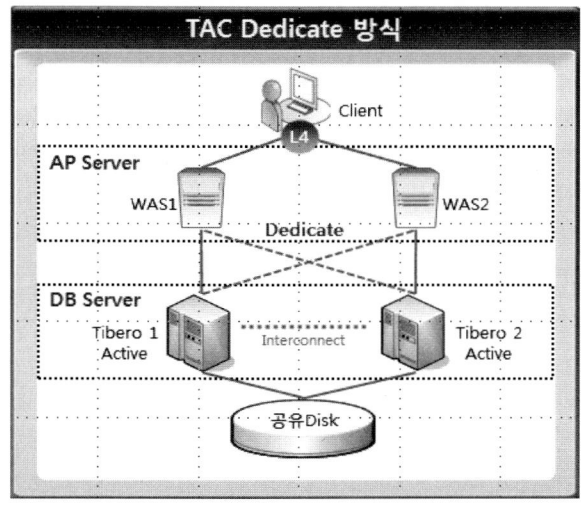

그림 5-3 | **데디케이트 방식**

데디케이트 방식의 장점은 노드가 증가하면서 AP 서버가 비례해서 증가하기 때문에, 노드가 증가하더라도 업무, 데이터베이스 서버 간 설정의 복잡도가 증가하지 않는다. 데이터베이스와 업무 서버 간에 1:1 구성으로 연결되기 때문에 세션 연결개수가 상대적으로 작기 때문에 업무 서버의 자원 활용률을 높일 수가 있다.

데디케이트 방식의 단점은 상황에 따라서 부하가 한쪽으로 집중되는 경우 유연하게 대응할 수가 없다. 장애가 발생한 경우에는 자동적으로 장애복구가 가능하지만, 복구 시에는 데이터베이스 관리자의 작업을 통한 재기동이 필요하다.

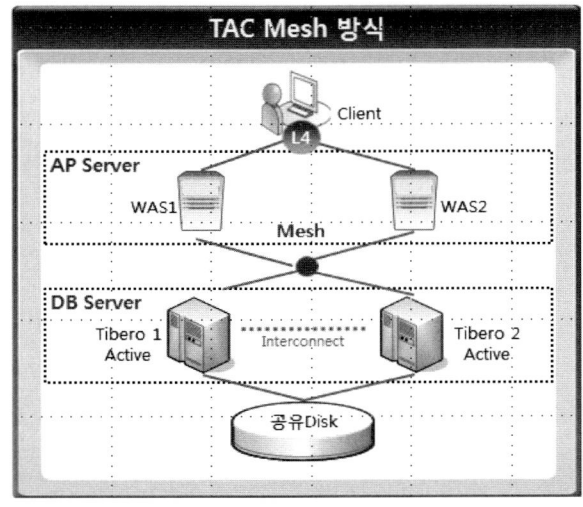

그림 5-4 | **메쉬 방식**

메쉬 구성의 교차형식으로 연결이 되는 구조이다. 업무 서버와 데이터베이스 서버가 1:N으로 연결되어 있다. 데이터베이스 장애 시에 TBCM에서 여러 장애상황에 대응하며, 업무 서버의 전, 후에서 로드밸런싱 처리가 가능한 구조로 되어 있다. 노드가 증가하면 할수록 업무 서버와의 연결 개수가 급격하게 증가를 한다.

메쉬 구성의 장점은 업무에 대해 투명하고 일원화된 데이터베이스 관리가 가능하다. 데이터베이스 서버의 장애가 발생했을 경우 복구 시에 자동복구 처리로 인하여 업무 및 데이터베이스 상에서 운영자가 최소의 비용으로 복구할 수 있다. 또한 데이터베이스/업무 벤더 간의 역할 구분이 명확해지며, 부하가 발생했을 때 노드들에 대한 로드밸런싱 처리에 유연하게 대응할 수 있다.

메쉬 구성의 단점은 데디케이트 구성의 반대라고 생각할 수 있다. 연결 개수가 많아지면서 업무 서버의 자원활용이 불리하다. 클라이언트 세션에 대한 추적 관리에 어려움이 많아진다. 특정한 세션에서 장애가 발생하는 경우에는 추적이 어려워져서 장애원인을 찾기가 힘들어진다. 또한 노드의 개수가 증가하게 되면 설정상의 복잡도가 많이 증가한다.

TAC에서 데이터를 저장하기 위해서 파일 시스템(File System)과 로우 디바이스(Raw Device), TAS(Tibero Active Storage)를 제공하고 있다. 파일 시스템은 일반적으로 알려진 파일을 생각하면 된다. 〈그림 5-5〉는 파일 시스템과 로우 디바이스에 대해서 비교를 한 부분이다.

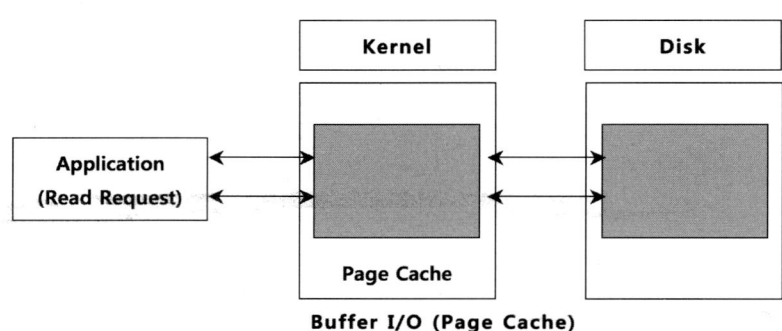

그림 5-5 | 파일 시스템 처리 방식

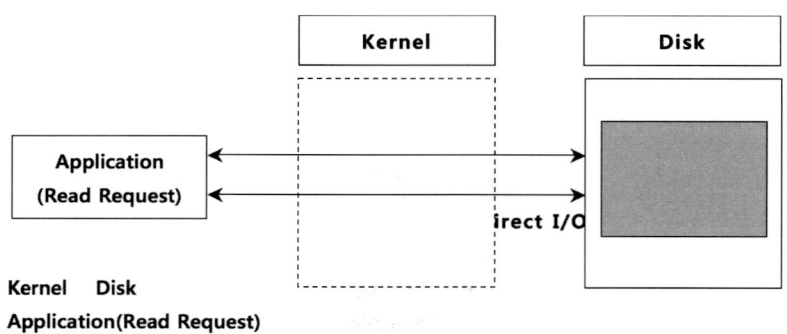

그림 5-6 | 로우 디바이스 처리 방식

파일 시스템의 경우 커널을 통해 디스크 상에 쓰기를 하기 때문에 처리 속도가 느려질 수 있다. 이에 비해, 로우 디바이스는 커널을 통하지 않고, 직접 디스크에 쓰기를 하기 때문에 속도가 빠르다.

파일 시스템과 로우 디바이스의 장/단점을 살펴보면 먼저 파일 시스템의 장점은 데이터 파일에 대한 리사이징(Resizing)이 가능하다는 것이다. 시스템 운영 중에 파일에 대한 크기를 변경함으로써 증가/감소를 할 수 있다. 두 번째는 디렉토리 구조를 사용하기 때문에 관리의 편의성을 제공할 수 있다. 범용적으로 사용되고 익숙해져 있기 때문에 유리할 수 있다. 또한 운영시스템에 제공하는 cp, rm, mv 등의 명령어를 이용하여 자유롭게 이동이 가능하다. 단점은 로우 디바이스를 사용할 경우보다 성능이 떨어지며, 시스템(CPU, 메모리)에 오버헤드가 발생된다.

로우 디바이스의 장점은 첫 번째는 운영시스템 커널에 의해 버퍼링(Buffering)이 되지 않기 때문에 디스크 I/O 성능이 향상되고, CPU 오버헤드가 감소된다. 두 번째는 운영시스템 파일 시스템의 오버헤드를 피할 수 있고 버퍼 사이즈를 줄일 수 있다. 파일 시스템보다 일반적으로 I/O 속도가 최고 30%까지 빠르다. 단점은 초기설정을 하기가 어렵고, 백업에 대한 절차가 파일 시스템보다 복잡하고 관리가 어렵다.

TAC를 설정할 때는 물리적으로 저장되는 파일의 위치가 상당히 중요하다. 공유 디스크에 저장돼야 할 파일이 각각의 디스크에 저장이 된다면 에러가 발생하고, 정상적인 동작을 할 수가 없는 상황이 생긴다. 그래서 TAC 환경에서 파일들이 위치해야 할 물리적인 위치를 보도록 한다.

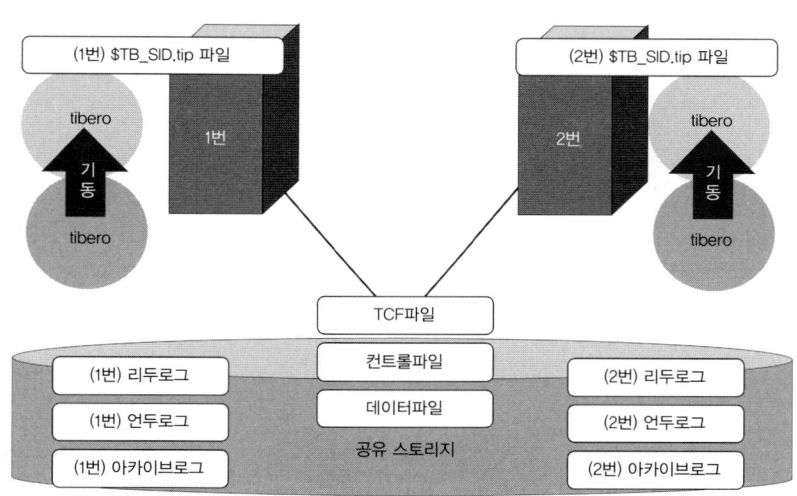

그림 5-7 | TAC에서 파일 위치

〈그림 5-7〉과 같이 각 노드에는 환경파일($TB_SID.tip)이 노드별로 존재해야 하며, 파일에 대한 위치는 노드의 서버 상에 존재해야 한다. 클러스터 파일(TCF), 인스턴스에 대한 정보를 저장하는 컨트롤 파일, 실제로 데이터를 저장하기 위한 데이터 파일은 반드시 공유 디스크 상에 위치해야 한다. 그래서 각 노드에서 해당하는 파일들에 대해 읽고/쓰기가 가능하도록 해야 한다. TAC 설치를 진행할 때 가장 많이 발생하는 오류 중에 하나이다.

리두로그(Redo Log), 언두 로그(Undo Log), 아카이브 로그(Archive Log)는 각 노드 별로 관리를 한다. 하지만 이 파일들은 모두 공유 디스크에 보관해야 한다. TAC 노드에서 장애가 발생하여 복구를 진행할 경우 각 노드에 있는 파일들을 머지(Merge) 작업을 통해 복구작업을 진행해야 하기 때문이다. 각 노드에서 상대방 노드에 있는 이 파일들에 대해 접근할 수 있어야 한다.

TAC 설치는 단일 인스턴스를 설치할 때보다 조금 더 까다로운 부분이 존재한다. 실제 서버와 공유 디스크를 이용해서 설치해야 하지만, 버추얼 박스(Virtual Box)를 이용해서 설치를 해보기로 한다. CentOS 6.4 운영시스템을 이용했으며, 티베로 설치 바이너리는 tibero6-bin-6_rel_FS01-linux64-102934-opt-tested.tar.gz을 사용한다. 해당하는 설치 파일과 라이선스 파일은 http://technet.tmaxsoft.com에서 회원가입 후에 다운로드할 수 있다.

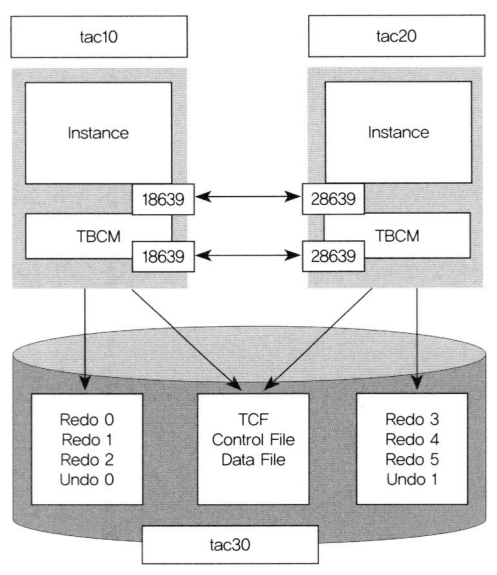

그림 5-8 | TAC 설치 환경 구성도

〈그림 5-8〉과 같이 운영시스템 계정에 tac10, tac20, tac30 사용자를 생성하고, tac10은 노드 #1, tac20은 노드 #2, tac30은 공유 디스크 역할로 이용한다. 이때 주의해야 할 점은 tac30에 대한 디렉토리는 tac10, tac20 사용자가 읽기/쓰기가 반드시 가능해야 한다.

/home/ 아래 tac10, tac20 그리고 tac30으로 사용자 홈디렉토리를 생성한다. tac10과 tac20에는 티베로를 설치하고 tac30은 공유 디스크로 활용한다. TAC는 여러 데이터베이스 서버의 인스턴스가 물리적으로 같은 데이터베이스 파일을 보고 사용한다. 다음의 파일들은 물리적으로 공유 디스크에 별도 존재한다. 컨트롤 파일과 데이터 파일의 경우 모든 서버의 인스턴스가 동일한 파일을 사용하고, 리두로그 및 언두 파일의 경우 각 인스턴스마다 별도의 파일이 지정된다.

◆ 사용자 생성

tac10, tac20, tac30 사용자 생성

tac10: 노드 #1(티베로 단일 인스턴스 설치), tac20: 노드 #2(티베로 단일 인스턴스 설치), tac30: 공유 파일용

```
# useradd -d /home/tac10 -g dba tac10
# useradd -d /home/tac20 -g dba tac20
# useradd -d /home/tac30 -g dba tac30

-- 패스워드 추가
# passwd tac10
Changing password for user tac10.
New password:tibero
Retype new password: tibero
passwd: all authentication tokens updated successfully.

# passwd tac20
Changing password for user tac20.
New password:tibero
Retype new password: tibero
passwd: all authentication tokens updated successfully.

# passwd tac30
Changing password for user tac20.
New password:tibero
Retype new password: tibero
passwd: all authentication tokens updated successfully.
```

사용자 생성 전에 dba 그룹을 생성하며, 사용자 생성시 홈 디렉토리를 자동으로 생성하게 하려면 다음과 같이 설정 파일을 수정한다.

```
# vi /etc/login.defs
CREATE_HOME            yes
```

◆ Port 번호 설정

실제 운영상에서는 두 노드가 물리적으로 분리되어 있고, 포트 번호도 동일하게 설정한다. 하나의 버추얼 박스에 사용자를 2개 사용하여 TAC 노드를 구성하므로 포트 번호를 다르게 설정하여 충돌이 발생하는 경우를 방지한다.

```
node 1 (tac10): 18629, node 2 (tac20): 28629
```

◆ 권한 수정

tac10, tac20, tac30이 속한 그룹은 dba이며, dba 그룹에 속한 사용자에 읽기, 쓰기, 실행(r-w-x) 권한을 부여한다. 실제 운영상에서는 물리적으로 분리된 각 서버에 동일한 사용자명으로 생성하기 때문에 이와 같은 작업이 생략될 수 있다.

```
-- 권한 수정 전
# ls -l
drwx------.   4 tac10    dba      4096 2015-08-10 16:16 tac10
drwx------.   4 tac20    dba      4096 2015-08-10 16:17 tac20
drwx------.   4 tac30    dba      4096 2015-08-10 16:17 tac30

-- 권한 수정 후
# chmod -Rf g+rwx tac10
# chmod -Rf g+rwx tac20
# chmod -Rf g+rwx tac30
# ls -l
drwxrwx---.   4 tac10    dba      4096 2015-08-10 16:16 tac10
drwxrwx---.   4 tac20    dba      4096 2015-08-10 16:17 tac20
drwxrwx---.   4 tac30    dba      4096 2015-08-10 16:17 tac30
```

◆ 환경 설정 파일 수정

.bash_profile 설정 시에는 자바에 대한 경로(PATH)가 반드시 설정되어 있어야 한다.

```
[tac10@~]
# cd /home/tac10
# vi .bash_profile
### JDK ###
export JAVA_HOME=/usr/java/jdk1.7.0_25
export PATH=$JAVA_HOME/bin:$PATH
export CLASSPATH=.:$JAVA_HOME/jre/lib/ext:$JAVA_HOME/lib/tools.jar

### Tibero 6 ENV ###
export TB_HOME=/home/tac10/tibero6
export TB_SID=tac10
export TB_PROF_DIR=$TB_HOME/bin/prof
export PATH=.:$TB_HOME/bin:$TB_HOME/client/bin:$JAVA_HOME:$PATH
export LD_LIBRARY_PATH=$TB_HOME/lib:$TB_HOME/client/lib:$LD_LIBRARY_PATH
```

수정된 환경파일 적용 및 확인

```
# . .bash_profile
# echo $TB_HOME
/home/tac10/tibero6
```

```
[tac20@~]
# cd /home/tac20
# vi .bash_profile
### JDK ###
export JAVA_HOME=/usr/java/jdk1.7.0_25
export PATH=$JAVA_HOME/bin:$PATH
export CLASSPATH=.:$JAVA_HOME/jre/lib/ext:$JAVA_HOME/lib/tools.jar

### Tibero 6 ENV ###
export TB_HOME=/home/tac20/tibero6
export TB_SID=tac20
export TB_PROF_DIR=$TB_HOME/bin/prof
export PATH=.:$TB_HOME/bin:$TB_HOME/client/bin:$JAVA_HOME:$PATH
export LD_LIBRARY_PATH=$TB_HOME/lib:$TB_HOME/client/lib:$LD_LIBRARY_PATH
```

수정된 환경파일 적용 및 확인

```
# . .bash_profile
# echo $TB_HOME
/home/tac20/tibero6
```

◆ 바이너리 압축 풀기

티베로 바이너리 파일을 tac10과 tac20에 각각 압축을 푼다. 바이너리는 ***.tar.gz 형태로 되어 있다.

```
[tac10@~]
# tar -xvzf tibero6-bin-6_rel_FS01-linux64-102934-opt-tested.tar.gz
# ls -l
drwxr-xr-x. 9 tac10 dba 4096 2015-08-10 16:57 tibero6


[tac20@~]
# tar -xvzf tibero6-bin-6_rel_FS01-linux64-102934-opt-tested.tar.gz
# ls -l
drwxr-xr-x. 9 tac20 dba    4096 2015-08-10 16:57 tibero6
```

◆ 라이선스 복사

테크넷에서 발급받은 라이선스 파일 license.xml을 다음의 경로에 복사한다.

```
[tac10@~]
# pwd
/home/tac10/tibero6/license
# ls -l
-rw-r--r--. 1 tac10 dba   485 2015-08-10 16:59 license.xml
drwxr-xr-x. 2 tac10 dba  4096 2015-08-10 16:57 oss_licenses
```

```
[tac20@~]
# pwd
/home/tac20/tibero6/license
# ls -l
-rw-r--r--. 1 tac20 dba   485 2015-08-10 17:22 license.xml
drwxr-xr-x. 2 tac20 dba  4096 2015-08-10 16:57 oss_licenses
```

◆ Data 파일 위치

TAC는 여러 시스템이 공유 디스크를 기반으로 데이터 파일을 공유한다. 즉, 여러 인스턴스가 같은 컨트롤 파일과 데이터 파일을 보게 된다. 컨트롤 파일과 데이터 파일은 모든 인스턴스가 동일한 파일을 읽고 쓰게 되며, 리두로그와 언두는 각 서버의 인스턴스마다 별도의 파일을 가지도록 설정을 해야 한다. 버추얼 박스에 생성한 tac30 홈디렉토리를 데이터 파일을 공유하는 디렉토리로 사용한다.

```
[tac30@~]
# pwd
/home/tac30
# mkdir tbdata
# mkdir arch
# ls
arch  tbdata
```

권한 변경(관리자 권한)

```
# chmod -Rf g+rwx *
drwxrwxr-x. 2 tac30 dba 4096 2015-08-10 17:25 arch
drwxrwxr-x. 2 tac30 dba 4096 2015-08-10 17:25 tbdata
```

◆ gen_tip.sh 실행

gen_tip.sh을 실행하면 서버 환경파일($TB_SID.tip), tbdsn.tbr 그리고 psm_commands 파일이 생성된다.

```
[tac10@~]
# sh /home/tac10/tibero6/config/gen_tip.sh
Using TB_SID "tac10"
/home/tac10/tibero6/config/tac10.tip generated
/home/tac10/tibero6/config/psm_commands generated
/home/tac10/tibero6/client/config/tbdsn.tbr generated.
Running client/config/gen_esql_cfg.sh
Done.
```

TB_SID.tip 파일인 tac10.tip 생성을 확인한다.

```
# find ~/ -name $TB_SID.tip
/home/tac10/tibero6/config/tac10.tip
```

```
[tac20@~]
# sh /home/tac20/tibero6/config/gen_tip.sh
Using TB_SID "tac20"
/home/tac20/tibero6/config/tac20.tip generated
/home/tac20/tibero6/config/psm_commands generated
/home/tac20/tibero6/client/config/tbdsn.tbr generated.
Running client/config/gen_esql_cfg.sh
Done.
```

TB_SID.tip 파일인 tac20.tip 생성을 확인한다.

```
# find ~/ -name $TB_SID.tip
/home/tac20/tibero6/config/tac20.tip
```

◆ tip 파일 수정

각 환경파일에서 수정할 부분은 DB_NAME, 포트 번호, tbdata, 아카이브 파일 경로, tac, tbcm, 경로, DB_NAME은 노드1, 노드2 모두 동일한 명으로 한다.

표 5-5 | 환경파일($TB_SID.tip)

[tac10@~]	[tac20@~]
`# vi /home/tac10/tibero6/config/tac10.tip`	`#vi /home/tac20/tibero6/config/tac20.tip`

아래 내용으로 수정한다.
 	
DB_NAME=tacdata
LISTENER_PORT=18629
CONTROL_FILES="/home/tac30/tbdata/c1.ctl"
MAX_SESSION_COUNT=10
TOTAL_SHM_SIZE=1G
MEMORY_TARGET=2G
 	
DB_CREATE_FILE_DEST="/home/tac30/tbdata"
LOG_ARCHIVE_DEST="/home/tac30/arch"
 	
# TAC 	
CLUSTER_DATABASE=Y
THREAD=0
UNDO_TABLESPACE=UNDO0
LOCAL_CLUSTER_ADDR=127.0.0.1
LOCAL_CLUSTER_PORT=18639
 	
#TBCM
CM_PORT=18649
CM_CLUSTER_MODE=ACTIVE_SHARED
CM_FILE_NAME=/home/tac30/tbcm
CM_HEARTBEAT_EXPIRE=60
CM_WATCHDOG_EXPIRE=55
CM_NET_EXPIRE_MARGIN=5
	아래 내용으로 수정한다.
	
	DB_NAME=tacdata
	LISTENER_PORT=28629
	CONTROL_FILES="/home/tac30/tbdata/c1.ctl"
	MAX_SESSION_COUNT=10
	TOTAL_SHM_SIZE=1G
	MEMORY_TARGET=2G
	
	DB_CREATE_FILE_DEST="/home/tac30/tbdata"
	LOG_ARCHIVE_DEST="/home/tac30/arch"
	
	# TAC
	CLUSTER_DATABASE=Y
	THREAD=1
	UNDO_TABLESPACE=UNDO1
	LOCAL_CLUSTER_ADDR=127.0.0.1
	LOCAL_CLUSTER_PORT=28639
	
	#TBCM
	CM_PORT=28649
	CM_CLUSTER_MODE=ACTIVE_SHARED
	CM_FILE_NAME=/home/tac30/tbcm
	CM_HEARTBEAT_EXPIRE=60
	CM_WATCHDOG_EXPIRE=55
	CM_NET_EXPIRE_MARGIN=5

환경파일에 설정된 매개변수는 앞 장에서 이미 설명했던 매개변수들이다. 특히 설치하려는 서버의 사양에 따라서 매개변수의 크기를 조절해야 할 필요성이 있다.

◆ tbdsn.tbr 수정

LISTENER_PORT 및 DB_NAME을 수정할 경우 $TB_HOME/client/config/tbdsn.tbr의 LISTENER_PORT 및 DB_NAME도 수정해야 한다. 즉 $TB_SID.tip 파일과 tbdsn.tbr 파일의 포트 번호 및 DB_NAME이 일치해야 접속할 수 있다.

```
[tac10@~]
# vi /home/tac10/tibero6/client/config/tbdsn.tbr

tac10=(
    (INSTANCE=(HOST=127.0.0.1)
             (PORT=18629)
             (DB_NAME=tacdata)
    )
)
```

```
[tac20@~]
# vi /home/tac20/tibero6/client/config/tbdsn.tbr

tac20=(
    (INSTANCE=(HOST=127.0.0.1)
             (PORT=28629)
             (DB_NAME=tacdata)
    )
)
```

◆ Tibero Active Cluster 설정(노드 1)

gen_tip.sh 실행 및 수정과 tbdsn.tbr 수정까지는 티베로의 단일 인스턴스 설치와 유사하다. 티베로 TAC를 설치하기 위한 별도의 작업을 설명한다.

- 노드 1 서버

클러스터 파일 TCF을 생성하기 위한 작업을 진행한다.

- [tac10@~]

TBCM을 초기화 한다. 매개변수의 내용이 변경된 경우는 반드시 tbcm를 초기화 하는 작업이 필요하다. TBCM를 초기화한 후 티베로를 처음 시작했을 때는 노드 멤버십을 관리하는 초기화 시간이 필요하다. 티베로를 너무 빨리 기동하게 되면 TBCM은 노드 멤버십에 포함되지 않은 인스턴스로 간주하고 강제로 종료된다. 따라서 15초 이상의 시간으로 기동할 것을 권장한다.

```
# tbcm -c
This will erase all contents in [/home/tac30/tbcm], and cannot be recovered.
Proceed? (y/N) y
SUCCESS

# tbcm -b LOCK
```

```
CM file created! Keep booting
CM-guard demon started up.

Tibero 6
TmaxData Corporation Copyright (c) 2008-. All rights reserved.
Tibero cluster manager CM started up.
Local node name is (cm@127.0.0.1:18649).
```

– 데이터베이스 생성

데이터베이스를 생성하기 전에 /home/tac30에 생성된 파일들의 권한을 관리자 권한으로 다음과 같이 변경한다.

```
# pwd
/home/tac30
# chmod -Rf g+rwx *
# ls -lart
drwxrwxr--. 2 tac30 dba 4096 2015-08-10 17:25 arch
-rwxrw-r--. 1 tac10 dba 1536 2015-08-11 11:34 tbcm
drwxrwxr--. 2 tac30 dba 4096 2015-08-10 17:25 tbdata
```

db_cre.sql을 이용하여 데이터베이스를 생성한다. 다음은 db_cre.sql 파일 내용이다. 리두로그 그룹 : 3개, 로그 모드 : ARCHIVELOG, 언두 테이블스페이스 : undo0

```
create database "tacdata"
user sys identified by tibero
maxinstances 8
maxdatafiles 100
character set MSWIN949
logfile group 0 'log001.log' size 100M,
group 1 'log002.log' size 100M,
group 2 'log003.log' size 100M
maxloggroups 255
maxlogmembers 8
archivelog
datafile 'system001.dtf' size 100M
autoextend on next 100M maxsize unlimited
default tablespace USR datafile 'usr.dtf' size 512M
        autoextend on next 10M maxsize unlimited
```

```
          extent management local autoallocate
syssub datafile 'syssub.dtf' size 512M
         autoextend on next 100M
default temporary tablespace TEMP tempfile 'temp001.dtf' size 100M
 autoextend on next 100M maxsize unlimited
 extent management local autoallocate
 undo tablespace UNDO0
 datafile 'undo001.dtf' size 100M
 autoextend on next 100M maxsize unlimited
 extent management local autoallocate;
```

DB_NAME으로 TACDATA를 지정하며, MAXINSTANCES는 접근할 서버의 최대 인스턴스의 개수를 8로 지정한다. 기존의 CREATE DATABASE 문과 비교해 달라진 부분은 없다. 다만, 데이터베이스 파일을 공유할 인스턴스의 최대 개수를 나타내는 MAXINSTANCES 매개변수를 주의해야 한다. 이 매개변수의 값은 컨트롤 파일과 데이터 파일의 헤더 등에 영향을 미치며 설정된 값 이상으로 티베로의 인스턴스를 추가할 수 없으므로 TAC를 위해 데이터베이스를 생성할 때 충분한 값을 설정해야 한다.

앞서 설명한 것처럼 각 서버의 인스턴스는 별도의 리두 및 언두 공간을 가져야 한다. CREATE DATABASE 문을 실행한 시점에 생성된 언두 테이블스페이스 및 리두로그 파일은 첫 번째 인스턴스를 위한 것으로 다른 인스턴스가 데이터베이스에 접근하기 위해서는 별도의 리두로그 그룹과 언두 테이블스페이스를 생성하는 것이 필요하다.

생성된 리두로그 그룹은 자동으로 0번의 리두 쓰레드가 된다. 따라서 CREATE DATABASE 문을 실행하기 전에 서버 인스턴스의 환경 설정 파일($TB_SID.tip)의 쓰레드 초기화 매개변수와 UNDO_TABLESPACE 초기화 매개변수는 다음과 같이 설정돼 있어야 한다.

```
[tac10@~]
# tbboot nomount
Listener port = 18629
Change core dump dir to /home/tac10/tibero6/bin/prof.
Listener port = 18629

Tibero 6
TmaxData Corporation Copyright (c) 2008-. All rights reserved.
Tibero instance started up (NOMOUNT mode).

# tbsql sys/tibero
```

```
tbSQL 6
TmaxData Corporation Copyright (c) 2008-. All rights reserved.
Connected to Tibero.
SQL>
```

db_cre.sql 내용을 직접 수행하거나 SQL 파일을 만들어서 실행한다. db_cre.sql 파일이 있는 디렉토리로 이동을 하여 tbsql를 실행하거나, 해당하는 위치가 아니라면 db_cre.sql이 있는 디렉토리의 전체 경로를 적어줘야 한다.

```
SQL> @db_cre.sql
Database created.
File finished.
```

데이터베이스 생성이 완료되면 데이터베이스가 자동으로 다운된다. 그래서 재기동을 해야 한다.

- 데이터 정의어(DDL) 추가수행

앞서 수행한 데이터베이스 생성시 첫 번째 인스턴스를 위한 언두 테이블스페이스와 리두로그 파일이 생성되었다. 다른 인스턴스에 접근하기 위해서는 별도의 리두로그 그룹과 언두 테이블스페이스를 생성해야 한다. 주의를 할 부분은 인스턴스를 생성했던 노드에서 생성을 한다는 것이다.

```
[tac10@~]
# tbboot
Change core dump dir to /home/tac10/tibero6/bin/prof.
Listener port = 18629

Tibero 6
TmaxData Corporation Copyright (c) 2008-. All rights reserved.
Tibero instance started up (NORMAL mode).

# tbsql sys/tibero
tbSQL 6
TmaxData Corporation Copyright (c) 2008-. All rights reserved.
Connected to Tibero.

SQL> CREATE UNDO TABLESPACE UNDO1
DATAFILE 'undo011.dtf' SIZE 200M AUTOEXTEND ON NEXT 10M ;
Tablespace 'UNDO1' created.

SQL>ALTER DATABASE ADD LOGFILE THREAD 1 GROUP 3
```
▶

```
'/home/tac30/tbdata/log004.log' size 20M;
Database altered.


SQL> ALTER DATABASE ADD LOGFILE THREAD 1 GROUP 4
'/home/tac30/tbdata/log005.log' size 20M;
Database altered.


SQL> ALTER DATABASE ADD LOGFILE THREAD 1 GROUP 5
'/home/tac30/tbdata/log006.log' size 20M;
Database altered.


SQL> ALTER DATABASE ENABLE PUBLIC THREAD 1;
Database altered.
```

ALTER DATABASE ENABLE PUBLIC THREAD 1은 리두 쓰레드를 활성화하는 데이터 정의어 문장을 실행한다. 리두로그 그룹을 추가하기 위한 기존의 데이터 정의어 문장과 같지만 쓰레드 번호를 지정했다는 것에 주의해야 한다. 이 예제에서는 두 번째 인스턴스가 사용할 언두 테이블스페이스 UNDO1과 리두 쓰레드 1을 위한 리두로그 그룹을 추가하고 활성화시키는 과정을 보여주고 있다.

리두 쓰레드는 숫자로 지정하며 CREATE DATABASE 문을 실행할 시점에 생성한 리두로그 그룹이 0번 쓰레드가 되므로 반드시 1부터 지정해야 한다. 0번 쓰레드는 CREATE DATABASE 문을 실행할 시점에 자동으로 활성화된다.

주의할 점은 리두로그 그룹의 번호는 리두 쓰레드 내에서가 아니라 데이터베이스 전체에서 유일해야 하므로 이미 사용된 0, 1, 2를 사용할 수 없다. 또한 최소한 2개 이상의 리두로그 그룹이 존재해야만 해당 리두 쓰레드를 활성화시킬 수 있다. 다른 인스턴스를 추가하려면 위와 같은 과정을 참고하여 언두 테이블스페이스와 리두 쓰레드를 생성하고 쓰레드를 활성화한다.

TAC 로우 디바이스(Raw Device) 환경 또는 공유 파일 시스템이면서 DB_CREATE_FILE_DEST가 적절한 경로로 지정되지 않은 환경에서는 티베로가 정상적으로 기동되지 않을 수 있다.

Tibero Performance Repository(TPR)를 저장할 테이블스페이스를 데이터베이스 생성구문에 추가하지 않은 경우에는 다음과 같이 TPR 관련 정보를 저장할 테이블스페이스(SYSSUB)를 먼저 추가해야 한다.

```
# tbsql sys/tibero
SQL> CREATE TABLESPACE SYSSUB DATAFILE '<SYSSUB 위치>/syssub001.dtf'... ;
Tablespace 'SYSSUB' created.
```

만약 로그 파일의 생성경로가 잘못 되었을 경우 다음과 같이 수정한다.

```
# cp [잘못된경로/log파일 이름] /home/tac30/tbdata/[로그 파일명]
# tbsql sys/tibero
SQL> ATLTER DATABASE RENAME FILE '[잘못된경로/로그 파일명]' TO '/home/tac30/[로그
파일명]';
```

생성된 로그 파일은 v$logfile를 조회하여 확인한다.

```
SQL> col member for a30
SQL> select * from v$logfile;
GROUP#  STATUS  TYPE     MEMBER
------  ------  -------  ------------------------------
     0          ONLINE   /home/tac30/tbdata/log001.log
     1          ONLINE   /home/tac30/tbdata/log002.log
     2          ONLINE   /home/tac30/tbdata/log003.log
     3          ONLINE   /home/tac30/tbdata/log004.log
     4          ONLINE   /home/tac30/tbdata/log005.log
     5          ONLINE   /home/tac30/tbdata/log006.log
```

- 딕셔너리(Dictionary) 및 패키지(Package) 생성

$TB_HOME/scripts의 system.sh를 실행하면 롤(Role), 시스템 사용자(System User), 뷰(View), 패키지(Package) 등이 생성된다. 파일이 실행되면서 sys와 syscat 계정에 대한 암호를 묻게 되는데 기본 암호는 다음과 같다.

```
sys / tibero
sysca / syscat
```

sys, syscat에 비밀번호가 잘못 입력되는 경우 데이터 딕셔너리(Data Dictionary)가 정확하게 생성되지 않아 데이터베이스가 비정상적인 동작을 하는 경우가 발생한다. 각 항목의 생성여부를 물을 때 모두 Y를 입력한다.

표 5-6 | 딕셔너리 & 패키지

구분	설명
기본 시스템 사용자 & 롤	최초 설치일 경우 반드시 'Y'를 입력한다. 최초 설치가 아닐 경우 해당 항목을 생성하려면 'Y'를 입력하고, 생성하지 않을 경우 'N'을 입력한다.
프로파일 관련 테이블	최초 설치일 경우 반드시 'Y'를 입력한다. 최초 설치가 아닐 경우 'Y'를 입력하면 기존 테이블을 삭제한 후 생성하고, 생성하지 않을 경우는 'N'을 입력한다.
TPR 관련 테이블	최초 설치일 경우 반드시 'Y'를 입력한다. 최초 설치가 아닐 경우 APM의 데이터를 보존하려면 'N'을 입력하고, 그 이외의 경우 'Y'를 입력한다.

```
[tac10@~]
# sh /home/tac10/tibero6/scripts/system.sh
Enter SYS password:
tibero
Enter SYSCAT password:
syscat
Create default system users & roles?(Y/N):
y
Create system tables related to profile?(Y/N):
y
Register dbms_stats job to Job Scheduler?(Y/N):
y
Create TPR tables?(Y/N):
y
```

생성이 완료되면 다음을 참조하여 정상적으로 완료됐는지 확인한다.

```
# cat /home/tac10/tibero6/instance/tac10/log/system_init.log
# tbsql sys/tibero
SQL> col db_name for a10
SQL> SELECT instance_name,
            db_name,
            version,
            status
      FROM v$instance;

INSTANCE_NAME                    DB_NAME    VERSION   STATUS
-------------------------------  ---------  --------  --------------
tac10         tacdata      6          NORMAL

SQL> col owner for a10
SQL> SELECT owner FROM dba_objects WHERE object_name ='DATABASE_PROPERTIES';
OWNER
----------
PUBLIC
SYSCAT

SQL> set line 200
SQL> col name for a30
```

```
SQL> col value for a15
SQL> col comment_str for a40
SQL> SELECT * FROM database_properties;
NAME                      VALUE            COMMENT_STR
------------------------  ---------------  ----------------------------------------
DFLT_PERM_TS              USR              Name of default permanent
tablespace
DFLT_TEMP_TS              TEMP             Name of default temporary
tablespace
DFLT_UNDO_TS              UNDO0            Name of default undo tablespace
NLS_CHARACTERSET          MSWIN949
NLS_NCHAR_CHARACTERSET    UTF16
DB_NAME                   tacdata          database name

SQL> exit
```

정상적으로 생성됐으면 tbdown, tbcm -d으로 종료한다.

```
# tbdown
# tbcm -d
```

- tbcm 기동

```
[tac10@~]
# tbcm -b
CM file created! Keep booting
CM-guard demon started up.

Tibero 6
TmaxData Corporation Copyright (c) 2008-. All rights reserved.
Tibero cluster manager CM started up.
Local node name is (cm@127.0.0.1:18649).
```

- 티베로 기동

```
[tac10@~]
# tbboot
Change core dump dir to /home/tac10/tibero6/bin/prof.
Listener port = 18629
```

```
Tibero 6
TmaxData Corporation Copyright (c) 2008-. All rights reserved.
Tibero instance started up (NORMAL mode).
```

◆ Tibero Active Cluster 설정(노드 2)

- tbcm 기동

노드 2를 기동하기 전에 공유폴더에 다음과 같이 루트 권한으로 chmod 명령어를 실행하여 그룹 권한을 부여한다.

```
# pwd
/home/tac30
# chmod -Rf g+rwx *

[tac20@~]
# tbcm -b
There exists valid CM file. Keep booting
CM-guard demon started up.

Tibero 6
TmaxData Corporation Copyright (c) 2008-. All rights reserved.
Tibero cluster manager CM started up.
Local node name is (cm@127.0.0.1:28649).
```

- 티베로 기동

```
[tac20@~]
# tbboot
Change core dump dir to /home/tac20/tibero6/bin/prof.
Listener port = 28629

Tibero 6
TmaxData Corporation Copyright (c) 2008-. All rights reserved.
Tibero instance started up (NORMAL mode).
```

공유폴더의 권한 오류일 경우에는 다음과 같은 경고가 나타난다. 이 경우 관리자 권한으로 tac30의 모든 폴더와 파일 권한을 변경한다(chmod –Rf g+rwx /home/tac30/*).

```
*************************************************************
* Warning: Control file open failed
* /home/tac30/tbdata/c1.ctl
*************************************************************
*************************************************************
* Critical Warning : Raise svmode failed. The reason is
* TBR-24003 :  Unable to read control file.
* Current server mode is NOMOUNT.
*************************************************************
* 다음과 같은 경고는 v$logfile을 확인한다.
*************************************************************
* Critical Warning : Raise svmode failed. The reason is
* TBR-1042 :  Unable to read log member file in group 5, member -1 (), block
1280.
* Current server mode is MOUNT.
*************************************************************
```

◆ TAC 실행 방법

TAC의 기동 순서는 중요하다. TBCM 기동 없이 티베로를 기동하려고 한다면 정상적으로 기동되지 않는다. TBCM, 티베로 순으로 TAC를 기동한다.

– TAC 기동 순서

tbcm과 티베로가 다운된 상태이면 각 인스턴스에서 tbcm을 먼저 기동 후 티베로를 기동한다.

– TBCM 기동 확인

```
# ps -ef | grep tbcm
tac10     9576      1  0 16:01 pts/1    00:00:00 tbcm -b
tac20    39790      1  0 16:13 pts/0    00:00:00 tbcm -b
tac20    86321  85426 0 16:31 pts/0    00:00:00 grep tbcm
```

TBCM 데몬이 실행 중인 경우 현재 클러스터의 상태 정보를 화면에 출력한다. TBCM 데몬이 실행 중이지 않을 때는 에러가 출력된다.

$TB_HOME/scripts 디렉토리에 있는 cm_stat.sh 스크립트 파일을 실행시키면 1초에 한번씩 주기적으로 tbcm -s 명령어가 실행되므로 클러스터의 상태 변화를 지속적으로 확인할 수 있다.

다음은 tbcm -s를 수행한 결과이다.

```
# tbcm -s
========================= LOCAL STATUS =========================
NODE NAME          : [102] cm@127.0.0.1:28649
CLUSTER MODE       : ACTIVE_SHARED (GUARD ON, FENCE OFF)
STATUS             : SERVICE ACTIVE
INCARNATION_NO     : 8 (ACK 8, COMMIT 8)
HEARTBEAT PERIOD   : 30 ticks (1 tick = 1000000 micro-sec)
SVC PROBE PERIOD   : 10 ticks (expires 10 ticks later)
SVC DOWN CMD       : "/home/tac20/tibero6/scripts/cm_down_cmd.sh"
CONTROL FILE (A)   : /home/tac30/tbcm (512 byte/block)
CONTROL FILE EXPIRE: 29 ticks later
LOG LEVEL          : 2
======================== CLUSTER STATUS ========================
INCARNATION_NO     : 8 (COMMIT 8)
FILE HEADER SIZE   : 1024 bytes ( 512 byte-block )
# of NODES         : 2 nodes (LAST_ID = 102)
MASTER NODE        : [101] cm@127.0.0.1:18649
MEMBERSHIP         : AUTO (SPLIT)
NODE LIST... (R:role, Scd:scheduled, F/O: index of VIP failover node)
     H/B F/O    VIP
Idx R Scd     Node Status   offset Idx   Alias  ID Name
--- - ---    --------------- ------ ---  ------ --- ---------------
#0  M ON     SERVICE ACTIVE   1024 N/A    N/A  101 cm@127.0.0.1:18649
#1  S ON     SERVICE ACTIVE   1536 N/A    N/A  102 cm@127.0.0.1:28649
==================== OTHER NODE STATUS ========================
SEQ (NAME)         : #0 ([101] cm@127.0.0.1:18649)
STATUS (CONN.)     : SERVICE ACTIVE (CONNECTED)
NET ADDR (PORT)    : 127.0.0.1 (18649)
```

현재 2개의 노드가 정상적으로 기동되어 있는 상태를 확인할 수 있다. 만약 Node #0이 SERVICE DOWN으로 보인다면 티베로가 다운됐기 때문이다.

- **NODE DOWN** : tbcm 다운된 상태
- **SERVICE DOWN** : tbcm은 기동 중이나 티베로가 다운된 상태

- 티베로 기동 확인

```
# ps -ef | grep tbsvr
tac10  32777     1  0 16:10 pts/1  00:00:00 tbsvr      -t NORMAL -SVR_SID tac10
tac10  32785 32777  0 16:10 pts/1  00:00:00 tbsvr_TBMP -t NORMAL -SVR_SID tac10
tac10  32786 32777  0 16:10 pts/1  00:00:00 tbsvr_WP000 -t NORMAL -SVR_SID tac10
tac10  32787 32777  0 16:10 pts/1  00:00:00 tbsvr_AGNT -t NORMAL -SVR_SID tac10
tac10  32788 32777  0 16:10 pts/1  00:00:00 tbsvr_DBWR -t NORMAL -SVR_SID tac10
tac10  32789 32777  0 16:10 pts/1  00:00:00 tbsvr_RECO -t NORMAL -SVR_SID tac10
tac10  32790 32777  0 16:10 pts/1  00:00:01 tbsvr_ACSD -t NORMAL -SVR_SID tac10
tac20  43993     1  0 16:14 pts/0  00:00:00 tbsvr      -t NORMAL -SVR_SID tac20
tac20  44004 43993  1 16:14 pts/0  00:00:00 tbsvr_TBMP -t NORMAL -SVR_SID tac20
tac20  44005 43993  0 16:14 pts/0  00:00:00 tbsvr_WP000 -t NORMAL -SVR_SID tac20
tac20  44006 43993  0 16:14 pts/0  00:00:00 tbsvr_AGNT -t NORMAL -SVR_SID tac20
tac20  44007 43993  0 16:14 pts/0  00:00:00 tbsvr_DBWR -t NORMAL -SVR_SID tac20
tac20  44008 43993  1 16:14 pts/0  00:00:00 tbsvr_RECO -t NORMAL -SVR_SID tac20
tac20  44009 43993  5 16:14 pts/0  00:00:01 tbsvr_ACSD -t NORMAL -SVR_SID tac20
```

◆ TAC 모니터링 방법

$TB_HOME/scripts 디렉토리에 있는 cm_stat.sh 스크립트 파일을 통해 노드 및 인스턴스의 상태를 모니터링 할 수 있다. TAC에 참여한 노드의 현재 상태, 아이피 정보 등을 주기적으로 확인할 수 있다.

티베로는 글로벌 뷰(Global View)를 제공한다. 단일 인스턴스에서 사용하는 모든 모니터링 뷰를 TAC의 인스턴스에서 조회할 수 있다.

다음은 모든 클러스터에 연결되어 있는 세션을 확인하는 예이다. tbSQL 유틸리티, tbAdmin 툴을 통해 다음과 같은 SQL 문장을 실행한다.

```
SQL> SELECT * FROM GV$SESSION;
```

5.1.2.6 TAC 로드밸런싱 방법

사용자의 프로그램은 TAC를 기본적으로 하나의 데이터베이스처럼 다룰 수 있다. 따라서 사용자는 하나의 데이터베이스에 접속한 것처럼 연결을 맺고 작업을 수행하면 된다. 장애가 발생했을 때 장애극복 및 로드밸런싱 기능은 클라이언트 라이브러리와 TAC에서 자동으로 처리된다. 이를 위해 클라이언트는 여러 대의 이중화 서버에 접속하는 것과 같이 장애극복과 로드밸런싱 기능을 설정한다.

클라이언트의 LOAD_BALANCE, USE_FAILOVER 설정만으로도 기본적인 로드밸런싱과 장애극복 기능이 사용자에게 제공된다. 클라이언트는 TAC를 구성하는 여러 노드 중 임의의 노드를 선택하여 접속하며, 해당 노드에 장애가 발생했을 때 다른 노드로 연결이 자동 전환된다. 이렇게 장애가 발생하면 수행 중이던 SQL 문장에서 에러가 나며, 다음 SQL부터는 새로운 노드에서 작업이 수행된다. 발생하는 SQL은 장애 유형에 따라 다르다. 이렇게 클라이언트의 설정만으로 제공되는 로드밸런싱 기능은 별다른 부하를 발생시키지 않는다. 단, 서버의 부하 상황을 고려하지 않으므로 정확한 의미의 로드밸런싱은 아니다. 이것은 한꺼번에 서버와의 연결을 많이 맺고 오래 사용하는 목적에 알맞으며 3-단(Tier) 방식에 유용하다. 또한 서버와의 연결과 끊김이 잦은 2-단(Tier) 방식에서도 TAC 서버에 로드밸런싱 기능을 추가하여 서버의 부하 상황을 고려하는 것이 좋다.

다음의 예시는 클라이언트에서의 로드밸런싱 예시를 보여주는 것이다.

- **tbdsn.tbr 수정**

tac10과 tac20의 tbdsn.tbr을 다음과 같이 수정한다.

```
tac10=(
    (INSTANCE=(HOST=127.0.0.1)
              (PORT=18629)
              (DB_NAME=tacdata)
    )
)

tac20=(
    (INSTANCE=(HOST=127.0.0.1)
              (PORT=28629)
              (DB_NAME=tacdata)
    )
)

tac =(
    (INSTANCE=(HOST=127.0.0.1)
              (PORT=18629)
              (DB_NAME=tacdata)
    )
    (INSTANCE=(HOST=127.0.0.1)
              (PORT=28629)
              (DB_NAME=tacdata)
    )
    (LOAD_BALANCE=Y)
    (USE_FAILOVER=Y)
)
```

- TAC 접속

```
# tbsql sys/tibero@tac
tbSQL 6
TmaxData Corporation Copyright (c) 2008-. All rights reserved.
Connected to Tibero using tac.
```

- 로드밸런싱

tbdsn.tbr의 tac 접속 정보를 바탕으로 클라이언트가 접속을 요청하면 tac10, 또는 tac20으로 자동 접속된다. 현재 접속한 인스턴스를 확인한다(반복 수행한다).

```
SQL> SELECT instance_name FROM v$instance;
INSTANCE_NAME
----------------------------------------
tac20

SQL> disconnect;
Disconnected.

SQL> conn sys/tibero@tac
Connected to Tibero using tac.

SQL> SELECT instance_name FROM v$instance;
INSTANCE_NAME
----------------------------------------
tac10
```

다음은 서버 쪽에 로드밸런싱을 설정하는 가장 기본적인 예이다. 환경파일($TB_SID.tip)에 설정한다.

```
SERVER_SIDE_LOAD_BALANCE=LONG
LOAD_METRIC_AUTO_INTERVAL=Y
SERVER_LOAD_TOLERANCE=30
```

표 5-7 | 초기화 매개변수

초기화 파라미터	설명
SERVER_SIDE_LOAD_BALANCE	• 필수 항목으로 서버 쪽에 로드밸런싱을 하는 방법을 설정하는 매개변수이다. 　－NONE : 서버 쪽에서는 로드밸런싱을 하지 않는다는 의미이다(기본 값). 　－SHORT : SQL 문장을 수행할 때마다 서버의 연결 환경에 맞게 평균 응답시간을 기준으로 로드밸런싱을 한다는 의미이다(단위 : msec). 　－LONG : 서버 쪽에 로드밸런싱이 필요하지만 비교적 서버의 연결 유지 시간이 긴 상황에 대비하기 위해 각 서버의 연결 개수를 기준으로 로드밸런싱을 한다는 의미이다.
LOAD_METRIC_AUTO_INTERVAL	• 옵션 항목으로 서버의 부하 상황을 수집하는 것을 자동으로 할 지의 여부를 결정하는 매개변수이다. 이 매개변수는 부하의 변화가 많은 시간에는 자주 수집하고, 반면에 부하의 변화가 거의 없는 시간에는 천천히 수집하도록 수집 주기가 자동으로 조절된다. • 서버 쪽에 로드밸런싱이 시작되면 각각의 TAC 서버는 주기적으로 부하 상황을 주고 받으며 이를 수집한다. 수집 주기는 다음의 설정에 따라 다르다. 　－고정 주기 상태(LOAD_METRIC_AUTO_INTERVAL=N으로 설정된 경우) : 수집 주기는 LOAD_METRIC_COLLECT_INTERVAL_MAX 초기화 매개변수 값이다(단위 : 초). 　－자동 주기 조절 상태(LOAD_METRIC_AUTO_INTERVAL=Y로 설정된 경우) : LOAD_METRIC_COLLECT_INTERVAL_MIN ~ LOAD_METRIC_COLLECT_INTERVAL_MAX 초기화 매개변수에 설정된 값 사이에서 수집 주기가 자동으로 결정된다.
LOAD_METRIC_COLLECT_INTERVAL_MIN	옵션 항목으로 자동 주기 조절 상태일 때 자주 수집할 때의 시간 간격을 설정하는 매개변수이다(기본 값 : 1초).
LOAD_METRIC_COLLECT_INTERVAL_MAX	옵션 항목으로 자동 주기 조절 상태일 때 천천히 수집하도록 시간 간격을 설정하는 매개변수이다(기본 값 : 10초).
LOAD_METRIC_HISTORY_COUNT	옵션 항목으로 기록할 수집된 부하 정보의 개수를 설정하는 매개변수이다. 수집된 부하 정보는 뷰(V$INSTANCEMETRIC, V$INSTANCEMETRIC_HISTORY)를 통해 확인할 수 있다.
SERVER_LOAD_TOLERANCE	• 옵션 항목으로 서버 간의 부하 상황에 대해서 어느 정도의 차이를 허용할 것인가를 설정하는 매개변수이다. 약간의 차이도 허용하지 않으면 클라이언트의 연결이 한쪽으로 치우치는 현상이 발생할 수 있으므로 이 매개변수를 설정한다. • 다음은 SERVER_SIDE_LOAD_BALANCE 초기화 매개변수에 설정된 값에 따라 달라지는 SERVER_LOAD_TOLERANCE 초기화 매개변수의 의미이다. 　－초기화 파라미터의 값이 LONG인 경우 : 각 서버가 담당하는 클라이언트의 연결 개수의 차이를 의미한다. 　－초기화 파라미터의 값이 SHORT인 경우 : 각 서버의 SQL 문장에 대한 평균 응답 시간의 차이를 의미한다(단위 : msec).

　서버 쪽의 로드밸런싱은 새로 연결을 시도하는 클라이언트에 대해서만 동작한다. 너무 많은 부하가 걸리거나 너무 적게 걸리더라도 이미 맺은 연결은 강제로 끊지 않는다.

– 장애극복

　티베로가 TAC 또는 이중화된 서버로 설정된 상태에서 장애로 인해 중단되면 Call Level Interfacer(CLI) 모듈은 다른 인스턴스 또는 이중화된 서버로 접속하여 해당 세션을 자동으로 복구한다.

```
# tbsql sys/tibero@tac
SQL> SELECT instance_name FROM v$instance;

INSTANCE_NAME
----------------------------------------
tac10
```

접속된 tac10 인스턴스를 운영시스템 명령어 kill을 사용한다. 다음의 목록 중 현재 접속 중인 tac10 인스턴스의 백그라운드 번호 하나를 선택하여 kill한다.

```
# ps -ef | grep tbsvr
tac10 32777     1 0 16:10 pts/1 00:00:00 tbsvr      -t NORMAL -SVR_SID tac10
tac10 32785 32777 0 16:10 pts/1 00:00:00 tbsvr_TBMP -t NORMAL -SVR_SID tac10
tac10 32786 32777 0 16:10 pts/1 00:00:03 tbsvr_WP000 -t NORMAL -SVR_SID tac10
tac10 32787 32777 0 16:10 pts/1 00:00:02 tbsvr_AGNT -t NORMAL -SVR_SID tac10
tac10 32788 32777 0 16:10 pts/1 00:00:02 tbsvr_DBWR -t NORMAL -SVR_SID tac10
tac10 32789 32777 0 16:10 pts/1 00:00:00 tbsvr_RECO -t NORMAL -SVR_SID tac10
tac10 32790 32777 0 16:10 pts/1 00:00:03 tbsvr_ACSD -t NORMAL -SVR_SID tac10
tac20 43993     1 0 16:14 pts/0 00:00:00 tbsvr      -t NORMAL -SVR_SID tac20
tac20 44004 43993 0 16:14 pts/0 00:00:00 tbsvr_TBMP -t NORMAL -SVR_SID tac20
tac20 44005 43993 0 16:14 pts/0 00:00:03 tbsvr_WP000 -t NORMAL -SVR_SID tac20
tac20 44006 43993 0 16:14 pts/0 00:00:02 tbsvr_AGNT -t NORMAL -SVR_SID tac20
tac20 44007 43993 0 16:14 pts/0 00:00:02 tbsvr_DBWR -t NORMAL -SVR_SID tac20
tac20 44008 43993 0 16:14 pts/0 00:00:00 tbsvr_RECO -t NORMAL -SVR_SID tac20
tac20 44009 43993 0 16:14 pts/0 00:00:03 tbsvr_ACSD -t NORMAL -SVR_SID tac20
# kill -9 32788
```

tac로 접속했던 동일한 세션에서 다음과 같이 수행한다. tac10의 인스턴스를 kill하기 전까지 현재 접속 인스턴스는 tac10이었다.

```
SQL> SELECT instance_name FROM v$instance;
TBR-2139: Connection to server was interrupted but the fail-over successfully reconnected.

SQL> SELECT instance_name FROM v$instance;
INSTANCE_NAME
----------------------------------------
tac20
```

위와 같이 tac10에서 tac20으로 장애극복이 정상적으로 완료되었다.

```
# tbcm -s
====================== LOCAL STATUS ==========================
NODE NAME            : [102] cm@127.0.0.1:28649
CLUSTER MODE         : ACTIVE_SHARED (GUARD ON, FENCE OFF)
STATUS               : SERVICE DOWN
INCARNATION_NO       : 13 (ACK 13, COMMIT 12)
HEARTBEAT PERIOD     : 30 ticks (1 tick = 1000000 micro-sec)
SVC PROBE PERIOD     : 10 ticks (expires 6 ticks later)
SVC DOWN CMD         : "/home/tac20/tibero6/scripts/cm_down_cmd.sh"
CONTROL FILE (A)     : /home/tac30/tbcm (512 byte/block)
CONTROL FILE EXPIRE: 29 ticks later
LOG LEVEL            : 2
====================== CLUSTER STATUS ========================
INCARNATION_NO       : 13 (COMMIT 12)
FILE HEADER SIZE     : 1024 bytes ( 512 byte-block )
# of NODES           : 2 nodes (LAST_ID = 102)
MASTER NODE          : [101] cm@127.0.0.1:18649
MEMBERSHIP           : AUTO (SPLIT)
NODE LIST... (R:role, Scd:scheduled, F/O: index of VIP failover node)
     H/B F/O    VIP
Idx R Scd    Node Status offset  Idx  Alias  ID Name
--- - ---   ---------------  ------  ---  ------  ---  ---------------
#0  M ON     SERVICE DOWN    1024 N/A     N/A 101 cm@127.0.0.1:18649
#1  S ON     SERVICE ACTIVE  1536 N/A     N/A 102 cm@127.0.0.1:28649
==================== OTHER NODE STATUS =======================
SEQ (NAME)           : #0 ([101] cm@127.0.0.1:18649)
STATUS (CONN.)       : SERVICE ACTIVE (CONNECTED)
NET ADDR (PORT)      : 127.0.0.1 (18649)
```

5.1.3. TAS(Tibero Active Storage)

TAS는 별도의 외부 솔루션 없이 직접 디스크 장치를 관리하여 티베로 운용에 필요한 데이터 파일, 로그 파일 등을 저장하기 위한 논리 볼륨 관리자(Logical Volume Manager)와 파일 시스템이다. 공유 디스크를 사용할 경우 TAC 기능을 사용할 수 있도록 클러스터링 기능을 제공한다.

TAS는 여러 개의 디스크들을 디스크스페이스로 관리한다. 디스크스페이스는 논리 볼륨 위에 파일 시스템을 생성한 것과 유사하며, 티베로는 이러한 디스크스페이스에 파일들을 저장한다.

디스크스페이스를 사용해서 티베로를 운용하는 도중에 디스크를 추가하거나 제거할 수 있다. 디스크를 추가/제거할 경우 TAS는 자동으로 디스크스페이스에 있는 모든 디스크들을 공평하게 사용할 수 있도록 저장된 내용을 재배치한다.

TAS는 티베로의 데이터에 대한 미러링 기능을 제공한다. 크게 2개의 복제본을 가지는 2-way 방식(Normal Option)과 3개의 복제본을 가지는 3-way(High Option) 방식을 지원한다. 별도의 미러링 솔루션을 사용하고 있다면 TAS의 미러링 기능을 사용하지 않을 수도 있다.

5.1.3.1. TAS 개요

TAS를 이해하기 위한, TAS 인스턴스, TAS 디스크스페이스, 미러링(Mirroring)과 실패그룹, TAS 디스크, TAS 파일에 대한 개념을 살펴보기로 한다.

◆ 인스턴스

TAS는 티베로를 기반으로 만들어졌다. 그러므로 TAS 인스턴스를 기동하면, 티베로와 거의 동일한 프로세스들이 실행된다. 하지만 TAS는 데이터베이스보다 적은 양의 일을 수행하므로 시스템 자원을 거의 사용하지 않는다. TAS는 디스크스페이스와 파일 정보 등을 기록하기 위한 메타데이터를 첫 번째 디스크스페이스에 저장하고 관리한다. TAS 메타데이터는 다음과 같은 정보들을 저장한다.

- 디스크스페이스에 속한 디스크
- 디스크 공간 할당 정보
- 파일과 파일의 별칭
- 파일의 익스텐트 정보
- TAS 메타데이터를 위한 로그

〈그림 5-9〉는 TAS 인스턴스와 티베로, 디스크 사이의 관계를 보여준다. 티베로는 TAS를 통해서 파일을 읽고 쓰는 것이 아니라, 파일의 메타(Meta) 정보를 사용해서 직접 디스크를 읽고 쓴다. 그러기 위해 티베로는 TAS로부터 파일의 메타 정보를 받아온다.

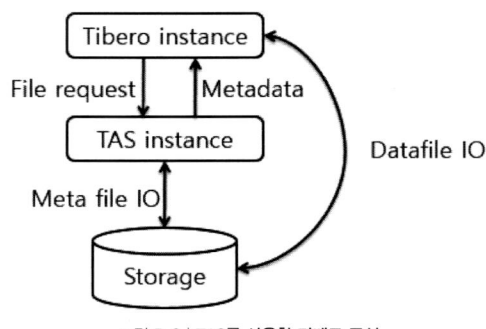

그림 5-9 | TAS를 사용한 티베로 구성

TAS는 공유 디스크를 사용하기 위한 클러스터링 기능을 제공한다. 하나의 디스크스페이스는 하나의 티베로 인스턴스만 사용할 수 있다. 여러 티베로 인스턴스가 하나의 디스크스페이스를 사용하려면 해당 인스턴스들을 TAC로 구성해야 한다.

다음은 클러스터 기능을 사용한 티베로와 TAS의 구성을 설명한다.

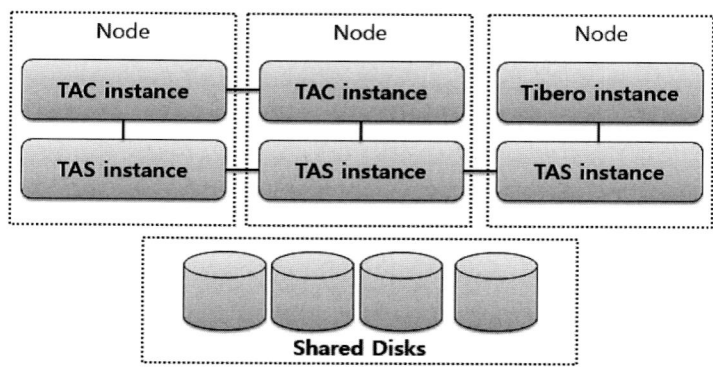

그림 5-10 | TAS 클러스터링 기능을 사용한 티베로와 TAC 구성

◆ TAS 디스크스페이스

디스크스페이스는 여러 개의 디스크들로 이루어져있다. 각각의 디스크스페이스는 해당 디스크스페이스를 관리하는데 필요한 메타데이터와 데이터베이스에서 사용하는 파일들을 저장하고 있다. 더 상세한 내용은 TAS 디스크스페이스 관리 부분을 참조 한다.

◆ 미러링과 실패 그룹

TAS는 디스크스페이스에 저장된 데이터에 대한 미러링 기능을 제공한다. 미러링은 데이터의 복사본을 여러 디스크에 저장하여 데이터를 보호하는 방법이다. 보통 미러링 설정은 3-way(High Option)까지 설정을 하는 것이 최대이다. 미러링 기능을 사용하기 위해 디스크스페이스를 생성할 때 다음과 같은 중복 레벨을 설정할 수 있다.

표 5-8 | 중복 레벨

레벨	미러링 구분
NORMAL	2-Way 미러링
HIGH	3-Way 미러링
EXTERN	미러링 하지 않음

디스크스페이스를 EXTERN 중복 레벨로 생성한 경우 해당 디스크스페이스는 미러링과 관련된 모든 기능을 사용할 수 없다.

미러링된 파일에서 사용할 익스텐트를 할당할 때 파일의 중복 레벨에 따라 익스텐트를 여러 개(2 ~ 3개) 할당한다. 이때 각 익스텐트를 할당할 디스크를 서로 다른 실패 그룹에서 선택한다. 이렇게 함으로써 특정 실패 그룹에 속한 디스크 혹은 실패 그룹 전체에 장애가 발생하더라도 데이터 손실이 없으며, 해당 디스크스페이스에 대한 서비스를 중단 없이 제공할 수 있다.

실패 그룹은 디스크스페이스를 생성할 때 정의하며, 생성할 때 설정한 중복 레벨은 나중에 변경할 수 없다. 실패 그룹 정의를 생략하면 자동으로 각 디스크를 실패 그룹으로 정의한다. 중복 레벨이 NORMAL, HIGH인 디스크스페이스는 각각 최소 2개, 3개의 실패 그룹을 정의해야 한다. 중복 레벨이 EXTERN인 디스크스페이스는 실패 그룹을 사용하지 않는다.

◆ TAS 디스크

TAS는 다음 디스크 장치들을 TAS 디스크로 사용할 수 있다.

- 디스크 전체
- 디스크 파티션
- 논리 볼륨

TAS는 파일의 내용을 디스크스페이스에 속한 모든 디스크들에 분산 저장한다. 이러한 저장 방식은 디스크스페이스에 속한 모든 디스크들의 공간을 균일하게 사용하도록 하며, 모든 디스크들에 동일한 입출력 부하가 가해지도록 한다. 그러므로 디스크스페이스를 구성하는 TAS 디스크들은 물리적으로 서로 다른 디스크 장치여야 한다.

디스크스페이스에 속한 모든 디스크들의 공간은 할당 단위로 나누어진다. 할당 단위는 디스크스페이스에서 공간 할당에 사용하는 기본 단위이다. 하나의 파일 익스텐트는 한 개 혹은 여러 개의 할당 단위를 사용하며, 하나의 파일은 한 개 혹은 여러 개의 익스텐트를 사용한다.

디스크스페이스에서 사용할 할당 단위의 크기는 디스크스페이스를 생성할 때 AU_SIZE 속성으로 설정할 수 있으며, 설정 가능한 값은 1, 2, 4, 8, 16, 32 또는 64MB이다.

TAS을 구성하기 위해서 로우 디바이스(Raw Device)나 논리 볼륨(Logical Volume)를 구성한 경우에는 해당 서버를 반드시 재부팅을 해줘야 하며, 해당하는 부분에 읽고 쓸 수 있는 권한 설정이 반드시 필요하다. 설정을 하지 않을 경우에 TAS 인스턴스 구성에 실패를 하고, 티베로가 정상적인 기동이 불가능하다. 다음은 블록 디바이스로 구성을 한 예시이다.

```
# ls -arlt /dev/sde*
brw-rw----. 1 tas tibero 8, 64 2015-07-14 20:58 /dev/sde
brw-rw----. 1 tas tibero 8, 68 2015-07-14 20:58 /dev/sde4
brw-rw----. 1 tas tibero 8, 67 2015-07-14 20:58 /dev/sde3
brw-rw----. 1 tas tibero 8, 66 2015-07-14 20:58 /dev/sde2
brw-rw----. 1 tas tibero 8, 65 2015-07-14 20:58 /dev/sde1

# ls -arlt /dev/sdf*
brw-rw----. 1 tas tibero 8, 80 2015-07-14 20:58 /dev/sdf
brw-rw----. 1 tas tibero 8, 83 2015-07-14 20:58 /dev/sdf3
brw-rw----. 1 tas tibero 8, 84 2015-07-14 20:58 /dev/sdf4
brw-rw----. 1 tas tibero 8, 82 2015-07-14 20:58 /dev/sdf2
brw-rw----. 1 tas tibero 8, 81 2015-07-14 20:58 /dev/sdf1
```

◆ **TAS 파일**

TAS의 디스크스페이스에 저장된 파일들을 TAS 파일이라고 한다. 티베로는 TAS에게 파일 정보를 요청하며, 이는 티베로가 일반 파일 시스템의 파일을 사용하는 것과 비슷하다.

TAS 파일의 이름은 '+{디스크스페이스 이름}/...' 형태이며, 파일 정보에 포함되지 않고 별칭으로 관리한다.

- **익스텐트(Extent)**

TAS 파일들은 익스텐트들의 집합으로 디스크스페이스에 저장된다. 각 익스텐트는 디스크스페이스에 속한 각 디스크에 저장되어있으며, 한 개 혹은 여러 개의 할당 단위를 사용한다. TAS는 큰 크기의 파일을 지원하기 위해 동일 파일 내에서 파일 크기에 따라 익스텐트 크기를 변경한다.

익스텐트 크기를 변경하는 것은 파일 익스텐트 정보를 유지하기 위한 메모리 사용을 줄이는 효과도 있다. 익스텐트의 크기는 파일의 크기가 커짐에 따라 자동으로 커지게 된다. 파일 크기가 작을 때는 디스크스페이스의 할당 단위(Allocation Unit, 이하 AU)와 동일하며, 파일 크기가 커지면 4AU나 16AU의 크기가 된다.

익스텐트 크기는 〈표 5-9〉와 같이 변경된다.

표 5-9 | 익스텐트의 크기

파일의 익스텐트 개수	익스텐트 크기
20,000개 이하	1 AU
20,000 ~ 40,000	4 AU
40,000 개 이상	16 AU

〈그림 5-11〉은 익스텐트와 할당 단위의 관계를 보여준다.

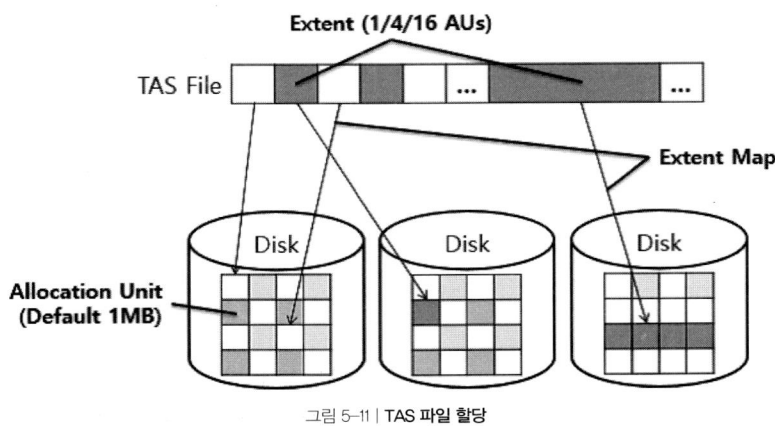

그림 5-11 | TAS 파일 할당

5.1.3.2. TAS 인스턴스 관리

TAS의 초기화 매개변수 설정과 TAS 인스턴스를 기동하는 방법을 설명한다. 그리고 TAS를 사용하는 티베로의 초기화 매개변수 설정과 데이터베이스 생성 방법을 설명한다.

◆ 초기화 매개변수 설정

먼저 LISTENER_PORT, MAX_SESSION_COUNT, MEMORY_TARGET, TOTAL_SHM_SIZE를 시스템 구성에 맞게 설정한다. 추가로 다음 초기화 매개변수들을 설정한다.

표 5-10 | 익스텐트의 크기

매개변수	타입	기본 값	설명
INSTANCE_TYPE	문자열	TIBERO	가능한 값 : "TIBERO" | "TAS"
TAS_DISKSTRING	문자열	""	• TAS 디스크로 사용할 디스크 장치들의 경로를 쉼표로 구분하여 설정한다. `"/devs/disks1*,/devs/disks2*"` • 경로 제일 앞에 '?' 문자를 사용하면, TAS의 홈디렉토리로 치환해준다. • 가능한 값 : 디스크 장치 경로
AS_ALLOW_ONLY_RAW_DISKS	Boolean	Y	• 'N'으로 설정할 경우 일반 파일 시스템에 있는 파일을 TAS 디스크로 사용할 디스크 장치로 인식하도록 한다. • 가능한 값 : Y or N
TASB_WTHR_CNT	정수	1	• TAS 인스턴스를 기동할 때 생성할 리밸런스 쓰레드 수를 설정한다. • 가능한 값 : 양수

INSTANCE_TYPE은 "TAS"로 설정을 한다.

◆ TAS 인스턴스 관리

TAS용 인스턴스와 티베로 인스턴스를 별도로 설치해야 하며, 다음은 TAS용 인스턴스를 설치할 때 필요한 부분을 설정하는 부분이다. TAS의 설치 과정은 티베로 인스턴스를 설치하는 과정에서 바이너리 해제, 라이선스 복사, gen_tip.sh을 실행하는 과정까지는 동일한 과정을 진행하게 된다.

TAS를 기동하기 전에는 다음과 같은 준비사항이 필요하다.

- TB_SID, TB_HOME 환경변수를 설정한다.
- tbsql을 사용한 접속을 위해 $TB_HOME/client/config/tbdsn.tbr 파일에 TAS 접속 정보를 설정한다.
- TAS 인스턴스 설정을 위한 tip 파일을 작성한다.
- TAS 사용을 위해서 최소 한 개 이상의 디스크 장치가 필요하다.
- TAS 클러스터링 기능을 사용하려면 최소 한 개 이상의 공유 디스크가 필요하다.

① TAS 기동

다음은 TAS 인스턴스를 기동하는데 필요한 환경 설정 파일의 예시들이다. 예시의 환경파일($TB_SID.tip)을 사용하는 TAS 인스턴스는 "/devs/disk*"에 해당하는 모든 디스크 장치들을 TAS 디스크로 사용한다.

TAS 인스턴스 환경파일 파일의 예제($TB_SID.tip)

```
LISTENER_PORT=9620
MAX_SESSION_COUNT=100
MEMORY_TARGET=2G
TOTAL_SHM_SIZE=1G
INSTANCE_TYPE=TAS
TAS_DISKSTRING="/dev/disk*"
```

환경파일 설정 후에 TAS 인스턴스를 최초로 기동할 때 NOMOUNT 모드로 기동해야 한다.

```
# TB_SID=$TB_SID tbboot nomount
```

이는 TAS 설치를 위하여 최초의 디스크스페이스를 생성하기 위함이다. NOMOUNT 모드로 기동한 TAS 인스턴스에 tbsql로 접속한 후 CREATE DISKSPACE 문으로 기본 디스크스페이스를 생성한다. FAILGROUP이 존재하지 않는 경우의 일반적인 CREATE DISKSPACE 예제이다.

```
# tbsql sys/tibero
SQL> CREATE DISKSPACE ds0 NORMAL REDUNDANCY DISK
'/dev/disk101' name disk0 SIZE 10G
ATTRIBUTE 'AU_SIZE'='4M';
```

다음의 데이터 정의어 구문은 FAILGROUP이 존재하는 경우의 CREATE DISKSPACE 예제이다.

```
# tbsql sys/tibero
SQL> CREATE DISKSPACE ds0 NORMAL REDUNDANCY
FAILGROUP fg1 DISK
'/devs/disk101' NAME disk101,
'/devs/disk102' NAME disk102,
'/devs/disk103' NAME disk103,
'/devs/disk104' NAME disk104
FAILGROUP fg2 DISK
'/devs/disk201' NAME disk201,
'/devs/disk202' NAME disk202,
'/devs/disk203' NAME disk203,
'/devs/disk204' NAME disk204
ATTRIBUTE 'AU_SIZE'='4M';
```

기본 디스크스페이스 생성을 완료하면 TAS 인스턴스가 자동으로 종료된다. 기본 디스크스페이스가 있으면 TAS 인스턴스를 NORMAL 모드로 기동할 수 있으며, 이 상태에서 디스크스페이스를 추가로 생성해도 인스턴스가 종료되지 않는다.

다음 예제는 TAS 인스턴스 2개를 클러스터로 기동하는데 필요한 인스턴스별 환경파일을 보여준다. 이 환경파일을 사용하는 TAS 인스턴스들은 "/sdevs/disk*"에 해당하는 모든 공유 디스크 장치들을 TAS 디스크로 사용한다.

TAS 인스턴스 클러스터 환경파일의 예제(1)

```
LISTENER_PORT=9620
MAX_SESSION_COUNT=100
MEMORY_TARGET=2G
TOTAL_SHM_SIZE=1G
INSTANCE_TYPE=TAS
TAS_DISKSTRING="/sdevs/disk*"
CLUSTER_DATABASE=Y
LOCAL_CLUSTER_ADDR=192.168.1.1
LOCAL_CLUSTER_PORT=20000
CM_CLUSTER_MODE=ACTIVE_SHARED
CM_PORT=20005
THREAD=0
```

TAS 인스턴스 클러스터 환경파일의 예제(2)

```
LISTENER_PORT=9620
MAX_SESSION_COUNT=100
MEMORY_TARGET=2G
TOTAL_SHM_SIZE=1G
INSTANCE_TYPE=TAS
TAS_DISKSTRING="/sdevs/disk*"
CLUSTER_DATABASE=Y
LOCAL_CLUSTER_ADDR=192.168.1.2
LOCAL_CLUSTER_PORT=20000
CM_CLUSTER_MODE=ACTIVE_SHARED
CM_PORT=20005
THREAD=1
```

TAS 인스턴스들을 클러스터로 기동하기 전에 먼저 하나의 TAS 인스턴스를 NOMOUNT 모드로 기동한 후 기본 디스크스페이스를 생성해야 한다. 기본 디스크스페이스를 생성한 후 TAS 인스턴스들의 클러스터링을 위한 TBCM을 기동한다.

다음은 as0라는 $TB_SID를 가지는 인스턴스에 대한 예시이다.

```
# TB_SID=as0 tbcm -c  # cmfile을 기본 디스크스페이스에 생성
# TB_SID=as0 tbcm -b  # TBCM 기동
# TB_SID=as0 tbcm -s  # 클러스터 상태 확인
```

이제 $TB_SID가 as0인 TAS 인스턴스를 기동할 수 있다.

```
# TB_SID=as0 tbboot
```

$TB_SID가 as1인 TAS 인스턴스를 기동하기 전에, 해당 인스턴스의 리두 쓰레드를 추가해야 한다.

```
# tbsql sys/tibero@as0

tbSQL 6
TmaxData Corporation Copyright (c) 2008-. All rights reserved.
Connected to Tibero.

SQL> ALTER DISKSPACE ds0 ADD THREAD 1;
Diskspace altered.
```

여기서 ds0은 위에서 생성한 기본 디스크스페이스의 이름이며, REDO 쓰레드 번호 1은 $TB_SID가 as1인 TAS 인스턴스의 tip 파일에 있는 THREAD 초기화 매개변수 값과 동일해야 한다.

이제 $TB_SID가 as1인 TAS 인스턴스를 다음과 같이 기동할 수 있다.

```
# TB_SID=as1 tbcm -b
# TB_SID=as1 tbcm -s
# TB_SID=as1 tbboot
```

다음은 tas가 기동되어 있는 예제이다. 실제 티베로가 기동되어 모습과 흡사한 것을 확인할 수 있다.

```
# ps -ef | grep tas | grep tas
tas   5268     1  0 Jul15 ?        00:00:41 tbsvr          -t NORMAL -SVR_SID tas
tas   5269  5268  0 Jul15 ?        0:00:00 /home/tas/tibero6/bin/tblistener -n 9 -t NORMAL -SVR_SID tas
tas   5270  5268  0 Jul15 ?        00:00:05 tbsvr_TBMP     -t NORMAL -SVR_SID tas
tas   5271  5268  0 Jul15 ?        00:00:00 tbsvr_WP000    -t NORMAL -SVR_SID tas
tas   5272  5268  0 Jul15 ?        00:00:00 tbsvr_WP001    -t NORMAL -SVR_SID tas
tas   5273  5268  0 Jul15 ?        00:00:00 tbsvr_WP002    -t NORMAL -SVR_SID tas
tas   5274  5268  0 Jul15 ?        00:00:00 tbsvr_WP003    -t NORMAL -SVR_SID tas
tas   5275  5268  0 Jul15 ?        00:00:00 tbsvr_WP004    -t NORMAL -SVR_SID tas
                                                                                ▶
```

```
tas   5276  5268  0 Jul15 ?    00:00:00 tbsvr_WP005   -t NORMAL -SVR_SID tas
tas   5277  5268  0 Jul15 ?    00:00:00 tbsvr_WP006   -t NORMAL -SVR_SID tas
tas   5278  5268  0 Jul15 ?    00:00:00 tbsvr_WP007   -t NORMAL -SVR_SID tas
tas   5279  5268  0 Jul15 ?    00:00:00 tbsvr_WP008   -t NORMAL -SVR_SID tas
tas   5280  5268  0 Jul15 ?    00:00:00 tbsvr_WP009   -t NORMAL -SVR_SID tas
tas   5281  5268  0 Jul15 ?    00:01:52 tbsvr_AGNT    -t NORMAL -SVR_SID tas
tas   5282  5268  0 Jul15 ?    00:03:19 tbsvr_DBWR    -t NORMAL -SVR_SID tas
tas   5283  5268  0 Jul15 ?    00:00:00 tbsvr_RECO    -t NORMAL -SVR_SID tas
tas   5284  5268  0 Jul15 ?    00:00:04 tbsvr_RBAL    -t NORMAL -SVR_SID tas
```

② TAS 종료

종료할 TAS 인스턴스에 대해 tbdown 명령을 실행한다. 이때 해당 TAS 인스턴스를 사용 중인 모든 티베로 인스턴스들이 같이 종료된다. 티베로 인스턴스가 사용 중인 TAS 인스턴스를 먼저 종료할 경우 티베로 인스턴스가 비정상 종료하므로 가급적 해당 티베로 인스턴스를 먼저 종료한 후 TAS 인스턴스를 종료하도록 한다.

```
# TB_SID=as1 tbdown
```

◆ TAS 인스턴스 구성

티베로 인스턴스가 TAS의 디스크스페이스를 사용하려면 〈표 5-11〉의 초기화 매개변수를 티베로의 환경파일에 설정한다.

표 5-11 | TAS 인스턴스 구성 초기화 매개변수

매개변수	타입	기본 값	설명
USE_TAS	Boolean	N	TAS 파일 사용 여부를 결정한다. 'Y'로 설정한다. 가능한 값 : Y, N
TAS_PORT	정수	0	티베로 인스턴스가 사용할 TAS 인스턴스의 'LISTENER_PORT' 값으로 설정한다. 가능한 값 : 1024 – 65535

다음은 TAS 인스턴스를 사용하는 티베로 인스턴스를 기동하는데 필요한 환경파일을 보여준다. 이 환경파일을 사용하는 티베로 인스턴스는 디스크스페이스 ds0에 컨트롤 파일을 저장한다.

TAS 인스턴스를 사용하는 티베로 인스턴스 $TB_SID.tip 파일 예제

```
DB_NAME=tibero
CONTROL_FILES="+DS0/c1.ctl"
LISTENER_PORT=8620
MAX_SESSION_COUNT=100
```
▶

```
MEMORY_TARGET=8G
TOTAL_SHM_SIZE=4G
USE_TAS=Y
TAS_PORT=9620
```

DB_CREATE_FILE_DEST 초기화 매개변수를 '+{디스크스페이스 이름}'으로 설정할 경우 LOG_ARCHIVE_DEST, PSM_SHLIB_DIR, JAVA_CLASS_PATH 초기화 매개변수들을 직접 설정하지 않으면 기본 값이 DB_CREATE_FILE_DEST의 하위 디렉토리로 설정된다. 현재 TAS는 디렉토리를 지원하지 않으므로 해당 초기화 매개변수들을 다음과 같이 직접 설정해야 한다.

```
DB_CREATE_FILE_DEST="+DS0"
LOG_ARCHIVE_DEST="/home/tibero/database/tibero/archive/"
PSM_SHLIB_DIR="/home/tibero/database/tibero/psm/"
JAVA_CLASS_PATH="/home/tibero/database/tibero/java/"
```

다음 예제는 TAS 파일을 사용하는 티베로 인스턴스의 데이터베이스 생성을 보여준다. 데이터베이스를 구성하는 파일들 중 디스크스페이스 ds0에 저장할 파일들의 경로를 '+DS0/...' 형태로 지정했다.

TAS 파일을 사용하는 티베로 인스턴스의 CREATE DATABASE 예제

```
CREATE DATABASE "tibero"
USER SYS IDENTIFIED BY tibero
MAXINSTANCES 32
MAXDATAFILES 6100
CHARACTER SET MSWIN949
LOGFILE GROUP 1 '+DS0/log0001.log' SIZE 32M,
    GROUP 2 '+DS0/log0002.log' SIZE 32M,
    GROUP 3 '+DS0/log0003.log' SIZE 32M
MAXLOGGROUPS 255
MAXLOGMEMBERS 8
ARCHIVELOG
DATAFILE '+DS0/system001.tdf' SIZE 64M
AUTOEXTEND ON NEXT 64M
DEFAULT TEMPORARY TABLESPACE tmp
TEMPFILE '+DS0/temp001.tdf' SIZE 64M
AUTOEXTEND ON NEXT 64M
EXTENT MANAGEMENT LOCAL AUTOALLOCATE
UNDO TABLESPACE undo00
DATAFILE '+DS0/undo0000.tdf' SIZE 128M
```

```
AUTOEXTEND ON NEXT 64M
EXTENT MANAGEMENT LOCAL AUTOALLOCATE
DEFAULT TABLESPACE usr
DATAFILE '+DS0/usr001.tdf' SIZE 128M
AUTOEXTEND ON NEXT 64M MAXSIZE UNLIMITED
EXTENT MANAGEMENT LOCAL AUTOALLOCATE
SYSSUB DATAFILE '+DS0/syssub.dtf' SIZE 512M
AUTOEXTEND ON NEXT 100M
MAXSIZE UNLIMITED;
```

5.1.3.3. TAS 디스크스페이스 관리

TAS 디스크스페이스를 관리하는 방법에 대해 설명한다.

◆ **디스크스페이스 속성**

디스크스페이스 속성은 디스크스페이스 생성 또는 수정할 때 설정할 수 있다. 디스크스페이스를 생성하는 경우 AU_SIZE 속성을 설정한다

◆ **디스크스페이스 생성**

– CREATE DISKSPACE SQL 문 사용

CREATE DISKSPACE SQL 문을 사용하여 디스크스페이스를 생성할 수 있다. 디스크스페이스를 생성할 때 다음의 사항들을 고려해야 한다.

- **중복 레벨** : TAS의 미러링 기능을 사용하기 위해 디스크 중복 레벨을 설정한다.
- **실패 그룹 정의** : 실패 그룹을 설정할 수 있다. 실패 그룹을 나누게 되면, 하나의 실패 그룹에 문제가 발생해도 서비스를 유지할 수 있다. 실패 그룹을 설정하게 되면 미러링 사용시 복제본을 서로 다른 실패 그룹에 만든다. 실패 그룹을 설정하지 않으면 각 디스크가 실패 그룹이 된다.
- **디스크스페이스 속성** : 할당 단위 크기 등의 속성을 설정할 수 있다.

TAS는 각 디스크 장치의 크기를 자동으로 인식한다. 만약 디스크 장치의 크기를 자동으로 인식하지 못했거나 디스크 장치의 사용 공간을 제한하려면, 디스크스페이스 생성시 디스크에 SIZE 절을 사용할 수 있다. 또한 NAME 절을 사용하여 디스크에 이름을 부여할 수 있다.

```
...
'/devs/disk101' NAME disk101 SIZE 1TB,
...
```

디스크 크기와 이름 정보는 V$TAS_DISK View로 확인할 수 있다.

다음은 중복 레벨이 NORMAL이고 실패 그룹 fg1, fg2가 있는 디스크스페이스 ds0을 만든다. 이

때 TAS_DISKSTRING 초기화 매개변수를 "/devs/disk*"로 설정하여 발견한 디스크 장치들을 TAS 디스크로 사용한다.

디스크스페이스 ds0 생성

```
CREATE DISKSPACE ds0 NORMAL REDUNDANCY
FAILGROUP fg1 DISK
'/devs/disk101' NAME disk101,
'/devs/disk102' NAME disk102,
'/devs/disk103' NAME disk103,
'/devs/disk104' NAME disk104
FAILGROUP fg2 DISK
'/devs/disk201' NAME disk201,
'/devs/disk202' NAME disk202,
'/devs/disk203' NAME disk203,
'/devs/disk204' NAME disk204
ATTRIBUTE 'AU_SIZE'='4M';
```

위 예제에서 NAME 절을 사용해 각 디스크에 이름을 부여했다. 직접 디스크 이름을 부여하지 않으면 "{디스크스페이스 이름}_$$$" 형태의 기본 이름을 부여하며, '$$$'은 디스크스페이스 내에서의 디스크 번호이다. 또한 AU_SIZE 속성으로 할당 단위의 크기를 4MB로 설정했다. 디스크스페이스를 생성할 때 설정한 할당 단위 크기는 V$TAS_DISKSPACE 뷰로 확인할 수 있다.

◆ **디스크스페이스 수정**

ALTER DISKSPACE 문으로 디스크스페이스 설정을 수정할 수 있다. 디스크스페이스 서비스를 제공하면서 디스크를 디스크스페이스에 추가하거나 디스크스페이스로부터 제거할 수 있으며, 디스크스페이스 리밸런싱을 수행할 수 있다.

디스크 추가/제거를 수행해도 바로 디스크스페이스에 반영하는 것은 아니다. 이는 기존 디스크들의 데이터를 추가할 디스크에 재배치해야 모든 디스크를 공평하게 사용할 수 있으며, 제거할 디스크의 데이터를 남은 디스크들에 재배치해야 데이터 손실을 방지할 수 있기 때문이다. 이와 같이 디스크스페이스에 있는 데이터를 디스크에 공평하게 재배치하는 과정을 리밸런싱이라고 한다. 디스크 추가/제거는 디스크스페이스 리밸런싱을 통해 디스크스페이스에 반영된다.

① **디스크 추가**

ALTER DISKSPACE 문의 ADD 절을 사용해서 디스크를 디스크스페이스에 추가할 수 있다. ADD 절에는 CREATE DISKSPACE 문에서 사용했던 실패 그룹과 디스크 관련 절을 그대로 사용한다.

다음 예제는 디스크스페이스 ds0에 디스크를 추가하는 SQL 문을 보여준다. 이 예제에서는 새로운 디스크 장치 '/devs/disk105'와 '/devs/disk106'을 디스크스페이스 ds0의 실패 그룹 fg1에 추가한다. 또한 REBALANCE 절로 디스크 추가와 동시에 디스크스페이스 리밸런싱을 수행하도록 한다.

디스크스페이스 ds0에 디스크 추가

```
ALTER DISKSPACE ds0
ADD FAILGROUP fg1 DISK
'/devs/disk105' NAME disk105,
'/devs/disk106' NAME disk106
REBALANCE;
```

② 디스크 제거

ALTER DISKSPACE 문의 DROP 절을 사용해서 디스크를 디스크스페이스에서 제거할 수 있다.

다음은 디스크스페이스 ds0에서 디스크를 제거하는 문장을 보여준다. 이 예제에서는 디스크 disk105와 disk106을 디스크스페이스 ds0에서 제거한다.

```
ALTER DISKSPACE ds0 DROP DISK disk105;
ALTER DISKSPACE ds0 DROP DISK disk106;
```

디스크스페이스에서 특정 실패 그룹에 속한 모든 디스크들을 제거할 수 있다. 다음 예제는 디스크스페이스 ds0의 실패 그룹 fg1에 속한 모든 디스크들을 제거하는 문장을 보여준다.

```
ALTER DISKSPACE ds0 DROP DISKS IN FAILGROUP fg1;
```

디스크 추가/제거를 한 문장의 SQL로 수행할 수 있다.

다음 예제는 디스크스페이스 ds0에서 디스크 disk204를 제거하고, 디스크 장치 '/devs/disk205'를 디스크스페이스 ds0의 실패 그룹 fg2에 추가한다.

```
ALTER DISKSPACE ds0
DROP DISK disk204
ADD FAILGROUP fg2 DISK '/devs/disk205' NAME disk205;
```

③ 디스크스페이스 리밸런싱

디스크 추가/제거와 동시에 리밸런싱을 수행하지 않았거나, 디스크 추가/제거를 하지 않더라도 리밸런싱을 수동으로 수행할 수 있다.

다음 예제는 디스크스페이스 ds0의 리밸런싱을 수행하는 문장을 보여준다.

```
ALTER DISKSPACE ds0 REBALANCE;
```

④ 파일 삭제

ALTER DISKSPACE 문의 DROP 절을 사용해서 디스크스페이스에 존재하는 파일을 삭제할 수 있다. 다음 예제는 디스크스페이스 ds0에서 파일을 삭제하는 SQL 문을 보여준다. 이 예제에서는 파일의 이름이 file000.tdf인 파일을 디스크스페이스 ds0에서 삭제한다.

```
ALTER DISKSPACE ds0 DROP FILE 'file000.tdf';
```

파일 이름을 ","로 구분하여 여러 개의 파일을 동시에 디스크스페이스에서 삭제할 수 있다.

다음 예제는 디스크스페이스 ds0에서 여러 파일을 한 번에 삭제하는 SQL 문을 보여준다. 이 예제에서는 파일의 이름이 file000.tdf인 파일과 file001.tdf인 파일을 디스크스페이스 ds0에서 삭제한다.

```
ALTER DISKSPACE ds0 DROP FILE 'file000.tdf', 'file001.tdf';
```

◆ 디스크스페이스 삭제

DROP DISKSPACE 문을 사용해서 디스크스페이스를 삭제할 수 있다.

다음 예제는 디스크스페이스 ds0을 삭제하는 문장을 보여준다.

```
DROP DISKSPACE ds0;
```

5.1.3.4. 뷰(view)를 사용한 정보 조회

동적 뷰(Dynamic View)를 사용해서 TAS 정보를 조회하는 방법에 대해 설명한다.

◆ TAS 디스크스페이스 정보 관련 뷰

TAS 디스크스페이스 정보를 보기 위해 다음의 뷰들을 사용할 수 있다. 해당 뷰들은 TAS 인스턴스에서만 조회할 수 있다.

표 5-12 | TAS 디스크스페이스 정보 관련 뷰

뷰	설명
V$TAS_ALIAS	TAS 인스턴스가 마운트한 모든 디스크스페이스에 있는 모든 별칭
V$TAS_DISK	TAS 인스턴스가 발견한 모든 디스크
V$TAS_DISK_STAT	V$TAS_DISK와 동일하지만 뷰 조회시 디스크 발견을 수행하지 않음
V$TAS_DISKSPACE	TAS 인스턴스가 발견한 모든 디스크스페이스
V$TAS_DISKSPACE_STAT	V$TAS_DISKSPACE와 동일하지만 뷰 조회시 디스크 발견을 수행 하지 않음
V$TAS_FILE	TAS 인스턴스가 마운트한 모든 디스크스페이스에 있는 모든 파일

V$TAS 뷰들을 조회할 때 디스크스페이스 번호가 이전과 동일하지 않을 수 있다. 이는 디스크스페이스를 마운트할 때 디스크스페이스 번호를 부여하기 때문이다.

동적 뷰에 대해서 상세한 정보를 보도록 한다. V$TAS_ALIAS 뷰는 TAS 인스턴스가 마운트한 모든 디스크스페이스에 있는 모든 별칭을 보여준다.

표 5-13 | V$TAS_ALIAS

컬럼	데이터 타입	설명
NAME	VARCHAR(48)	별칭
DISKSPACE_NUMBER	NUMBER	별칭이 속한 디스크스페이스 번호
FILE_NUMBER	NUMBER	별칭에 해당하는 파일 번호
FILE_INCARNATION	NUMBER	TAS 인스턴스가 발견한 모든 디스크스페이스
ALIAS_INCARNATION	NUMBER	별칭에 해당하는 파일의 인카네이션 번호 별칭의 인카네이션 번호

V$TAS_DISK 뷰는 TAS 인스턴스가 발견한 모든 디스크를 보여준다.

표 5-14 | V$TAS_DISK

컬럼	데이터 타입	설명
DISKSPACE_NUMBER	NUMBER	디스크가 속한 디스크스페이스 번호
DISK_NUMBER	NUMBER	디스크스페이스 내에서의 디스크 번호
STATE	VARCHAR(16)	디스크스페이스에서 디스크 상태(ONLINE, PREPARE_ADD, PREPARE_DROP, ADDING, DROPPING, SYNC, FAIL)
OS_MB	NUMBER	OS가 인식하는 디스크 크기
TOTAL_MB	NUMBER	디스크 크기
FREE_MB	NUMBER	디스크에 남은 공간
NAME	VARCHAR(16)	디스크 이름
FAILGROUP	VARCHAR(16)	디스크가 속한 실패 그룹 이름
PATH	VARCHAR(16)	디스크 경로
CREATE_DATE	DATE	디스크가 디스크스페이스에 추가된 날짜

V$TAS_DISK_STAT 뷰는 V$TAS_DISK와 동일한 내용을 보여주지만, 새로운 디스크를 위한 디스크 발견 과정을 수행하지 않는다. V$TAS_DISKSPACE 뷰는 TAS 인스턴스가 발견한 모든 디스크스페이스를 보여준다.

표 5-15 | V$TAS_DISKSPACE

컬럼	데이터 타입	설명
DISKSPACE_NUMBER	NUMBER	디스크스페이스에 부여한 번호
NAME	VARCHAR(48)	디스크스페이스 이름
SECTOR_SIZE	NUMBER	물리적 블록 크기(단위 : Byte)
BLOCK_SIZE	NUMBER	TAS 메타데이터 블록 크기(단위 : Byte)

ALLOCATION_UNIT_SIZE	NUMBER	할당 단위 크기(단위 : Byte)
STATE	VARCHAR(16)	TAS 인스턴스에서 디스크스페이스 상태 (ASSIGNED, MOUNTING, CREATING, MOUNT)
TYPE	VARCHAR(8)	디스크스페이스의 중복 레벨(EXTERN, NORMAL, HIGH)
TOTAL_MB	NUMBER	디스크스페이스 크기
FREE_MB	NUMBER	디스크스페이스에 남은 공간

V$TAS_DISKSPACE_STAT 뷰는 V$TAS_DISKSPACE과 동일한 내용을 보여주지만, 새로운 디스크를 위한 디스크 발견 과정을 수행하지 않는다.

다음은 해당 뷰의 모든 디스크스페이스별 디스크의 이름, 번호, 그리고 남은 공간을 조회하는 예제이다.

```
SQL> SELECT s.name AS diskspace_name, d.diskspace_number,
d.name disk_name, disk_number, d.free_mb as disk_free_mb
FROM V$TAS_DISK_STAT d, V$TAS_DISKSPACE_STAT s
WHERE d.diskspace_number = s.diskspace_number;

DISKSPACE_NAME   DISKSPACE_NUMBER   DISK_NAME      DISK_NUMBER    DISK_FREE_MB
--------------   ----------------   ----------     -----------    ------------
DS0              0                  DS0_DISK0      0              237
DS0              0                  DS0_DISK1      1              239
DS0              0                  DS0_DISK2      2              236
DS0              0                  DS0_DISK3      3              231
DS0              0                  DS0_DISK4      4              240
DS0              0                  DS0_DISK5      5              238
DS0              0                  DS0_DISK6      6              234
DS0              0                  DS0_DISK7      7              233
8 rows selected.
```

V$TAS_FILE 뷰는 TAS 인스턴스가 마운트한 모든 디스크스페이스에 있는 모든 파일을 보여준다.

표 5-16 | V$TAS_DISKSPACE

컬럼	데이터 타입	설명
DISKSPACE_NUMBER	NUMBER	디스크스페이스에 부여한 번호
FILE_NUMBER	NUMBER	디스크스페이스 내에서의 파일 번호
INCARNATION	NUMBER	파일의 인카네이션 번호
BLOCK_SIZE	NUMBER	파일의 블록 크기(단위 : Byte)

BYTES	NUMBER	파일의 byte 수
TYPE	VARCHAR(8)	파일 타입(DATA, CTRL, CM)
REDUNDANCY	VARCHAR(8)	파일의 중복 레벨(EXTERN, NORMAL, HIGH)
STRIPED	VARCHAR(8)	Striping 타입(COARSE, FINE)

다음은 V$TAS_ALIAS와 V$TAS_DISK에서 모든 디스크스페이스에 있는 모든 파일의 별칭, 번호, 그리고 크기를 조회하는 예제이다.

```
SQL> SELECT name, a.file_number, bytes
FROM V$TAS_ALIAS a, V$TAS_FILE f
WHERE a.file_number = f.file_number
AND a.diskspace_number = f.diskspace_number;


NAME                    FILE_NUMBER                     BYTES
------------------      -----------------------------   ----------
c1.ctl                  256                             3145728
log001.log              257                             52428800
log002.log              258                             52428800
log003.log              259                             52428800
system001.dtf           266                             52428800
undo001.dtf             267                             85983232
temp001.dtf             268                             2097152
usr001.dtf              269                             2097152
8 rows selected.
```

5.1.3.5. 백업과 복구

티베로 복구 관리자(RMGR)를 사용하여 TAS의 디스크스페이스에 저장한 티베로 데이터베이스 파일의 백업 및 복구 방법을 설명한다. TAS를 사용할 경우 티베로 복구 관리자를 이용해서 백업/복구가 가능하다.

다음은 tbrmgr 명령을 사용해서 TAS 디스크스페이스에 저장한 USR 테이블스페이스 데이터 파일들을 '/bak/usr' 디렉토리에 백업하는 예이다.

```
# tbrmgr backup --tablespace USR -o /bak/usr
```

다음은 tbrmgr 명령을 사용해서 TAS 디스크스페이스에 저장한 USR 테이블스페이스 데이터 파일들을 '/bak/usr' 디렉토리에 있는 백업본으로 복구하는 예이다.

```
# tbrmgr recovery -b /back/usr/rmgr.inf --tablespace USR
```

5.2 티베로 백업/복구

티베로 데이터베이스는 시스템의 예상치 못한 오류 등으로 인해 데이터베이스가 비정상적으로 종료하거나 시스템에 물리적인 손상을 입은 상황을 대처하려고 다양한 백업과 복구 방법을 제공한다.

표 5-17 | 백업 및 복구 관련 주요 용어

용어	설명
TSN (Tibero System Number)	TSN은 데이터베이스의 버전 또는 커밋 버전으로 Data Concurrency Control, Redo Ordering, 복구 등에 사용되며 트랜잭션이 커밋될 때 일반화(Generate) 된다.
체크포인트 (Checkpoint)	체크포인트는 주기적으로 사용자의 요청에 따라 메모리에 있는 모든 변경된 블록을 디스크에 쓰는 작업을 말하며 복구에 필요한 로그 파일의 양을 줄여준다. 모든 로그 스위치(Log Switch)가 발생할 때, 인스턴스가 NORMAL, POST_TX, IMMEDIATE 옵션으로 종료되면 사용자 요청에 따라 체크포인트가 수동으로 발생(Alter System Checkpoint)하며, DBWR가 작동하기 전에 LGWR가 현재 로그 버퍼의 내용을 온라인 리두로그 파일에 쓰기 작업을 하고 해당 더티(Dirty) 버퍼에 표시되면 이 정보를 DBWR이 받아서 모든 표시된 더티(Marked Dirty) 버퍼를 디스크에 기록한다. 체크포인트는 Checkpoint TSN 이전에 발생한 리두로그 파일 내의 모든 변경 사항이 디스크에 저장되었음을 의미한다.

로그 모드	• 노아카이브 로그(No Archive Log)
	  - 기본적인 로그 모드로 리두로그 파일은 순환하여 사용되고 로그 스위치(Log Switch)가 발생하면 이전의 리두로그 파일을 덮어쓴다.
	  - 백업은 반드시 데이터베이스가 정상 종료된 상태에서 해야하며 이로 인해 서비스의 중지가 발생한다.
	• 아카이브 로그(Archive Log)
	  - 아카이브 로그 모드에서 리두로그 파일은 LOGA(Log Archiver)에 의해 백업이 완료되기 전에는 사용할 수 없고, 아카이브 로그 파일은 미디어 복구(Media Recovery)에 사용될 수 있다.
	  - 데이터베이스 기동 중에 백업을 할 수 있다.

5.2.1. 백업

5.2.1.1. 개요

데이터베이스를 관리할 때 관리자는 시스템 장애 시 발생할 손실을 최소화하고, 복구 가능한 상태로 데이터베이스를 운용하기 위해 백업에 대한 정책을 수립해야 한다. 데이터베이스에서 필요로 하는 데이터 및 파일에 대해 저장 공간을 효율적으로 사용할 수 있도록 백업을 수행한다.

데이터베이스 관리자(Database Administrator)의 중요한 수행업무 중 하나가 백업이며, 정상적으로 수행되었는지 주기적으로 검증할 필요가 있다.

백업의 역할은 크게 두 가지로 말할 수 있는데 중요한 데이터가 손실되는 것을 보호하는 것과 과거 데이터를 보호하는 것이라고 할 수 있다.

데이터베이스 관리자에게 있어 중요한 업무 중에 하나인 백업과 관련해서 티베로 데이터베이스에서는 여러 가지 백업 종류와 방법을 지원하고 있다.

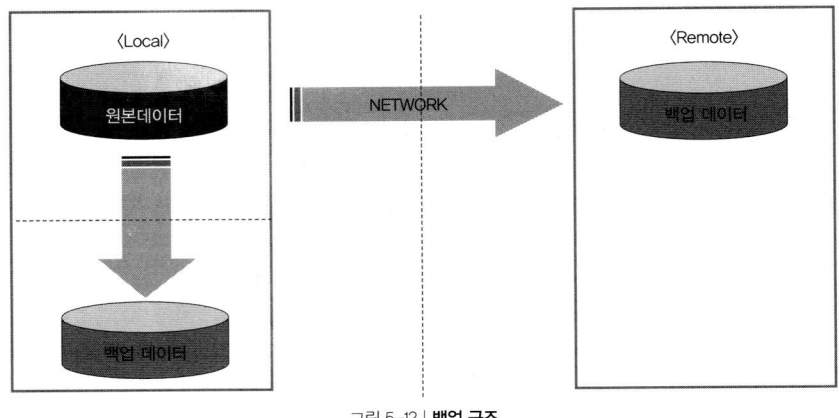

그림 5-12 | **백업 구조**

백업 방식은 크게 2가지로 나누어 볼 수 있다.

표 5-18 | **백업 방식**

백업 방식	설명
논리적 백업	• 논리적 백업이란 데이터베이스가 가동하고 있는 상태에서 표(테이블) 형식의 데이터와 정의를 파일에 출력하는 방법이다. 예를 들어 데이터를 CSV 파일에 출력하는 것도 이에 해당하고, 특정 툴을 사용한 방식이 있을 수 있다. • 티베로에서는 tbExport을 제공하여 데이터베이스의 논리적인 단위인 테이블, 인덱스, 권한, 제약조건 등에 대해 논리적인 백업을 수행할 수 있도록 하고 있다.
물리적 백업	• 물리적 백업이란 데이터베이스를 구성하는 데이터 파일, 컨트롤 파일 등을 물리적으로 별도의 매체에 백업하는 방법이다. 다시 말해 물리적인 파일인 컨트롤, 데이터, 로그 파일을 백업하는 것을 말한다. • 티베로가 제공하는 물리적 백업에서는 데이터베이스를 다운시킨 후, 운영시스템에서 파일 복사 명령인 COPY 명령으로 백업하는 Cold 백업과 데이터베이스 운영 중에 티베로가 제공하는 begin backup/end backup, 운영시스템 copy 명령을 이용해 수행하는 Hot 백업이 있다.

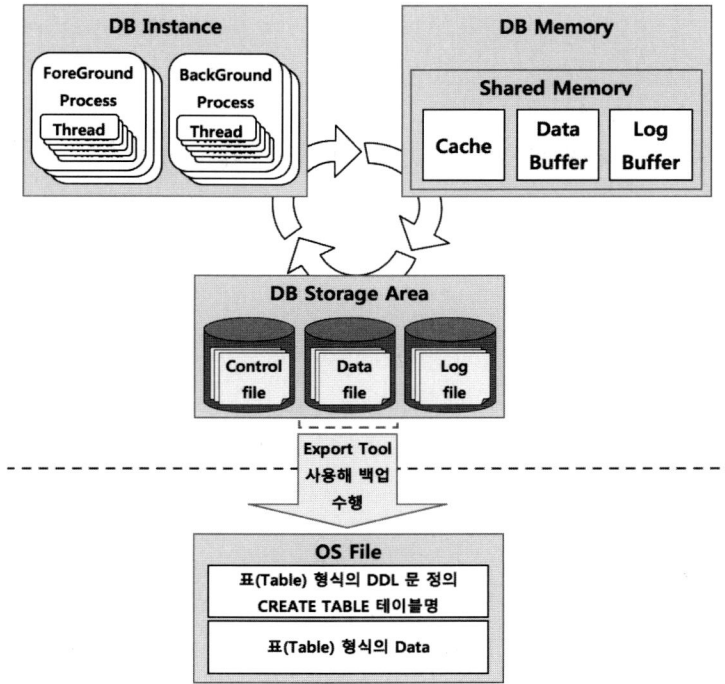

그림 5-13 | 논리적인 백업

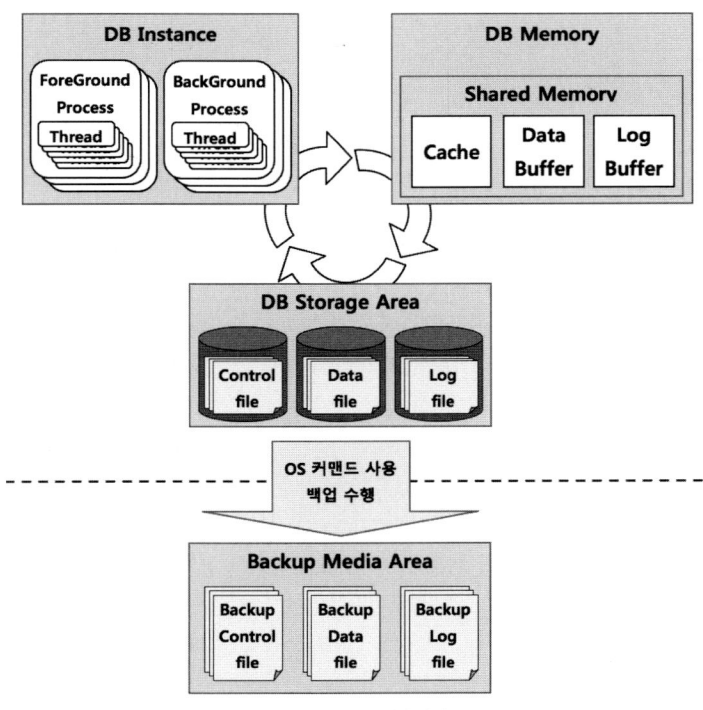

그림 5-14 | 물리적인 백업

5.2.1.2. 백업의 종류

백업의 종류는 크게 논리적인 백업과 물리적인 백업으로 나눠볼 수 있다. 논리적인 백업의 경우는 티베로에서 제공하는 tbExport와 tbImport 유틸리티를 사용해 테이블, 인덱스, 시퀀스와 같은 데이터베이스의 논리적 단위를 백업한다. 이와 관련된 내용은 '티베로 유틸리티'를 참조하는 것으로 하겠다. 물리적인 백업의 경우는 Consistent 백업인지, Inconsistent 백업인지로도 나눠 볼 수 있다. 이러한 구분에서 데이터베이스 운영로그 모드[1] 별로 제약 사항이 달라질 수 있을 것이다.

실제 백업 작업 수행 시에 소규모의 시스템에서는 명령어를 사용한 방법으로 충분하게 백업 업무를 수행할 수 있지만 대규모 시스템이나 미션 크리티컬(Mission Critical)한 시스템에서는 백업 툴의 퍼포먼스, 운영관리 등을 고려해서 스토리지 기능이나 백업 툴을 이용한 방법을 운영 환경에 맞게 채택하도록 한다. 티베로에서는 명령어를 사용한 방법과 RMGR을 사용한 방법을 제공해 백업 업무를 잘 수행할 수 있도록 지원하고 있다.

5.2.1.3. 백업 실행 방법

티베로 데이터베이스에서 제공하고 있는 컨트롤 파일에 대한 백업 방법, 데이터베이스 오프라인 상태의 Consistent 백업과 데이터베이스 온라인 상태의 Inconsistent 백업 실행 방법에 대해 살펴보도록 한다. 컨트롤 파일에 대해서는 물리적인 백업을 지원하지 않고, 컨트롤 파일을 생성하는 생성문을 통한 백업을 제공한다.

데이터 파일이나 로그 파일의 경우에는 데이터베이스 상태에 따라서 백업 받는 방법이 다를 수 있다. 데이터베이스가 운영 중일 때, 데이터베이스를 다운시킨 후에 백업하는 등의 방법이 있을 수 있다. 통상적으로 물리적인 백업 수행 방법에 있어서 데이터베이스를 정상적으로 정지하고 백업하는 Consistent 백업, 데이터베이스가 가동 중인 상태에서 수행하는 Inconsistent 백업이 많이 사용되고 있다.

표 5-19 | 백업 방식별 필요 파일

백업 방식	Data file	Temporary file	Control file	Online Redo Log file	Archived Redo Log file
Consistent	필요	임의 선택(복구 시에 생성 가능하기 때문)	필요	임의 선택(필요한 경우 복구 시에 생성 가능하기 때문)	필요(아카이브 모드에서 운영 중일 경우 수행)
Inconsistent	필요	불필요(로컬 관리의 일시적 테이블 영역일 경우 데이터베이스 복구 후에 재생성)	필요	불필요	필요

〈표 5-19〉에서 보는 것과 같이 백업 수행 시 백업 대상이 조금씩 달라질 수 있기 때문에 이 표를 참고하도록 한다.

◆ 컨트롤 파일 백업(ControlFile Backup)

티베로에서는 데이터베이스 구조의 변화와 관련한 백업 및 복구 방법으로 컨트롤 파일 생성문을 이용한 방식을 지원하고 있다.

---

[1] 데이터베이스를 아카이브나 노아카이브 모드로 로그 운영을 구분할 수 있다.

- 컨트롤 파일의 백업

컨트롤 파일을 백업할 때는 'ALTER DATABASE BACKUP CONTROLFILE TO TRACE AS [백업할 파일 경로 및 이름] REUSE NORESETLOGS;' 문장을 이용한다.

다음은 컨트롤 파일의 생성문을 /home/tibero/backup 디렉터리에 있는 testcontrolfile.sql 파일에 백업하는 예시이다. 예시의 생성 명령문은 tbsql 툴을 이용하며, tbsql 접속 후 명령을 수행한다.

```
SQL> ALTER DATABASE BACKUP CONTROLFILE TO TRACE AS '/home/tibero/backup/
testctrlfile.sql' REUSE NORESETLOGS;
```

컨트롤 파일 생성문을 만들 때, 기존에 컨트롤 파일이 존재하는 경우에 REUSE 옵션을 사용한다. 만약 생략을 하면 생성하려는 디렉터리(예 : /home/tibero/backup/)에 컨트롤 파일이 없어야 한다. 또한 NORESETLOGS/RESETLOGS의 설정을 할 수 있다.

NORESETLOGS의 경우 TSN(Tibero System Number)를 기존 그대로 적용하는 형태로 존재하는 온라인 리두로그 파일이 이용 가능할 때 사용한다. RESETLOGS의 경우 TSN(Tibero System Number)를 초기화 시켜주는 형태로 온라인 리두로그 파일을 이용할 수 없을 때 사용한다.

- 컨트롤 파일 생성문

생성된 testcontrolfile.sql 파일의 생성문 내용 예시는 다음과 같다.

```
CREATE CONTROLFILE REUSE DATABASE "tibero"
LOGFILE
GROUP 0 ('/home/tibero/tbdata/log01.log', '/home/tibero/tbdata/log02.log') SIZE 10M,
GROUP 1 ('/home/tibero/tbdata/log11.log', '/home/tibero/tbdata/log12.log') SIZE 10M,
GROUP 2 ('/home/tibero/tbdata/log21.log', '/home/tibero/tbdata/log22.log') SIZE 10M
NORESETLOGS
DATAFILE
'/home/tibero/tbdata/system001.dtf',
'/home/tibero/tbdata/undo001.dtf',
'/home/tibero/tbdata/usr001.dtf',
'/home/tibero/tbdata/apm_ts.dtf',
'/home/tibero/tbdata/my_file001.dtf',
'/home/tibero/tbdata/temp001.dtf'
NOARCHIVELOG
MAXLOGFILES 100
MAXLOGMEMBERS 8
MAXDATAFILES 256
CHARACTER SET UTF8
NATIONAL CHARACTER SET UTF16
;
```

```
--ALTER DATABASE MOUNT
---- Recovery is required in MOUNT mode.
--ALTER DATABASE RECOVER AUTOMATIC;
--ALTER DATABASE OPEN ;
---- Adding Tempfiles is required in OPEN mode.
-- ALTER TABLESPACE TEMP ADD TEMPFILE '/home/tibero/tbdata/temp001.dtf'
-- SIZE 50M REUSE AUTOEXTEND ON NEXT 5M MAXSIZE 1G;
```

- 컨트롤 파일의 경로 설정

생성된 컨트롤 파일은 $TB_SID.tip 파일에 경로를 설정할 수 있다. 환경파일의 내용에 CONTROL_FILES="$TB_HOME/database/$TB_SID/파일명.확장자"의 형태로 설정할 수 있다. 다음은 TIP 파일 내용에 이중화된 컨트롤 파일 경로를 설정하는 예시이다.

```
CONTROL_FILES="/home/tibero/tbdata/c1.ctl","/home/tibero/tbdata/c2.ctl"
```

이와 같은 방식으로 'c1'과 'c2'라는 2개의 컨트롤 파일을 설정하고 있는 것을 볼 수 있다. 물론 2개 이상으로 컨트롤 파일의 다중화를 설정하려면 콤마(,) 이후에 "경로/파일명"를 추가해서 사용한다.

- 컨트롤 파일의 경로 조회

데이터베이스가 MOUNT이나 NORMAL 모드 상태에서 컨트롤 파일의 목록을 조회할 수 있다. 이 때 사용하는 것이 V$CONTROLFILE 동적 뷰이다.

- 컨트롤 파일 재생성

컨트롤 파일을 다시 생성하기 위해서는 NOMOUNT 모드에서 해야 한다. CREATE CONTROLFILE 문을 실행하도록 한다. 컨트롤 파일의 생성문에는 TEMP 테이블스페이스를 생성하는 내용이 없거나 코멘트 처리되어 있다. 그러므로 컨트롤 파일을 생성한 후에 티베로를 기동시키면 TEMP 테이블스페이스는 존재하지 않게 된다. 이러한 이유로 컨트롤 파일 생성문을 이용해 데이터베이스를 재생성할 경우 데이터베이스를 재생성한 후에 임시 파일을 이용한 기능을 사용할 수 있도록 TEMP 테이블스페이스를 추가하는 작업을 수행하도록 한다.

- 컨트롤 파일 조회

MOUNT나 OPEN 상태에서 컨트롤 파일의 목록을 조회하려면 동적 뷰인 V$CONTROLFILE 사용해 조회한다.

```
SQL> SELECT name FROM v$controlfile;
```

◆ 컨트롤 파일의 이중화

컨트롤 파일의 경우 장애에 대비하기 위해서 여러 개의 복사본을 유지하는 미러링(Mirroring) 방식 즉, 컨트롤 파일의 다중화를 할 수 있다. Active-Active 미러링된 파일 중 장애가 발생하지 않은 파일이 존재하면, 이를 이용하여 장애가 발생한 파일에 복사하고 티베로를 다시 기동한다. 만약 모든 컨트롤 파일에 장애가 발생한 경우에는 백업된 컨트롤 파일을 사용하여 컨트롤 파일을 새로 생성해야 한다. 운영 중인 데이터베이스에서 컨트롤 파일을 다중화할 경우 다음과 같이 진행한다.

데이터베이스를 종료한 후, 컨트롤 파일을 복사한다.

```
# tbdown
# cp /home/tibero/tbdata/c1.ctl /home/tibero/tbdata/c2.ctl
# ls -alt /home/tibero/tbdata
```

컨트롤 파일을 복사한 후에는 $TB_SID.tip 파일의 CONTROL_FILES 항목에 추가한다. 다음과 같은 예시를 참고하도록 한다.

```
# vi /home/tibero/tibero6/config/$TB_SID.tip
 CONTROL_FILES="/home/tibero/tbdata/c1.ctl","/home/tibero/tbdata/c2.ctl"
# ls -alt /home/tibero/tbdata
```

◆ 데이터베이스 닫혀진 상태의 Consistent 백업

Consistent 백업이라고 하는 것은 데이터베이스를 tbdown NORMAL[2], POST_TX[3], IMMEDIATE 옵션을 사용해 정지시키고, 데이터베이스의 일관성을 유지한 상태에서 백업을 취득하는 방법이다.

데이터베이스를 정지하고 모든 데이터베이스 구성 파일 즉, 데이터 파일, 컨트롤파일, 온라인 리두 로그 파일을 운영시스템 명령어로 백업을 수행하는 방법으로 매우 간단하고 가장 기본적인 방법이라 할 수 있다.

데이터베이스 오프라인 상태의 Consistent 백업은 아카이브 로그 모드, 노아카이브 로그 모드로 운영하는 모든 데이터베이스에서 수행 가능하다.

백업 수행 방법은 MOUNT 또는 OPEN 모드에서 v$datafile, v$logfile 뷰를 통해 백업할 파일 정보를 조회한 후, 티베로 데이터베이스를 정상 종료하고 나서 운영시스템의 copy 명령을 이용해 데이터, 로그, 컨트롤 파일을 백업한다. 운영 중인 데이터베이스의 로그 모드가 아카이로그 모드인 경우에는 아카이브 파일도 백업 대상에 포함될 수 있다.

– 데이터 파일 확인

오프라인 백업을 실행 하기에 앞서 백업할 데이터, 로그, 컨트롤파일 들에 대해 조회한다. 데이터 파일을 조회하는 방법은 MOUNT[4] 나 OPEN[5] 상태에서 동적 뷰인 V$DATAFILE 사용해 수행한다.

---

[2] 티베로의 기본 default 데이터베이스 Shutdown 방법
[3] 티베로의 Transactional 옵션 다운 방법이다.
[4] 티베로의 인스턴스가 시작된 상태
[5] 컨트롤 파일에 정의한 모든 파일이 열려있는 상태

```
# tbboot
# tbsql sys/tibero

SQL> desc v$datafile
SQL> select file#, name from v$datafile;
SQL> SELECT t.tablespace_name, f.file_name, t.status
FROM dba_tablespaces t, dba_data_files f
WHERE t.tablespace_name = f.tablespace_name;
```

- 온라인 리두로그 파일 확인

데이터베이스의 트랜잭션 처리, 데이터 정의서 수행 등의 변경 사항을 저장한다.
온라인 로그 파일의 확인은 VLOG, VLOGFILE 동적 뷰를 이용해 확인할 수 있다.

```
SQL> SELECT a.group#, a.member, b.bytes/1024/1024 "MB", b.archived "ARC",
b.sequence# "SEQ#", b.status
FROM v$logfile a, v$log b
WHERE a.group#=b.group# order by 1;
```

- 컨트롤 파일 확인

컨트롤 파일은 v$controlfile을 통해 확인할 수 있다. 앞에서 컨트롤 파일백업 부분에서 컨트롤 파일 조회에 관한 내용과 동일하다.

```
SQL> SELECT NAME FROM v$controlfile;
```

- 데이터베이스 정상 종료

Consistent 백업을 수행하기 위해서는 데이터베이스를 반드시 정상 종료해야 한다. 데이터베이스를 정상 종료할 때는 NORMAL 모드로 다운시키는 것을 권장한다. 세션이 연결되어 있는 경우 tbdown normal/immediate 여부를 알려준다.

```
# tbdown normal
```

- 데이터베이스 구성 파일 백업

운영시스템 명령어를 사용해 데이터베이스 구성 파일을 운영시스템 별로 제공하는 파일 복사 명령을 사용해 백업할 장소에 복사한다. 복사할 대상은 확인된 모든 파일이 된다.
다음의 예시는 리눅스 환경에서(/home/tibero/tbdata/)의 데이터 파일, 로그 파일, 제어 파일이 존재하고, 이것들을 (/home/tibero/backup/) 장소에 가져다 놓는 것으로 가정한다.

```
# mkdir /home/tibero/backup
```

그 다음에 copy 명령어를 통해 백업 대상 파일들을 백업 장소에 복사하도록 한다.

```
# cp -p /home/tibero/tbdata/* /home/tibero/backup/
```

- 데이터베이스 기동

백업 작업이 끝났으면 데이터베이스를 정상 가동시킨다.

```
# tbboot normal
```

◆ 데이터베이스 오픈 상태의 Inconsistent 백업

데이터베이스를 정지시킬 수 없는 경우 물리적인 백업 방법으로 Inconsistent 백업을 수행할 수 있다. 이런 정상적으로 운영 중인 상태에서 Inconsistent 백업을 하는 방법은 온라인 백업(Online Backup), 핫 백업(Hot Backup)이라고 한다.

Consistent 백업과 비교해 Inconsistent 백업의 특징과 주의점에 대해서 설명한다.

- Inconsistent 백업에서는 필수적으로 아카이브 로그 모드로 운영되어야 한다.
- 운영시스템 명령어로 백업을 수행하기 전에 대상이 되는 테이블스페이스를 백업모드로 변경하고, 백업 종료 후에는 백업모드를 해제해야 한다.
- 백업모드로 변경할 경우, 각각 데이터 블록별로 최초로 변경될 때마다 블록 전체가 이미지 로깅 (image logging)으로 기록이 된다.
- 백업모드 중에는 리두로그 발생이 증가할 수 있기 때문에 가능한 갱신 처리가 적거나 부하가 적은 시간에 작업을 수행하는 것을 권장한다.

데이터베이스가 운영 중이면 운영시스템의 명령어를 사용해 데이터 파일을 복사하는 것은 안전하지 못하다. 그래서 티베로 데이터베이스에서는 데이터베이스 오픈 상태의 Inconsistent 백업의 시작과 종료를 통보해 백업을 시행할 수 있도록 기능을 제공하고 있다.

백업 시작 시에는 begin backup로 알리고, 종료 시에는 end backup을 사용해 데이터베이스에 통보한다. begin backup 후에는 다음과 같은 작업이 발생한다.

- 백업모드로 변경할 경우 각각의 데이터 블록이 최초로 변경될 때마다 블록 전체가 이미지 로깅 (image log)으로 기록되기 때문에 로그 양이 평소에 비해 증가하게 된다.
- 티베로 데이터베이스의 정상 종료를 할 수 없는 경우가 발생할 수 있다. 만일 강제 종료할 경우에는 다음 부팅 시에 미디어 복구를 해야 한다.
- end backup 실행 시에 티베로 내부적으로 처리되는 내용으로는 컨트롤 파일과 해당 테이블스페이스에 포함되어 있는 모든 데이터 파일 헤더 블록에서 해당 테이블스페이스가 백업모드라는 플래그를 off 하며, 체크포인트 정보를 최신으로 업데이트 한다.

- begin backup 실행시 데이터 파일의 변경사항
  ① 데이터 파일의 헤더에 백업모드라는 플래그가 on 된다.
  ② begin backup과 end backup 사이에 발생하는 변경사항이 데이터 파일과 리두로그 파일에 기록되지만, 데이터 파일 헤더 블록에 설정되는 체크포인트 값, TSN 값은 고정된다.

데이터베이스 오픈 상태의 Inconsistent 백업 대상 데이터 파일을 확인한다. 그리고 데이터베이스의 로그 모드가 아카이브 로그 모드인지 아닌지 확인한 후에 begin backup → 실제 백업 → end backup 순서대로 작업을 수행한다.

- 데이터베이스의 아카이브 로그 모드 운영 여부에 대한 사전확인

데이터베이스가 아카이브 로그 모드로 운영되고 있는지를 확인한다. 노아카이브 로그 모드에서는 Inconsistent 백업을 수행할 수가 없다. 다음의 문장을 실행해 로그 모드에 대한 상태를 확인한다.

```
SQL> connect sys/tibero
SQL> SELECT log_mode FROM v$database;
```

다음에 아카이브 로그 모드인 경우 노아카이브 로그 모드로 변경하는 예시이다.

```
# tbdown immediate
# tbboot mount
# tbsql sys/tibero
SQL> alter database noarchivelog;
SQL> alter database open;
SQL> SELECT name, log_mode FROM v$database;
SQL> exit
# tbdown
```

- 백업 대상 테이블스페이스 선정

우선 백업할 테이블스페이스를 선정하고, 테이블스페이스에 속한 데이터 파일을 조회한다.
다음은 테이블스페이스 선정 시에 확인하는 SQL을 예시이다.

```
SQL> SELECT name, type FROM v$tablespace;
```

다음은 백업 대상을 SYSTEM 테이블스페이스라고 가정해 확인하는 방법에 대한 SQL이다.

```
SQL> SELECT f.name
     FROM v$tablespace t join v$datafile f on t.ts# = f.ts#
     WHERE t.name = 'SYSTEM';
```

- 백업 대상이 될 테이블스페이스를 백업모드로 변경

begin backup, end backup 명령어를 사용해 백업모드에 대한 제어를 할 수 있다.

예를 들어 대상을 SYSTEM 테이블스페이스로 정하고, 테이블스페이스 단위로 백업을 수행할 경우의 명령을 보면 다음과 같다.

```
SQL> alter tablespace SYSTEM begin backup;
```

만약, 대상 테이블스페이스가 여러 개라면 위의 문장에서 테이블스페이스 명을 변경해 원하는 만큼 수행할 수 있다.

개별 테이블스페이스 단위로 하지 않고 전체 데이터베이스를 대상으로 백업을 수행할 경우에 모든 테이블스페이스 대한 백업모드로의 변경 방법은 다음 예시를 참조하도록 한다.

```
SQL> alter database begin backup;
```

백업모드 상태일 경우 평상시의 정상적인 데이터베이스 운영에서보다 많은 리두로그가 발생할 수 있다. 백업 대상의 데이터 파일 크기가 클 경우는 테이블스페이스 단위로 하나씩 하나씩 백업모드로 변경해 백업을 수행하고, 백업모드 해제를 반복하는 방법으로 작업을 수행하는 것을 권장한다.

다음은 티베로에서 데이터 파일의 헤더 정보를 확인하는 SQL 예시이다.

```
SQL> desc v$datafile_header;
SQL> set line 200
SQL> col NAME for a50
SQL> SELECT FILE#, STATUS, RECOVER, CREATE_TSN, CKPT_TSN, NAME, CKPT_COUNT
     FROM v$datafile_header;
```

- 테이블스페이스의 백업모드 확인

테이블스페이스가 백업모드로 변경된 것을 확인한다.

다음은 티베로에서 백업모드로 변경한 대상 테이블스페이스에 대해 확인하는 SQL이다.

```
SQL> set pages 5000;
SQL> set lines 132;
SQL> SELECT dt.tablespace_name, df.file_name, vb.status, vb.change#, vb.time
     FROM v$backup vb, dba_data_files df, dba_tablespaces dt
     WHERE vb.file#=df.file_id and df.tablespace_name = dt.tablespace_name;
```

백업모드로 변경된 대상 파일들은 status 컬럼이 active 상태로 되어 있는 것을 확인할 수 있다..

- 운영시스템 명령어로 데이터 파일 백업 수행

운영시스템 명령어를 사용하여 백업모드로 변경한 테이블스페이스의 데이터 파일을 백업 장소에 복사한다.

다음은 리눅스 cp 명령어로 해당 테이블스페이스의 데이터 파일을 복사하는 예시이다.

```
$ cp /home/tibero/tbdata/system001.dtf /home/tibero/backup/system001.dtf_backup
```

만약 티베로의 tbsql 툴에 접속한 상태이라면 SQL 명령입력 화면에서 ! 또는 host 명령을 이용해 운영시스템 명령어의 입력이 가능하다.

```
SQL> !cp /home/tibero/tbdata/system001.dtf /home/tibero/backup/system001.dtf
```

운영시스템 명령어로 전체 데이터 파일을 복사하는 예시는 다음과 같다.

```
SQL> !cp /home/tibero/tbdata/*.dtf /home/tibero/backup/
```

- 테이블스페이스의 백업모드 해제

데이터 파일을 복사하는 백업 작업이 완료된 후에는 백업모드를 해제한다.

다음은 티베로에서 백업모드를 해제하는 SQL 예시이다.

```
SQL> alter tablespace SYSTEM end backup;
```

만약, 백업모드로 변경한 대상 테이블스페이스가 여러 개라면 위의 문장에서 테이블스페이스 명을 변경해 원하는 만큼 수행할 수 있다. 개별 테이블스페이스 단위로 하지 않고 전체 데이터베이스에 대해 백업모드를 해제하는 경우에는 다음의 예시를 참조하도록 한다.

```
SQL> alter database end backup;
```

백업 완료한 테이블 스페이스의 백업모드를 해제한 후, 백업 수행 중에 기록되었던 온라인 리두로그 파일을 아카이브 로그 파일에 아카이브하도록 한다. 즉, 백업이 완료된 후에는 로그 스위치 명령어를 사용해서 아카이브를 강제로 떨구어 놓는 작업이 필요하다.

다음은 온라인 리두로그 파일을 아카이브 리두로그 파일로 출력하는 예시이다. 명령어 수행 후에 v$log를 조회하여 실제로 아카이브되어 있는지를 확인한다.

```
SQL> alter system switch logfile;
```

- 테이블스페이스의 백업모드 해제 확인

테이블스페이스의 백업모드가 해제된 것을 확인한다. 백업모드로 변경된 대상 파일들은 no active 상태로 되어 있는 것을 알 수 있다

다음은 티베로에서 백업모드로 변경한 대상 테이블스페이스에 대해 확인하는 SQL이다.

```
SQL> set pages 5000;
SQL> set lines 132;
SQL> SELECT dt.tablespace_name, df.file_name, vb.status, vb.change#, vb.time
     FROM v$backup vb, dba_data_files df, dba_tablespaces dt
     WHERE vb.file#=df.file_id and df.tablespace_name = dt.tablespace_name;
```

백업모드로 변경된 대상 파일들의 status 컬럼이 no active 상태로 되어있는 것을 알 수 있다.

– 아카이브 리두로그 파일의 백업

데이터 파일의 백업 수행 후에는 아카이브 리두로그 파일을 백업하도록 한다.

– 컨트롤 파일의 백업

컨트롤 파일을 백업할 때는 'ALTER DATABASE BACKUP CONTROLFILE TO TRACE AS [백업할 파일 경로 및 이름] REUSE NORESETLOGS;' 문장을 이용한다. 자세한 내용은 앞서 설명한 컨트롤 파일 설명 부분을 참고하도록 한다.

◆ 물리 백업 시의 주의점과 데이터 파일 파손 체크 방법

아카이브 리두로그 파일의 백업과 삭제, 데이터 파일의 손실 체크, 물리 백업의 수행 실패 예시에 대해서 다루도록 한다.

– 아카이브 리두로그 파일 백업과 삭제

아카이브 리두로그 파일을 올바르게 관리하기 위해서는 백업할 때 대상이 되는 아카이브 리두로그 파일의 백업을 완료하고, 삭제 가능한 아카이브 리두로그 파일이 어느 것인지를 정확하게 파악할 필요가 있다. 그러기 위해서는 동적 퍼포먼스 뷰인 v$archived_log 정보를 이용한다.

장애 발생 직전까지 복구하기 위해 필요한 백업 파일은 다음과 같다.

- Consistent 백업 혹은 Inconsistent 백업으로 취득한 모든 데이터 파일
- 백업 개시 이후에 작성되었던 모든 아카이브 리두로그 파일과 온라인 리두로그 파일
- 컨트롤 파일

아카이브 리두로그 파일이 하나라도 부족하다면 부족한 아카이브 리두로그 파일 직전까지만 복구할 수 있다. 온라인 리두로그 파일의 로그 순서 번호는 로그스위치할 때마다 1번부터 순서대로 채번된다. 그런 이유로 정상적으로 아카이브 리두로그 파일이 작성된 파일만을 취득하기 위해서 v$archived_log를 이용하도록 한다.

아카이브 리두로그 파일을 빠짐없이 확보할 수 있도록 주의하도록 해야 한다.

5.2.2. 복구

5.2.2.1. 개요

데이터베이스 복구(Database Recovery)는 예기치 못한 장애가 발생해 정상적으로 데이터베이스 운영을 할 수 없는 상황이 발생할 경우 복원하는 일련의 과정이라고 할 수 있다. 어떤 문제가 생겨 문제가 발생한 시점 이전의 데이터베이스로 복구를 하려면 정상적인 상태에서 백업한 데이터베이스가 있어야 할 것이다.

데이터베이스 시스템은 만일의 사태를 대비해 데이터베이스에서 일어나는 모든 변화를 로그 파일에 기록한다. 그러므로 백업 이후에 데이터베이스에 일어난 모든 변화까지도 기록하고, 기록된 로그를 적용시키면 과거 시점으로 상태로 복구할 수 있는 것이다. 이러한 것은 데이터베이스 시스템을 사용하고 운영/관리하는데 매우 중요한 부분이다. 데이터베이스를 유지하는데 필요한 정보를 기록하는 로그 파일에는 트랜잭션(Transaction) 중에 수정한 커밋(Commit)되지 않은 데이터들도 포함되어 있다.

티베로 데이터베이스에서는 부트 모드를 노마운트 모드(Nomount Mode), 마운트 모드(Mount Mode), 오픈 모드(Open Mode)로 나눠 볼 수 있으며, 부트 모드 별로 적절한 작업이 수행된다.

복구에 있어 부트 모드 별로 발생하는 처리 내용은 다음과 같다.

- **노마운트 모드** : 이 모드에서는 인스턴스를 시작할 수 있고, 데이터베이스 생성이 가능하며, 마운드로 동작시키기 위한 컨트롤 파일 생성 및 재생성이 가능하다. 마운트 모드로 동작하기 위해서는 컨트롤 파일이 있어야 한다. 컨트롤 파일이 없거나 컨트롤 파일에 장애가 발생한 경우에는 노마운트 모드로 동작하며 컨트롤 파일을 생성하면 마운트 모드로 동작할 수 있다.
- **마운트 모드** : 마운트 모드에서는 데이터 파일, 온라인 로그 파일, 컨트롤 파일 사이의 상태를 검사하여 티베로 데이터베이스를 기동할 준비를 할 수 있다. 세 파일이 모두 최신 상태이면 오픈 모드로 동작할 수 있다. 파일에 물리적인 장애가 발생하였거나, 복원된 파일이라면 미디어 복구가 필요하며 마운트 모드로 동작한다. 마운트 모드에서는 제한된 뷰의 조회가 가능하고, 미디어 복구를 수행할 수 있다. 또한 데이터베이스 이름 변경이 가능하고, 온라인 리두로그 파일 아카이브 옵션을 활성화하거나 비활성화시킬 수 있으며, 전체 데이터베이스에 대한 복구 작업이 가능하다.
- **오픈 모드** : 오픈 모드에서는 컨트롤 파일에 정의한 모든 파일들을 오픈시킨다. 티베로 데이터베이스의 데이터 파일, 온라인 로그 파일, 컨트롤 파일이 일관성을 유지할 때에만 오픈 모드로 동작할 수 있다. 오픈 모드에서 티베로 데이터베이스는 데이터 파일, 온라인 로그 파일, 컨트롤 파일을 동작 가능하도록 정상화한다. 이러한 것들은 일반 사용자가 데이터베이스를 이용할 수 있도록 상태를 만드는 작업이라고 할 수 있다. 오프라인 상태인 테이블스페이스에 사용자가 접근하려면 우선 해당 테이블스페이스를 온라인 상태로 전환해야 한다. 이때 다른 파일들과 일관성을 유지하기 위해 해당 테이블스페이스에 온라인 미디어 복구를 수행해야 한다.

데이터베이스의 로그 운영 모드에 따라서 복구 방법 및 제약이 달라질 수 있다. 데이터베이스의 아카이브 로그 운영 모드는 노아카이브와 아카이브 로그 모드로 나눠질 수 있다.

- **노아카이브 로그 모드** : 노아카이브 로그 모드에서는 미리 백업을 수행한 파일을 가지고 전체 복원만 가능하다. 다시 말해서 사전에 백업받은 파일을 리스토어(Restore)한 후에 복구(Recovery)하는 방법을 사용한다. 온라인 리두로그가 리두로그 운영 순환구조로 인해 파일이 덮어써져서 정상적인 리두로그 파일을 사용해 복구가 힘들게 되어 결국 마지막 전체 백업을 통한 복구만이 가능하게 된다. 그러므로 백업받은 당시의 데이터베이스 상태로만 복구가 가능하게 되는 것이다. 백업 시점 이후에 발생한 작업은 모두 다시 수행해야 한다.
- **아카이브 로그 모드** : 아카이브 로그 모드에서는 사전에 백업을 받은 파일을 리스토어 한 후에 복구하는 방법도 사용할 수 있고, 미디어 복구의 완전 복구(Complete Recovery)와 불완전 복구(Incomplete Recovery)를 모두 수행할 수 있다. 완전 복구는 데이터베이스에 장애가 발생한 시점까지 복구하는 방법으로 복구 종료 시점을 지정하지 않고, 가장 최근의 로그 파일의 내용까지 적용하여 복구하는 방법이다. 불완전 복구는 데이터베이스가 장애가 발생한 시점까지 복구가 되지 않고 특정 시점으로 복구하는 방법이다. 여기에는 종료 시점을 시간을 사용해 명시적으로 지정할 수 있는 시간 기반 복구(Time-based Recovery), CANCEL 문을 사용해 원하는 파일에서 종료를 할 수 있는 취소 기반 복구(Cancel-based Recovery), TSN 값을 이용해 종료 시점을 지정하는 변경 기반 복구(Change-based Recovery)가 있다. 데이터베이스가 아카이브 로그 모드(Archived Log Mode)로 운영 중이라면 리두로그 파일과 아카이브 로그 파일 모드 모두를 사용해 복구할 수 있을 것이다.

데이터베이스에 문제가 발생해 복구하는 과정에서 사전에 백업받은 것을 해당 데이터베이스에 리스토어한 후에 복구를 진행한다.

5.2.2.2. 크래시 복구

크래시 복구(Crash Recovery)는 티베로를 운영하는 중에 정전, 시스템 이상, 강제 종료 등으로 데이터베이스가 비정상적으로 종료됐을 때 사용자의 명령 없이 자동으로 복구되는 것을 의미하고, 파일의 손상이 없는 한 크래시 복구의 모든 과정은 사람 즉, 데이터베이스 관리자 등의 손을 거치지 않고 데이터베이스 시스템이 자동으로 수행한다.

이러한 크래시 복구는 두 가지로 분류해 볼 수 있다. 첫 번째는 온라인 로그 파일의 내용 중 미쳐 데이터 파일에 반영되지 않은 부분을 기록해 데이터베이스가 비정상적으로 종료되기 바로 직전 상태로 복구하는 과정이다. 이것은 온라인 리두로그 파일, 온라인 데이터 파일, 커런트 컨트롤 파일 만을 사용한다. 두 번째는 복구된 시점에서 작업이 종료되지 않은 즉, 커밋되지 않은 트랜잭션이 발생시킨 변화를 되돌리는 과정이다. 언두 테이블스페이스를 이용하여 커밋되지 않은 데이터에 대해 복구 작업을 진행하는 것이다.

티베로에서는 평균 크래시 복구 시간을 설정할 수 있는 Mean Crash Recovery Time(MCRT) 기능을 제공하고 있다. MCRT 기능은 크래시 복구 시 필요한 I/O 카운트를 관리해 평균 파손에 대한 복구 시간의 조절을 가능하게 한다.

평균 크래시 복구 시간 설정은 매개변수를 사용해 조절하고 있으며 정보는 〈표 5-20〉과 같다.

표 5-20 | 크래시 복구 시간 설정 매개변수

매개변수	설명
_MCRT_TARGET	평균 크래시 복구 시간을 설정(기본 값 : 1,800, 단위 : 초)

데이터베이스 시스템이 판단해 크래시 복구가 필요한 경우 자동으로 복구를 수행하고, 복구가 완료되면 데이터베이스를 정상적으로 동작시킨다. 이런 크래시 복구의 과정을 보면 체크포인트의 TSN부터 최신 리두로그까지 Replay 한다.

크래시 복구의 특징은 데이터베이스에 접근 가능한 인스턴스에 장애가 발생한 경우 데이터베이스가 기동될 때 자동으로 수행된다. 여기서 리두의 Roll Forword와 Roll Back이 이뤄진다.

5.2.2.3. 미디어 복구

크래시 복구와 비교해서 미디어 복구(Media Recovery)는 데이터베이스가 자동으로 수행하지 않는다. 다시 말해서 데이터베이스를 관리하는 사람이 장애 상황을 파악해서 복구에 필요한 일련의 작업 과정을 지시해 복구하는 방법이다.

미디어 복구는 데이터베이스를 구성하는 파일이 물리적으로 손상되거나 데이터베이스 시스템이 장애를 자동적으로 복구하지 못해서 정상적으로 동작할 수 없는 경우에 복구 작업을 수행하는 것이다.

미디어 복구는 크게 두 가지로 구분할 수 있는데 장애가 발생하기 직전의 정상적인 상태로 복구하는 완전 복구와 장애 이전 특정 시점으로 복구하는 불완전 복구가 있다. 특징은 다음과 같다.

- 미디어 복구는 로그 파일을 하나씩(TAC 경우 모든 리두 쓰레드의 파일을 동시에) 데이터베이스에 순서대로 반영해 진행한다.
- 데이터베이스를 관리하는 사람에 의한 명령을 통해 수동으로 수행한다. 예를 들면 ALTER DATABASE RECOVER … 문장을 이용해 작업할 수 있다.
- 온라인 리두로그 파일이나 아카이브 리두로그 파일로부터 리두로그 기록을 적용해 복구할 수 있다.
- 미디어 복구는 부팅 모드가 MOUNT인 상태에서만 작업이 가능하다.
- 미디어 복구 시에 데이터베이스는 복구 시점에 필요한 로그 파일만 반영할 수 있고 필요한 로그 파일을 찾기 위해 로그의 시퀀스 번호를 사용한다. 시퀀스 번호는 데이터베이스가 생성된 이후로 만들어진 로그 파일의 일련 번호이며, 모든 로그 파일은 하나의 유일한 시퀀스 번호를 갖는다. 시퀀스 번호가 큰 로그 파일이 최근 로그 파일이다. 시퀀스 번호는 아카이브 로그 파일의 경우 파일 이름을 통해 알 수 있고, 온라인 로그 파일의 경우 V$LOG 뷰를 통해 알 수 있다.

◆ 미디어 복구 관련 뷰

뷰에는 VLOG, VLOGFILE, V$CONTROLFILE, V$RECOVER_FILE, V$RECOVERY_FILE_STATUS, V$ARCHIVED_LOG, V$ARCHIVE_DEST_FILES 등이 있다. 주요 뷰를 예제를 통해 알아 보도록 한다.

- V$LOG와 V$LOGFILE

온라인 리두로그와 로그 파일 정보에 대해 알 수 있다.

```
# tbboot
# tbsql sys/tibero
SQL> set line 200
SQL> col group# for 999
SQL> col member for a50
SQL> col SEQ# for 999
SQL> col MB for 999
SQL> SELECT * FROM v$log;

SQL> quit
# tbdown
```

- V$RECOVER_FILE

티베로에서는 v$recover_file을 통해서 문제가 있는 데이터 파일에 대해 확인할 수 있다. 보통 데이터 파일에 문제가 있어 mount 모드로 기동 시, v$recover_file을 통해 문제가 있는 데이터 파일을 체크하고, 미리 백업받은 데이터 파일을 통해서 복구를 진행한다.

v$recover_file을 하면 실제로 모든 데이터 파일의 헤더 블록을 읽어 들여 상태를 표시해 준다.

v$recover_file로 시작하는 뷰에서는 복구가 필요한 파일만 표시하지만 _vt_recover_file에서는 모든 데이터 파일을 확인할 수 있다.

```
# tbboot
# tbsql sys/tibero
SQL> describe V$RECOVER_FILE
SQL> col time format a20
SQL> col error format a50
SQL> SELECT * FROM v$recover_file;

SQL> quit
# tbdown
```

- V$ARCHIVED_LOG

v$archive_log는 아카이브할 당시에 컨트롤 파일에 기록한 것을 기반한 정보를 얻어낼 수 있다. 그러므로 컨트롤 파일을 새로 생성한 경우에는 아카이브 로그의 정보가 없다.

```
# tbboot
# export TB_NLS_DATE_FORMAT='YYYY/MM/DD HH24:MI:SS'
# tbsql sys/tibero

SQL> describe V$ARCHIVED_LOG
SQL> col NAME format a50
SQL> col FIRST_TIME format a20
SQL> col RESETLOGS_TIME format a20
SQL> SELECT NAME,SEQUENCE#,FIRST_CHANGE#,FIRST_TIME,NEXT_CHANGE#
FROM v$archived_log
ORDER BY FIRST_CHANGE#;

SQL> quit
# tbdown
```

- V$ARCHIVE_DEST_FILES

V$ARCHIVE_DEST_FILES는 LOG_ARCHIVE_DEST의 디렉토리에 있는 아카이브 로그들의 정보를 조회하기 위한 뷰이다. V$ARCHIVE_DEST_FILES 뷰를 이용하면 next_tsn을 알 수 있다.

```
# tbboot
# tbsql sys/tibero

SQL> describe V$ARCHIVE_DEST_FILES
SQL> col NAME format a50
SQL> col sequence# format 999
SQL> col next_change# format 999
SQL> SELECT name, sequence# seq#, next_change#-1 tsn
FROM v$archive_dest_files order by 2;

SQL> quit
# tbdown
```

◆ 완전 복구

완전 복구는 아카이브 리두로그 파일과 온라인 리두로그 파일의 로그를 적용해서 장애 발생 직전의 상태까지 복구하는 방법이다. 파일의 가장 최근 로그까지 모두 반영하는 미디어 복구이다.

완전 복구 형태에는 오프라인 복구, 온라인 미디어 복구, 파일 위치 변경을 통한 복구, 백업이 없는 데이터 파일 복구가 있을 수 있다.

- 데이터베이스가 닫힌 상태의 복구

오프라인 복구는 데이터베이스를 마운트(Mount) 상태로 부팅한 후에 테이블스페이스 혹은 데이터베이스 전체를 복구하는 것이다. 일반적으로 싱글 인스턴스 데이터베이스에서 SYSTEM 테이블스페이스나 UNDO 테이블스페이스에 장애가 발생된 경우에는 데이터베이스를 닫고 복구를 수행한다.
다음과 같은 경우에 수행한다.

- 데이터베이스가 24시간 운영되지 않아도 되는 경우
- 전체 데이터베이스 또는 중요한 데이터 파일의 복구가 필요한 경우(여기서 중요한 데이터 파일이라 함은 시스템, 언두 영역 파일이라 할 수 있음)
- 시스템이나 언두(Undo) 테이블스페이스의 복구가 필요한 경우
- 데이터베이스를 마운트 단계에서 복구하는 경우

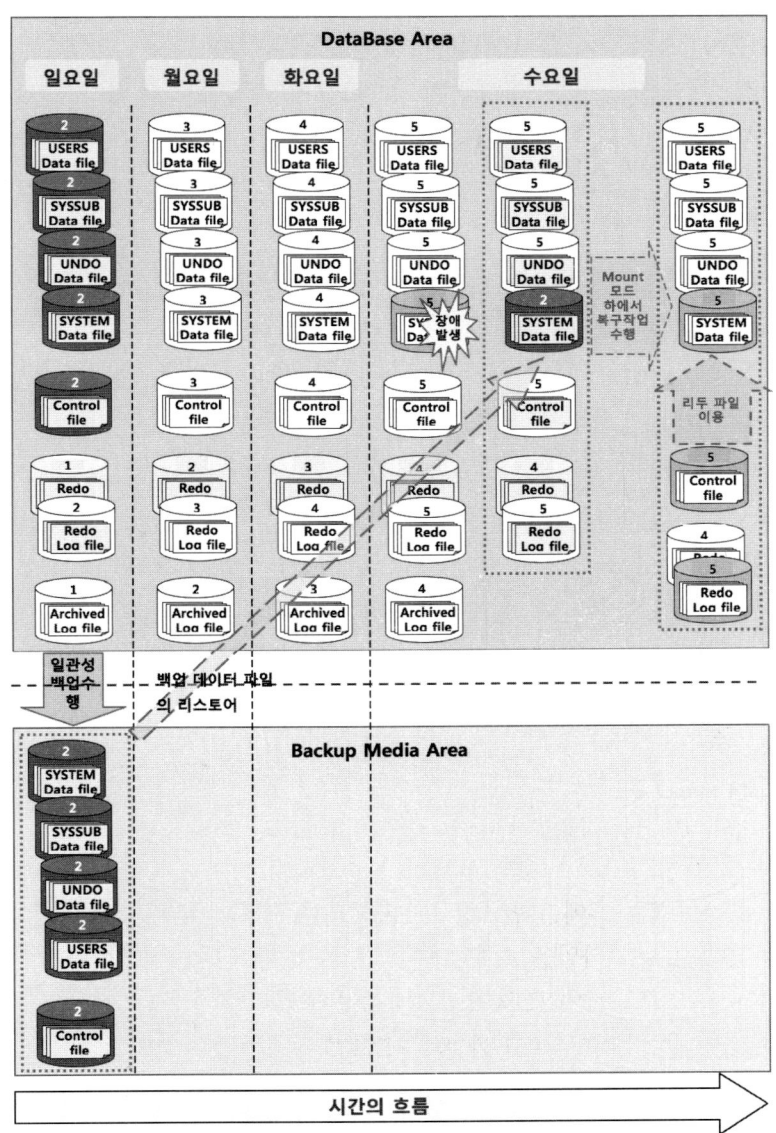

그림 5-15 | 백업 및 복구 수행 예시

SYSTEM 테이블스페이스에 장애가 발생한 경우에는 데이터베이스의 구동에 영향이 미치기 때문에 자동적으로 데이터베이스가 다운된다. 〈그림 5-15〉에서 일요일에 수행했던 백업으로부터 장애 발생한 파일을 대체한다. 대체한 파일은 옛날 버전의 파일이기 때문에 그대로는 사용할 수 없고 복구 과정이 필요하다.

Inconsistent 백업을 리스토어하는 처리는 데이터베이스를 정지시켜 놓고 하는 것이므로 리스토어 작업이 완료된 이후에는 데이터베이스를 마운트 모드로 부팅한다. 마운트 상태로 기동한 후에 리스토어한 파일에 아카이브 리두로그 파일[6]과 온라인 리두로그 파일[7]을 이용해 장애가 발생하기 직전의 최근의 상태로 복구를 수행한다. 복구 수행 후에 데이터베이스를 정상적으로 오픈해 구동한다.

– 온라인 미디어 복구

사용자 테이블스페이스의 장애 등 데이터베이스 인스턴스를 가동하는데 직접적인 영향이 없는 경우에는 데이터베이스를 오픈한 상태에서 발생한 장애로 인해 영향을 받은 테이블스페이스에 대해 복구를 수행한다. 온라인(미디어) 복구에서는 복구 중에 작업 대상 이외의 다른 테이블스페이스에 대해서는 참조, 갱신을 계속하는 것이 가능하다. 다음과 같이 온라인(미디어) 복구를 수행하는 경우에 대해 정리해 보도록 한다.

- 데이터베이스를 운영하는 도중에 일부 데이터 파일이 물리적으로 손상되거나 정상적으로 동작할 수 없는 경우
- 오픈 모드에서 해당 데이터 파일이 포함된 테이블스페이스만 미디어 복구를 수행하는 경우
- 데이터베이스가 24시간 운영되어야 하는 경우
- 다운타임(Down Time)이 최소화되어야 하는 경우
- 데이터베이스가 오픈되어 운영되는 단계에서 복구하는 경우

◆ 불완전 복구

불완전 복구는 온라인 로그 파일의 최근까지가 아닌 그 이전의 특정 시점까지 복구하는 것으로 특정 시점(Point In Time) 복구와 리두로그 파일의 일부만 적용해 복구할 수 있다.

예를 들면 모든 온라인 리두로그 파일 혹은 아카이브 리두로그 파일의 일부가 유실된 경우에 완전 복구를 수행할 수 없다. 일괄 배치성 처리 개시 전의 특정 트랜잭션이나 어떤 시간까지 복구를 수행하고 싶은 경우 등에 있어서는 불완전 복구를 수행할 수 있다.

불완전 복구는 데이터베이스를 마운트 부팅 모드 상태에서 하는 데이터베이스 닫힌 상태의 복구만이 가능하다. 불완전 복구 후에는 반드시 RESETLOGS 모드로 데이터베이스를 기동해야 한다. RESETLOGS는 온라인 로그 파일을 초기화하는 것으로 현재 온라인 로그 파일로 데이터베이스를 시작하지 않을 때 사용한다. RESETLOGS로 시작하면 새로운 데이터베이스가 만들어진 것과 같아 RESETLOGS 이전의 데이터 파일, 로그 파일과 RESETLOGS 이후의 파일은 서로 호환되지 않는다.

---

[6] 2번~4번 아카이브 파일
[7] 5번 리두로그 파일

그리고 RESETLOGS 이전의 백업 파일이나 로그 파일을 이용하여 RESETLOGS 이후로 복구할 수 없다. RESETLOGS 이후의 파일을 RESETLOGS 이전 상태로 불완전 복구를 하는 것도 불가능하다. RESETLOGS 모드로 기동한 경우 반드시 새로 백업하는 것이 필요하다. RESETLOGS가 필요한 상황은 불완전 미디어 복구를 한 경우와 RESETLOGS 옵션으로 만든 컨트롤 파일 생성문을 가지고 컨트롤 파일을 재생성한 경우가 있다. RESETLOGS를 이용해 데이터베이스를 기동하는 방법은 다음과 같다.

```
# tbboot RESETLOGS
```

미디어 복구 이후 새로 구성된 데이터베이스가 한번이라도 오픈됐다면 리두로그가 쌓이기 때문에 추가적으로 기존 아카이브 로그를 가져온다면 온라인 리두로그와 아카이브 리두로그에 각각 다른 로그가 쌓이기 때문에 정합성에 문제가 생긴다. 미디어 복구를 시도한 상황에서 한 번이라도 오픈된다면 다른 데이터베이스가 만들어진 것으로 보면 된다.

사용자 테이블스페이스에 장애가 발생해 온라인 백업을 수행하려고 했지만 아카이브 리두로그 파일이 유실되어 있다. 일관성 없이 백업한 모든 데이터 파일을 리스토어한다. 데이터베이스가 정지해 있기 때문에 마운트 부팅으로 데이터베이스를 가동시킨다. 마운트 상태에서 기동 후, 리스토어한 파일에 아카이브 리두로그 파일을 적용하고, RESETLOGS 옵션을 사용해 온라인 리두로그 파일을 초기화시켜 데이터베이스를 오픈한다.

5.2.2.4. 장애 상황별 복구 예제

◆ **컨트롤 파일 재생성을 통한 복구 예제**

컨트롤 파일에 장애가 발생한 경우 컨트롤 파일의 생성을 통한 복구 내용이다. 복구 작업은 운영시스템 명령어를 사용하는 방법으로 수행한다.

– **티베로 컨트롤 파일 스크립트 생성**

- ALTER DATABASE BACKUP CONTROLFILE TO TRACE AS [백업할 파일 경로 및 이름] REUSE NORESETLOGS;을 이용한다.
- 백업된 컨트롤 파일 생성 스크립트가 없거나 생성시킬 수 없는 상황이라면 컨트롤 파일 생성 스크립트를 작성해 사용한다.
- 작성 시 컨트롤 파일은 shutdown 상태에서 만들고 데이터 파일, 로그 파일 등의 구성 정보와 스크립트의 내용은 일치해야 한다.

```
SQL> ALTER DATABASE BACKUP CONTROLFILE TO TRACE AS '/home/tibero/backup/testctrlfile.sql' REUSE NORESETLOGS;
```

- 티베로 컨트롤 파일 모두를 손상된 상태에서 복구
  - 컨트롤 파일을 재생성한 후 미디어 복구를 수행하고 데이터베이스를 시작한다.
  - 컨트롤 파일을 생성할 때 임시 파일이 존재하지 않으므로 반드시 추가한다.

① 현재 시스템에서 운용 중인 파일의 이름을 변경함으로써 컨트롤 파일을 손상시키는 상황을 만든다.

```
# grep "CONTROL_FILES" $TB_HOME/config/$TB_SID.tip
# mv /home/tibero/tbdata/c1.ctl /home/tibero/tbdata/c1.ctl.test
# mv /home/tibero/tbdata/c2.ctl /home/tibero/tbdata/c2.ctl.test
```

② 컨트롤 파일이 모두 손상될 경우 티베로 부팅 시에 경고가 발생되고 NOMOUNT 모드로 부팅된다.

```
# tbboot
***********************************************************
*   Warning: Control file open failed
*     /home/tibero/tbdata/c1.ctl
***********************************************************
***********************************************************
*   Warning: Control file open failed
*     /home/tibero/tbdata/c2.ctl
***********************************************************
***********************************************************
* Critical Warning : Raise svmode failed. The reason is
*   TBR-24003 :  Unable to read control file.
*   Current server mode is NOMOUNT.
***********************************************************
Tibero 6
TmaxData Corporation Copyright (c) 2008-. All rights reserved.
Tibero instance started suspended at NOMOUNT mode.
```

③ NOMOUNT 모드 상태에서 컨트롤 파일 재생성

컨트롤 파일 생성작업은 NOMOUNT 모드 상태에서 진행한다. 만약 데이터베이스가 NOMOUNT 모드 상태가 아닌 경우 NOMOUNT 모드로 기동한다.

다음은 노마운트 모드로 티베로 데이터베이스를 기동하는 예시이다.

```
# tbboot nomount
```

④ tbsql 접속 후 백업 받은 컨트롤 파일 스크립트 실행

```
# tbsql sys/tibero
# @[스크립트 파일명]
```

⑤ MOUNT 모드로 재기동해 미디어 복구 시행

컨트롤 파일 재생성작업 이후 티베로 부팅 시 경고를 발생하고 MOUNT 모드로 부팅된다. ALTER DATABASE RECOVER AUTOMATIC DATABASE;를 이용해 미디어 복구를 시행한다.

다음은 티베로가 정상 부팅하면 경고를 발생하고 MOUNT 모드로 부팅되는 예시이다.

```
# tbboot
Change core dump dir to /home/tibero/tibero6/bin/prof.
Listener port = 8629
***********************************************************
* Critical Warning : Raise svmode failed. The reason is
*   TBR-1024 :  Database needs media recovery: media recovery
 required(/home/tibero/tbdata/system001.dtf).
*   Current server mode is MOUNT.
***********************************************************

Tibero 6
TmaxData Corporation Copyright (c) 2008-. All rights reserved.
Tibero instance started suspended at MOUNT mode.

# tbsql sys/tibero
tbSQL 6
TmaxData Corporation Copyright (c) 2008-. All rights reserved.
Connected to Tibero.

SQL> alter database recover automatic database;
Database altered.

SQL> quit
Disconnected.
```

⑥ 티베로 재기동

```
# tbdown
Tibero instance terminated (NORMAL mode).

# tbboot
Change core dump dir to /home/tibero/tibero6/bin/prof.
Listener port = 8629

Tibero 6
TmaxData Corporation Copyright (c) 2008-. All rights reserved.
Tibero instance started up (NORMAL mode).
```

⑦ 템프(Temp) 데이터 파일 추가

임시 데이터 파일을 추가한 후 확인한다. 컨트롤 파일을 생성할 때 임시 파일이 존재하지 않으므로 반드시 추가해야 한다.

다음은 템프 추가 예시이다.

```
# tbsql sys/tibero

tbSQL 6
TmaxData Corporation Copyright (c) 2008-. All rights reserved.
Connected to Tibero.

SQL> alter tablespace temp add tempfile '/home/tibero/tbdata/temp001.dtf'
     size 10m reuse;
Tablespace 'TEMP' altered.

SQL> SELECT file_name, file_id, tablespace_name FROM dba_temp_files;

FILE_NAME                        FILE_ID           TABLESPACE_NAME
-------------------------------  ----------------  ---------------------------------
/home/tibero/tbdata/temp001.dtf  0                 TEMP

1 row selected.
```

◆ INACTIVE 모드 로그 그룹의 온라인 리두로그 하나가 DROP된 경우 예제

INACTIVE 모드 로그 그룹의 온라인 리두로그 그룹의 멤버 중에 하나가 물리적인 로그 파일이 삭제가 된 것이 아니라 데이터베이스의 로그 정보가 DROP된 경우의 복구 예제이다.

- 실수로 온라인 리두로그 파일이 DROP된 상태는 티베로 데이터베이스에 로그 정보가 삭제된 상태를 가정한다.
- 온라인 리두로그 그룹의 로그 멤버 하나가 DROP(장애)된 경우에 운영에는 문제가 없지만 DROP 로그 파일 이외의 나머지 멤버마저 지워지거나 장애가 생기면 문제가 된다.
- 실수로 로그를 DROP 시킨 멤버를 재생성해 복구한다.

- 시나리오
    - 데이터베이스 로그 운영 모드 : 아카이브 로그 모드이다.
    - 데이터베이스 운영 상태 : 데이터베이스가 운영 중인 상태 즉, NORMAL 오프 상태이다.
    - 장애 발생: 운영 상태에서 INACTIVE 모드인 온라인 로그 그룹의 로그 멤버 하나가 DROP되어 로그 정보를 삭제시킨다.

- 복구 계획 : DROP되어 장애가 발생한 멤버를 삭제한 후 재생성한다.

- 복구절차
  - DROP된 로그 멤버 재생성한다.
  - 복구 수행 후, 정상 작동되는지 확인한다.

① 테스트를 위한 데이터베이스 정보 확인 및 사전 준비

데이터베이스 운영 상태를 확인한다. 운영시스템 명령으로 데이터베이스 프로세스가 운영 중인지 확인하는 예시이다.

```
# ps -ef | grep tbsvr
```

데이터베이스 로그 운영 모드 정보를 확인 및 변경한다.

```
# tbboot
# tbsql sys/tibero

SQL> SELECT LOG_MODE FROM v$database;
LOG_MODE
------------
NOARCHIVELOG
```

노아카이브 로그 모드로 확인이 된다면 아카이브 로그 모드로 변경한다. 하지만 현재의 로그 운영 상태가 아카이브 로그 모드라면 변경 작업은 생략한다. ARCHIVELOG/NOARCHIVELOG 모드를 설정하거나 로그 파일을 추가, 제거에 관한 처리는 MOUNT 모드에서만 가능하다.

```
SQL> quit
# tbdown
# tbboot mount
# tbsql sys/tibero
SQL> alter database archivelog;
SQL> quit
```

테스트 확인의 편의를 위한 온라인 리두로그 초기화 작업을 수행하는 예시이다.

```
# tbdown
```

기존 아카이브 로그들을 삭제하고, 리두로그 정보를 초기화해 데이터베이스를 부팅시킨다.

```
# rm -f /home/tibero/arch/*.arc
# tbboot resetlogs
Change core dump dir to /home/tibero/tibero6/bin/prof.
Listener port = 8629


Tibero 6
TmaxData Corporation Copyright © 2008-. All rights reserved.
Tibero instance started up (NORMAL RESETLOGS mode).
```

온라인 리두로그의 현재 상태를 확인한다.

```
# tbsql sys/tibero

SQL> set line 200
SQL> col group# for 999
SQL> col member for a50
SQL> col SEQ# for 999
SQL> col MB for 999
SQL> SELECT a.group#, a.member, b.bytes/1024/1024 "MB",
            b.archived "ARC", b.sequence# "SEQ#", b.status
     FROM   v$logfile a, v$log b
     WHERE  a.group#=b.group# order by 1;


GROUP#   MEMBER                              MB    ARC   SEQ#   STATUS
-------  ----------------------------------  ----  ----  -----  -------
     0   /home/tibero/tbdata/log01.log        10   NO       1   CURRENT
     0   /home/tibero/tbdata/log02.log        10   NO       1   CURRENT
     1   /home/tibero/tbdata/log11.log        10   NO      -1   UNUSED
     1   /home/tibero/tbdata/log12.log        10   NO      -1   UNUSED
     2   /home/tibero/tbdata/log21.log        10   NO      -1   UNUSED
     2   /home/tibero/tbdata/log22.log        10   NO      -1   UNUSED
```

온라인 리두로그 정보가 UNUSED인 상태를 INACTIVE 상태로 변경하는 예시이다. 로그 스위치를 시켜 강제로 온라인 리두로그를 아카이브시킨다.

```
SQL> alter system switch logfile;
SQL> /
SQL> /
```

로그 스위치가 수행된 것을 확인한다.

```
SQL> set line 200
SQL> col group# for 999
SQL> col member for a50
SQL> col SEQ# for 999
SQL> col MB for 999
SQL> SELECT a.group#, a.member, b.bytes/1024/1024 "MB",
            b.archived "ARC", b.sequence# "SEQ#", b.status
     FROM v$logfile a, v$log b
     WHERE a.group#=b.group# order by 1;

GROUP#   MEMBER                            MB    ARC   SEQ#   STATUS
------   -------------------------------   ---   ---   ----   --------
  0      /home/tibero/tbdata/log01.log      10   NO     4     CURRENT
  0      /home/tibero/tbdata/log02.log      10   NO     4     CURRENT
  1      /home/tibero/tbdata/log11.log      10   YES    2     INACTIVE
  1      /home/tibero/tbdata/log12.log      10   YES    2     INACTIVE
  2      /home/tibero/tbdata/log21.log      10   YES    3     INACTIVE
  2      /home/tibero/tbdata/log22.log      10   YES    3     INACTIVE
```

아카이브 로그 정보를 확인한다.

```
SQL> col NAME format a50;
SQL> col FIRST_TIME format a20;
SQL> col RESETLOGS_TIME format a20;

SQL> SELECT NAME,SEQUENCE#,FIRST_CHANGE#,FIRST_TIME,NEXT_CHANGE#
     FROM v$archived_log
     ODER BY FIRST_CHANGE#;
```

② 테스트를 위한 에러 발생

INACTIVE 모드인 온라인 리두로그 멤버 하나를 DROP시켜 장애를 발생시킨다. 만약 온라인 리두로그 멤버가 CURRENT 상태이면 DROP 리두로그 명령은 수행되지 않는다.

```
SQL> alter database drop logfile member '/home/tibero/tbdata/log11.log';
```

온라인 리두로그 멤버 하나를 DROP 한 후 로그 정보 및 로그 파일 확인을 위해 온라인 리두로그 정보가 삭제된 것을 확인한다.

```
SQL> SELECT a.group#, a.member, b.bytes/1024/1024 "MB",
            b.archived "ARC", b.sequence# "SEQ#", b.status
     FROM v$logfile a, v$log b
     WHERE a.group#=b.group# order by 1;

GROUP#     MEMBER MB                      ARC   SEQ#    STATUS
---------- ------------------------------ ----- ------- --------
    0      /home/tibero/tbdata/log01.log   10    NO      4       CURRENT
    0      /home/tibero/tbdata/log02.log   10    NO      4       CURRENT
    1      /home/tibero/tbdata/log12.log   10    YES     2       INACTIVE
    2      /home/tibero/tbdata/log21.log   10    YES     3       INACTIVE
    2      /home/tibero/tbdata/log22.log   10    YES     3       INACTIVE
```

온라인 리두로그를 DROP 시킨 후 해당 로그의 물리적인 파일의 상태를 확인한다. 티베로 데이터베이스에서는 로그 DROP 명령을 수행해도 물리적인 파일은 존재한다.

```
SQL> !ls /home/tibero/tbdata/log11.log
 /home/tibero/tbdata/log11.log
```

로그 스위치 발생 예시이다. 온라인 리두로그 정보가 삭제된 것을 확인한다.

```
SQL> alter system switch logfile;
System altered.

SQL> /
System altered.

SQL> /
System altered.
```

온라인 리두로그 멤버 하나가 삭제된 상황 하에서 재부팅 시 상황을 확인한다.

```
SQL> quit
# tbdown immediate
```

정상 부팅되는 것을 알 수 있다.

```
# tbboot
Change core dump dir to /home/tibero/tibero6/bin/prof.
Listener port = 8629

Tibero 6
TmaxData Corporation Copyright © 2008-. All rights reserved.
Tibero instance started up (NORMAL mode).

# tbsql sys/tibero
```

③ 복구 수행

INACTIVE 모드인 온라인 로그 그룹의 로그 멤버 하나가 DROP된 경우, 해당 물리적인 리두로그 파일을 삭제하고, 온라인 리두로그 멤버를 추가한다.

```
SQL> !rm -f /home/tibero/tbdata/log11.log
SQL> alter database add logfile member '/home/tibero/tbdata/log11.log' to group 1;
```

만약 로그 멤버 추가 시에 해당 온라인 리두로그가 CURRENT 상태이면 추가 명령이 수행되지 않는다. 만약 alter database add 명령을 수행하면 다음과 같은 에러 메시지가 출력된다.

```
TBR-24033: Unable to add log member cannot add log member into current log file.
```

로그 멤버가 정상적으로 복구됐는지를 확인한다.

```
SQL> set line 200
SQL> col group# for 999
SQL> col member for a50
SQL> col SEQ# for 999
SQL> col MB for 999
SQL> SELECT a.group#, a.member, b.bytes/1024/1024 "MB",
            b.archived "ARC", b.sequence# "SEQ#", b.status
     FROM v$logfile a, v$log b
     WHERE a.group#=b.group# order by 1;

GROUP#   MEMBER                               MB    ARC   SEQ#   STATUS
------   ----------------------------------   ---   ----  -----  --------
   0     /home/tibero/tbdata/log01.log        10    NO     7     CURRENT
   0     /home/tibero/tbdata/log02.log        10    NO     7     CURRENT
   1     /home/tibero/tbdata/log11.log        10    YES    5     INACTIVE
   1     /home/tibero/tbdata/log12.log        10    YES    5     INACTIVE
   2     /home/tibero/tbdata/log21.log        10    YES    6     INACTIVE
   2     /home/tibero/tbdata/log22.log        10    YES    6     INACTIVE
```

◆ INACTIVE 모드 온라인 리두로그 그룹이 DROP된 경우 예제

시스템이 정상적으로 운영 중인 상태(데이터베이스 Open 상태)에서 온라인 리두로그 중에서 INACTIVE 상태인 특정 온라인 리두로그 그룹이 DROP 되는 상황에 대한 예제이다.

- 운영 상태에서 INACTIVE 모드의 온라인 리두로그 그룹이 데이터베이스 정보에서 DROP 시키는 것은 가능하다.
- 운영 상태(데이터베이스 Open 상태)에서 INACTIVE 모드의 온라인 로그 그룹을 DROP 한 후 정상적인 운영을 할 수 있다.
- 기존의 리두로그 운영 상태로 되돌리기 위해서는 온라인 리두로그 그룹이 사용했던 로그 파일들을 물리적으로 삭제한 후, 로그 그룹을 재생성한다.

- 시나리오
  - 데이터베이스 로그 운영 모드 : 아카이브 로그 모드다.
  - 데이터베이스 운영 상태 : 데이터베이스가 운영 중인 상태. 즉, NORMAL 오픈 상태이다.
  - 백업 상태 : * 본 예제의 경우는 백업 파일을 이용한 복구 과정에 사용하지 않는다.
  - 장애 발생 : 정상적인 운영 상태에서 INACTIVE 모드 상태의 온라인 로그 그룹이 DROP 된다.
  - 복구 계획 : DROP 되어 장애가 발생한 멤버를 삭제한 후 재생성한다.

- 복구절차
  - 로그 그룹의 DROP 된 모든 로그 멤버의 물리적 로그 파일을 삭제한다.
  - DROP 된 해당 로그 그룹의 모든 로그 멤버를 재생성한다.
  - 복구 수행 후, 정상 작동되는지 확인한다.

① 테스트를 위한 데이터베이스 정보 확인 및 사전 준비

테스트를 위한 정보 확인 및 변경 작업은 필요한 경우에만 수행한다. 실습 테스트를 위한 환경이 테스트 조건과 일치한다면 사전 작업과 관련된 것은 생략해도 좋다.

데이터베이스 운영 상태를 확인한다. 운영시스템 명령으로 데이터베이스 프로세스가 운영 중인지 확인하는 예시이다.

```
# ps -ef | grep tbsvr
```

데이터베이스 로그 운영 모드 정보를 확인 및 변경한다.

```
# tbboot
# tbsql sys/tibero
SQL> SELECT LOG_MODE FROM v$database;

LOG_MODE
------------
NOARCHIVELOG
```

노아카이브 로그 모드로 확인된다면 아카이브 로그 모드로 변경한다. 하지만 현재의 로그 운영 상태가 아카이브 로그 모드라면 변경 작업은 생략한다. ARCHIVELOG/NOARCHIVELOG 모드를 설정하거나 로그 파일을 추가, 제거에 관한 처리는 MOUNT 모드에서만 가능하다.

```
SQL> quit
# tbdown
# tbboot mount
# tbsql sys/tibero
```

아카이브 로그 모드로 변경한다.

```
SQL> alter database archivelog;
SQL> quit
```

테스트 확인의 편의를 위한 온라인 리두로그 초기화 작업을 수행하는 예시이다. 먼저 데이터베이스를 부팅 다운한다.

```
# tbdown
```

기존 아카이브 로그들을 삭제하고 리두로그 정보를 초기화해 데이터베이스를 부팅시킨다.

```
# rm -f /home/tibero/arch/*.arc
# tbboot resetlogs
# tbsql sys/tibero
```

온라인 리두로그 정보가 삭제된 것을 확인한다.

```
SQL> set line 200
SQL> col group# form 999
SQL> col member for a50
SQL> col seq# for 999
SQL> col mb for 999
SQL> SELECT a.group#, a.member, b.bytes/1024/1024 "MB",
            b.archived "ARC", b.sequence# "SEQ#", b.status
      FROM v$logfile a, v$log b
      WHERE a.group#=b.group# order by 1;

GROUP#  MEMBER                                              MB    ARC   SEQ#  STATUS
------  --------------------------------------------------  ----  ----  ----  --------
     0  /home/tibero/tbdata/log01.log                       10    NO    -1    UNUSED
     0  /home/tibero/tbdata/log02.log                       10    NO    -1    UNUSED
```

1	/home/tibero/tbdata/log12.log	10	NO	1	CURRENT
1	/home/tibero/tbdata/log12.log	10	NO	1	CURRENT
2	/home/tibero/tbdata/log21.log	10	NO	-1	UNUSED
2	/home/tibero/tbdata/log22.log	10	NO	-1	UNUSED

온라인 리두로그 정보가 UNUSED인 상태를 INACTIVE 상태로 변경하는 예시이다. 로그 스위치 시켜 강제로 온라인 리두로그를 아카이브시킨다.

```
SQL> alter system switch logfile;
System altered.

SQL> /
System altered.

SQL> /
System altered.
```

아카이브가 완료된 것을 확인한다.

```
SQL> SELECT a.group#, a.member, b.bytes/1024/1024 "MB",
            b.archived "ARC", b.sequence# "SEQ#", b.status
     FROM v$logfile a, v$log b
     WHERE a.group#=b.group# order by 1;
```

GROUP#	MEMBER	MB	ARC	SEQ#	STATUS
0	/home/tibero/tbdata/log01.log	10	YES	3	INACTIVE
0	/home/tibero/tbdata/log02.log	10	YES	3	INACTIVE
1	/home/tibero/tbdata/log12.log	10	NO	4	CURRENT
1	/home/tibero/tbdata/log12.log	10	NO	4	CURRENT
2	/home/tibero/tbdata/log21.log	10	YES	2	INACTIVE
2	/home/tibero/tbdata/log22.log	10	YES	2	INACTIVE

② 테스트를 위한 에러 발생

INACTIVE 모드 상태인 온라인 리두로그 그룹이 DROP되는 것은 시스템 장애 상황이 아니라고 볼 수 있다. 하지만 이런 상황을 원하지 않았다면 운영상 장애 상황이라고 볼 수 있을 것이다.

INACTIVE 모드인 온라인 리두로그 그룹의 DROP 발생을 살펴보자. 상태가 CURRENT가 아니고 INACTIVE 상태인 온라인 리두로그 그룹을 DROP 삭제한다. 다음 예시에서는 확인된 로그 그룹 중에서 0번째 그룹을 DROP 시킨다.

```
SQL> alter database drop logfile group 0;
Database altered.
```

DROP 작업 후 온라인 리두로그 정보를 확인한다.

```
SQL> SELECT a.group#, a.member, b.bytes/1024/1024 "MB", b.archived "ARC",
            b.sequence# "SEQ#", b.status
       FROM v$logfile a, v$log b
      WHERE a.group#=b.group# order by 1;

GROUP#   MEMBER                              MB    ARC    SEQ#   STATUS
------   ---------------------------------   ----  ----   -----  ----------
   1     /home/tibero/tbdata/log11.log       10    NO      4     CURRENT
   1     /home/tibero/tbdata/log12.log       10    NO      4     CURRENT
   2     /home/tibero/tbdata/log21.log       10    YES     2     INACTIVE
   2     /home/tibero/tbdata/log22.log       10    YES     2     INACTIVE
```

로그 스위치를 발생시키고 온라인 리두로그 정보를 확인한다.

```
SQL> alter system switch logfile;
System altered.

SQL> /
System altered.

SQL> /
System altered.
```

로그 스위치가 일어나도 에러는 발생하지 않는다. 특정 로그 그룹을 삭제해 운영하는 정상적인 상황이기 때문이다.

```
SQL> SELECT a.group#, a.member, b.bytes/1024/1024 "MB", b.archived "ARC",
            b.sequence# "SEQ#", b.status
       FROM v$logfile a, v$log b
      WHERE a.group#=b.group# order by 1;

GROUP#   MEMBER                              MB    ARC    SEQ#   STATUS
------   ---------------------------------   ---   ----   -----  ----------
   1     /home/tibero/tbdata/log11.log       10    YES     6     INACTIVE
   1     /home/tibero/tbdata/log12.log       10    YES     6     INACTIVE
   2     /home/tibero/tbdata/log21.log       10    NO      7     CURRENT
   2     /home/tibero/tbdata/log22.log       10    NO      7     CURRENT
```

INACTIVE 모드인 온라인 리두로그 그룹을 DROP 시킨 이후 데이터베이스 재부팅해 정상 작동하는지 확인한다.

```
SQL> quit
Database altered.

# tbdown
Tibero instance terminated (NORMAL mode).
```

INACTIVE 모드인 온라인 리두로그 그룹의 DROP은 정상적인 작업 상황이므로 정상적으로 재부팅된다.

```
# tbboot
Change core dump dir to /home/tibero/tibero6/bin/prof.
Listener port = 8629

Tibero 6
TmaxData Corporation Copyright (c) 2008-. All rights reserved.
Tibero instance started up (NORMAL mode).
```

③ 복구 수행

DROP된 물리적인 로그 파일을 삭제시킨 후 DROP된 온라인 리두로그 그룹을 재생성하고, DROP된 해당 리두로그 파일을 제거한다.

```
# tbsql sys/tibero
SQL> host rm -f /home/tibero/tbdata/log01.log
SQL> host rm -f /home/tibero/tbdata/log02.log
```

DROP된 해당 리두로그 그룹을 다시 생성한다. 생성 시에 DROP 당시와 동일한 그룹 번호와 로그명으로 생성한다.

```
SQL> alter database add logfile group 0 ('/home/tibero/tbdata/log01.log',
'/home/tibero/tbdata/log02.log') size 10M;
Database altered.
```

재생성된 온라인 리두로그 정보를 확인한다.

```
SQL> set line 200
SQL> col group# form 999
SQL> col member for a50
SQL> col seq# for 999
SQL> col mb for 999
```

```
SQL> SELECT a.group#, a.member, b.bytes/1024/1024 "MB",
            b.archived "ARC", b.sequence# "SEQ#", b.status
     FROM v$logfile a, v$log b
     WHERE a.group#=b.group# order by 1;

GROUP#   MEMBER                               MB     ARC     SEQ#    STATUS
------   ------------------------------       ----   -----   -----   ----------
0        /home/tibero/tbdata/log01.log        10     NO      -1      UNUSED
0        /home/tibero/tbdata/log02.log        10     NO      -1      UNUSED
1        /home/tibero/tbdata/log12.log        10     YES     6       INACTIVE
1        /home/tibero/tbdata/log12.log        10     YES     6       INACTIVE
2        /home/tibero/tbdata/log21.log        10     YES     7       CURRENT
2        /home/tibero/tbdata/log22.log        10     YES     7       CURRENT
```

◆ CURRENT 모드 로그 그룹 삭제된 후 immediate로 종료된 경우 예제

CURRENT 모드인 로그 그룹이 삭제된 이후에 immediate로 종료된 경우 복구하는 예제이다.

- 아카이브 로그 모드 운영 상태에서 CURRENT 모드 로그 그룹이 삭제되고 immediate로 종료된 경우 마지막까지 커밋된 데이터는 데이터 파일에 저장된 후 정상 종료되므로 데이터에 대한 복구는 필요 없다. immediate로 다운된 경우 데이터 파일에 모든 데이터가 저장됐기 때문에 사실상 복구는 수행하지 않는다.
- tbdown immediate 명령어의 특징 : 커밋된 것은 데이터 파일에 전부 저장, 커밋이 안된 것은 전부 rollback 후 데이터베이스를 종료한다.
- 데이터베이스를 오픈할 때 resetlogs 옵션을 사용해서 삭제된 온라인 리두로그를 재생성 할 수 있다.
- resetlogs 옵션을 사용해서 CURRENT 리두로그를 재생성해 데이터베이스를 정상화시킨다.

– 시나리오
- 데이터베이스 로그 운영 모드 : 아카이브 로그 모드로 운영 중이다.
- 데이터베이스 운영 상태 : 데이터베이스가 운영 중인 상태 즉 NORMAL 오픈 상태이다.
- 백업 상태 : 본 실습 테스트에서는 백업을 사용해서 복구를 수행하지 않는다.
- 장애 발생 : 운영 상태에서 CURRENT 모드의 로그 그룹이 삭제되고 immediate로 종료되었다.
- 복구 계획 : immediate로 종료된 경우 마지막까지 커밋된 데이터는 데이터 파일에 저장된 후 정상 종료되므로 티베로 데이터베이스를 재부팅할 때 리두로그를 재생성해 정상화시킬 수 있다.

– 복구절차
- CURRENT 리두로그 파일이 유실된 것을 확인한다.

- DBMS 로그나 트레이스 로그 정보를 확인해 티베로 데이터베이스가 정상적으로 종료된 것을 확인한다.
- 티베로 데이터베이스 재부팅 시에 resetlogs 옵션을 사용해 재부팅한다.
- 정상적으로 부팅된 것을 확인한다.

① 테스트를 위한 데이터베이스 정보 확인 및 사전 준비

테스트를 위한 정보 확인 및 변경 작업은 필요한 경우에만 수행한다. 실습 테스트를 위한 환경이 테스트 조건과 일치한다면 사전 작업과 관련된 것은 생략해도 좋다.

운영시스템 명령으로 데이터베이스 프로세스가 운영 중인지 확인하는 예시이다.

```
# ps -ef | grep tbsvr
```

데이터베이스 로그 운영 모드 정보를 확인 및 변경한다.

```
# tbboot
# tbsql sys/tibero
SQL> SELECT LOG_MODE FROM v$database;


LOG_MODE
------------
NOARCHIVELOG
```

노아카이브 로그 모드로 확인이 된다면 아카이브 로그 모드로 변경한다. 하지만 현재의 로그 운영 상태가 아카이브 로그 모드라면 변경 작업은 생략한다. ARCHIVELOG/NOARCHIVELOG 모드를 설정하거나 로그 파일을 추가, 제거에 관한 처리는 MOUNT 모드에서만 가능하다.

```
SQL> quit
# tbdown
# tbboot mount
# tbsql sys/tibero
```

아카이브 로그 모드로 변경한다.

```
SQL> alter database archivelog;
SQL> quit
```

테스트 확인의 편의를 위한 온라인 리두로그 초기화 작업을 수행하는 예시이다.

데이터베이스를 부팅 다운하고, 기존 아카이브 로그들을 삭제한다. 리두로그 정보를 초기화해 데이터베이스를 부팅시킨다.

```
# tbdown
# rm -f /home/tibero/arch/*.arc
# tbboot resetlogs
# tbsql sys/tibero
```

온라인 리두로그 정보가 삭제된 것을 확인한다.

```
SQL> set line 200
SQL> col group# form 999
SQL> col member for a50
SQL> col seq# for 999
SQL> col mb for 999
SQL> SELECT a.group#, a.member, b.bytes/1024/1024 "MB",
            b.archived "ARC", b.sequence# "SEQ#", b.status
      FROM v$logfile a, v$log b
      WHERE a.group#=b.group# order by 1;


GROUP#   MEMBER                                         MB    ARC    SEQ#    STATUS
-------  ---------------------------------------       ----  ----   ------  --------
   0     /home/tibero/tbdata/log01.log                  10    NO     -1     UNUSED
   0     /home/tibero/tbdata/log02.log                  10    NO     -1     UNUSED
   1     /home/tibero/tbdata/log12.log                  10    NO     -1     UNUSED
   1     /home/tibero/tbdata/log12.log                  10    NO     -1     UNUSED
   2     /home/tibero/tbdata/log21.log                  10    NO      1     CURRENT
   2     /home/tibero/tbdata/log22.log                  10    NO      1     CURRENT
```

온라인 리두로그 정보가 UNUSED인 상태를 INACTIVE 상태로 변경하는 예시이다. 로그 스위치 시켜 강제로 온라인 리두로그를 아카이브시키고 inactive 상태로 변경한다.

```
SQL> alter system switch logfile;
System altered.

SQL> /
System altered.

SQL> /
System altered.
```

아카이브가 완료된 것을 확인한다.

```
SQL> SELECT a.group#, a.member, b.bytes/1024/1024 "MB",
            b.archived "ARC", b.sequence# "SEQ#", b.status
     FROM v$logfile a, v$log b
     WHERE a.group#=b.group# order by 1;

GROUP#    MEMBER                              MB    ARC    SEQ#    STATUS
------    -------------------------------     ----  ----   ------  --------
0         /home/tibero/tbdata/log01.log       10    YES    2       INACTIVE
0         /home/tibero/tbdata/log02.log       10    YES    2       INACTIVE
1         /home/tibero/tbdata/log12.log       10    YES    3       INACTIVE
1         /home/tibero/tbdata/log12.log       10    YES    3       INACTIVE
2         /home/tibero/tbdata/log21.log       10    NO     4       CURRENT
2         /home/tibero/tbdata/log22.log       10    NO     4       CURRENT
```

테스트 결과 확인용 테이블스페이스 생성 예시이다.

기존에 테이블스페이스를 생성해 사용했다면 새로운 테스트 수행을 위해 삭제하고 다시 생성한다. 기존 테이블스페이스가 없다면 drop 문을 수행할 필요가 없다.

```
SQL> DROP TABLESPACE my_space INCLUDING CONTENTS AND DATAFILES;

SQL> CREATE TABLESPACE my_space DATAFILE 'my_space001.dtf' SIZE 10M
            AUTOEXTEND ON NEXT 1M MAXSIZE 1G
            EXTENT MANAGEMENT LOCAL UNIFORM SIZE 1M;

Tablespace 'MY_SPACE' created.
```

생성된 테이블스페이스를 확인한다.

```
SQL> SELECT select a.name tablespace, b.name filename
     FROM v$tablespace a join v$datafile b on (a.ts# = b.ts#);

TABLESPACE        FILENAME
---------------   -------------------------------------------
SYSTEM            /home/tibero/tbdata/system001.dtf
SYSSUB            /home/tibero/tbdata/syssub001.dtf
UNDO              /home/tibero/tbdata/undo001.dtf
DATA              /home/tibero/tbdata/data001.dtf
MY_SPACE          /home/tibero/tbdata/my_space001.dtf
```

테스트 결과 확인용 테이블 생성 예시이다.

기존에 테이블을 생성해 사용했다면 새로운 테스트 수행을 위해 삭제하고 다시 생성한다. 기존 테이블이 없다면 drop 문을 수행할 필요가 없다.

```
SQL> drop table TIBERO.TEST_1 cascade constraints;
SQL> create table TIBERO.TEST_1 (C1 varchar(5)) tablespace MY_SPACE;
Table 'TIBERO.TEST_1' created.
```

테스트 결과 확인용 데이터 정보 등록 및 확인 예시이다.

데이터 등록 후 로그 스위치를 일으키는 것은 등록시킨 데이터를 아카이브 로그에 기록을 남기도록 하는 작업이다.

```
SQL> INSERT INTO TIBERO.TEST_1 (C1) VALUES ('10000');
1 row inserted.

SQL> COMMIT;
Commit completed

SQL> ALTER SYSTEM SWITCH LOGFILE;
System altered.

SQL> INSERT INTO TIBERO.TEST_1 (C1) VALUES ('20000');
1 row inserted.

SQL> COMMIT;
Commit completed

SQL> ALTER SYSTEM SWITCH LOGFILE;
System altered.

SQL> INSERT INTO TIBERO.TEST_1 (C1) VALUES ('30000');
1 row inserted.

SQL> COMMIT;
Commit completed.

SQL> ALTER SYSTEM SWITCH LOGFILE;
System altered.
```

▶

```
SQL> INSERT INTO TIBERO.TEST_1 (C1) VALUES ('40000');
1 row inserted.


SQL> COMMIT;
Commit completed.
```

테스트 결과 확인용으로 등록한 데이터 정보를 확인한다.

```
SQL> SELECT * FROM tibero.test_1;

C1
----------
 10000
 20000
 30000
 40000
```

아카이브 로그 정보를 확인한다.

```
SQL> set linesize 100;
SQL> col NAME format a50;
SQL> col FIRST_TIME format a20;
SQL> col RESETLOGS_TIME format a20;
SQL> SELECT NAME,SEQUENCE#,FIRST_CHANGE#,FIRST_TIME,NEXT_CHANGE#
    FROM v$archived_log
    order by FIRST_CHANGE#;


SQL> SELECT NAME,SEQUENCE# seq#, NEXT_CHANGE# -1 tsn
FROM v$archive_dest_files order by 2;
```

온라인 리두로그 정보를 확인한다.

```
SQL> SELECT a.group#, a.member, b.bytes/1024/1024 "MB",
            b.archived "ARC", b.sequence# "SEQ#", b.status
    FROM v$logfile a, v$log b
    WHERE a.group#=b.group# order by 1;


GROUP#  MEMBER                               MB   ARC   SEQ#   STATUS
------  -----------------------------------  ---  ----- -----  --------
  0     /home/tibero/tbdata/log01.log        10   NO     5     INACTIVE
  0     /home/tibero/tbdata/log02.log        10   YES    5     INACTIVE
```

1	/home/tibero/tbdata/log12.log	10	YES	6	INACTIVE
1	/home/tibero/tbdata/log12.log	10	YES	6	INACTIVE
2	/home/tibero/tbdata/log21.log	10	NO	7	CURRENT
2	/home/tibero/tbdata/log22.log	10	NO	7	CURRENT

② 테스트를 위한 에러 발생

CURRENT 리두로그를 삭제한다.

```
SQL> !rm -f /home/tibero/tbdata/log21.log
SQL> !ls /home/tibero/tbdata/log21.log
 ls: cannot access /home/tibero/tbdata/log01.log: No such file or directory

SQL> !rm -f /home/tibero/tbdata/log22.log
SQL> !ls /home/tibero/tbdata/log22.log
 ls: cannot access /home/tibero/tbdata/log01.log: No such file or directory

SQL> quit
Disconnected.
```

데이터베이스를 immediate로 다운시킨다.

```
SQL> tbdown immediate
Tibero instance terminated (IMMEDIATE mode).
```

데이터베이스를 재부팅하면 CURRENT 리두로그가 없으므로 장애가 발생한다.

```
SQL> tbboot
Change core dump dir to /home/tibero/tibero6/bin/prof.
Listener port = 8629
**********************************************************
* Critical Warning : Raise svmode failed. The reason is
*   TBR-1042 :  Unable to read log member file in group 2, member -1 (),
block 4096.
*   Current server mode is MOUNT.
**********************************************************

Tibero 6
TmaxData Corporation Copyright (c) 2008-. All rights reserved.
Tibero instance started suspended at MOUNT mode.
```

dbms.log 및 트레이스 로그를 확인한다.

```
# tail -f /home/tibero/tibero6/instance/tibero/log/dbmslog/dbms.log
...
 2015/07/28 21:03:21.520 [CLL][1]   1 WARNING: LOG MEMBER missing,
filename: /home/tibero/tbdata/log21.log
 2015/7/28 21:03:21.520 [CLL][1]   1 WARNING: LOG MEMBER missing,
filename: /home/tibero/tbdata/log22.log
...
# tail -f /home/tibero/tibero6/instance/tibero/log/tracelog/trace.log
...
 07/28 21:03:21.520750 [CFD][0] 01 tc_fdpoo:753 open (stat) failed (errno=2)
(flag=010002) (filename=/home/tibero/tbdata/log21.log)
 07/28 21:03:21.520788 [CFD][0] 01 tc_fdpoo:418 add free list
00007f9e265562e0
 07/28 21:03:21.520863 [CLL][1] 01 tc_lf.c :732 WARNING: LOG MEMBER
missing, filename: /home/tibero/tbdata/log21.log
 07/28 21:03:21.520905 [CFD][0] 01 tc_fdpoo:753 open (stat) failed (errno=2)
(flag=010002) (filename=/home/tibero/tbdata/log22.log)
 07/28 21:03:21.520934 [CFD][0] 01 tc_fdpoo:418 add free list
00007f9e26556320
 07/28 21:03:21.520988 [CLL][1] 01 tc_lf.c :732 WARNING: LOG MEMBER
missing, filename: /home/tibero/tbdata/log22.log
 07/28 21:03:21.521064 [FRM][0] 01 tbsvr_er:063 THROW.
ec=ERROR_CACHE_LOG_MEMBER_FAILED(-1042)
 [ Unable to read log member file in group 0, member -1 (), block -
1422227395.   ] (csr_id:4294967295) [tc_lf.c:760:tclf_check_lfid]
...
```

③ 복구 수행

데이터베이스를 resetlogs 옵션으로 재부팅한다.

```
SQL> tbdown
Tibero instance terminated (NORMAL mode).


SQL> tbboot resetlogs
Change core dump dir to /home/tibero/tibero6/bin/prof.
Listener port = 8629
```

```
Tibero 6
TmaxData Corporation Copyright (c) 2008-. All rights reserved.
Tibero instance started up (NORMAL RESETLOGS mode).
```

데이터베이스가 정상적인 상태인지를 확인한다.

```
# tbsql sys/tibero
```

장애 이전 등록했던 데이터가 정상적으로 조회된다.

```
SQL> SELECT * FROM tibero.test_1;

C1
--------
 10000
 20000
 30000
 40000
```

◆ 시스템 테이블스페이스의 데이터 파일 손상 자동 완전복구 예제

시스템 테이블스페이스의 데이터 파일이 손상된 경우에 자동 완전복구하는 예제이다. 시스템 테이블스페이스에 속한 데이터 파일은 티베로 데이터베이스의 운영에 필요한 구성요소이므로 반드시 복원되어야 한다. 특정 데이터 파일이 손상된 경우, 해당 데이터 파일에 대해 백업으로부터 복원하여 복구를 진행한다.

− 시나리오
- 데이터베이스 로그 운영 모드 : 아카이브 로그 모드로 운영 중이다.
- 데이터베이스 운영 상태 : 데이터베이스가 운영 중인 상태 즉, NORMAL 오픈 상태이다.
- 백업 상태 : 닫힌 백업을 수행한 백업본이 존재한다.
- 장애 발생 : 시스템 데이터 파일이 손상되어 미디어 장애가 발생되고 데이터베이스 다운된 상태이다.
- 복구 계획 : 현재 데이터 파일에는 중요한 데이터 정보가 들어 있으므로 복구가 필요하고, 아카이브 로그 모드이므로 시스템 데이터 파일을 재저장한다. 변경된 사항인 아카이브를 적용한 후 데이터베이스를 오픈한다.

− 복구절차
- 데이터베이스를 mount로 부트한다.
- 백업 파일을 복사한다.
- 아카이브로 적용한다.
- 데이터베이스를 다시 오픈한다.

① 테스트를 위한 데이터베이스 정보 확인 및 사전 준비

티베로 프로세스의 실행 상태를 확인해 티베로가 부팅되어 있지 않으면 부팅을 한다.

```
# tbdown pid ( 또는 $ ps -ef | grep tbsvr )
# tbboot
# tbsql sys/tibero
```

기존에 생성해 사용했다면 새로운 테스트 수행을 위해 삭제하고 다시 생성한다.

```
SQL> drop tablespace "MY_SPACE" including contents and datafiles;
SQL> CREATE TABLESPACE "MY_SPACE" DATAFILE 'my_space001.dtf' SIZE
     10M AUTOEXTEND ON NEXT 1M MAXSIZE 1G EXTENT MANAGEMENT
     LOCAL UNIFORM SIZE 1M;

SQL> col tablespace format a20
SQL> col filename format a50
SQL> SELECT a.name tablespace, b.name filename
        FROM v$tablespace a join v$datafile b on (a.ts# = b.ts#);
```

데이터베이스를 정상 다운 후에 백업을 시행한다. 닫힌 백업을 수행한 백업을 만든다. 임의의 디렉토리에 백업을 수행한다.

```
# tbdown
# ls -al /home/tibero/tbdata
# cd /home/tibero/backup
# mkdir test_recovery
# cp -r /home/tibero/tbdata/*  /home/tibero/backup/test_recovery/
# ls -al /home/tibero/backup/test_recovery
```

② 테스트를 위한 에러 발생

테스트 확인을 위해 테이블을 생성하고, 데이터를 준비한다. 데이터베이스가 운영 중인 상태에서 데이터 파일을 삭제한다.

기존에 생성해 사용했다면 새로운 테스트 수행을 위해 삭제하고 다시 생성한다.

```
# tbboot
# tbsql sys/tibero
SQL> DROP TABLE TIBERO.TEST_RECOVER_1 CASCADE CONSTRAINTS;
SQL> CREATE TABLE TIBERO.TEST_RECOVER_1 (C1 VARCHAR(5)) TABLESPACE MY_SPACE;
```

테스트 수행을 위해 데이터를 등록한다.

```
SQL> INSERT INTO TIBERO.TEST_RECOVER_1 (C1) VALUES ('00011');
SQL> INSERT INTO TIBERO.TEST_RECOVER_1 (C1) VALUES ('00012');
SQL> INSERT INTO TIBERO.TEST_RECOVER_1 (C1) VALUES ('00013');
SQL> COMMIT;
```

에러가 발생할 수 있도록 시스템 데이터 파일을 삭제한다.

```
SQL> exit
# tbdown
# rm -f /home/tibero/tbdata/system001.dtf
# ls -al /home/tibero/tbdata
```

시스템 데이터 파일 삭제의 에러 발생을 확인한다.

```
# tbboot
Listener port = 8629
Change core dump dir to /home/tibero/tibero6/bin/prof.
************************************************************
* Critical Warning : Raise svmode failed. The reason is
*   TBR-1024 :  Database needs media recovery: open
 failed(/home/tibero/tbdata/system001.dtf).
*   Current server mode is MOUNT.
************************************************************

Tibero 6
TmaxData Corporation Copyright (c) 2008-. All rights reserved.
Tibero instance started suspended at MOUNT mode.
```

③ 복구 수행

시스템 데이터 파일 파손 시의 완전복구를 수행한다.

완전복구 수행

```
# tbdown
# cp /home/tibero/backup/test_recovery/system001.dtf /home/tibero/tbdata/
# ls -al /home/tibero/tbdata/
# tbboot
Listener port = 8629
Change core dump dir to /home/tibero/tibero6/bin/prof.    ▶
```

```
***********************************************************
* Critical Warning : Raise svmode failed. The reason is
*   TBR-1024 :  Database needs media recovery: open
 failed(/home/tibero/tbdata/system001.dtf).
*   Current server mode is MOUNT.
***********************************************************

Tibero 6
TmaxData Corporation Copyright (c) 2008-. All rights reserved.
Tibero instance started suspended at MOUNT mode.

# tbsql sys/tibero
SQL> col error format a20
SQL> select FILE#, ERROR, CHANGE#, TIME from v$recover_file;

FILE#    ERROR             CHANGE#      TIME
------   ---------------   ----------   -------------------------
  0      file restored     296168       2015/07/31

SQL> alter database recover automatic database;
 Database altered.
```

데이터베이스를 재부팅해 정상복구 완료를 확인한다.

```
SQL> quit
# tbdown
# tbboot
Listener port = 8629
 Change core dump dir to /home/tibero/tibero6/bin/prof.

Tibero 6
TmaxData Corporation Copyright (c) 2008-. All rights reserved.
Tibero instance started up (NORMAL mode).
```

◆ 백업 안 된 데이터 파일에 장애가 발생한 경우의 복구 예제

 백업 데이터 파일이 없는 상태에서 백업이 안 된 데이터 파일에 장애가 발생한 경우 완전 복구하는 예제이다. 아카이브 로그 모드 운영 상태에서 백업 데이터 파일이 없을 경우에는 우선 데이터 파일을 생성하고 AUTOMATIC 명령어로 완전 복구한다. 이런 경우 데이터 파일이 생성되는 시점부터 아카이브 파일이 존재해야 복구를 수행할 수 있다.

- 시나리오
    - 데이터베이스 로그 운영 모드 : 아카이브 로그 모드로 운영하는 상태이다.
    - 데이터베이스 운영 상태 : 데이터베이스가 운영 중인 상태. 즉, NORMAL 오픈 상태이다.
    - 백업 상태 : 백업된 파일이 없는 상태이다.
    - 장애 발생 : 티베로 운영에 필요한 구성요소 파일이 아닌 my_file001.dtf 파일이 삭제되고, 데이터베이스 재부팅 시에 미디어 복구 장애가 발생한다.
    - 복구 계획 : 복구가 필요한 해당 데이터 파일은 백업 파일이 없는 관계로 신규로 생성해서 복구한다(리두로그와 아카이브 로그에서 작업해 와서 파일을 생성시킨다). 또한 변경 사항은 자동으로 아카이브에서 적용되어 데이터베이스를 오픈할 수 있도록 한다.

- 복구절차
    - 데이터베이스를 마운트로 부트한다.
    - 신규로 데이터 파일을 생성해서 복구한다.
    - resetlogs로 데이터베이스의 로그정보를 초기화해 데이터베이스를 부트한다.

① 테스트를 위한 데이터베이스 정보 확인 및 사전 준비

아카이브 로그 파일을 삭제하고, 로그 정보 초기화를 위해 부팅 시 resetlogs를 사용한다.

```
# tbbdown pid ( 또는 $ ps -ef | grep tbsvr )
```

티베로 프로세스의 실행 상태인지 아닌지를 확인해 티베로가 부팅되어 있지 않으면 다운하고, 실습 테스트 확인을 원활하게 하기 위해 아카이브 로그 파일들을 삭제한다.

```
# tbdown
# ls -alt /home/tibero/arch/
# rm -f /home/tibero/arch/*.arc
```

테스트 시 아카이브 로그 확인을 수월하게 하기 위해 로그를 초기화시킨다. 이를 위해 부팅 시에 resetlogs를 수행한다.

```
# tbboot resetlogs
# tbsql sys/tibero
```

테스트를 위해 사용할 테이블스페이스 생성한다.

```
SQL> CREATE TABLESPACE "MY_FILE001" DATAFILE 'my_file001.dtf' SIZE 10M;
SQL> col tablespace format a20
SQL> col filename format a50
SQL> SELECT a.name tablespace, b.name filename             ▶
```

```
           FROM v$tablespace a join v$datafile b on (a.ts# = b.ts#);
...
 MY_FILE001         /home/tibero/tbdata/my_file001.dtf
```

테스트 시에 필요한 테이블을 생성한다.

```
SQL> create table TIBERO.TEST_2 (C1 VARCHAR(3)) tablespace MY_FILE001;
SQL> INSERT INTO TIBERO.TEST_2 (C1) VALUES ('100');
SQL> INSERT INTO TIBERO.TEST_2 (C1) VALUES ('200');
SQL> INSERT INTO TIBERO.TEST_2 (C1) VALUES ('300');
SQL> commit;
```

아카이브 로그 파일을 만들기 위해 로그 스위치를 강제로 수행시켜 TEST_2 테이블 관련 작업을 아카이브 로그 파일에 남긴다.

```
SQL> alter system switch logfile;
SQL> /
SQL> /
SQL> /
```

아카이브 로그를 확인한다.

```
SQL> SELECT NAME, SEQUENCE# FROM v$archive_dest_files;

NAME                                     SEQUENCE#
--------------------------------------   ---------
/home/tibero/arch/log-t0-r414377-s4.arc       4
/home/tibero/arch/log-t0-r414377-s2.arc       2
/home/tibero/arch/log-t0-r414377-s3.arc       3
/home/tibero/arch/log-t0-r414377-s1.arc       1
```

CURRENT 리두로그에 남길 테스트용 데이터 입력한다. 복구수행 시 리두로그 적용을 확인하기 위해 사용한다.

```
SQL> INSERT INTO TIBERO.TEST_2 (C1) VALUES ('111');
SQL> INSERT INTO TIBERO.TEST_2 (C1) VALUES ('222');
SQL> INSERT INTO TIBERO.TEST_2 (C1) VALUES ('333');
SQL> commit;
SQL> exit
```

② 테스트를 위한 에러 발생

데이터 파일을 삭제해 장애 상황을 발생시킨다.

```
# tbdown
# rm -f /home/tibero/tbdata/my_file001.dtf
# tbboot
Listener port = 8629
 Change core dump dir to /home/tibero/tibero6/bin/prof.
 **********************************************************
 * Critical Warning : Raise svmode failed. The reason is
 *   TBR-1024 :  Database needs media recovery: open
  failed(/home/tibero/tbdata/my_file001.dtf).
 *   Current server mode is MOUNT.
 **********************************************************
Tibero 6
TmaxData Corporation Copyright (c) 2008-. All rights reserved.
Tibero instance started suspended at MOUNT mode.
```

③ 복구 수행

백업 데이터 파일이 없는 경우의 자동 완전복구를 수행한다.

```
# tbsql sys/tibero

SQL> ALTER DATABASE CREATE DATAFILE '/home/tibero/tbdata/my_file001.dtf';
 Database altered.

SQL> ALTER DATABASE RECOVER AUTOMATIC;
 Database altered.

SQL> exit
```

복구 수행을 확인한다.

```
# tbdown
# tbboot
# tbsql sys/tibero
SQL> SELECT * FROM tibero.test_2;

C1
---
 100
 200
 300
 111
 222
 333
```

◆ 데이터 파일 장애 시 시간 기반 불완전 복구 예제

시간 기반 불완전 복구는 백업 파일을 복원하고 장애 발생 이전의 특정 시간을 지정하여 불완전 복구를 수행한다.

- 시나리오
    - 데이터베이스 로그 운영 모드 : 아카이브 로그 모드로 운영하는 상태이다.
    - 데이터베이스 운영 상태 : 데이터베이스가 운영 중인 상태 즉, NORMAL 오픈 상태이다.
    - 백업 상태 : 오프라인 전체 백업이나 온라인 전체 데이터 파일에 대한 백업을 수행해서 준비해 둔 백업본이 있다.
    - 장애 발생 : 티베로 데이터 파일을 삭제시켜 장애를 발생시킨다.
    - 복구 계획 : 장애 이전에 수행해 놓은 백업으로부터 해당 데이터 파일을 복원해 시간 기반 불완전 복구를 수행한다.

- 복구절차
    - 백업으로부터 모든 데이터 파일을 복원한다.
    - 데이터베이스를 mount로 부트한다.
    - 시간 기반 불완전 복구 방법을 이용하여 복구를 수행한다.
    예) alter database recover automatic database until time 'YYYY/MM/DD HH24:MI:SS';
    resetlogs로 데이터베이스의 로그정보의 초기화를 수행해 데이터베이스 부트한다.

① 테스트를 위한 데이터베이스 정보 확인 및 사전 준비

아카이브 로그 파일을 삭제하고 로그 정보 초기화를 위해 부팅 시 resetlogs를 사용한다.

```
# tbbdown pid ( 또는 $ ps -ef | grep tbsvr )
```

티베로 프로세스의 실행 상태인지 아닌지를 확인해 티베로가 부팅되어 있지 않으면 다운을 한다. 실습 테스트 확인을 원활하게 하기 위해 아카이브 로그 파일들을 삭제한다.

```
# tbdown
# ls -alt /home/tibero/arch/
# rm -f /home/tibero/arch/*.arc
```

테스트 시 아카이브 로그 확인을 수월하게 하기 위해 로그를 초기화시킨다. 이를 위해 부팅 시에 resetlogs를 수행한다.

```
# tbboot resetlogs
# tbsql sys/tibero
```

복구환경 구성 시 사용할 테이블스페이스를 생성한다. 기존에 생성해 사용했다면 새로운 테스트 수행을 위해 삭제하고 다시 생성하기 위해 작업한다.

```
SQL> drop tablespace "MY_FILE001" including contents and datafiles;
SQL> CREATE TABLESPACE "MY_FILE001" DATAFILE 'my_file001.dtf' SIZE 10M;
SQL> col tablespace format a20
SQL> col filename format a50
SQL> SELECT a.name tablespace, b.name filename
     FROM v$tablespace a join v$datafile b on (a.ts# = b.ts#);
...
MY_FILE001        /home/tibero/tbdata/my_file001.dtf
```

테스트 시 필요한 테이블 생성 및 데이터 등록을 한다. 기존에 생성해 사용했다면 새로운 테스트 수행을 위해 삭제하고 다시 생성한다. 백업에 포함될 데이터를 등록한다.

```
SQL> create table tibero.test_1 (c1 varchar(5), c2 date) tablespace my_file001;
SQL> INSERT INTO TIBERO.TEST_1 (C1, C2) VALUES ('10001', sysdate);
 1 row inserted.

SQL> COMMIT;
 Commit completed.

SQL> ALTER SYSTEM SWITCH LOGFILE;
 System altered.

SQL> INSERT INTO TIBERO.TEST_1 (C1, C2) VALUES ('10002', sysdate);
 1 row inserted.

SQL> COMMIT;
 Commit completed

SQL> ALTER SYSTEM SWITCH LOGFILE;
 System altered.

SQL> INSERT INTO TIBERO.TEST_1 (C1, C2) VALUES ('10003', sysdate);
 1 row inserted.

SQL> COMMIT;
 Commit completed

SQL> ALTER SYSTEM SWITCH LOGFILE;
 System altered.
```

리두로그 정보가 UNUSED인 상태를 INACTIVE 상태로 변경 확인한다.

```
SQL> set line 200
SQL> col group# format 999
SQL> col member format a50
SQL> col SEQ# format 999
SQL> col MB format 999
SQL> SELECT a.group#, a.member, b.bytes/1024/1024 "MB",
            b.archived "ARC", b.sequence# "SEQ#", b.status
       FROM v$logfile a, v$log b
      WHERE a.group#=b.group# order by 1;

GROUP#     MEMBER                                             MB   ARC    SEQ#   STATUS
---------- -------------------------------------------------- ---- ------ ------ ----------
0          /home/tibero/tbdata/log01.log                      10   NO     4      CURRENT
0          /home/tibero/tbdata/log02.log                      10   NO     4      CURRENT
1          /home/tibero/tbdata/log11.log                      10   YES    2      INACTIVE
1          /home/tibero/tbdata/log12.log                      10   YES    2      INACTIVE
2          /home/tibero/tbdata/log21.log                      10   YES    3      INACTIVE
2          /home/tibero/tbdata/log22.log                      10   YES    3      INACTIVE
```

백업에 포함될 데이터를 확인한다.

```
SQL> SELECT C1 FROM tibero.test_1;

C1
--------
10001
10002
10003
```

아카이브 로그 정보를 확인한다.

```
SQL> col NAME format a50;
SQL> col FIRST_TIME format a20;
SQL> col RESETLOGS_TIME format a20;
SQL> col NEXT_CHANGE# format 999999
SQL> SELECT NAME, SEQUENCE#, FIRST_CHANGE#, FIRST_TIME, NEXT_CHANGE#
       FROM v$archived_log
      ORDER BY FIRST_CHANGE#;
SQL> SELECT NAME, SEQUENCE# seq#, NEXT_CHANGE# -1 tsn
       FROM v$archive_dest_files order by 2;
```

복구환경에 대해 확인한다.

```
SQL> col tablespace format a20
SQL> col filename format a50
SQL> SELECT a.name tb_name, a.type tb_type, b.name filename
     FROM v$tablespace a join v$datafile b on (a.ts# = b.ts#);
```

전체 데이터 파일(컨트롤 파일, 리두로그 파일, 데이터 파일)에 대해 온라인 백업을 수행한다.

```
SQL> alter database begin backup;
SQL> host cp -R /home/tibero/tbdata/*.dtf /home/tibero/backup/test_recovery/
SQL> alter database end backup;
SQL> host ls -al /home/tibero/backup/test_recovery/
```

백업 후 테스트 결과를 확인하기 위한 테스트 테이블 생성 및 데이터 정보를 준비한다. 데이터 등록 후 로그 스위치를 수행해 리두로그 정보를 덮어 쓰고 아카이브한다.

```
SQL> INSERT INTO TIBERO.TEST_1 (C1, C2) VALUES ('20001', sysdate);
 1 row inserted.

SQL> COMMIT;
Commit completed

SQL> ALTER SYSTEM SWITCH LOGFILE;
System altered.

SQL> INSERT INTO TIBERO.TEST_1 (C1, C2) VALUES ('20002', sysdate);
 1 row inserted.

SQL> COMMIT;
Commit completed

SQL> ALTER SYSTEM SWITCH LOGFILE;
System altered.

SQL> INSERT INTO TIBERO.TEST_1 (C1, C2) VALUES ('20003', sysdate);
 1 row inserted.

SQL> COMMIT;
Commit completed

SQL> ALTER SYSTEM SWITCH LOGFILE;
System altered.
```

복구할 시점에 대한 시간을 조회한다.

```
SQL> SELECT to_char(sysdate,'YYYY-MM-DD:HH24:MI:SS') FROM dual;

TO_CHAR(SYSDATE,'YYYY-MM-DD:HH24:MI:SS')
----------------------------------------
2015-09-11:17:36:50
```

마지막은 온라인 리두로그에 남기기 위해서 데이터 등록만 하고 로그 스위치는 하지 않는다.

```
SQL> INSERT INTO TIBERO.TEST_1 (C1, C2) VALUES ('20004', sysdate);
1 row inserted.

SQL> COMMIT;
Commit completed
```

테스트 결과 확인용 데이터 정보 등록을 확인한다. 데이터 등록 후 로그 스위치를 수행해 리두로그 정보를 덮어 쓰고 아카이브한다.

```
SQL> SELECT C1 FROM tibero.test_1;

C1
--------
10001
10002
10003
20001
20002
20003
20004
```

리두로그 상황을 확인한다.

```
SQL> set line 200
SQL> col group# format 999
SQL> col member format a50
SQL> col SEQ# format 999
SQL> col MB format 999
SQL> SELECT a.group#, a.member, b.bytes/1024/1024 "MB",
            b.archived "ARC", b.sequence# "SEQ#", b.status
     FROM v$logfile a, v$log b where a.group#=b.group# order by 1;

GROUP#    MEMBER                                    MB    ARC    SEQ#    STATUS
--------- ----------------------------------------- ----- ------ ------- --------
0         /home/tibero/tbdata/log01.log             10    YES    7       CURRENT  ▶
```

0	/home/tibero/tbdata/log02.log	10	YES	7	CURRENT
1	/home/tibero/tbdata/log11.log	10	YES	5	INACTIVE
1	/home/tibero/tbdata/log12.log	10	YES	5	INACTIVE
2	/home/tibero/tbdata/log21.log	10	NO	6	INACTIVE
2	/home/tibero/tbdata/log22.log	10	NO	6	INACTIVE

② 테스트를 위한 에러 발생

데이터 파일을 삭제 후 확인한다.

```
SQL> quit

# tbdown
# rm -f /home/tibero/tbdata/my_file001.dtf
# ls /home/tibero/tbdata/
# tbboot normal
Listener port = 8629
Change core dump dir to /home/tibero/tibero6/bin/prof.
************************************************************
* Critical Warning : Raise svmode failed. The reason is
* TBR-1024 : Database needs media recovery: open
 failed(/home/tibero/tbdata/my_file001.dtf).
* Current server mode is MOUNT.
************************************************************
Tibero 6

TmaxData Corporation Copyright (c) 2008-. All rights reserved.
Tibero instance started suspended at MOUNT mode.

# tbdown
Tibero instance terminated (NORMAL mode).
```

③ 복구 수행

데이터 파일 복원 후 마운트 모드를 재부팅한다.

```
# cp -R /home/tibero/backup/test_recovery/*.dtf /home/tibero/tbdata/
# ls /home/tibero/tbdata/
# tbboot mount

 Listener port = 8629
 Change core dump dir to /home/tibero/tibero6/bin/prof.
 Tibero 6
```

```
TmaxData Corporation Copyright (c) 2008-. All rights reserved.
Tibero instance started up (MOUNT mode).

# tbsql sys/tibero

SQL> SELECT THREAD#, GROUP#, SEQUENCE#, BYTES, MEMBERS, ARCHIVED, STATUS
FROM v$log;

THREAD#  GROUP#  SEQUENCE#  BYTES      MEMBERS     ARCHIVED    STATUS
------   ------  ---------  --------   ----------  ----------  ----------
0        0       7          10485760   2           NO          CURRENT
0        1       5          10485760   2           YES         INACTIVE
0        2       6          10485760   2           YES         INACTIVE
```

시간 기반 불완전 복구를 수행한다.

```
SQL> alter system set NLS_DATE_FORMAT="YYYY-MM-DD HH24:MI:SS";
```

또는

```
# host  export TB_NLS_DATE_FORMAT='YYYY-MM-DD HH24:MI:SS'
```

'YYYY-MM-DD HH24:MI:SS'에 실제 복구할 시점의 시간 값을 설정해 복구를 수행한다.

```
SQL> alter database recover automatic database until time '2015-09-11
17:36:50';
```

resetlogs로 부팅한다.

```
SQL> quit
# tbdown
Tibero instance terminated (NORMAL mode).

# tbboot resetlogs
Listener port = 8629
 Change core dump dir to /home/tibero/tibero6/bin/prof.
 Tibero 6
 TmaxData Corporation Copyright (c) 2008-. All rights reserved.
 Tibero instance started up (NORMAL RESETLOGS mode).
```

> **참고**
> - resetlogs 오픈은 로그정보 초기화, TSN을 동기화시키며 리두로그와 컨트롤 파일에 영향을 준다.
> - 컨트롤 파일에는 현재 정보를 지워버리고 데이터 파일과 동기화 시킨다. 리두로그에는 로그 파일이 있을 경우 초기화시키고, 로그 파일이 없을 경우 재생성한다.

시간 기반 불완전 복구 확인 작업을 수행한다.

```
# tbsql sys/tibero

tbSQL 6
TmaxData Corporation Copyright (c) 2008-. All rights reserved.
Connected to Tibero.
```

복구된 데이터를 확인한다.

```
SQL> SELECT * FROM tibero.test_1;
C1        C2
------    -----------------------------
10001     2015/02/11
10002     2015/02/11
10003     2015/02/11
20001     2015/02/11
20002     2015/02/11
20003     2015/02/11
```

◆ **데이터 파일 장애 시 취소 기반 불완전 복구 예제**

취소기반 불완전 복구에는 현재 확보하고 있는 온라인 리두로그 파일이나 아카이브 리두로그 파일의 정보까지만 복구하는 방법으로 아카이브 리두로그 파일, 온라인 리두로그 파일을 명시적으로 지정해 복구하는 방법이다.

- **시나리오**
    - 데이터베이스 로그 운영 모드 : 아카이브 로그 모드로 운영 중인 상태이다.
    - 데이터베이스 운영 상태 : 데이터베이스가 운영 중인 상태 즉, NORMAL 오픈 상태이다.
    - 백업 상태 : 오프라인 전체 백업을 수행해서 준비해 둔 백업본이 있다.
    - 장애 발생 : 티베로 데이터 파일이 삭제된다. 데이터베이스 재부팅 시에 미디어 복구 장애가 발생한다.
    - 복구 계획 : 백업으로부터 해당 데이터 파일을 복원해 자동으로 취소 기반 불완전 복구를 수행한다. 취소기반 복구 수행을 할 경우에는 확보하고 있는 리두로그 파일이나 아카이브 로그 리두로그 파일 정보까지만 복구하라는 의미이다. 예를 들어 다음과 같은 방법으로 수행할 수 있다.

예) alter database recover database until cancel; 문장으로 시작해서 alter database recover cancel; 문장으로 종료한다.

- 복구절차
- 백업으로부터 모든 데이터 파일을 복원한다.
- 데이터베이스를 마운트 모드로 부팅한다.
- 취소 기반 불완전 복구 방법을 사용해 복구한다.
- resetlogs로 데이터베이스의 로그 정보를 초기화해 데이터베이스를 부트한다.

① 테스트를 위한 데이터베이스 정보 확인 및 사전 준비

아카이브 로그 파일을 삭제하고, 로그 정보 초기화를 위해 부팅 시 resetlogs를 사용한다. 티베로 프로세스가 실행 상태인지 아닌지를 확인해 티베로가 부팅되어 있지 않으면 다운을 한다.

```
# tbbdown pid ( 또는 $ ps -ef | grep tbsvr )
# tbdown
```

실습 테스트 확인을 원활하게 하기 위해 아카이브 로그 파일들을 삭제한다.

```
# ls -alt /home/tibero/arch/
# rm -f /home/tibero/arch/*.arc
```

테스트 시 아카이브 로그 확인을 수월하게 하기 위해 로그를 초기화시킨다. 이를 위해 부팅 시에 resetlogs를 수행한다.

```
# tbboot resetlogs
# tbsql sys/tibero
```

복구환경 구성 시 사용할 테이블스페이스를 생성한다. 기존에 생성해 사용했다면 새로운 테스트 수행을 위해 삭제하고 다시 생성하기 위해 작업한다.

```
SQL> drop tablespace "MY_FILE001" including contents and datafiles;
SQL> CREATE TABLESPACE "MY_FILE001" DATAFILE 'my_file001.dtf' SIZE 50M;
SQL> col tablespace format a20
SQL> col filename format a50
SQL> SELECT a.name tablespace, b.name filename
     FROM v$tablespace a join v$datafile b on (a.ts# = b.ts#);
...
 MY_FILE001      /home/tibero/tbdata/my_file001.dtf
```

테스트 시 필요한 테이블 생성 및 데이터 등록을 한다.

```
SQL> INSERT INTO TIBERO.TEST_1 (C1, C2) VALUES ('10001', sysdate);
1 row inserted.

SQL> COMMIT;
Commit completed.
```

데이터 등록 후 로그 스위치를 수행해 아카이브시킨다.

```
SQL> ALTER SYSTEM SWITCH LOGFILE;
System altered.

SQL> INSERT INTO TIBERO.TEST_1 (C1, C2) VALUES ('10002', sysdate);
1 row inserted.

SQL> COMMIT;
Commit completed

SQL> ALTER SYSTEM SWITCH LOGFILE;
System altered.

SQL> INSERT INTO TIBERO.TEST_1 (C1, C2) VALUES ('10003', sysdate);
1 row inserted.

SQL> COMMIT;
Commit completed

SQL> ALTER SYSTEM SWITCH LOGFILE;
System altered.
```

리두로그 정보가 UNUSED인 상태에서 INACTIVE 상태로 변경되었는지 확인한다.

```
SQL> set line 200
SQL> col group# format 999
SQL> col member format a50
SQL> col SEQ# format 999
SQL> col MB format 999
SQL> SELECT a.group#, a.member, b.bytes/1024/1024 "MB",
            b.archived "ARC", b.sequence# "SEQ#", b.status
     FROM v$logfile a, v$log b
     WHERE a.group#=b.group# order by 1;
```

```
GROUP#  MEMBER                          MB    ARC   SEQ#   STATUS
------  ------------------------------  ----  ----  -----  --------
0       /home/tibero/tbdata/log01.log   10    NO    4      CURRENT
0       /home/tibero/tbdata/log02.log   10    NO    4      CURRENT
1       /home/tibero/tbdata/log11.log   10    YES   2      INACTIVE
1       /home/tibero/tbdata/log12.log   10    YES   2      INACTIVE
2       /home/tibero/tbdata/log21.log   10    YES   3      INACTIVE
2       /home/tibero/tbdata/log22.log   10    YES   3      INACTIVE
```

백업에 포함될 데이터를 확인한다.

```
SQL> SELECT C1 FROM tibero.test_1;

C1
--------
 10001
 10002
 10003
```

아카이브 리두로그 정보를 확인한다.

```
SQL> SELECT NAME, SEQUENCE# seq#, NEXT_CHANGE# -1 tsn
     FROM v$archive_dest_files order by 2;
```

복구 환경을 확인한다.

```
SQL> col tablespace format a20
SQL> col filename format a50
SQL> SELECT a.name tb_name, a.type tb_type, b.name filename
     FROM v$tablespace a join v$datafile b on (a.ts# = b.ts#);
```

전체 데이터 파일(컨트롤 파일, 리두로그 파일, 데이터 파일)에 대해 온라인 백업을 수행한다.

```
SQL> exit
# tbdown
# mkdir /home/tibero/backup/test_recovery
# cp -R /home/tibero/tbdata/*   /home/tibero/backup/test_recovery/
# ls -al /home/tibero/backup/test_recovery/
```

백업 후 테스트 결과를 확인하기 위한 테스트 테이블 생성 및 데이터를 마련한다. 데이터 등록 후 로그 스위치를 수행해 리두로그 정보를 덮어 쓰고 아카이브 한다.

```
# tbboot
# tbsql sys/tibero
SQL> insert into tibero.test_1(c1, c2) values ('20001', sysdate);
 1 row inserted.

SQL> COMMIT;
Commit completed

SQL> ALTER SYSTEM SWITCH LOGFILE;
System altered.

SQL> INSERT INTO TIBERO.TEST_1 (C1, C2) VALUES ('20002', sysdate);
1 row inserted.

SQL> COMMIT;
Commit completed

SQL> ALTER SYSTEM SWITCH LOGFILE;
System altered.

SQL> INSERT INTO TIBERO.TEST_1 (C1, C2) VALUES ('20003', sysdate);
1 row inserted.

SQL> COMMIT;
Commit completed

SQL> ALTER SYSTEM SWITCH LOGFILE;
System altered.
```

마지막은 온라인 리두로그에 남기기 위해서 데이터 등록만 하고 로그 스위치는 하지 않는다.

```
SQL> INSERT INTO TIBERO.TEST_1 (C1, C2) VALUES ('20004', sysdate);
1 row inserted.

SQL> COMMIT;
Commit completed
```

테스트 결과 확인용 데이터 정보 등록에 대해 확인한다.

```
SQL> SELECT C1 FROM tibero.test_1;

C1
--------
10001
10002
10003
20001
20002
20003
20004
```

리두로그 상황을 확인한다.

```
SQL> set line 200
SQL> col group# format 999
SQL> col member format a50
SQL> col SEQ# format 999
SQL> col MB format 999
SQL> SELECT a.group#, a.member, b.bytes/1024/1024 "MB",
            b.archived "ARC", b.sequence# "SEQ#", b.status
     FROM v$logfile a, v$log b where a.group#=b.group# order by 1;

GROUP#  MEMBER                                          MB   RC    SEQ#  STATUS
------  ----------------------------------------        ---- ----- ----- --------
     0  /home/tibero/tbdata/log01.log                   10   YES   7     CURRENT
     0  /home/tibero/tbdata/log02.log                   10   YES   7     CURRENT
     1  /home/tibero/tbdata/log11.log                   10   YES   5     INACTIVE
     1  /home/tibero/tbdata/log12.log                   10   YES   5     INACTIVE
     2  /home/tibero/tbdata/log21.log                   10   NO    6     INACTIVE
     2  /home/tibero/tbdata/log22.log                   10   NO    6     INACTIVE

SQL> quit
$ tbdown
```

② 테스트를 위한 에러 발생

데이터 파일 삭제 후에 확인한다.

```
# rm -f /home/tibero/tbdata/my_file001.dtf
# ls /home/tibero/tbdata/
# tbboot -t normal
Listener port = 8629
 Change core dump dir to /home/tibero/tibero6/bin/prof.
 **********************************************************
 * Critical Warning : Raise svmode failed. The reason is
 *    TBR-1024 :  Database needs media recovery: open
   failed(/home/tibero/tbdata/my_file001.dtf).
 *   Current server mode is MOUNT.
 **********************************************************

 Tibero 6
TmaxData Corporation Copyright (c) 2008-. All rights reserved.
 Tibero instance started suspended at MOUNT mode.

# tbdown
Tibero instance terminated (NORMAL mode).
```

③ 복구 수행

백업으로부터 데이터 파일들을 복원하는데 전체 데이터 파일이 복원 대상이 된다.

```
# cp -R /home/tibero/backup/test_recovery/*.dtf /home/tibero/tbdata/
# ls /home/tibero/tbdata/
```

마운트로 부팅해 불완전 복구를 진행하도록 한다.

```
# tbboot mount
Listener port = 8629
 Change core dump dir to /home/tibero/tibero6/bin/prof.
 Tibero 6
 TmaxData Corporation Copyright (c) 2008-. All rights reserved.
 Tibero instance started up (MOUNT mode).
```

아카이브 정보를 확인한다.

```
SQL> col NAME format a50;
SQL> select name from v$archive_dest_files order by 2;

NAME
--------------------------------------------------------------
/home/tibero/arch/log-t0-r618685-s1.arc
/home/tibero/arch/log-t0-r618685-s2.arc
/home/tibero/arch/log-t0-r618685-s3.arc
/home/tibero/arch/log-t0-r618685-s4.arc
/home/tibero/arch/log-t0-r618685-s5.arc
/home/tibero/arch/log-t0-r618685-s6.arc
```

취소 기반 불완전 복구를 수행한다.

```
SQL> alter database recover database until cancel;
Database altered.

SQL> alter database recover logfile
'/home/tibero/arch/log-t0-r618685-s4.arc';
Database altered.

SQL> alter database recover logfile
'/home/tibero/arch/log-t0-r618685-s5.arc';
Database altered.
```

```
SQL> alter database recover logfile
'/home/tibero/arch/log-t0-r618685-s6.arc';
Database altered.

SQL> alter database recover cancel;
TBR-1074: Incomplete media recovery is finished, but resetlogs is required.

SQL> quit
Disconnected.

SQL> tbboot resetlogs
```

복구 수행에 대한 확인을 한다.

```
# tbsql sys/tibero

tbSQL 6
TmaxData Corporation Copyright (c) 2008-. All rights reserved.
Connected to Tibero.
```

복구를 수행한 아카이브 로그 정보의 데이터까지 복구된다.

```
SQL> SELECT * FROM tibero.test_1;

  C1      C2
------  ------------------------------
 10001   2015/02/10
 10002   2015/02/10
 10003   2015/02/10
 20001   2015/02/10
 20002   2015/02/10
 20003   2015/02/10
```

◆ 백업이 존재하는 상태에서 CURRENT 로그 그룹이 삭제된 후 abort로 종료된 경우

CURRENT 모드인 로그 그룹이 유실(삭제)되고, 비정상 종료된 상황에서 백업 파일을 이용한 복구 상황에 대한 실습 테스트 예제이다.

- 아카이브 로그 모드 운영 상태에서 CURRENT 모드 로그 그룹이 유실(삭제/장애 발생)되고 abort로 종료된 경우, 미디어 복구를 수행해야 하는 상황이 발생될 수 있다.
- 리두로그 멤버가 이중화 된 경우는 쉽게 복구를 할 수 있지만 멤버가 이중화 되어 있지 않거나 멤버 모두 손실된 경우에는 불완전 복구를 수행해 복구를 할 수 있다.

- 트레이스 로그를 보고 shutdown이 어떻게 되었는지 즉, immediate인지 abort인지 판단할 수 있다.

- 시나리오
  - 데이터베이스 로그 운영모드 : 아카이브 로그 모드에서 운영 중이다.
  - 데이터베이스 운영 상태 : 데이터베이스가 운영 중인 상태. 즉, NORMAL 오픈 상태이다.
  - 백업상태 : 장애가 발생하기 이전에 백업 작업이 수행되어 백업 파일들이 존재한다.
  - 장애 발생 : 운영 상태에서 CURRENT 모드의 로그 그룹이 삭제되고 abort로 종료시킨다.
  - 복구 계획 : 미디어 복구를 수행한다. 불완전 복구 중에서 변경 기반 불완전 복구 방법을 수행하도록 한다.

- 복구절차
  - 백업된 파일들로 전체 데이터 파일(system, undo, data의 파일)을 복원한다.
  - mount로 티베로를 부팅한다.
  - TSN 정보를 바탕으로 변경기반 불완전 복구를 수행한다.
  - 데이터베이스를 종료한다.
  - 데이터베이스 재부팅 시 resetlogs로 부팅해 리두로그 정보를 초기화한다.
  - 템프 테이블 스페이스를 생성한다(작성된 컨트롤 파일 생성 스크립트의 마지막 주석 부분을 실행하면 된다).
  - 복구 후에는 반드시 백업을 실시하도록 한다.

① 테스트를 위한 데이터베이스 정보 정보 확인 및 사전 준비

테스트를 위한 정보 확인 및 변경 작업은 필요한 경우에만 수행한다. 실습 테스트를 위한 환경이 테스트 조건과 일치한다면 사전 작업과 관련된 것은 생략해도 좋다.

운영시스템 명령으로 데이터베이스 프로세스가 운영 중인지 확인하는 예시이다.

```
# ps -ef | grep tbsvr
```

데이터베이스 로그 운영모드 정보를 확인 및 변경한다.

```
# tbboot
# tbsql sys/tibero
SQL> SELECT LOG_MODE FROM v$database;

LOG_MODE
------------
NOARCHIVELOG
```

노아카이브 로그 모드로 확인이 된다면 아카이브 로그 모드로 변경한다. 하지만 현재의 로그 운영 상태가 아카이브 로그 모드라면 변경 작업은 생략한다. ARCHIVELOG/NOARCHIVELOG 모드를 설정하거나 로그 파일을 추가, 제거에 관한 처리는 MOUNT 모드에서만 가능하다.

```
SQL> quit
# tbdown
# tbboot mount
# tbsql sys/tibero
```

아카이브 로그 모드로 변경한다.

```
SQL> alter database archivelog;
SQL> quit
```

테스트 확인의 편의를 위한 온라인 리두로그 초기화 작업 수행 예시이다. 데이터베이스를 다운한다.

```
# tbdown
```

기존 아카이브 로그들을 삭제하고, 리두로그 정보를 초기화해 데이터베이스를 부팅시킨다.

```
# rm -f /home/tibero/arch/*.arc
# ls -alt /home/tibero/arch/
# tbboot resetlogs
# tbsql sys/tibero
```

온라인 리두로그 정보가 삭제된 것을 확인한다.

```
SQL> set line 200
SQL> col group# form 999
SQL> col member for a50
SQL> col seq# for 999
SQL> col mb for 999
SQL> SELECT a.group#, a.member, b.bytes/1024/1024 "MB",
            b.archived "ARC", b.sequence# "SEQ#", b.status
       FROM v$logfile a, v$log b
      WHERE a.group#=b.group# order by 1;
```

GROUP#	MEMBER	MB	ARC	SEQ#	STATUS
0	/home/tibero/tbdata/log01.log	10	NO	1	CURRENT
0	/home/tibero/tbdata/log02.log	10	NO	1	CURRENT
1	/home/tibero/tbdata/log12.log	10	NO	-1	UNUSED
1	/home/tibero/tbdata/log12.log	10	NO	-1	UNUSED
2	/home/tibero/tbdata/log21.log	10	NO	-1	UNUSED
2	/home/tibero/tbdata/log22.log	10	NO	-1	UNUSED

테스트 결과 확인용 테이블 스페이스 생성 예시이다.

기존에 테이블 스페이스를 생성해 사용했다면 새로운 테스트 수행을 위해 삭제하고 다시 생성해야 한다. 기존 테이블 스페이스가 없다면 drop 문을 수행할 필요가 없다.

```
SQL> DROP TABLESPACE my_space INCLUDING CONTENTS AND DATAFILES;
SQL> CREATE TABLESPACE my_space DATAFILE 'my_space001.dtf' SIZE 10M
          AUTOEXTEND ON NEXT 1M MAXSIZE 1G
          EXTENT MANAGEMENT LOCAL UNIFORM SIZE 1M;
Tablespace 'MY_SPACE' created.
```

생성된 테이블 스페이스를 확인한다.

```
SQL> SELECT a.name tablespace, b.name filename
     FROM v$tablespace a join  v$datafile b on (a.ts# = b.ts#);

TABLESPACE         FILENAME
------------       ------------------------------------------------
SYSTEM             /home/tibero/tbdata/system001.dtf
SYSSUB             /home/tibero/tbdata/syssub001.dtf
UNDO               /home/tibero/tbdata/undo001.dtf
DATA               /home/tibero/tbdata/data001.dtf
MY_SPACE           /home/tibero/tbdata/my_space001.dtf
```

테스트 결과 확인용 테이블 생성 예시이다.

기존에 테이블을 생성해 사용했다면 새로운 테스트 수행을 위해 삭제하고 다시 생성한다. 기존 테이블이 없다면 drop 문을 수행할 필요가 없다.

```
SQL> drop table TIBERO.TEST_2 cascade constraints;
SQL> create table TIBERO.TEST_2 (C1 varchar(5), C2 date) tablespace MY_SPACE;
Table 'TIBERO.TEST_1' created.
```

② 온라인 리두로그 정보가 UNUSED 인 상태를 INACTIVE 상태로 변경

로그 스위치 시켜 강제로 온라인 리두로그를 아카이브시키고 inactive 상태로 변경한다. 이때 각 아카이브에 저장할 데이터 정보를 등록하도록 한다.

```
SQL> INSERT INTO TIBERO.TEST_2 (C1, C2) VALUES ('10001', sysdate);
 1 row inserted.

SQL> COMMIT;
 Commit completed

SQL> alter system switch logfile;
```

```
System altered.

SQL> INSERT INTO TIBERO.TEST_2 (C1, C2) VALUES ('10002', sysdate);
 1 row inserted.

SQL> COMMIT;
 Commit completed

SQL> alter system switch logfile;
System altered.

SQL> INSERT INTO TIBERO.TEST_2 (C1, C2) VALUES ('10003', sysdate);
 1 row inserted.

SQL> COMMIT;
 Commit completed

SQL> alter system switch logfile;
System altered.
```

아카이브가 완료된 것을 확인한다.

```
SQL> SELECT a.group#, a.member, b.bytes/1024/1024 "MB",
            b.archived "ARC", b.sequence# "SEQ#", b.status
       FROM $logfile a, v$log b
      WHERE a.group#=b.group# order by 1;

GROUP#   MEMBER                              MB     ARC     SEQ#    STATUS
------   ------------------------------     -----  -----   -----   ---------
0        /home/tibero/tbdata/log01.log       10     NO      4       CURRENT
0        /home/tibero/tbdata/log02.log       10     NO      4       CURRENT
1        /home/tibero/tbdata/log12.log       10     YES     2       INACTIVE
1        /home/tibero/tbdata/log12.log       10     YES     2       INACTIVE
2        /home/tibero/tbdata/log21.log       10     YES     3       INACTIVE
2        /home/tibero/tbdata/log22.log       10     YES     3       INACTIVE

SQL> SELECT name, sequence# seq#, next_change#-1 tsn
FROM v$archive_dest_files order by 2;

NAME            SEQ#   TSN
---------------------------------------------   -------  ----------
/home/tibero/arch/log-t0-r83659-s1.arc    1     90847                      ▶
```

```
/home/tibero/arch/log-t0-r83659-s2.arc      2      90919
/home/tibero/arch/log-t0-r83659-s3.arc      3      90983

SQL> SELECT C1 FROM tibero.test_2;

    C1
 --------
    10001
    10002
    10003
```

③ 백업 수행

데이터베이스를 다운시키고 일관성 있는 백업을 수행한다. 전체 영역을 대상으로 백업을 받는다. 백업 대상 디렉토리를 확인한다.

```
SQL> quit

# tbdown
# cd /home/tibero/backup/

# mkdir /home/tibero/backup/test_recovery
# cp -rfv /home/tibero/tbdata/*dtf /home/tibero/backup/test_recovery
# cp -rfv /home/tibero/tbdata/*log /home/tibero/backup/test_recovery
# cp -rfv /home/tibero/tbdata/*ctl /home/tibero/backup/test_recovery
# cd /home/tibero/backup/test_recovery
# ls -al /home/tibero/backup/test_recovery
# tbboot
# tbsql sys/tibero
```

테스트 결과 확인용 데이터 정보 등록 및 확인 예시이다.

데이터 등록 후 로그 스위치를 일으키는 것은 등록시킨 데이터를 아카이브 로그에 기록을 남기는 작업을 하는 것이다.

```
SQL> INSERT INTO TIBERO.TEST_2 (C1, C2) VALUES ('20001', sysdate);
 1 row inserted.

SQL> COMMIT;
 Commit completed

SQL> ALTER SYSTEM SWITCH LOGFILE;                                    ▶
```

```
System altered.

SQL> INSERT INTO TIBERO.TEST_2 (C1, C2) VALUES ('20002', sysdate);
1 row inserted.

SQL> COMMIT;
Commit completed

SQL> ALTER SYSTEM SWITCH LOGFILE;
System altered.

SQL> INSERT INTO TIBERO.TEST_2 (C1, C2) VALUES ('20003', sysdate);
1 row inserted.

SQL> COMMIT;
Commit completed.

SQL> ALTER SYSTEM SWITCH LOGFILE;
System altered.

SQL> INSERT INTO TIBERO.TEST_2 (C1, C2) VALUES ('20004', sysdate);
1 row inserted.

SQL> COMMIT;
Commit completed.
```

테스트 결과 확인용으로 등록한 데이터 정보를 확인한다.

```
SQL> SELECT * FROM tibero.test_2;

C1     C2
-----  -------------------------------
10001  2015/07/30
10002  2015/07/30
10003  2015/07/30
20001  2015/07/30
20002  2015/07/30
20003  2015/07/30
20004  2015/07/30
```

아카이브 로그 정보를 확인한다.

```
SQL> set linesize 100;
SQL> col NAME format a50;
SQL> col FIRST_TIME format a20;
SQL> col RESETLOGS_TIME format a20;
SQL> SELECT NAME,SEQUENCE#,FIRST_CHANGE#,FIRST_TIME,NEXT_CHANGE#
    FROM v$archived_log
    ORDER BY FIRST_CHANGE#;


SQL> SELECT NAME,SEQUENCE# seq#, NEXT_CHANGE# -1 tsn
FROM v$archive_dest_files order by 2;
```

온라인 리두로그 정보를 확인한다.

```
SQL> SELECT a.group#, a.member, b.bytes/1024/1024 "MB",
         b.archived "ARC", b.sequence# "SEQ#", b.status
    FROM v$logfile a, v$log b
    WHERE a.group#=b.group# order by 1;

GROUP#   MEMBER                                   MB    ARC    SEQ#   STATUS
------   ------------------------------           ----  -----  ----   --------
   0     /home/tibero/tbdata/log01.log            10    NO     7      CURRENT
   0     /home/tibero/tbdata/log02.log            10    NO     7      CURRENT
   1     /home/tibero/tbdata/log12.log            10    YES    5      INACTIVE
   1     /home/tibero/tbdata/log12.log            10    YES    5      INACTIVE
   2     /home/tibero/tbdata/log21.log            10    YES    6      INACTIVE
   2     /home/tibero/tbdata/log22.log            10    YES    6      INACTIVE
```

④ 테스트를 위한 에러 발생

CURRENT 모드 로그 그룹 삭제 후, 데이터베이스를 정상적으로 종료한다.

```
SQL> !rm -f /home/tibero/tbdata/log01.log
SQL> !ls /home/tibero/tbdata/log01.log
 ls: cannot access /home/tibero/tbdata/log01.log: No such file or directory

SQL> !rm -f /home/tibero/tbdata/log02.log
SQL> !ls /home/tibero/tbdata/log02.log
 ls: cannot access /home/tibero/tbdata/log02.log: No such file or directory


SQL> quit
Disconnected.
```

데이터베이스를 abort로 다운시킨다.

```
SQL> tbdown abort
Tibero instance terminated (ABORT mode).
```

데이터베이스를 재부팅하면 CURRENT 리두로그가 없으므로 장애가 발생한다.

```
SQL> tbboot
Change core dump dir to /home/tibero/tibero6/bin/prof.
Listener port = 8629
************************************************************
* Critical Warning : Raise svmode failed. The reason is
*   TBR-1042 :  Unable to read log member file in group 2, member -1 (),
block 4096.
*   Current server mode is MOUNT.
************************************************************


Tibero 6
TmaxData Corporation Copyright (c) 2008-. All rights reserved.
Tibero instance started suspended at MOUNT mode.
```

dbms.log와 트레이스 로그를 확인한다.

```
# tail -f /home/tibero/tibero6/instance/tibero/log/dbmslog/dbms.log
...
 2015/07/30 21:09:21.520 [CLL][1]   1 WARNING: LOG MEMBER missing,
 filename: /home/tibero/tbdata/log01.log
 2015/07/30 21:09:21.520 [CLL][1]   1 WARNING: LOG MEMBER missing,
filename: /home/tibero/tbdata/log02.log
...

# tail -f /home/tibero/tibero6/instance/tibero/log/tracelog/trace.log
...
 07/30 21:09:21.520750 [CFD][0] 01 tc_fdpoo:753 open (stat) failed (errno=2)
(flag=010002) (filename=/home/tibero/tbdata/log01.log)
 07/30 21:09:21.520788 [CFD][0] 01 tc_fdpoo:418 add free list
00007f9e265562e0
 07/30 21:09:21.520863 [CLL][1] 01 tc_lf.c :732 WARNING: LOG MEMBER
missing, filename: /home/tibero/tbdata/log01.log
 07/30 21:09:21.520905 [CFD][0] 01 tc_fdpoo:753 open (stat) failed (errno=2)
    (flag=010002) (filename=/home/tibero/tbdata/log02.log)
```

```
 07/30 21:09:21.520934 [CFD][0] 01 tc_fdpoo:418 add free list
00007f9e26556320
 07/30 21:09:21.520988 [CLL][1] 01 tc_lf.c :732 WARNING: LOG MEMBER
missing, filename: /home/tibero/tbdata/log02.log
 07/30 21:09:21.521064 [FRM][0] 01 tbsvr_er:063 THROW.
ec=ERROR_CACHE_LOG_MEMBER_FAILED(-1042)
 [ Unable to read log member file in group 0, member -1 (), block -
1422227395.   ] (csr_id:4294967295) [tc_lf.c:760:tclf_check_lfid]
 …
```

⑤ 복구 수행

변경 기반 불완전 복구 방법으로 복구를 수행한다. 특정시점의 TSN을 이용하여 불완전 복구하는 변경 기반 방법을 이용해 복구한다.

백업된 파일들로 전체 데이터 파일을 복원한다.

```
SQL> quit
# tbdown
# cp -rfv /home/tibero/backup/test_recovery/*.dtf  /home/tibero/tbdata
```

TSN 정보를 바탕으로 변경기반 불완전 복구 수행을 위해 재부팅한다.

```
# tbboot
Listener port = 8629
Change core dump dir to /home/tibero/tibero6/bin/prof.
**********************************************************
* Critical Warning : Raise svmode failed. The reason is
*    TBR-1024 :  Database needs media recovery: media recovery
required(/home/tibero/tbdata/system001.dtf).
*    Current server mode is MOUNT.
**********************************************************
Tibero 6
TmaxData Corporation Copyright (c) 2008-. All rights reserved.
Tibero instance started suspended at MOUNT mode.

# tbsql sys/tibero
tbSQL 6
TmaxData Corporation Copyright (c) 2008-. All rights reserved.
Connected to Tibero.
```

v$archive_dest_files에서 next_change# - 1 값 조회

```
SQL> set line 200
SQL> col name for a40
SQL> col SEQ# for 999
SQL> col TSN for 999999999
SQL> SELECT name, sequence# seq#, next_change#-1 tsn
     FROM v$archive_dest_files order by 2;

NAME                                       SEQ#    TSN
----------------------------------------   ----    ----------
/home/tibero/arch/log-t0-r83659-s1.arc      1      90847
/home/tibero/arch/log-t0-r83659-s2.arc      2      90919
/home/tibero/arch/log-t0-r83659-s3.arc      3      90983
/home/tibero/arch/log-t0-r83659-s4.arc      4      91206
/home/tibero/arch/log-t0-r83659-s5.arc      5      91251
/home/tibero/arch/log-t0-r83659-s6.arc      6      91268
```

TSN 정보가 없을 경우 로그 파일 덤프를 발생시킨다.

v$archive_dest_files를 조회해서 TSN 번호를 알 수 없을 경우 본 과정을 통해서 TSN을 알아 낸다. TSN을 알 수 있는 경우는 본 과정은 생략하도록 한다.

```
SQL> alter system dump logfile '/home/tibero/arch/log-t0-r83659-s6.arc';
System altered.
```

TSN 정보가 없을 경우 로그 파일 덤프를 발생시켜 확인한다.

```
SQL> host ls -rlt $TB_HOME/instance/$TB_SID/dump/tracedump
total 12
... (생략)
-rw-r--r-- 1 tibero dba 3066 Jul 30 23:59 tb_dump_24602_45_6.trc
... (생략)

SQL> host grep next $TB_HOME/instance/$TB_SID/dump/tracedump /tb_dump_24602_45_6.trc

next=0000.00016485 2015-07-30 21:14:31
  ... (이하 생략)
```

계산기를 이용해 next_tsn 값을 10진수로 변경할 수 있다. 계산 샘플은 다음과 같다. 0000.00016485 (Hex) => 91269 (Dec) 윈도우에서 제공하는 계산기를 이용해도 된다. 윈도우 계산기의 메

뉴에서 프로그래머용을 선택해 사용한다. 이렇게 계산한 것에서 next_tsn − 1 = 91268로 해서 TSN을 구할 수 있다.

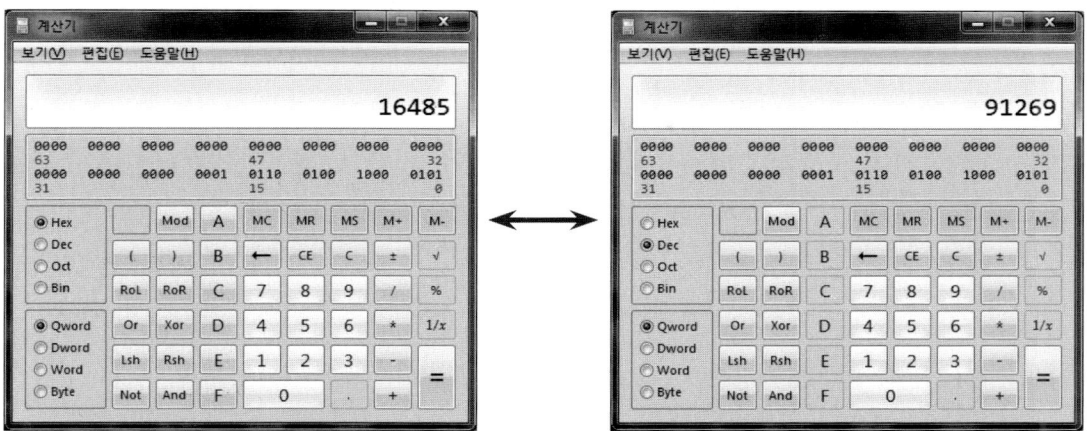

그림 5-16 | 윈도우에서 제공하는 계산기를 이용해서 헥사 값을 10진수로 변경

v$archive_dest_files에서 조회된 next_change# − 1 값으로 복구를 시도한다.

```
SQL> alter database recover automatic database until change 91268;
TBR-1070: Incomplete media recovery is finished, but resetlogs is required.
```

데이터베이스를 다운하고 resetlogs로 재부팅한다.

```
SQL> quit
# tbdown
Tibero instance terminated (NORMAL mode).
```

복구 이후 resetlogs로 부팅해 로그 정보를 초기화한다.

```
# tbboot resetlogs
Change core dump dir to /home/tibero/tibero6/bin/prof.
Listener port = 8629

Tibero 6
TmaxData Corporation Copyright (c) 2008-. All rights reserved.
Tibero instance started up (NORMAL RESETLOGS mode).

# tbsql sys/tibero
```

장애 이전에 등록했던 데이터가 정상적으로 조회된다. 데이터는 아카이빙된 데이터까지만 복구된다.

```
SQL> SELECT c1 FROM tibero.test_2;

C1
--------
 10001
 10002
 10003
 20001
 20002
 20003
```

5.2.3. 복구 관리 툴(Recovery Manager (=TBRMGR))

5.2.3.1. 개요

티베로 복구관리자는 티베로에서 지원하고 있는 다양한 백업 및 복구 방법들을 표준화시켜 사용자들이 편리하게 사용할 수 있도록 하는 복구관리자이다.

이전 내용에서 다루었던 운영시스템 명령어를 이용한 티베로 데이터베이스의 백업, 리스토어, 복구 작업과 기본적으로 처리에 대한 방법은 동일하다. 단지 티베로 복구관리자는 작업 방법을 표준화시키고 자동화시켜 사용자가 편리하게 작업할 수 있는 환경을 제공한다.

티베로 복구관리자는 대부분의 과정을 자동으로 진행시키므로 처음에 실행시킨 후에는 특별히 해야 할 작업이나 관리사항이 없다. 실행할 때 어떤 일을 할지 지정한 후 수행되는 과정을 볼 수 있게 하고, 복구관리자 정보(TBRMGR Info) 파일을 통해 어떤 작업을 했는지를 알 수 있도록 한다. 티베로 복구관리자는 약자로 TBRMGR이라고 한다.

5.2.3.2. 기본 기능

◆ 온라인 전체 백업(Online Full Backup)

티베로 데이터베이스에 속한 전체 데이터 파일을 온라인 백업한다. 온라인 백업을 위해서는 데이터베이스가 아카이브 모드여야 한다. TBRMGR은 자동으로 데이터베이스의 Begin Backup 기능을 사용하여 모든 테이블스페이스를 핫 백업(Hot Backup) 상태로 만들고 백업을 진행한다.

백업을 완료하면 데이터베이스의 End Backup 기능을 사용하여 모든 테이블스페이스를 핫 백업 상태로부터 해제한다. 백업할 데이터 파일 역시 V$DATAFILE 을 조회하여 자동으로 결정해 준다.

◆ 증분 백업(Incremental Backup)

TBRMGR를 통해 온라인 백업을 받았으면 이를 이용하여 증분 백업을 할 수 있다. 증분 백업이란 백업을 받을 때 전체 파일을 받는 것이 아니라 이전 백업과의 차이만을 기록하는 방식으로 백업에 소모되는 디스크 공간을 획기적으로 줄일 수 있다. 증분 백업을 하려면 이전에 TBRMGR를 통해 온라인 전체 백업(Online Full Backup)을 받았어야 한다. 현재 데이터베이스와 백업본과의 차이를 구하여 백업 파일을 만든다. 이러한 기능은 RMGR를 통해서만 사용할 수 있다.

◆ Block Change Tracking

증분 백업은 이전 백업과 현재 운영 중인 데이터 파일 간의 변경된 사항만을 기록해야 하기 때문에 전체 데이터 파일을 스캔하여 백업본과의 차이점을 구하는 동작을 수행한다. 이러한 동작은 데이터 파일이 큰 경우에는 데이터 파일을 모두 스캔하는 오버헤드가 크기 때문에 백업되는 파일의 용량은 적지만 시간이 오래 걸리는 단점이 있다. 이런 단점을 보완하기 위해 티베로 서버가 마지막 백업 시점 이후의 데이터 파일의 변화 내역을 기록하고 백업할 때 활용한다. 이 기능은 어떤 블록만 백업하면 될지 추적하기가 쉽기 때문에 증분 백업의 수행 속도가 비약적으로 빨라질 수 있다. 이를 위해 RMGR 및 티베로 서버는 BCT(Block Change Tracking) 기능을 제공한다.

BCT 기능을 사용하기 위해서는 티베로 서버 환경파일(tip 파일)에 BCT 관련 매개변수를 설정하고 BCT 기능을 컨트롤하는 데이터 정의어(DDL)를 수행해야 한다.

티베로 서버에서 환경파일($TB_SID.tip)에 Block Change Tracking을 설정하는 방법은 다음과 같다.

```
BLOCK_CHANGE_TRACKING="/database/emp/emp_change.bct"
```

Block Change Tracking 기능을 사용하려면 다음과 같은 명령어를 통해 수행한다.

```
SQL> ALTER SYSTEM ENABLE BLOCK CHANGE TRACKING;
```

RMGR은 증분 백업을 수행할 때 이 BCT 파일을 사용하여 백업할 블록들의 리스트를 빠른 시간 내에 탐색하여 백업을 효과적으로 수행할 수 있다. 해당 파일이 운영 중에 삭제되거나 장애가 생길 때에 티베로 서버는 자동적으로 BCT 기능을 중지하며 사용자는 다시 BCT 기능을 DDL로 수행해야 한다.

수동으로 BCT 기능을 해제하기 위해서는 다음과 같은 DDL을 사용한다.

```
SQL> ALTER SYSTEM DISABLE BLOCK CHANGE TRACKING;
```

RMGR은 티베로 서버에 현재 BCT 기능이 켜져 있는지를 질의하여 이전 백업부터의 블록 변화가 BCT 파일에 온전히 기록이 되었는지 확인한 후 유효한 BCT 파일이 존재할 때만 BCT를 이용한 증분 백업을 수행한다. 티베로 서버는 증분 백업이 끝나면 백업이 끝난 시점부터 변경된 사항들을 BCT 파일에 기록하게 된다.

◆ Automatic Recovery

RMGR로 만들어진 백업본을 이용하여 자동복구를 진행한다. 이를 위해서는 백업을 만들 당시에 만들어진 복구관리자 정보(RMGR Info) 파일이 필요하다. 온라인 전체 백업/증분 백업 정보를 분석하여 자동으로 머지(Merge) 후 복구해준다.

> **주의**
> TAC 환경에서 RMGR을 이용한 복구를 진행하기 위해서는 구성 노드 중 한 개의 노드만 떠있는 상황에서 복구를 진행해야 한다.

◆ 데이터 파일 단위 백업 및 복구

전체 데이터베이스를 백업/복구하는 대신에 필요한 테이블스페이스나 데이터 파일만 대상으로 백업/복구 작업을 수행할 수 있다.

◆ Auxiliary Database

기존 데이터베이스에 복구하지 않고 새로운 데이터베이스를 만들어 복구 작업을 수행할 수 있다. 이렇게 새롭게 복구를 위해 생성된 데이터베이스를 Auxiliary 데이터베이스라고 한다. 테이블스페이스/데이터 파일 단위 복구 및 불완전 복구도 가능하다. RMGR로 만들어진 백업과 아카이브 로그만을 사용해서 복구가 진행된다. 현재 TAC 환경에서는 지원하지 않고 있다.

5.2.3.3. 복구관리자 환경파일

RMGR로 백업을 진행하면 복구관리자 정보 RMGR Info 파일(rmgr.inf 및 rmgr.arc.inf)이라는 텍스트 파일이 생기게 된다. RMGR로 받은 백업에 대한 정보가 있으며 증분 백업 할 때 추가로 계속 남게 된다. 만약 이런 파일을 분실하게 되면 증분 백업으로 남은 백업은 복구할 수 없으니 주의한다.

5.2.3.4. 복구관리자 옵션

RMGR는 쉘 명령으로 실행되며 다양한 옵션을 지정하여 원하는 기능을 사용할 수 있다. 쉘 명령 수행 시에 세 가지 종류의 옵션을 지정할 수 있다.

Shell 명령 수행 시에 구성하는 명령은 다음과 같이 할 수 있다.

```
# tbrmgr [첫 번째 옵션] [두 번째 옵션 : *복수로 지정 가능] [세 번째 옵션 : *복수로 지정 가능]
```

첫 번째 지정 옵션 종류

표 5-21 | tbrmgr 첫 번째 지정 옵션

옵션	설명
backup	RMGR를 통해 백업을 진행한다.
recovery	RMGR로 받아놓은 백업본을 이용하여 복구를 진행한다.
archive	데이터베이스의 아카이브 로그를 RMGR을 이용하여 백업한다.
delete	기존에 RMGR로 받아놓은 백업본 중 사용자 입력으로 주어진 조건에 맞는 백업본을 삭제한다.

두 번째 지정 옵션 종류

표 5-22 | tbrmgr 두 번째 지정 옵션

옵션	설명
-userid	데이터베이스에 접속할 사용자명과 패스워드 및 SID를 다음과 같은 형식으로 지정한다. (예) -userid USERID[[/PASSWD][@SID]]
-v, --verbose	RMGR의 진행상황을 자세하게 출력한다.
-s, --silent	RMGR의 진행상황을 최소로 출력한다.
-v, --verbose	RMGR의 진행상황을 자세하게 출력한다.
-s, --silent	RMGR의 진행상황을 최소로 출력한다.
-h, --help	RMGR의 옵션 사용법을 출력한다.
-i, --incremental	증분 백업 Incremental backup을 수행한다.
-c, --compress	백업을 수행할 때 데이터를 압축하여 저장한다. 보통 백업에 소요되는 시간은 늘어나고 생성되는 파일 크기는 줄어든다.
-u, --skip-unused	백업을 수행할 때 실제로 사용되지 않은 블록은 백업 파일에 쓰지 않는다. 백업 후 생성되는 파일 크기를 줄일 수 있다.
-t, --thread	백업/복구 작업을 병렬적으로 수행할 쓰레드의 수를 지정한다. 작업 결과는 쓰레드의 수에 상관없이 동일하지만, 대상 파일들에 병렬적으로 접근할 수 있을 경우 백업/복구 속도 향상을 기대할 수 있다. 윈도우 환경에서는 지원되지 않는다.
-b	복구 관리자 정보(RMGR Info) 파일의 위치를 지정한다. 복구 관리자 정보 파일은 이전에 RMGR를 통해 백업 받은 디렉토리에 생성된다.
-o	백업 받을 디렉토리를 지정한다.

세 번째 지정 옵션 종류

표 5-23 | tbrmgr 세 번째 지정 옵션

옵션	설명
--consistent	운영 중인 상태에서 온라인 백업을 수행하게 되면 데이터 파일이 변경되는 동안 RMGR이 블록을 복사하면 복사가 시작된 시점과 끝나는 시점의 블록 상태가 다를 수 있어서 비일관적인(Inconsistent) 상태로 남을 수 있다. Consistent 옵션을 사용하면 비일관적인 블록이 백업 파일로 써지는 것을 방지하도록 온라인 백업 중에 균열이 생긴 블록 상태를 만들지 않게 된다. 온라인 백업의 경우에는 데이터베이스가 디스크에 쓰기 작업을 하는 동안 RMGR이 백업을 수행할 수 있어서 블록을 복사하다가 정합성이 맞지 않는 상태, 즉, 균열된 상태로 복사가 될 수 있다. 해당 옵션은 그런 현상이 발생하지 않도록 블록의 정합성이 맞을 때까지 기다린 후 백업을 수행하도록 한다.
--archive-log	백업을 수행할 때 아카이브 로그 파일도 같이 백업 디렉토리로 복사한다. 아카이브 로그는 -o로 지정된 디렉토리 아래에 복사된다. (예) tbrmgr backup -o /backup --archive-log

옵션	설명
--delete-original	--archive-log 옵션이 켜져 있을 때, 백업을 수행한 후 원본 디렉토리에 있는 아카이브 로그 파일을 삭제한다. (예) tbrmgr backup -o /backup --archive-log --delete-original
--log-only	백업을 삭제할 때 백업 받은 아카이브 로그 파일만을 삭제한다. 다른 데이터 파일 및 컨트롤 파일 백업은 영향을 받지 않는다. delete 명령에서만 동작한다. (예) tbrmgr delete -b /backup/rmgr.inf --beforetime 20140707140000 --log-only
--before-time	백업을 삭제할 때 명시된 시점 이전의 백업들을 삭제한다. 시간은 YYYYMMDDHHMMSS의 형식이다. 주어진 시점 이전의 전체 백업 및 (만약 있다면)관련한 증분 백업들을 모두 삭제한다. 주어진 시점 이후의 첫 번째 백업이 증분 백업이라면 그와 관련된 전체 백업은 삭제되지 않는다.
--untiltime	시간 기반 불완전 복구를 수행한다. 옵션에서 지정한 시간까지 변경된 내용만 복구된다. 시간은 YYYYMMDDHHMMSS의 형식이다. 복구된 후에는 데이터베이스가 RESETLOGS 모드로 열리므로 지정한 시간 이후에 생긴 변화는 적용할 수 없다. (예) tbrmgr recovery -b /backup/rmgr.inf --untiltime 20150908123746
--untilchange	변경 기반 불완전 복구를 수행한다. 옵션에서 지정한 TSN까지 변경된 내용만 복구된다. (예) tbrmgr recovery -b /backup/rmgr.inf --untilchange 22716
--untilcancel	사용자가 취소할 때까지 불완전 복구를 수행한다. 프롬프트를 통해 적용 대상인 리두로그를 하나씩 적용할지를 물어본 후 리두로그를 적용하여 복구한다. 복구된 후에는 데이터베이스가 RESETLOGS 모드로 열리므로 마지막으로 적용한 로그 파일 이후에 생긴 변화는 적용할 수 없다. (예) tbrmgr recovery -b /backup/rmgr.inf --untilcancel
--tablespace	복구 또는 백업할 대상 테이블스페이스를 지정한다. 테이블스페이스를 지정한 경우 데이터베이스의 일부만 백업/복구한다. (예) tbrmgr backup -o /backup/ --tablespace usr,system
--datafile	복구 또는 백업할 대상 데이터 파일의 번호를 지정한다. 데이터 파일의 번호를 지정한 경우 데이터베이스의 일부만 백업/복구한다. (예) tbrmgr backup -o /backup/ --datafile 2,3,5
--auxiliary	RMGR이 Auxiliary 데이터베이스를 생성할 디렉토리를 지정한다. Auxiliary 데이터베이스의 SID는 원 데이터베이스의 SID에 _AUX를 붙인 값이다. 해당 SID 값으로 이미 클라이언트 파일(tbdsn.tbr)에 등록이 되어있으면 안된다. (예) tbrmgr recovery -b /backup/rmgr.inf --auxiliary /backup/aux
--aux-ip	Auxiliary 데이터베이스의 접속 IP를 지정한다. 따로 지정하지 않으면 localhost로 지정된다. (예) tbrmgr recovery -b /backup/rmgr.inf --auxiliary /backup/aux --aux-ip 127.0.0.1
--aux-port	Auxiliary 데이터베이스의 접속 포트를 지정한다. 기본 값은 원 데이터베이스의 포트 번호에 10을 더한 값이다. (예) tbrmgr recovery -b /backup/rmgr.inf --auxiliary /backup/aux --aux-ip 192.1.1.137 --auxiliary-port 40000

5.2.3.5. 복구관리자 예제

◆ **온라인 전체 백업 Online Full Backup 예제**

- 티베로 데이터베이스에 속한 전체 데이터 파일을 온라인 백업한다.
- 온라인 백업을 위해서는 데이터베이스가 아카이브 모드이어야 한다.
- 처리 순서는 BEGIN BACKUP로 시작해 END BACKUP로 종료한다.
- RMGR은 자동으로 데이터베이스의 BEGIN BACKUP 기능을 사용하여 모든 테이블스페이스를 핫 백업 상태로 만들고 백업을 진행한다. 이때 백업할 데이터 파일을 v$datafile을 조회하여 자동으로 결정해 준다. 백업을 완료하면 데이터베이스의 END BACKUP 기능을 사용하여 모든 테이블스페이스를 핫 백업 상태로부터 해제한다.

다음은 온라인 전체 백업(Online Full Backup) 예제이다.
실습 테스트를 위해 tibero 계정으로 스위치한다. 작업용 디렉토리가 없는 경우 디렉토리를 생성한다. 티베로 데이터베이스를 부팅한다.

```
# su - tibero
# mkdir /home/tibero/backup/test_rmgr
# tbboot
```

온라인 전체 백업을 수행한다.

```
# tbrmgr backup -o /home/tibero/backup/test_rmgr/ -v
======================================================
= Recovery Manager(RMGR) starts                      =
=                                                    =
= TmaxData Corporation Copyright (c) 2008-. All rights reserved =
======================================================
========================================
   RMGR - ONLINE backup
========================================
DB connected
DBNAME: tibero
START_OFFSET: 0
archive log check succeeded
Database begin backup succeeded

RMGR info file load finished: /home/tibero/backup/test_rmgr/rmgr.inf
... (중략) ...
full backup succeeded
Database end backup succeeded.
```

확인 예시이다.

```
# ll /home/tibero/backup/test_rmgr
total 291856
 -rw-r--r-- 1 tibero dba          845 Sep 10 02:09 c1.ctl.000.sql
 -rw------- 1 tibero dba     10485760 Sep 10 02:10 data001.dtf.000
 -rw------- 1 tibero dba     10485760 Sep 10 02:10 my_space001.dtf.000
 -rw-r--r-- 1 tibero dba           11 Sep 10 02:09 rmgr.arc.inf
 -rw-r--r-- 1 tibero dba         1300 Sep 10 02:10 rmgr.inf
 -rw------- 1 tibero dba    104857600 Sep 10 02:09 syssub001.dtf.000
 -rw------- 1 tibero dba     68157440 Sep 10 02:09 system001.dtf.000
 -rw------- 1 tibero dba    104857600 Sep 10 02:10 undo001.dtf.000
```

◆ 증분 백업(Incremental Backup) 예제

- RMGR을 통해 온라인 백업을 받았으면 이를 이용하여 증분 백업을 할 수 있다.
- 증분 백업이란 백업을 받을 때 전체 파일을 받는 것이 아니라 이전 백업과의 차이만을 기록하는 방식으로 백업에 소모되는 디스크 공간을 획기적으로 줄일 수 있다.
- 증분 백업은 RMGR을 통해서만 제공되는 기능이다. 이 기능을 사용하려면 이전에 RMGR을 통해 온라인 전체 백업을 받아야 한다.

다음은 증분 백업예제이다. 백업을 수행한다.

```
# tbrmgr backup -i -b /home/tibero/backup/test_rmgr/rmgr.inf -o
 /home/tibero/backup/test_rmgr/ -v
======================================================
= Recovery Manager(RMGR) starts                      =
=                                                    =
= TmaxData Corporation Copyright (c) 2008-. All rights reserved. =
======================================================

========================================
 RMGR - INCREMENTAL backup
========================================
DB connected
DBNAME: tibero
... (중략) ...
Incremental backup succeeded
 Database end backup succeeded
 DB disconnected
 RMGR backup ends
```

확인 예시이다.

```
# ll /home/tibero/backup/test_rmgr
total 303720
-rw-r--r-- 1 tibero dba        845 Sep 10 02:09 c1.ctl.000.sql
-rw------- 1 tibero dba   10485760 Sep 10 02:10 data001.dtf.000
-rw------- 1 tibero dba      16384 Sep 11 02:50 data001.dtf.001
-rw------- 1 tibero dba   10485760 Sep 10 02:10 my_space001.dtf.000
-rw------- 1 tibero dba      16384 Sep 11 02:50 my_space001.dtf.001
-rw-r--r-- 1 tibero dba         11 Sep 10 02:09 rmgr.arc.inf
-rw-r--r-- 1 tibero dba       2424 Sep 11 02:50 rmgr.inf
-rw------- 1 tibero dba  104857600 Sep 10 02:09 syssub001.dtf.000
-rw------- 1 tibero dba    3858432 Sep 11 02:50 syssub001.dtf.001
-rw------- 1 tibero dba   68157440 Sep 10 02:09 system001.dtf.000
-rw------- 1 tibero dba    1032192 Sep 11 02:50 system001.dtf.001
-rw------- 1 tibero dba  104857600 Sep 10 02:10 undo001.dtf.000
-rw------- 1 tibero dba    7225344 Sep 11 02:50 undo001.dtf.001
```

◆ 데이터 파일 기반 중에서 테이블스페이스 백업 예제

전체 데이터베이스를 백업/복구하는 대신에 필요한 테이블스페이스나 데이터 파일만 대상으로 백업/복구 작업을 수행할 수 있다. 다음과 같이 백업 대상을 확인한다.

```
# tbrmgr backup --tablespace usr,my_file001 -o /home/tibero/backup/test_rmgr/
 -v
=======================================================
= Recovery Manager(RMGR) starts                       =
=                                                     =
= TmaxData Corporation Copyright (c) 2008-. All rights reserved. =
=======================================================
=======================================
 RMGR - INCREMENTAL backup
=======================================
DB connected
DBNAME: tibero
... (중략) ...
Incremental backup succeeded
Database end backup succeeded
DB disconnected
RMGR backup ends
```

확인 예시이다.

```
# tbrmgr backup --tablespace data,my_space -o /home/tibero/backup/test_rmgr/ -v
=======================================================
= Recovery Manager(RMGR) starts                       =
=                                                     =
= TmaxData Corporation Copyright (c) 2008-. All rights reserved. =
=======================================================

==========================================
 RMGR - ONLINE backup
==========================================
DB connected
DBNAME: tibero

... (중략) ...


Database end backup succeeded
DB disconnected
RMGR backup ends
```

```
# ll /home/tibero/backup/test_rmgr
total 324204
 -rw-r--r-- 1 tibero dba        845 Sep 10 02:09 c1.ctl.000.sql
 -rw-r--r-- 1 tibero dba        845 Sep 11 03:19 c1.ctl.001.sql
 -rw------- 1 tibero dba   10485760 Sep 10 02:10 data001.dtf.000
 -rw------- 1 tibero dba      16384 Sep 11 02:50 data001.dtf.001
 -rw------- 1 tibero dba   10485760 Sep 11 03:19 data001.dtf.002
 -rw------- 1 tibero dba   10485760 Sep 10 02:10 my_space001.dtf.000
 -rw------- 1 tibero dba      16384 Sep 11 02:50 my_space001.dtf.001
 -rw------- 1 tibero dba   10485760 Sep 11 03:19 my_space001.dtf.002
 -rw-r--r-- 1 tibero dba         11 Sep 10 02:09 rmgr.arc.inf
 -rw-r--r-- 1 tibero dba       3631 Sep 11 03:19 rmgr.inf
 -rw------- 1 tibero dba  104857600 Sep 10 02:09 syssub001.dtf.000
 -rw------- 1 tibero dba    3858432 Sep 11 02:50 syssub001.dtf.001
 -rw------- 1 tibero dba   68157440 Sep 10 02:09 system001.dtf.000
 -rw------- 1 tibero dba    1032192 Sep 11 02:50 system001.dtf.001
 -rw------- 1 tibero dba  104857600 Sep 10 02:10 undo001.dtf.000
 -rw------- 1 tibero dba    7225344 Sep 11 02:50 undo001.dtf.001
```

◆ 자동적인 복구 예제

RMGR로 만들어진 백업본을 이용해 자동복구를 진행하며, 이를 위해서는 백업을 만들 당시에 생성된 복구관리자 정보 파일이 필요하다.

RMGR로 백업받은 것을 바탕으로 RMGR 이용해 테이블스페이스/데이터 파일 기반 복구를 수행한다. 다음과 같이 복구를 수행한다.

```
# tbrmgr recovery -b /home/tibero/backup/test_rmgr/rmgr.inf
==================================================
= Recovery Manager(RMGR) starts                  =
=                                                =
= TmaxData Corporation Copyright (c) 2008-. All rights reserved. =
==================================================
rmgr info file: /home/tibero/backup/test_rmgr/rmgr.inf
==================================================
  RMGR - recovery
==================================================
Tibero instance terminated (NORMAL mode).
listener port = 8629
Tibero 6

TmaxData Corporation Copyright (c) 2008-. All rights reserved.
Tibero instance started up (MOUNT mode).
DB connected
Database automatic recovery succeeded
sess: 18 user: SYS

There are active session(s).
 1. [W]ait until sessions are closed.
 2. Shutdown [I]mmediately.
 3. [Q]uit without shutting down.
Select action. (Default: 1): 2

Tibero instance terminated (IMMEDIATE mode).
listener port = 8629

Tibero 6
TmaxData Corporation Copyright (c) 2008-. All rights reserved.
Tibero instance started up (NORMAL mode).
```

◆ 데이터 파일 기반 복구 예제

RMGR로 만들어진 백업본을 이용하여 자동복구를 진행하며, 이를 위해서는 백업을 만들 당시에 생성된 복구관리자 정보 파일이 필요하다. RMGR로 백업을 받은 것을 바탕으로 RMGR을 이용해 테이블스페이스/데이터 파일 기반 복구를 수행한다. 다음과 같이 복구를 수행한다.

```
# tbrmgr recovery -b /home/tibero/backup/test_rmgr/rmgr.inf --tablespace data -v
=====================================================
= Recovery Manager(RMGR) starts                     =
=                                                   =
= TmaxData Corporation Copyright (c) 2008-. All rights reserved.  =
=====================================================
RMGR info file load finished: /home/tibero/backup/test_rmgr/rmgr.inf
=============================================
RMGR - recovery
=============================================
Tibero instance terminated (ABNORMAL mode).

100.00% |====================================>| 1792/1792
blks 0.01s
Listener port = 8629

Tibero 6

TmaxData Corporation Copyright (c) 2008-. All rights reserved.
Tibero instance started up (MOUNT mode).
DB connected
recoverSQL: ALTER DATABASE RECOVER AUTOMATIC
Database automatic recovery succeeded
DB disconnected

 Tibero instance terminated (NORMAL mode).
Listener port = 8629
Tibero 6
TmaxData Corporation Copyright (c) 2008-. All rights reserved.
 Tibero instance started up (NORMAL mode).
 RMGR recovery ends
```

5.2.4. 티베로 Flashback 기능

다량의 복잡한 데이터를 관리하다 보면 데이터베이스 관리자나 사용자들의 오류에 의해 데이터 손실이나 테이블의 유실 피해가 빈번하게 발생할 수 있다.

티베로는 데이터베이스 관리자나 사용자가 데이터베이스 작업 중에 테이블을 삭제하거나 잘못된 데이터를 수정하는 실수가 발생할 경우, 이를 간단하게 복구할 수 있도록 Flashback 기능을 제공하고 있다.

현재 티베로가 지원하고 있는 Flashback 기능에는 Flashback Query, Flashback Table, Flashback Drop의 세 가지가 있다.

표 5-24 | Flashback 기능 구분

구분	설명	지원 버전	영향범위
Flashback Query	과거의 특정 시점을 기준으로 데이터베이스를 조회하고자 할 때 사용한다. 즉, 특정 시점의 변경 내역만 알 수 있다. 내부적으로 언두 영역을 활용해 수행한다.	티베로 4 SP1 이상 지원 (as of timestamp 구문만 지원)	언두 영역, 데이터에 영향
Flashback Table	FLASHBACK TABLE은 특정 시점의 데이터 만을 복원해주며, 테이블과 관련된 인덱스, 트리거, 제약조건은 복원되지 않는다. FLASHBACK TABLE은 데이터 정의어(DDL)가 수행된 이전의 시점으로는 불가능하며, 테이블 이외의 오브젝트에는 수행되지 않는다.	티베로 5 SP1 이상 지원	언두 영역, 데이터에 영향
Flashback Drop (recycle bin)	사용자 실수로 인해 오브젝트가 DROP 처리된 경우 오브젝트에 대한 복구기능을 제공한다. DROP 처리 시 대상을 리사이클빈(Recycle Bin) 영역에 옮겨놓고 FLASHBACK 사용 시 복구를 수행한다. drop table 하게 되면 리사이클빈 영역에 보관되었다가 FLASHBACK으로 간단히 복구시킬 수 있다. 하지만 실제 리사이클빈의 공간이 따로 할당되어 있는 것은 아니다.	티베로 4 SP1 이상 지원	리사이클빈 데이터에 영향

5.2.4.1. Flashback Query 기능

◆ Flashback Query 개요

티베로 4 SP1 이상에 as of timestamp 구문을 통해 지원하는 것으로 과거의 특정 시점을 기준으로 데이터베이스를 조회하고자 할 때 사용한다. 내부적으로 언두 영역을 활용해 특정 시점의 변경 내역을 확인할 수 있도록 한다. 티베로의 Flashback Query 기능은 언두 테이블스페이스를 이용하며, 변경 전 데이터는 언두 보관기간(Undo Retention) 동안만 보관되며 초단위로 설정할 수 있다.

◆ Flashback Query 예제

과거의 특정 시점을 기준으로 데이터베이스를 조회하고자 할 때 사용한다. 즉, 특정 시점의 변경 내역만 알 수 있다. 내부적으로 언두 영역을 활용해 수행한다. as of timestamp 구문을 이용한다.

- 시나리오
  - 데이터베이스 운영 상태 : 운영 환경에 맞는 언두 보관기간을 설정한 상태이다.
  - 복구 대상 데이터 : 대상 데이터 및 현재 시간 확인한다.
  - 장애 발생 : 대상 테이블의 데이터가 삭제된다.
  - 복구 계획 : as of timestamp 구문 이용해 장애 이전 시점의 데이터를 조회한다.
- 복구 방법
  - 조회할 장애 이전의 특정 시점의 시간을 확인한다.
  - as of timestamp 구문 이용해 장애 이전 시점으로 데이터를 조회한다.
  - 필요 시 확인한 데이터를 바탕으로 데이터를 변경을 수행한다.

① 테스트를 위한 데이터베이스 정보 확인 및 사전 준비

운영시스템 명령으로 티베로 데이터베이스 프로세스가 실행 중인지 확인한다.

```
# ps -ef | grep tbsvr
```

데이터베이스를 시작 및 확인한다.

```
# tbboot
# tbsql sys/tibero
```

Undo 정보를 확인한다.

```
SQL> show parameter undo

NAME                TYPE       VALUE
---------------     ---------  --------------------
UNDO_RETENTION      INT32      900
UNDO_TABLESPACE     STRING     UNDO
```

테스트 결과 확인용 테이블 생성 예시이다. 기존에 테이블을 생성해 사용했다면 새로운 테스트 수행을 위해 삭제하고 다시 생성한다. 기존 테이블이 없다면 drop 문을 수행할 필요 없다.

```
SQL> drop table TIBERO.FLASHBACK_TEST_1 cascade constraints;
SQL> CREATE TABLE TIBERO.FLASHBACK_TEST_1
     AS SELECT LEVEL AS TEST_NO
              , ('NAME' || rownum) AS TEST_NAME
              , MOD(LEVEL, 9999) AS SALARY
              , (TO_DATE('2015/01/01','yyyy/mm/dd')
                + MOD(LEVEL, 365)) AS HIREDATE
     FROM DUAL CONNECT BY LEVEL <= 10000;
```

테스트 대상 데이터의 현재 시간을 조회한다.

```
SQL> SELECT to_char(sysdate,'yyyy-mm-dd hh24:mi:ss') FROM dual;

TO_CHAR(SYSDATE,'YYYY-MM-DDHH24:MI:SS')
---------------------------------------
2015-09-06 23:57:02
```

테스트 데이터를 확인하는 예시이다.

```
SQL> SELECT salary FROM tibero.flashback_test_1 WHERE test_no = 100;

SALARY
---------
   100
```

② 테스트를 위한 에러 발생

대상 데이터를 변경해 장애 상황이 발생한다.

```
SQL> UPDATE tibero.flashback_test_1 SET salary = 0 WHERE test_no = 100;
SQL> commit;
```

변경된 데이터를 확인한다.

```
SQL> SELECT salary FROM tibero.flashback_test_1 WHERE test_no = 100;

SALARY
---------
   0
```

③ 복구 수행

as of timestamp 구문을 이용해 장애 이전 시점으로 데이터를 조회한다.

```
SQL> SELECT salary
        FROM tibero.flashback_test_1 as of timestamp
        to_timestamp('2015-09-06 23:57:02','yyyy-mm-dd hh24:mi:ss')
        WHERE test_no = 100;

SALARY
---------
   100
```

복구를 수행한다.

```
SQL> UPDATE tibero.flashback_test_1 SET salary = 100 WHERE test_no = 100;
SQL> SELECT salary FROM tibero.flashback_test_1 WHERE test_no = 100;

SALARY
---------
   100
```

5.2.4.2. Flashback Table 기능

◆ Flashback Table 개요

FLASHBACK TABLE은 특정 시점의 데이터 만을 복원하는 것으로 테이블 이외의 오브젝트에는 수행되지 않으며 티베로 5 SP1 이상에서 지원하고 있다. 테이블을 특정 시점으로 돌려서 복원할 때 복원할 테이블의 이름을 원래 테이블의 이름과 다르게 하여 복구 후에도 기존 테이블이 남아 있게 할 수 있다. 따라서 기존 테이블로 다른 시점의 FLASHBACK TABLE이 가능하도록 할 수 있다.

TSN(Tibero System Number) 또는 TIMESTAMP를 이용한 두 가지 복구 방법이 있다.

◆ Flashback Table 예제

FLASHBACK TABLE은 특정 시점의 데이터를 복원한다. DLL이 수행된 이전의 시점으로는 불가능하며, 테이블 이외의 오브젝트에는 수행되지 않는다. FLASHBACK_ANY_TABLE 특권이 있어야 기능을 수행할 수 있다.

$TB_SID.tip 파일에서 옵션으로 값을 설정할 수 있고, 초기화 매개변수 UNDO_RETENTION 설정 값 이내의 시점까지 FLASHBACK TABLE로 복원이 가능하지만 _TSN_TIME_MAP_SIZE의 크기가 UNDO_RETENTION보다 같거나 커야 한다.

- 시나리오
  - 데이터베이스 운영 상태 : 운영환경에 맞는 Undo Retention을 설정한 상태이다.
  - 복구 대상 데이터 : 대상 데이터, TSN(Tibero System Number), 현재 시간을 확인한다.
  - 장애 발생 : 대상 테이블의 데이터가 변경 혹은 삭제된다.
  - 복구 계획 : TSN을 이용한 방법 또는 TIMESTAMP 이용한 방법을 선택해 복구를 수행한다.

- 복구 방법
  - 복구 방법을 선택한다.
  - 복구할 TSN 혹은 시간을 확인한다.
  - 선택한 복구 방법에 따라 복구를 수행한다.
  - TSN을 이용한 방법
    (예) flashback table [테이블 명] to TSN [TSN 번호] rename to [변경할 테이블 명];
  - TIMESTAMP를 이용한 방법
    (예 1) 현재 시간에서 x분 이전으로 테이블 상태를 돌리고 싶을 때(second도 가능 'y' second), interval은 항상 현재 시점을 기준으로 써주어야 한다.

```
flashback table [ 테이블명 ] to timestamp (SYSTIMESTAMP - INTERVAL 'x' MINUTE)
rename to [ 변경할 테이블명 ];
```

(예 2) 지정된 시간으로 table 상태를 돌리고 싶을 때(언두 테이블을 이용하기 때문에 flashback 하고 난 후 다시 변경을 원한다면 시간을 달리해서 계속 복구가 가능할 수 있다)

```
flashback table [ 테이블명 ] to timestamp (to_timestamp('대상 시간', 'yyyy-mm-dd
hh24:mi:ss') rename to [ 변경할 테이블명 ];
```

① 테스트를 위한 데이터베이스 정보 확인 및 사전 준비

테스트를 위한 정보 확인 및 변경 작업은 필요한 경우에만 수행한다. 실습 테스트를 위한 환경이 테스트 조건과 일치한다면 사전 작업과 관련된 것은 생략해도 좋다.

운영시스템 명령으로 티베로 데이터베이스 프로세스가 실행 중인지 확인한다.

```
# ps -ef | grep tbsvr
```

데이터베이스를 시작 및 확인한다.

```
# tbboot
# tbsql sys/tibero
```

언두 정보를 확인한다.

```
SQL> show parameter undo

NAME                   TYPE      VALUE
---------------------  --------  --------------------------
UNDO_RETENTION         INT32     900
UNDO_TABLESPACE        STRING    UNDO
```

테스트 결과 확인용 테이블 생성 예시이다. 기존에 테이블을 생성해 사용했다면 새로운 테스트 수행을 위해 삭제하고 다시 생성한다. 기존 테이블이 없다면 drop 문을 수행할 필요 없다.

```
SQL> drop table TIBERO.FLASHBACK_TEST_2 cascade constraints;
SQL> CREATE TABLE TIBERO.FLASHBACK_TEST_2
     AS SELECT LEVEL AS TEST_NO
              , ('NAME' || rownum) AS TEST_NAME
              , MOD(LEVEL, 9999) AS SALARY
              , (TO_DATE('2015/01/01','yyyy/mm/dd')
                 + MOD(LEVEL, 365)) AS HIREDATE
     FROM DUAL CONNECT BY LEVEL <= 10000;

Table 'TIBERO.FLASHBACK_TEST_2' created.
```

테스트 대상의 TSN 및 현재 시간(TIMESTAMP)을 확인한다.

```
SQL> SELECT current_tsn FROM v$database;

CURRENT_TSN
-----------
 204225

SQL> SELECT to_char(sysdate,'yyyy-mm-dd hh24:mi:ss') FROM dual;
TO_CHAR(SYSDATE,'YYYY-MM-DDHH24:MI:SS')
---------------------------------------
 2015-09-07 02:53:10
```

테스트 대상 데이터를 조회한다. 테스트 테이블 총 로우 수를 확인하는 예시이다.

```
SQL> SELECT salary FROM tibero.flashback_test_2 WHERE test_no = 200
       or test_no = 300;
SALARY
---------
   200
   300
```

- 테스트를 위한 장애 상황 발생

대상 데이터를 변경해 장애 상황이 발생한다.

```
SQL> UPDATE tibero.flashback_test_2 SET salary = 0 WHERE test_no = 200;
SQL> commit;
```

대상 데이터를 변경한다.

```
SQL> DELETE FROM tibero.flashback_test_2 WHERE test_no = 300;
SQL> commit;
```

변경된 데이터를 확인한다.

```
SQL> SELECT salary FROM tibero.flashback_test_2 WHERE test_no = 200
       OR test_no = 300;
SALARY
---------
 0
```

- 복구 수행

TSN을 이용해 다른 테이블 명으로 복구를 수행한다.

```
SQL> flashback table tibero.flashback_test_2 to tsn 204225 rename to
     flashback_test_2_tsn;

SQL> SELECT salary FROM tibero.flashback_test_2_tsn WHERE test_no = 200
     OR test_no = 300;

SALARY
---------
   200
   300
```

현재 시간에서 x분 이전으로 테이블 상태를 돌리고 싶을 경우 TIMESTAMP를 이용해 복구를 수행한다.

```
SQL> flashback table  tibero.flashback_test_2  to timestamp
      (SYSTIMESTAMP - INTERVAL '5' MINUTE) rename to
     flashback_test_2_timestamp;
```

지정된 시간으로 테이블 상태를 돌리고 싶은 경우는 다음과 같다.

```
SQL> flashback table  tibero.flashback_test_2  to timestamp
        to_timestamp('2015-09-07 04:33:50','yyyy-mm-dd hh24:mi:ss')
        rename to flashback_test_2_time;
```

복구수행을 확인한다.

```
SQL> SELECT salary FROM tibero.flashback_test_2_time
     WHERE test_no = 200 or test_no = 300;

SALARY
---------
   200
   300
```

5.2.4.3. Flashback Drop 기능

◆ **Flashback Drop 개요**

티베로 4 SP1 이상에서 지원하고 있으며 사용자 실수로 인해 오브젝트가 drop table 처리된 경우 오브젝트에 대한 복구기능을 제공한다. drop table 처리 시 대상을 리사이클빈(Recycle Bin) 영역에 옮겨놓고 Flashback 사용 시 복구를 수행한다.

  drop table하게 되면 리사이클빈 영역에 보관됐다가 Flashback으로 간단히 복구시킬 수 있다. 하지만 시스템, 가상, 파티션, 임시(TEMP) 테이블, External, 데이터베이스 링크들은 Flashback drop table 기능의 사용이 불가능하다.

  Flashback drop 기능을 사용하기 위해서는 초기화 매개변수 USE_RECYCLEBIN을 Y로 설정하거나 'alter system set USE_RECYCLEBIN=Y' 문장을 사용하여 리사이클빈 기능을 사용해야 한다. purge 옵션을 사용하여 드롭(drop) 된 테이블을 완전 삭제할 수도 있다.

```
purge table [대상 테이블명];
```

Purge 옵션에는 다음과 같은 선택 기능이 있다(완전 삭제 관련 선택 기능).

- **purge table/index** : drop된 테이블 및 인덱스를 완전 삭제 한다.
- **purge recyclebin** : user_recyclebin에 존재하는 자신의 객체들을 완전 삭제한다.
- **purge dba_recyclebin** : dba_recyclebin에 존재하는 모든 객체들을 완전 삭제한다.
- **purge tablespace "tablespace 이름"** : dba_recyclebin에서 특정 테이블스페이스에 속한 객체들을 완전 삭제한다.
- **purge user "user 이름"** : dba_recyclebin에서 특정 사용자에 속한 객체들을 완전 삭제한다.

◆ Flashback Drop 예제

  사용자 실수로 인해 오브젝트를 drop table 처리한 경우 드롭된 오브젝트에 대한 복구 기능을 제공한다. 드롭 처리 시 대상을 리사이클빈에 옮겨놓고 Flashback 사용 시 복구를 수행한다.

  drop table하게 되면 리사이클빈으로 보관됐다가 리사이클빈 드롭 기능으로 간단히 복구할 수 있다. 리사이클빈에 들어가 있는 테이블의 원래 이름을 다른 객체가 사용해 버린 경우 동일한 이름으로 Flashback되지 않는다. 이럴 경우 rename to 구문을 통해 리사이클빈에서 복구 시 테이블 명을 변경할 수 있다.

```
FLASHBACK TABLE [테이블명] TO BEFORE DROP RENAME TO [ 새이름 ];
```

  같은 이름의 리사이클빈이 여러 개 존재하는 경우 원래 이름을 주어서 Flashback하면 가장 최근의 것이 Flashback 된다.

- 시나리오
  - 데이터베이스 운영 상태 : 리사이클빈을 사용하고 있는 상태이다.
  - 복구 대상 데이터 : 대상 테이블 확인한다.
  - 장애 발생 : 대상 테이블을 drop시켜 삭제한다.
  - 복구 계획 : flashback drop ~ before drop 기능을 사용해 복구한다. 만약 drop 이후 테이블 완전 삭제 기능인 PURGE 기능을 사용했다면 Flashback Drop으로 복구할 수 없다.

- 복구 방법
  - 대상 테이블을 확인한다.
  - flashback drop ~ before drop 기능을 사용해 복구를 수행한다.
  - 복구 확인을 한다.

① 테스트를 위한 데이터베이스 정보 확인 및 사전 준비

테스트를 위한 정보 확인 및 변경 작업은 필요한 경우에만 수행한다. 실습 테스트를 위한 환경이 테스트 조건과 일치한다면 사전 작업과 관련된 것은 생략해도 좋다.

운영시스템 명령으로 티베로 데이터베이스 프로세스가 실행 중인지 확인한다.

```
# ps -ef | grep tbsvr
```

데이터베이스를 시작 및 확인한다.

```
# tbboot
# tbsql sys/tibero
```

리사이클빈 매개변수를 확인하고, Flashback Drop 사용을 위한 매개변수를 동적으로 적용한다.

```
SQL> show parameter recyclebin
SQL> alter system set USE_RECYCLEBIN=Y;
```

사용자 계정으로 접속해 테스트를 진행하기 위해 sys 계정이 아닌 사용자 계정으로 접속을 변경한다. 테스트 계정인 tibero 계정을 사용한다.

```
SQL> conn tibero/tibero
```

테스트 결과 확인용 테이블 생성 예시이다. 기존에 테이블을 생성해 사용했다면 새로운 테스트 수행을 위해 삭제하고 다시 생성한다. 기존 테이블이 없다면 drop 문을 수행할 필요없다.

```
SQL> DROP TABLE TIBERO.FLASHBACK_TEST_3 cascade constraints;
SQL> CREATE TABLE TIBERO.FLASHBACK_TEST_3
     AS SELECT LEVEL AS TEST_NO
              , ('NAME' || rownum) AS TEST_NAME
              , MOD(LEVEL, 9999) AS SALARY
              , (TO_DATE('2015/01/01','yyyy/mm/dd')
                + MOD(LEVEL, 365)) AS HIREDATE
     FROM DUAL CONNECT BY LEVEL <= 10000;

Table 'TIBERO.FLASHBACK_TEST_3' created.
```

테스트 대상 데이터를 확인하는 예시이다.

```
SQL> SELECT count(1) FROM tibero.flashback_test_3;

COUNT(1)
------------
10000
```

② 테스트를 위한 에러 발생

테이블 drop시켜 장애를 발생시키고, 변경된 데이터를 확인한다.

```
SQL> drop table tibero.flashback_test_3 cascade constraints;
Table 'FLASHBACK_TEST_3' dropped.

SQL> SELECT count(*) FROM tibero.flashback_test_3;
TBR-8033: Specified schema object was not found.
at line 1, column 23:
select count(*) from flashback_test_3
```

③ 복구 수행

Flashback drop 기능을 사용해 복구한다. flashback drop ~ before drop 기능을 사용한다.

```
SQL> flashback table tibero.flashback_test_3 to before drop;
SQL> SELECT count(1) FROM tibero.flashback_test_3;

COUNT(1)
------------
10000
```

5.3 | 티베로 성능관리 및 모니터링

시스템을 운영하다 보면 초기 시스템을 구축할 당시에는 생각하지 못했던 부하 상황이나 사용자 접속량, 데이터 증가, 애플리케이션의 수정, 시스템 설정 환경의 변화 등 시스템과 관련한 여러 영향들로 인해 데이터베이스도 다양한 영향을 받을 수 밖에 없다. 데이터베이스 시스템을 안정적으로 운영하기 위해서는 모니터링하고 성능을 관리할 필요가 있을 것이다. 티베로 데이터베이스 시스템에 대한 성능관리 및 모니터링하는 방법들에 대해 알아보도록 한다.

5.3.1. TPR(Tibero Performance Repository)

5.3.1.1. 개요

티베로 데이터베이스 시스템에서는 성능을 관리하는데 필요한 여러 통계 정보를 제공하고 있다. 이러한 통계 정보를 주기적으로 수집하고 이를 바탕으로 분석 리포트를 출력할 수 있는 기능인 TPR을 제공하고 있다. TPR은 스냅샷 저장 기능과 세션 상태 저장 기능을 수행한다. 또한 수동으로 스냅샷을 생성할 수 있고, 스냅샷 정보를 분석한 리포트를 생성해 성능분석을 할 수 있도록 지원하고 있다.

5.3.1.2. 분석 방법

◆ 환경파일($TB_SID.tip) 설정

티베로 6 버전에서 TPR 사용에 대한 설정은 기본으로 사용하게 되어 있어 따로 설정해 주지 않아도 된다. 스냅샷 저장 기능을 사용하는 경우 tip 파일에 TIBERO_PERFORMANCE_REPOSITORY=Y로 설정하고, 세션 상태 저장 기능을 사용하려면 ACTIVE_SESSION_HISTORY=Y로 설정하도록 한다.

그 밖의 설정을 하기 위해서는 〈표 5-25〉과 같은 매개변수로 조절하도록 한다.

표 5-25 | TPR 관련 매개변수

매개변수	설명
TIBERO_PERFORMANCE_REPOSITORY	'Y'로 설정하면 스냅샷 저장 기능을 활성화한다(기본 값 : Y).
TPR_SNAPSHOT_SAMPLING_INTERVAL	스냅샷을 추출하는 주기를 설정한다(기본 값 : 60, 단위 : 분).
TPR_SNAPSHOT_RETENTION	스냅샷을 최대 저장할 기간을 설정한다(기본 값 : 7, 단위 : 일).
TPR_SNAPSHOT_TOP_SQL_CNT	리포트에 출력할 상위 SQL 개수를 설정한다(기본 값 : 5, 단위 : 개).
TPR_SEGMENT_STATISTICS	'Y'로 설정하면 TPR에서 세그먼트별 통계 수집 기능을 활성화한다(기본 값 : N).
TPR_SNAPSHOT_TOP_SEGMENT_CNT	리포트에 출력할 상위 세그먼트 개수를 설정한다(기본 값 : 5, 단위 : 개).
TPR_METRIC	'Y'로 설정하면 TPR 메트릭 기능을 활성화한다(기본 값 : N).
TPR_AGGREGATION	'Y'로 설정하면 TPR 집합(aggregation) 기능을 활성화한다(기본 값 : N).
ACTIVE_SESSION_HISTORY	'Y'로 설정하면 세션 상태 저장 기능을 활성화한다(기본 값 : N).
_ACTIVE_SESSION_HISTORY_SAMPLING_INTERVAL	세션 상태 저장 주기를 설정한다(기본 값 : 1초, 단위 : 초).

◆ 관련 테이블과 뷰

티베로에서 저장한 스냅샷과 세션 상태는 관련 테이블과 뷰를 통해 확인할 수 있다. 7일이 경과한 스냅샷과 세션 상태의 정보는 삭제된다.

- 스냅샷 저장 기능

티베로는 각종 성능통계 정보인 _vt_jcntstat, v$system_event, v$sqlstats, v$sgastat 등을 보통 한 시간에 한번씩 주기적 데이터베이스의 전반적인 상태에 대한 스냅샷을 생성해 테이블에 저장해 둔다. 이렇게 저장된 정보를 스냅샷이라 부른다. 스냅샷 정보를 이용해 성능분석 리포트인 TPR 기능을 제공한다. 이런 기능을 이용하여 데이터베이스 관리자는 특정 구간을 지정하여 리포트를 생성하고 이를 이용해 데이터베이스의 성능 문제를 진단할 수 있다.

표 5-26 | 스냅샷 저장 기능

테이블	설명
_TPR_SNAPSHOT	저장된 스냅샷의 ID와 시간에 관한 정보를 관리하는 테이블이다.
_TPR_BASELINE	등록된 기준의 정보를 관리하는 테이블이다.
_TPR_ACTIVE_SESSION_HISTORY	저장된 ASH 예제 정보를 관리하는 테이블이다.
_TPR_METRIC	저장된 TPR 메트릭 정보를 관리하는 테이블이다.
_TPR_JCNTSTAT	_VT_JCNTSTAT 뷰의 스냅샷 정보를 관리하는 테이블이다.
_TPR_SQLSTATS	V$SQLSTATS 뷰의 스냅샷 정보를 관리하는 테이블이다.
_TPR_SQL_PLAN	V$SQL_PLAN 뷰의 스냅샷 정보를 관리하는 테이블이다.
_TPR_SQL_PLAN_STAT	V$SQL_PLAN_STATISTICS 뷰의 스냅샷 정보를 관리하는 테이블이다.
_TPR_LATCH	V$LATCH 뷰의 스냅샷 정보를 관리하는 테이블이다.
_TPR_SYSTEM_EVENT	V$SYSTEM_EVENT 뷰의 스냅샷 정보를 관리하는 테이블이다.
_TPR_WAITSTAT	V$WAITSTAT 뷰의 스냅샷 정보를 관리하는 테이블이다.
_TPR_SGASTAT	V$SGASTAT 뷰의 스냅샷 정보를 관리하는 테이블이다.
_TPR_PGASTAT	V$PGASTAT 뷰의 스냅샷 정보를 관리하는 테이블이다.
_TPR_LIBRARYCACHE	V$LIBRARYCACHE 뷰의 스냅샷 정보를 관리하는 테이블이다.
_TPR_SQLTEXT	V$SQLTEXT 뷰의 스냅샷 정보를 관리하는 테이블이다.
_TPR_FILESTAT	V$FILESTAT 뷰의 스냅샷 정보를 관리하는 테이블이다.
_TPR_SEGMENTSTAT	V$SEGMENT_STATISTICS 뷰의 스냅샷 정보를 관리하는 테이블이다.
_TPR_TEMPSEG_OP_USAGE	V$TEMPSEG_OP_USAGE 뷰의 스냅샷 정보를 관리하는 테이블이다.
_TPR_PROCESS	V$PROCESS 뷰의 스냅샷 정보를 관리하는 테이블이다.
_TPR_SESSION	V$SESSION 뷰의 스냅샷 정보를 관리하는 테이블이다.
_TPR_WAITER_SESSION	V$WAITER_SESSION 뷰의 스냅샷 정보를 관리하는 테이블이다.
_TPR_UNDOSTAT	V$UNDOSTAT 뷰의 스냅샷 정보를 관리하는 테이블이다.
_TPR_OSSTAT2	V$OSSTAT2 뷰의 스냅샷 정보를 관리하는 테이블이다.
_TPR_SQLWA_HIST	V$SQLWA_HIST 뷰의 스냅샷 정보를 관리하는 테이블이다.
_TPR_MODIFIED_PARAM	_VT_PARAMETER 테이블의 스냅샷 정보를 관리하는 테이블이다.
_TPR_MISC	세션 수와 같은 기타 정보의 스냅샷 정보를 관리하는 테이블이다.

다음과 같이 스냅샷 저장과 관련된 테이블의 정보를 확인할 수 있다.

```
SQL> desc _TPR_SNAPSHOT
-----------------------------------------------------------------
COLUMN_NAME              TYPE         CONSTRAINT
------------------------ ------------ ---------------- ----------
SNAP_ID                  NUMBER
THREAD#                  NUMBER
INSTANCE_NUMBER          NUMBER
BEGIN_INTERVAL_TIME      DATE
END_INTERVAL_TIME        DATE
SNAP_GID                 NUMBER
```

-세션 상태 저장 기능

티베로는 활동 중인 세션들의 정보를 1초에 한번씩 저장한다. 현재 진행 중인 상태인 세션들의 ID와 대기 중인 이벤트 정보를 메모리에 저장한다. 최근 1시간 동안의 세션 상태 정보는 V$ACTIVE_SESSION_HISTORY 뷰를 통해 조회할 수 있고, 활동 중인 세션 상태 정보는 _TPR_ACTIVE_SESSION_HISTORY로 알아 볼 수 있다.

이러한 뷰를 제공해 데이터베이스의 성능 문제를 더 자세하게 진단할 수 있도록 하고 있다. 주의할 점은 현재 세션 상태의 저장 기능은 부하 상황에 취약할 수 있으므로 환경에 따라 주기를 더 늘리기를 권장한다.

표 5-27 | 세션 상태의 저장 기능

테이블	설명
_TPR_ACTIVE_SESSION_HISTORY	활동 중인 세션 상태 정보를 관리하는 테이블이다.
V$ACTIVE_SESSION_HISTORY	최근 1시간 동안의 세션 상태 정보를 관리하는 테이블이다.

-수동 스냅샷 생성 기능

티베로에서는 디폴트로 1시간마다 자동으로 스냅샷이 생성되지만 원하는 경우 현재 시점의 스냅샷을 남길 수 있다.

다음과 같이 수동으로 스냅샷을 생성할 수 있다.

```
SQL> exec dbms_tpr.create_snapshot();
```

생성되는 스냅샷 정보는 _TPR_SNAPSHOT 테이블에서 확인할 수 있다.

```
SQL> select begin_interval_time, end_interval_time from _tpr_snapshot;
```

◆ 성능분석 리포트 작성

티베로에서는 저장된 스냅샷과 세션 상태는 테이블과 뷰를 통해 직접 이용할 수도 있지만 일반적으로는 저장된 스냅샷을 이용한 성능분석 리포트를 만들어 성능분석을 하는데 사용한다.

현재 저장된 스냅샷 정보를 분석해 성능분석 리포트를 생성하는 기능은 제공하고 있으나 저장된 세션 상태 정보를 분석해 성능분석 리포트를 만드는 기능은 제공하고 있지 않다.

- 스냅샷 이용 성능분석 리포트 작성

티베로에서는 원하는 분석 시간대를 정해서 그 시간대의 성능분석 리포트를 출력해 성능분석하는데 사용할 수 있다. _TPR_SNAPSHOT 테이블의 BEGIN_INTERVAL_TIME을 이용할 수 있는데, 분석을 원하는 시간을 조건으로 BEGIN_INTERVAL_TIME의 시간을 조회해 그 사이에 포함된 모든 스냅샷들이 리포트로 출력된다.

리포트 출력은 dbms_tpr 패키지의 report_text(begin_date, end_date)를 이용한다. 우선 분석하기를 원하는 분석 시간대를 확인하기 위해 다음과 같이 사전 작업을 한다.

```
SQL> alter session set nls_date_format='yyyymmdd hh24:mi:ss';
SQL> SELECT * FROM _tpr_snapshot;
```

원하는 시간대의 시작과 종료 시각을 각기 begin_date과 end_date으로 설정하는 경우에 tbsql 툴을 이용해서 다음과 같은 입력 방법을 통하여 성능분석 리포트를 작성할 수 있다.

```
SQL> exec dbms_tpr.report_text('2015-09-11 13:00:00', '2015-09-11 14:59:00');
PSM completed.
```

이렇게 _TPR_SNAPSHOT 테이블의 BEGIN_INTERVAL_TIME과 END_INTERVAL_TIME 사이에 포함되어 있다면 이 사이에 포함된 모든 스냅샷들이 리포트로 출력된다. 앞에서 수행한 성능분석 리포트는 다음과 같은 경로에 파일로 만들어 진다.

```
# TB_HOME/instance/$TB_SID/tpr_report.{mthr_pid}.{current_time}
```

- 성능분석 항목

성능분석 리포트에는 다양한 성능분석 항목들이 출력된다.

표 5-28 | TPR 성능분석 항목

분류	항목	세부 항목
Overview Part	System Overview	- CPU 사용량 - Memory 사용량
	Workload Overview	- Workload Summary - Workload Stats

	Instance Overview	- Instance Efficiency - TAC Statistics Overview (Cluster Cache Activity, Cluster Buffer Cache, Cluster Cache and Wait Lock Statistics) - Top 5 Wait Events by Wait Time - I/O Overview
	SQL Overview	- PGA Work Area Statistics - Top 3 SQL Ordered by Elapsed Time - Top 3 SQL Ordered by Executions - Top 3 SQL Ordered by Gets
Detail Part	System Detail	- OS Statistics - Shared Pool Statistics - Physical Plan Cache Statistics - Data Dictionary Cache Statistics - PGA Statistics
	Workload Detail	- Workload Stats (Time-based) - Workload Stats (Number-based) - Workload Stats (Size-based)

	Instance Detail	- Buffer Cache Statistics
		- Wait Event Summary (by Class)
		- Wait Events by Wait Time
		- Session Status with Wait Event
		- Blocking Session Status with Wait Event
		- Wlock Statistics
		- Spinlock(Latch) Statistics
		- Spinlock(Latch) Sleep Statistics
		- Tablespace I/O Statistics
		- File I/O Statistics
		- Temp Segment Usage Statistics
		- Segments Ordered by Physical Reads
		  (TPR_SEGMENT_STATISTICS=Y로 설정할 경우)
		- Segments Ordered by Logical Reads
		  (TPR_SEGMENT_STATISTICS=Y로 설정할 경우)
		- Segments Ordered by ITL Waits
		  (TPR_SEGMENT_STATISTICS=Y로 설정할 경우)
		- Segments Ordered by Buffer Busy Waits
		  (TPR_SEGMENT_STATISTICS=Y로 설정할 경우)
		- Segments Ordered by Row Lock Waits
		  (TPR_SEGMENT_STATISTICS=Y로 설정할 경우)
		- Undo Statistics
		- Wait Statistics (_DB_BLOCK_PIN_WAIT_USE_STAT=Y로 설정할 경우)

	SQL Detail	- PGA Summary - PGA Work Area Histogram - SQL Ordered by Elapsed Time (with Physical Plan) - SQL Ordered by Elapsed Time/Execution (with Physical Plan) - SQL Ordered by Executions (with Physical Plan) - SQL Ordered by Gets (with Physical Plan) - SQL Ordered by Reads (with Physical Plan) - SQL Ordered by Extra I/O (with Physical Plan) - SQL Ordered by CPU (with Physical Plan)
Etc	Tibero Init. Parameters(.tip)	Tibero RDBMS initialization 매개변수 설정 값 정보
	Modified Parameters	SNAP ID, NAME, DFLT VALUE, CURRENT VALUE, RANGE 정보

5.3.2. 데이터베이스 performance

5.3.2.1. Buffer Cache Hit Ratio

◆ 개요

버퍼 캐시 적중 비율(Buffer Cache Hit Ratio)은 사용자가 액세스한 메모리 블록 중에서 사전에 캐시되어 있어 물리적인 I/O 발생이 없이 액세스를 할 수 있는 블록의 비율을 나타낸다. 만약 버퍼 캐시 적중 비율이 권장 값 미만일 경우에는 할당된 데이터베이스 버퍼의 크기가 너무 적거나 지나치게 많은 I/O를 유발하는 애플리케이션이 존재한다는 것을 의미한다.

버퍼 캐시(Buffer Cache)는 데이터에 대한 조회, 수정 작업을 하기 위해 물리적인 저장 공간에 존재하는 데이터 정보를 읽어 들여 담아 두는 데이터베이스에서 관리하는 메모리 공간이라고 할 수 있다. 여기에는 데이터가 변경 작업 중인 것, 변경이 완료됐지만 아직 물리적 저장 매체에 기록되지 않은 것, 그리고 변경도 완료됐고 물리적 저장 매체에 기록된 것으로 나눠볼 수 있다.

◆ 성능 점검

— 버퍼 캐시 적중 비율 점검

버퍼 캐시 적중 비율을 확인하는 방법은 v$sysstat를 이용해 쿼리를 작성하는 방법도 있지만 성능 분석 리포트를 출력해서 버퍼 캐시 통계(Buffer Cache Statistics)의 데이터베이스 캐시 적중률을 통해 확인해 볼 수 있다.

데이터베이스 Cache Hit의 확인을 통해 버퍼 캐시 적중 비율이 낮게 나온다면 개선이 필요할 것이다. 버퍼 캐시 적중 비율이 낮게 나오는 이유는 버퍼 캐시 크기가 작게 잡혔을 때 사용 쿼리가 최적화되어있지 않거나, 인덱스를 제대로 만들지 않을 경우가 해당될 수 있다.

만약 데이터베이스 캐시 적중 비율이 95% 이하일 경우, 우선 버퍼 캐시 크기를 늘려서 개선해 볼 수 있을 것이다. 그 다음으로 쿼리 튜닝이나 인덱스 생성에 대한 점검을 통해 조치할 수도 있다.

다음은 성능분석 리포트의 버퍼 캐시 통계에 대한 내용 예시이다.

```
7. Instance Detail Section
==========================================================
7.1 Buffer Cache Statistics
==========================================================

Num of     DB Cache    Physical        Physical    Free Buf    Buf Busy
Buffers    Hit %       Buffer Gets     Reads       Writes      Waits        Waits
--------   ---------   -------------   ---------   ---------   ---------    ---------
43,688     100.00      45,599          0           425         0            0
```

- **free blocks wait time 항목 존재 점검**

인스턴스 활동 통계(Instance Activity Stats, 시간 기반)에서 free blocks wait time이 발견된다면 버퍼 캐시 크기가 작거나 효율이 떨어져서 데이터베이스 블록을 읽어들일 때 대기 현상이 발생한다는 의미로 볼 수 있다. 이럴 경우에는 다음과 같이 조정을 할 필요가 있다.

- 운영시스템 상 메모리 여유량을 확인하여 메모리 부족으로 인한 파싱, 스와핑이 발생하지 않는 범위 내에서 tip 파일의 DB_CACHE_SIZE 값을 늘려 데이터베이스 버퍼의 캐시 크기를 늘려준다.
- Full Table Scan이 발생하고 있다면 제거하거나 tip 파일에 _FSCAN_SMART_FETCH=Y를 설정해서 Full Table Scan할 때 버퍼 캐시 사용을 줄일 수 있도록 변경해 볼 수 있다.
- 환경파일($TB_SID.tip)에 _LOG_INC_CHECKPOINT_TIMEOUT 값을 조정하여 Incremental CheckPoint 주기를 짧게 설정해 볼 수 있다. Incremental CheckPoint 주기의 기본 값은 3(초)이고, 이것을 1(초)까지 줄이는 것이 가능하다.

5.3.2.2. PP 캐시 적중 비율(Physcial Plan Cache Hit Ratio)

SQL의 수행 시간을 줄이거나 효율적인 메모리 관리를 목적으로 티베로에서는 TSM에서 수행된 SQL을 재사용과 공유의 목적으로 관리하고 있는데, 이것을 SQL 캐시(Cache)라 한다. SQL 캐시 적중 비율(Cache Hit Ratio)은 V$LIBRARYCACHE를 통해서 확인할 수 있다.

다음은 SQL 캐시 적중 비율의 확인 예시이다.

```
SQL> SELECT namespace, gets, gethits, gethitratio, pins, pinhits, pinhitratio
     FROM V$LIBRARYCACHE
     WHERE namespace = 'SQL AREA';
```

표 5-29 | V$LIBRARYCACHE 항목 설명

항목	설명
NAMESPACE	Library Cache(PP cache), DD Cach의 항목들이다. - Library Cache(PP cache) 는 NAMESPACE의 값을 "SQL AREA"으로 설정해 확인할 수 있다. - DD cache 는 NAMESPACE의 값에 각각 DD 테이블의 이름을 설정해서 확인 가능하다.
GETS	캐시의 총 액세스 횟수이다.
GETHITS	캐시의 적중 횟수이다.
GETHITRATIO	(PINHITS / PINS) * 100으로 계산하고, 캐시의 적중 비율이다.
PINS	캐시에 있는 객체에 대한 요청을 PIN 한 횟수이다.
PINHITS	캐시에 이미 PIN 되어 있는 객체의 횟수이다.
PINHITRATIO	PIN 수로 나눈 PINHITS 수의 비율이다. 값이 1에 가깝다면 객체의 대부분이 PIN을 시도했고 캐시되었다는 것을 나타낸다.

V$LIBRARYCACHE에서 SQL AREA NAMESPACE의 GETHITRATIO가 90% 이상을 유지할 것을 권장한다. GETHITRATIO 즉, 적중 비율이 낮을 경우에는 우선 자주 사용되는 SQL을 대상으로 리터럴(literal) SQL이 사용되고 있지 않는지 조사해 보고 리터럴 SQL에 대해서는 바인드 변수를 사용할 수 있도록 수정 작업을 한다.

5.3.2.3. 딕셔너리 캐시 적중 비율(Dictionary Cache Hit Ratio)

데이터 디셔너리 캐시(Data Dictionary Cache)는 데이터 딕셔너리(Data Dictionary) 정보를 캐시하는 영역으로 공유 캐시에서 할당한다. 딕셔너리 캐시는 각 데이터 딕셔너리 정보를 로우 단위로 관리하고, 딕셔너리 캐시의 크기는 사용자가 따로 지정할 수 없다.

SQL 문이 파싱 되면 데이터 딕셔너리에서 객체 그리고 객체 권한, 객체 구조, 사용자 정의 테이블, 뷰, 인덱스 등을 참조하고, 이렇게 참조한 딕셔너리 데이터를 저장하는 영역에 해당하는 것이 딕셔너리 캐시라 하겠다.

딕셔너리 캐시(Dictionary Cache) 정보는 V$ROWCACHE를 이용해 확인할 수 있고, V$ROW-CACHE는 DD Cache의 상세한 상태 정보를 나타낸다.

표 5-30 | V$ROWCACHE의 항목 설명

항목	설명
NAME	DD Cache의 항목들이다.
SEARCH_KEY	DD Cache 에서 탐색 키 값이다.
BUCKETSET_ID	탐색 키에서 Bucketset 아이디이다.
ENTRY_CNT	버킷(Bucketset)에서 캐시된 항목의 수이다.
HIT_CNT	DD Cache에서 성공한 횟수이다.
MISS_CNT	DD Cache에서 실패한 횟수이다.

CACHE_SIZE	버킷의 크기로 Byte 단위이다.
PINNED_CNT	버킷에서 PIN 되어진 항목의 수이다.
INVALID_CNT	버킷에서 INVALID 된 항목의 수이다.
NE_CNT	버킷에서 존재하지 않는 객체의 항목 수이다.

다음은 딕셔너리 캐시 적중 비율의 확인 예시이다.

```
SQL> SELECT TO_CHAR(sysdate, 'yyyy/mm/dd hh24:mi:ss') AS "Current Time",
            ROUND( ( sum(hit_cnt) - sum(miss_cnt) ) / sum(hit_cnt) * 100, 1)
            AS "Dictionary Cache Hit Ratio(%)"
     FROM V$ROWCACHE;
```

위에서 확인하고 있는 것은 해당 SQL을 수행한 시간과 딕셔너리 캐시 적중 비율이다.

딕셔너리 캐시 적중 비율 정보는 인스턴스가 기동하고 나서 어느 정도 시간이 지난 후 데이터베이스가 일정량의 작업을 수행하고 운영된 상태에서의 정보이어야 의미가 있으며 적중 비율을 90% 이상 유지할 것을 권장한다.

적중 비율이 기준 값 이하일 때, tip 파일의 초기화 매개변수 TOTAL_SHM_SIZE와 DB_CACHE_SIZE의 비율 조정을 통해 공유 캐시의 크기를 증가시켜서 적중 비율을 높일 수 있다.

5.3.2.4. 공유 캐시 여유 공간(Shared Cache Free Space)

티베로의 공유 캐시 영역은 라이브러리 캐시(Library Cache), 딕셔너리 캐시로 구성된다. 공유 캐시 영역은 사용 가능한 메모리 공간이 있는 경우 기존 오브젝트들은 캐시 영역에 남겨 두고 비어 있는 공간을 사용한다. 그러므로 라이브러리 캐시, 딕셔너리 캐시의 적중 비율이 양호한 상태라면 일반적인 운영 상태에서는 여유 메모리 크기는 낮은 상태를 유지하고 있고, 이것은 정상적인 상태라고 할 수 있다.

다음은 티베로 메모리를 구성하는 TSM에 대한 기본적인 메모리 정보를 확인하는 예시이다.

```
SQL> SELECT 'TSM(Tibero Shared Memory) : '||total/1024 || ' K' as
            "TSM(Tibero Shared Memory)"
     FROM v$sga
     WHERE name = 'SHARED MEMORY'
     UNION ALL
     SELECT 'Shared Cache Size : '||ROUND(total/1024, 0) || ' K'
     FROM v$sga
     WHERE name = 'SHARED POOL MEMORY'
     UNION ALL
     SELECT 'Database Buffer Size : '||value/1024 || ' K'
     FROM _vt_parameter
```

```
WHERE name='DB_CACHE_SIZE'
UNION ALL
SELECT 'DB Block Size : '||value/1024 || ' K'
FROM _vt_parameter
WHERE name = 'DB_BLOCK_SIZE'
UNION ALL
SELECT 'Redo Log BUffer Size : '||value/1024 || ' K'
FROM _vt_parameter
WHERE name = 'LOG_BUFFER'
UNION ALL
SELECT 'WPM(Working Process Memory) : ' || ROUND(value/1024, 0) || ' K'
FROM _vt_parameter
WHERE name='EX_MEMORY_HARD_LIMIT';
```

다음은 공유 캐시의 여유 메모리 크기를 확인하는 예시이다.

```
SQL> SELECT round(total/1024/1024, 1) "Shared Cache Total (MB)",
            round(used/1024/1024, 1) "Used (MB)",
            round((total - used)/1024/1024, 1) "free (MB)"
     FROM v$sga
     WHERE name='SHARED_POOL_MEMORY';
```

공유 풀(Shared Pool)의 내용을 모두 비울 필요가 있을 경우 다음과 같이 할 수 있다.

```
SQL> ALTER SYSTEM FLUSH SHARED_POOL;
```

위의 구문을 실행하면 현재 사용 중이지 않은 PP 캐시와 DD 캐시를 삭제한다.

항상 큰 여유 메모리가 남아 있다면 공유 캐시가 불필요하게 크게 설정되어 있다는 것을 의미한다. 그리고 일시적으로 갑자기 Free 메모리 크기가 증가하는 경우는 조각(Fragmentation)이 많이 발생해 대량의 오브젝트가 일시에 Flush 된 것을 의미하게 되므로 운영 시점에 어떠한 문제를 발생하고 있다는 상황일 수 있다.

공유 캐시 메모리의 조각이 발생하지 않도록 하기 위해서는 리터럴(Literal SQL)의 경우 바인드 변수를 사용해 Static SQL로 처리할 수 있도록 점검을 한다.

5.3.3. 디스크 I/O

5.3.3.1. 파일 I/O

티베로에서는 데이터 파일의 I/O 정도와 시간을 확인할 수 있다. 다음은 데이터 파일의 I/O 정도와 시간을 확인하는 예시이다.

```sql
SQL> SELECT fl.tablespace_name, df.name, fs.phyrds, fs.phywrts,
            round((PHYRDS / (SELECT sum(phyrds)
     FROM v$filestat)) *100, 1) "P_READ(%)",
            round((PHYWRTS / DECODE((SELECT sum(phywrts)
                                     FROM v$filestat), 0, 1,
            (SELECT sum(phywrts)
     FROM v$filestat)))*100, 1) "P_WRITE(%)",
            round((phyrds + phywrts) / (SELECT sum(phyrds) + sum(phywrts)
                                        FROM v$filestat) * 100, 1) "TOTAL IO (%)" ,
            round(fs.AVGIOTIM/1000, 3) "AVG_TIME(msec)"
  FROM V$DATAFILE df, V$FILESTAT fs, dba_data_files fl
  WHERE df.file# = fs.file#
  AND df.file# = fl.file_id
  ORDER BY phyrds+phywrts DESC;
```

위의 구문에서 Read(%), Write(%), Total IO(%)는 데이터베이스 내의 모든 파일에 대한 읽기, 쓰기, 읽기+쓰기 가운데 해당 파일이 차지하는 비율을 의미한다.

〈표 5-31〉은 데이터 파일의 I/O 정도와 시간을 확인하는 예시의 각 항목에 대한 설명이다.

표 5-31 | 데이터 파일의 I/O 정도와 시간의 확인 구문의 각 항목 설명

항목	설명
TABLESPACE_NAME	테이블스페이스의 이름이다.
NAME	생성된 데이터 파일 이름이다.
PHYRDS	디스크에서 블록을 읽은 횟수이다.
PHYWRTS	디스크에 블록을 쓴 횟수이다. 해당 데이터 파일의 읽기 빈도이다(전체 블록 읽기 중에 해당 데이터 파일의 비중).
P_READ(%)	해당 데이터 파일의 쓰기 빈도이다(전체 블록 쓰기 중에 해당 데이터 파일의 비중).
P_WRITE(%)	해당 데이터 파일의 읽기와 쓰기 빈도이다(전체 블록 읽기와 쓰기 중에 해당 데이터 파일의 비중).
TOTAL IO (%)	평균 I/O 시간이다(기본 값의 단위가 usec 이므로 적절히 변환하여 사용한다. 앞의 예에서는 msec으로 표기함).
AVG_TIME	평균 I/O 시간이다(기본 값의 단위가 usec 이므로 적절히 변환하여 사용한다. 앞의 예에서는 msec으로 표기함).

운영 및 관리 시에 저장 공간에 대한 읽기/쓰기 수치에 대해 모니터링할 필요가 있다. 특정 테이블스페이스, 데이터 파일, 디스크, 볼륨 영역에 부하가 몰려 I/O 경합이 심해질 수 있어 I/O 처리시간이 길어지는 경우 데이터 파일은 하나의 장치(Device)에 몰리지 않도록 분산시키는 등의 조치가 필요할 수 있다.

특정 볼륨이나 파일에 부하가 몰리지 않도록 물리적인 I/O를 잘 배치해야 하며 디스크 미러링, 스트라이핑(Striping) 구성 상태에는 문제가 없는지 사전에 점검하도록 한다. 평균 I/O 시간이 긴 데이터 파일에 대해서는 해당 데이터 파일이 위치한 디스크의 성능을 고려하도록 하고, 많은 데이터 파일이 같은 위치에 있어 I/O 병목현상이 발생할 수도 있다는 것을 염두에 두어야 할 것이다.

5.3.3.2. 온라인 리두로그 스위치 회수(Online Redo Log switch Count)

티베로에서는 시간별로 온라인 리두로그 스위치 회수를 확인할 수 있다. 다음은 시간별로 온라인 리두로그 스위치(Switch)의 횟수를 확인하는 예시이다.

```
SQL> SELECT TO_CHAR(first_time,'MM/DD') ||' :'||
            TO_CHAR(sum(DECODE(TO_CHAR(first_time,'hh24'),'00',1,0)),'99')
||'|'||     TO_CHAR(sum(DECODE(TO_CHAR(first_time,'hh24'),'01',1,0)),'99')
||'|'||     TO_CHAR(sum(DECODE(TO_CHAR(first_time,'hh24'),'02',1,0)),'99')
||'|'||     TO_CHAR(sum(DECODE(TO_CHAR(first_time,'hh24'),'03',1,0)),'99')
||'|'||     TO_CHAR(sum(DECODE(TO_CHAR(first_time,'hh24'),'04',1,0)),'99')
||'|'||     TO_CHAR(sum(DECODE(TO_CHAR(first_time,'hh24'),'05',1,0)),'99')
||'|'||     TO_CHAR(sum(DECODE(TO_CHAR(first_time,'hh24'),'06',1,0)),'99')
||'|'||     TO_CHAR(sum(DECODE(TO_CHAR(first_time,'hh24'),'07',1,0)),'99')
||'|'||     TO_CHAR(sum(DECODE(TO_CHAR(first_time,'hh24'),'08',1,0)),'99')
||'|'||     TO_CHAR(sum(DECODE(TO_CHAR(first_time,'hh24'),'09',1,0)),'99')
||'|'||     TO_CHAR(sum(DECODE(TO_CHAR(first_time,'hh24'),'10',1,0)),'99')
||'|'||     TO_CHAR(sum(DECODE(TO_CHAR(first_time,'hh24'),'11',1,0)),'99')
||'|'||     TO_CHAR(sum(DECODE(TO_CHAR(first_time,'hh24'),'12',1,0)),'99')
||'|'||     TO_CHAR(sum(DECODE(TO_CHAR(first_time,'hh24'),'13',1,0)),'99')
||'|'||     TO_CHAR(sum(DECODE(TO_CHAR(first_time,'hh24'),'14',1,0)),'99')
||'|'||     TO_CHAR(sum(DECODE(TO_CHAR(first_time,'hh24'),'15',1,0)),'99')
||'|'||     TO_CHAR(sum(DECODE(TO_CHAR(first_time,'hh24'),'16',1,0)),'99')
||'|'||     TO_CHAR(sum(DECODE(TO_CHAR(first_time,'hh24'),'17',1,0)),'99')
||'|'||     TO_CHAR(sum(DECODE(TO_CHAR(first_time,'hh24'),'18',1,0)),'99')
||'|'||     TO_CHAR(sum(DECODE(TO_CHAR(first_time,'hh24'),'19',1,0)),'99')
||'|'||     TO_CHAR(sum(DECODE(TO_CHAR(first_time,'hh24'),'20',1,0)),'99')
||'|'||     TO_CHAR(sum(DECODE(TO_CHAR(first_time,'hh24'),'21',1,0)),'99')
||'|'||     TO_CHAR(sum(DECODE(TO_CHAR(first_time,'hh24'),'22',1,0)),'99')
||'|'||     TO_CHAR(sum(DECODE(TO_CHAR(first_time,'hh24'),'23',1,0)),'99')
||'|'        as "Online Log_history : 00(h)~"
      FROM v$log GROUP BY TO_CHAR(first_time,'MM/DD');
```

실행된 위의 문장의 결과는 온라인 리두로그에 대하여 매 시간별 발생한 로그 스위치의 발생 횟수를 보여주고 있다.

온라인 리두로그의 시간별 스위치 횟수로 데이터베이스의 트랜잭션 양을 예측할 수 있고, 운영 당시의 시점에서 가장 트랜잭션이 많은 시간대를 파악하고 점검해 볼 수 있을 것이다. 많은 트랜잭션이 발생하는 시간에는 작업량이 큰 일괄처리 작업 등을 다른 시간에 수행하도록 하는 고려도 해 볼 수 있다.

5.3.4. Current Info

5.3.4.1. 현재 세션 정보(Session Info)

대상 데이터베이스에 접속되어 있는 모든 세션과 현재 작업 중인 세션의 수, WPMWorking Process Memory 합계를 확인할 수 있다. 세션과 관련된 상태에는 READY, RUNNING이 있다.

다음은 현재 세션 정보를 확인하는 예시이다.

```sql
SQL> SELECT to_char(sysdate, 'yyyy/mm/dd hh24:mi:ss') "Time",
            "Working Process Memory",
            (a.acs + b.run) "Total Sess" ,
            b.run "Running Sess",
            c.recover "Recover Sess"
    FROM (SELECT SUM(pga_used_mem) "Working Process Memory",
                 COUNT(*) acs
          FROM v$session
          WHERE status='ACTIVE') a,
         (SELECT COUNT(*) run
          FROM v$session
          WHERE status='RUNNING') b,
         (SELECT COUNT(*) recover
          FROM v$session
          WHERE status='SESS_RECOVERING') c;
```

위의 실행문에 확인해 볼 수 있는 항목은 〈표 5-32〉와 같다.

표 5-32 | 현재 세션 정보 확인 구문의 각 항목 설명

항목	설명
Time	쿼리를 날린 현재 시간이다.
Work Proc Memory	현재 동작 중인 세션이 사용하고 있는 로컬 메모리 영역의 전체 크기이다.
Active	일반적인 상태로 사용자가 접속만 하고 있는 상태이다.
RUNNING	실제 작업을 수행하고 있는 상태이다.
SESS_RECOVERING	부팅 또는 세션을 강제 종료할 때 트랜잭션이 복구 중인 상태이다.

전체 세션의 상당수가 Running 상태의 세션이라면 락(Lock)과 현재 트랜잭션 정보를 확인해서 불필요한 세션 사용은 없는지 등의 적절한 조치를 할 필요가 있다.

5.3.4.2. 현재 트랜잭션 정보(Current Transaction Info)

현재 진행 중인 트랜잭션들의 목록과 관련 정보를 확인할 수 있다. 다음은 현재 트랜잭션 정보를 확인하는 예시이다.

```sql
SQL> SELECT distinct vs.sid,
       vs.serial#,
       vs.username,
       vs.username || '.' || va.object "OBJECT",
       vs.status,
       vt.used_blk,
       vt.usn ,
       vt.start_time,
       floor(mod((sysdate - vt.start_time)*24, 24)) || ':'||
       lpad(floor(mod((sysdate - vt.start_time)*1440, 60)), 2, 0) ||':'||
       lpad(floor(mod((sysdate - vt.start_time)*86400, 60)), 2, 0) AS
                "Transaction Time",
       vst.sql_text
FROM v$session vs,
       vt_transaction vt,
       v$sqltext vst,
       v$access va
WHERE vt.sess_id = vs.sid
AND vt.sess_id = va.sid
AND nvl(vs.sql_id, vs.prev_sql_id) = vst.sql_id;
```

위의 실행문에 확인해 볼 수 있는 항목은 〈표 5-33〉과 같다.

표 5-33 | 현재 트랜잭션 정보 확인 구문의 각 항목 설명

항목	설명
SID	트랜잭션을 수행 중인 세션의 ID이다.
USERNAME	트랜잭션을 수행 중인 세션의 사용자이다.
OBJECT	현재 동작 중인 트랜잭션에서 사용 중인 테이블들의 목록이다(하나의 트랜잭션에서 여러 테이블을 접근할 경우 테이블마다 하나의 로우로 나타낸다).
STATUS	트랜잭션을 수행하고 있는 세션의 상태 정보이다.
USED_BLK	현재 트랜잭션이 사용 중인 블록의 개수이다.

START_TIME	트랜잭션이 시작된 시간이다.
Transaction Time	트랜잭션이 진행된 시간이다.
SQL_TEXT	현재 수행 중인 SQL 내용이다.

운영 중의 현재 시점에서 트랜잭션이 사용 중인지 확인하고 장시간 커밋(Commit)이나 롤백(Rollback) 없이 진행되는 트랜잭션의 경우 애플리케이션에서 코딩을 잘못하지 않았는지 혹은 관리자나 개발자의 실수는 없는지를 판단하여 불필요한 트랜잭션에 대해 커밋이나 롤백을 할 수 있도록 조치를 취한다.

5.3.4.3. 세션에 대한 현재 SQL 정보(Current SQL Info for Session)

운영 현재 시점에서 세션 별로 수행되고 있는 SELECT 및 DML 구문을 확인할 수 있다. 다음은 현재 SQL 정보를 확인하는 예시이다.

```
SQL> SELECT sid, serial#,
  '{' || aggr_concat(sql_text, '' ORDER BY PIECE) || '}' SQL
    FROM v$session vs,
         v$sqltext vst
    WHERE vs.sql_id=vst.sql_id
    GROUP BY SID, SERIAL#;
```

표 5-34 | 현재 SQL 정보 확인 구문의 각 항목 설명

항목	설명
SID	세션 ID이다.
SERIAL#	세션의 Serial이다. 같은 세션 ID라도 사용자가 변경되면 Serial이 변경된다.
SQL	현재 수행중인 SQL 내용이다.

운영 중의 현재 시점에서 활성화된 세션의 SQL 구문을 확인해 불량 SQL 문이나 불필요한 루프문이 수행돼 데이터베이스에 부하를 주고 있는 세션은 없는지 확인한다. 그러한 것이 있다면 해당 쿼리를 찾아내서 관련된 세션에 대해 적절한 조치를 취할 필요가 있다.

5.3.4.4. 세션에 대한 현재 WLOCK 정보 Current WLOCK Info

운영 현재 시점에서 실행 중인 세션의 트랜잭션 시간 및 Lock 모드를 확인할 수 있다. 다음은 현재 WLOCK 정보를 확인하는 예시이다.

```
SQL> SELECT s.user_name "username",
            s.sess_id || ',' || s.serial_no "session",
            o.owner|| '.' ||o.object_name "object",
            s.status "status",
            floor(mod((sysdate - vt.start_time)*24, 24)) || ':'||
            lpad(floor(mod((sysdate - vt.start_time)*1440, 60)), 2, 0) ||':'||
            lpad(floor(mod((sysdate - vt.start_time)*86400, 60)), 2, 0)
                      as "transaction time",
            decode(l.lmode, 0,'[0]none ', 1,'[1]null', 2, '[2]row-s
                   (ss)',3,'[3]row-x (sx)'
                  , 4, '[4]share', 5, '[5]s/row-x (ssx)'
                  , 6, '[6]exclusive', to_char(l.lmode) ) "lock mode",
            l.status "state",
            nvl(s.sql_id, s.prev_sql_id) sql_id
    FROM vt_wlock l,
         vt_session s,
         dba_objects o,
         vt_transaction vt
    WHERE l.lmode =2              -- 1 이상 수집
      AND l.sess_id = s.sess_id
      AND l.id1 = o.object_id (+)
      AND l.sess_id = vt.sess_id;
```

표 5-35 | 현재 WLOCK 정보 확인 구문의 각 항목 설명

항목	설명
USERNAME	트랜잭션을 수행중인 세션의 사용자이다.
SESSION	트랜잭션을 수행중인 세션의 ID와 Serial#이다.
OBJECT	DML Lock이 걸려있거나 또는 요청하고 있는 스키마 오브젝트이다.
LMODE	wlock 소유권의 모드이다(RS=1, RX=2, S=3, SRX=4, X=5).

DML 락(Lock)을 발생시키거나 걸려있는 트랜잭션과 오브젝트를 확인하고 해당 세션을 끊거나 애플리케이션 상에서의 구현이 잘못되어 있든가 또는 사용자가 잘못된 쿼리 수행으로 장시간 락이 걸려있는 부분이 있는지 확인하고 있다면 이에 대해 커밋 또는 롤백이 이뤄질 수 있도록 조치를 취한다.

5.3.4.5. 현재 WLOCK Holding & Waiting Info

블록킹하고 있는 락 정보와 대기하고 있는 락 정보를 모니터링할 수 있다. 다음은 현재 WLOCK Holding & Waiting 정보를 확인하는 예시이다.

```sql
SQL> SELECT bs.user_name "Blocking User" ,
            ws.user_name "Waiting User" ,
            bs.sess_id "Blocking Sid" ,
            ws.sess_id "Waiting Sid" ,
            wk.type "Lock Type" ,
            hk.lmode "Holding mode" ,
            wk.lmode "Request mode" ,
            nvl(bs.sql_id, bs.prev_sql_id) "SQL_ID"
     FROM vt_wlock hk,
          vt_session bs,
          vt_wlock wk,
          vt_session ws
    WHERE wk.status = 'WAITER'
      AND hk.status = 'OWNER'
      AND hk.lmode > 1
      AND wk.type = hk.type
      AND wk.id1 = hk.id1
      AND wk.id2 = hk.id2
      AND wk.sess_id = ws.vtr_tid
      AND hk.sess_id = bs.vtr_tid
    ORDER BY 1;
```

표 5-36 | 현재 WLOCK Holding & Waiting 정보 확인 구문의 각 항목 설명

항목	설명
Blocking User	락을 붙잡고 있는 사용자이다.
Waiting User	락을 기다리고 있는 사용자이다.
Blocking Sid	락을 붙잡고 있는 세션의 SID이다.
Waiting Sid	락을 기다리고 있는 세션의 SID이다.
Lock Type	기다리고 있는 wlock의 타입이다.
Holding mode	락을 붙잡고 있는 모드이다.
Request mode	락을 요청하고 있는 모드이다.
SQL_ID	실행한 쿼리의 ID이다.

락이 발생해 대기 중인 세션 및 현황 정보를 모니터링하도록 한다. 락이 걸려있는 세션을 확인하고 해당 세션을 끊거나 애플리케이션상 잘못 구현되거나 사용자 실수가 있는 쿼리로 인해 장시간 락이 걸려있는 부분을 확인하고 커밋 또는 롤백을 수행해 정상화시킬 수 있도록 조치를 취한다. LOCK_

TYPE이 WLOCK_TX일 경우 로우 레벨 단위 락이 발생했을 확률이 높다는 것을 의미한다.

다음은 세션을 종료시키는 방법에 대한 예시이다.

```
SQL> Alter system kill session ( sess_id, serial_no );
```

위의 구문에서 sess_id는 접속을 끊을 세션의 ID이고, VT_SESSION을 통해 확인할 수 있으며, 해당 세션이 없는 경우 에러가 발생한다. 그리고 serial_no는 접속을 끊을 세션의 일련번호이고, VT_SESSION을 통해 확인할 수 있으며, 해당 세션이 없는 경우 에러가 발생한다.

5.3.5. 시스템 리소스 사용량(System Resource Usage)

5.3.5.1. 현재 CPU 사용량

현재 서버의 CPU 사용률을 점검한다. 성능분석 리포트를 출력해서 cpu 사용량을 current cpu usage 항목에서 확인해 볼 수 있다.

다음은 성능분석 리포트에서 CPU 사용률을 점검할 수 있는 항목 부분의 예시이다.

```
prompt    ########6. system resource usage########
prompt    ########  6.1 current cpu usage########
```

성능분석 리포트의 current cpu usage 항목에서 사용자 CPU 사용률이 30% 이하로 관리될 수 있도록 권장한다. 만약 30% 이상이라면 사용률이 많은 프로세스를 확인하여 적절한 조치를 취할 수 있도록 한다.

5.3.5.2. WTHR count

워킹 프로세스 개수가 일치하는지 점검한다. 다음은 실제 실행되고 있는 워킹 프로세스 정보를 확인하는 예시이다.

```
SQL> SELECT distinct SPID FROM v$process;
SQL> SELECT COUNT(distinct SPID) FROM v$process;
```

다음은 티베로 기동시 생성된 워킹 프로세스의 개수 정보를 확인하는 예시이다.

```
SQL> !tbdown pid
```

위의 정보들은 성능분석 리포트를 출력해 WTHR count 항목에서 확인해 볼 수도 있다.

실제 실행되고 있는 워킹 프로세스와 티베로 기동시 생성된 워킹 프로세스의 개수를 비교한다. 워킹 프로세스의 개수가 맞지 않다면 문제가 있는 것으로 조치를 취해야 한다.

5.3.6. 티베로 로그

5.3.6.1. DBMS 로그

티베로는 데이터베이스 시스템을 효율적으로 관리/운용하기 위하여 자체적으로 데이터베이스 로그 파일을 생성해 관리하고 있다. 서버 기동 및 종류, DDL 문장의 수행 등이 기록되는 파일로 트레이스 로그 파일에 기록되는 정보보다 좀 더 중요한 정보가 기록되는 파일이다. DBMS 로그 파일은 데이터베이스를 사용할수록 계속 누적되어 저장되고 로그 파일은 기본적으로 $TB_HOME/instance/$TB_SID/log/dbms 디렉토리에 저장된다.

다음은 로그 파일 초기화 매개변수 정보이다.

표 5-37 | 로그 파일 초기화 매개변수

항목	설명
DBMS_LOG_DEST	로그 파일이 저장될 디렉토리를 명시하며, 절대 경로로 입력해야 한다(기본 값 : $TB_HOME/instance/$TB_SID/log/dbmslog/).
DBMS_LOG_FILE_SIZE	데이터베이스 로그 파일 하나의 최대 크기를 설정한다. 설정 값을 초과하는 경우 기록 중인 파일은 백업되며 새로운 파일을 생성 후 계속 로그를 남긴다(기본 값 : 104857600, 단위 : byte).
DBMS_LOG_TOTAL_SIZE_LIMIT	데이터베이스 로그 파일이 저장된 디렉토리의 최대 크기를 설정한다. 백업된 파일이 계속 누적되어 디스크가 가득 차는 것을 방지하기 위함이며, 설정 값을 초과하는 경우 가장 오래된 파일을 한 개씩 삭제한다(기본 값 : 314572800, 단위 : byte).

데이터 정의어(DDL), 서버 관리자 문장들(STARTUP, SHUTDOWN, ARCHIVE LOG, RECOVER)과 같은 에러 발생 시에 파일에 기록된다. 로그형식 및 예제는 다음과 같다.

```
[YYYY/MM/DD] [HH24:MI:SS.msec] [모듈이름] [로그 레벨] [세션ID] [상세내용]
```

5.3.6.2. 트레이스 로그

티베로가 데이터베이스 시스템을 효율적으로 관리/운용하기 위하여 자체적으로 로그 파일을 생성해 관리하고 있다. 티베로 인스턴스가 실행 중에 에러가 발생할 경우 메시지는 트레이스 로그 파일에 기록된다.

서버 성능이 저하되는 원인을 찾거나 티베로 자체 버그를 해결하는 데 사용될 수 있다. 로그 파일은 $TB_HOME/instance/$TB_SID/log/trace 디렉토리에 기록되어 관리되고 있다.

〈표 5-38〉은 로그 파일 초기화 매개변수 정보이다.

표 5-38 | 트레이스 로그 초기화 매개변수

항목	설명
TRACE_LOG_DEST	로그 파일이 저장될 디렉토리를 명시하며, 절대 경로로 입력해야 한다(기본 값 : $TB_HOME/instance/$TB_SID/log/tracelog/).

항목	설명
TRACE_LOG_DISPLAY_YEAR	로그 파일 형식의 연도표시 설정 여부를 결정한다. 설정은 YYYY/MM/DD 형식이다. 기본 형식은 MM/DD로 표시한다(기본 값 : NO).
TRACE_LOG_FILE_SIZE	트레이스 로그 파일 하나의 최대 크기를 설정한다. 설정 값을 초과하는 경우 기록 중인 파일은 백업되며, 새로운 파일을 생성 후 계속 로그를 남긴다(기본 값 : 104857600, 단위 : byte).
TRACE_LOG_FILE_TRUNC	현재 기록 중인 trace.log 파일을 데이터베이스가 재기동될 때 삭제할 것인지, 이어서 쓸 것인지 결정한다(기본 값 : NO).
TRACE_LOG_MMAP_PAGESIZE	MMAP(Memory Map) 방식을 이용한 로그를 기록할 때 페이지 크기를 지정한다. 해당 크기만큼 메모리에서 채워져야 디스크에 기록한다.
DBMS_LOG_TOTAL_SIZE_LIMIT	트레이스 로그 파일이 저장된 디렉토리의 최대 크기를 설정한다. 백업된 파일이 계속 누적되어 디스크가 가득 차는 것을 방지하기 위함이며, 설정 값을 초과하는 경우 가장 오래된 파일을 한 개씩 삭제한다(기본 값 : 314572800, 단위 : byte).
TRACE_LOG_USE_MMAP	MMAP(Memory Map) 방식을 이용한 로그 기록 여부를 설정한다. 메모리를 사용하기 때문에 성능상 일부 장점이 있을 수 있으나, 특정크기만큼 메모리에 로그가 기록되어야 디스크에 내리는 방식이라 실시간으로 감시하는 부분에 불편함은 존재한다(기본 값 : NO).

모든 내부 에러, 블록 파괴 에러, 데드락(Deadlock) 에러 등과 같은 에러 발생 시에 파일에 기록된다. 로그형식 및 예제는 다음과 같다.

[MM/DD] [HH24:MI:SS.msec] [모듈이름][로그 레벨] [세션ID] [소스파일 이름]:[line number][상세내용]

5.3.6.3. 리스너 로그

리스너 로그는 유저 연결 정보, 쓰레드 간 통신 기록이 남는 로그로 리스너 프로세스가 로그를 남긴다. 주로 연결요청 관련 로그가 남는다. 기본적으로 $TB_HOME/instance/$TB_SID/log/lsnr 디렉토리에 저장된다. 〈표 5-39〉는 로그 파일 초기화 매개변수 정보이다.

표 5-39 | 리스너 로그 초기화 매개변수

항목	설명
LSNR_LOG_DEST	로그 파일이 저장될 디렉토리를 명시하며, 절대 경로로 입력해야 한다(기본 값 : $TB_HOME/instance/$TB_SID/log/lsnr/).
LSNR_LOG_FILE_SIZE	현재 기록 중인 로그 파일의 최대크기를 지정한다. 설정 값을 초과하는 경우 기록 중인 파일은 백업되며 새로운 파일을 생성 후 계속 로그를 남긴다(기본 값 : 10485760, 단위 : byte).
LSNR_LOG_TOTAL_SIZE_LIMIT	LSNR_LOG_DEST 매개변수에 지정된 디렉토리의 최대 크기를 지정한다. 백업된 파일이 계속 누적되어 디스크가 가득 차는 것을 방지하기 위함이며, 설정 값을 초과하는 경우 가장 오래된 파일을 한 개씩 삭제한다(기본 값 : 314572800, 단위 : byte).

로그형식 및 예제는 다음과 같다.

```
[YYYY/MM/DD]  [HH24:MI:SS.msec]  [로그 레벨]  [소스파일 이름]:[line number][상세내용]
```

5.3.6.4. Audit 로그

감시(Audit) 기능을 사용하는 경우 남기는 로그이다. 감시 로그가 저장되는 위치는 데이터베이스 내부 또는 지정된 운영시스템 파일로 지정할 수 있고, 기본적으로 $TB_HOME/instance/$TB_SID/audit 디렉토리에 저장된다.

특정 스키마 객체에 대한 모든 동작 또는 쿼리, 데이터 조작어(DML), 데이터 정의어(DDL)의 특정 동작에 대한 기록을 남길 수 있다. 특정 사용자나 롤이 수행하는 특정 동작(쿼리, 데이터 조작어, 데이터 정의어)이 성공한 동작 또는 실패한 동작에 대해서만 기록을 남길 수도 있다.

5.4 | 티베로 데이터베이스 암호화

5.4.1. 개요

운영시스템에서 데이터 파일에 직접 접근하는 경우 데이터를 보호하기 위해서 티베로는 데이터를 암호화하여 디스크에 저장하는 기능을 제공하고 있다.

티베로는 데이터 암호화 기능을 통해 내부적으로 블록 레벨의 암호화를 거쳐 디스크에 저장하고, 검색할 때 애플리케이션 수정 없이 복호화하여 보여준다. 또한 서버와 클라이언트 간 송수신 메시지의 기밀성을 보장하기 위하여 통신 암호화 기능을 제공한다.

티베로는 〈표 5-40〉과 같은 암호화 알고리즘을 제공한다.

표 5-40 | 티베로 암호화 알고리즘

암호화 알고리즘	설명
DES	DES(Data Encryption Standard)는 블록 암호의 일종으로 미국 NBS(National Bureau of Standards) (현재 NIST)에서 국가 표준으로 정한 암호이다. 키 크기 : DES 64 bits key
3DES168	하나의 데이터에 DES를 3번 반복해서 사용하는 Triple-DES는 DES에 비해 안전한 것으로 알려져 있으며, 168(56 * 3)bit 키를 사용한다. DES 알고리즘과 마찬가지로 대칭 키 블록 암호 알고리즘으로 대칭형 암호화 방식(Symmetric Algorithm)이다. 키 크기 : 168 bits key
AES128	암호화와 복호화 과정에서 동일한 키를 사용하는 대칭 키 블록 암호 알고리즘으로 대칭형 암호화 방식이다. 키 크기 : 128 bits key

AES192	암호화와 복호화 과정에서 동일한 키를 사용하는 대칭 키 블록 암호 알고리즘으로 대칭형 암호화 방식이다. 키 크기 : AES 192 bits key	
AES256	암호화와 복호화 과정에서 동일한 키를 사용하는 대칭 키 블록 암호 알고리즘으로 대칭형 암호화 방식이다. 키 크기 : AES 256 bits key	

5.4.2. 환경 설정

데이터 암호화 기능을 사용하기 위해서는 우선 보안 지갑을 생성할 필요가 있고, 보안 지갑은 암호화에 사용할 마스터 키를 보관하고 있다. 티베로는 마스터 키를 이용해 데이터를 암호화할 암호화 키를 생성하고, 생성된 암호화 키를 이용하여 데이터를 암호화한다. 데이터 암호화를 사용하기 위해서는 보안 지갑의 생성, 위치 설정, 사용이라는 절차가 필요하다.

암호화를 사용하게 될 경우에는 시스템에 성능 저하가 발생할 수도 있다.

◆ 보안 지갑의 생성

$TB_HOME/bin/tbwallet_gen 프로그램을 실행하고 보안 지갑의 파일 이름과 패스워드를 입력하여 보안 지갑을 생성한다.

```
# tbwallet_gen
 [ Tibero Security Wallet Generator ]
 Enter wallet file name: TBWALLET
 Enter wallet password: tibero
 generate wallet success
```

◆ 보안 지갑의 위치 설정

$TB_SID.tip 파일에 WALLET_FILE 초기화 매개변수를 추가하여 보안 지갑의 위치를 설정한다. 다음은 $TB_SID.tip 파일에 설정하는 내용 예시이다.

```
WALLET_FILE=/path/to/TBWALLET
```

◆ 보안 지갑의 사용

보안 지갑을 열고 데이터 암호화 기능을 사용하려면 데이터베이스 관리자 권한이 필요하다. 보안 지갑을 여는 명령을 수행할 때 설정하는 암호는 보안 지갑을 생성할 때 사용한 암호를 입력하도록 한다.
다음은 보안 지갑을 열기 위한 명령문 예시이다.

```
SQL> ALTER SYSTEM SET ENCRYPTION WALLET OPEN IDENTIFIED BY "tibero";
```

보안 지갑을 닫을 때에도 DBA 권한이 필요하다. 다음은 보안 지갑을 닫기 위한 명령문 예시이다.

```
SQL> ALTER SYSTEM SET ENCRYPTION WALLET CLOSE;
```

5.4.3. 컬럼 암호화

컬럼 암호화(Column Encryption)는 특정 컬럼에 대해 데이터를 암호화하여 저장하는 기능으로 데이터 정의어(DDL) 문장을 수행할 때 설정한다.

컬럼 암호화는 기록시 데이터를 암호화해 버퍼 캐시의 데이터 블록에 기록하고, 컬럼 암호화된 데이터를 읽을 때는 데이터 블록이 버퍼 캐시에 있든 디스크 공간에 있든 항상 복호화 과정이 필요하다.

티베로의 디폴트 암호화 알고리즘은 AES192를 사용하고, 하나의 테이블에 여러 개의 암호화된 컬럼을 사용할 수 있지만 하나의 테이블에는 하나의 암호화 알고리즘만 사용할 수 있다. 컬럼 암호화할 수 있는 데이터 타입은 CHAR, VARCHAR2, NUMBER, DATE, TIMESTAMP, INTERVAL DAY TO SECOND, INTERVAL YEAR TO MONTH, RAW, NCHAR, NVARCHAR2이다.

컬럼 암호화는 같은 값의 데이터를 암호화할 때 항상 같은 암호로 암호화되지 않도록 하는 SALT 옵션이 디폴트이다. SALT가 아닐 경우에는 인덱스 생성은 가능하지만 =(Equal Operator)에 대해서만 인덱스 사용이 가능하고, 암호화와 복호화 오버헤드는 같다.

컬럼의 암호화는 다음과 같은 절차로 처리를 한다.

- 암호화되지 않은 데이터 입력
- Master Key와 Column Key를 통한 컬럼 데이터 암호화
- 암호화된 데이터 저장
- 복호화 시 Master Key를 획득하여 Column Key로 해독한 데이터 반환

◆ 암호화 컬럼을 갖는 테이블 생성

테이블 생성문에서 암호화할 컬럼을 정의할 때 ENCRYPT 절을 지정하여 테이블을 생성한다.

디폴트 암호화 옵션(AES192 알고리즘, SALT)으로 암호화 컬럼을 갖는 테이블 생성하는 예시이다.

```
SQL> CREATE TABLE customer (
     cust_id        CHAR(4) CONSTRAINT cust_id_pk PRIMARY KEY NOT NULL,
     cust_name      VARCHAR(20) NULL,
     cust_type      VARCHAR(18) NULL,
     cust_addr      VARCHAR(40) NULL,
     cust_tel       VARCHAR(15) ENCRYPT NULL,
     reg_date       DATE NULL );
```

◆ 테이블에 암호화 컬럼 추가

ALTER TABLE 문에서 컬럼을 추가할 때 ENCRYPT 절을 지정하면 암호화 컬럼이 된다. 기존 테이블에 이미 암호화 컬럼이 있으면 기존 컬럼과 동일한 암호화 알고리즘을 사용한다. 암호화 컬럼이 없으면 새로운 알고리즘을 지정할 수 있고, SALT 옵션의 사용 여부도 지정할 수 있다.

```
SQL> ALTER TABLE customer ADD (cust_password VARCHAR(12) ENCRYPT NO SALT);
```

◆ 일반 컬럼을 암호화 컬럼으로 변경

ALTER TABLE 문에서 컬럼을 추가할 때 ENCRYPT 절을 지정하면 암호화 컬럼이 된다. 테이블에 암호화 컬럼을 추가하는 것과 동일한 처리를 할 수 있다.

```
SQL> ALTER TABLE customer MODIFY (reg_date ENCRYPT NO SALT);
```

◆ 암호화 컬럼을 일반 컬럼으로 변경

ALTER TABLE 문에서 컬럼을 변경할 때 DECRYPT 절을 지정해서 일반 컬럼으로 변경한다.

```
SQL> ALTER TABLE customer MODIFY (reg_date DECRYPT);
```

◆ 모든 암호화 컬럼의 알고리즘 변경

ALTER TABLE 문에서 REKEY을 지정하면 해당 테이블의 모든 암호화 컬럼의 암호화 알고리즘을 변경할 수 있다.

```
SQL> ALTER TABLE customer REKEY USING '3DES168';
```

5.4.4. 테이블스페이스 암호화

테이블스페이스 암호화(Tablespace Encryption)는 테이블의 컬럼 단위가 아닌 테이블스페이스 전체에 대해 암호화 여부와 암호화 알고리즘을 지정한다. 테이블스페이스 암호화와 복호화 과정은 디스크에서 읽기와 쓰기를 한 후에 바로 수행된다. 데이터베이스 내부의 SQL 처리 또한 기존과 동일하게 진행되므로 컬럼 암호화 사용 시에 제약사항인 일부 타입의 컬럼에 대해서만 컬럼 암호화를 할 수 있다거나 인덱스 영역을 스캔할 수 없다는 문제는 없다.

◆ 암호화된 테이블스페이스 생성

테이블스페이스를 생성하는 테이블스페이스 생성문에서 암호화 여부를 지정하는 ENCRYPT 절을 추가하면 암호화된 테이블스페이스가 된다. USING를 사용하여 암호화 알고리즘도 지정할 수 있는데 3DES168, AES128, AES192, AES256 중에서 하나만 지정할 수 있고, 생략한다면 AES128을 기본으로 사용하게 된다.

다음은 3DES168 알고리즘을 지정해 암호화된 테이블스페이스를 생성하는 예시이다.

```
SQL> CREATE TABLESPACE encrypted_space
        DATAFILE '/usr/tibero/data/encrypted001.dtf' SIZE 50M
        AUTOEXTEND ON NEXT 1M
        EXTENT MANAGEMENT LOCAL UNIFORM SIZE 256K
        ENCRYPTION USING '3DES168'
        DEFAULT STORAGE (ENCRYPT);
```

◆ 암호화된 테이블스페이스 변경

암호화된 테이블스페이스의 저장 공간을 추가할 수 있고, 새로운 데이터 파일을 추가할 수도 있다. 새로 추가된 데이터 파일은 처음 테이블스페이스를 생성했을 때 지정한 암호화 여부와 암호화 알고리즘의 속성을 그대로 가지게 된다.

일반 테이블스페이스를 암호화된 테이블스페이스로 바꾸거나 암호화된 테이블스페이스를 일반 테이블스페이스로 바꿀 수 없다. 하나의 테이블스페이스에 포함된 데이터 파일에 대해서도 암호화 여부와 암호화 알고리즘을 다르게 지정하지 못한다.

만약에 꼭 일반 테이블스페이스를 암호화된 테이블스페이스로 바꿀 필요가 있다면 새로 암호화된 테이블스페이스를 만든 다음 일반 테이블스페이스에 포함된 데이터를 모두 암호화된 테이블스페이스로 이관하는 작업으로 대응할 수 있다.

다음은 암호화된 테이블스페이스에 데이터 파일을 추가하는 예시이다.

```
SQL> ALTER TABLESPACE encrypted_space ADD DATAFILE '/usr/tibero/data/encrypted002.dtf' SIZE 50M;
```

◆ 암호화된 테이블스페이스 사용

테이블 또는 인덱스를 생성할 때 암호화된 테이블스페이스를 지정하면 해당 세그먼트는 물리적으로 테이블스페이스에 저장되고 데이터 블록을 읽고 쓰는 과정에서 자동으로 데이터 암호화와 복호화가 발생한다.

암호화된 테이블스페이스에 테이블을 생성하고 SQL 문장을 통해 데이터를 조회하고 갱신하는 과정 동안에는 보안 지갑은 항상 열려 있어야 한다. 테이블스페이스 중에서 SYSTEM, UNDO, TEMP 테이블스페이스는 암호화 여부를 지정할 수 없고, 리두로그 파일에 대해서도 암호화 여부를 지정할 수 없다.

암호화된 테이블스페이스 정보 조회

티베로에서는 암호화된 테이블스페이스의 정보를 관리하기 위해 DBA_TABLESPACES, V$ENCRYPTED_TABLESPACES 뷰를 제공하고 있다.

DBA_TABLESPACES 뷰는 테이블스페이스의 전체 정보를 조회하는 뷰로 ENCRYPTED 컬럼을 통해 암호화 여부를 조회할 수 있다. V$ENCRYPTED_TABLESPACES 뷰는 암호화된 테이블스페이스의 정보만을 조회하는 뷰로 테이블스페이스 아이디와 암호화 알고리즘을 조회할 수 있다.

5.5 | 티베로 인터페이스(CLI, ESQL, JDBC, ODBC, OLE DB)

5.5.1. 개요

티베로는 다양한 애플리케이션과 연동하기 위한 여러 방법을 제공하고 있다. 애플리케이션과의 연동 방법에 대해서 살펴보도록 한다.

5.5.2. tbCLI(Tibero Call Level Interface)

tbCLI는 티베로가 제공하는 Call Level Interface(CLI)로 사용자의 애플리케이션 프로그램과 티베로 간의 SQL 인터페이스 역할을 수행한다. 사용자는 tbCLI 라이브러리를 통해 티베로에 접근하려는 C 또는 C++ 애플리케이션 프로그램을 쉽게 작성할 수 있다.

tbCLI는 ODBC(Open Database Connectivity) 및 X/Open Call Level Interface Standard를 기초로 개발되었다. tbCLI는 ODBC 2.0의 레벨 2 및 ODBC 3.0의 레벨 1의 모든 조건, 그리고 ODBC 3.0 레벨 2의 대부분의 조건을 만족한다. 따라서 ODBC나 CLI를 이용해 작성된 기존의 애플리케이션 프로그램은 tbCLI 환경으로 쉽게 전환될 수 있다. 특히 tbCLI는 〈그림 5-17〉과 같은 클라이언트/서버 환경에서 유용하다.

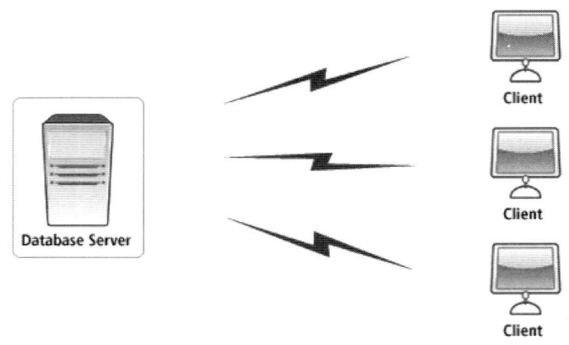

그림 5-17 | 클라이언트 / 서버 환경

클라이언트의 애플리케이션 프로그램이 tbCLI의 API를 호출하면, 데이터베이스 시스템이 이를 처리하고 그 결과를 클라이언트로 반환해 준다. 물론 사용자는 tbESQL 등의 인터페이스를 이용하여 데이터를 처리할 수 있지만, tbCLI를 사용함으로써 애플리케이션 프로그램과 데이터를 더 세밀하게 조작할 수 있다.

tbCLI는 다음과 같은 특징이 있다.

- 실행 파일을 생성할 때 프리컴파일러(Pre-Compiler)가 필요없다. tbCLI는 tbESQL과 마찬가지로 일반적인 프로그램 언어와 SQL 문장의 장점을 융합한 인터페이스이다. 하지만 tbESQL과 다르게 일반적인 프로그램에 가깝다.
- 모듈을 효율적으로 관리할 수 있으며, 가독성이 뛰어나다.
- 애플리케이션 패키지를 바인딩 할 필요가 없다.
- 접근할 데이터베이스의 통계(Statistics)를 사용할 수 있다.
- 애플리케이션 프로그램을 멀티 쓰레드로 작성할 수 있도록 쓰레드의 안정성을 보장한다.

◆ tbCLI 구성요소

tbCLI는 tbCLI 핸들, tbCLI 함수, tbCLI 에러메시지로 구성되어 있다.

핸들(Handle)은 tbCLI에서 관리하고 있는 몇 가지 주요 데이터 구조에 대한 포인터이다. 핸들을 사용함으로써 tbCLI 프로그램은 복잡한 구조를 갖는 데이터를 더 편리하게 관리할 수 있다. 핸들의 내부 데이터는 데이터 구조에 작업이 이뤄지면 자동으로 갱신되기 때문에 애플리케이션 프로그램 개발자는 핸들이 가리키는 데이터 구조의 세부 사항에 대해 알 필요가 없으며, 내부 데이터를 직접 접근할 필요도 없다.

tbCLI 프로그램은 다음과 같이 4가지 핸들을 사용한다.

- **환경 핸들(Environment Handle)** : tbCLI 프로그램의 환경에 대한 데이터를 포함한다. 포함되는 데이터로는 현재 환경의 상태, 환경에 할당되어 있는 연결 핸들의 리스트, 환경에 대한 에러 정보 등이다.
- **연결 핸들(Connection Handle)** : 데이터 소스(Data Source)와의 연결에 대한 데이터를 포함한다. 포함되는 데이터로는 현재 연결 상태, 연결에 할당되어 있는 문장 핸들의 리스트, 연결에 대한 에러 정보 등이다.
- **문장 핸들(Statement Handle)** : tbCLI 프로그램에서 실행할 하나의 SQL 문장에 대한 데이터를 포함한다. 포함되는 데이터로는 현재 문장 상태, 문장 내의 입력 매개변수 및 출력 컬럼의 리스트, 문장에 대한 에러 정보 등이다.
- **서술자 핸들(Descriptor Handle)** : 문장 핸들과 연관된 결과 집합(Result Set)의 각 컬럼이나 바인드된 매개변수의 데이터를 포함한다. 포함되는 데이터로는 SQL 문장의 입력 매개변수, 출력 컬럼에 대한 메타데이터(Metadata) 등이다.

tbCLI 프로그램에서 데이터베이스 작업을 수행하기 위해서는 tbCLI 함수를 사용해야 한다. 대부분의 tbCLI 함수는 대상이 되는 핸들을 입력 매개변수로 받으며, SQLRETURN 타입의 반환 코드를 갖는다. 다음은 SQL 문장을 직접 실행할 수 있는 SQLExecDirect 함수의 프로토타입이다.

```
SQLRETURN SQLExecDirect(SQLHSTMT StatementHandle, SQLCHAR *SQLString,SQLINTEGER
SQLStringSize);
```

tbCLI 함수는 기능 별로 몇 개의 그룹으로 나누어 제공된다. 예를 들면 핸들을 할당하거나 연결과 관련된 함수, SQL 문장 실행과 관련된 함수, SQL 질의 결과의 검색과 관련된 함수, 서술자 관련 함수, 에러 정보와 관련된 함수, 데이터 소스 정보와 관련된 함수 등이 있다.

- **에러 메시지(Error Message)** : tbCLI 프로그램은 tbCLI 함수를 실행한 후 반환되는 코드에 의해 실행 결과를 얻는다. 그러나 사용자는 더 다양한 정보를 필요로 한다. 이러한 정보를 제공하기 위해서 tbCLI는 진단 레코드를 생성한다. 진단 레코드는 수행한 함수의 반환 코드뿐만 아니라 실행 결과에 대한 다양한 정보를 갖고 있다. 진단 레코드는 다음과 같이 두 가지 레코드로 구성된다.
- **헤더 레코드(Header Record)** : 반환 코드, 로우 개수, 상태 레코드의 개수, 실행된 명령의 타입 등의 필드로 구성되어 있다. 반환 코드가 SQL_INVALID_HANDLE인 경우를 제외하고 tbCLI 함수가 실행되면 항상 헤더 레코드가 생성된다.
- **상태 레코드(Status Record)** : 상태 레코드는 경고 및 에러에 대한 정보를 포함한다. 반환 코드가 SQL_ERROR, SQL_SUCCESS_WITH_INFO, SQL_NO_DATA, SQL_NEED_DATA, SQL_STILL_EXECUTING인 경우 생성된다. 상태 레코드의 필드 중에서 가장 중요한 필드 중의 하나는 SQLSTATE 필드이다. 에러 또는 경고 코드를 표준화한 것으로 값은 X/Open과 ISO/IEC 표준으로 정해져 있다. 형식은 CCSSS 다섯 자리의 문자열이며, CC는 에러 클래스, SSS는 에러 서브 클래스를 의미한다.

진단 레코드는 하나의 헤더 레코드로 시작되고 경우에 따라 1개 이상의 상태 레코드가 추가된다. 진단 레코드의 값을 얻기 위해서는 SQLGetDiagRec와 SQLGetDiagField 함수를 사용해야 한다. 이 두 함수는 매개변수로 주어진 핸들에 포함된 진단 레코드의 정보를 반환하는 역할만을 수행한다.

표 5-41 | 진단 확인 함수

함수	설명
SQLGetDiagField	진단 레코드 중 단일 필드의 정보를 얻기 위해 사용하는 함수이다. 헤더 레코드와 상태 레코드 모두에 사용할 수 있다.
SQLGetDiagRec	상태 레코드에 포함된 SQLSTATE 코드, 에러 코드, 진단 메시지 등의 여러 개의 필드 값을 동시에 얻기 위해 사용하는 함수이다. 상태 레코드에만 사용할 수 있다.

◆ **tbCLI 프로그램 구조**

tbCLI 프로그램은 시작 설정 부분(Starting Setting), SQL 문장 실행 및 에러 처리 부분(SQL query execution and error handling), 종료 설정 부분(Ending Setting)으로 나눈다.

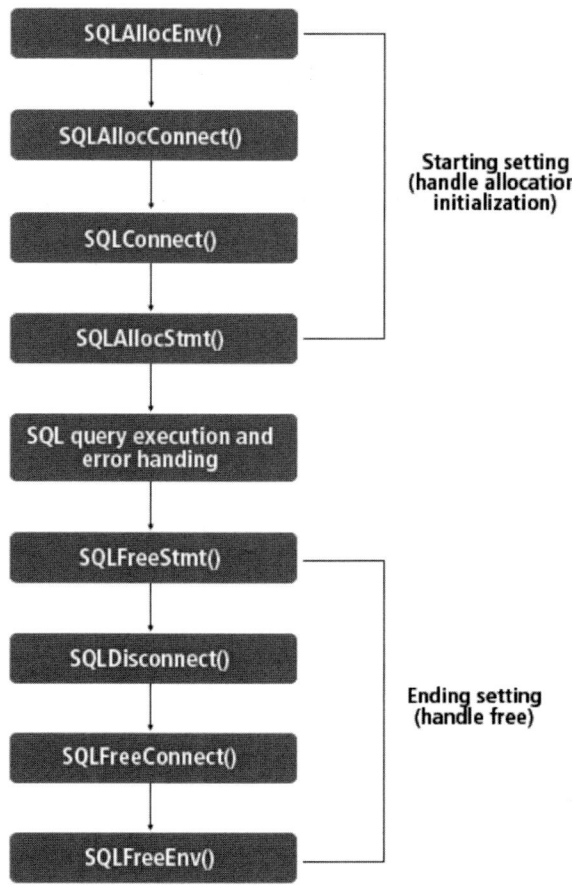

그림 5-18 | tbCLI 프로그램의 구조

- 시작 설정 부분

tbCLI 프로그램을 시작하기 위해서는 우선 초기화 설정을 해야 한다. 초기화 설정을 하려면 환경 핸들과 연결 핸들을 할당하고 데이터 소스와의 실제 연결을 수행해야 한다. 여기서 데이터 소스란 티베로의 소프트웨어 및 하드웨어의 전체 구성을 의미한다.

다음은 tbCLI 프로그램을 시작하는 예이다.

```
SQLHENV h_env;
SQLHDBC h_dbc;
SQLHSTMT h_stmt;

SQLRETURN rc = SQL_SUCCESS;
```

```
...
rc = SQLAllocHandle(SQL_HANDLE_ENV, NULL, &h_env);    ... 1 ...
if (rc != SQL_SUCCESS) ...

rc = SQLAllocHandle(SQL_HANDLE_DBC, h_env, &h_dbc);   ... 2 ...
if (rc != SQL_SUCCESS) ...

rc = SQLConnect(h_dbc, (SQLCHAR *)ds_name, SQL_NTS, (SQLCHAR *)user, SQL_NTS,
(SQLCHAR *)passwd, SQL_NTS);  ... 3 ...
if (rc != SQL_SUCCESS && rc != SQL_SUCCESS_WITH_INFO) ...

rc = SQLAllocHandle(SQL_HANDLE_STMT, h_dbc, &h_stmt); ... 4 ...
if (rc != SQL_SUCCESS) ...
```

1, 2는 초기화 설정을 위해 환경 핸들과 연결 핸들을 할당한다. 3은 SQLConnect 함수를 통해 데이터 소스에 연결한다. 이 함수를 호출할 때는 매개변수로 데이터 소스의 이름과 사용자의 이름, 패스워드를 함께 전달해야 한다. 뿐만 아니라 매개변수의 길이도 함께 설정해 주어야 하는데 앞의 예에서는 길이 대신 NULL로 끝나는 문자열(Null-Terminating String) 즉, SQL_NTS를 설정한다. 4는 데이터 소스에 연결하는 과정이 끝나면, tbCLI 프로그램은 SQL 문장을 실행하기 위해 반드시 1개 이상의 문장 핸들을 할당해야 한다.

- SQL 문장 실행 및 에러 처리 부분

SQL 문장을 실행하는 방법은 직접 실행과 준비된 실행으로 나눈다. 직접 실행은 SQL 문장을 SQLExecDirect 함수를 이용하여 한 번에 실행하는 방법이다.

```
SQLCHAR *update = "UPDATE WORKER SET SALARY = SALARY * 1.05 WHERE DEPTNO = 5";
rc = SQLExecDirect(h_stmt, update, SQL_NTS); if (rc != SQL_SUCCESS) ...
```

준비된 실행은 SQLPrepare와 SQLExecute 함수를 이용하여 두 단계에 걸쳐 실행하는 방법이다. SQL 문장 내에 매개변수가 포함된 경우에는 준비된 실행 방법을 이용한다. SQLPrepare와 SQLExecute 함수 사이에 SQLBindParameter 함수를 호출하여 매개변수에 실제 값을 설정한다.

다음은 2개의 입력 매개변수를 포함한 SQL 문장을 실행하는 예이다.

```
SQLCHAR *update = "UPDATE WORKER SET SALARY = SALARY * ? "
"WHERE DEPTNO = ?";
double ratio = 0.0;
short deptno = 0;
...
```

```
rc = SQLPrepare(h_stmt, update, SQL_NTS); ... 1 ...
if (rc != SQL_SUCCESS) ...

rc = SQLBindParameter(h_stmt, 1, SQL_PARAM_INPUT, SQL_C_DOUBLE,
SQL_DOUBLE, 5, 2, &ratio, 0, NULL); ... ⓐ ...
if (rc != SQL_SUCCESS) ...

rc = SQLBindParameter(h_stmt, 2, SQL_PARAM_INPUT, SQL_C_SHORT,
SQL_SMALLINT, 0, 0, &deptno, 0, NULL); ... ⓑ ...
if (rc != SQL_SUCCESS) ...

ratio = 1.05;
deptno = 5;

SQLExecute(h_stmt); ... 2 ...
if (rc != SQL_SUCCESS) ...
```

앞의 예에서는 SQL 문장 내의 입력 매개변수를 물음표(?)로 표시한다. 입력 매개변수의 위치를 표시할 때에는 1 이상의 정수를 사용한다.

1은 준비된(Prepared) SQL 문장에 포함된 각각의 입력 매개변수의 값을 저장하고 있는 변수의 포인터를 설정한다. 각각의 입력 매개변수(ⓐ, ⓑ)에 입출력 방향, C 또는 C++의 데이터 타입, SQL의 데이터 타입, 정밀도(Precision), 범위(Scale) 등을 함께 설정한다. 2는 SQL 문장을 실행한다. 이 문장을 실행하면 설정된 입력 매개변수에 의해 WORKER 테이블이 갱신된다.

SQL 문장을 실행하고 나서 몇 개의 로우가 갱신되었는지 확인하려면 SQLRowCount 함수를 사용한다. 사용 방법은 다음과 같다.

```
rc = SQLRowCount(h_stmt, &count);
```

각 함수의 반환 코드는 수행 결과에 대한 정보를 가지고 있으므로 함수를 호출한 후에는 항상 반환 코드를 확인해야 한다.

- 종료 설정 부분

tbCLI 프로그램을 종료하기 위해서는 시작 설정 부분에서 수행한 작업과 반대되는 작업을 수행해야 한다. 다음은 tbCLI 프로그램을 종료하는 예이다.

```
rc = SQLDisconnect(h dbc);          ... 1 ...
If (rc != SQL_SUCCESS) ...

SQLFreeHandle(SQL_HANDLE_DBC, h_dbc);  ... 2 ...
SQLFreeHandle(SQL_HANDLE_ENV, h_env);  ... 3 ...
```

1은 데이터 소스의 연결을 해제한다. 2, 3은 할당한 연결 핸들과 환경 핸들을 시스템에 반환한다.

◆ 데이터 타입(Data Type)

데이터 타입은 SQL 문장에 값을 입력하고, 질의 결과를 얻기 위해 사용한다. tbCLI는 다음과 같이 두 가지 타입을 지원한다.

- 티베로의 데이터 타입은 데이터베이스에 저장된 데이터에 접근할 때 사용한다.
- tbCLI의 데이터 타입은 애플리케이션 프로그램에서 데이터를 조작할 때 사용한다.

티베로의 데이터 타입은 데이터베이스의 스키마 객체를 생성하는 데 사용하는 것으로 tbESQL 프로그램 내에서도 모든 데이터 타입에 대응되는 변수를 사용할 수 있다.

표 5-42 | 티베로 데이터 타입

구분	데이터 타입	설명
문자형	CHAR, VARCHAR, NCHAR, NVARCHAR, RAW, LONG, LONG RAW	문자열이나 바이너리 데이터를 저장하는 데이터 타입이다. LONG, LONG RAW의 경우 2GB까지 저장된다.
숫자형	NUMBER, INTEGER, FLOAT, BINARY_FLOAT, BINARY_DOUBLE	정수나 실수의 숫자를 저장하는 데이터 타입이다.
날짜형	DATE, TIME, TIMESTAMP, TIMESTAMP WITH TIME ZONE, TIMESTAMP WITH LOCAL TIME ZONE	시간이나 날짜, 시간대를 저장하는 데이터 타입이다.
간격형	INTERVAL YEAR TO MONTH, INTERVAL DAY TO SECOND	시간 사이의 간격을 저장하는 데이터 타입이다.
대용량 객체형	CLOB, BLOB	LOB 타입을 의미한다. 다른 데이터 타입이 지원하는 최대 길이(8KB 이하)보다 훨씬 큰 길이를 가질 수 있는 객체이다. 4GB까지 가능하다.
내재형	ROWID	사용자가 명시적으로 선언하지 않아도 티베로 내부적으로 로우마다 자동 생성하는 컬럼의 타입이다.

tbCLI의 데이터 타입은 애플리케이션 프로그램 개발자가 데이터베이스 프로그램을 작성할 때 사용하는 데이터 타입이다.

다음은 각 데이터 타입에 대한 C의 typedef 이름과 이에 대응하는 C의 데이터 타입을 보여주는 표이다.

표 5-43 | tbCLI의 데이터 타입

C의 typedef 이름	C의 데이터 타입
SQLCHAR	unsigned char
SQLSCHAR	signed char
SQLSMALLINT	short int
SQLUSMALLINT	unsigned short int
SQLINTEGER	long int
SQLUINTEGER	unsigned long int
SQLREAL	float
SQLDOUBLE, SQLFLOAT	double

DATE_STRUCT, SQL_DATE_STRUCT	typedef struct tagDATE_STRUCT
	{
	 SQLSMALLINT year;
	 SQLUSMALLINT month;
	 SQLUSMALLINT day;
	};

TIME_STRUCT, SQL_TIME_STRUCT	struct tagTIME_STRUCT
	{
	 SQLUSMALLINT hour;
	 SQLUSMALLINT minute;
	 SQLUSMALLINT second;
	};

TIME_STAMP_STRUCT, SQL_TIMESTAMP_STRUCT	struct tagTIMESTAMP_STRUCT
	{
	 SQLSMALLINT year;
	 SQLUSMALLINT month;
	 SQLUSMALLINT day;
	 SQLUSMALLINT hour;
	 SQLUSMALLINT minute;
	 SQLUSMALLINT second;
	 SQLUINTEGER fraction;
	};

◆ **tbCLI 예제 프로그램**

다음은 tbCLI를 이용하여 티베로 데이터베이스에 접속을 환경 설정 및 메모리를 할당하고, 데이터베이스에 접속하는 간단한 예제 프로그램(connect.c)이다.

```c
//헤더 파일
#include <stdlib.h>
#include <stdio.h>
#include <string.h>
#include <sqlcli.h>
#include <sqlcli_ext.h>

// 전역변수
#define SQL_LEN   1000
#define DATA_LEN  100
#define JOB_LEN   9
#define _SUCCESS  0

int main()
{
// 환경변수
    SQLRETURN retval;
    SQLHENV henv;
    SQLHDBC hdbc;

// ODBC 환경 설정을 위한 메모리 할당
    retval = SQLAllocHandle(SQL_HANDLE_ENV,SQL_NULL_HANDLE,&henv);

    // ODBC 환경 속성 설정(ODBC 버전 3.0)
    retval = SQLSetEnvAttr(henv,SQL_ATTR_ODBC_VERSION,(void*)SQL_OV_ODBC3,0);
    if(retval == SQL_SUCCESS || retval == SQL_SUCCESS_WITH_INFO)
        printf("ODBC 환경 속성 설정 성공.\n");
    else
        printf("ODBC 환경 속성 할당 실패.\n");

    // ODBC 연결을 위한 메모리 할당
    retval = SQLAllocHandle(SQL_HANDLE_DBC,henv,&hdbc);
    if(retval == SQL_SUCCESS || retval == SQL_SUCCESS_WITH_INFO)
        printf("ODBC 연결용 메모리 할당 성공.\n");
    else
```

```
            printf("ODBC 연결용 메모리 할당 실패.\n");

    // ODBC를 이용한 데이터베이스와의 연결 속성 설정 및 연결
    SQLSetConnectAttr(hdbc,5,(void*)SQL_LOGIN_TIMEOUT,0);
    retval=SQLConnect(hdbc,
                      (SQLCHAR *)"tibero", SQL_NTS,   /* T2KSC560, T1UTF8      */
                      (SQLCHAR *)"TIBERO", SQL_NTS, /* user 는 대문자로 등록 필수 */
                      (SQLCHAR *)"tmax", SQL_NTS);

    if(retval == SQL_SUCCESS || retval == SQL_SUCCESS_WITH_INFO)
        printf("ODBC 데이터베이스와의 연결 성공.\n");
    else
        printf("ODBC 데이터베이스와의 연결 실패.\n");

    // 접속 해제

    SQLDisconnect(hdbc);
    SQLFreeConnect( hdbc );
    SQLFreeEnv( henv );
    return 0;
}
```

컴파일 및 실행하는 방법은 다음과 같다.

```
# cc -g -I/home/tibero/tibero6/client/include -c connect.c
# cc -g -I/home/tibero/tibero6/client/include -o connect -L/home/tibero/
tibero6/client/lib  -ltbxa -ltbertl -ltbcli -lclialloc connect.o

# rm -f 01_connect.o
# ./connect
ODBC 환경 속성 설정 성공.
ODBC 연결용 메모리 할당 성공.
ODBC 데이터베이스와의 연결 성공.
```

5.5.3. ESQL C / Cobol

ESQL(Embedded SQL)은 프로그래밍 언어의 연산 능력과 SQL의 데이터베이스를 조작하는 능력을 결합하기 위한 방법이며 ANSI 및 ISO 표준으로 정의되어 있다.

tbESQL은 ESQL의 사용을 위해 티베로가 제공하는 인터페이스이며 C와 COBOL을 제공한다. 티

티베로에서는 애플리케이션 개발에 사용되는 C와 COBOL에 대한 tbESQL 인터페이스를 제공한다. C 프로그래밍 언어를 위한 ESQL 인터페이스를 tbESQL/C라고 하며, COBOL 프로그래밍 언어에 대한 인터페이스를 tbESQL/COBOL이라고 한다.

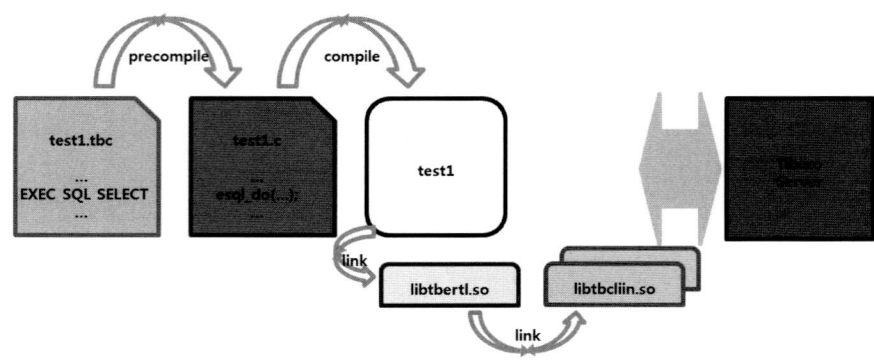

그림 5-19 | tbESQL 기본 동작

tbESQL에서는 프리컴파일(Pre-Compile), 컴파일(Compile) 및 링크(Link) 과정을 거친다. 참고로 tbESQL은 내부적으로 tbCLI의 ODBC 인터페이스를 사용한다. 따라서 tbCLI의 ODBC 관련 환경변수를 모두 적용할 수 있다.

tbESQL과 관련된 바이너리 파일은 프리컴파일 할 때 사용하는 프리컴파일러 및 컴파일할 때 참조하는 스크립트로 구성되어 있다. 〈표 5-44〉는 바이너리의 위치이다.

◆ 프리컴파일러 및 스크립트

표 5-44 | tbESQL 바이너리 위치

티베로 버전	구분	위치
티베로 6	리눅스/유닉스 계열	$TB_HOME/client/bin
	윈도우 계열	%TB_HOME%\bin

〈표 5-45〉는 바이너리 파일에 대한 설명이다.

표 5-45 | tbESQL 바이너리 파일 설명

파일명	설명
tbpc or tbpc.exe	tbESQL/C 프리 컴파일러이다.
tbpcc	tbESQL/C 컴파일 관련 스크립트(참조용)이다.
tbpcb or tbpcb.exe	tbESQL/COBOL 프리 컴파일러이다.
tbpcbc	tbESQL/COBOL 컴파일 관련 스크립트(참조용)이다.

◆ 설정 파일

설정 파일에 대한 위치는 〈표 5-46〉과 같다.

표 5-46 | tbESQL 설정 파일 위치

파일명	위치
리눅스/유닉스 계열	$TB_HOME/client/config
윈도우 계열	%TB_HOME%\client\config

〈표 5-47〉은 설정 파일에 대한 설명이다.

표 5-47 | tbESQL 설정 파일 설명

파일명	설명
tbpc.cfg	tbESQL/C 프리컴파일할 때 설정 파일.
tbpcb.cfg	tbESQL/COBOL 프리컴파일할 때 설정 파일.
tbertl.cfg	tbESQL/COBOL 런타임용 설정 파일.

◆ INCLUDE 파일

컴파일할 때 해당 파일 또는 디렉토리를 포함해야 한다. 헤더 파일의 위치는 〈표 5-48〉과 같다.

표 5-48 | tbESQL 헤더 파일 위치

파일명	위치
리눅스/유닉스 계열	$TB_HOME/client/include
윈도우 계열	%TB_HOME%\client\include

〈표 5-49〉는 설정 파일에 대한 설명이다.

표 5-49 | tbESQL 헤더 파일 설명

파일명	설명
sqlca.h	ESQL 관련 규약(구조체, 매크로 등)이 정의되어 있고 컴파일 할 때 해당 파일의 include가 필수이다.
sqlda.h, sqlcpr.h	다이나믹 Dynamic SQL을 사용하는 방법 중 방법4를 사용할 때 필요한 헤더 파일이다.
SQLCA	ESQL/COBOL에서 필요한 헤더 파일이다.

◆ 동적 라이브러리

링크할 때 해당 파일이 존재하는 디렉토리에 대하여 설정이 필요하다. 실행할 경우 동적 라이브러리를 찾는 경로의 환경변수 LD_LIBRARY_PATH(Linux), LIBPATH(AIX), SHLIB_PATH(HP)에 해당 디렉토리가 설정되어야 한다. 라이브러리의 위치는 〈표 5-50〉과 같다.

표 5-50 | tbESQL 헤더 파일 위치

파일명	위치
리눅스/유닉스 계열	$TB_HOME\client\lib
윈도우 계열	%TB_HOME%\bin

〈표 5-51〉은 동적 라이브러리 관련 파일로 운영시스템에 따라 파일명이 다르다.

표 5-51 | tbESQL 라이브러리 명

파일명	설명
리눅스/유닉스 계열	libtbecbpp.so, libtbecommon.so, libtbecpp.so, libtbertl.so, libtbpc.so, libtbpcb.so
윈도우 계열	libtbcli.dll

tbESQL/C를 통해서 각 옵션을 살펴보고, 예제 소스를 통해서 프리컴파일 및 실행되는 과정을 살펴보도록 한다.

◆ 프리컴파일

프리컴파일러 바이너리를 이용하여 프리컴파일을 수행한다. 다음은 프리컴파일 할 때 동작하는 순서이다.

- **프리프로세스(Pre-process)** : 매크로 변환, 헤더 파일의 복사 등의 프리프로세스 과정을 수행한다.
- **파싱 & 체크** : 해당 언어, ESQL, DML, 매개변수 등의 파싱 및 체크를 수행한다.
- **소스 생성** : 원시 소스 파일(tbc)을 읽어서 ESQL 문법에 해당하는 부분을 주석 처리한 후 해당 부분의 소스를 생성한다.

```
/* 프리컴파일 이전의 파일(*.tbc)*/
EXEC SQL FETCH dual_cursor  INTO :obj_name;

/* 프리컴파일 이후의 파일(*.c) */
/*
EXEC SQL FETCH dual_cursor  INTO :obj_name;
*/
{
    struct esql_sqlctx   __sqlctx;
    memset(&__sqlctx, 0, sizeof(struct esql_sqlctx));
    __sqlctx.stmt_type    = ESQL_TYPE_FETCH;
    __sqlctx.db_name      = "";
    __sqlctx.cursor_name  = "dual_cursor";
    __sqlctx.pstmt_name   = "";
    __sqlctx.savepoint    = "";
```
▶

```
    __sqlctx.stmt            = "";
    __sqlctx.char_map        = CHAR_MAP_CHARZ;
... (중략)
```

작성된 프로그램을 실행하려면 먼저 프리컴파일 과정을 거쳐야 한다. tbESQL/C의 프리컴파일러를 실행하는 명령어는 tbpc이다.

다음은 tbesql_connect.tbc 프로그램 파일에 대해 프리컴파일을 실행하는 예이다.

```
# tbpc tbesql_connect.tbc
```

위 예를 보면 tbpc 유틸리티를 통해 프리컴파일을 하게 된다. tbesql_connect.tbc은 프리컴파일을 실행할 대상 파일의 이름이다. 프리컴파일을 실행할 때 대상 파일의 확장자가 '.tbc'일 경우 확장자를 생략하고 사용해도 무방하다.

여기서 tbesql_connect.tbc는 tbESQL/C에서 제공하는 프리컴파일러의 옵션 중 하나인 INAME에 해당한다. 모든 프리컴파일러의 옵션 중에서 옵션의 이름을 생략할 수 있는 것은 INAME 하나뿐이다.

따라서 INAME을 생략하지 않고, 다음과 같이 사용해도 위의 예와 동일한 의미를 갖는다.

```
# tbpc INAME=tbesql_connect.tbc
```

다음은 INAME과 INCLUDE 옵션을 사용한 예이다.

```
# tbpc tbesql_connect.tbc INCLUDE=/home/tibero/tibero6/client/include
```

위의 예는 tbESQL/C에서 제공하는 프리컴파일러 옵션 2개를 함께 사용한 것이다. 앞서 언급했듯이 'INAME='은 생략할 수 있다. INCLUDE 옵션은 tbesql_connect.tbc 안에서 사용된 각종 include 파일이 같은 디렉토리에 있지 않을 경우 프리컴파일을 실행할 때 에러를 발생하게 된다. 따라서 이런 include 파일들이 존재하는 디렉토리를 지정해줄 때 사용하는 옵션이다.

◆ **프리컴파일 옵션 지정**

프리컴파일러 옵션은 명령 프롬프트에서 직접 입력할 수도 있지만, 환경 설정 파일이나 프로그램 내부에서도 지정할 수 있다. 옵션의 종류에 따라 지정할 수 있는 장소가 다르다. 어떤 곳에서도 옵션을 지정하지 않았을 경우 기본 값이 적용된다. 옵션이 적용되는 순서는 기본 값 → 환경 설정 파일 → 명령 프롬프트 → 프로그램 내부 순으로 진행된다.

하나의 항목만을 허용하는 동일한 한 가지 옵션에 여러 번에 걸쳐 다른 항목이 지정됐을 경우 항상 마지막에 지정된 내용만 유효하다. 또한 옵션을 프로그램 내부에서 지정할 경우 옵션의 영향 범위는 C 프로그래밍 언어의 문법에서의 변수의 영향 범위와는 무관하다. 무조건 프로그램의 소스 코드의 진행 순서에서 가장 마지막에 지정된 옵션이 적용된다. INAME의 경우는 다른 옵션과 달리, 2번 이상 INAME이 나타날 경우 에러가 발생한다.

옵션을 지정할 때 기본 환경 설정 파일과 사용자 환경 설정 파일을 사용한다.

- **기본 환경 설정 파일** : 기본적으로 tbpc.cfg라는 환경 설정 파일을 $TB_HOME/client/config 디렉토리에 두고 있다. 이 환경 설정에 원하는 옵션을 지정할 수 있다. 만약 별도의 환경 설정 파일이 지정되지 않으면 tbpc 유틸리티는 자동으로 이 환경 설정 파일을 먼저 읽는다. 다음은 tbpc.cfg 파일을 사용하여 프리컴파일러 옵션을 지정하는 예이다.

```
#INCLUDE=$TB_HOME/demo/chb/new_src/OV
INCLUDE=$TB_HOME/client/include
DYNAMIC=ANSI
```

위의 예처럼 #을 이용해서 행 전체에 대해 주석 처리를 할 수 있다. 환경 설정 파일에서도 하나의 항목만 허용하는 옵션이 2번 이상 나타났을 경우 마지막에 지정된 옵션이 적용된다.

- **사용자 환경 설정 파일** : 사용자가 환경 설정 파일을 임의로 생성하여 사용할 수도 있다. 파일의 위치와 파일의 이름 등을 사용자가 임의로 정할 수 있다. 이 경우 명령 프롬프트를 통해 사용할 환경 설정 파일을 지정한다. 이렇게 환경 설정 파일을 지정하면, tbpc.cfg 파일은 사용되지 않는다. 다음은 사용자 환경 설정 파일을 지정하는 예이다.

```
# tbpc tbesql_connect.tbc CONFIG=config.cfg
```

tbESQL/C 프리컴파일러 옵션은 명령 프롬프트에서 지정할 수도 있다. 명령 프롬프트에서는 다음과 같은 형태로 옵션을 지정할 수 있다.

```
[OPTION_NAME=value]
```

다음은 명령 프롬프트에서 프리컴파일러 옵션을 지정하는 예이다.

```
# tbpc tbesql_connect.tbc CHAR_MAP=STRING SELECT_ERROR=NO
```

프로그램 내부에서도 프리컴파일러 옵션을 지정할 수 있다. 이 방법은 프리컴파일을 실행하는 도중에 옵션을 변경하고자 할 때 유용하게 사용할 수 있다. 또한 운영시스템에 따라 입력할 수 있는 글자 길이의 제한으로 인해 명령 프롬프트에서 옵션을 지정할 수 없는 경우가 있다. 이러한 경우 환경 설정 파일을 사용할 수도 있지만 프로그램 내부에서 옵션을 지정할 수도 있다.

프로그램 내부에서는 다음과 같은 형태로 옵션을 지정할 수 있다.

```
EXEC TIBERO OPTION (OPTION_NAME=value)
```

프로그램 내부에서 프리컴파일러의 옵션을 지정할 때 한 가지 주의할 점은 프로그램 내부에서 지정한 옵션은 C 프로그래밍 언어의 문법에 따른 변수의 영향 범위와는 전혀 무관하다는 것이다. 즉, EXEC 티베로 OPTION으로 프로그램 내부에 준 옵션 값은 소스 프로그램에서 그 문장 이후에 나오는 tbESQL/C 문장에만 영향을 미친다.

예를 들면 다음과 같다.

```
...
EXEC TIBERO OPTION (HOLD_CURSOR=NO);
... /* 이 부분에서는 어떠한  C 프로그래밍 언어의 문법이 있더라도 그 영향 범위와는 무관하게 모든
tbESQL/C의  HOLD_CURSOR 옵션값은  NO이다. */

EXEC TIBERO OPTION (HOLD_CURSOR=YES);
... /* 이 부분에서는 어떠한  C 프로그래밍 언어의 문법이 있더라도 그 영향 범위와는 무관하게 모든
tbESQL/C의  HOLD_CURSOR 옵션값은  YES이다. */
```

티베로에서 제공하는 프리컴파일러 옵션을 알파벳 순으로 기술한다. 〈표 5-52〉는 tbESQL 프리컴파일러 옵션을 요약한 목록이다.

표 5-52 | tbESQL 프리컴파일 옵션 목록

옵션	설명
CHAR_MAP	문자 배열(Character Array)을 호스트 변수로 사용할 때 남는 공간을 어떻게 채울지를 지정한다.
CLOSE_ON_COMMIT	커밋할 때 커서를 닫을 것인가를 지정한다.
CODE	전처리하여 생성되는 결과 파일의 코드를 지정한다.
CONFIG	옵션이 기록될 환경 설정 파일을 지정한다.
CPOOL	커넥션 풀(Connection Pool) 기능 사용여부를 지정한다.
CPP_SUFFIX	생성되는 C++ 결과 파일 이름의 suffix를 지정한다.
DEF_SQLCODE	SQLCODE 매크로 생성여부를 지정한다.
DEFINE	directives 전 처리를 할 때 필요한 이름들을 지정한다.
DYNAMIC	다이나믹(Dynamic) SQL 문장의 타입을 지정한다.
HOLD_CURSOR	커서가 닫힌 후 커서 정보를 유지할 것인가를 지정한다.
INAME	프리컴파일을 실행할 파일의 이름을 지정한다.
INCLUDE	#include 파일의 경로를 지정한다.
LINES	디버깅을 위한 #line 정보의 출력 여부를 지정한다.
MODE	프로그램이 티베로의 형식을 따를 것인가 아니면 ANSI의 기준을 따를 것인가를 지정한다.
ONAME	출력 파일의 이름을 지정한다.
ORACA	ORACA 구조체 사용 여부를 지정한다.
PARSE	전처리를 할 때 입력 파일의 내용을 어느 범위까지 파싱할 것인가를 지정한다.

〈표 5-53〉은 플랫폼에 따른 CFLAGS 옵션이다.

표 5-53 | 플랫폼별 컴파일 CFLAG 옵션

플랫폼(Platform)	CFLAGS
Linux	CFLAGS = -O .I$(TMAXDIR)
Solaris 32 Bit	CFLAGS = -O .I$(TMAXDIR)
Solaris 64 Bit	-xarch=v9 -O .I$(TMAXDIR)
HP 32 Bit	-Ae -O .I$(TMAXDIR)
HP 64 Bit	-Ae +DA2.0W +DD64 +DS2.0 -O .I$(TMAXDIR)
IBM 32 Bit	-q32 .brtl -O .I$(TMAXDIR)
IBM 64 Bit	-q64 .brtl -O .I$(TMAXDIR)

◆ tbESQL/C 프로그램 예제

다음의 예제는 티베로 데이터베이스 사용자와 비밀번호를 입력을 받아 연결하고, 로그인 사용자가 소유한 오브젝트를 조회하여 화면에 출력하는 예제이다.

```c
/* tbesql_connect.tbc */
#include <stdio.h>
#include <sqlca.h>
#include <stdlib.h>
#include <string.h>

int main()
{
    if( TIBERO_CONNECT() != 0 )
        exit(1);
}

/** 티베로 데이터베이스 연동 **/
int TIBERO_CONNECT()
{
    EXEC SQL BEGIN DECLARE SECTION;
        VARCHAR username[128];
        VARCHAR password[32];
        VARCHAR obj_name[24];
    EXEC SQL END DECLARE SECTION;

    int sqlcode;
```

```c
        printf("\n\n      01_CONNECT ");
        printf("\n\n      username : ");

        fgets((char *) username.arr, sizeof(username.arr), stdin);
        username.arr[strlen((char *) username.arr)-1] = '\0';
        username.len = (unsigned short) strlen((char *) username.arr);

        printf("       password : ");
        fgets((char *) password.arr, sizeof(password.arr), stdin);
        password.arr[strlen((char *) password.arr)-1] = '\0';
        password.len = (unsigned short) strlen((char *) password.arr);

        EXEC SQL WHENEVER SQLERROR GOTO connect_error;
        EXEC SQL CONNECT :username IDENTIFIED BY :password;
        printf("\n\n     Connected to Tibero as user %s.\n", username.arr);

        /* 사용자 오브젝트 조회 후 출력 */
        EXEC SQL DECLARE dual_cursor CURSOR FOR
            SELECT object_name FROM user_objects;
        EXEC SQL OPEN dual_cursor;
        EXEC SQL WHENEVER NOT FOUND DO break;

        printf("\n      Sample Test Query");
        printf("\n           Select object_name from user_objects;\n");
        while (1) {
            EXEC SQL FETCH dual_cursor
                INTO :obj_name;
        obj_name.arr[obj_name.len] = '\0';
            printf("\n           object_name = %s", obj_name.arr);

        if(sqlca.sqlcode == 0){
                sqlcode=0;
        }else{
                sqlcode=-1;
        }
    }

    if(sqlcode == 0){
        printf("\n\n\n          Operation Success!\n");
```

```
    } else {
        printf("Operation Fail sqlerrd: [%d]\n", sqlca.sqlerrd[2]);
}

    EXEC SQL CLOSE dual_cursor;
    return 0;

connect_error:
    fprintf(stderr, "Cannot connect to Tibero as user %s\n", username.arr);
    return -1;
}
```

컴파일 및 실행하는 방법은 다음과 같다.

```
# tbpc iname= tbesql_connect.tbc include=$TB_HOME/client/include
# cc -g -I/home/tibero/tibero6/client/include  -c tbesql_connect.c
# cc -g -I/home/tibero/tibero6/client/include  -o tbesql_connect
-L/home/tibero/tibero6/client/lib -ltbxa -ltbertl -ltbcli -lclialloc tbesql_connect.o

# ./tbesql_connect
```

다음은 2개의 데이터베이스에 커넥션(Connection)를 연결하여 employee 테이블에 데이터를 입력하는 예제(multi_connect.tbc)이다.

```
#include <stdio.h>
#include <stdlib.h>
#include <string.h>
#include <sqlca.h>
#include <sqlda.h>

#define SQLCODE sqlca.sqlcode /* SQLCODE */
#define SQLMSG sqlca.sqlerrm.sqlerrmc  /* SQL ERROR MESSAGE */

#define PRINTSQLCODE printf("\n  ---> SQLCODE : %d\n  Message : %s\n\n",
SQLCODE, SQLMSG); /* SQLCODE Message */

int main()
{
    EXEC SQL BEGIN DECLARE SECTION;
```

```
        char user1[20] = "tibero";
        char user2[20] = "tibero";
        char password1[20] = "tmax";
        char password2[20] = "tmax";

        char emp_id[20]="2001049";
        char emp_name[20]="Tibero1";
        char emp_id2[20]="2001050";
        char emp_name2[20]="Tibero2";
        int dept_id=30;

        char db_alias1[20] = "tibero";
        char db_alias2[20] = "tibero6";
    EXEC SQL END DECLARE SECTION;

    int i, count;

    EXEC SQL DECLARE DB1 DATABASE;
    EXEC SQL DECLARE DB2 DATABASE;
    printf("\n\n      03_MULTI_CONNECT \n\n");

    /* 각기 다른 데이터베이스에 연결 */
    EXEC SQL CONNECT :user1 IDENTIFIED BY :password1 AT DB1 USING :db_alias1;
    if ( sqlca.sqlcode == 0 )
      printf("Connected to Tibero as user %s ( alias1 : %s ) \n\n", user1, db_alias1);
    else
      printf("Connection Fail ( SQLCODE : %d )  !! \n\n", sqlca.sqlcode );

    EXEC SQL CONNECT :user2 IDENTIFIED BY :password2 AT DB2 USING :db_alias2;
    if ( sqlca.sqlcode == 0 )
      printf("Connected to Tibero as user %s ( alias2 : %s ) \n\n", user2, db_alias2);
    else
      printf("Connection Fail ( SQLCODE : %d ) !! \n\n", sqlca.sqlcode );

    printf("Sample Test Query \n\n ");

    EXEC SQL AT DB1 DELETE FROM EMPLOYEE WHERE EMP_ID = :emp_id;
```

```
    EXEC SQL AT DB1 INSERT INTO EMPLOYEE(EMP_ID, EMP_NAME, DEPT_ID,HIREDATE)
                    VALUES(:emp_id, :emp_name, :dept_id, sysdate);
    printf("(1) INSERT INTO EMPLOYEE(EMP_ID, EMP_NAME, DEPT_ID,HIREDATE) \
      VALUES ( %s, %s, %d, sysdate ) \n", emp_id, emp_name, dept_id );

    if ( sqlca.sqlcode == 0 )
      printf("Query Success ! \n\n");
    else
      printf("Query Fail ( SQLCODE = %d ) ! \n\n", sqlca.sqlcode);

    /* 기존에 입력 데이터를 지우고, 다시 입력 */
    EXEC SQL AT DB2 DELETE FROM EMPLOYEE WHERE EMP_ID = :emp_id2;
    EXEC SQL AT DB2 INSERT INTO EMPLOYEE(EMP_ID, EMP_NAME, DEPT_ID,HIREDATE)
                    VALUES(:emp_id2, :emp_name2, :dept_id, sysdate);
    printf(" (2) INSERT INTO EMPLOYEE(EMP_ID, EMP_NAME, DEPT_ID,HIREDATE) \
      VALUES ( %s, %s, %d, sysdate )\n ", emp_id2, emp_name2, dept_id );

    if ( sqlca.sqlcode == 0 )
      printf("Operation Success ! \n\n");
    else
      printf("Operation Fail ( SQLCODE = %d ) ! \n\n", sqlca.sqlcode);

    EXEC SQL AT DB1 COMMIT;
    EXEC SQL AT DB2 COMMIT;
    return 0;
}
```

5.5.4. ODBC

ODBC(Open DataBase Connectivity)는 모든 데이터베이스에 독립적인 데이터베이스 애플리케이션을 작성하기 위한 API(Application Programming Interface)의 집합으로 특정한 데이터베이스를 사용하는 사람이 ODBC 드라이버를 통하여 다른 DBMS를 사용할 수 있게 한다. 따라서 데이터베이스에 연결하기 위해 ODBC 드라이버 관리자(ODBC Driver Manager)를 호출하여 사용하려는 드라이버를 호출하고, 그 드라이버는 SQL을 사용하여 데이터베이스와 교신하게 된다. 즉, ODBC는 사용자와 각 데이터베이스 엔진 사이를 연결해 사용자가 공통된 인터페이스로 각각의 다른 데이터베이스 엔진에 접근하여 원하는 데이터를 참조할 수 있도록 한다.

ODBC는 다음과 같은 Call-Level Interface(CLI) 명세와 표준을 따르는 데이터베이스의 API이다.

```
The Open Group CAE Specification "Data Management: SQL Call-Level Interface
(CLI)" ISO/IEC 9075-3:1995 (E) Call-Level Interface (SQL/CLI)
```

tbCLI는 CLI 명세와 표준을 따르므로 ODBC와 연동할 수 있다. tbCLI는 ODBC 3.51 표준에 맞게 구현되어 있어 데이터베이스 추적 로그 등 ODBC가 가진 기능을 사용할 수 있다. 티베로에서는 ODBC와의 연동을 위해 운영시스템 별로 ODBC 드라이버를 제공한다.

ODBC를 사용하게 되면 동일한 애플리케이션 프로그램으로 다양한 벤더의 데이터베이스에 접근할 수 있다. 이를 위해서는 ODBC 소프트웨어 외에 액세스할 데이터베이스마다 별도의 모듈이나 드라이버가 필요하다.

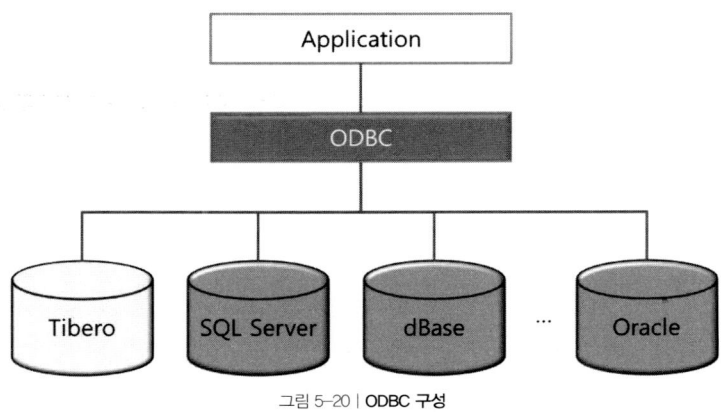

그림 5-20 | ODBC 구성

티베로 ODBC는 2.x, 3.x 버전을 모두 지원하며 ODBC 표준 함수 중 〈표 5-54〉의 2개 함수를 지원하지 않는다. 실제로 함수는 있으나 사용을 할 경우 not implemented 에러가 발생한다.

표 5-54 | ODBC 미지원 함수

함수	설명
SQLBrowseConnect	연결 문자열을 찾아내기 위해 인터렉티브Iterative한 방법을 제공하는 API이다.
SQLSetScrollOptions	3.x에서 SQLGetInfo와 SQLSetStmtAttr로 대체한다.

① ODBC 설치 및 구성

기본적으로 32비트 클라이언트 운영시스템 환경에서는 32비트 ODBC 설치, 64비트 클라이언트 OS 환경에서는 64비트 ODBC 설치 방법을 설명한다.

클라이언트 인스톨러나 ODBC 인스톨러의 경우 GUI 환경으로 설치 및 등록을 자동으로 진행할 수 있다. 만약 수동으로 진행하려면 티베로 서버가 설치된 환경에서 설치하고자 하는 클라이언트 컴퓨터 환경에 맞게 설치 파일을 가져온다. 다음은 서버의 운영시스템별 바이너리 위치에 대한 설명이다.

표 5-55 | 리눅스/유닉스 계열

구분	바이너리 위치
리눅스/유닉스 32비트	$TB_HOME/client/win32
리눅스/유닉스 64비트	$TB_HOME/client/win64

표 5-56 | 윈도우 계열 32 비트

티베로 버전	구분	위치
티베로 6	윈도우 32비트	%TB_HOME%\bin
	윈도우 64비트	%TB_HOME%\client\win64

표 5-57 | 윈도우 계열 64 비트

티베로 버전	구분	위치
티베로 6	윈도우 32비트	%TB_HOME%\client\win32
	윈도우 64비트	%TB_HOME%\bin

〈표 5-58〉은 배포되는 바이러리 파일명이다.

표 5-58 | ODBC 바이너리 파일

구분	바이너리 파일명
윈도우 32비트	libtbcli.dll, libtbcli.lib, bodbc_driver_installer_6_32.exe
윈도우 64비트	libtbcli.dll, libtbcli.lib, tbodbc_driver_installer_6_64.exe

운영시스템 해당하는 〈표 5-58〉의 바이너리 3개 파일을 설치할 폴더로 복사를 하여, libtbcli.dll 파일에서 오른쪽 마우스 버튼을 클릭한 뒤 [속성] 〉 [자세히]의 Product version을 확인한다.

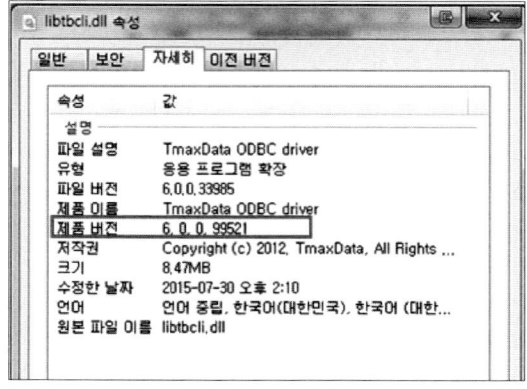

그림 5-21 | ODBC 버전 확인

ODBC 드라이버 등록 순서는 다음과 같다.

– **티베로 ODBC의 비트 선택**

  티베로 ODBC의 32비트 또는 64비트 선택은 설치하는 클라이언트 운영시스템 환경에 맞추기보다는 티베로 데이터베이스를 사용하는 실제 애플리케이션의 비트에 맞춘다.

– **바이너리 복사**

  티베로 버전에 따라 ODBC 바이너리를 복사하는 위치가 다르다. 버전에 맞게 ODBC 바이너리(libtbcli.dll, libtbcli.lib, tbodbc_driver_installer_6_64.exe)를 위치한다. 임의의 위치로 가능하다. 단, 드라이버를 등록할 경우 해당 경로로 지정이 필요하다(예 : c:\tibero\odbc).

– **드라이버 등록**

  command 창을 열어 ODBC 바이너리가 위치한 곳으로 이동한 후 명령어를 실행한다. 만약 윈도우 7 이상일 경우 command 창을 관리자 권한으로 실행한다.

등록방법

```
%TB_HOME%\bin\tbodbc_driver_installer_6_32.exe -i [설치 경로]
```

설치 경로는 복사한 libtbcli.dll 파일이 있는 디렉토리까지의 절대 경로를 입력한다. 이때 설치 경로를 입력하지 않으면 디폴트로 설정된 %TB_HOME%\bin 폴더에 설치된다.

다음은 윈도우 64비트에 드라이버를 등록하는 예시이다.

```
C:\TmaxSoft\win64>tbodbc_driver_installer_5_64.exe -i c:\TmaxSoft\win64
TiberoODBC Driver is being installed to [c:\TmaxSoft\win64]
<Caution!!> If you changed the driver path, you should remove all Tibero DSNs
and add them again.
Success to INSTALL Tibero 6 ODBC Driver
```

– **드라이버 등록 확인**

[시작] > [제어판] > [관리도구] > [데이터 원본(ODBC)] > [드라이버]에서 티베로 드라이버가 등록된 것을 확인한다.

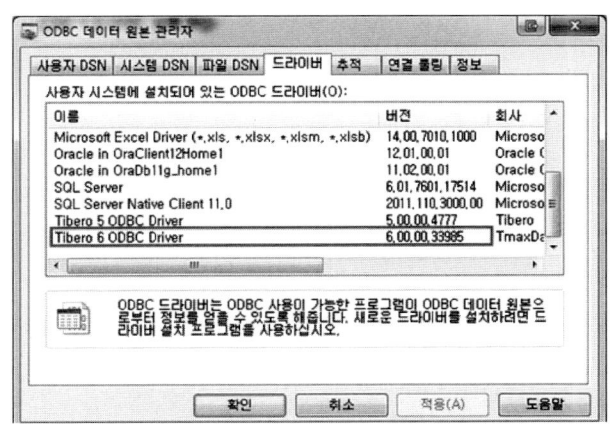

그림 5-22 | ODBC 데이터 원본 드라이버

② ODBC 연결

티베로 ODBC를 사용하는 애플리케이션에서 연결 문자열(Connection String)을 사용하는 방식과 ODBC 관리자에 DSN(Data Source Name)을 등록하는 방식이 있다.

연결 문자열을 사용하는 방식은 버전에 따라서 일부 문자열이 다르다. SQLDriverConnect를 사용할 경우 다음과 같은 정보가 필요하다. 실제 사용할 때는 한 줄로 입력하며, 데이터베이스 항목의 경우는 DB_NAME에 해당하는 정보를 입력한다.

```
DRIVER={Tibero 6 ODBC Driver};SERVER=192.168.1.184;PORT=8629;DB=tibero6;
UID=tibero;PWD=tmax;
```

DSN을 등록하는 방식은 드라이버를 통해 DSN를 등록하여 데이터베이스 접속 정보를 저장한다. DSN를 등록하는 방법은 현재 로그인한 윈도우 계정에서만 사용할 수 있는 DSN과 어떠한 윈도우 계정으로도 사용할 수 있는 시스템 DSN으로 나눈다.

〈그림 5-23〉은 사용자 DSN으로 등록한 예제이다. SQLConnect를 사용할 때 DSN 정보가 필요하므로 [제어판] 〉 [관리도구] 〉 [데이터 원본(ODBC)] 〉 [사용자 DSN]에 데이터소스를 추가한다.

그림 5-23 | 사용자 DSN 추가

설치된 티베로 6 ODBC 드라이버를 선택한 후 [마침] 버튼을 클릭한다.

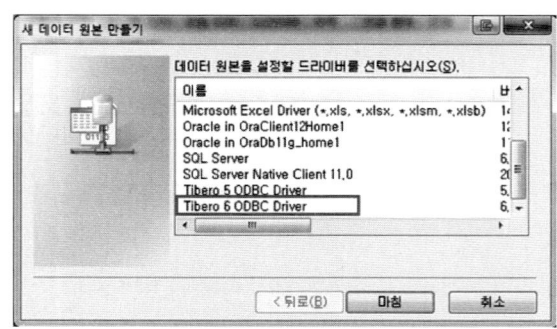

그림 5-24 | 사용자 DSN-티베로 6 ODBC 드라이버 선택

티베로 6 ODBC 구성 대화상자가 나타난다. 이 대화상자에 데이터베이스 접속 정보를 입력한다. 티베로 6 ODBC 드라이버에서는 아이피와 포트로 접속하는 방식과 tbdsn.tbr 파일에 설정된 SID로 접속하는 방식 두 가지를 제공한다. 아이피/포트 방식으로 접속하면 TB_HOME 환경을 구축하지 않고도 간편하게 드라이버를 사용할 수 있지만 tbdsn.tbr 파일에 TB_NLS_LANG 설정 값을 넣는 등의 기능을 사용할 수 없다는 단점이 있다.

SID 방식을 이용한 접속은 티베로 클라이언트 또는 서버가 설치된 경우 사용할 수 있으며, 클라이언트 설정 파일인 tbdsn.tbr에 SID 이름이 등록되어 있어야 한다.

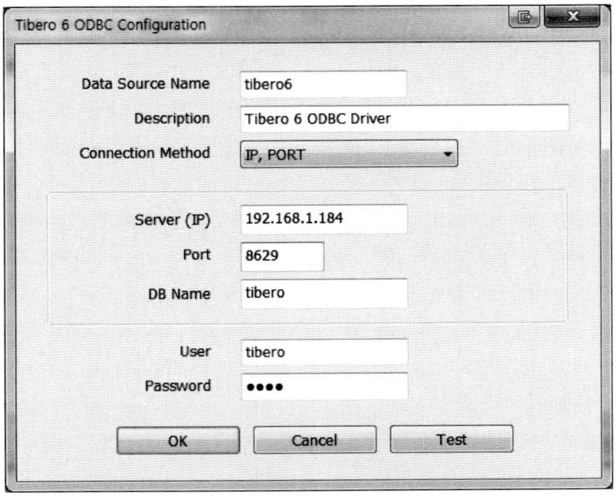

그림 5-25 | **사용자 DSN-데이터베이스 접속 정보 입력(IP, PORT 방식)**

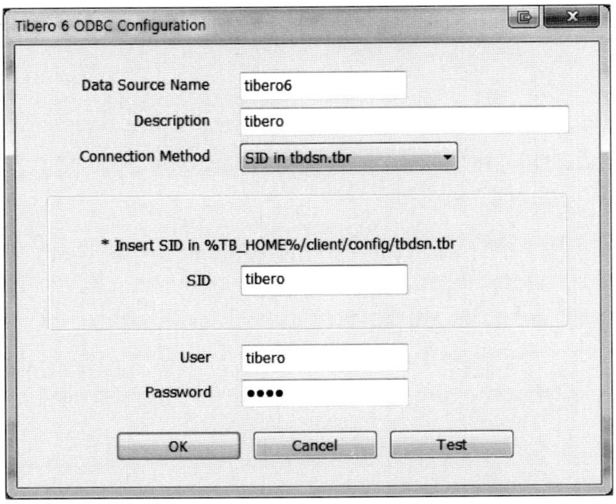

그림 5-26 | **사용자 DSN-데이터베이스 접속 정보 입력(SID 방식)**

DSN 등록이 완료되면 티베로 6을 SQLConnect 또는 SQLDriverConnect 함수에 사용하여 데이터베이스에 접속할 수 있다.

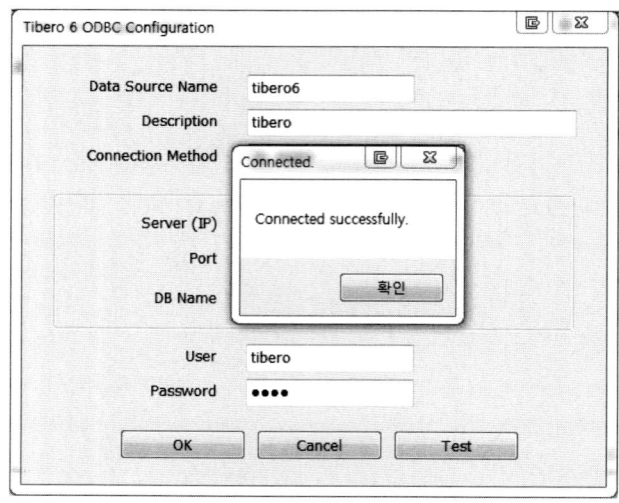

그림 5-27 | 사용자 DSN-테스트 등록 / 완료

③ 윈도우 64비트에 32비트 ODBC 설치

윈도우 64비트 환경에 32비트 티베로 ODBC를 설치할 경우 "%WINDIR%\SysWOW64" 폴더의 32비트용 명령어를 이용한다. 윈도우 32비트 바이너리를 설치하고자 하는 디렉토리에 복사를 한다.

명령어 창을 열어 ODBC 바이너리가 위치한 곳으로 이동한 후 명령어를 실행한다. 만약 윈도우 7 이상일 경우 명령어 창을 관리자 권한으로 실행한다.

```
tbodbc_driver_installer_6_32.exe -i <driver path>
```

명령어 창을 열어 "%WINDIR%\SysWOW64" 폴더로 이동한 후 32비트용 odbcad32.exe 명령어를 실행한다. 실행 이후에는 윈도우 64비트 ODBC 등록하는 방법과 동일하게 진행한다.

그림 5-28 | 사용자 DNS-테스트 등록/완료

④ ODBC 매니저 설치

윈도우 계열에서는 운영시스템을 설치하면 자동으로 ODBC 드라이버 관리자가 설치되지만, UNIX 계열의 환경에서는 별도로 설치해야 한다. ODBC 드라이버 관리자는 unixODBC, iODBC 등 여러 종류가 있다. iODBC는 웹사이트(http://iodbc.org/)에서 다운로드 할 수 있다. 운영시스템에 직접 소스 코드를 다운로드 한 후 Makefile을 실행해야 하므로, libiodbc-3.52.8.tar.gz 형태의 파일을 다운로드한다. iODBC를 설치하기 위해서는 다음과 같은 기본 환경을 설정해야 한다. 기본 환경을 설정은 다음과 같다.

- $TB_HOME/client/lib(또는 $TB_HOME/client/lib32) 디렉토리에 libtbodbc.so 파일이 존재하는지 확인한다. 확인하는 방법은 다음과 같다.

```
# file libtbodbc.so
libtbodbc.so: ELF 64-bit LSB shared object, x86-64, version 1 (SYSV),
dynamically linked, not stripped
```

- LD_LIBRARY_PATH 환경변수에 libtbodbc.so 파일이 존재하는 경로를 추가한다. 단, 특정 머신에 따라 LD_LIBRARY_PATH가 아닌 다른 환경변수를 사용할 수도 있다. 예를 들어 AIX 5.3 머신에서는 LIBPATH라는 환경변수를 사용한다.

libiodbc-3.52.8.tar.gz 소스 파일을 다운받아 압축을 해제한다.

```
# tar -xvzf libiodbc-3.52.8.tar.gz
libiodbc-3.52.8/
libiodbc-3.52.8/admin/
libiodbc-3.52.8/admin/gtk-2.0.m4
libiodbc-3.52.8/admin/gtk.m4
... 중략 ...
```

설치 전 사전환경 점검에서 prefix를 설정하지 않으면 기본적으로 /usr/local 아래에 설치되기 때문에 특정 디렉토리를 지정하여 설치한다. $HOME/iodbc 디렉토리에 설치하기 위해서 디렉토리를 먼저 생성한다. 압축을 해제한 디렉토리로 이동을 한 후에 아래의 명령어를 실행한다.

```
# configure --prefix=$HOME/iodbc --disable-gui
# make
# make install
```

컴파일 및 설치 작업을 다시 수행하려면 make clean 이후에 진행한다. iODBC는 기본적으로 32비트로 컴파일된다. 따라서 64비트 머신에서 동작 중인 티베로를 사용할 경우 반드시 컴파일 옵션을 별도로 주어 64비트 iODBC를 설치해야 한다.

다음은 머신별로 iODBC를 설치하는 방법이다.

HP인 경우

```
# export CFLAGS=+DD64
# export CC=cc
# ./configure [--prefix=/usr/local] --sysconfdir=/etc --disable-gui
# make
# make install
```

AIX인 경우

```
# export CFLAGS=-q64
# export CC=cc
# ./configure [--prefix=/usr/local] --sysconfdir=/etc --disable-gui
# make
# make install
```

설치된 서버에 원하는 비트로 설치됐는지 확인한다. 특정 운영시스템에 따라 64비트 서버에 32비트로 설치되는 경우가 있으므로 file 명령어를 이용하여 확인이 필요하다. 만약 ODBC 매니저가 64비트로 설치됐다면 내부적으로 사용하는 티베로 ODBC 역시 64비트여야 한다.

```
# cd $HOME/iodbc/bin
# file iodbctest
iodbctest: ELF 64-bit LSB executable, x86-64, version 1 (SYSV), dynamically
linked (uses shared libs), for GNU/Linux 2.6.18, not stripped
```

profile 내에 다음과 같은 내용을 추가한다. IODBC_HOME의 경우 iODBC 매니저를 설치한 위치로 설정한다. 운영시스템에 맞게 환경변수 LD_LIBRARY_PATH(Linux), LIBPATH(AIX), SHLIB_PATH(HP)를 설정한다.

```
# iodbc setting
export IODBC_HOME=$HOME/iodbc
export LD_LIBRARY_PATH=$IODBC_HOME/lib:$LD_LIBRARY_PATH
export PATH=$IODBC_HOME/bin:$PATH
```

ODBC Driver Manager의 환경파일에 티베로 ODBC Driver를 등록하는 방법이다. 연결 테스트 전에 티베로 클라이언트 또는 서버의 설치 및 관련 환경 설정이 되어야 한다. $HOME/.odbc.ini(개인설정) 또는 /etc/odbc.ini(공통설정)로 설정 가능하다. 우선순위는 $HOME/.odbc.ini가 높다.

```
[ODBC Data Sources]
<ODBC Data Sources> = Tibero6 ODBC driver

[ODBC]
Trace = 1
TraceFile = /home/tibero/iodbc/tmp/odbc.trace

[<ODBC Data Sources 세부설정>]
Driver      = <Tibero ODBC Driver 파일>
Description = Tibero6 ODBC Datasource
SID         = <tbdsn.tbr 파일에  설정한  alias 정보>
User        = tibero
Password    = tmax
```

표 5-59 | ODBC 데이터 소스

항목	바이너리 파일명
〈ODBC Data Sources〉	Datasource 이름으로 오라클 게이트웨이 설정 파일에 해당 내용이 들어간다.

표 5-60 | ODBC 데이터 소스 세부 설정

항목	바이너리 파일명
Driver	ODBC 매니저에서 로드하는 티베로 ODBC 드라이버 파일이다. 해당 파일 존재 여부 및 권한에 대해서 확인이 필요하다.
SID	티베로 클라이언트 또는 서버의 tbdsn.tbr 파일에 설정한 별칭 정보이다.
User	사용자를 의미한다. 테스트 및 링크 생성의 경우 별도로 사용자를 가져가므로 크게 의미는 없다.
Password	사용자 패스워드를 의미한다. 테스트 및 링크 생성의 경우 별도로 사용자를 가져가므로 크게 의미는 없다.

다음은 설정에 대한 예시이다.

```
; ODBC 환경파일(obbc.ini) 설정 방법
[ODBC Data Source]
tibero6 = Tibero 6 ODBC Driver

[ODBC]
Trace    = 1
TraceFile = /home/tibero/iodbc/tmp/odbc.trace

[tibero6]
Driver   = /home/tibero/tibero6/client/lib/libtbodbc.so
Description = Tibero6 ODBC Datasource
; tbdsn.tbr 파일에 설정한 DSN 정보
SID      = tibero
User     = tibero
Password = tmax
```

iODBC에 환경 설정을 완료한 후 데이터베이스에 접속이 되는지 확인하려면 다음과 같은 명령을 실행해야 한다.

```
iodbctest "DSN={dsn};UID={user};PWD={pwd}"
```

표 5-61 | iodbc 데이터베이스 접속 테스트 정보

항목	바이너리 파일명
dsn	DSN의 이름
user	접속할 사용자 계정의 이름
pwd	접속할 사용자 계정의 패스워드

다음은 iodbctest 명령을 사용하여 데이터베이스 접속을 확인하는 예이다.

```
# iodbctest "DSN=tibero6;UID=tibero;PWD=tmax"
iODBC Demonstration program
This program shows an interactive SQL processor
Driver Manager: 03.52.0812.0326
Driver: 06.00.0208 (libtbodbc.so)

SQL> SELECT * FROM dual;

DUMMY
-----
X
 result set 1 returned 1 rows.
```

윈도우 계열의 tbCLI 또는 유닉스 계열(리눅스 포함)에서 설치한 ODBC에서 데이터베이스 접속 정보를 가져올 때에는 우선 ODBC 데이터 원본 관리자를 검색한다. 만약 ODBC 데이터 원본 관리자에 해당 정보가 없다면 tbdsn.tbr 파일을 검색하여 데이터베이스 접속 정보를 찾는다. tbCLI를 사용하는 tbSQL 유틸리티에서도 이와 동일한 과정을 거쳐 데이터베이스 접속 정보를 가져온다.

티베로 ODBC에서는 특정 환경변수를 적용하여 로그를 발생시키거나 글자 깨짐 등의 문제를 해결할 수 있다. 로그를 발생시키는 환경변수의 경우 일부 성능이 느려질 수 있으므로 문제가 있을 때 일시적으로만 사용한다.

〈그림 5-29〉처럼 환경변수를 적용한 후에 애플리케이션을 재기동한다.

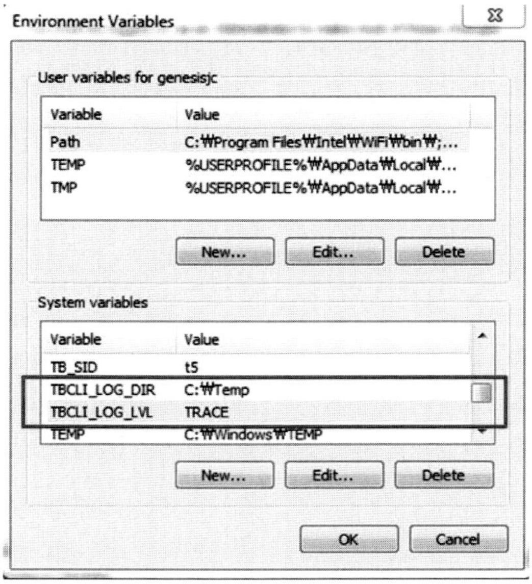

그림 5-29 | ODBC 환경변수 적용

〈표 5-62〉는 자주 사용하는 환경변수에 대한 설명이다.

표 5-62 | tbCLI에서 사용하는 환경변수

항목	바이너리 파일명
TBCLI_LOG_LVL	로그를 출력하게 하는 환경변수이다. 트레이스 값을 설정하면 로그가 출력된다.
TBCLI_LOG_DIR	로그를 생성하는 디렉토리를 설정한다. 설정하지 않을 경우 다음과 같은 경로에 로그가 생성된다. – 윈도우 계열 : C:\tbcli_날짜시간.log – 유닉스 계열 : /tmp/tbcli_날짜시간.log 윈도우 7은 C:\ 디렉토리에 파일을 생성할 때 관리자 권한이 필요하므로 해당 경로에 로그를 생성하려면 애플리케이션을 관리자 권한으로 실행한다.
TB_NLS_LANG	클라이언트의 캐릭터 셋을 설정하는 부분으로 기본은 MSWIN949(한글)로 설정되어 있다. 보통은 데이터베이스 캐릭터 셋과 일치시키거나 부분 집합으로 설정하며 설정할 수 있는 값은 데이터베이스 캐릭터 셋과 동일하다.

다음은 ODBC를 이용한 Windows 환경의 연결 예제(odbc_connect.c)이다. define_DIRECT_를 주석 여부에 따라 SQLDriverConnect와 SQLConnect 중 하나를 사용해서 접속한다.

```c
#include <stdio.h>
#include <string.h>
#include <stdio.h>
#include <stdlib.h>
#include <sqlcli.h>
#define ROWSET_SIZE 20

#define _DIRECT_

int main(int argc, char* argv[])
{
SQLRETURN rc = SQL_SUCCESS; SQLUINTEGER len;
SQLHANDLE henv, hdbc, hstmt;
SQLCHAR *sql = (SQLCHAR *)"SELECT TO_CHAR(SYSDATE,'YYYYMMDD') FROM DUAL";
char buf[128];


/* Env Handle */
SQLAllocHandle(SQL_HANDLE_ENV, SQL_NULL_HANDLE, &henv);
SQLSetEnvAttr(henv, SQL_ATTR_ODBC_VERSION, (SQLPOINTER)SQL_OV_ODBC3, 0);
SQLAllocHandle(SQL_HANDLE_DBC, henv, &hdbc);
```

```c
/* Tibero Connect */
#ifdef _DIRECT_

  // IP, PORT
  rc = SQLDriverConnect(hdbc,
      (SQLHWND)NULL,
      (SQLCHAR *) "DRIVER={Tibero 6 ODBC Driver};\
              SERVER=192.168.52.11;PORT=4629;DB=tibero;UID=tibero;PWD=tmax;",
      SQL_NTS,
      NULL,
      0,
      NULL,
      SQL_DRIVER_NOPROMPT);

#else
  // Data Source Name
  rc = SQLConnect(hdbc,
              SQLCHAR *)"tibero", SQL_NTS, /* Data Source Name or DB NAME */
              SQLCHAR *)"tibero", SQL_NTS, /* User */
              SQLCHAR *)"tmax", SQL_NTS); /* Password */
#endif

if (rc != SQL_SUCCESS) {
  fprintf(stderr, "Connection failed!!!");
  exit(1);
}

/* Statements Handle */
SQLAllocHandle(SQL_HANDLE_STMT, hdbc, &hstmt);
printf("Query: %s\n", sql);

/* Execute Query */
rc = SQLExecDirect(hstmt, sql, SQL_NTS);
if (rc != SQL_SUCCESS) {
  fprintf(stderr, "SQLExecDirect failed!!!");
  exit(1);
}
/* Bind Result */
SQLBindCol(hstmt, 1, SQL_C_CHAR, (SQLCHAR *)buf, 128, (long *)&len);
```

```
printf("Result: ", buf);

/* Fetch Result */
while(SQLFetch(hstmt) != SQL_NO_DATA) {
  printf("%s\n", buf);
}

/* Release Handle and Close Connection */
SQLFreeStmt(hstmt, SQL_DROP);
SQLDisconnect(hdbc);
SQLFreeConnect(hdbc);
SQLFreeEnv(henv);
return 0;
}
```

해당 소스를 실행하고 컴파일하고 링크하는 방법이다.

```
#cc -m64 -O -I$TB_HOME/client/include -L$TB_HOME/client/lib -c odbc_connect.c
#cc -m64 -O -I$TB_HOME/client/include -o odbc_connect -L$TB_HOME/client/lib
-ltbcli -lclialloc odbc_connect.o
```

5.5.5. OLD DB

ODBC는 응용 프로그램이 데이터베이스를 일정한 방식으로 액세스하는 방법을 제공하였다. 언어, 테이블 구조, 내부 정보 등에 관계없이 데이터베이스를 액세스하는 공통의 추상적인 API를 제공했지만 IT기술이 발전함에 따라 새로운 방식으로 데이터베이스 기반 응용 프로그램을 설계하고 구축하는 상황에 ODBC는 부적합하게 되어 OLE DB라는 새로운 개방형 데이터베이스 연결방식이 생겨났다.

OLE DB는 Microsoft UDA(Universal Data Access)의 개념을 구체화한 프로그래밍 인터페이스 모델이다. UDA는 단일 COM 기반 프로그래밍 인터페이스를 사용하여 관계형, 비관계형, 계층형 등과 같은 모든 유형의 데이터를 액세스할 수 있는 기능을 제공한다.

티베로 OLE DB 공급자는 현재 윈도우 운영시스템만을 지원한다. 티베로 OLE DB 공급자는 ADO 또는 OLE DB 기반 애플리케이션이 티베로 데이터베이스에 접근하는 환경의 성능 및 안정성을 보장한다. 티베로 OLE DB Provider가 최신 OLE DB 및 ADO 스펙과 호환하므로 ADO, OLE 데이터베이스 개발자는 티베로 환경으로 애플리케이션 마이그레이션 작업을 쉽고 간단하게 수행할 수 있다. 또 티베로 OLE DB 공급자는 PSM 저장 프로시저, LOB 등 티베로 환경이 제공하는 기능을 활용하는 것을 가능하게 하며 Microsoft OLE DB .NET data provider를 통해 .NET 환경을 완벽하게 지원한다. OLE DB.NET을 사용하는 경우 모든 종류의 .NET 프로그래밍 언어를 사용하여 티베로 데이터베이스에 접근할 수 있다.

OLE DB 내부 구조 및 각 항목에 해당하는 설명은 다음과 같다.

- **데이터 소스(Data Source)** : OLE DB provider 초기화 및 환경구축을 하고 접속 정보를 받아 한 개 이상의 세션을 생성한다.
- **세션(Session)** : 하나의 연결 단위로 일반적으로 한 개 이상의 명령문을 생성하고, 직접적으로 한 개 이상의 결과 로우셋(Rowset)을 생성한다.
- **명령어(Command)** : SQL 문장 실행의 단위로 SELECT 문일 경우 한 개 이상의 로우셋을 생성한다.
- **로우셋(Rowset)** : 쿼리를 통해 서버로부터 가져온 데이터들의 집합으로 순방향, 역방향, 특정 위치 로우 접근을 지원한다.

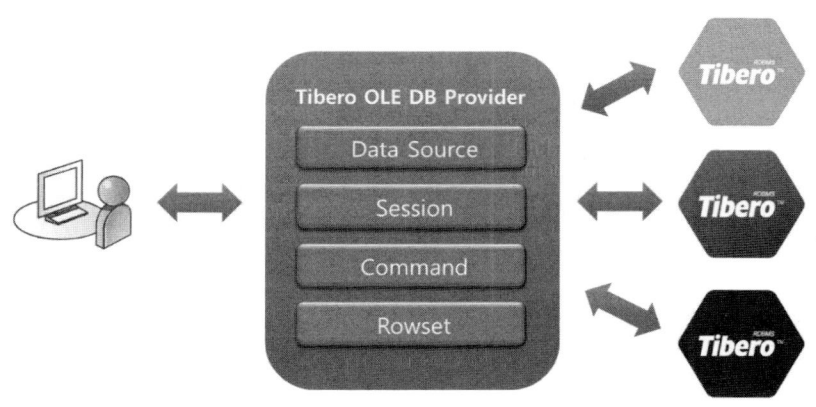

그림 5-30 | OLE DB 내부 구조

OLE 데이터베이스의 몇 가지 특징적인 기능들은 다음과 같다.

◆ Updatable Cursor

쿼리의 결과 테이블의 데이터를 직접 수정하여 서버에 반영시키는 기능이다. 기본적으로 Rowid를 추가로 쿼리에 첨부하여 보내고, Rowid를 붙일 수 없는 쿼리는 수정 가능 커서(Updatable Cursor)가 될 수 없다. 추가, 삭제, 수정 모두 내부적으로 Rowid를 이용한 데이터 조작어(DML)로 작성되어 서버로 보내진다.

- **새로운 로우 추가** : 추가된 로우는 결과 테이블에 저장되지 않는다.
- **기존 로우 삭제** : 삭제된 로우는 삭제 되었다고 표시만 해놓는다.
- **기존 로우의 데이터를 수정** : 수정된 데이터는 바로 조회가 가능하다.

◆ 스키마 로우셋(Schema Rowset)

데이터베이스의 스키마 정보(테이블, 프로시저 등)를 테이블 형태로 알려주는 기능으로 대부분 내부적으로 데이터베이스의 정적 뷰(Static View)를 조회하여 해당 정보들을 추출한다. 데이터베이스 접근이 필요없는 경우 OLE DB 단에서 해당 스키마 정보를 저장하고 있다가 추출하고 파워빌더(Power Builder), 리포트 디자이너(Report Designer) 등의 툴로 스키마 로우셋을 통하여 각종 테이블, 뷰, 인덱스 등의 정보를 가져와 활용한다. 스키마 로우셋이 지원하는 항목들은 TABLES, VIEWS, COLUMNS, INDEXES, PRIMARY_KEYS, PROCEDURES, PROCEDURE_PARAMETERS, PROVIDER_TYPES, CATALOGS(빈 결과물 리턴)이다.

◆ 커넥션 풀링(Connection Pooling)

동일한 계정으로 반복 연결을 할 경우 기존의 연결을 닫지 않고 저장해 두었다가 재사용하는 기능이다. 연결하는데 드는 시간을 절약하는 효과가 있다.

연결 문자열에 OLE DB 서비스 항목을 추가하여, -1 : 풀링 사용, -2 : 풀링을 사용하지 않도록 설정을 한다. PHP의 경우 무조건 사용하도록 설정된다.

① OLE DB Provider 설치

티베로 OLE DB의 경우 내부적으로 티베로 ODBC를 사용하므로 OLE DB를 설치한다면 앞장의 ODBC 내용을 참조하여 미리 설치를 한다. OLE DB와 ODBC에 대해 동일한 비트를 설치한다.

클라이언트 인스톨러나 OLE DB 인스톨러의 경우 GUI 환경으로 설치 및 등록을 자동으로 진행할 수 있다. 수동으로 진행하려면 티베로 서버가 설치된 환경에서 설치하고자 하는 클라이언트에 맞게 설치 파일을 가져온다. 바이너리 위치에 ODBC 설치 및 구성 부분을 참고한다.

〈표 5-63〉는 바이너리 파일에 대한 설명이다.

표 5-63 | OLE DB 바이너리 파일 설명

파일명	설명
tbprov5.dll	OraOLEDB의 데이터 타입 스펙을 맞춘 바이너리로 공급자를 등록할 때 사용한다.
msdtb5.dll	MSDAORA의 데이터 타입 스펙을 맞춘 바이너리로 공급자를 등록할 때 사용한다.
Tibero.DbAccess.dll	.Net 환경에서의 지원을 위해 추가된 바이너리로 .NET을 연동할 때 사용한다.

위의 파일에 대해서 특정 위치로 가져다 놓는 것이 가능하다. 단, 미리 설치된 ODBC 바이너리가 있는 디렉토리에 위치해야 한다. 명령어 창을 열어 OLE DB 바이너리가 위치한 곳으로 이동한 후 명령어를 실행한다. 만약 윈도우 7 이상일 경우 명령어 창을 관리자 권한으로 실행한다.

등록 방법

regsvr32 <dllname>

해제 방법

regsvr32 /u <dllname>

다음은 OLE DB를 등록/해제하는 예시이다.

```
c:\TmaxSoft\win64>regsvr32 tbprov6.dll
c:\TmaxSoft\win64>regsvr32 msdtb6.dll

c:\TmaxSoft\win64>regsvr32 /u tbprov6.dll
c:\TmaxSoft\win64>regsvr32 /u msdtb6.dll
```

그림 5-31 | OLE DB 등록 팝업

공급자 등록 확인을 위해서 바탕화면에 tibero.udl 파일을 새로 생성한다. 생성한 tibero.udl 파일을 더블 클릭한 후 [Provider] 탭을 선택하면 티베로 OLE DB 공급자를 확인할 수 있다.

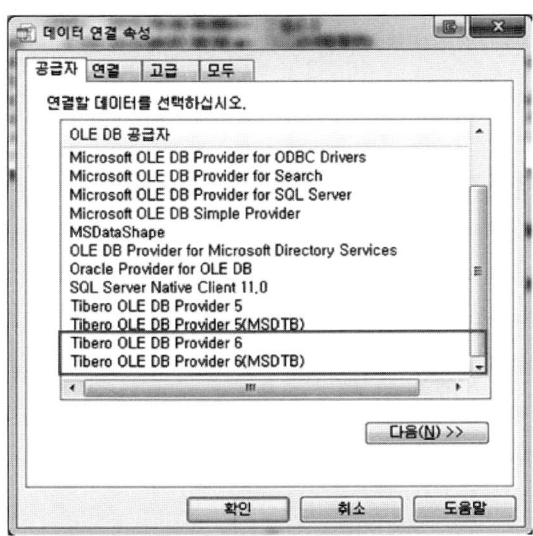

그림 5-32 | OLE 공급자 확인

티베로 OLE DB를 사용하는 애플리케이션에서 연결 문자열을 사용하는 방식과 공급자 테스트 방식을 제공하고 있다.

② OLE DB 연결

- 연결 문자열을 사용하는 방식

```
Provider=<공급자 이름>;Data Source=<데이터 원본 이름>;User ID=<접속 사용자 ID>;
Password=<접속 패스워드>;Updatable Cursor=<Updateable Cursor 사용여부>;
OLE DB Services=<Connection Pooling 사용여부>
```

표 5-64 | 연결 문자열 사용 옵션

항목	설명
〈공급자 이름〉	tbprov.Tbprov 또는 tbprov.Tbprov.6 : OraOLEDB의 데이터 타입 스펙 tbprov.MSDTB 또는 tbprov.MSDTB.6 : MSDAORA의 데이터 타입 스펙
〈데이터 원본 이름〉	데이터 원본 이름에는 다음과 같은 항목이 있다. 단, 티베로 버전에 따라 일부 다른 정보가 들어가기도 한다. ODBC 데이터 원본 관리자에 등록된 이름 ip, port, dbname(예 : 127.0.0.1,8629,tibero)
〈접속 사용자 ID〉	티베로 서버에 접속할 사용자 이름이다.
〈접속 패스워드〉	티베로 서버에 접속할 패스워드이다.
〈Updateable Cursor 사용 여부〉	Updatable Cursor 사용여부를 설정한다(기본 값 : False). True : 사용, False : 미사용
〈Connection Pooling 사용여부〉	Connection Pooling 기능 사용여부를 설정한다(기본 값 : -1). -1 : 사용, -2 : 미사용

다음은 연결 문자열을 이용하여 접속하는 사용 예시이다.

```
Provider=tbprov.Tbprov.6;Data Source=tibero;User ID=tibero;Password=tmax;
Updatable Cursor=True;OLE DB Services=-2
```

- 공급자 테스트 방식

앞에서 생성한 tibero.udl 파일로 연결 테스트를 할 수 있으며 다음과 같이 2가지 방식으로 가능하다.

아이피(IP), 포트(PORT) 등의 정보를 이용한 직접 연결 방식

데이터 원본에 IP, 포트, DB_NAME 순으로 설정하여 접속한다(예 : 192.168.1.184,8629,tibero).

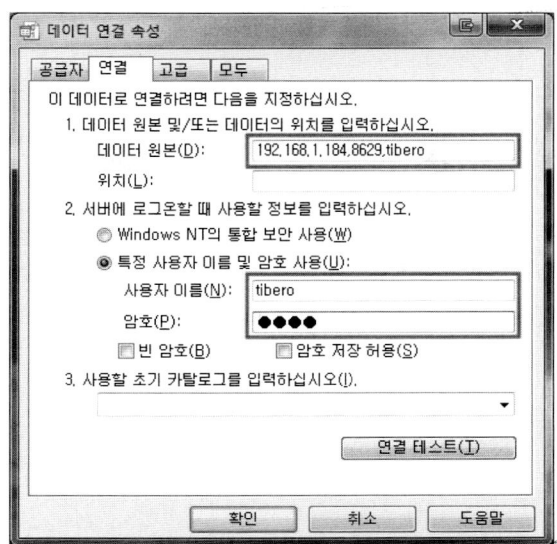

그림 5-33 | IP, 포트 등의 정보를 이용 직접 연결 방식

ODBC 원본 관리자의 DSN 또는 tbdsn.tbr의 별칭를 이용한 방식

데이터 원본에 ODBC 원본 관리자의 DSN 또는 "$TB_HOME/client/config/tbdsn.tbr"의 Alias를 이용하여 티베로에 접속이 가능하다. 해당 별칭 정보는 [ODBC 원본 관리자] > [tbdsn.tbr의 Alias] 순서에서 찾는다.

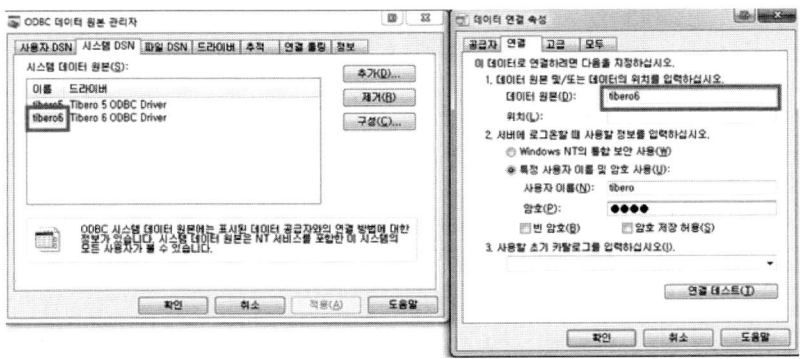

그림 5-34 | ODBC 원본 관리자 DSN 또는 tbdsn.tbr 파일을 이용한 방식

5.5.6. JDBC

JDBC(Java Database Connectivity)는 자바로 만들어진 클래스와 인터페이스로 이루어진 API이다. 데이터베이스의 종류와 관련 없는 독립적인 프로그래밍을 가능하게 해주며 JDBC는 java.sql, javax.sql 두 개의 패키지에 포함된다. java.sql은 데이터베이스에 접근하고 데이터를 검색하거나 업

데이트 하는 핵심 JDBC API를 제공하며, javax.sql은 JDBC 클라이언트가 서버 측의 데이터소스를 접근할 수 있게 하는 API를 제공한다.

① JDBC Driver Type

JDBC-ODBC Bridge Driver : ODBC 같이 다른 Data Access API와 매핑하는 형태의 JDBC API를 구현한 것이다. Native Client Library에 종속적인 경우가 많아 이식성에 제약이 있다. 썬(Sun)의 JDBC-ODBC Bridge Driver가 이에 속하지만 JDBC 3.0의 지원이나 멀티 쓰레딩을 사용할 수 없는 등의 여러 제약을 지닌다.

그림 5-35 | JDBC-ODBC 브릿지 드라이버

Native-API Driver : Native Code와 자바 코드가 혼합돼 구현되어 있다. 주로 인터페이스만 자바인 경우가 많고 접근하는 데이터소스에 따라 각기 다른 Native Client Library가 필요하다. 그래서 이것을 Thick Driver 라고도 한다. Native Code로 인하여 이식성에 제한이 있다.

그림 5-36 | Native-API 드라이버

Net-Protocol Driver : 데이터베이스에 독립적인 프로토콜을 이용하는 미들웨어 서버와 통신하고 순수 자바 클라이언트를 사용하는 드라이버로 미들웨어 서버는 클라이언트의 요청을 데이터소스에 독립적인 프로토콜로 변환하여 사용한다. 이 경우 드라이버가 직접 데이터베이스를 제어하지 않고 미들웨어를 통하여 제어하기 때문에 유연성을 지닌다.

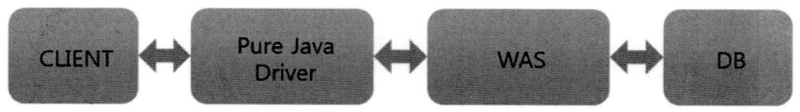

그림 5-37 | Net-Protocol 드라이버

Native-Protocol Driver : 모두 자바로 구현되어 있어 플랫폼에 제한을 받지 않으며 별도의 클라이언트 소프트웨어 없이 표준 자바 소켓을 이용하여 데이터소스와 직접 통신한다. 보통 Thin Driver라고 한다.

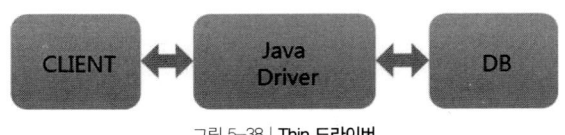

그림 5-38 | Thin 드라이버

② JDBC 드라이버(Driver)

티베로에서는 현재 Thin Driver만 지원을 하고 있으며, $TB_HOME/client/lib/jar 경로에 존재한다.

```
tibero[DB_MAJOR_VERSION]-jdbc-[JDK_VERSION]-[DEBUG].jar
```

표 5-65 | 티베로 JDBC 이름 설명

항목	설명
[DB_MAJOR_VERSION]	티베로 제품의 메인 버전을 표시한다.
[JDK_VERSION]	JDBC 드라이버가 동작하는 JDK 버전을 표시한다. 기본형의 경우 생략한다.
[DEBUG]	문제가 발생할 때 로그를 발생하는 JDBC 파일(디버그 용도)인지 알려준다.

〈표 5-66〉은 티베로에서 사용되고 있는 JDBC에 대한 설명이다.

표 5-66 | 티베로에서 사용하는 JDBC

항목	설명
tibero6-jdbc.jar	JDK(또는 JRE) 1.6 이상에서 수행 가능한 드라이버 파일(기본형)이다.
tibero6-jdbc-dbg.jar	JDK(또는 JRE) 1.6 이상에서 수행 가능한 JDBC 파일(디버그 용도)이다.
tibero6-jdbc-14.jar	JDK(또는 JRE) 1.4 이상에서 수행 가능한 드라이버 파일(JRE 버전 문제가 발생할 경우 주로 사용)이다.
tibero6-jdbc-14-dbg.jar	JDK(또는 JRE) 1.4 이상에서 수행 가능한 JDBC 파일(디버그 용도)이다.

주로 JDBC 리비전(re-vision) 정보가 필요할 때 다음과 같은 방법으로 확인할 수 있다.

```
# java -jar [driver_name]

# java -jar tibero6-jdbc.jar
Tibero JDBC Driver 6.0    (FS01)    (Rev.102201)
TmaxData Corporation Copyright (c) 2008-. All rights reserved.
Patch files (none)
```

티베로 JDBC를 가지고 서버와 연동할 때 연동할 때 다음의 클래스를 사용한다.

- **연결을 맺을 때 사용하는 클래스 이름** : com.tmax.tibero.jdbc.TbDriver

- 데이터소스를 사용할 때 클래스 이름 : com.tmax.tibero.jdbc.ext.TbConnectionPoolDataSource
- XA 데이터소스를 사용할 때 클래스 이름 : com.tmax.tibero.jdbc.ext.TbXADataSource

③ 데이터베이스 연결

데이터베이스에 연결하기 위해서 tbJDBC에서 제공하는 DataSource 객체를 이용하여 데이터베이스에 연결하는 방법과 데이터베이스 URL을 이용하는 방법이 있다. 데이터베이스 URL을 이용하는 방법은 단일 노드 구성과 클러스터 노드 구성으로 나눈다.

- Single 노드 구성

한 개의 노드로 구성이 되는 경우를 말하며 다음과 같이 사용한다.

```
jdbc:tibero:thin:@<ip>:<port>:<db_name>
jdbc:tibero:thin:@127.0.0.1:8629:t5
```

표 5-67 | 단일 노드에서 데이터베이스 URL 이용 접속 옵션

항목	설명
⟨ip⟩	접속하려는 티베로 서버 IP 주소이다.
⟨port⟩	접속하려는 티베로 서버 포트 번호이다.
⟨db_name⟩	접속하려는 티베로 서버 DB 이름이다.

- 클러스터 노드 구성

2개 이상의 노드로 구성이 되는 경우를 말하며 다음과 같이 사용한다.

```
jdbc:tibero:thin:@(description=
            (failover=on)(load_balance=on)
            (address_list=(address=(host=<node1_ip>)(port=<node1_port>))
  (address=(host=<node2_ip>)(port=<node2_port>))
            )(DATABASE_NAME=<db_name>))
```

표 5-68 | 클러스터 노드에서 데이터베이스 URL 이용 접속 옵션

항목	설명
failover	연결이 끊어진 경우 자동으로 복구해주는 기능(on 또는 off 설정)으로 순차적 방식으로 새로운 서버에 접속하며, 현재는 데이터베이스와의 연결만 복구한다.
load_balance	사용자 연결을 여러 서버로 분산시키는 기능(on 또는 off 설정)으로 전용 방식으로 구성할 경우 해당 기능을 off한다.
⟨node1_ip⟩⟨node1_port⟩	1번 노드에 대한 접속 정보이다(IP 주소, 포트 번호).

| ⟨node2_ip⟩⟨node2_port⟩ | 2번 노드에 대한 접속 정보이다(IP 주소, 포트 번호). |
| ⟨db_name⟩ | 접속하려는 TAC의 DB 이름이다. |

다음 예시는 클러스터 노드로 구성한 예시이다.

```
jdbc:tibero:thin:@(description=
        (failover=on)(load_balance=on)
        (address_list=(address=(host=127.0.0.1)(port=8629))
  (address=(host=127.0.0.2)(port=8629))
        )(DATABASE_NAME=t5))
```

④ JDBC를 이용한 예시

다음의 예제(TiberoJDBC.java)는 JDBC를 이용하여 티베로에 연결하고, 데이터를 조회하는 간단한 예제이다.

```
import java.sql.Connection;
import java.sql.ResultSet;
import java.sql.SQLException;
import java.sql.Statement;

import com.tmax.tibero.jdbc.ext.TbDataSource;

public class TiberoJDBC {

  public static void main(String[] args) throws SQLException {
      TbDataSource tds = new TbDataSource();
      tds.setURL("jdbc:tibero:thin:@192.168.1.184:8629:tibero");
      tds.setUser("tibero");
      tds.setPassword("tmax");

      Connection conn = tds.getConnection();
      Statement stmt = conn.createStatement();

      String query = "select table_name from user_tables where rownum < 10 " ;
      ResultSet rs = stmt.executeQuery(query);

      String sTname=null;

      int irows = 1;
```

```
    while ( rs.next() ) {
        sTname = rs.getString("table_name");
        System.out.println("row[" + irows + "] : " + sTname);
        irows++;
    }

    rs.close();
    stmt.close();
    conn.close();
  }
}
```

다음은 해당 소스를 컴파일과 실행하는 방법이다.

```
# javac -classpath .:$TB_HOME/client/lib/jar/tibero6-jdbc.jar TiberoJDBC.java
# java -cp .:$TB_HOME/client/lib/jar/tibero6-jdbc.jar TiberoJDBC
```

⑤ 분산 트랜잭션

분산 트랜잭션은 보통 전역 트랜잭션이라고도 하는데, 통합으로 관리되는 하나 이상의 트랜잭션 집합을 말한다. 분산 트랜잭션에 참여하는 트랜잭션은 동일한 데이터베이스에 존재할 수도 있고, 다른 데이터베이스에 존재할 수도 있다. 이러한 각각의 트랜잭션을 트랜잭션 브랜치(Transaction Branch)라고 한다. 분산 트랜잭션은 JDBC 2.0 표준의 확장 API로서 접속 풀링 기능을 기반으로 제공되거나 X/Open DTPDistributed Transaction Processing 규약의 XA 표준으로 제공되기도 한다. 분산 트랜잭션은 다음과 같은 특징이 있다.

- 분산 트랜잭션은 개별 트랜잭션을 관리하기 위해 외부의 트랜잭션 관리자를 이용한다.
- 트랜잭션 관리자는 Java Transaction API 표준을 구현한 소프트웨어 요소로서 여러 벤더에서 XA 호환 JTA 모듈을 제공한다.
- XA 기능은 애플리케이션 프로그램과는 별도로 구분되며, 대부분 애플리케이션 프로그램 서버(Application Server)와 같은 Middle-tier에서 사용된다.
- 리소스 매니저(Resource Manager)는 데이터나 다른 종류의 리소스를 지칭하는 용어로 여기서는 데이터베이스를 가리킨다.

분산 트랜잭션은 다음과 같은 기능구성요소를 포함한다.

- **XA DataSource** : Connection Pool DataSource나 다른 DataSource와 비슷한 개념과 기능을 가진다. 분산 트랜잭션에서 사용되는 각각의 리소스 매니저(데이터베이스)에는 하나의 XA DataSource 객체가 존재하고, 이 XA DataSource가 XA 연결을 생성한다.

- **XA Connection** : Pooled 연결의 확장이며 개념이나 기능면에서는 비슷하다. XA 연결은 물리적인 데이터베이스 연결에 대한 임시 핸들이 되고, 하나의 XA 연결은 하나의 데이터베이스 세션에 해당한다.
- **XA Resource** : 분산 트랜잭션의 각 트랜잭션 브랜치를 조합하기 위해 트랜잭션 관리자에 의해 사용된다. 각각의 XA 연결로부터 하나의 XA 리소스 객체를 얻어올 수 있고, 1:1 관계를 가진다. 따라서 하나의 XA 리소스 객체는 하나의 데이터베이스 세션에 해당된다. 하나의 XA 리소스 객체는 실행 중인 오직 하나의 트랜잭션 브랜치만 있을 수 있다. 그러나 실행 중인 트랜잭션과는 별개로 정지된 트랜잭션도 있을 수 있다. 각각의 XA 리소스 객체는 해당 세션에서 수행되며 시작, 종료, 준비, 커밋, 롤백 등의 기능이 있다.
- **XID** : 각각의 트랜잭션 브랜치를 구분하기 위해 XID 트랜잭션 ID를 사용하고, 하나의 XID 트랜잭션 ID는 트랜잭션 브랜치 ID와 분산 트랜잭션 ID로 구성된다.

JDBC 3.0 표준에서는 전역 트랜잭션과 지역 트랜잭션 사이에서 커넥션을 공유할 수 있고, 각각으로 변환할 수 있다. 일반적으로 커넥션은 다음의 3가지 모드 중에 반드시 하나를 갖는다.

표 5-69 | JDBC 3.0 연결 모드

모드	설명
NO_TXN	현재 커넥션을 사용하는 활성화된 트랜잭션이 없는 모드이다.
LOCAL_TXN	자동 커밋 모드를 비활성화시킨 상태로 현재 커넥션을 사용하는 활성화된 트랜잭션이 있는 모드이다. 커넥션 모드에 따라 prepare(), commit(), rollback(), forget(), end() 메소드를 호출할 수 없고, XAException이 발생한다.
GLOBAL_TXN	현재 커넥션을 사용하는 활성화된 트랜잭션이 있는 모드이다. 커넥션 모드에 따라 commit(), rollback(), setAutoCommit(), setSavepoint() 메소드를 호출할 수 없고, SQLException이 발생한다.

각 커넥션은 실행 상태에 따라 다음과 같이 3가지 모드 사이에서 자동으로 바뀐다. 단, 커넥션이 초기화 될 때에는 항상 NO_TXN 모드로 동작한다.

표 5-70 | JDBC 3.0 연결 모드 변환

현재 모드	NO_TXN으로 변환	LOCAL_TXN으로 변환	GLOBAL_TXN으로 변환
NO_TXN	-	자동 커밋 모드를 비활성화시키고 DML 문을 수행 했을 때	XAConnection에서 얻은 XAResource에 end() 메소드를 호출했을 때
LOCAL_TXN	DDL 문이 수행되거나 commit() 또는 rollback() 메소드를 호출했을 때	-	불가능
GLOBAL_TXN	XAConnection에서 얻은 XAResource에 end() 메소드를 호출했을 때	불가능	-

티베로에서는 XA 표준에 따른 분산 트랜잭션 패키지인 com.tmax.tibero.jdbc.ext 내부에 TbXAConnection, TbXADataSource, TbXAException, TbXAResource, TbXid 클래스를 지원한다. 다음은 XA로 구현된 예제(TiberoXA.java)이다. 2개의 접속을 생성하여 데이터 조작어(DML) 처리를 완료한 후에 접속을 종료한다.

```java
import java.sql.*;
import javax.sql.*;
import java.util.*;
import com.tmax.tibero.jdbc.ext.*;
import javax.transaction.xa.*;
import java.io.*;

class TiberoXA{

    final String url1 = "jdbc:tibero:thin:@192.168.52.11:8629:tb5";
    final static String user1 = "tibero";
    final static String pwd1= "tmax";


    final String url2 = "jdbc:tibero:thin:@192.168.52.11:8629:tb5";
    final static String user2 = "tibero";
    final static String pwd2= "tmax";

    public static void main(String args[]){
        TiberoXA txa = new TiberoXA();

        try{
            txa.XARun();
        }catch(Exception e){
            e.printStackTrace();
        }
    }

    void XARun()
        throws XAException,SQLException
    {
 XADataSource xds1 = getXADataSource(url1, user1, pwd1);
 XADataSource xds2 = getXADataSource(url2, user2, pwd2);

 XAConnection xaconn1 = xds1.getXAConnection();
 XAConnection xaconn2 = xds2.getXAConnection();
```

```java
Connection conn1 = xaconn1.getConnection();
Connection conn2 = xaconn2.getConnection();

XAResource xar1 = xaconn1.getXAResource();
XAResource xar2 = xaconn2.getXAResource();

Xid xid1 = createXid(1);
Xid xid2 = createXid(2);
xar1.start(xid1,XAResource.TMNOFLAGS);
xar2.start(xid2,XAResource.TMNOFLAGS);

String sql ;
Statement stmt1 = conn1.createStatement();
sql = "update employee set emp_name='aaa' where emp_no='20055195'";
int t1 = stmt1.executeUpdate(sql);
System.out.println("t1 Update Count :" + t1);

sql = " update employee set emp_name='bbb' where emp_no='20064224'";
Statement stmt2 = conn2.createStatement();
int t2 = stmt2.executeUpdate(sql);
System.out.println("t2 Update Count :" + t2);

xar1.end(xid1,XAResource.TMSUCCESS);
xar2.end(xid2,XAResource.TMSUCCESS);

int prep1 = xar1.prepare(xid1);
int prep2 = xar2.prepare(xid2);

boolean do_commit = true;

if (!((prep1 == XAResource.XA_OK) || (prep1 == XAResource.XA_RDONLY)))
   do_commit = false;
if (!((prep2 == XAResource.XA_OK) || (prep2 == XAResource.XA_RDONLY)))
   do_commit = false;

System.out.println("do_commit is " + do_commit);
System.out.println("Is xar1 same as xar2 ? " + xar1.isSameRM(xar2));

if (prep1 == XAResource.XA_OK)
  if (do_commit)
     xar1.commit (xid1, false);
```

```
       else
          xar1.rollback (xid1);

    if (prep2 == XAResource.XA_OK)
       if (do_commit)
          xar2.commit (xid2, false);
       else
          xar2.rollback (xid2);

    conn1.close();   conn2.close();
    xaconn1.close(); xaconn2.close();

    conn1 = null; conn2 = null;
    xaconn1 = null; xaconn2 = null;
     }

      Xid createXid(int bids) throws XAException{
            byte[] gid = new byte[1]; gid[0] = (byte)9;
            byte[] bid = new byte[1]; bid[0] = (byte)bids;
            byte[] gtrid = new byte[64];
            byte[] bqual = new byte[64];

            System.arraycopy(gid,0,gtrid,0,1);
            System.arraycopy(bid,0,bqual,0,1);

            Xid xid = new TbXid(0x1234,gtrid,bqual);
            return xid;

      }// createXid

      XADataSource getXADataSource(String addr , String user, String pwd)
            throws SQLException,XAException
      {
            TbDataSource oxds = new TbXADataSource();
            oxds.setURL(addr);
            oxds.setUser(user);
            oxds.setPassword(pwd);
            return (XADataSource)oxds;
      }// getXADataSource
}
```

5.6 | 티베로 유틸리티(tbSQL, tbExport, tbImport, tbLoader)

tbAdmin 유틸리티에 대해서는 티베로 애플리케이션 개발자를 위한 실무 테크닉에서 설명하고 있고, tbMigrator 유틸리티는 전환을 위한 실무 테크닉에서 언급하고 있으므로 본 장에서는 그 이외의 tbSQL, tbExport, tbImport, tbLoader 유틸리티들에 대해서 다루도록 한다.

5.6.1. tbSQL

5.6.1.1. 개요

tbSQL은 티베로에서 SQL 질의, 데이터 정의어 그리고 트랜잭션과 관련된 SQL 문장을 실행할 수 있는 대화형 유틸리티라고 할 수 있다.

또한 PSM 프로그램을 생성 및 실행 가능하고, 스크립트를 통한 일괄 작업을 실행할 수 있으며, 데이터베이스 관리자는 티베로 데이터베이스의 시스템 관리를 할 수 있도록 지원하는 유틸리티이다. tbSQL 유틸리티는 티베로를 설치하는 과정에서 함께 설치되며, 티베로를 제거하면 함께 제거된다.

5.6.1.2. 기동 및 설정

tbSQL 유틸리티를 정상적으로 실행하면 SQL 문장을 수행할 수 있는 상태가 된다. 다음은 tbSQL 유틸리티를 수행하는 방법에 대한 예시이다.

```
# tbsql sys/tibero
tbSQL 6

TmaxData Corporation Copyright (c) 2008-. All rights reserved.
```

다음은 tbSQL 유틸리티를 실행하는 명령어의 문법이다.

```
tbsql [[options]|[connect_string]|[start_script]]
```

다음은 옵션에 사용할 수 있는 항목이다.

표 5-71 | tbsql 옵션

항목	설명
-h, --help	도움말 화면을 출력한다.
-v, --version	버전을 출력한다.
-s, --silent	화면에 시작 메시지와 프롬프트를 출력하지 않는다.
-i, --ignore	로그온 스크립트(tbsql.logon)를 실행하지 않는다.

실행 명령 문법에서 connect_string은 티베로에 접속하려는 사용자의 계정에 대한 정보를 포함하며, 다음과 같은 형식으로 지정할 수 있다.

```
username[/password[@connect_identifier]]
```

다음은 실행 명령 문법의 connect_string에 사용할 수 있는 항목이다.

표 5-72 | connect_string에 사용 할 수 있는 항목

항목	설명
username	사용자명으로 대소문자를 구분하지 않는다. 단, 큰따옴표(" ")에 사용자명을 입력하는 경우는 예외이다.
password	패스워드를 입력하고 대소문자를 구분하여 입력하도록 주의한다.
connect_identifier	데이터베이스에 대한 접속 정보를 가진 DSN(Data Source Name)이거나 정해진 규칙의 연결명세서이다. connect_identifier 란에 (INSTANCE=(HOST=host)(PORT=port)(DB_NAME=dbname))의 정보를 입력한다.

위와 같이 connect_identifier를 생략하는 경우엔 디폴트 데이터베이스에 접속된다. 만약 특정 데이터베이스에 접속하고자 하는 경우엔 connect_identifier를 명시하면 되고, DSNData Source Name 정보를 이용한 방법과 직접 접속 정보를 명시하는 방법을 사용할 수 있다. DSNData Source Name 사용 방법은 tbdsn.tbr 파일에 명시된 정보를 이용한다.

다음은 tbdsn.tbr 파일 내용과 관련된 예시이다.

```
tibero6=(
    (INSTANCE=(HOST=192.168.36.42)
            (PORT=8629)
            (DB_NAME=tibero6)
    )
)
```

다음은 설정된 tbdsn.tbr 파일 내용에 따라 tbsql을 접속하는 예제이다.

```
# tbsql tibero/tmax@tibero6
```

직접 접속 정보를 명시하는 방법은 tbdsn.tbr 파일을 사용하지 않고, connect_identifier에 연결명세서를 작성해 이용하는 방법이다.

다음은 연결명세서를 작성해 이용하는 방법에 대한 예시이다.

```
# tbsql 'tibero/tmax@192.168.36.42:8629/tibero6'
```

start_script는 tbSQL 유틸리티의 시작과 함께 실행할 스크립트 파일을 설정할 수 있으며, 다음과 같은 형식으로 지정할 수 있다.

```
@filename[.ext] [parameter ...]
```

〈표 5-73〉은 실행 명령 문법의 start_script에 사용할 수 있는 항목이다.

표 5-73 | start_script에 사용 할 수 있는 항목

항목	설명
filename	파일명이다.
ext	파일의 확장자로, 지정하지 않을 경우 SUFFIX 시스템 변수에 지정된 확장자가 기본 값이다.
parameter	파일에 사용된 치환변수 값이다.

5.6.1.3. 시스템 변수

SET 명령어를 사용해 SQL 질의를 수행한 결과의 출력 형태, 트랜잭션의 커밋 여부 등의 tbSQL 유틸리티 사용 환경을 설정할 수 있다.

다음과 같이 SET 명령어를 통해 사용 환경을 설정할 수 있다.

```
SQL> SET [시스템변수] [시스템변수 값]
```

〈표 5-74〉는 사용 환경을 설정할 수 있는 시스템 변수에 대한 내용이다.

표 5-74 | tbsql 시스템 변수

시스템변수	기본 값	설명
AUTOCOMMIT	OFF	자동 커밋 여부를 설정하는 시스템 변수이다. INSERT, UPDATE, DELETE, MERGE 혹은 PSM 블록 등의 SQL 문장을 실행한 후 자동으로 커밋을 수행하도록 설정한다.
AUTOTRACE	OFF	수행 중인 질의의 플랜이나 통계 정보를 출력할지를 설정하는 시스템 변수이다. 수행 중인 질의의 플랜이나 통계 정보를 보여준다. 데이터베이스 관리자 권한 또는 PLUSTRACE 권한이 있어야 사용할 수 있다. PLUSTRACE는 AUTOTRACE에 필요한 특권들이 포함된 권한으로 데이터베이스 관리자 권한을 가진 사용자가 생성하여 다른 사용자에게 부여할 수 있다. 생성 스크립트는 $TB_HOME/scripts/plustrace.sql이다.
BLOCKTERMINATOR	"." (0x2E)	PSM 문장에서 입력의 마지막을 나타내는 문자를 설정하는 시스템 변수이다.
COLSEP	" " (0x20)	SQL 문장 중 조회 쿼리에 대한 수행 결과를 보여줄 때 컬럼 사이를 구분하는 문자를 지정하는 시스템 변수로 SELECT 문장을 실행한 후 출력되는 여러 컬럼 사이의 구분을 나타내는 문자를 설정한다.
CONCAT	"." (0x2E)	치환 변수 이름의 끝을 나타내는 문자를 설정하는 시스템 변수이다.
DDLSTATS	OFF	DDL 문장의 플랜이나 통계 정보를 보여줄지를 설정하는 시스템 변수이다. 수행 중인 DDL 문장의 플랜이나 통계 정보를 보여준다. 단, 주의할 점은 AUTOTRACE 기능도 반드시 활성화시켜야 한다.
DEFINE	"&" (0x26)	치환 변수를 정의할 때 사용할 문자를 지정하는 시스템 변수이다.

DESCRIBE	10		DESCRIBE 명령어에서 보여줄 객체 명세의 단계를 지정하는 시스템 변수로 DESCRIBE 명령어를 통한 객체 명세를 어느 단계까지 보여줄지를 설정한다.
ECHO	OFF		@ 또는 START 명령으로 스크립트 파일을 실행시킬 때 스크립트 내에서 실행되는 쿼리를 화면에 출력할지 결정하는 시스템 변수이다.
EDITFILE	".tbedit.sql"		EDIT 명령어에서 사용하는 파일 이름의 기본 값을 설정하는 시스템 변수로 EDIT 명령어에서 사용할 파일 이름의 기본 값을 설정한다. 확장자를 생략할 경우 SUFFIX에 설정된 값을 사용한다.
ESCAPE	OFF		이스케이프 문자를 설정하는 시스템 변수이다. DEFINE에서 정의한 치환 변수 문자를 무시하도록 하는 이스케이프 문자를 설정한다. 이스케이프를 활성화한 뒤 설정한 이스케이프 문자를 '&〈문자열〉' 앞에 붙여 쓰면, 치환 변수로 인식되지 않는다.
EXITCOMMIT	ON		유틸리티 종료시에 커밋 여부를 설정하는 시스템 변수로 유틸리티 종료시에 커밋을 할지 여부를 설정한다.
FEEDBACK	0		SQL 문장의 수행 결과를 화면에 출력할지를 설정하는 시스템 변수로 SQL 문장의 수행 결과를 화면에 출력할지 설정한다.
HEADING	ON		쿼리 실행 결과를 출력할 때 컬럼의 머리글을 표시할지를 결정하는 시스템 변수이다.
HEADSEP	"|" (0x7C)		머리글의 줄 바꿈 문자를 설정하는 시스템 변수이다.
HISTORY	50		명령어 히스토리의 크기를 설정하는 시스템 변수이다.
INTERVAL	1		LOOP 명령어에서 각 문장을 수행한 후 대기하는 시간을 설정하는 시스템 변수이다.
LINESIZE	80		한 라인에 출력할 문자 수를 설정하는 시스템 변수로 화면상의 한 라인의 길이를 설정한다. 라인 길이의 최소값은 10이며, 최대 값은 운영시스템에 따라 다르다.
LONG	80		VARCHAR보다 큰 문자형 타입의 데이터를 표시하기 위해 사용할 문자 수를 설정하는 시스템 변수이다. CLOB이나 BLOB, NCLOB, LONG, XML 타입의 데이터를 읽어 와서 출력할 길이를 설정한다. 길이는 2,000,000,000을 넘을 수는 없다.
NEWPAGE	1		각 페이지 시작 부분에 추가할 빈 줄 수를 설정하는 시스템 변수이다.
NUMFORMAT	""		숫자형 데이터의 기본 컬럼 포맷을 설정하는 시스템 변수이다. NUMBER 타입의 기본 컬럼 포맷을 설정한다. COLUMN 명령으로 포맷이 정의된 것을 제외한 숫자형 컬럼에 적용된다.
NUMWIDTH	10		숫자형 데이터의 기본 출력 길이를 설정하는 시스템 변수이다. LINESIZE를 넘을 수 없다.
PAGESIZE	24		한 화면에 출력할 라인 수를 설정하는 시스템 변수로 tbSQL 유틸리티에서 출력하는 내용이 포함되는 각 페이지 내의 라인 개수를 설정한다.
PAUSE	OFF		한 페이지를 출력한 후, 다음 페이지를 출력하기 전에 사용자 입력을 기다릴지를 지정하는 시스템 변수이다.
RECSEP	WRAPPED		로우 구분자를 출력할 단위를 지정하는 시스템 변수이다.
RECSEPCHAR	" " (0x20)		로우 구분자로 사용할 문자를 설정하는 시스템 변수이다. 로우 구분자로 사용할 문자를 설정하고, 이 구분자는 LINESIZE 값만큼 반복해서 출력된다.

ROWS	ON	질의문의 결과를 화면에 출력할 것인지를 설정하는 시스템 변수이다.
SERVEROUTPUT	OFF	DBMS_OUTPUT 패키지의 결과를 출력할 것인지를 설정하는 시스템 변수이다.
SQLPROMPT	"SQL〉"	화면상의 프롬프트 문자를 설정하는 시스템 변수이다.
SQLTERMINATOR	";" (0x3B)	SQL 문장을 종료하는 문자를 설정하는 시스템 변수이다.
SUFFIX	"sql"	파일 확장자의 기본 값을 설정하는 시스템 변수이다.
TERMOUT	ON	스크립트에서 수행된 명령어의 결과를 화면에 출력할 것인지를 설정하는 시스템 변수이다.
TIME	OFF	현재 시간을 화면에 출력할 것인지를 설정하는 시스템 변수로 프롬프트에 현재 시간을 출력할 것인지 설정한다.
TIMEOUT	3	PING 명령어에서 서버가 응답할 때까지 기다릴 시간을 설정하는 시스템 변수로 단위는 초다.
TIMING	OFF	SQL, PSM 문장의 결과를 출력할 때마다 수행 시간을 출력 할 것인지를 설정하는 시스템 변수이다.
TRIMOUT	ON	화면에 출력되는 라인 뒤에 오는 공백을 제거할 것인지를 설정하는 시스템 변수로 SQL, PSM 문장의 실행 결과를 출력할 때마다 모든 라인의 뒤에 오는 공백을 제거할 것인지 설정한다.
TRIMSPOOL	OFF	스풀링 중인 라인 뒤에 오는 공백을 제거할 것인지를 설정하는 시스템 변수로 SQL, PSM 문장의 실행 결과를 스풀링할 때마다 모든 라인의 뒤에 오는 공백을 제거할 것인지 설정한다.
UNDERLINE	"-" (0x2D)	머리글의 밑줄로 사용할 문자를 설정하는 시스템 변수로 머리글의 밑줄로 사용할 문자를 설정한다.
VERIFY	ON	명령을 실행할 때 치환변수가 적용된 내역에 대한 출력 여부를 설정하는 시스템 변수로 치환 변수가 포함된 명령을 실행할 때 치환 변수가 값으로 치환되는 결과의 출력 여부를 설정한다.
WRAP	ON	출력할 라인이 긴 경우 나머지를 다음 라인에 출력할 것인지를 설정하는 시스템 변수이다. 화면에서 출력된 라인이 LINESIZE 변수로 설정된 값보다 긴 경우 나머지를 다음 라인에 출력할 것인지 아니면 LINESIZE 만큼만 출력할 것인지 설정한다.

5.6.1.4. 컬럼 포맷

tbSQL 유틸리티의 컬럼 포맷은 COLUMN 명령어를 통해 설정하고, COLUMN 명령어를 이용하여 출력한다.

◆ 문자형

CHAR, NCHAR, VARCHAR, NVARCHAR 타입의 경우 데이터베이스 컬럼의 길이를 디폴트 길이로 가진다. 데이터의 값이 컬럼의 길이보다 클 때 데이터가 다음 라인에 기록되거나 잘릴 수 있는데, 문자형 포맷을 이용할 경우에는 이를 쉽게 처리할 수 있다.

다음은 명령어를 사용하는 예시이다.

```
SQL> SELECT 'Tibero is the best choice' test FROM DUAL;

TEST
-------------------------
Tibero is the best choice

SQL> COL test FORMAT a10
SQL> SELECT 'Tibero is the best choice' test FROM DUAL;

TEST
----------
Tibero is
the best c
hoice
```

◆ 숫자형

숫자형의 컬럼 포맷을 설정해 처리할 수 있다. 문법적인 구조는 다음과 같다.

```
COL[UMN] {입력 항목} FOR[MAT] {지정 포맷}
```

〈표 5-75〉은 입력항목의 내용이다.

표 5-75 | 숫자형 컬럼 입력 항목

항목	설명
입력 항목	컬럼 이름을 지정한다.
지정 포맷	컬럼 포맷을 지정한다.

〈표 5-76〉는 입력할 수 있는 지정 포맷에 대한 내용이다.

표 5-76 | 숫자형 컬럼 지정 포맷

포맷	설정 예	설명
쉼표 (,)	9,999	주어진 위치에 쉼표(,)를 출력한다.
점 (.)	9.999	정수 부분과 소수 부분을 분리하는 위치에 점(.)을 출력한다.
$	$9999	$를 맨 앞에 출력한다.
0	0999, 9990	0을 맨 앞이나 뒤에 출력한다.
9	9999	주어진 자릿수만큼 숫자를 출력한다.
B	B9999	정수 부분이 0일 경우 공백으로 치환한다.

C	C9999	주어진 위치에 ISO 통화 부호Currency Symbol을 출력한다.
D	9D999	실수의 정수와 소수를 분리하기 위해 decimal 문자를 출력한다.
EEEE	9.99EEEE	과학적 기수법에 의해 출력한다.
G	9G999	정수부분의 주어진 위치에 그룹 분리자를 출력한다.
L	L9999	주어진 위치에 지역 부호Currency Symbol을 출력한다.
MI	9999MI	음수 뒤에 마이너스 기호를 출력하고, 양수 뒤에 공백을 출력한다.
PR	9999PR	음수인 경우에 〈와 〉로 감싸서 출력하고, 양수인 경우에 양쪽에 공백을 출력한다.
RN	RN	대문자로 출력한다.
rn	rn	소문자로 출력한다.
S	S9999, 9999S	양수/음수 기호를 맨 앞이나 뒤에 출력한다.
TM	TM	가능한 작은 수를 출력한다.
U	U9999	주어진 위치에 dual currency symbol을 출력한다.
V	99V999	10n만큼 곱한 값을 출력한다. 여기서 n은 V뒤에 오는 9의 개수이다.
X	XXXX, xxxx	16진수 형태로 출력한다.

다음은 명령어를 사용하는 예시이다.

```
SQL> COLUMN x FORMAT 999,999
SQL> SELECT 123456 x FROM DUAL;

X
--------
 123,456
```

5.6.2. tbExport

5.6.2.1. 개요

티베로 데이터베이스에 저장된 데이터베이스 오브젝트 전체 또는 일부를 추출해 tbExport에서 정의한 고유 형식을 갖는 파일에 저장한다. 티베로를 설치하는 과정에서 함께 설치되며, 티베로를 제거하면 함께 제거된다. 자바로 구현되어 있어 사용하기 위해서는 자바 설치와 관련 라이브러리들이 필요하다. JVM(Java Virtual Machine)이 설치되어 있는 플랫폼이라면 운영이 가능하다.

데이터 존재 여부에 상관없이 티베로의 내부 스키마 및 데이터를 SQL 문장 형태로 추출할 수 있어 논리적인 백업 작업을 가능하게 한다. Export 작업을 통해 추출한 각 테이블의 데이터는 동일 시점의 데이터가 아니라 순차적인 Export 작업 시점의 데이터이다.

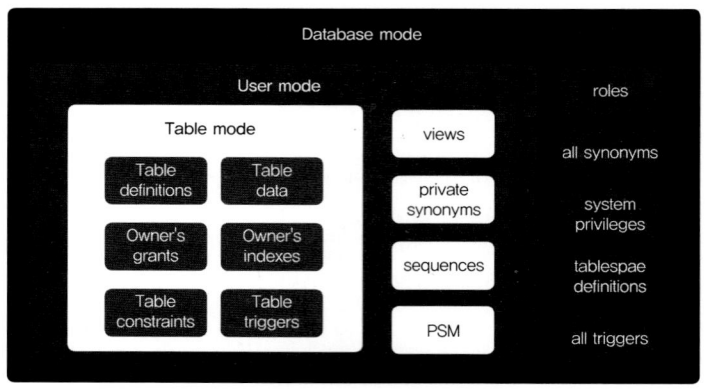

그림 5-39 | tbExport 모드

5.6.2.2. 실행 및 설정

tbExport 유틸리티를 실행하기 위해서는 JRE 1.4.2 이상이 설치되어 있어야 하고, 실행을 위해서는 이에 필요한 클래스 라이브러리들이 필요한데 이런 라이브러리들은 $TB_HOME/client/lib/jar 디렉토리에 위치한다. 필요한 라이브러리는 tbExport 클래스(expimp.jar), 유틸리티 공통 라이브러리(toolcom.jar), 유틸리티 공통 로거(Logger) 라이브러리(msllogger-14.jar), JDBC 드라이버(internal-jdbc-14.jar)이고, 이것들은 티베로를 설치하는 과정에 함께 설치되므로 추가적인 작업을 할 필요는 없다.

tbExport 모드에는 전체 데이터베이스, 사용자, 테이블 모드가 있고, 유틸리티를 실행하려면 $TB_HOME/client/bin 디렉토리에서 tbexport 명령어를 입력하면 된다. tbExport 모드 중에서 전체 데이터베이스 모드는 데이터베이스 관리자 권한을 가질 경우만 사용할 수 있다. tbExport를 실행하는 방법에는 명령 프롬프트에서의 매개변수 지정하는 방법과 매개변수의 목록을 내용으로 한 환경 설정 파일(CFGFILE)을 만들어 사용하는 방법이 있다.

매개변수 값은 순서를 지정해서 입력하지 않아도 된다. 매개변수 값 중에 환경 설정 파일은 명령 프롬프트에서만 지정할 수 있지만, 나머지 매개변수 값은 환경 설정 파일에서도 지정할 수 있다. 환경 설정 파일 작성 시에는 각 문장 뒤에 공백이 없어야 하고, 매개변수 명은 모두 대문자로 작성해야 한다.

다음은 환경 설정 파일을 작성하는 예시이다.

```
USERNAME=tibero
PASSWORD=tibero
SID=tibero
IP=localhost
PORT=8629
FILE=tbExportTest.dat
LOG=tbExportTest.log
```

```
FULL=Y
INDEX=Y
GRANT=Y
CONSTRAINT=Y
ROWS=Y
SCRIPT=Y
```

5.6.2.3. 매개변수

〈표 5-77〉은 명령 프롬프트에서 지정할 수 있는 tbExport 유틸리티의 매개변수이다.

표 5-77 | tbExport 유틸리티 매개변수

매개변수	기본 값	설명
CFGFILE		Export 환경파일 이름
USERNAME		Export 를 수행하는 사용자 계정
PASSWORD		Export 를 수행하는 사용자 암호
IP	localhost	Export 대상 티베로 서버의 IP
PORT	8629	Export 대상 티베로 서버의 Port
SID		Export 대상 티베로 서버의 SID를 입력한다.
FILE	default.dat	Export 수행시 생성되는 파일 이름
OVERWRITE	N	Export 수행시 생성되는 파일 이름과 동일한 이름의 파일이 이미 존재하는 경우 파일을 덮어 쓸지 여부
LOG	tbExpImp_[년]_[월]_[일]_[시분초].log	Export 수행시 생성되는 파일 이름
FULL	N	Export 모드. 전체 데이터베이스를 Export 받음
USER		Export 모드. 특정 사용자에 대해 Export 받음. 복수지정 가능
TABLE		Export 모드. 특정 테이블에 대해 Export 받음. 복수지정 가능
EXCLUDE		Export를 수행할 때 제외하고자 하는 특정 사용자, 테이블을 설정할 수 있다. 같은 방법으로 제외하는 설정을 할 수 있다. - schema 및 schema.table 제외 exclude=schema:\"=\'TIBERO\'/table:LIKE \'T%\'\" exclude=schema:\"IN(\'USER1\')\" - 여러 개 schema 제외 exclude=schema:\"=\'TIBERO\'\" exclude=schema:\"=\'USER1\'\"

			– 여러 개 table 제외 `exclude=table:\"LIKE\'E%\'\"` `exclude=table:\"LIKE\'E%\'\"`
INDEX	Y		인덱스에 대한 Export 여부
GRANT	Y		권한에 대한 Export 여부
CONSTRAINT	Y		제약조건에 대한 Export 여부
ROWS	Y		테이블 데이터에 대한 Export 여부
SCRIPTS	N		Export시 DDL 스크립트를 보여줄지 여부 설정
THREAD_CNT	4		테이블 데이터를 Export 하기 위해 사용하는 쓰레드 개수
QUERY			Export될 데이터에 필터 조건을 지정한다. 모드에 상관없이 동작하지만, 원하지 않는 테이블에도 적용될 수 있으므로 주의한다. Where 조건 앞과 뒤를 "₩"로 감싸줘야 한다. 단, 조건절의 내용을 String 처리를 해야 한다면 "₩"로 감싸줘야 한다. 지정된 조건에 의해 SQL 문장에서 문법 에러가 발생할 경우 조건을 적용하지 않고 다시 시도한다.
REMAP_TABLESPACE			테이블스페이스명을 변경할 수 있는 기능을 제공한다.
TEMP_DIR			Export를 수행할 때 임시 덤프 파일들이 생성될 디렉토리를 지정한다.
SAVE_CREDENTIAL			암호화한 USERNAME과 PASSWORD 를 사용할 때 설정한다.
NO_PACK_DIR			압축을 해제한 덤프 파일이 저장되는 디렉토리다. 이 옵션이 지정되면, 파일 매개변수에 설정된 값은 무시된다.
INLINE_CONSTRAINT	N		Export를 수행할 때 스크립트를 Inline Constraint로 출력할지 여부를 설정한다. Y: Inline Constraint로 출력한다(Not Null에만 지원한다). N: Out-of-line Constraint로 출력한다.
GEOM_ASBYTES	N		geometry 컬럼에 대해 WKB 또는 바이트로 얻어올지 여부를 결정한다 (기본 값 : N). 티베로 6 이상 서버에서 Geometry 컬럼 데이터를 WKB 포맷으로 저장하기 때문에 export, import 하는 경우 이 옵션을 사용하면 성능면에서 이점을 얻을 수 있다. Export의 경우 geom_asbytes 옵션을 'Y'로 설정하면 st_asbinary 같은 함수를 사용하지 않고 LOB 그대로 처리한다. 티베로 5 SP1 이하 버전의 티베로에서 export할 때 WKB 포맷으로 export 하기 위해서는 geom_asbytes를 'Y'로 설정하지 않도록 주의해야 한다. geom_asbytes를 'N'로 설정하여 사용해야 하며, 이때 내부적으로 st_asbinary()를 사용하여 WKB 포맷으로 데이터를 받아온다. 하위 버전의 티베로 서버에서 export 작업할 때 Temp LOB를 생성하여 처리해야 하는 성능상의 문제와 import 할 때에 Direct Path Loading(DPL)로 사용하는 경우 사이즈가 큰 geometry 데이터에 대해서 처리할 수 없는 문제가 있을 수 있다.

5.6.2.4. 수행 예제

실습을 위해 테스트용 WORKER 테이블을 만들고 데이터를 등록한다. 다음은 테이블을 생성하는 예시이다.

```
SQL> CREATE TABLE TIBERO.WORKER
        (EMPNO NUMBER(4) NOT NULL,
        ENAME VARCHAR2(10),
        JOB VARCHAR2(9),
        HIREDATE DATE,
        SAL NUMBER(7,2),
        COMM NUMBER(7,2),
        DEPTNO NUMBER(2));
```

다음은 생성한 테이블에 데이터를 등록하는 예시이다.

```
SQL> INSERT INTO tibero.worker values (1001,'Clark','Manager',to_
date('2001/01/11 07:59:44','YYYY/MM/DD HH24:MI:SS'), 2572.50,10,20);
SQL> INSERT INTO tibero.worker values (1002,'King','President',to_
date('2002/11/17 07:59:45','YYYY/MM/DD HH24:MI:SS'),5500.00,null,10);
SQL> INSERT INTO tibero.worker values (1003,'Miller','Clerk',to_
date('2007/10/12 07:59:46','YYYY/MM/DD HH24:MI:SS'),920.10,null,10);
SQL> INSERT INTO tibero.worker values (1004,'Jones','Manager',to_
date('2004/04/02 07:59:47','YYYY/MM/DD HH24:MI:SS'),3123.07,null,20);
SQL> INSERT INTO tibero.worker values (1005,'Martin','Sale smn',to_
date('2008/10/28 07:59:48','YYYY/MM/DD HH24:MI:SS'),1312.50,3,10);

SQL> COMMIT;
```

실습을 위해 테스트용 PRODUCT 테이블을 만들고 데이터를 등록한다. 다음은 테이블을 생성하는 예시이다.

```
SQL> CREATE TABLE PRODUCT (
        PROD_ID         VARCHAR(4)   NOT NULL,
        PROD_NAME       VARCHAR(20),
        PROD_GROUP      VARCHAR(10),
        PROD_COST       NUMBER(8,3),
        CONSTRAINT PRODUCT_PK
        PRIMARY KEY (PROD_ID)
        USING INDEX
    )
    PCTFREE     10
    TABLESPACE USR;
```

다음은 생성한 테이블에 데이터를 등록하는 예시이다.

```
SQL> INSERT INTO PRODUCT VALUES ('0100','AnyLink','EAI',8000);
SQL> INSERT INTO PRODUCT VALUES ('0200','BizMaster','EAI',12000);
SQL> INSERT INTO PRODUCT VALUES ('0300','JEUS','MW',2900);
SQL> INSERT INTO PRODUCT VALUES ('0400','OpenFrame','FRAME',7000);
SQL> INSERT INTO PRODUCT VALUES ('0500','ProERP','BA',20000);
SQL> INSERT INTO PRODUCT VALUES ('0600','ProCRM','BA',7000);
SQL> INSERT INTO PRODUCT VALUES ('0700','ProFrame','FRAME',6200);
SQL> INSERT INTO PRODUCT VALUES ('0800','ProPortal','UI',8600);
SQL> INSERT INTO PRODUCT VALUES ('0900','ProSync','DBMS',2500);
SQL> INSERT INTO PRODUCT VALUES ('1000','ProWeb','UI',2000);

SQL> COMMIT;
```

SYS 사용자를 제외한 모든 사용자의 오브젝트 추출하고, 데이터베이스 관리자 권한을 가진 사용자만 사용 가능하다. FULL 매개변수를 Y로 설정한다.

다음은 명령 프롬프트에서 전체 데이터베이스 모드로 매개변수를 지정해 사용하는 예시이다.

```
# tbexport USERNAME=sys PASSWORD=tibero sid=tibero IP=localhost PORT=8629
 FILE=exp_data.dat LOG=exp_data.log FULL=y SCRIPT=y
```

Export 대상 사용자를 지정하고 지정한 사용자가 소유한 모든 스키마 정보를 추출할 수 있고, 데이터베이스 관리자는 하나 이상의 사용자 지정이 가능하다. USER 매개변수를 USER=userlist 형태로 설정한다. 예를 들어 'USER=SCOTT, USER1, …'와 같이 설정할 수 있다.

다음은 명령 프롬프트에서 사용자 모드로 매개변수를 지정해 사용하는 예시이다.

```
# tbexport USERNAME=sys PASSWORD=tibero sid=tibero IP=localhost PORT=8629
 FILE=exp_data.dat LOG=exp_data.log USER=tibero,tibero1 SCRIPT=y
```

테이블 매개변수를 TABLE=tablelist 형태로 설정해 사용할 수 있다. 주의할 점은 TIBERO.WORKER와 같이 테이블을 소유한 사용자를 반드시 명시해야 한다. 예를 들어 'TABLE=TIBERO.WORKER, USER1.TABLE1, …'와 같이 설정해 사용할 수 있다.

다음은 명령 프롬프트에서 테이블 모드로 매개변수를 지정해 사용하는 예시이다.

```
# tbexport USERNAME=sys PASSWORD=tibero sid=tibero IP=localhost PORT=8629
 FILE=imp_data.dat LOG=imp_data.log TABLE=tibero.EMP, tibero.PRODUCT SCRIPT=y
```

전체 데이터베이스 모드로 매개변수를 CFGFILE 파일을 작성해 사용하는 예시이다. 다음과 같이 환경 설정 파일(CFGFILE)을 작성해 사용한다. 파일명은 exptest1.cfg로 정한다.

```
USERNAME=tibero
PASSWORD=tibero
SID=tibero
IP=localhost
PORT=8629
FILE=exptestfull.dat
LOG=exptestfull.log
FULL=Y
INDEX=Y
GRANT=Y
CONSTRAINT=Y
ROWS=Y
SCRIPT=Y
THREAD_CNT=4
```

작성된 환경 설정 파일을 바탕으로 다음과 같이 수행한다.

```
# tbexport cfgfile= exptest1.cfg
```

사용자 모드로 매개변수를 CFGFILE 파일을 작성해 사용하는 예시이다. 다음과 같이 환경 설정 파일을 작성해 사용한다. 파일명은 exptest2.cfg로 정한다.

```
USERNAME=tibero
PASSWORD=tibero
SID=tibero
IP=localhost
PORT=8629
FILE=exptestuser.dat
LOG=exptestuser.log
USER=tibero,tibero1
INDEX=Y
GRANT=Y
CONSTRAINT=Y
ROWS=Y
SCRIPT=Y
THREAD_CNT=4
```

작성된 환경 설정 파일을 바탕으로 다음과 같이 수행한다.

```
# tbexport cfgfile= exptest2.cfg
```

테이블 모드로 매개변수를 CFGFILE 파일을 작성해 사용하는 예시이다. 다음과 같이 환경 설정 파일을 작성해 사용한다. 파일명은 exptest3.cfg로 정한다.

```
USERNAME=tibero
PASSWORD=tibero
SID=tibero
IP=localhost
PORT=8629
FILE=exptesttbl.dat
LOG=exptesttbl.log
TABLE=tibero.emp, tibero.product
INDEX=Y
GRANT=Y
CONSTRAINT=Y
ROWS=Y
SCRIPT=Y
THREAD_CNT=4
```

작성된 환경파일을 바탕으로 다음과 같이 수행한다.

```
# tbexport cfgfile= exptest3.cfg
```

5.6.3. tbImport

5.6.3.1. 개요

tbImport는 티베로에서 제공하는 Import 유틸리티이고, 자바로 구현되어 있으며, tbExport에 의하여 생성된 익스포트 파일로부터 데이터베이스 오브젝트를 티베로 데이터베이스에 저장하는 유틸리티이다.

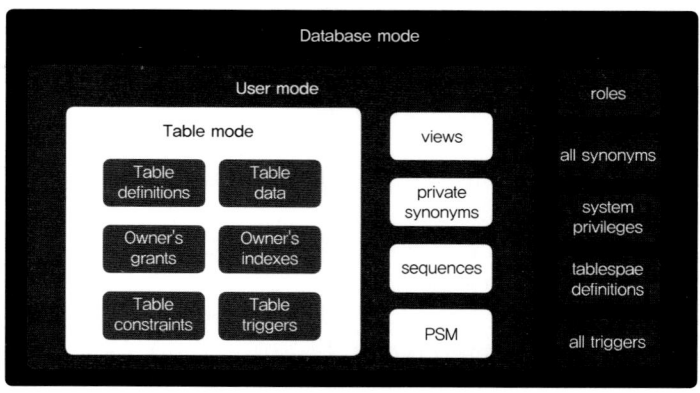

그림 5-40 | tbImport 모드

데이터베이스 오브젝트를 저장하면 그와 연관된 데이터베이스 오브젝트들이 자동으로 저장된다. 필요에 따라서 연관된 일부 스키마 객체가 저장되지 않도록 지정할 수 있다. tbImport 모드에는 전체 데이터베이스, 사용자, 테이블 모드가 있다. 이 중 전체 데이터베이스 모드는 데이터베이스 관리자만 사용할 수 있다.

5.6.3.2. 실행 및 설정

tbImport 유틸리티를 실행하기 위해서는 JRE 1.4.2 이상이 설치되어 있어야 하고, 실행을 위해서는 이에 필요한 클래스 라이브러리들이 필요한데 이런 라이브러리들은 $TB_HOME/client/lib/jar 디렉토리에 위치한다. 필요한 라이브러리는 tbImport 클래스(expimp.jar), 유틸리티 공통 라이브러리(toolcom.jar), 유틸리티 공통 Logger 라이브러리(msllogger-14.jar), JDBC 드라이버(internal-jdbc-14.jar)이고, 이것들은 티베로를 설치하는 과정에 함께 설치되므로 추가적인 작업을 할 필요는 없다.

tbImport 모드에는 전체 데이터베이스, 사용자, 테이블 모드가 있고, Export를 한 파일을 가지고 각 모드의 특성에 맞도록 데이터를 Import 할 수 있다. 단, tbImport 모드 중에서 전체 데이터베이스 모드는 데이터베이스 관리자 권한을 가질 경우만 사용할 수 있다.

유틸리티를 실행하려면 $TB_HOME/client/bin 디렉토리에서 tbImport 명령어를 입력해 실행하면 된다. 이러한 실행하는 방법에는 명령 프롬프트에서의 매개변수 지정하는 방법과 매개변수의 목록을 내용으로 한 환경파일을 만들어 사용하는 방법이 있다.

매개변수 값은 순서를 지정해서 입력하지 않아도 된다. 매개변수 값 중에 환경파일은 명령 프롬프트에서만 지정할 수 있지만, 나머지 매개변수 값은 환경파일에서도 지정할 수 있다.

환경파일 작성 시에는 각 문장 뒤에 공백이 없어야 하고, 매개변수 명은 모두 대문자로 작성해야 한다. 다음은 환경파일을 작성하는 예시이다.

```
USERNAME=tibero
PASSWORD=tibero
IP=localhost
PORT=8629
SID=tibero
FILE=exptestfull.dat
LOG=imptestfull.log
FULL=Y
INDEX=Y
GRANT=Y
CONSTRAINT=Y
ROWS=Y
SCRIPT=Y
```

5.6.3.3. 매개변수

<표 5-78>은 명령 프롬프트에서 지정할 수 있는 tbImport 유틸리티의 매개변수이다.

표 5-78 | tbImport 매개변수

매개변수	기본 값	설명
CFGFILE		Import 환경파일 이름
USERNAME		Import를 수행하는 사용자 계정
PASSWORD		Import를 수행하는 사용자 암호
IP	localhost	Import 대상 티베로 서버의 IP
PORT	8629	Import 대상 티베로 서버의 Port
SID		Import 대상 티베로 서버의 SID를 입력한다.
FILE	default.dat	Import 수행시 생성되는 파일 이름
LOGDIR		Import의 로그가 기록될 파일을 저장할 디렉토리 이름을 입력한다.
LOG	tbExpImp_[년]_[월]_[일]_[시분초].log	Import 수행시 생성되는 파일 이름
FULL	N	Import 모드. 전체 데이터베이스를 Export 받는다.
USER		사용자 모드로 Import를 수행할 때 Import될 객체의 소유자를 지정한다. 다음의 형태로 사용할 수 있다. `USER=userlist`
FROMUSER		From to User 모드에서 사용하며 Export 할 때 사용된 객체의 원래 소유자를 지정한다. 다음의 형태로 사용할 수 있다. `FROMUSER=userlist`
TOUSER		From to User 모드에서 사용하며 Import를 수행할 때 Import 할 소유자를 지정한다. 다음의 형태로 사용할 수 있다. `TOUSER=userlist`
TABLE		테이블 모드로 Import를 수행할 때 Import 할 대상 테이블의 이름을 지정한다. 다음의 형태로 사용할 수 있다. `TABLE=tablelist`
COMMIT	N	입력 작업 후에 commit을 수행한다(기본 값 : N). 입력 작업의 단위는 다음과 같다. - CPL로 import할 때 기본적으로 바인드 입력 버퍼 크기인 1MB를 넘었을 때 커밋을 수행한다. 만약 LONG, LONG RAW 컬럼이 있다면 로우 단위로 커밋을 수행한다. - DPL로 import할 때 BIND_BUF_SIZE로 지정된 크기를 넘었을 때 커밋을 수행한다.
INDEX	Y	인덱스에 대한 Import 여부
GRANT	Y	권한에 대한 Import 여부

CONSTRAINT	Y	제약조건에 대한 Import 여부
ROLE	Y	Import를 수행할 때 롤의 Import 여부를 지정한다. – Y : 롤을 Import 한다(기본 값). – N : 롤을 Import 하지 않는다.
ROWS	Y	Import를 수행할 때 테이블의 데이터를 Import 할지 여부를 지정한다. – Y : 테이블의 데이터를 Import 한다(기본 값). – N : 테이블의 데이터를 Import 하지 않는다.
SCRIPTS	N	Import 시 DDL 스크립트를 보여줄지 여부 설정 – Y : 스키마 객체를 생성하는 DDL 스크립트를 표시한다. – N : 스키마 객체를 생성하는 DDL 스크립트를 표시하지 않는다(기본 값).
THREAD_CNT	4	테이블 데이터를 Import 하기 위해 사용하는 쓰레드 개수
TRIGGER	Y	Import를 수행할 때 Trigger의 Import 여부를 지정한다. – Y : Trigger를 Import 한다(기본 값). – N : Trigger를 Import 하지 않는다.
SEQUENCE	Y	Import를 수행할 때 Sequence의 Import 여부를 지정한다. – Y : Sequence를 Import 한다(기본 값). – N : Sequence를 Import 하지 않는다.
SYNONYM	Y	Import를 수행할 때 Synonym의 Import 여부를 지정한다. – Y : Synonym을 Import 한다(기본 값). – N : Synonym을 Import 하지 않는다.
PSM	Y	Import를 수행할 때 PSM 오브젝트의 Import 여부를 지정한다. – Y : PSM 오브젝트를 Import 한다(기본 값). – N : PSM 오브젝트를 Import 하지 않는다.
TEMP_DIR		Import를 수행할 때 임시 덤프 파일들이 생성될 디렉토리를 지정한다.
NATIONAL_CHARSET	Export 문자 셋	Export 한 언어 셋을 설정한다(기본 값 : Export 한 문자 셋).
SAVE_CREDENTIAL		암호화한 USERNAME과 PASSWORD를 사용할 때 설정한다. 〈사용 방법〉 – SAVE_CREDENTIAL 옵션을 사용하여 EXPIMP_WALLET 암호화 파일을 생성한다. – SAVE_CREDENTIAL =[EXPIMP_WALLET_FILE_NAME] 　(예) SAVE_CREDENTIAL=/tmp/.expimp 　USERNAME=username PASSWORD=password 　〈EXPIMP_WALLET 파일 환경변수 설정〉 　export SAVE_CREDENTIAL=/tmp/.expimp 〈인식 우선 순위〉 – 명령어 라인에 입력한 사용자명, 비밀번호 매개변수를 가장 먼저 확인한다. – cfgfile 내의 USERNAME과 PASSWORD 파일을 확인한다. – EXPIMP_WALLET 파일의 USERNAME과 PASSWORD를 읽어 온다. – 위의 설정들에 지정되어 있지 않으면 에러가 발생한다.

NO_PACK_DIR		Import를 수행할 압축을 해제한 덤프 파일이 저장되는 디렉토리다. 이 옵션이 지정되면, 파일 매개변수에 설정된 값은 무시된다.
INLINE_CONSTRAINT	N	Import를 수행할 때 스크립트를 Inline Constraint 로 출력할지 여부를 설정한다. - Y : Inline Constraint 로 출력한다(Not Null에만 지원한다). - N : Out-of-line Constraint로 출력한다.
GEOM_ASBYTES	Y	Geometry 컬럼에 대해 WKB 또는 bytes로 밀어 넣을지 여부를 설정한다(기본 값 : Y). 티베로 6 이후에서 Geometry 컬럼을 WKB 포맷으로 저장하기 때문에 이 옵션을 사용할 필요가 없다. 이 옵션은 티베로 5SP1 이하 버전의 티베로를 Export된 데이터를 Import할 때 설정하여 사용해야 한다. 티베로 5 SP1 이하 버전의 티베로에서 Export할 때 geom_asbytes를 'N'로 설정하여 Geometry 컬럼을 WKB 포맷으로 받았다면 geom_asbytes 옵션을 'N'로 설정해야 한다. 내부적으로 st_geomfromwkb를 한다. 만약 DPL로 넣을 경우에는 서버의 '_DP_IMPORT_GEOM_FROM_OLD_FORMAT'(기본 값 : N) iparam을 'Y'로 설정해야 한다.
DPL	N	DPL 방법으로 Import 할지 여부를 지정한다. - Y : DPL 방법을 사용한다. - N : DPL 방법을 사용하지 않는다(기본 값).
P_DPL	N	병렬 DPL 방법으로 Import 할지 여부를 지정한다. - Y : 병렬 DPL 방법을 사용한다. - N : 병렬 DPL 방법을 사용하지 않는다(기본 값).
EXP_SERVER_VER	8	Export한 서버의 버전을 설정한다. - 8 : 티베로 6 (기본 값) - 7 : 티베로 5sp1 - 6 : 티베로 5

5.6.3.4. 수행 예제

tbImport 유틸리티로 Import를 수행하는 순서는 테이블 정의, 테이블 데이터, 테이블 인덱스, 테이블 제약조건, 뷰, 프로시저 등이 된다.

전체 데이터베이스 모드는 Export한 파일로부터 티베로 데이터베이스 전체를 Import하기 위한 모드로 데이터베이스 관리자만 사용할 수 있는 모드이다. SYS 사용자를 제외한 모든 사용자의 객체를 Import하기 위해 사용한다. 전체 데이터베이스 모드를 사용하기 위해서는 FULL 매개변수를 Y로 설정한다. 다음과 같이 환경파일(CFGFILE)을 작성해 사용한다. 파일명은 imptest1.cfg로 정한다.

```
USERNAME= tibero
PASSWORD=tibero
IP=localhost
```

```
PORT=8629
SID=tibero
FILE=exptestfull.dat
LOG=imptestfull.log
FULL=Y
INDEX=Y
GRANT=Y
CONSTRAINT=Y
ROWS=Y
SCRIPT=Y
THREAD_CNT=4
DPL=N
```

작성된 환경파일을 바탕으로 다음과 같이 수행한다.

```
# tbImport cfgfile= imptest1.cfg
```

사용자 모드는 Export한 파일로부터 지정한 사용자에 대해 그 사용자가 소유하고 있는 모든 스키마 객체를 Import하는 모드이다. 데이터베이스 관리자는 하나 이상의 사용자에게 이 모드를 사용할 수 있다. 사용자 모드를 사용하기 위해서는 USER 매개변수를 USER=userlist 형태로 설정한다.

다음과 같이 환경파일을 작성해 사용한다. 파일명은 imptest2.cfg로 정한다.

```
USERNAME=tibero
PASSWORD=tibero
SID=tibero
IP=localhost
PORT=8629
FILE=exptestuser.dat
LOG=imptestuser.log
USER=tibero,tibero1
INDEX=Y
GRANT=Y
CONSTRAINT=Y
ROWS=Y
SCRIPT=Y
THREAD_CNT=4
```

작성된 환경파일을 바탕으로 다음과 같이 수행한다.

```
# tbImport cfgfile= imptest2.cfg
```

테이블 모드는 Export 한 파일로부터 하나 이상의 테이블을 지정하여 그 테이블과 연관된 인덱스 등의 스키마 객체를 함께 Import하는 모드이다. 테이블 모드를 사용하기 위해서는 TABLE 매개변수를 TABLE=tablelist 형태로 설정한다. 주의할 점은 SCOTT.EMP와 같이 테이블을 소유한 사용자를 반드시 명시해야 한다는 것이다.

다음과 같이 환경파일을 작성해 사용한다. 파일명은 imptest3.cfg로 정한다.

```
USERNAME=tibero
PASSWORD=tibero
SID=tibero
IP=localhost
PORT=8629
FILE=exptesttbl.dat
LOG=imptesttbl.log
TABLE=tibero.emp, tibero.product
INDEX=Y
GRANT=Y
CONSTRAINT=Y
ROWS=Y
SCRIPT=Y
THREAD_CNT=4
```

작성된 환경파일을 바탕으로 다음과 같이 수행한다.

```
# tbImport cfgfile= imptest3.cfg
```

5.6.4. tbLoader

5.6.4.1. 개요

데이터베이스에 입력할 데이터의 컬럼 데이터만 일반 텍스트 파일로 만들어서 한꺼번에 적재하는 유틸리티이다. tbLoader 유틸리티는 티베로를 설치하는 과정에서 함께 설치되며, 티베로를 제거하면 함께 제거된다.

tbLoader 유틸리티는 사용자가 작성한 컨트롤 파일(Control File)과 데이터 파일(Data File)을 가지고 데이터를 로드하고, 수행 작업에 대한 로그 파일(Log File)과 오류 파일(Bad File)을 자동으로 생성해 출력한다. tbLoader 유틸리티의 입출력 파일은 모두 일반 텍스트 파일 형식이다.

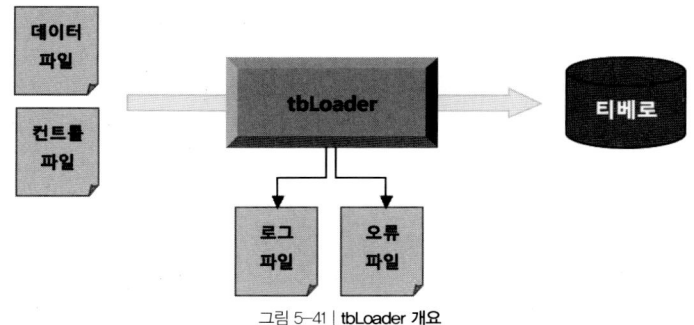

그림 5-41 | tbLoader 개요

5.6.4.2. 실행 및 설정

tbLoader 유틸리티는 명령 프롬프트에서 tbLoader [options]과 같은 형식으로 실행한다. 다음은 tbLoader 유틸리티를 실행하는 예시이다.

```
# tbloader userid=db_user/db_password@default control=sample.ctl data=sample.data direct=Y
```

5.6.4.3. 입출력 파일

tbLoader 유틸리티를 사용할 때 입력 파일인 컨트롤 파일, 데이터 파일은 로드 수행 시에 필요하고, 로그 파일, 오류 파일은 로드 결과물로 출력된다.

◆ 컨트롤 파일

컨트롤 파일은 tbLoader의 실행을 위해 매개변수를 지정한 파일로 읽어 들일 데이터의 위치, 데이터 저장 위치, 데이터를 읽어 들이는 방법의 내용을 담고 있다.

〈표 5-79〉는 컨트롤 파일에 설정하는 매개변수에 대한 내용이다.

표 5-79 | tbLoader 매개변수

매개변수	기본 값	설명
USERID		티베로의 데이터베이스 사용자명과 패스워드 및 데이터베이스명을 지정하는 매개변수이다. userid=userid/passwd@databasename 형식으로 지정한다.
CONTROL		매개변수 정보를 포함하는 컨트롤 파일의 경로와 이름을 지정하는 매개변수이다. 절대 경로와 현재 디렉토리에 대한 상대 경로 방식을 모두 사용할 수 있다.
DATA		실제 데이터를 포함하고 있는 텍스트 파일의 경로와 이름을 지정하는 매개변수이다. 절대 경로와 현재 디렉토리에 대한 상대 경로 방식을 모두 사용할 수 있다. 사용자가 명령 프롬프트와 컨트롤 파일에서 모두 경로를 지정하였다면, 명령 프롬프트에서 지정한 값을 우선한다.

매개변수	기본값	설명
LOG	컨트롤 파일명.log	데이터 로딩 과정에서 발생하는 로그를 기록할 파일의 경로와 이름을 지정하는 매개변수이다(기본 값 : 컨트롤 파일명.log). 절대 경로와 현재 디렉토리에 대한 상대 경로 방식을 모두 사용할 수 있다. 사용자가 명령 프롬프트와 컨트롤 파일에서 모두 경로를 지정했다면, 명령 프롬프트에서 지정한 값을 우선한다.
BAD	데이터 파일명.bad	데이터 로딩에 실패한 레코드를 기록할 파일에 대한 경로와 이름을 지정하는 매개변수이다(기본 값 : 데이터 파일명.bad). 절대 경로와 현재 디렉토리에 대한 상대 경로 방식을 모두 사용할 수 있다. 사용자가 명령 프롬프트와 컨트롤 파일에서 모두 경로를 지정하였다면, 명령 프롬프트에서 지정한 값을 우선한다.
SKIP	0	데이터 파일의 처음부터 지정한 수만큼의 라인을 로드의 대상에서 제외하는 매개변수이다(기본 값 : 0). 컨트롤 파일의 옵션 중 IGNORE LINES과 같은 기능을 한다.
DIRECT	N	사용자가 데이터를 로드할 때 Conventional Path Load(CPL) 또는 Direct Path Load(DPL) 방법 중 하나를 지정하는 매개변수이다. – Y : DPL로 지정한다. 이 외의 값이나 빈 문자를 입력한 경우는 CPL로 데이터를 로드한다. – N : CPL로 데이터를 로드한다(기본 값).
DPL_LOG	N	DPL 방법으로 데이터를 로드할 때 서버의 로그 파일에 로그를 남길지를 지정하는 매개변수이다. – Y : 데이터를 업로드할 때 서버의 로그 파일에 로그를 남긴다. 장애가 발생하는 경우 복구가 가능하나 로딩할 때 성능이 저하되는 단점이 있다. – N : 데이터를 업로드할 때 서버의 로그 파일에 로그를 남기지 않는다. 장애가 발생했을 때 복구할 수 없다(기본 값).
MESSAGE		tbLoader 유틸리티가 현재 처리하고 있는 논리적인 레코드의 개수를 화면에 출력하는 매개변수이다. 별도로 명시하지 않을 경우 화면에 진행 상황을 출력하지 않는다. 단, 너무 작은 값을 명시할 경우 성능에 영향을 미칠 수 있다.
READSIZE	65536(64KB)	tbLoader는 데이터 파일의 내용을 버퍼링을 사용하여 읽어들인다. 이때 사용하는 읽기 전용 버퍼 크기(READ BUFFER SIZE)를 지정하는 매개변수이다(단위 : Byte, 기본 값 : 65536(64KB), 최댓값 : 2,097,152(2MB)).
BINDSIZE	65536(64KB)	DPL 방법으로 데이터를 로드할 때 클라이언트에서 사용하는 Direct Path Stream의 크기를 지정하는 매개변수이다. 티베로 클라이언트는 데이터가 지정한 크기만큼 바인딩이 되기 전까지는 서버로 업로드가 되지 않는다. 따라서 대용량의 데이터를 업로드 할 때 효율적으로 사용할 수 있다(단위 : Byte, 기본 값 : 65536(64KB), 최대 값 : 15,728,640(15MB)).
ERROR	50	데이터를 업로드할 때 최대로 허용할 에러의 개수를 지정하는 매개변수이다(기본 값 : 50). tbLoader 유틸리티는 사용자가 지정한 에러의 개수를 넘지 않는 범위 내에서 데이터를 업로드한다. 만약, 지정한 개수를 만날 경우 데이터의 업로드를 중지한다.

			- ERRORS는 -1과 0부터 Integer의 최대 값(2147483647) 중의 한 값이다. - ERRORS를 0으로 지정하면 단 하나의 에러도 허용하지 않는다. - ERRORS를 양의 정수 N으로 지정하면 N개의 에러가 발생한 경우 데이터의 업로드를 중지한다. 즉, N-1개의 에러까지만 허용한다. - ERRORS를 -1로 지정하면 모든 에러를 건너뛰고 에러가 발생하지 않는 것만 업로드 한다.
ROWS			사용자가 대용량 데이터를 업로드할 때 커밋을 수행할 레코드 개수를 지정하는 매개변수이다. 단, tbLoader는 성능을 고려하여 지정한 레코드의 개수를 정확히 맞추어서 서버로 데이터를 보내지는 않는다.
MULTITHREAD	Y		Direct Path Load 방법으로 데이터를 로드할 때 멀티 쓰레드를 사용할지를 지정하는 매개변수이다. tbLoader 유틸리티는 두 개의 쓰레드를 사용해, 하나의 쓰레드는 사용자의 데이터 파일로부터 데이터를 읽어 들여 DPL을 위한 스트림 버퍼에 적재하고, 나머지 쓰레드는 적재된 스트림 버퍼를 서버로 로딩한다. 여러 개의 CPU를 가진 머신이나 클라이언트와 서버가 다른 머신에 존재하는 경우에 성능 향상을 기대할 수 있다. - Y : 파일로부터 데이터를 읽는 쓰레드와 서버로 해당 데이터를 로딩하는 쓰레드가 별도로 존재한다(기본 값). - N : 하나의 쓰레드가 파일로부터 데이터를 읽어서 서버로 해당 데이터를 로딩한다.
DPL_PARALLEL			DPL 방법으로 데이터를 로드할 때 병렬로딩(Parallel Loading)으로 전송할지를 지정하는 매개변수이다. - Y : Parallel Direct Path Load를 사용한다. - N : 기본 Direct Path Load로 로드한다.

◆ 데이터 파일

데이터 파일은 데이터베이스의 테이블에 저장할 데이터가 들어있는 텍스트 파일이다. 데이터 파일에는 고정된 레코드 형태와 분리된 레코드 형태가 있다.

- 고정된 레코드 형태(Fixed Record Format)

컨트롤 파일의 파라메터 값인 FIELD_TERMINATOR와 ENCLOSED_BY을 모두 지정하지 않을 경우 적용하고, 필드 구분자는 없다. 컬럼의 위치는 바이트의 길이에 의해 결정되고, 분리된 레코드 형태(Separated Record Format)에 비해 유연성이 떨어지지만 성능면에서는 조금 더 좋을 수 있다.

다음은 고정된 레코드 형태 데이터 파일을 작성하는 예시이다.

```
n001     100001     1002 2015/10/31 t0001     e001
n002     100015     1002 2015/10/29 f0002     e002
n003     100015     1002 2015/10/30 f0003     e003
n004     100008     1004 2015/10/01 p0001     e004
 ... ...
```

- 분리된 레코드 형태(Separated Record Format)

컨트롤 파일의 파라메터 값인 FIELD_TERMINATOR와 ENCLOSED_BY을 모두 지정한 경우 적용하고, 필드 구분자가 존재한다. 컬럼의 위치는 바이트의 길이에 의해 결정되고, 분리된 레코드 형태 고정된 레코드 형태(Fixed Record Format)에 비해 사용자가 원하는 형태로 형식을 지정할 수 있어서 유연성은 좋지만, 성능면에서는 조금 부족할 수 있다.

다음은 고정된 레코드 형태 데이터 파일을 작성하는 예시이다.

```
"n001","100001","1002","2006/10/31","t0001","e001"
"n002","100015","1002","2006/10/31","f0002","e002"
"n003","100015","1002","2006/11/30","f0003","e003"
"n004","100008","1004","2006/10/01","p0001","e004"
… …
```

- 로그 파일

로그 파일은 tbLoader의 실행 과정을 기록한다. 여기에는 입력할 컬럼의 기본적인 메타정보와 실제 입력에 성공한 레코드와 실패한 레코드에 대한 통계 정보가 들어 있다. 그리고 실패한 레코드에 대해서는 실패의 이유에 대한 정보가 제공된다.

- 오류 파일

오류 파일은 tbLoader의 실행 시 로드에 실패한 레코드의 데이터를 기록한다. 사용자는 실패한 레코드를 포함하고 있는 오류 파일의 레코드를 수정하여 다시 로드할 수 있다.

5.6.4.4. 로드 방식

tbLoader 유틸리티에서 데이터를 로드하는 방식에는 Conventional Path Load(CPL)와 Direct Path Load(DPL)가 있다.

◆ Conventional Path Load(CPL)

tbLoader 유틸리티에서 기본적으로 제공하는 데이터 로드 방법이다. 사용자가 지정한 데이터 파일을 읽어가며 컬럼 데이터를 읽어 컬럼 배열에 담고 일괄 처리(BATCH UPDATE) 방식으로 데이터를 데이터베이스 서버에 로드한다. DPL에 비해 성능이 약간 떨어지나, 별도의 제약 사항이 없다는 장점이 있다.

◆ Direct Path Load(DPL)

사용자가 지정한 데이터 파일을 읽어가며 특정 컬럼의 데이터 타입에 맞게 데이터를 컬럼 배열형태로 만든다. 컬럼 배열 형태의 데이터는 블록 형식기(Block Formatter)을 거쳐서 티베로의 데이터베이스 블록 형태에 맞게 만들어지고, 이러한 블록을 직접 티베로 데이터베이스에 적용한다.

DPL은 CPL에 비해 탁월한 성능을 발휘한다. 하지만 몇 가지 제약사항이 존재하는데 첫 번째로, CHECK 제약조건과 참조 키 제약조건(Referential Constraint)을 검사하지 않는다. 두 번째, 기본

키 제약조건(Primary Key Constraint), 유일 키 제약조건(Unique Key Constraint), NOT NULL 제약조건은 검사한다. 세 번째, 로딩 중에 입력 트리거(Insert trigger)가 작동하지 않는다.

5.6.4.5. 제약조건

◆ 동일한 구분자 사용

FIELD TERMINATED BY, ENCLOSED BY, ESCAPED BY, LINE TERMINATED BY 옵션 값에 대해 어느 하나라도 같은 값으로 지정된다면 데이터 파일로부터 정상적으로 읽을 수 없다.

◆ ESCAPED_BY 파라메터 값을 지정하지 않은 경우

데이터 파일의 입력 필드 값이 ENCLOSED_BY, FIELD_TERMINATOR, LINE_TERMINATOR 매개변수로 지정된 문자와 같을 경우 입력 필드를 제대로 해석하지 못한다.

◆ 필드 값이 공백으로만 이루어졌을 때

티베로 데이터베이스가 제공하는 입력테이블의 컬럼이 가지고 있는 기본 값으로 필드 값을 로딩한다.

◆ 필드 값에 부분적인 공백이 존재할 때

빈문자(' '), 탭문자('\t') 및 라인표시문자('\n')들이 FIELD_TERMINATOR나 LINE_TERMINATOR로 선언되어 있지 않은 경우 공백으로 취급하고, 필드의 중간부분에 존재하는 공백은 데이터의 한 부분으로 취급한다. 고정된 레코드 형태인 경우 필드 앞에 존재하는 공백들은 실제 데이터로 취급, 뒤에 따르는 공백은 삭제한다. 분리된 레코드 형태인 경우 필드의 앞과 뒤에 존재하는 공백들을 모두 삭제한다.

5.6.4.6. 수행 예제

컨트롤 파일명을 worker.ctl로 해서 파일을 작성한다. 다음은 컨트롤 파일의 내용에 대한 예시이다.

```
LOAD DATA
INFILE 'worker.dat'
LOGFILE 'worker.log'
BADFILE 'worker.bad'
APPEND
INTO TABLE worker
FIELDS TERMINATED BY ','
       OPTIONALLY ENCLOSED BY '"'
       ESCAPED BY '\\'
LINES TERMINATED BY '\n'
(empno,ename,job,hiredate,sal,comm,deptno)
```

데이터 파일명을 worker.dat로 해서 파일을 작성한다. 다음은 데이터 파일의 내용에 대한 예시이다.

```
2221,"Tmax","Manager",2001/01/11,2572.50,10,20
2222,"Tibero","President",2001/11/17,5500.00,,10
2223,"Jeus","Clerk",2007/10/12,920.00,,10
2224,"Sysmaster","Manager",2001/04/02,3123.75,,20
2225,"Webtob","Sale smn",2001/10/28,1312.50,3,10
2226,"Infini","Ana lyst",2002/05/03,3450,,20
```

tbLoader 유틸리티 실행

```
# tbloader userid=tibero/tibero@tibero control=./worker.ctl
```

위와 같이 명령문을 수행하면 데이터 파일에 기재한 데이터들이 컨트롤 파일에 정의된 테이블에 로딩되는 것을 확인할 수 있다.

```
SQL> SELECT * FROM tibero.worker;
```

5.7 | 티베로 데이터베이스 링크

5.7.1. 개요

데이터베이스 링크(Database Link)는 원격 DB의 데이터를 마치 로컬 데이터베이스의 데이터처럼 접근할 수 있게 해준다. 데이터베이스 링크를 사용하면 원격 데이터베이스의 데이터에 대한 접근, 수정이 용이하며 손쉽게 분산 트랜잭션을 처리할 수 있다. 분산 트랜잭션은 트랜잭션의 원자성을 보장하기 위해 XA와 마찬가지로 2단계 커밋 메커니즘(Two-Phase Commit Mechanism)을 사용한다.

데이터베이스 링크의 장점은 다음과 같다.

- 분산된 데이터를 다루기 편리하다.
- 데이터베이스에 한 번만 접속해도 링크를 통해 다른 데이터베이스에 간편히 접속할 수 있다.

단점은 다음과 같다.

- Link를 통해 접속된 데이터베이스의 세션과 락(Lock)이 증가할 수 있으므로 실시간 트랜잭션이 많은 시스템에서는 장애가 발생할 수 있다.
- 배치 작업과 같은 큰 트랜잭션을 데이터베이스 링크를 통해 직접 작업할 경우 장애 발생 가능성이 증가한다.

- 데이터베이스 운영자의 경우 데이터베이스 간 데이터베이스 링크에 대해 사용현황 관리가 필요하다.
- 장애가 발생할 경우 개발, 시스템 운영, 네트워크, 데이터베이스 업무 담당자 간 확인이 필요하다.
- LONG, CLOB, BLOB 타입을 링크를 통해 DML 작업할 경우 오류가 발생할 가능성이 있다.

데이터베이스 링크는 다음과 같이 접근 권한에 따라 생성 및 제거 방법이 다르다.

5.7.1.1. Public DB Link

Public DB Link는 데이터베이스 링크를 생성한 사용자는 물론 다른 사용자들도 데이터베이스 링크를 이용할 수 있다. 이를 생성하기 위해서는 create public database link 권한이 있어야 한다. 다음은 Public DB Link를 생성하는 예이다.

```
SQL> create public database link public_tibero using 'remote_2';
```

위의 예에서 using 절 이후의 'remote_2'는 연결할 데이터베이스를 가리키는 이름으로 tbdsn.tbr 파일에 해당 데이터베이스의 연결 정보가 저장되어 있어야 한다.

다음은 Public DB Link를 제거하는 예이다. Public DB Link는 drop public database link 권한을 가진 사용자만 제거할 수 있다.

```
SQL> drop public database link public_tibero;
```

5.7.1.2. Private DB Link

데이터베이스 링크를 생성한 사용자만이 데이터베이스 링크를 사용할 수 있다. Private DB Link를 생성하기 위해서는 create database link 권한이 있어야 한다. 다음은 Private DB Link를 생성하는 예이다.

```
SQL> create database link remote_tibero using 'remote_1';
```

위의 예에서 remote_1은 데이터베이스에 연결하는 remote_tibero라는 이름의 데이터베이스 링크를 생성한다. 이 데이터베이스 링크는 Private DB Link이므로 생성한 사용자 외에는 사용할 수 없다.

다음은 Private DB Link를 제거하는 예이다. Private DB Link는 생성한 사용자만 제거할 수 있다.

```
SQL> drop database link remote_tibero;
```

5.7.1.3. 원격 데이터베이스 연결

원격 데이터베이스와의 연결에 사용하는 계정을 설정하는 방법은 다음과 같이 두 가지가 있다.

표 5-80 | 원격 데이터베이스 연결 설정 방법

설정 방법	설명
지정한 계정	지정한 ID와 패스워드를 사용해 원격 데이터베이스에 접속한다. 단, 지정한 ID와 패스워드를 가진 계정이 원격 데이터베이스에 존재해야 한다. 어떤 사용자가 사용하더라도 데이터베이스 링크를 생성할 때에는 지정한 ID와 패스워드를 사용해야 한다.
현재 연결된 계정	현재 질의를 수행한 사용자의 ID와 패스워드를 사용해 원격 데이터베이스에 접속한다. 데이터베이스 링크를 사용하는 사용자의 ID와 패스워드가 원격 데이터베이스에 동일하게 존재해야 한다. 계정을 지정하지 않으면 기본으로 현재 연결된 계정으로 접속하도록 설정된다. 따라서 데이터베이스 링크를 사용하는 사용자별로 다른 ID와 패스워드를 사용한다.

원격 데이터베이스에 연결하기 위한 계정은 CREATE SESSION 등의 권한을 가져야 하며, 데이터베이스 링크를 통해 원격 데이터베이스의 연결에 사용된 계정의 권한을 로컬 사용자가 획득하게 되므로 권한 관리에 유의해야 한다. 특히 Public DB Link의 경우에는 모든 로컬 사용자가 원격 데이터베이스에 대한 권한을 갖기 때문에 주의하여 사용해야 한다.

다음은 지정한 계정을 이용하는 데이터베이스 링크의 생성 예이다.

```
SQL> create database link remote_tibero connect to user1 identified by
'password' using 'remote_1';
```

다음은 현재 연결된 계정을 이용하는 데이터베이스 링크의 생성 예이다.

```
SQL> create database link remote_tibero using 'remote_1';
```

5.7.2. 게이트웨이

데이터베이스 링크를 통해 질의를 수행할 때, 데이터베이스 링크의 대상이 티베로가 아닌 다른 DBMS라면 각각의 DBMS를 위한 게이트웨이를 통해 데이터베이스 링크를 수행할 수 있다.

티베로 서버는 다른 DBMS에 필요한 질의를 해당 게이트웨이에 전달한다. 게이트웨이는 원격 DBMS에 접속하여 티베로 서버로부터 전달받은 질의를 수행하고 그 결과를 다시 티베로 서버로 전송한다. 다른 DBMS로의 데이터베이스 링크 기능을 사용하는 경우에는 해당 DBMS에 대한 게이트웨이 바이너리와 설정 파일이 필요하다. 다음은 티베로에서 데이터베이스 링크 기능을 지원하는 다른 DBMS의 종류와 게이트웨이 바이너리명이다.

표 5-81 | DBMS 벤더별 게이트웨이 바이너리

DBMS 벤더명	게이트웨이 바이너리명	프로그래밍 언어	지원 DBMS 버전
Oracle	gw4orcl	C	Oracle 9i, 10g, 11g
DB2	gw4db2	C	DB2 V8, DB2 9, DB2 9.5
MS-SQL Server	tbgateway.jar	Java	MS-SQL Server 2000, 2005, 2008

| Adaptive Server Enterprise (Sybase) | tbgateway.jar | Java | Sybase SQL Server 10.0.2 이상 |
| Greenplum | tbgateway.jar | Java | Greenplum 또는 PostgreSQL |

각각의 게이트웨이 바이너리는 DBMS의 버전에 따라 다를 수 있기 때문에 버전에 맞는 게이트웨이 바이너리를 사용할 것을 권장한다. DB2 게이트웨이의 경우 HP PA-RISC에서는 지원하지 않는다.

5.7.2.1. 게이트웨이 프로세스 생성 방식

게이트웨이는 연결할 DBMS가 제공하는 라이브러리가 필요하다. 라이브러리를 티베로 서버가 설치된 곳에서 사용할 수 있다면, 티베로 서버와 같은 머신 내에서 게이트웨이 프로세스를 생성하여 데이터베이스 링크 기능을 수행할 수 있다. 생성된 게이트웨이 프로세스는 해당 데이터베이스 링크를 사용하는 세션이 닫힐 때 종료된다.

다음은 Oracle 서버와 연결하는 데이터베이스 링크를 사용하기 위해 tbdsn.tbr 파일을 설정하는 예이다.

```
ora_dblink=((GATEWAY=(PROGRAM=gw4orcl)
            (TARGET=orcl)
            (TX_MODE=GLOBAL))
)
```

다음은 DB2 서버와 연결하는 데이터베이스 링크를 사용하기 위해 tbdsn.tbr 파일을 설정하는 예이다.

```
db2_dblink=((GATEWAY=(PROGRAM=gw4db2)
            (TARGET=sample)
            (TX_MODE=GLOBAL))
)
```

표 5-82 | 게이트웨이 설정 파일 옵션 설명

옵션	설명
PROGRAM	게이트웨이 바이너리 위치에 대한 절대 경로이다. 게이트웨이 바이너리가 $TB_HOME/client/bin 디렉토리에 있는 경우 바이너리명만 명시할 수 있다.
TARGET	DBMS별로 의미하는 것이 다르다. Oracle 서버인 경우 네트워크 서비스명이고, DB2 서버인 경우 데이터베이스명이다.
TX_MODE	글로벌 트랜잭션 또는 로컬 트랜잭션으로 처리할 지의 여부를 설정한다. 글로벌 트랜잭션은 커밋을 요청할 때 2단계 커밋으로 동작하고, 로컬 트랜잭션은 2단계 커밋으로 동작하지 않는다. 글로벌 트랜잭션인 경우 GLOBAL로 설정하고, 로컬 트랜잭션인 경우 LOCAL로 설정한다.
CONFIG	게이트웨이 설정 파일 위치에 대한 절대 경로이다.

5.7.2.2. 멀티 쓰레드 서버 방식

사용자는 티베로 서버와 같은 머신 또는 원격에 있는 머신에서 게이트웨이를 멀티 쓰레드 서버 방식으로 시작할 수도 있다. 티베로 서버의 세션은 tbdsn.tbr 파일에 명시된 접속 정보를 통해 게이트웨이와 TCP/IP 통신을 한다. 멀티 쓰레드 서버 방식의 게이트웨이는 티베로 서버의 세션으로부터 요청이 오면 미리 생성된 워킹 쓰레드 중 하나가 해당 요청을 처리한다. 자바 프로그래밍 언어를 사용하는 게이트웨이는 멀티 쓰레드 서버 방식만을 지원한다.

다음은 Oracle 서버와 연결하는 데이터베이스 링크를 사용하기 위해 tbdsn.tbr 파일을 설정하는 예이다.

```
ora_link_remote=((GATEWAY=(LISTENER=(HOST=192.168.1.78)
                                    (PORT=9999))
                          (TARGET=orcl)
                          (TX_MODE=GLOBAL))
)
```

다음은 DB2 서버와 연결하는 데이터베이스 링크를 사용하기 위해 tbdsn.tbr 파일을 설정하는 예이다.

```
db2_link_remote=((GATEWAY=(LISTENER=(HOST=192.168.1.78)
                                    (PORT=9999))
                          (TARGET=sample)
                          (TX_MODE=GLOBAL))
)
```

다음은 MS-SQL Server와 연결하는 데이터베이스 링크를 사용하기 위해 tbdsn.tbr 파일을 설정하는 예이다.

```
mssql_link_remote=((GATEWAY=(LISTENER=(HOST=192.168.1.78)
                                      (PORT=9093))
                            (TARGET=192.168.1.78:1433:master)
                            (TX_MODE=LOCAL))
)
```

다음은 Sybase ASE 서버와 연결하는 데이터베이스 링크를 사용하기 위해 tbdsn.tbr 파일을 설정하는 예이다.

```
ase_link_remote=((GATEWAY=(LISTENER=(HOST=192.168.1.78)
                                    (PORT=9093))
                          (TARGET=192.168.1.78:5000:master)
                          (TX_MODE=LOCAL))
)
```

다음은 Greenplum 서버와 연결하는 데이터베이스 링크를 사용하기 위해 tbdsn.tbr 파일을 설정하는 예이다.

```
gp_link_remote=((GATEWAY=(LISTENER=(HOST=192.168.1.78)
        (PORT=9093))
(TARGET=192.168.1.78:5432:mydb)
(TX_MODE=LOCAL))
)
```

표 5-83 | 멀티 쓰레드 서버 방식의 설정 파일 옵션 설명

구분	설명
LISTENER	HOST는 원격에 있는 머신에서 게이트웨이가 존재하는 호스트의 IP 주소를 설정하고, PORT는 그 호스트의 포트 번호를 설정한다.
TARGET	DBMS별로 다음과 같이 의미하는 것이 다르다. - Oracle 서버 : 네트워크 서비스명 - DB2 서버 : 데이터베이스명 - MS-SQL Server, Sybase ASE 서버, Greenplum 서버 : 서버의 연결 정보로서, 형식은 IP 주소:포트 번호:DB명이다.
TX_MODE	게이트웨이 방식의 TX_MODE 옵션(표 5-82)와 같다.
BYTES_CHARSET	게이트웨이의 초기화 매개변수 ENCODING의 값을 무시하고 다른 문자 집합(character set)으로 변환할 때 설정한다. 티베로 서버에서 지원하는 문자 집합을 사용할 수 있다.

예를 들어 TARGET 서버의 문자 집합이 EUC-KR이고 티베로 서버의 문자 집합이 ASCII이면, 조회(SELECT)할 때 ASCII 범위를 벗어나는 문자는 ?로 표시되어 출력될 것이다. 이런 경우 BYTES_CHARSET=EUCKR로 설정하면 게이트웨이 ENCODING과 티베로 서버의 문자 집합과는 무관하게 EUC-KR 문자로 처리하게 되어 조회 시 정상적인 문자를 확인할 수 있다.

5.7.3. 티베로 to 티베로

티베로에서 티베로로 데이터베이스 링크하는 방법에 대해 알아본다.

5.7.3.1. 환경 설정

동일한 티베로 기종 간에는 특별한 게이트웨이 모듈 없이 접근이 가능하다. 간단한 설정을 통해 티베로 간의 DB Link를 생성할 수 있다. 단, 소스 데이터베이스에 해당하는 티베로가 타깃에 해당하는 티베로에 연결할 수 없다면 DB Link 구성을 할 수 없다.

접속하려는 티베로(Tibero_A)의 IP 주소, 포트 번호, 데이터베이스명을 확인하고, DB Link를 생성할 티베로(Tibero_B)의 네트워크 설정 파일(tbdsn.tbr)을 다음과 같이 설정한다. Tibero_A는 특별한 설정이 필요 없다.

```
tibero_a=((INSTANCE=(HOST=192.168.1.184)
                (PORT=8629)
                (DB_NAME=tibero))
)
```

다음과 같이 실행해보면 Tibero_B 인스턴스에서 tbdsn.tbr 파일의 설정을 확인할 수 있다.

```
# tbsql sys/tibero@tibero_a

tbSQL 6

TmaxData Corporation Copyright (c) 2008-. All rights reserved.

Connected to Tibero using tibero_a.

SQL> set linesize 160
SQL> SELECT * FROM v$instance;

INSTANCE_NUMBER INSTANCE_NAME   DB_NAME
--------------- --------------- -----------------------------------
HOST_NAMEPARALLEL   THREAD# VERSION  STARTUP_TIME         STATUS           SHUTDOWN_PENDING
------------------- ------- -------- -------------------- ---------------- ----------------
              0 tibero6         tibero6
tiberoeduNO                 0 6        2015/07/28 NORMAL              NO

1 row selected.
SQL>
```

5.7.3.2. 생성 및 실행 방법

티베로 to 티베로 DB Link를 생성할 계정(Tibero_B)으로 접속하여 DB Link 생성 작업을 수행한다.

```
SQL> create database link <DB Link명> connect to <접속 사용자 ID> identified by <접속 패스워드> using <접속에 사용할 alias>
```

표 5-84 | DB Link 생성 옵션

항목	설명
〈DB Link명〉	생성할 DB Link 객체 이름이다.
〈접속 사용자 ID〉	대상 데이터베이스 서버에 접속할 사용자 이름이다.
〈접속 패스워드〉	대상 데이터베이스 서버에 접속할 패스워드이다.
〈접속에 사용할 alias〉	소스 데이터베이스의 tbdsn.tbr에 설정된 alias 이름이다.

다음은 tbsql에 접속하여 DB Link 객체 생성에 대한 예이다.

```
SQL> CREATE DATABASE LINK t6link CONNECT TO tibero IDENTIFIED BY 'tmax' USING
'tibero_a';

Database Link 'T6LINK' created.

SQL> SELECT * FROM dual@t6link;

DUMMY
-----
X

1 row selected.
```

사용 중인 링크의 이름을 알 수 없는 경우 다음과 같이 뷰를 조회한다.

```
SQL> set linesize 160
SQL> SELECT * FROM user_db_links;

OWNER       DB_LINK         USERNAME            HOST            CREATED
----------  --------------  ------------------  -------------   ----------------
SYS         T6LINK          TIBERO              tibero_a        2015/07/29

1 row selected.
```

5.7.4. 이기종 간 데이터베이스 DB Link

DB Link를 통해 질의를 수행할 때 DB Link 대상이 티베로가 아닌 이기종 데이터베이스라면 각각의 DBMS를 위한 게이트웨이를 통해 DB Link를 생성하거나 수행할 수 있다.

게이트웨이는 기본적으로 TBGW_HOME 환경변수를 통해 설정 파일을 읽고 로그 파일을 기록한다.

TBGW_HOME 환경변수가 설정되어 있지 않은 경우 기본 값은 $TB_HOME/client/gateway이다. 윈도우 환경에서는 기본 값이 %TB_HOME%\client\gateway로 설정된다. 게이트웨이가 사용하는 설정 파일 및 로그 파일이 존재하는 디렉토리 구조는 다음과 같다.

5.7.4.1. 게이트웨이 디렉토리 구조(Oracle, DB2)

```
$TBGW_HOME
    |--- DBMS 벤더명
        |--- config
            |--- tbgw.cfg
        |--- log
            |--- 게이트웨이의 로그 파일
```

위 디렉토리 구조에서 $TBGW_HOME 부분은 시스템 환경에 따라 다르다. 각 디렉토리 및 파일은 신규로 생성을 해야 한다. 각 디렉토리에 대한 설명은 다음과 같다.

- **config** : tbgw.cfg라는 게이트웨이 설정 파일이 있다. 사용자가 게이트웨이와 관련된 설정 값을 변경하고 싶을 때 생성한다.
- **log** : 게이트웨이와 관련된 로그 파일이 있다. 로그 파일은 DBMS 벤더명에 맞춰 생성된다. 다음은 DBMS 벤더별 로그 파일이다.

표 5-85 | DBMS 벤더별 로그 파일명

DBMS 벤더명	로그 파일명	리스너의 로그 파일명
Oracle	gw4orcl.log	gw4orcl_lsnr.log
DB2	gw4db2.log	gw4db2_lsnr.log

다음은 게이트웨이 환경 설정 파일의 예이다.

```
LOG_DIR=${TBGW_HOME}/{DBMS벤더명}/log
LOG_LVL=2
LISTENER_PORT=9999
MAX_LOG_SIZE=20k
FETCH_SIZE=32k
```

설정 파일의 옵션에 대한 설명은 〈표 5-86〉과 같다.

표 5-86 | 게이트웨이 환경 설정 파일 옵션(Oracle, DB2)

옵션	설명
CHARACTER_SET	게이트웨이의 문자 집합을 설정한다. 이 값이 설정되지 않은 경우 TB_NLS_LANG 환경변수에 정의된 값을 사용한다(기본 값 : MSWIN949).
FETCH_SIZE	데이터베이스에 질의 처리를 할 때 한 번에 가져오는 데이터의 크기를 설정한다(기본 값 : 32kB, 최대 값 : 64kB).
IGNORE_WARNING	원격 데이터베이스에서 발생한 경고 메시지를 무시할지 여부를 설정한다(기본 값 : N).
LOG_DIR	게이트웨이의 로그 파일을 저장할 경로를 설정한다(기본 값 : ${TBGW_HOME}/{DBMS 벤더명}/log).
LOG_LVL	로그 파일에 남길 로그 레벨을 설정한다(기본 값 : 2).
MAX_LOG_BACKUP_SIZE	로그 백업 기능을 사용하는 경우 백업 로그 파일들의 최대 크기이다. 값이 0인 경우 백업된 로그 파일들의 크기 제한이 없다. 값을 명시한 경우 백업 로그 파일들의 크기의 합이 설정된 최대 크기를 초과하면 오래된 순서대로 백업 로그 파일을 지운다(기본 값 : 0).
MAX_LOG_SIZE	로그 파일의 최대 크기이다. 값이 0인 경우 로그 파일의 최대 크기에 제한이 없다. 값을 명시한 경우 로그 파일이 설정된 최대 크기를 초과하면 로그 파일을 백업한다(기본 값 : 0).
QUERY_WITH_UR	DB2용 게이트웨이에만 사용 가능한 옵션이다. 쿼리에 WITH UR 구문을 추가할지 여부를 설정한다(기본 값 : N).
SKIP_CHAR_CONV	Oracle용 게이트웨이에만 사용 가능한 옵션이다. 값이 Y인 경우 Oracle 데이터베이스에 있는 데이터를 문자 집합 변환 없이 가져온다. 한글을 지원하지 않는 문자 집합과 한글 데이터를 동시에 사용하고 있는 특수한 경우에 사용된다(기본 값 : N).

〈표 5-87〉은 게이트웨이를 리스너 모드로 사용할 때 설정할 수 있는 옵션이다.

표 5-87 멀티 쓰레드 서버로 설정시 사용 옵션

옵션	설명
LISTENER_PORT	리스너 포트 번호를 설정한다. 설정한 포트 번호의 값으로 포트가 오픈되며, 설정 값+1의 추가 포트가 Statement Cancle을 처리하기 위해 오픈된다(기본 값 : 9999).
MIN_POOL_SIZE	동시에 접속 가능한 최소 세션 개수를 설정한다(기본 값 : 10).
MAX_POOL_SIZE	동시에 접속 가능한 최대 세션 개수를 설정한다(기본 값 : 100, 최댓값 : 128).

5.7.4.2. 게이트웨이 관련 디렉토리 구조(MS-SQL, Sybase ASE, Greenplum)

사용자는 $TB_HOME/client/bin에 있는 tbJavaGW.zip 파일을 설치할 디렉토리에 복사한 후 압축을 해제한다. 기본적으로 타깃 데이터베이스에 대한 JDBC 드라이버 파일(Sybase의 경우 jconn3.jar, MS-SQL은 sqljdbc.jar, Greenplum은 postgresql-8.4-701.jdbc3.jar)은 제공하지 않는다. 따라서 사용자는 해당 서버의 JDBC 드라이버 파일을 구한 후 lib 디렉토리에 복사해야 한다. 일반적으로 해당 서버의 홈페이지에서 다운로드할 수 있다.

게이트웨이가 사용하는 설정 파일과 로그 파일의 디렉토리 구조는 다음과 같다.

```
설치 디렉토리
    |--- tbJavaGW
        |--- tbgw
        |--- jgw.cfg
        |--- jgwlog.properties
        |--- jgw_service.bat
        |--- prunsrv.exe
        |--- lib
            |--- tbgateway.jar
            |--- commons-collections.jar
            |--- commons-daemon-1.0.6.jar
            |--- commons-pool.jar
            |--- log4j-1.2.15.jar
            |--- jconn3.jar
            |--- sqljdbc.jar
            |--- postgresql-8.4-701.jdbc3.jar
        |--- log
            | --- 게이트웨이의 로그 파일
```

- **tbgw** : 자바 게이트웨이를 실행시키는 스크립트 파일이다.
- **jgw.cfg** : 게이트웨이 설정 파일이다. 사용자가 게이트웨이와 관련된 설정 값을 변경하고 싶을 때 생성한다.
- **jgwlog.properties** : 로그에 대한 설정 파일이다. 로그 파일의 크기와 로그 레벨 등을 설정할 수 있다. 자세한 형식은 Log4j 자료를 참고하기 바란다.
- **jgw_service.bat** : 윈도우 환경에서는 게이트웨이를 서비스로 사용할 수 있다. 이 파일은 서비스에 등록/삭제를 해주는 배치 파일이다. prunsrv.exe 파일을 필요로 한다.
- **prunsrv.exe** : 윈도우 환경에서 게이트웨이를 서비스에 등록/삭제를 해주는 실행 파일이다. jgw_service.bat 파일을 실행하려면 반드시 필요하다. 이 파일은 기본으로 제공되지 않으며 아파치 커먼즈(Apache Commons)의 Java Daemon에서 다운받을 수 있다.
- **lib** : 자바 게이트웨이에서 사용하는 JAR 파일들이 있는 디렉토리다. 타깃 데이터베이스의 JDBC 드라이버도 해당 디렉토리에 있어야 한다.
- **log** : 게이트웨이와 관련된 로그 파일이 생성된다.

jgw.cfg 파일에 초기화 매개변수의 설정 값을 명시함으로써 게이트웨이와 관련된 설정을 변경할 수 있다. 다음은 게이트웨이를 설정하는 예이다.

```
DATABASE=SQL_SERVER
LISTENER_PORT=9093
INIT_POOL_SIZE=10
MAX_POOL_SIZE=1000
ENCODING=MSWIN949
MAX_LONGVARCHAR=4K
MAX_LONGRAW=4K
```

표 5-88 | 게이트웨이 환경 설정 파일 옵션(MS-SQL, Sybase ASE, Greenplum)

초기화 매개변수	설명
DATABASE	타깃 데이터베이스를 설정한다. MS-SQL Server는 SQL_SERVER, Sybase ASE는 ASE, Greenplum는 Greenplum으로 설정한다(기본 값 : SQL_SERVER).
LISTENER_PORT	리스너의 포트 번호를 설정한다(기본 값 : 9093).
INIT_POOL_SIZE	게이트웨이가 시작할 때 미리 생성할 워킹 쓰레드의 개수를 설정한다(기본 값 : 10).
MAX_POOL_SIZE	게이트웨이가 최대로 생성할 수 있는 워킹 쓰레드의 개수를 설정한다(기본 값 : 100).
MAX_CURSOR_CACHE_SIZE	워킹 쓰레드당 최대로 캐시 가능한 커서의 개수를 설정한다(기본 값 : 100).
ENCODING	티베로 서버 세션에 문자열을 전달할 때 사용할 인코딩을 설정한다. 단, 티베로 서버의 문자 집합과 일치시켜야 한다. 설정할 수 있는 문자 집합은 ASCII, EUC-KR, MSWIN949, UTF-8, UTF-16, SHIFT-JIS 등이다(기본 값 : MSWIN949).
MAX_LONGVARCHAR	게이트웨이는 LONG, CLOB 타입의 데이터를 일정 간격을 정하여 가져오는 방식(Deferred 형태)을 지원하지 않는다. 대신 CHAR, VARCHAR 타입처럼 한 번에 읽어오게 되는데, 그때 읽어올 수 있는 최대 크기를 설정한다(기본 값 : 4kB, 최대 값 : 32kB).
MAX_LONGRAW	게이트웨이는 LONG RAW, BLOB 타입의 데이터를 일정 간격을 정하여 가져오는 방식을 지원하지 않는다. 대신 RAW처럼 한 번에 읽어오게 되는데 그때 읽어올 수 있는 최대 크기를 설정한다(기본 값 : 4kB, 최대 값: 32kB).

5.7.5. Oracle DB Link 생성 예제

이기종 데이터베이스인 Oracle에 데이터베이스 링크를 생성하는 예제를 살펴보겠다.

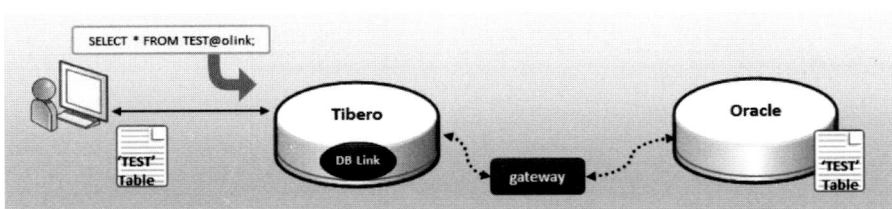

그림 5-42 | 티베로 to Oracle 구조도

티베로 to Oracle 데이터베이스 링크를 구성하는 경우 다음 사항을 확인해야 한다.

기본 바이너리 위치

- Oracle용 게이트웨이 바이너리 파일은 $TB_HOME/client/bin/gw4orcl_xxx에 위치한다.
- 내부적으로 Oracle 클라이언트 라이브러리를 사용하며, 윈도우 바이너리는 Oracle 9i, 10g, 11g 모두 호환이 가능하다.

Oracle 클라이언트 라이브러리

- Oracle 게이트웨이는 내부적으로 Oracle 클라이언트 라이브러리를 사용하여 Oracle에 접속한다. Oracle 서버 바이너리 안에 있는 라이브러리, 인스턴스 클라이언트 라이브러리도 가능하다
- 게이트웨이가 설치된 곳에 Oracle 클라이언트 라이브러리가 존재해야 한다.
- Oracle 클라이언트 라이브러리가 Oracle 서버에 연결되지 않는다면 DB Link 역시 연결될 수 없다.

티베로 to Oracle 데이터베이스 링크를 사용하는 경우는 다음과 같은 제약이 있다.

- LONG RAW, NCLOB을 지원하지 않는다.
- LOB, LONG의 경우 다음과 같은 형태를 일부 지원한다.
  insert into (local) ~ select from (dblink)
  insert into (dblink) ~ select from (local)
- 멀티 쓰레드 에이전트를 지원하지 않는다. 단, 윈도우 환경에서 리스너 방식을 사용하는 경우에는 지원한다.
- DB Link를 통한 UDFuser-defined function 사용은 PSM(및 PL/SQL) 내부에서 가능하다. Select 절에 직접적으로 DB Link를 통한 UDF 사용은 지원하지 않는다. PSM(및 PL/SQL) 내부에서 DB Link UDF를 사용하고 해당 PSM을 Select 절에서 간접 사용하는 구조는 가능하다.

티베로 to Oracle 데이터베이스 링크에서 게이트웨이는 앞에서 살펴본 것처럼 두 가지 방식으로 구성할 수 있다. 먼저 게이트웨이 프로세스 방식은 게이트웨이를 미리 기동하지 않고 DB Link를 사용할 경우 게이트웨이 프로세스가 기동되는 방식으로, 티베로 서버와 Oracle 게이트웨이가 동일 서버에 존재할 경우에 구성이 가능하다. 다음으로 멀티 쓰레드 서버 방식은 게이트웨이를 미리 기동해서 리스닝하는 방식으로 모든 경우에 설정이 가능하다.

게이트웨이 프로세스 방식은 UNIX 계열에만 해당하며 윈도우 계열은 멀티 쓰레드 방식으로 구성한다.

5.7.5.1. 환경 설정

환경 설정 순서는 다음과 같다.

◆ 프로파일 설정

Oracle 게이트웨이가 기동되는 사용자의 OS 환경파일(.profile, .bash_profile 등)에 다음과 같이 환경변수를 설정한다.

```
export TBGW_HOME=$TB_HOME/client/gateway
export ORACLE_HOME=<Oracle Home>
export LD_LIBRARY_PATH=$ORACLE_HOME/lib:$LD_LIBRARY_PATH
export ORACLE_SID=<Oracle SID>
export PATH=$ORACLE_HOME/bin:$PATH
```

Oracle 11g 게이트웨이를 예로 들면 다음과 같다.

```
export TBGW_HOME=/home/tibero/gateway
export ORACLE_HOME=/home/ora11/app/oracle/product/11.2.0/dbhome_1
export LD_LIBRARY_PATH=$ORACLE_HOME/lib:$LD_LIBRARY_PATH
export ORACLE_SID=orcl
export PATH=$ORACLE_HOME/bin:$PATH
```

로컬 방식의 경우 티베로 서버가 기동하기 전 이러한 환경변수 설정을 가지고 기동되어야 한다. 만약 환경변수 설정 및 로컬 방식을 새롭게 구성한다면 티베로 서버 재기동이 필요하며, 재기동이 불가능하다면 리스너 방식을 고려해야 한다. OS에 따라 환경변수 LD_LIBRARY_PATH(리눅스), LIBPATH(AIX), SHLIB_PATH(HP)를 설정한다

◆ Oracle 라이브러리 관련 권한 변경

Oracle 라이브러리를 설치한 사용자 또는 root 계정에서 다음과 같이 권한을 부여한다.

```
# chmod o+rx $HOME
# chmod o+rx $ORACLE_HOME
# chmod o+rx $ORACLE_HOME/lib
# chmod o+r $ORACLE_HOME/lib/*
# chmod o+rx $ORACLE_HOME/bin
# chmod o+rx $ORACLE_HOME/bin/sqlplus
# chmod o+x $ORACLE_HOME/network
# chmod o+x $ORACLE_HOME/network/admin
# chmod o+r $ORACLE_HOME/network/admin/tnsnames.ora
```

◆ 게이트웨이 바이너리 복사

게이트웨이 홈으로 실행 바이너리를 복사를 한다.

```
# mkdir $TBGW_HOME
# cp <Gateway Binary명> $TBGW_HOME/gw4orcl_11g or gw4orcl_10g
# chmod u+x $TBGW_HOME/gw4orcl
```

Oracle 11g 게이트웨이를 예로 들면 다음과 같다.

```
# mkdir $TBGW_HOME
# cp $TB_HOME/client/bin/gw4orcl_11g $TBGW_HOME/gw4orcl
# chmod u+x $TBGW_HOME/gw4orcl
```

프로파일 설정과 라이브러리 권한을 설정한 후 ldd gw4orcl를 수행했을 때 Oracle 라이브러리에 대해 not found로 부분이 없어야 한다. 만약 있다면 Oracle에 대한 권한 설정이 잘못되어 있는지를 확인한다.

```
# ldd gw4orcl
  linux-vdso.so.1 =>  (0x00007fff76ca6000)
  libclntsh.so.11.1 => /data/oracle/app/oracle/product/11.2.0/dbhome_1/lib/libclntsh.so.11.1 (0x00007f694bfa4000)
  libm.so.6 => /lib64/libm.so.6 (0x00000034b2400000)
  libnnz11.so => /data/oracle/app/oracle/product/11.2.0/dbhome_1/lib/libnnz11.so (0x00007f694bbc5000)
  libc.so.6 => /lib64/libc.so.6 (0x00000034b1800000)
  libdl.so.2 => /lib64/libdl.so.2 (0x00000034b1c00000)
  libpthread.so.0 => /lib64/libpthread.so.0 (0x00000034b2000000)
  libnsl.so.1 => /lib64/libnsl.so.1 (0x00000034c1600000)
  libaio.so.1 => /lib64/libaio.so.1 (0x0000003f99200000)
             /lib64/ld-linux-x86-64.so.2 (0x00000034b1400000)
```

◆ 네트워크 alias 설정

티베로 클라이언트의 네트워크 alias 설정 파일에 게이트웨이 정보를 설정한다. 네트워크 alias 설정 파일명은 $TB_HOME/client/config/tbdsn.tbr에서 수정한다. 이 절 앞부분에서 살펴본 바 있다. 게이트웨이 프로세스 방식인 경우 다음과 같다.

```
gw_local=((GATEWAY=
                (PROGRAM=/home/tibero/gateway/gw4orcl)
                (TARGET=orcl)
                (TX_MODE=GLOBAL))
)
```

멀티 쓰레드 서버 방식인 경우 다음과 같다.

```
gw_listen=((GATEWAY=
                        (LISTENER=
        (HOST=192.168.70.185)
        (PORT=9999))
                        (TARGET=orcl)
                        (TX_MODE=GLOBAL))
)
```

◆ 게이트웨이 환경 설정

tbgw.cfg 파일에 초기화 매개변수의 설정 값을 명시함으로써 게이트웨이와 관련된 설정을 변경할 수 있다. 게이트웨이를 설치한 서버에서 $TBGW_HOME/oracle/config/tbgw.cfg 파일을 설정하면 된다.

```
LISTENER_PORT=9999
LOG_DIR=/home/tibero/gateway/oracle/log
LOG_LVL=2
MAX_LOG_SIZE=502400000
```

5.7.5.2. 생성 및 실행

데이터베이스 링크 생성 방법은 게이트웨이 프로세스 방식과 멀티 쓰레드 서버 방식이 동일하다. 단, 멀티 쓰레드 서버 방식은 먼저 게이트웨이 프로세스의 기동이 필요하다.

다음은 리스너 방식에서 게이트웨이 프로세스의 기동 및 확인 방법이다. 윈도우 계열은 '시작 > 제어판 > 관리 도구 > 서비스'에서 Gateway 서비스를 시작하면 된다.

```
# ./gw4orcl
```

다음은 지정 포트 번호가 9999일 경우 리스닝 포트 번호를 확인하는 예제이다.

```
# netstat -an | grep 9999
tcp        0      0 0.0.0.0:9999            0.0.0.0:*               LISTEN
```

다음은 데이터베이스 링크를 생성하는 예제이다.

```
SQL> CREATE DATABASE LINK olink CONNECT TO scott IDENTIFIED BY 'tiger' USING 'gw_local';

Database Link 'OLINK' created.
```

링크 생성 후 select 문에 〈Table명〉@〈DB Link명〉을 넣으면 DB Link를 사용할 수 있다.

```
SQL> SELECT * FROM dual@olink;

DUMMY
-----
X

1 row selected.
```

티베로에서는 생성한 데이터베이스 링크의 정보를 제공하기 위해 〈표 5-89〉에 나열된 것과 같은 정적 뷰를 제공한다.

표 5-89 | 데이터베이스 링크 정보 조회용 정적 뷰

정적 뷰	설명
DBA_DB_LINKS	티베로 내의 모든 데이터베이스 링크의 정보를 보여주는 뷰. 데이터베이스 관리자만 사용할 수 있다.
ALL_DB_LINKS	현재 사용자가 이용할 수 있는 모든 데이터베이스 링크의 정보를 보여주는 뷰
USER_DB_LINKS	현재 사용자가 생성한 데이터베이스 링크의 정보를 보여주는 뷰

PART 06 전환(Migration)을 위한 실무 테크닉

- ✓ 개요
- ✓ 사전 점검
- ✓ 전환 수행
- ✓ 전환 검증
- ✓ 애플리케이션 전환(Application Migration)

Chapter 06 전환(Migration)을 위한 실무 테크닉

티베로에서는 이기종 데이터베이스로의 데이터 및 오브젝트에 대해서 여러 가지 전환 툴 및 방법을 제공하고 있다. 이 장에서는 이러한 전환 방법들을 소개하고 툴을 통해 전환하는 방법을 살펴보기로 한다.

6.1 | 개요

티베로는 이기종 데이터베이스(오라클, DB2, 사이베이스 등)로 데이터와 오브젝트(Object) 전환이 가능하다. 전환을 진행하게 되면 데이터와 애플리케이션에 대한 검증 작업이 반드시 필요하다.

6.1.1. 전환 전 고려사항

이기종 데이터베이스에서 티베로로 전환하는 경우 상황에 따라 난이도가 구분되며, 이에 따라 전환 방법이 달라질 수 있다. 〈표 6-1〉은 각 난이도에 대한 상황의 설명이다.

표 6-1 | 난이도별 상황

난이도	상황
쉬운 경우	몇 개의 스키마로 구성되어 있다. 오브젝트들 사이에 의존성이 복잡하게 구성되어 있지 않다. 실제 사용하는 오브젝트들로 구성되어 있으며 모두 VALID 상태이다.
어려운 경우	다수의 스키마로 구성되어 있다. 오브젝트들 사이에 의존성이 복잡하게 구성되어 있다. 미사용 오브젝트들이 많으며 INVALID 상태이다.

전환 검증 시간 및 전환 시간을 줄이기 위하여 전환을 시작하기 전에 원본 데이터베이스의 INVALID한 오브젝트를 정리하는 것이 좋다. 원본 DB에서 에러가 발생하면 티베로에서도 에러가 발생한다. 전환이 완료되면 검증을 위해서 원본 데이터베이스에서 필요한 정보들을 추출해야 한다. 특정한 시점의 전환을 하기 때문에 해당 시점의 정보를 추출해야 하는 것이다.

6.1.2. 전환 방법 및 적용

전환하기 위해서 여러 방법을 제공하고 있다. 그 방법에 대해서 알아보자.

◆ tbMigrator

티베로에서는 전환 작업을 용이하게 도울 수 있도록 자바 기반의 툴을 제공하고 있다. 자바 언어로 구현되어 있으며, JDK 6 이상에서 사용할 수 있다. 실행하기 전에 접속하려는 데이터베이스의 JDBC Driver 파일의 경로를 실행 스크립트 내의 classpath 설정에 추가해야 한다.

tbMigrator는 티베로가 설치되면 기본적으로 설치되며, $TB_HOME/client/bin/tbMigrator2.zip 디렉토리에 위치하고 있다. tbMigrator 2.0은 티베로에서 제공하는 전환 유틸리티이다. 이 유틸리티는 다른 데이터베이스가 구성한 데이터베이스 전체 또는 일부를 티베로로 옮기는 전환 작업을 도와준다. 즉, 소스 데이터베이스에 저장된 테이블, 인덱스, 뷰 등의 스키마 객체와 PSM 프로그램 등을 티베로 데이터베이스로 옮겨 이전의 데이터베이스와 같은 기능을 수행하도록 한다.

tbMigrator 2.0 유틸리티의 기능은 다음과 같다.

- 사용자가 원하는 데이터를 선택하여 티베로로 전환한다.
- 테이블, 인덱스, 뷰, 동의어 등의 스키마 객체와 테이블에 정의된 각종 제약조건을 전환한다.
- 사용자 특권(Privilege) 및 롤(Role)을 전환한다.
- 전환 목표 데이터베이스에 대한 정보를 제공한다.
- 옵션(Option) 버튼을 사용하여 다양한 방법으로 전환한다.
- 진행 화면을 통해서 전환의 진행사항을 파악할 수 있다.

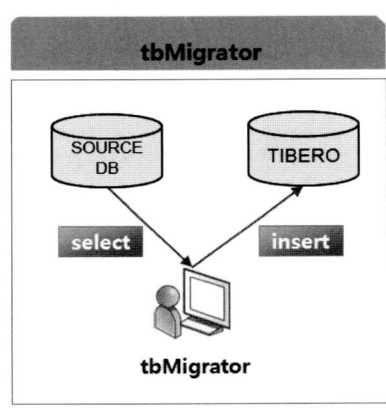

그림 6-1 | tbMigrator 동작원리

tbMigrator 2.0 특징은 다음과 같다.

- 내부적으로 자바의 JDBC Driver를 이용하여 소스 데이터베이스와 티베로에 접속한다. 단, 소스 데이터베이스와 티베로 JDBC Driver가 필요하고 JDK 또는 JRE가 미리 설치되어 있어야 한다.
- tbMigrator를 기동하기 위해 별도의 컴퓨터가 필요하다.
- [소스 데이터베이스] 〉 [클라이언트] 〉 [티베로] 방향으로 네트워크를 총 2번 거쳐 데이터가 이동한다. 클라이언트(tbMigrator를 기동하기 위한 컴퓨터)를 기점으로 소스 데이터베이스와 티베로의 네트워크를 거쳐 데이터가 이동하므로 대용량으로 전환할 경우 불리할 수 있다.
- 전체, 사용자, 테이블 모드가 모두 가능하고 GUI 형태로 보여주므로 조작하기 쉽다.
- 중간에 문제가 발생해도 멈추지 않으며 전환이 모두 완료된 후에 문제를 처리한다.

tbMigrator 2.0를 사용하기 전에 사전에 테이블스페이스 내의 데이터 파일 경로 및 이름을 변경하려면 생성문 추출 후 미리 수동으로 생성한다. 스키마에 대해 기본 테이블스페이스를 변경하려면 생성 문장을 추출 후 미리 수동으로 생성한다.

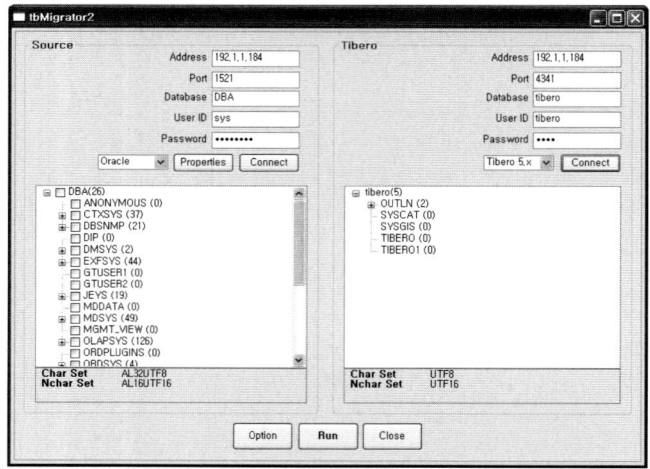

그림 6-2 | tbMigrator Main 화면

표 6-2 | 소스 접속 정보

항목	설명
Address	소스 데이터베이스의 아이피 주소이다.
Port	소스 데이터베이스의 포트 번호이다.
Database	소스 데이터베이스의 SID이다.
User ID	소스 데이터베이스의 사용자 아이디이다.
Password	소스 데이터베이스에 접근하려는 사용자의 패스워드이다.

데이터베이스 Type	소스 데이터베이스의 종류를 선택한다.
Properties	소스 데이터베이스의 추가적인 접속 정보를 지정한다.

소스 데이터베이스 뷰는 사용자가 원하는 데이터를 선택하는 기능과 데이터베이스의 캐릭터 셋 (Character Set) 설정을 보여준다. 데이터를 선택하는 방식은 3가지로 나눈다.

◆ Full Mode

데이터베이스명을 선택하면 모든 스키마가 선택된다. 종속된 스키마 요소를 하나라도 해제하면 전체 모드에서 스키마 모드로 변환한다.

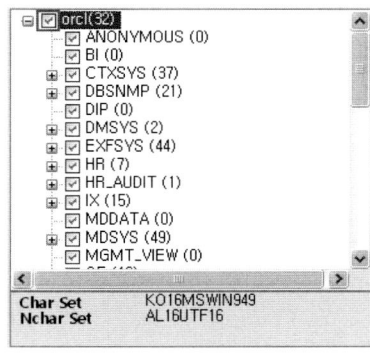

그림 6-3 | Full Mode 선택 방식

◆ Schema Mode

특정한 스키마 이름을 선택하면 스키마에 종속된 테이블을 모두 지정한다. 종속된 테이블 요소를 하나라도 해제하면 스키마 모드에서 테이블 모드로 변환된다. 테이블 요소를 선택한 것으로 tbMigrator의 최소 전환 단위이다.

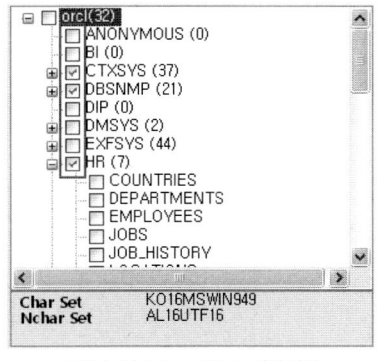

그림 6-4 | Schema Mode 선택 방식

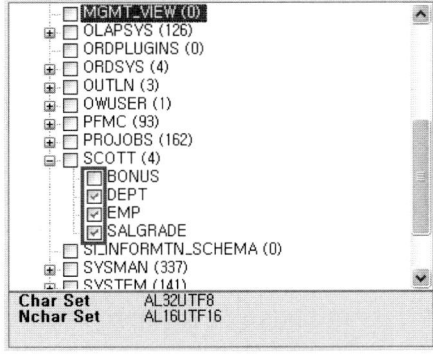

그림 6-5 | Table Mode 선택 방식

소스의 문자셋 설정은 Char Set, NChar Set을 보여준다. 〈표 6-3〉은 티베로 접속 정보의 각 항목에 대한 설명이다.

표 6-3 | 티베로 접속 정보

항목	설명
Address	티베로 데이터베이스의 아이피 주소 이름이다.
Port	티베로 데이터베이스의 포트 번호이다.
Database	티베로 데이터베이스의 SID이다.
User ID	티베로 데이터베이스의 사용자 아이디이다.
Password	티베로 데이터베이스에 접근하려는 사용자의 패스워드이다.
데이터베이스 Version	티베로 데이터베이스의 버전을 선택한다.

뷰는 티베로에 존재하고 있는 데이터를 조회하는 기능과 캐릭터 셋 설정을 보여준다. tbMigrator 2.0 Main 화면의 버튼들은 〈표 6-4〉와 같다.

표 6-4 | 티베로 메인 화면 정보

버튼	설명
[Connect]	대상 데이터베이스에 접속한다.
[Option]	옵션 대화상자가 나타난다.
[Run]	전환을 시작한다.
[Close]	tbMigrator를 종료한다.

〈그림 6-6〉은 tbMigrator 2.0에서 제공하는 Option 화면에 대한 설명이다.

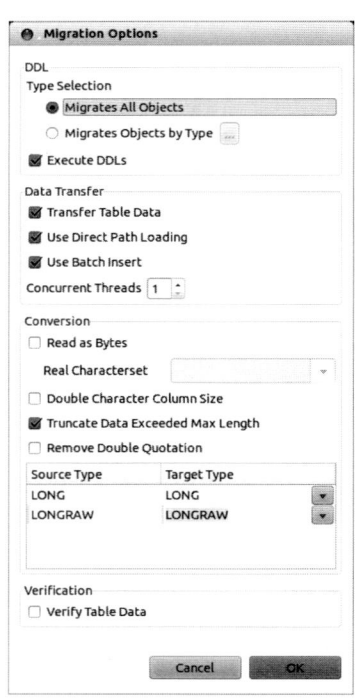

그림 6-6 | tbMigrator 2.0 Option 화면

데이터 정의어(DDL)은 전환할 때 첫 단계로 티베로 데이터베이스의 객체들을 생성할 때 사용하는 SQL 문이다. 여기서는 어떤 타입의 스키마 오브젝트의 데이터 정의어를 추출할 것인지 데이터 정의어와 관련된 옵션을 결정한다.

◆ Type Selection

전환 대상이 될 스키마 오브젝트의 타입을 정한다.

표 6-5 | 타입 선택 옵션

항목	설명
Migrates All Objects	지원하는 모든 타입의 데이터 정의어 문장을 추출한다.
Migrates Objects by Type	선택한 오브젝트 종류에 해당하는 데이터 정의어 문장만을 추출한다.

상세선택 버튼([...])을 클릭하면 〈그림 6-7〉과 같이 오브젝트 종류를 선택할 수 있는 선택창이 나타난다.

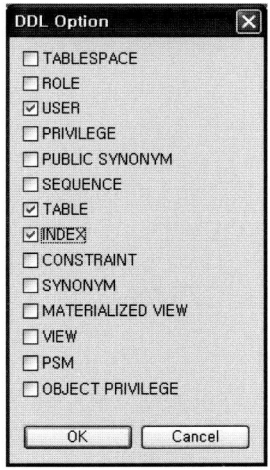

그림 6-7 | 오브젝트 종류 선택창

추출한 데이터 정의어 문장을 목표 데이터베이스에 실행할지를 결정한다. 전환할 테이블 등의 오브젝트가 이미 생성되어 있는 경우 이 옵션을 선택 해제하여 생성 SQL 문을 실행하는 단계를 건너뛸 수 있다. 데이터 전송은 데이터 정의어 다음 단계로 데이터들을 소스 데이터베이스에서 티베로로 전환한다.

표 6-6 | 데이터 전송 옵션

구분	설명
Transfer Table Data	테이블 데이터의 전환 여부를 선택한다.
Use Direct Path Load	테이블의 데이터를 Direct Path LoadDPL 방식으로 전환한다.

구분	설명
Use Batch Insert	테이블의 데이터를 Batch Insert 방식으로 전환한다.
Concurrent Thread	여러 테이블의 데이터를 동시에 전환하기 위해 사용할 쓰레드의 개수를 정한다.

〈표 6-7〉은 데이터를 변환할 때 사용하는 옵션에 대해서 설명을 한다.

표 6-7 | 데이터 변환 옵션

구분	설명
Read as Bytes	테이블의 char, varchar와 같은 문자열을 저장하기 위한 열에 데이터베이스 설정과 다른 캐릭터 셋을 사용하여 실제 문자열이 저장될 경우 문자열 형태로 데이터를 가져오면 문자열이 깨질 수 있다. 이를 방지하기 위하여 문자열이 아닌 바이너리 형태로 데이터를 가져오고, 바이너리 형태로 티베로 측으로 옮길 때 사용되는 옵션이다.
Real Character set	테이블 데이터 이외의 부분에 실제 데이터베이스의 캐릭터 셋과 다르게 입력된 부분이 있는 경우 전환 후 해당 내용이 깨질 수 있다. 이를 방지하기 위해 실제 사용한 캐릭터 셋을 지정하여 올바른 문자열 형태로 옮겨지도록 해주는 옵션이다. Read as Bytes 설정을 활성화한 경우에만 유효하며, 영향을 받는 항목은 PSM DDL, 테이블의 주석, 테이블 열의 주석이다.
Double Character Column Size	소스 데이터베이스와 티베로의 캐릭터 셋이 서로 다른 경우 변환된 문자열 데이터의 실제 바이트 길이가 달라질 수 있다. 이 때문에 열의 길이 제한을 초과하여 전환에 실패하는 경우가 발생할 수 있다. 이를 방지하기 위해 문자열 기반의 열을 생성할 때 소스 데이터베이스에서 지정된 것의 2배의 길이로 바꿔주는 옵션이다.
Truncate Data Exceeded Max	컬럼 길이가 티베로에서 지원하는 최대 길이를 초과하는 경우, 잘라내고 전환할지 에러 발생 여부를 선택하는 옵션이다.
Remove Double Quotation	전환 시 오브젝트 이름의 대소문자를 무시하기 위해 제공하는 옵션이다. 옵션을 사용하지 않으면 기본적으로 전환할 때 소스의 오브젝트 이름 그대로 전환하기 위해서 큰 따옴표를 붙여서 전환한다. 테이블, 컬럼에 지원하고 있으며, PSM 소스와 같이 텍스트 형태로 저장되는 부분에는 적용되지 않는다.
Type Conversion Table	소스 데이터베이스와 티베로의 열 타입이 완전히 일치하지 않기 때문에 호환성을 보완하기 위한 설정을 할 수 있는 옵션이다. 이 옵션의 내용은 소스 데이터베이스의 종류에 따라 다를 수 있다.

〈표 6-8〉은 전환 작업이 완료되면 데이터 검증 옵션에 대해서 설명한다.

표 6-8 | 데이터 검증 옵션

구분	설명
Verify Table Data	테이블 데이터가 잘 전환되었는지 확인할 수 있는 기능이다. 소스 데이터베이스와 티베로 양쪽의 전환된 모든 테이블 데이터를 읽어와 1:1로 비교한다. 데이터 양이 많은 경우 많은 시간이 소요될 수 있다.

사용자는 진행 화면을 통해서 전환 시 진행사항을 파악할 수 있다.

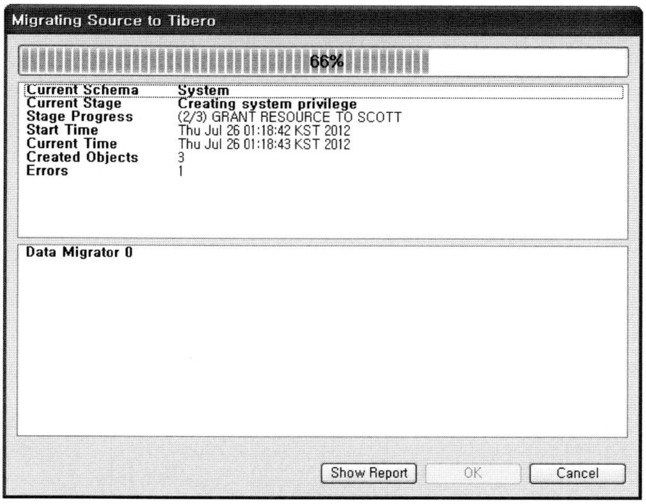

그림 6-8 | 진행 화면

표 6-9 | 프로세스 진행 화면 옵션

항목	설명
Current Schema	현재 진행하고 있는 스키마 정보이다. 현재 스키마는 전환해야 할 스키마 개수와 전환된 스키마 개수를 보여준다. 전환이 완료되면 COMPLETE를 나타낸다.
Current Stage	현재 진행하고 있는 스키마의 스테이지 정보이다. 스테이지 정보는 스키마의 데이터 타입 정보를 보여주고, 전환이 완료되면 COMPLETE를 나타낸다.
Stage Progress	전환하는 각 스테이지 진행 상태를 보여준다. 스테이지 진행 정보는 전환 진행 중인 데이터 명을 나타내며, 전환해야 할 데이터 개수와 전환 된 데이터 개수를 보여준다.
Created Objects	현재까지 성공적으로 생성된 오브젝트 개수를 보여준다.
Errors	현재까지 발생한 에러 개수를 보여준다.
Data Migrator #	테이블 데이터를 처리하는 쓰레드를 나타내며, 각각 현재 처리하고 있는 테이블 이름과 진행률을 보여준다. 총 개수는 옵션 화면의 데이터 전송 옵션 중 Concurrent Threads 항목에서 지정한 값에 따른다.

표 6-10 | 프로세스 화면 버튼

항목	설명
[Show Report]	전환의 결과를 확인할 수 있는 리포트 화면이 나타난다.
[OK]	전환이 진행 중일 때는 비활성화되어 있다. 작업 과정이 모두 끝나면 버튼이 활성화되며, 클릭하면 모든 과정이 종료된다.
[Cancel]	전환의 진행이 중단된다. 작업과정이 모두 끝나면 이 버튼은 비활성화된다.

Report 화면은 전환의 진행 결과를 보여준다.

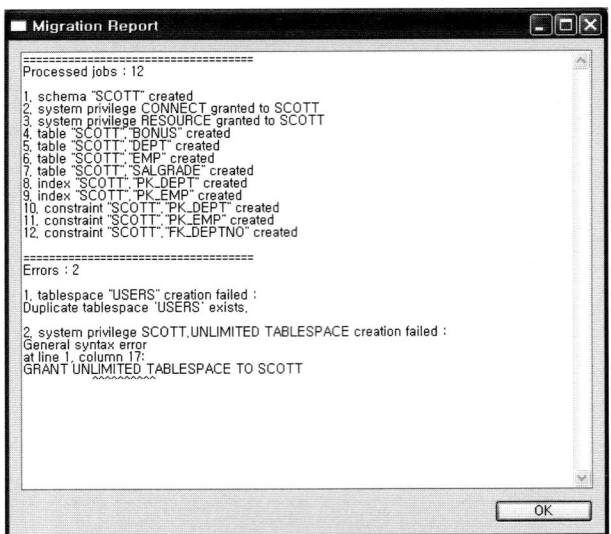

그림 6-9 | 리포트 화면

tbMigrator 2.0 유틸리티는 Full Mode, Schema Mode, Table Mode 3가지 전환 모드를 지원한다. 각 모드는 각각 다른 전환 범위를 지원한다.

- **Full Mode** : Full Mode를 선택하면 데이터베이스 내의 모든 객체들이 전환 대상이 된다.
- **Schema Mode** : 특정 스키마만 선택하여 전환하는 경우는 Schema Mode로 동작하며, 선택한 스키마와 그에 속한 객체 또는 연관된 객체가 전환 대상이 된다.
- **Table Mode** : 특정 테이블을 선택하여 전환하는 경우에는 Table Mode로 동작하며, 해당 테이블과 그에 속한 스키마의 연관된 객체들이 전환된다.

각 모드에 따라 전환하는 객체를 타입 별로 정리하면 〈표 6-11〉과 같다.

표 6-11 | 전환 대상 항목

항목	Full Mode	Schema Mode	Table Mode
TABLESPACE	●	●	✖
ROLE	●	✖	✖
SCHEMA	●	●	●
SYSTEM PRIVILEGE	●	✖	✖
PUBLIC SYNONYM	●	●	●
SEQUENCE	●	●	●
TABLE	●	●	●
INDEX	●	●	●

CONSTRAINT		●	●	●
SYNONYM		●	●	●
MATERIALIZED VIEW		●	●	●
VIEW		●	●	●
REFERENTIAL CONSTRAINT		●	●	●
PSM		●	●	●
OBJECT PRIVILEGE		●	●	●

이때 목표 데이터베이스에 새로 생성된 사용자의 비밀번호는 모두 초기화되며, 기본 값은 'tibero' 이다. Index Organized TableIOT의 경우, 소스 데이터베이스가 오라클인 경우에 전환을 지원하고 있다.

오브젝트 특권(Object Privilege)은 grantor 값을 부여할 때 사용자의 특권에 따라 다르게 설정될 수 있기 때문에, 전환 후 로그인 사용자 또는 오브젝트의 소유자로 값이 변경될 수 있다.

```
# DBA 권한의 사용자로 로그인
create user owuser identified by tibero;
grant resource, connect to owuser;
create user gtuser1 identified by tibero;
grant resource, connect to gtuser1;
create user gtuser2 identified by tibero;

# owuser 사용자로 로그인
create table grantest1 ( c1 varchar2(20) );
grant select on grantest1 to gtuser1 with grant option;

# gtuser1 사용자로 로그인
grant select on owuser.grantest1 to gtuser2;
```

위의 순서로 특권을 부여하면 grantor가 다른 오브젝트 특권을 생성한다. 이런 grantor에 해당되는 사용자에 대한 접속 정보를 Migrator에서 모두 알 수 없기 때문에 일괄적으로 전환을 수행하며, grantor가 그대로 옮겨지지 않을 수 있다. 사용자 A가 grantor이고 사용자 B가 grantee인 특권을 생성하려면 위의 예제를 참고하여, A에게 특권을 우선 부여한 후 A로 로그인하여 B에게 다시 권한을 부여하면 된다.

메인 화면의 소스 접속 정보에서 소스 데이터베이스를 선택할 수 있다. 기본 값의 표현식이 티베로에서 지원하지 않는 경우 전환에 실패할 수 있다. character의 size, number의 precision 등이 티베로의 지원 범위보다 클 경우 전환에 실패할 수 있다.

◆ 티베로

같은 티베로 간에 전환을 수행하는 경우 다른 데이터베이스를 선택한 경우와는 다르게 소스 데이터베이스와 목표인 티베로와 연결하는 경우 같은 JDBC 드라이버를 사용하게 된다. 그러므로 tbMigrator에 포함된 JDBC는 양쪽 데이터베이스 모두에 호환되어야 하며, 가장 최신의 JDBC를 사용하는 것이 바람직하다.

◆ 오라클

메인 화면의 소스 접속 정보에서 Connect As 설정을 지정해야 한다. [Properties] 버튼을 클릭하면 옵션을 선택할 수 있는 대화 창이 나타난다. NORMAL, SYSDBA, SYSOPER 중에 하나를 선택할 수 있다(기본 값 : NORMAL).

SYSDBA 또는 SYSOPER를 선택하여 접속하는 경우 오라클의 설정에 따라 원격에서의 로그인이 금지되어 있을 수 있다. 이에 해당하는 경우에는 REMOTE_LOGIN_PASSWORDFILE=EXCLUSIVE 설정을 주어 해결할 수 있다.

옵션 화면이 나타나면 Type Conversion Table을 이용하여 컬럼 타입 변환 옵션을 설정할 수 있다. LONG과 LONG RAW 컬럼은 오라클 8x 이후에서는 사용하지 않는 것으로 권장되는 컬럼 타입이다. 단지 7x 이전 버전과의 호환성을 위해 지원되고 있다. 이 옵션을 이용하여 전환할 때에 위의 컬럼들을 각각 대치되는 CLOB, BLOB으로 변환할 것인지, 또는 해당 타입을 유지할 것인지를 지정할 수 있다. 〈표 6-12〉는 오라클에서 티베로로 전환할 때 지원 오브젝트를 타입 별로 정리한 내용이다.

표 6-12 | 오라클 → 티베로 전환 오브젝트 타입

오라클	티베로	전환	비고
Constraint	Constraint	●	Primary Key, Foreign Key, Check, Ref Constraint에 대해 전환 지원한다. Primary Key index/constraint는 모두 제약조건으로 처리된다. Check constraint의 표현식은 오라클의 DD에 저장된 문장을 이용해 DDL을 생성한다.
Index	Index	●	지원 : Bitmap, Function-based Index
미지원 : R-TREE, Domain Index			
Materialized View	Materialized View	●	
Materialized View Log	Materialized View Log	●	
Privilege	Privilege	●	
PSM	PSM	●	
Role	Role	●	
Schema	Schema	●	
Sequence	Sequence	●	

Synonym	Synonym	●	
Table	Table	●	IOT, 파티션 테이블 지원
Tablespace	Tablespace	●	
View	View	●	

표 6-13 | 오라클 → 티베로 전환 데이터 타입

오라클	전환 데이터 타입	비고
blob	BLOB	
binary_float	BINARY_FLOAT	
binary_double	BINARY_DOUBLE	
character	CHAR	
clob	CLOB	
date	DATE	
interval day to second	INTERVAL DAY(2) TO SECOND(6)	
interval year to month	INTERVAL YEAR(2) TO MONTH	
long	LONG	
long raw	LONG RAW	
nchar	NCHAR	
nclob	NCLOB	
number	NUMBER	
nvarchar2	NVARCHAR2	
rowid	ROWID	
time	TIME	
timestamp	TIMESTAMP	
timestamp with time zone	TIMESTAMP WITH TIME ZONE	
timestamp with local time zone	TIMESTAMP(6) WITH LOCAL TIME ZONE	
varchar	VARCHAR	
varchar2	VARCHAR2	
xmltype	XMLTYPE	

◆ Sybase Adaptive Server Enterprise

Sybase Adaptive Server Enterprise(ASE)15 기준으로 티베로와 다른 부분을 기술한다.

표 6-14 | 사이베이스 → 티베로 전환 오브젝트별 스토리지 타입

사이베이스 ASE	티베로	전환	비고
User	Schema	●	티베로의 스키마는 데이터베이스 스키마와 데이터베이스 사용자를 포함한 개념이다.
Segment	Segment	●	ASE에는 테이블스페이스 개념이 없으며, 각 객체가 세그먼트(Segment)에 직접 저장된다. 전환할 때에는 세그먼트(Segment) 이름에 해당하는 테이블스페이스를 만들어 각 객체를 그에 할당해준다.
✘	Tablespace		
Role	Role	●	
Table	Table	●	ASE의 테이블 중 사용자 테이블로 분류되는 것들을 전환한다.
View	View	● (일부)	ASE에서 제공하는 sp_helptext를 이용하여 얻은 생성 데이터 정의어 DDL을 이용해 전환이 가능하다. 단, 문법이 완벽히 호환되지는 않는다.
Index	Index	● (일부)	Function based Index를 제외한 테이블 인덱스를 전환한다.
Rule	Constraint	●	Primary Key, Unique, Not Null, Check, Referential 제약조건의 전환이 가능하다.
System Protect	System Privilege	● (일부)	System Protect와 Privilege의 각 항목의 이름이 ASE와 티베로 양쪽 모두 동일할 경우에만 전환이 가능하다.
	Object Privilege		
Transaction SQL	PSM	● (일부)	ASE에서 제공하는 sp_helptext를 이용하여 얻은 생성 데이터 정의어를 이용해 전환이 가능하다. 단, 문법이 완벽히 호환되지는 않는다.
SQLJ Procedure			
Scalar Function			

◆ 인포믹스(Informix)

인포믹스 서버 이름을 입력해야 한다. Main 화면에서 [Properties] 버튼을 클릭하면 인포믹스 서버 이름을 입력할 수 있는 대화 창이 나타난다.

◆ SQL 서버

SQL 서버에서 티베로로 전환할 때의 오브젝트를 타입 별로 정리한 내용이다. 각 오브젝트 별 스토리지 옵션 등의 세부 옵션은 대부분 지원하지 않는다.

표 6-15 | SQL 서버 → 티베로 전환 오브젝트별 스토리지 옵션

SQL 서버	티베로	전환	비고
Schema	Schema	●	
Table	Table	●	

View	View	✖	
Index	Index	●	Unique index/constraint는 모두 index로 처리된다.
Privilege	Privilege	✖	
Role	Role	✖	
Sequence	Sequence	✖	
Tablespace	Tablespace	✖	
Index	Index	●	
Constraint	Constraint	●	Primary Key, Foreign Key, Check에 대해 전환 지원한다. Primary Key index/constraint는 모두 제약조건으로 처리된다. Foreign Key의 update 규칙은 지원하지 않는다.
Synonym	Synonym	✖	
✖	Public Synonym	✖	
Materialized View	Materialized View	✖	
PSM	PSM	✖	

SQL 서버에서 티베로로 전환할 때 데이터 타입은 〈표 6-16〉과 같이 변환된다.

표 6-16 | **SQL 서버 → 티베로 전환 데이터 타입**

SQL Server	전환 데이터 타입	비고
Bigint	NUMBER(19)	
Binary	RAW	길이 2,000 넘는 데이터는 truncate 된다.
Bit	NUMBER(1)	
Char	CHAR	최대 컬럼 길이는 2000(MAX_CHAR_SIZE)이며, 길이를 넘는 데이터는 truncate 된다.
Cursor	미지원	
Date	DATE	
Datetime	TIMESTAMP(3)	
datetime2	TIMESTAMP(7)	
Datetimeoffset WITH TIMEZONE	TIMESTAMP	
Decimal	NUMBER	
Float	NUMBER	default precision, scale을 넘는 수에 대해서 truncate 된다.

Hyierachyid	미지원	
Image	BLOB	
Int	NUMBER(10)	
Money	NUMBER(19, 4)	
Nchar	NCHAR	길이 2,000을 넘는 데이터는 truncate된다.
Numeric	NUMBER	
Nvarchar	NVARCHAR	길이 4,000을 넘는 데이터는 truncate된다.
Ntext	NCLOB	
Real	NUMBER(24)	
Smalldatetime	DATE	
Smallint	NUMBER(5)	
Smallmoney	NUMBER(10, 4)	
sql_variant	LONG RAW	
Table	미지원	
Text	CLOB	
Time	TIME(7)	
Timestamp	RAW(8)	
Tinyint	NUMBER(3)	
uniqueidentifier	VARCHAR(36)	
Varbinary	RAW	길이 2,000을 넘는 데이터는 truncate하며, RAW(max)는 BLOB으로 전환한다.
Varchar	VARCHAR	길이 8,000을 넘는 데이터는 truncate된다.
Xml	XMLTYPE	

spartial 타입 컬럼은 지원하지 않는다.

◆ PostgreSQL

PostgreSQL을 티베로로 전환할 때 오브젝트를 타입 별로 정리한 내용이다. 각 오브젝트별 스토리지 옵션 등의 세부 옵션은 대부분 지원하지 않는다.

표 6-17 | PostgreSQL → 티베로 전환 오브젝트 스토리지 옵션

PostgreSQL	티베로	전환	비고
Tablespace	Tablespace	✘	
Role	Role	✘	

Schema	Schema(=User)	●	티베로는 스키마와 사용자가 동일한 오브젝트이나 PostgreSQL에서는 스키마(Namespace)와 사용자가 별개로 구분된다. tbMigrator2.0에서는 PostgreSQL의 스키마(Namespace)를 티베로 스키마(=티베로의 사용자(User))로 생성한다. PostgreSQL의 사용자는 티베로 사용자(=티베로 스키마)로 전환되지 않는다.	
User				
Privilege	Privilege	✘		
✘	Public Synonym	✘		
Sequence	Sequence	✘		
Table	Table	●		
Index	Index	●	Unique index/constraint는 모두 인덱스로 처리된다.	
Constraint	Constraint	●	Primary Key, Foreign Key, Check에 대해 전환 지원한다. Primary Key index/constraint는 모두 제약조건으로 처리된다. Check constraint의 표현식은 PostgreSQL의 데이터 정의어에 저장된 문장을 이용해 데이터 정의어를 생성하며, 티베로와 대소문자 처리방식 차이로도 전환에 실패할 수 있다. Foreign Key의 update 규칙은 지원하지 않는다. delete 규칙은 CASCADE와 SET NULL 두 가지만 지원한다.	
Synonym	Synonym	✘		
Materialized View	Materialized View	✘		
View	View	✘		
✘	PSM	✘		

PostgreSQL을 티베로로 전환할 때 데이터 타입은 〈표 6-18〉과 같이 변환된다

표 6-18 | PostgreSQL → 티베로 전환 데이터 타입

PostgreSQL	전환 데이터 타입	비고
numeric	NUMBER	
real	NUMBER	
double precision	NUMBER	
money	NUMBER	
character	CHAR	
character varying	VARCHAR	
text	VARCHAR(65532)	
date	DATE	
time	TIME(6)	

time with time zone	TIMESTAMP(6) WITH TIME ZONE	전환할 때 Time Zone은 migrator JVM의 Default Time Zone으로 들어간다.
timestamp	TIMESTAMP(6)	
timestamp with time zone	TIMESTAMP(6) WITH TIME ZONE	전환할 때 Time Zone은 migrator JVM의 Default Time Zone으로 들어간다.
interval	미지원	
boolean	CHAR(1)	
cidr	VARCHAR(43)	
inet	VARCHAR(43)	
macaddr	VARCHAR(17)	
BIT	VARCHAR	
BIT VARYING	VARCHAR	
bytea	RAW(2000)	
uuid	VARCHAR(40)	
xml	XMLTYPE	

Array 타입 컬럼은 지원하지 않는다. 컬럼의 추가 옵션은 nullable과 default value 설정만을 지원한다.

소스와 목표 데이터베이스에 접속할 때 사용자에게는 전환 작업에 필요한 권한이 부여돼 있어야 한다. 적절한 권한이 부여되지 않으면 전환 실패가 발생할 수 있다. 예를 들면 select any table 권한이 없을 경우에 전환할 테이블을 조회하지 못하는 문제가 발생한다. 주로 데이터베이스 관리자 권한을 부여한 사용자를 사용할 것을 권장하고 있으며, 실제 필요한 상세 권한 목록은 데이터베이스의 종류나 옵션 화면에서 선택한 전환하게 될 오브젝트 종류에 따라 달라질 수 있다.

예를 들어 오라클에서 Full Mode로 전환할 경우 소스 데이터베이스에 접속할 때 사용자에게는 다음의 권한이 부여되어 있어야 한다.

- CONNECT
- SELECT ANY TABLE
- SELECT ANY DICTIONARY
- ALTER SESSION

목표 데이터베이스가 티베로인 경우 접속할 때 사용자에게는 다음의 권한이 부여되어 있어야 한다.

- CONNECT
- SELECT ANY TABLE

- SELECT ANY DICTIONARY
- RESOURCE
- ALTER SESSION

◆ Table Migrator

Table Migrator는 티베로에서 제공하는 전환을 위한 툴이다. 보통 전환 시 tbMigrator2를 사용하지만 테이블당 억 단위의 데이터가 있을 경우 migrator로 사용하면 진행이 어려운 경우가 있다. 이때 테이블 단위로 전환을 하는 Table Migrator를 적절하게 사용하면 작업의 효율성이 높아진다. 단, 테이블에 대한 데이터의 전환만 가능하므로 오브젝트에 대한 전환은 수동으로 진행해야 한다.

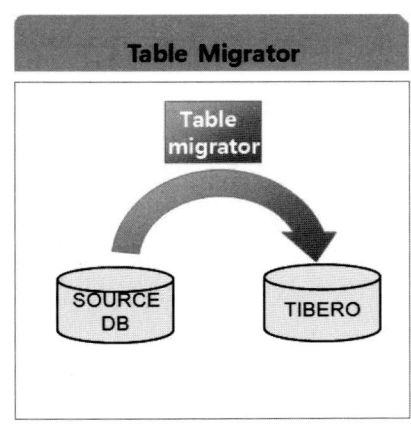

그림 6-10 | Table Migrator 동작 원리

Table Migrator는 다음과 같은 특징이 있다.

- 명령어 기반으로 내부적으로 자바의 JDBC Driver를 이용하여 소스 데이터베이스와 티베로에 접속한다. 단, 소스 데이터베이스와 티베로 JDBC Driver가 필요하고 JDK 또는 JRE가 미리 설치되어 있어야 한다.
- 별도의 컴퓨터가 필요하지 않고 소스 데이터베이스 서버 또는 티베로 서버에서 기동한다.
- 중간 서버가 필요하지 않으므로 네트워크를 1번 거쳐서 데이터가 이동한다.
- 1개의 테이블 데이터만 전환 가능하고 대용량 테이블을 전환할 경우 유리하다.
- 조건절 또는 파티션 테이블 사용이 가능하다.

Table Migrator를 사용하여 데이터베이스를 전환하기 전에 전환할 테이블을 미리 생성해야 한다.

◆ 데이터베이스 링크

티베로에서 이기종 간에 데이터베이스 링크를 생성하여 데이터 전환 작업이 가능하다.

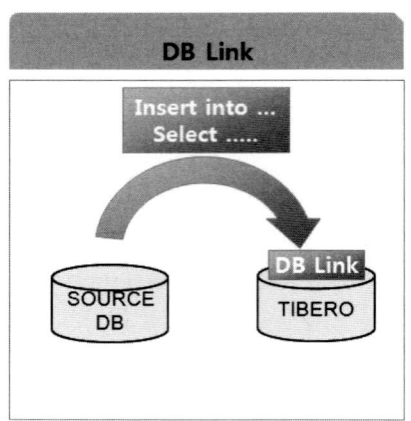

그림 6-11 데이터베이스 링크 동작 원리

데이터베이스 링크를 이용하는 경우 다음과 같은 특징이 있다.

- 소스 데이터베이스 또는 티베로에 데이터베이스 링크를 이용하여 오브젝트를 생성한다.
- 중간 서버가 필요하지 않으므로 네트워크를 1번 거쳐서 데이터가 이동한다.
- 1개의 테이블 데이터만 전환 가능하고 대용량 테이블을 전환할 경우 유리하다.

데이터베이스 링크를 사용하여 데이터베이스를 전환하기 전에 데이터베이스 링크 구성 작업을 진행해야 한다. 만약, 소스 데이터베이스가 오라클인 경우 티베로에서 오라클로 데이터베이스 링크를 구성을 하는 것을 추천한다.

◆ tbLoader

티베로 유틸리티 중에서 tbLoader를 이용하여 전환 작업이 가능하다.

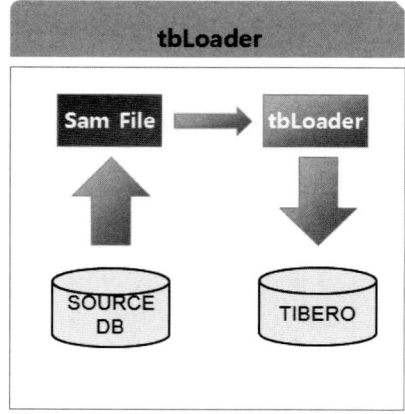

그림 6-12 tbLoader 동작 원리

tbLoader를 이용하여 전환 작업을 수행하는 경우는 다음과 같은 특징이 있다.

- 데이터만 SAM 파일로 만들어서 한 번에 적재할 수 있다.
- 대용량 데이터를 전환할 경우 유리하다.

tbLoader를 사용하여 데이터베이스를 전환하기 전에 소스 데이터베이스에서 미리 텍스트 파일을 생성한 후 티베로 서버로 복사해야 한다.

◆ **수동 전환**

전환 난이도가 매우 복잡하고, 여러 번 전환 작업을 수행해야 하는 경우에 사용한다.

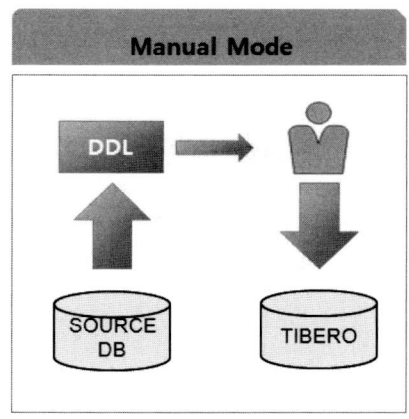

그림 6-13 수동전환 동작 원리

수동으로 전환을 하는 경우에는 다음과 같은 특징이 있다.

- 소스 데이터베이스에 클라이언트 툴을 이용하여 스크립트를 추출한 후 티베로에 수동으로 적용하는 방식이다.
- 데이터의 경우 수동으로 옮기기가 불가능하므로 tbMigrator와 같은 툴을 이용하여 전환한다.
- 중간에 문제가 발생하면 바로 문제 처리를 한 후 다음을 진행할 수 있다.
- 쉘(Shell) 스크립트와 연동하면 자동화할 수 있다.

수동 전환을 사용하기 전에 클라이언트 툴을 이용하여 미리 데이터 정의어(DDL) 생성문을 추출해야 한다. 전환을 수행할 때 한 가지 방법으로 수행하는 것이 아니라 여러 방법을 혼합하여 사용할 수 있다. 각 전환 방법의 적용하는 시기는 다음과 같다.

표 6-19 | 전환 방법별 적용 시기

전환 방법	적용 시기
tbMigrator	그래픽 기반으로 간편하게 전환을 할 경우와 수동 전환할 때 데이터 전환 용도로 사용한다.
Table Migrator	데이터베이스 링크 구성이 어렵고 대용량 테이블 데이터를 전환할 때 사용한다.
데이터베이스 Link	Table Migrator 사용이 어렵고 대용량 테이블 데이터를 전환할 때 사용한다.
tbLoader	소스 데이터베이스에서 SAM 파일 생성이 가능할 경우 사용한다.
수동전환	전환 난이도가 어려워 다른 전환 방법을 적용하기가 힘든 경우와 동일한 전환을 특정 기간에 걸쳐 반복적으로 수행해야 할 경우 사용한다. 자동화 스크립트를 이용하면 2차 이상의 반복적인 수행일 경우에 간편하다.

6.2 | 사전 점검

예제를 토대로 오라클을 이용해 티베로로 전환하는 절차 및 방법을 설명한다.

사전 점검은 전환하기 전 오라클의 특성을 파악하고 티베로에 적용해야 하는 값들을 확인하는 중요한 절차이다. 이하 내용에서 사용하는 SQL 문(10g, 11g에서 수행 가능한 쿼리)은 오라클 버전에 따라서 일부 달라질 수 있음을 유의한다. 오라클의 sys 또는 system 등의 데이터베이스 관리자 권한을 가진 사용자로 접속하여 〈표 6-20〉의 정보를 확인한다.

표 6-20 | 오라클 기본 항목 확인

항목	설명
버전 정보	오라클에 대한 버전을 확인 한다. 9i, 10g, 11g, 12C
전환 사용자 선택	오라클을 설치할 때 자동 생성되는 기본 사용자의 경우는 제외한다.
전환 크기	전환 시간에 가장 큰 영향을 미치는 요소이다. 그 외 디스크 I/O, 네트워크 I/O 등 에 따라서 고객사의 전환 시간이 많이 달라질 수 있다.
전환 검증항목	전환이 완료된 후에 비교해 보는 정보이다.

다음 명령어는 sqlplus를 이용해서 SQL 문장을 실행을 한다.

① 기본항목

- 버전 정보

전환 오라클 버전을 확인한다.

```
SELECT * FROM v$version;
```

- 전환 사용자 선택

오라클의 sys 또는 system 계정 등의 데이터베이스 관리자 권한이 있는 사용자로 접속한 후 조회한다.

다음은 전체 사용자 목록이다.

```
SELECT username,
       account_status,
       default_tablespace,
       temporary_tablespace
  FROM dba_users
ORDER BY 1;
```

다음은 현재 오픈된 사용자를 조회한다.

```
set linesize 120
set pagesize 100
SELECT username, default_tablespace, temporary_tablespace
  FROM dba_users
  WHERE account_status = 'OPEN'
ORDER BY 1;
```

조회된 사용자 중에서 〈표 6-21〉과 같은 사용자 이름의 경우 오라클을 설치할 때 자동으로 생성되는 사용자로 전환할 때 제외한다(오라클 버전에 따라 사용자명이 일부 다를 수 있다).

표 6-21 | 오라클 기본 사용자(11g R2 기준)　　　(출처): ORAFAQ(http://orafaq.com/wiki/List_of_default_database_users)

사용자 이름	설명
ANONYMOUS	Used for HTTP access to XML DB
BI	This user is created with the oracle sample schemas. It owns the Business Intelligence schema.
CTXSYS	The owner of Oracle text (formerly: interMedia text).
DBSNMP	Part of the Oracle intelligent agent.
DIP	Used by the Directory Integration Platform (DIP) which synchronizes changes in the Oracle Internet Directory with applications in the database
DMSYS	This user is used for Data Mining
EXFSYS	This schema is used for expression filters.
HR, IX, SCOTT, OE, PM, SH	Installed with Oracle sample schemas
MDDATA	Used by Oracle Spatial to store Geocoder and router data.
MDSYS	The owner of spatial(which is a part of interMedia).

MGMT_VIEW	Used for the Oracle Enterprise Manager Database Control.
OLAPSYS	The schema that owns the OLAP catalogs.
ORDPLUGINS	Like mdsys: part of interMedia. Third party plugins (as well as Oracle plugins) for interMedia are installed into this schema.
ORDSYS	The administration account for interMedia.
OUTLN	Used for the query plan stability feature.
SI_INFORMTN_SCHEMA	Used for SQL/MM Still Image Standard.
SYS	Used for database administration.
SYSMAN	The default super user account used to set up and administer enterprise manager.
SYSTEM	Used for database administration.
TSMSYS	User for Transparent Session Migration(TSM) a Grid feature
WMSYS	The owner for Workspace Manager
XDB	Used for XML DB

- 전환 크기

전환 대상 사용자에 속하는 테이블, 인덱스가 저장된 테이블스페이스만 확인한다. 다음 예제는 테이블스페이스 전체에 대하여 확인하는 예제이다. 전체 테이블스페이스 크기와 사용량을 확인한다.

```
set linesize 150
set pagesize 100
col tablespace_name format a40
SELECT x.a tablespace_name,
       SUM (x.b) / 1024 "tot_size(mb)",
       SUM (x.c) / 1024 "used_size(mb)",
       SUM (x.c) / SUM (x.b) * 100 rate
FROM (     SELECT b.tablespace_name a, SUM (bytes) / 1024 b, 0 c
             FROM dba_data_files b
         GROUP BY b.tablespace_name
         UNION
           SELECT d.tablespace_name, 0, SUM (bytes) / 1024
             FROM dba_segments d
         GROUP BY d.tablespace_name) x
GROUP BY x.a;
```

전체 합계를 확인한다.

```
SELECT SUM (x.b) / 1024 "tot(mb)", SUM (x.c) / 1024 "used(mb)"
FROM (SELECT SUM (bytes) / 1024 b, 0 c
        FROM dba_data_files b
          UNION
        SELECT 0, SUM (bytes) / 1024
        FROM dba_segments d) x;
```

- 전환 검증항목

전환 대상 사용자에 해당하는 정보만 확인한다. 오브젝트 상태별 개수 확인을 한다.

```
col owner format a20
set pages 500
SELECT owner,
       object_type,
       status,
       COUNT (*)
FROM dba_objects
WHERE owner IN (SELECT username
                FROM dba_users
                WHERE account_status = 'OPEN')
GROUP BY owner, object_Type, status
ORDER BY owner, object_type, status;
```

실제 dba_object에는 삭제된 오브젝트까지 포함($BIN~ 형식)되어 있어 정확한 개수를 위해서는 dba_tables, dba_index 같은 정보를 보는 것이 좋다. INVALID한 오브젝트에 대해서는 처리 여부를 꼭 확인해야 한다. 오브젝트에 대한 개수를 확인하여 전환 완료 후 오라클과 오브젝트 개수를 비교할 때 검증용으로 사용한다.

```
WITH mig_user
    AS (SELECT username
        FROM dba_users
        WHERE   account_status = 'OPEN'
        AND username NOT IN
                    ('SYS',
                     'SYSTEM',
                     'WMSYS',
                     'EXFSYS',
                     'XDB',
                     'ORDSYS',
```

```sql
                        'MDSYS',
                        'SYSMAN'))
SELECT O.OWNER,
       NVL (TBL.TABLE_CNT, 0) AS "TABLE_CNT",
       O.VIEW_CNT,
       O.DBLINK_CNT,
       O.SEQ_CNT,
       O.PKG_CNT,
       O.PKGBODY_CNT,
       O.PROC_CNT,
       O.FUNC_CNT,
       O.TYPE_CNT,
       O.TYPEBODY_CNT,
       O.LIB_CNT,
       TRI.TRIGGER_CNT,
       NVL (SYN.SYN_CNT, 0) AS "SYN_CNT",
       NVL (PUB_SYN.PUB_SYN_CNT, 0) AS "PUB_SYN_CNT",
       NVL (IDX.IDX_CNT, 0) AS "IDX_CNT",
       NVL (G.GRANT_CNT, 0) AS "GRANT_CNT",
       NVL (LOB.LOB_CNT, 0) AS "LOB_CNT",
       NVL (JOB.JOB_CNT, 0) AS "JOB_CNT"
  FROM (  SELECT T.OWNER,
                 SUM (DBLINK_CNT) AS "DBLINK_CNT",
                 SUM (VIEW_CNT) AS "VIEW_CNT",
                 SUM (SEQ_CNT) AS "SEQ_CNT",
                 SUM (PKG_CNT) AS "PKG_CNT",
                 SUM (PKGBODY_CNT) AS "PKGBODY_CNT",
                 SUM (PROC_CNT) AS "PROC_CNT",
                 SUM (FUNC_CNT) AS "FUNC_CNT",
                 SUM (TYPE_CNT) AS "TYPE_CNT",
                 SUM (TYPEBODY_CNT) AS "TYPEBODY_CNT",
                 SUM (LIB_CNT) AS "LIB_CNT"
            FROM (  SELECT OWNER,
                           CASE
                               WHEN OBJECT_TYPE = 'DATABASE LINK' THEN COUNT (1)
                               ELSE 0
                           END
                               AS "DBLINK_CNT",
                           CASE
                               WHEN OBJECT_TYPE = 'VIEW' THEN COUNT (1)
```

```sql
            ELSE 0
END
    AS "VIEW_CNT",
CASE
    WHEN OBJECT_TYPE = 'SEQUENCE' THEN COUNT (1)
    ELSE 0
END
    AS "SEQ_CNT",
CASE
    WHEN OBJECT_TYPE = 'PACKAGE' THEN COUNT (1)
    ELSE 0
END
    AS "PKG_CNT",
CASE
    WHEN OBJECT_TYPE = 'PACKAGE BODY' THEN COUNT (1)
    ELSE 0
END
    AS "PKGBODY_CNT",
CASE
    WHEN OBJECT_TYPE = 'PROCEDURE' THEN COUNT (1)
    ELSE 0
END
    AS "PROC_CNT",
CASE
    WHEN OBJECT_TYPE = 'FUNCTION' THEN COUNT (1)
    ELSE 0
END
    AS "FUNC_CNT",
CASE
    WHEN OBJECT_TYPE = 'TYPE' THEN COUNT (1)
    ELSE 0
END
    AS "TYPE_CNT",
CASE
    WHEN OBJECT_TYPE = 'TYPE BODY' THEN COUNT (1)
    ELSE 0
END
    AS "TYPEBODY_CNT",
CASE
    WHEN OBJECT_TYPE = 'LIBRARY' THEN COUNT (1)
```

```sql
                            ELSE 0
                        END
                            AS "LIB_CNT"
                FROM dba_objects
                WHERE owner IN (SELECT username FROM mig_user)
            GROUP BY owner, OBJECT_TYPE) T
    GROUP BY T.OWNER) O
LEFT JOIN (  SELECT OWNER, COUNT (1) AS TABLE_CNT
                FROM DBA_TABLES
                WHERE owner IN (SELECT username FROM mig_user)
            GROUP BY OWNER) TBL
    ON O.OWNER = TBL.OWNER
LEFT JOIN (  SELECT OWNER, COUNT (1) AS GRANT_CNT
                FROM DBA_TAB_PRIVS
                WHERE      owner IN (SELECT username FROM mig_user)
                    AND TABLE_NAME NOT LIKE 'BIN$%'
            GROUP BY OWNER) G
    ON O.OWNER = G.OWNER
LEFT JOIN (  SELECT OWNER, COUNT (1) AS IDX_CNT
                FROM DBA_INDEXES
                WHERE owner IN (SELECT username FROM mig_user)
            GROUP BY OWNER) IDX
    ON O.OWNER = IDX.OWNER
LEFT JOIN (  SELECT OWNER, COUNT (1) AS LOB_CNT
                FROM DBA_LOBS
                WHERE owner IN (SELECT username FROM mig_user)
            GROUP BY OWNER) LOB
    ON O.OWNER = LOB.OWNER
LEFT JOIN (  SELECT SCHEMA_USER, COUNT (1) AS JOB_CNT
                FROM DBA_JOBS
                WHERE SCHEMA_USER IN (SELECT username FROM mig_user)
            GROUP BY SCHEMA_USER) JOB
    ON O.OWNER = JOB.SCHEMA_USER
LEFT JOIN (  SELECT OWNER, COUNT (1) AS TRIGGER_CNT
                FROM DBA_TRIGGERS
                WHERE      OWNER IN (SELECT username FROM mig_user)
                    AND TRIGGER_NAME NOT LIKE 'BIN$%'
            GROUP BY OWNER) TRI
    ON O.OWNER = TRI.OWNER
```
▶

```
            LEFT JOIN (   SELECT OWNER, COUNT (1) AS "SYN_CNT"
                            FROM DBA_SYNONYMS
                          WHERE      OWNER IN (SELECT username FROM mig_user)
                                 AND OWNER != 'PUBLIC'
                        GROUP BY OWNER) SYN
                   ON O.OWNER = SYN.OWNER
            LEFT JOIN (SELECT TABLE_OWNER AS "OWNER", COUNT (1) AS "PUB_SYN_CNT"
```

② 데이터베이스 생성 항목

오라클의 sys 또는 system 등의 데이터베이스 관리자 권한을 가진 사용자로 접속하여 〈표 6-22〉 항목을 확인하고, 티베로 설치 과정 중 CREATE DATABASE 문장을 수행 시 참고하여 데이터베이스를 생성한다. 〈표 6-22〉는 데이터베이스 생성관련 항목에 대한 설명이다.

표 6-22 | 데이터베이스 생성 항목

항목	설명
캐릭터 셋	데이터베이스 캐릭터 셋을 선택한다.
초기 파라미터	세션 개수 및 메모리 설정 등을 확인한다.
리두 구성	Group과 Member의 개수 또는 크기 등을 확인한다.
언두(Undo)와 템프(Temp) 구성	언두와 템프 테이블스페이스 크기를 확인한다.
Log 모드	아카이브 또는 노아카이브 로그 모드인지를 확인한다.

- 캐릭터 셋

데이터베이스에서 사용하는 캐릭터 셋을 확인한다.

```
set linesize 150
set pagesize 100
col value$ format a100
SELECT name, value$
FROM sys.props$
WHERE name LIKE '%CHARACTERSET'
ORDER BY 1;
```

확인 결과 항목에 대한 설명은 〈표 6-23〉과 같다.

표 6-23 | 데이터베이스 캐릭터 셋

항목	설명
NLS_CHARACTERSET	데이터베이스 캐릭터 셋
NLS_NCHAR_CHARACTERSET	내셔널 캐릭터 셋

〈표 6-24〉는 일반적으로 자주 사용되는 오라클과 티베로의 캐릭터 셋 대응 정보이다. 이 외의 캐릭터 셋은 여기서는 제외하기로 한다.

표 6-24 | 오라클과 티베로의 캐릭터 셋

오라클	티베로
US7ASCII	ASCII
KO16KSC5601	MSWIN949
KO16MSWIN949	MSWIN949
UTF8, AL32UTF8	UTF8
JA16SJIS[TILDE]	JA16SJIS[TILDE]
JA16EUC[TILDE]	JA16EUC[TILDE]
ZHS16GBK	GBK
VN8VN3	VN8VN3

US7ASCII 캐릭터 셋에 한글이 들어있는 경우 목적에 따라 MSWIN949로 할 수도 있다. 단, 애플리케이션의 인코딩과 디코딩 부분의 변경이 필요할 수 있다. KO16KSC5601, KO16MSWIN949, JA16SJIS에서 UTF8, AL32UTF8로 변경할 경우 해당 테이블 컬럼 크기를 1.5~2배 정도 늘린 후에 데이터 전환을 해야 한다.

표 6-25 | 오라클과 티베로의 내셔널 캐릭터 셋(National Character Set)

오라클	티베로
UTF8	UTF8
AL16UTF16(기본 값)	UTF16(기본 값)

오라클의 내셔널 캐릭터 셋이 UTF8이고 티베로가 UTF16이라면 관련 타입의 글자가 깨져서 전환되므로 동일한 설정이 필요하다.

– 초기 매개변수

오라클에서 설정되어 있는 매개변수 정보를 다음의 명령어를 이용하여 확인한다.

```
show parameter <매개변수명>
```

〈표 6-26〉은 오라클에서 전환할 때 확인해야 할 초기 매개변수다. 메모리 관련 SGA 세부항목 크기에 대해 확인하려면 V$SGA로 조회하여 확인한다.

표 6-26 | 오라클 확인 매개변수

매개변수	설명
SESSIONS	세션 수를 설정한다.

OPEN_CURSORS	세션당 열 수 있는 커서의 개수이다.
UNDO_RETENTION	언두 보존시간을 설정한다.
SGA_MAX_SIZE OR SGA_TARGET	사용 가능한 SGA 전체 사이즈를 확인한다.
PGA_AGGREGATE_TARGET	사용 가능한 PGA 전체 사이즈를 확인한다.
MEMORY_TARGET	사용 가능한 전체 메모리 크기이다(오라클 11g용).

티베로에서 리두로그를 생성할 경우 참고하며 파일 크기를 동일하거나 더 크게 생성해 준다.
다음은 리두를 확인하는 예이다.

```
set linesize 150
select * from v$logfile;
SELECT group#,
       bytes / 1024 / 1024 AS "size(mb)",
       members,
       archived
FROM v$log
```

- 언두(Undo)와 템프(Temp)구성

티베로에서 언두와 템프를 생성할 경우 참고하며 파일 크기를 동일하거나 더 크게 생성해준다. 다음은 언두 테이블스페이스를 확인하는 예이다.

```
show parameter undo_tablespace;
set linesize 150
col tablespace_name format a40
col file_name format a50
SELECT tablespace_name,
       file_name,
       bytes / 1024 / 1024 "size(mb)",
       maxbytes / 1024 / 1024 "maxsize(mb)",
       autoextensible
  FROM dba_data_files
WHERE tablespace_name = 'UNDOTBS1'
-- show parameter undo_tablespace;의 결과값 입력
```

- 로그 모드

로그 모드를 확인하는 예이다. 만약, 아카이브 로그 모드라면 전환 시간 단축을 위해 전환이 모두 완료된 후에 모드를 변경한다.

```
SELECT log_mode FROM v$database;
```

〈표 6-27〉는 추가로 확인해야 할 오브젝트에 대한 설명이다.

표 6-27 | **추가 확인 오브젝트**

항목	설명
데이터베이스 링크	전환 사용자의 데이터베이스 링크 정보와 데이터가 존재하는 데이터베이스의 종류를 조사한다.
tnsnames.ora	데이터베이스 링크의 경우 사용하는 호스트 정보를 확인한다.
job	전환 사용자 또는 전체를 수행하는 job이 없는지 확인하고, 전환할 경우 수행되어 데이터가 변경되지 않는지 확인한다.
cluster Object	미지원 오브젝트로 일반 테이블 형태로 변경을 고려한다.
XML 타입	테이블 생성문의 컬럼 타입의 sys.xmltype을 xmltype으로 변경이 필요하다.

- 데이터베이스 링크 확인

데이터베이스 링크를 사용하고 있는지 확인하여 생성해야 한다.

```
set linesize 150
col owner format a15
col db_link format a20
col username format a20
col host format a50
SELECT * FROM dba_db_links;

# cat $ORACLE_HOME/network/admin/tnsnames.ora
```

- Job 확인

Job를 사용하고 있는지 확인하여 생성해야 한다.

```
set linesize 200
SELECT job,
       schema_user,
       broken,
       instance
FROM dba_jobs;

set linesize 150
col interval format a50
SELECT job,
       schema_user,
```

```
        next_date,
        broken,
        interval
  FROM dba_jobs;
```

- 클러스터 오브젝트(Cluster Object) 확인

클러스터 오브젝트를 사용하고 있는지 확인하여 우회 방안을 고려해야 한다. 티베로에서는 클러스터 오브젝트를 지원하지 않는다.

```
set linesize 200
SELECT *
FROM DBA_OBJECTS
WHERE OBJECT_TYPE LIKE '%CLUSTER%' AND OWNER NOT IN ('SYS');
```

- XML 타입 확인

XML 타입을 사용하고 있는지 확인하여 XML 타입으로 변경해야 한다.

```
set linesize 200
SELECT owner,
       table_name,
       column_name,
       data_type
FROM DBA_TAB_COLS
WHERE DATA_TYPE LIKE '%XML%' AND OWNER NOT IN ('SYS');
```

6.3 | 전환 수행

사전 확인 작업이 완료되면 실제 오라클을 이용하여 전환 작업을 수행한다. 앞에서 기술한 여러 방법을 통해 전환 작업을 수행한다.

6.3.1. 스크립트를 이용한 수동 전환

◆ 오브젝트 생성

전환할 때 오브젝트를 생성하는 기본순서는 〈표 6-28〉과 같다. 4~8번의 경우는 오브젝트들의 의존성에 따라 변동성이 있으므로 상황에 맞게 변경한다.

표 6-28 | 오브젝트 생성 순서

순서	오브젝트	내용
1	Tablespace	-
2	User	-
3	Table	-
4	Synonym	생성할 때 소스 오브젝트가 존재하지 않아도 문제되지 않지만 추후 조회할 때 자동으로 VALID 하므로 먼저 만들어주는 것이 좋다.
5	View	의존성 때문에 에러가 발생할 수 있다.
6	Sequence	-
7	Data Migration	tbMigrator 또는 Table Migrator 등의 툴을 사용하여 데이터를 전환한다.
8	psm(=pl/sql)	패키지, 프로시저, 함수가 해당하며 의존성 때문에 에러가 발생할 수 있다.
9	Index	-
10	Constraint	-
11	Trigger	-
12	Grant	-
13	기타(C,Java external procedure, Job 등)	-

6.3.1.1. 스크립트 추출

소스 데이터베이스에서 데이터 정의어를 추출한다. 스크립트를 추출할 수 있는 다른 툴이 있다면 사용해도 무방하며, 본 예제에서는 Toad for Oracle 9.7 시험용 버전을 사용한다.

① **데이터베이스 스크립트 추출**

테이블스페이스와 사용자 데이터 정의어를 추출한다. [Database] > [Export] > [Generate Database Script] 메뉴를 클릭한다.

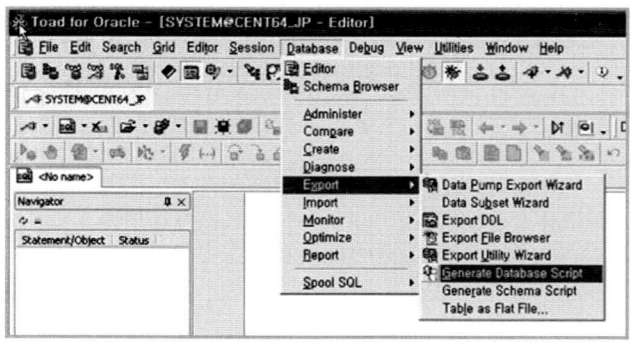

그림 6-14 | 데이터베이스 스크립트 추출 1단계

스크립트가 저장이 될 파일 경로와 이름을 지정한다.

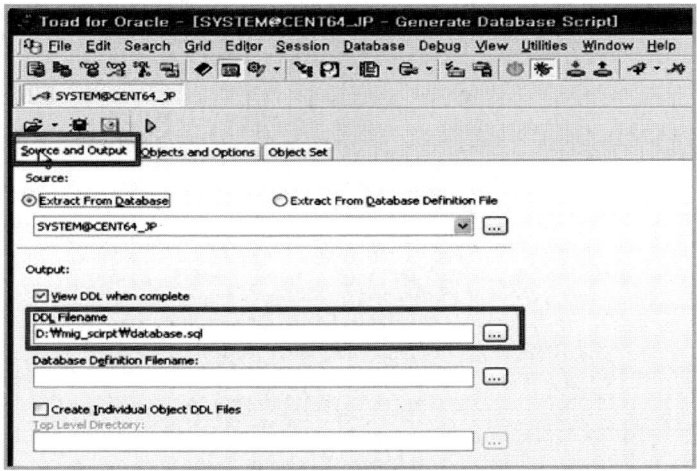

그림 6-15 | 데이터베이스 스크립트 추출 2단계

추출 시작 버튼(②)을 클릭하여 추출을 시작한다. 추출 시작 전에 설정 저장 버튼(①)을 클릭하여 설정을 저장해 놓으면 추후에 재사용할 수 있다.

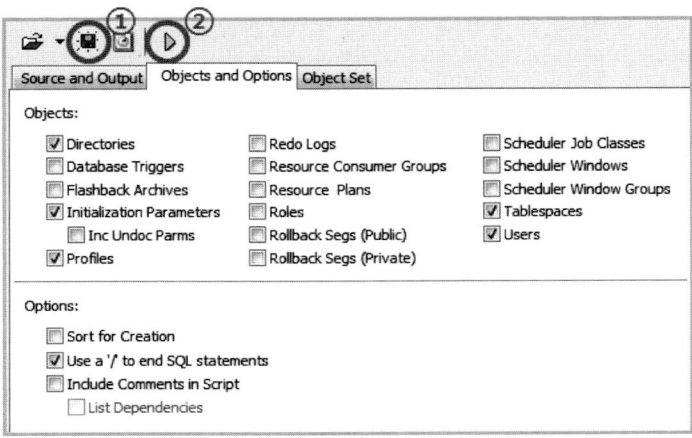

그림 6-16 | 데이터베이스 스크립트 추출 3단계

② 오브젝트 스크립트 추출

테이블, 뷰 등과 같은 오브젝트 데이터 정의어를 추출한다. [Database] 〉 [Export] 〉 [Generate Schema Script]를 클릭한다.

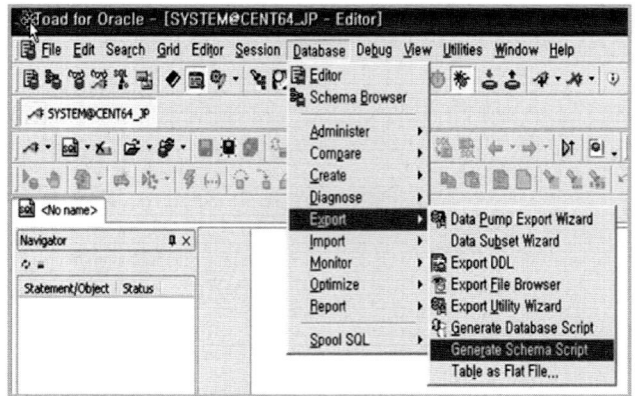

그림 6-17 | **오브젝트 스크립트 추출 1단계**

전환을 진행할 사용자를 선택(①)하고 스크립트를 추출하여 생성할 최상위 디렉토리를 지정(②)하면, 해당 하위경로에 사용자와 오브젝트별로 디렉토리가 생성된다.

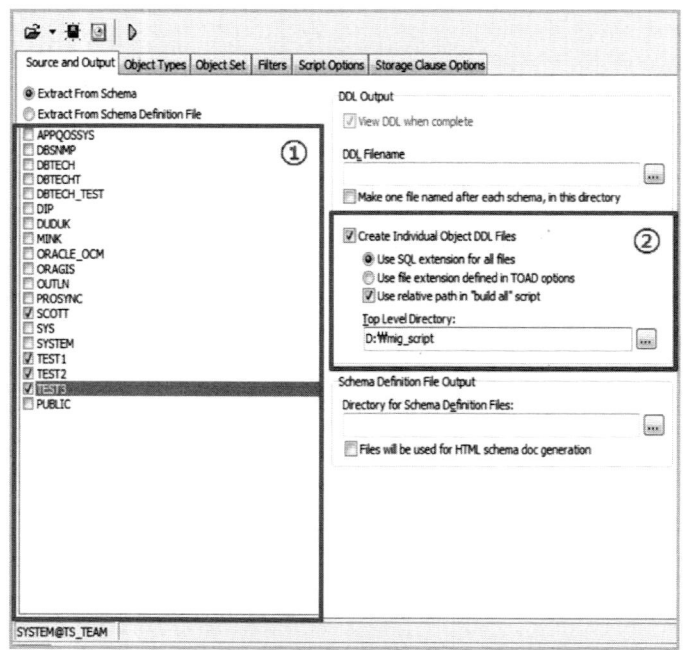

그림 6-18 | **오브젝트 스크립트 추출 2단계**

추출할 오브젝트를 선택한다. 이때, 오라클에서 삭제된 것(①)은 전환하지 않는다.

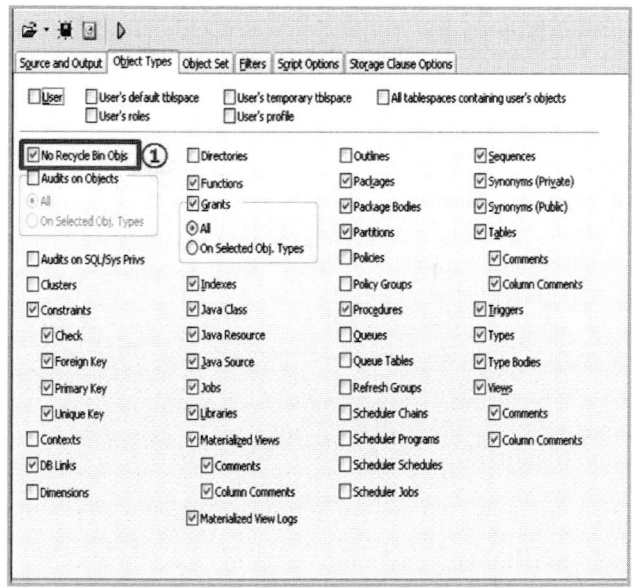

그림 6-19 | **오브젝트 스크립트 추출 3단계**

스크립트 옵션을 조정한다. 일반과 스토리지, 뷰 옵션으로 나누어진다.

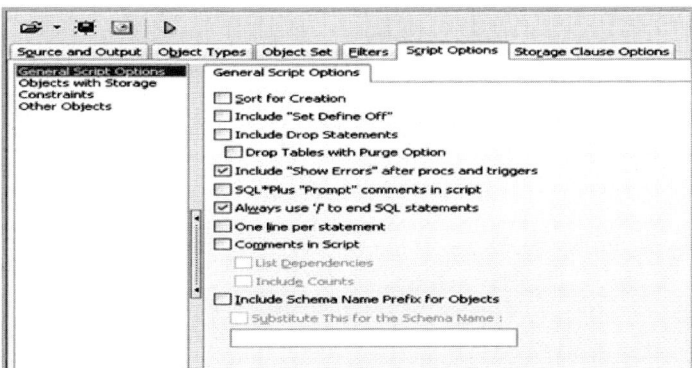

그림 6-20 | **오브젝트 스크립트 추출 4단계-일반 옵션 조절**

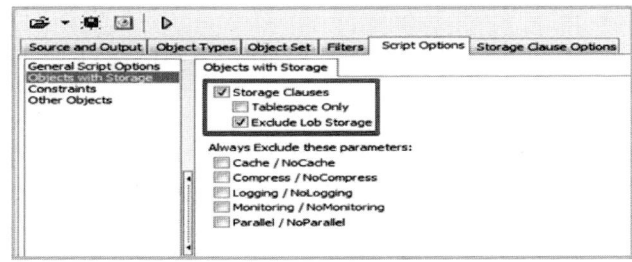

그림 6-21 | **오브젝트 스크립트 추출 4단계-스토리지 옵션 조절**

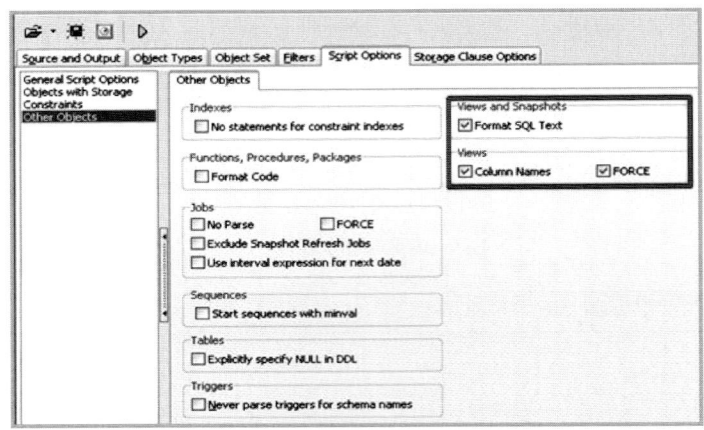

그림 6-22 | 오브젝트 스크립트 추출 4단계-뷰 옵션 조절

6.3.1.2. 스크립트 정리

데이터베이스와 오브젝트 스크립트를 티베로에서 실행할 수 있도록 정리 및 변경 작업을 수행한다.

① 데이터베이스 스크립트 정리

데이터베이스 스크립트에서 테이블스페이스와 사용자를 추출할 수 있다. 테이블스페이스 스크립트 정리 순서이다. 최종 정리된 파일은 tablespace.sql을 만들어서 전환할 티베로 서버에 업로드한다. 테이블스페이스를 정리할 때는 다음 기준에 따라서 정리해야 한다.

- 전환 대상 테이블스페이스만 적용한다.
- 티베로 데이터베이스를 생성했다면 system, undo, 기본 temp 테이블스페이스는 이미 존재하므로 생성하지 않는다. 단, 기본 temp 테이블스페이스 이외의 temp 테이블스페이스는 전환해야 한다(예 : TEMP1).
- 오라클 전용 테이블스페이스는 제외한다(예 : SYSAUX).
- 데이터 파일의 경로, 파일명, 크기 조정이 필요할 경우 수정한다.
- 티베로에서 미지원되는 사항은 주석처리 한다.

〈표 6-29〉는 테이블스페이스 스크립트의 주석처리 항목에 대한 설명이다.

표 6-29 | 테이블스페이스 미지원 항목

항목	설명
BLOCKSIZE 4K	티베로는 테이블스페이스마다 블록 크기 지정이 가능하지 않으므로 주석처리 한다. 초기화 매개변수에서 데이터베이스를 생성할 때 고정되며 기본 값 8KB를 사용한다.
SEGMENT SPACE MANAGEMENT MANUAL	티베로는 AUTO 부분만 지원하므로 MANUAL 부분을 AUTO로 변경한다.
FLASHBACK ON	티베로는 매개변수를 통해서 전체모드로 FLASHBACK 기능을 지원하므로 주석처리 한다.

TABLESPACE GROUP	테이블스페이스 그룹이 지원되지 않으므로 주석처리 한다. 하나의 테이블스페이스에 여러 데이터 파일로 분리하는 것을 검토한다.

다음은 사용자 스크립트 정리 순서이다. 최종 정리된 파일은 user.sql을 만들어서 전환할 티베로 서버에 업로드 한다.

- 사용자별 패스워드를 확인한다.
- 전환 대상 사용자만 적용한다. 오라클을 설치할 때 자동으로 생성되는 사용자는 전환이 필요하지 않다.
- 티베로에서 미지원되는 사항은 주석처리를 한다.

표 6-30 | **사용자 미지원 항목**

항목	설명
GRANT UNLIMITED TABLESPACE TO USER_NAME	티베로는 기본으로 UNLIMITED이며 해당 문법이 지원되지 않으므로 주석 처리 한다.

② 오브젝트 스크립트 정리

오브젝트 스크립트를 정리한다. 오브젝트 스크립트를 추출하면 다음과 같은 구조로 폴더가 생성된다. 다른 툴을 사용을 했을 경우에는 다른 구조로 생성될 수 있다.

```
#TOP_LEVEL_DIRECTORY
+-- <사용자명1>
|-- Tables
|-- table_name.sql
|-- Views
|-- view_name.sql
....
+-- <사용자명2>
|-- Tables
|-- table_name.sql
|-- Views
|-- view_name.sql
....
```

〈사용자명〉 부분은 오브젝트 스크립트 추출 단계에서 선택한 전환 대상 사용자이다.

〈사용자명〉/Tables/table_name.sql은 해당 사용자에 속하는 모든 테이블이 각각의 파일명으로 생성되며, 뷰, 프로시저 등 다른 오브젝트들도 동일하다.

수동으로 전환하기 위해서는 table_name.sql과 같은 각각의 파일들을 tbsql의 스크립트 파일 실행 기능을 통해서 수행해야 한다. 하지만 모든 파일을 개별적으로 호출하기 어려우므로 모든 파일명을 가지고 있는 중간 파일을 생성하여 tbsql에서 호출하면 쉽게 전환을 수행할 수 있다. 중간 파일을 생성하는 프로그램은 다음 자바 프로그램을 이용한다.

```java
import java.io.BufferedWriter;
import java.io.File;
import java.io.FileNotFoundException;
import java.io.FileWriter;
import java.io.IOException;
import java.util.ArrayList;

public class DivideScriptFile {
    public DivideScriptFile() {
        // TODO Auto-generated constructor stub
    }

    /**
     * [Usage] : DivideScriptFile ScriptRootFolder [file_separator]
     */
    public static void main(String[] args) throws FileNotFoundException, IOException {
        if( args.length < 2 ) {
            System.out.println("[Usage] : DivideScriptFile ScriptRootFolder [file_separator]");
            return;
        }

        String fileExt = ".sql";
        String fseparator = File.separator;

        System.out.println("args[0] : " + args[0] );
        System.out.println("args[1] : " + args[1] );

        if( args[1] != null || !"".equals(args[1].toString()) ) {
            fseparator = args[1].toString();
        }

        File fRootFolder = new File( args[0] );
        File[] fSchemaList = fRootFolder.listFiles();
```

```
            File[] fObjectList = null;

            File[] fEachObject = null;

            String sFileName = null;
            String sFilePath = null;
            String sDividePath = null;

            BufferedWriter out = null;

            // Check Schema List
            for( File fSchema : fSchemaList ) {

                // Check Directory
                if( !fSchema.isDirectory() ) {
                    continue;
                }

                // Skip Share Folder
                if( "01.Common".equals(fSchema.getName()) ) {
                    continue;
                }
                fObjectList = fSchema.listFiles();

                // Object List
                for( File sObj : fObjectList ) {

                    // Check Directory
                    if( !sObj.isDirectory() ) {
                        continue;
                    }

                    fEachObject = sObj.listFiles();

                    // Set Output File
                    sFilePath = sObj.getPath();
                    sDividePath = sFilePath.substring( sFilePath.lastIndexOf(File.
separator)+1 );
```

```java
            String sOutFileNm = fSchema.getPath() + File.separator +
sDividePath.toLowerCase() + fileExt;
            out = new BufferedWriter(new FileWriter(sOutFileNm));

            // sort NONFK, FK
            if( "Constraints".equals(sDividePath) ) {
                ArrayList<String> arFK = new ArrayList<String>();


                for( File fTemp : fEachObject ) {

                    // ignore directory
                    if( fTemp.isDirectory() ) {
                        continue;
                    }

                    sFileName = fTemp.getName();
                    if( sFileName.contains("NonFK") ) {
                        out.append("@"+sDividePath + fseparator + sFileName );
                        out.newLine();
                    } else {
                        // FK is appended in last
                        arFK.add("@"+sDividePath + fseparator + sFileName);
                    }
                }

                if( arFK.size() > 0 ) {
                    int iLoopCnt = arFK.size();
                    for( int i = 0; i < iLoopCnt; i++ ) {
                        out.append(arFK.get(i) );
                        out.newLine();
                    }
                }

                // close file
                out.close();
            } else {
                for( File fTemp : fEachObject ) {
```

```
                // ignore directory
                if( fTemp.isDirectory() ) {
                    continue;
                }

                sFileName = fTemp.getName();
                out.append("@"+sDividePath + fseparator + sFileName );
                out.newLine();

            }
            // close file
            out.close();
        }
    } // Schema For
    System.out.println( "divide complete!!");
    }
}
```

컴파일(Compile) 및 실행 방법이다. 다음과 같이 컴파일 수행 후 클래스 파일이 생성되는지 확인한다.

```
# javac DivideScriptFile.java
```

프로그램을 수행하는 방법은 다음과 같다.

```
# java -cp . DivideScriptFile <Top_Level_Directory> <Directory_Separator>
```

표 6-31 | 자바 실행 시 옵션

항목	설명
⟨Top_Level_Directory⟩	오브젝트 스크립트 추출 단계에서 선택한 폴더(스크립트를 추출한 최상위 디렉토리)이다.
⟨Directory_Separator⟩	tbsql을 통해 해당 파일을 실행할 곳의 운영시스템 환경 디렉토리 구분자이다(자바 프로그램이 실행되는 환경이 아닌 운영시스템 환경이다). 리눅스, 유닉스 계열 : / 윈도우 계열 : ₩

다음은 윈도우 계열에서 자바 명령어를 통해 실행하는 방법 및 결과이다. 리눅스 및 유닉스에서 모두 가능하다.

```
d:\mig_script>java -cp . DivideScriptFile D:\mig_script /
args[0] : D:\mig_script
args[1] : /
divide complete!!
```

위와 같이 중간 파일을 생성하면, 〈그림 6-23〉과 같이 파일이 생성된다.

이름	수정한 날짜	유형	크기
Constraints	2015-04-20 오후...	파일 폴더	
Functions	2015-04-20 오후...	파일 폴더	
Grants	2015-04-20 오후...	파일 폴더	
Indexes	2015-04-20 오후...	파일 폴더	
PackageBodies	2015-04-20 오후...	파일 폴더	
Packages	2015-04-20 오후...	파일 폴더	
Procedures	2015-04-20 오후...	파일 폴더	
Tables	2015-04-20 오후...	파일 폴더	
Triggers	2015-04-20 오후...	파일 폴더	
Views	2015-04-20 오후...	파일 폴더	
constraints	2015-01-19 오후...	SQL 파일	1KB
functions	2015-01-19 오후...	SQL 파일	1KB
grants	2015-01-19 오후...	SQL 파일	1KB
indexes	2015-01-19 오후...	SQL 파일	1KB
packagebodies	2015-01-19 오후...	SQL 파일	1KB
packages	2015-01-19 오후...	SQL 파일	1KB
procedures	2015-01-19 오후...	SQL 파일	1KB
SCOTT_Build_All	2015-01-19 오후...	SQL 파일	3KB
tables	2015-01-19 오후...	SQL 파일	1KB
triggers	2015-01-19 오후...	SQL 파일	1KB
views	2015-01-19 오후...	SQL 파일	1KB

그림 6-23 | 자발 프로그램을 실행 후 결과

중간 파일의 내부를 보면 결국 해당 오브젝트의 모든 파일명을 포함하고 있는 것을 확인할 수 있다.

```
@Tables/DEPT.sql
@Tables/TT1.sql
@Tables/T_EXT_STAT.sql
@Tables/KILO_ROW.sql
@Tables/TAB32.sql
@Tables/CHULITEM.sql
@Tables/T1.sql
@Tables/ACS_TABLE.sql
@Tables/SALGRADE.sql
@Tables/BONUS.sql
@Tables/TAB31.sql
@Tables/TB_LION.sql
@Tables/RTEST.sql
@Tables/XSOFT_T.sql
@Tables/EMP.sql
@Tables/DEPARTMENTS.sql
@Tables/SPM_TEST.sql
@Tables/TEST_CLOB.sql
@Tables/T2.sql
@Tables/PLAN_TABLE.sql
@Tables/CHULGOT.sql
```

그림 6-24 | 중간 파일 내부 예제

티베로에 생성할 테이블스페이스, 사용자, 오브젝트들에 대한 스크립트 정리가 완료되었다. 해당하는 스크립트를 전환 순서에 맞게 실행하여 생성하면 된다.

6.3.1.3. 전환

오브젝트 별로 다음의 사항을 고려하여 전환한다. 스크립트 추출 및 정리한 파일을 전환할 티베로가 설치된 서버로 업로드 후에 기본적으로 tbsql의 스크립트 실행 기능을 사용한다.

사용자가 많거나 전환을 반복적으로 수행할 경우 쉘(Shell)스크립트를 작성하여 진행할 것을 권장한다. 전환을 반복적으로 수행할 경우 1차 전환을 할 때 의존성과 예외상황을 정리해 놓고 2차, 3차 전환을 수행할 때 스크립트에 사전작업을 수행하여 에러가 발생하지 않게 한다.

① 테이블스페이스 생성

테이블스페이스 생성을 위해 앞장에서 생성한 tablespace.sql을 사용하여 전환한다.

```
# tbsql sys/tibero
Connected to Tibero.

SQL> @tablespace.sql
Tablespace 'USR' created.
Tablespace 'TESTAPP' created.
Tablespace 'TESTAO' created.
Tablespace 'TESTEO' created.
Tablespace 'TESTING' created.
File finished.
```

SQL 파일 앞에 @문자는 여러 SQL 문을 한번에 실행을 하기 위해서 사용한다.

② 사용자 생성

사용자 생성을 위해 앞장에서 생성한 user.sql을 사용하여 전환한다.

```
# tbsql sys/tibero tbSQL
Connected to Tibero.

SQL> @user.sql
User 'SCOTT' created.
User 'SCOTT' altered.
User 'TEST1' created.
User 'TEST1' altered.
User 'TEST2' created.
User 'TEST2' altered.
User 'TEST3' created.
User 'TEST3' altered.
File finished.
```

③ 오브젝트 생성

오브젝트들이 자동으로 생성되도록 하는 간단한 쉘 프로그램을 작성하여 실행할 수도 있고, 사용자 별로 개별적으로 실행하는 방법도 있다. 여기서는 간단한 쉘 프로그램을 작성하여 사용하도록 한다. tbsql의 스크립트 기능을 이용하면 수동으로 전환할 수 있지만 전환 사용자가 많다면 수동으로 작업을 하는 것에 한계가 있으므로 다음과 같은 쉘 프로그램을 이용하여 자동으로 수행할 수 있다.

쉘 프로그램(mig.sh, table.sh 등)은 테이블스페이스와 사용자까지 생성된 이후에 수행한다. 윈도우 환경에서 실행한다면 같은 역할을 수행하는 bat 파일을 만들어야 한다.

mig.sh은 사용자가 호출하는 Shell로 각각의 object.sh에 해당하는 것들을 내부적으로 호출한다. logs라는 폴더를 생성하여 그 안에 오브젝트 별 로그를 남기는 구조이다. 해당 쉘을 수정하여 전환 순서(Table → Synonym → View 등의 순서)를 변경할 수 있다. 해당 쉘은 리눅스 레드햇(Red Hat) 계열과 HP-UX에서 실행 가능하고 다른 운영시스템에서는 일부 변경이 필요할 수 있다.

```sh
#!/bin/sh

# Check LOG_DIR
MOVE_DIR=`date +'%Y%m%d_%H%M%S'`
if [ -d logs ]; then
  echo "Exist Logs Directory!! "
  echo "MOVE : logs -> logs_$MOVE_DIR"
  mv logs logs_$MOVE_DIR
  echo "Create logs Directory!!"
  mkdir logs
else
  echo "Not exist Logs Directory!!"
  echo "Create logs Directory!!"
  mkdir logs
  exit
fi

# Start Migration
while true; do
    printf "Migration Start [y/n]?"
    read yn
    case $yn in
        [Yy]* ) break;;
        [Nn]* ) exit;;
        * ) echo "Please answer yes or no.";;
    esac
```

```
done
#Create & check table
echo ================================================================
echo Create table
echo ================================================================
sh table.sh|tee logs/create_table.log

while true; do
    printf "Do you want to progress [y/n]?"
    read yn
    case $yn in
        [Yy]* ) break;;
        [Nn]* ) exit;;
        * ) echo "Please answer yes or no.";;
    esac
done

#Create & check synonym
echo ================================================================
echo Create synonym
echo ================================================================
sh synonym.sh|tee logs/create_synonym.log

while true; do
    printf "Do you want to progress [y/n]?"
    read yn
    case $yn in
        [Yy]* ) break;;
        [Nn]* ) exit;;
        * ) echo "Please answer yes or no.";;
    esac
done

#Create & check view
echo ================================================================
echo Create view
echo ================================================================
```

```
sh view.sh|tee logs/create_view.log

while true; do
    printf "Do you want to progress [y/n]?"
    read yn
    case $yn in
        [Yy]* ) break;;
        [Nn]* ) exit;;
        * ) echo "Please answer yes or no.";;
    esac
done

#Create & check sequence
echo ===========================================================
echo Create sequence
echo ===========================================================
sh sequence.sh|tee logs/create_sequence.log

while true; do
    printf "Do you want to progress [y/n]?"
    read yn
    case $yn in
        [Yy]* ) break;;
        [Nn]* ) exit;;
        * ) echo "Please answer yes or no.";;
    esac
done

#Create & check migrator
echo ===========================================================
echo migrator
echo ===========================================================
while true; do
    printf "Do you want to progress [y/n]?"
    read yn
    case $yn in
        [Yy]* ) break;;
        [Nn]* ) exit;;
        * ) echo "Please answer yes or no.";;
```

```
        esac
done

#Create & check psm
echo ==============================================================
echo Create psm
echo ==============================================================
sh psm.sh|tee logs/create_psm.log

while true; do
    printf "Do you want to progress [y/n]?"
    read yn
    case $yn in
        [Yy]* ) break;;
        [Nn]* ) exit;;
        * ) echo "Please answer yes or no.";;
    esac
done

#Create & check index
echo ==============================================================
echo Create index
echo ==============================================================
sh index.sh|tee logs/create_index.log

while true; do
    printf "Do you want to progress [y/n]?"
    read yn
    case $yn in
        [Yy]* ) break;;
        [Nn]* ) exit;;
        * ) echo "Please answer yes or no.";;
    esac
done

#Create & check constraint
echo ==============================================================
echo Create constraint
echo ==============================================================
```

```
sh constraint.sh|tee logs/create_constraint.log

while true; do
    printf "Do you want to progress [y/n]?"
    read yn
    case $yn in
        [Yy]* ) break;;
        [Nn]* ) exit;;
        * ) echo "Please answer yes or no.";;
    esac
done

#Create & check trigger
echo ============================================================
echo Create constraint
echo ============================================================
sh trigger.sh|tee logs/create_trigger.log

while true; do
    printf "Do you want to progress [y/n]?"
    read yn
    case $yn in
        [Yy]* ) break;;
        [Nn]* ) exit;;
        * ) echo "Please answer yes or no.";;
    esac
done

#Create & check grant
echo ============================================================
echo Create grant
echo ============================================================
sh grant.sh|tee logs/create_grant.log

while true; do
    printf "Do you want to progress [y/n]?"
    read yn
    case $yn in
        [Yy]* ) break;;
```

```
            [Nn]* ) exit;;
            * ) echo "Please answer yes or no.";;
        esac
done

echo Program End!!
```

여기에 같이 사용되는 table.sh은 mig.sh 내부에서 호출하는 각각의 object.sh에 해당하며, 내부적으로 account.txt 파일을 참고하여 수행한다. WORK_FD/sql에 사용자별로 추출 또는 정리한 스크립트 파일을 업로드 한다. WORK_FD/check에 해당 오브젝트 개수를 체크하는 sql을 넣어준다. table.sh를 참고하여 다른 오브젝트 쉘 프로그램을 생성한다.

다음은 table.sh에 대한 구조이다.

```
#!/bin/sh

WORK_FD=`pwd`

echo `date`

#Excute query
echo ----------------------------------------------------------------
echo "Create TABLE..."

cat account.txt |
while read CONN_STR
do

USERNAME=`echo $CONN_STR|cut -d / -f 1|tr 'a-z' 'A-Z'`
echo ----------------------------------------------------------------
echo "Continue " $USERNAME
cd sql/$USERNAME

tbsql -s  $CONN_STR @tables.sql < $WORK_FD/quit.sql
cd $WORK_FD

done

echo "Create TABLE end ..."
echo ----------------------------------------------------------------
```

```
#PAUSE

#Check TABLE
echo ---------------------------------------------------------------
echo "Check TABLE..."
tbsql -s sys/tibero @check/table_check.sql< $WORK_FD/quit.sql
echo "Check TABLE end..."
echo ---------------------------------------------------------------
echo 'date'
```

account.txt 파일은 전환 사용자의 이름 또는 패스워드 정보를 기록하는 파일로 해당 정보를 참고하여 tbsql의 스크립트 기능을 사용한다. 다음은 accout.txt의 파일의 내용이다.

```
scott/tiger
test1/test1234
test2/test1234
test3/test1234
```

다음은 mig.sh의 수행 예로 전환 사용자에 따라 오브젝트 별로 순차적으로 수행되며 중간에 생성 결과를 확인할 수 있다. 만약, 개수가 맞지 않으면 문제점을 찾아서 해결한 후에 계속 진행한다.

```
# sh mig.sh
Exist Logs Directory!!
MOVE : logs -> logs_20150710_155914 Create logs Directory!!
Migration Start [y/n]? y
=================================================================
Create table
=================================================================
Wed Jul 10 15:59:16 KST 2015
-----------------------------------------------------------------
Create TABLE...
-----------------------------------------------------------------
Continue TEST1

Table 'TESTBASE' created. File finished.
Table 'TESTSAN' created.
File finished.
Table 'TESTTCOL' created. File finished.
Table 'TESTTEDT' created. File finished.
Table 'TESTTFMT' created. File finished.
```

```
Table 'TESTTTBL' created. File finished.
Table 'TESTTVLD' created. File finished.
Table 'TEMP_ERROR_KJY' created. File finished.
Table 'TEMP_ERR_KJY' created. File finished.
Table 'TEST005_M' created.
... 생략
Create TABLE end ...
-----------------------------------------------------------------
-----------------------------------------------------------------
Check TABLE...

OWNNER                    TABLE CNT
--------------------      ------------
OUTLN                           2
PROSYNC                         8
SCOTT                           9
SYS                           380
SYSGIS                          2
TEST1                         506
TEST2                         312
TEST3                          51
TIBERO                         37
TIBERO1                         0
16 rows selected. File finished. Check TABLE end...
------------------------------------------------------------ Wed Jul 10
16:05:09 KST 2013
Do you want to progress [y/n]?
```

모든 사용자에 대해서 생성이 완료된 후 원본 데이터베이스와 개수를 비교하여 누락된 부분이 없는지 확인한다. 자동화된 쉘 프로그램의 로그를 분석해서 중간에 에러가 없는지 확인한다. 만약, 정상적으로 오브젝트가 생성되지 않았다면 원인을 찾아 해결한 후 문제가 발생한 오브젝트 수동 생성 및 다음 단계로 진행한다.

다음은 각 오브젝트 생성 및 데이터를 전환할 경우 고려사항이다.

- Table

컬럼 타입 부분에서 에러가 발생할 경우 앞에서 설명한 이기종 데이터베이스 별로 데이터 타입 표를 참고해 에러를 수정하도록 한다.

- Synonym

Synonym에서 참조하는 원본의 오브젝트가 존재하지 않아도 생성할 때 문제가 되지 않는다. 이후에 원본 오브젝트가 생성됐다면 사용할 때 자동으로 VALID하게 된다.

- View

생성할 때 의존성 및 오브젝트 권한으로 인해 에러가 발생할 수 있다. 처음 생성할 때 컴파일 에러가 발생하더라도 모든 오브젝트를 생성 후 VALID 수행 작업을 한다.

다음은 의존성을 확인하는 예이다.

```
SELECT OWNER,
       NAME,
       REFERENCED_OWNER,
       REFERENCED_NAME,
       REFERENCED_TYPE
FROM DBA_DEPENDENCIES
WHERE   TYPE = 'VIEW'
    AND REFERENCED_TYPE NOT IN ('TABLE', 'SYNONYM')
    AND REFERENCED_NAME NOT IN ('DUAL')
    AND REFERENCED_NAME NOT LIKE 'DBA_%'
    AND OWNER NOT IN ('SYS', 'ORANGE', 'MDSYS', 'EXFSYS', 'XDB',
                      'SYSMAN', 'DBSNMP', 'SYSTEM')
    AND REFERENCED_OWNER NOT IN
            ('SYS', 'ORDSYS', 'WMSYS', 'MDSYS', 'EXFSYS', 'XDB', 'SYSMAN',
             'SYSTEM', 'OLAPSYS', 'APEX_030200', 'CTXSYS')
ORDER BY 1, 2;
```

- Sequence

최종 전환 작업을 수행할 때에는 오라클의 현재 값(Current Value)이 변경되지 않게 애플리케이션을 종료한 후 진행한다.

- 데이터 전환

데이터를 전환할 때 tbMigrator, Table Migrator, 데이터베이스 링크 등을 사용할 수 있다. 쉘 프로그램으로 오브젝트 생성 중에 다음과 같이 시퀀스까지 생성이 완료된 후에 진행하도록 한다.

```
migrator
===========================================================
Do you want to progress [y/n]?
```

tbMigrator에서 오라클을 접속하기 위해서는 오라클 ojdbc6.jar 파일을 tbMigrator 홈 디렉토리 내의 lib 디렉토리에 해당 파일이 존재해야 한다.

위의 예시에서는 tbMigrator를 사용하여 테이블이 존재하는 사용자에 대해서만 데이터 전환을 수행한다. 테이블 데이터가 존재하는 사용자만 선택(①)하고, 캐릭터 셋이 일치하는지 확인(②)한 후 [Option] 버튼을 클릭한다.

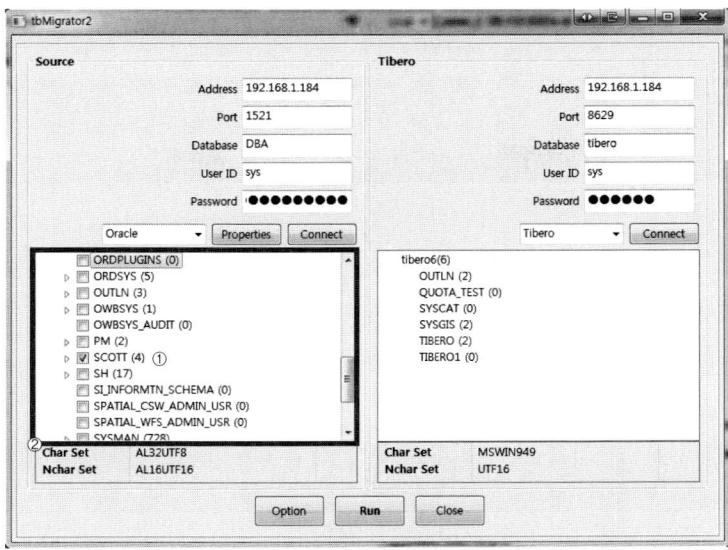

그림 6-25 | tbMigrator 데이터 전환 1단계

〈그림 6-26〉과 같이 설정한다. 단, 쓰레드 개수의 경우(①)는 데이터 전환할 때 몇 개의 쓰레드가 동시에 수행될 것인가를 결정하는 부분으로 오라클 서버, 티베로 서버, tbMigrator가 실행되는 컴퓨터 등의 자원을 확인하면서 개수 조정을 한다. 설정을 완료한 후 [OK] 버튼을 클릭하고, 〈그림 6-25〉에 [RUN] 버튼을 클릭하면 데이터 전환이 시작된다.

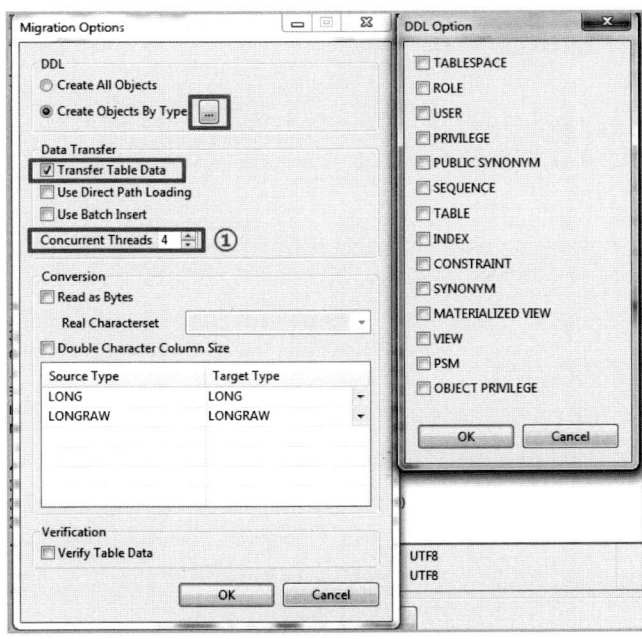

그림 6-26 | tbMigrator 데이터 전환 2단계

Chapter 06_ 전환(Migration)을 위한 실무 테크닉 | 579

전환이 완료되면 [OK] 버튼이 활성화된다. [Show Report] 버튼을 클릭하여 에러가 없는지 확인한 후 [OK] 버튼을 누르면 화면이 닫힌다.

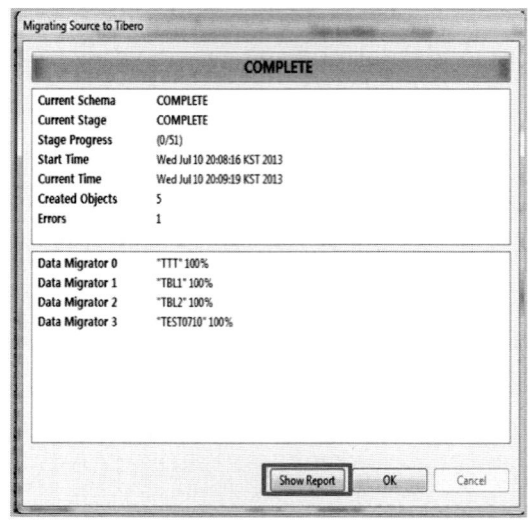

그림 6-27 | tbMigrator 데이터 전환 3단계

에러가 없는 것을 확인한 후 앞서 진행하던 쉘 프로그램을 이어서 진행한다.

```
migrator
===========================================================
Do you want to progress [y/n]? y
===========================================================
Create psm
===========================================================
Wed Jul 10 20:29:05 KST 2013
-----------------------------------------------------------
Check PSM...
-----------------------------------------------------------
Continue SCOTT
```

- PSM(=PL/SQL)

생성할 때 의존성 및 오브젝트 권한으로 인해 에러가 발생할 수 있다. 처음 생성할 때 컴파일 에러가 발생하더라도 모든 오브젝트를 생성 후 VALID 수행 작업을 한다. 해당 오브젝트에 대한 권한이 없어 "TBR-8053: Not authorized" 에러가 발생할 수 있다. 이때 오브젝트의 권한을 부여한 후 재생성 하면 된다. PSM 내의 쿼리 부분에서 에러가 발생할 수 있다.

- Index

〈표 6-32〉는 인덱스 생성 이후 오라클과 티베로의 인덱스 개수 비교에 대한 설명이다.

표 6-32 | 인덱스 개수에 검증 방법

상황	설명
티베로가 더 적을 경우	제약조건이 생성되면서 자동으로 인덱스가 생성되는 것도 고려해야 하므로 제약조건 생성 이후에 비교한다.
티베로가 더 많을 경우	테이블 내의 LOB 컬럼에 대응하는 인덱스가 자동 생성된 부분이 아닌지 확인한다(오라클 11g r2에서도 동일하게 자동 생성되며 오라클 과거 버전의 경우 생성하지 않는 경우가 있다).

- Constraint

전환 검증항목의 제약조건(Constraint) 개수 확인에서 확인한 항목과 비교한다.

- Trigger

오라클에서 Disable된 트리거(Trigger)를 전환할 때 문법 에러가 발생하므로 다음과 같이 처리한다. Disable 구문 부분을 주석 처리하고, 티베로에서 Disable 처리한다.

```
SQL> alter trigger trigger_name disable;
```

- Grant

〈표 6-33〉은 티베로의 Grant 미지원 사항에 대한 설명으로 Grant 개수를 계산할 때 제외시킨다.

표 6-33 | 티베로 권한(Grant) 미지원 사항

항목	설명
COMMIT REFRESH	Mview를 생성할 때 생성 구문으로 지원하며 권한으로는 지원하지 않는다.
QUERY REWRITE	Mview를 생성할 때 생성 구문으로 지원하며 권한으로는 지원하지 않는다.
DEBUG	PL/SQL 디버깅 권한으로 현재 티베로는 지원하지 않는다.
FLASHBACK	매개변수 형태로 지원하며 권한으로는 지원하지 않는다.

위와 같은 권한이 정상적인 권한과 함께 부여될 경우 모두 부여되지 않으므로 미지원 권한을 찾아서 삭제한 이후에 재수행이 필요하다.

```
SQL> GRANT SELECT, FLASHBACK ON EMP TO SCOTT;
TBR-7001: General syntax error at line 1, column 14:
GRANT SELECT, FLASHBACK ON EMP TO SCOTT
             ^^^^^^^^^

SQL> GRANT SELECT ON EMP TO SCOTT;
Granted.
```

- 기타

  기타 외부 프로시저(External Procedure), 잡(Job) 부분은 오라클을 참조하여 생성한다.

- 오브젝트 상태 변경

  생성할 때 의존성 및 오브젝트 권한으로 인해 오브젝트 상태가 INVALID 할 수 있으므로 다음과 같이 처리한다.

  다음은 상태별 개수를 확인하는 쿼리이다

```
col owner format a20
set pages 500
SELECT owner,
       object_type,
       status,
       COUNT (*)
FROM dba_objects
GROUP BY owner, object_Type, status
ORDER BY owner, object_type, status;
```

다음은 INVALID 오브젝트 목록을 확인하는 쿼리이다.

```
set linesize 120
col object_name format A30 col owner format a20
SELECT owner,
       object_name,
       object_type,
       status
FROM dba_objects
WHERE status = 'INVALID';
```

sys 계정으로 접속하여 다음과 같이 PSM 전체 재컴파일을 수행한다.

```
# tbsql sys/tibero
Connected to Tibero.

SQL> alter system recompile all;
System altered.
```

해당 사용자로 접속하여 오브젝트별로 재컴파일 및 에러 내용을 확인한다.

뷰 재컴파일

```
SQL> select * from view_name where rownum < 1;
```

PSM(=PL/SQL) 재컴파일

```
SQL> alter function function_name compile;
SQL> alter procedure procedure_name compile;
```

PSM(=PL/SQL) 에러 확인

```
SQL> show errors
```

Index 재컴파일(recompile)

```
SQL> alter index index_name rebuild;
```

6.3.1.4. 전환 Log 분석

셸 프로그램을 사용하여 발생한 로그에서 에러 부분만 빠르게 찾는 방법이다. 다음은 오브젝트 별 전환 로그 분석 예이다.

Table

```
# cat create_table.log | grep -v "created" | grep -v "File finished." \
| grep -v "Commented." | sed '/^ *$/d'
```

Synonym

```
# cat create_synonym.log | grep -v "created" | grep -v "File finished." | sed '/^ *$/d'
```

View

```
# cat create_view.log | grep -v "created" | grep -v "File finished." \
| grep -v "Commented." | sed '/^ *$/d'

# cat create_view.log | grep -v "File finished." | grep -v "Commented." | sed '/^ *$/d'
```

PSM

```
# cat create_psm.log | grep -v "created" | grep -v "File finished." \
| grep -v "No Errors."| sed '/^ *$/d'
```

Index

```
# cat create_index.log | grep -v "created" | grep -v "File finished." | sed '/^ *$/d'
```

Constraint

```
# cat create_constraint.log | grep -v "altered." | grep -v "File finished." | sed '/^ *$/d'
```

Grant

```
# cat create_grant.log | grep -v "Granted." | grep -v "File finished." | sed '/^ *$/d'
```

6.3.2. Table Migrator 유틸리티를 이용한 전환

Table Migrator는 티베로에서 제공하는 전환을 위한 툴이다. 보통 전환 시 tbMigrator2를 사용하지만 table 당 억 단위의 데이터가 있을 경우 migrator로 사용하면 진행이 어려운 경우가 있다. 이때 테이블 단위로 전환을 하는 Table Migrator를 적절하게 사용하면 작업의 효율성이 높아진다. 단, 테이블에 대한 데이터의 전환만 가능하므로 오브젝트에 대한 전환은 수동으로 진행해야 한다.

보통 tbMigrator2는 티베로 설치 바이너리 내에 포함되어 배포되고 있으나, Table migrator는 포함되어 있지 않다.

제공되는 파일은 table_migrator_YYMMDD.ZIP 파일 형태이며, 윈도우/유닉스 환경에서 모두 사용 가능하다. 또한 JDK가 설치되어 있어야 사용할 수 있다. YYMMDD는 배포가 된 날짜를 표시하고 있다.

◆ 설치 파일 준비

압축 파일을 풀어보면 다음과 같은 Table Migrator를 사용하기 위해 필요한 파일들을 확인할 수 있다.

```
# unzip table_migrator_150225.zip
log4j-1.2.16.jar  migrator.bat  migrator.properties.eg  migrator.sh  migrator_cli.jar  mlogger.jar  readme.txt  tibero5-jdbc.jar  tibero6-jdbc.jar  toolcom.jar
```

JDBC는 티베로 서버에 있는 JDBC 사용을 권장한다. tibero6-jdbc.jar 파일은 티베로 6 설치가 된 디렉토리 내 중에서 $TB_HOME/client/lib/jar에 있는 파일을 복사해야 한다. toolcom.jar 파일도 동일하게 복사를 해야 한다.

이기종 데이터베이스를 접속하기 위해서 필요한 JDBC 파일은 다음과 같다. 해당하는 파일은 각 벤더 사의 사이트에서 다운로드를 받아 table migrator 압축을 해제한 디렉토리로 복사를 해야 한다.

표 6-34 | Table Migrator 접속 시 필요한 JDBC 파일

데이터베이스	필요 JDBC 파일
티베로 JDBC	tibero6-jdbc.jar , tibero4-jdbc.jar.
오라클 JDBC	ojdbc6.jar , ojdbc5.jar OR ojdbc14.jar
MSSQL JDBC	sqljdbc.jar , sqljdc4.jar
MYSQL JDBC	mysql-connector-java-XXX.jar

JDBC에 대한 버전을 확인하는 방법은 다음과 같은 명령어를 이용한다.

```
# java -jar tibero6-jdbc.jar
Tibero JDBC Driver 6.0    (FS01)   (Rev.102201)
TmaxData Corporation Copyright (c) 2008-. All rights reserved.
Patch files (none)
```

다음은 Table migration을 실행하기 위한 쉘 또는 BAT 파일을 확인할 수 있다. 쉘 또는 BAT 파일을 확인하여 티베로와 소스 데이터베이스의 JDBC를 사용할 버전을 맞추어 수정해줘야 한다.

```
# vi migrator.sh
java -classpath migrator_cli.jar:log4j-1.2.16.jar:ojdbc6.jar:ojdbc14.jar:
mlogger.jar:toolcom.jar:tibero6-jdbc.jar com.m.migrator.TableMigrator "$@"
```

6.3.2.1. Table Migrator 환경 설정

migrator.properties 파일은 table migrator를 통해서 전환할 때 필요한 속성들을 설정하는 파일이다. 설정하는 포맷(Format) 예제를 제공하므로 다음과 같이 복사하여 사용하면 된다.

```
# cp migrator.properties.eg migrator.properties
# ls migrator.properties
migrator.properties
```

환경 설정 파일(migrator.properties)을 수정해야 한다. 소스 데이터베이스, 목표 데이터베이스, Data Loader 부분으로 구분할 수 있다.

◆ 소스 데이터베이스 설정

```
$ vi migrator.properties
#######################
# Source DB Connection
#######################

# Source DB type (Optional, generic | default | oracle)
# Oracle option needs SOURCE_LOGIN_AS property
# GENERIC option needs SOURCE_DRIVER property
SOURCE_TYPE=ORACLE

# Source DB JDBC driver class name
# Use with SOURCE_TYPE=GENERIC option
SOURCE_DRIVER=oracle.jdbc.oracle Driver

# Source DB JDBC connection URL
# (Optional, Default=jdbc:오라클:thin:@localhost:1521:orcl)
SOURCE_URL=jdbc:oracle:thin:@localhost:1521:orcl

# Source DB login ID (Optional, Default=sys)
SOURCE_USER=sytem

# Source DB login password (Optional, Default=oracle)
SOURCE_PASSWORD=oracle

# Oracle source DB login option (Optional, Default=sysdba)
# Use with SOURCE_TYPE=oracle option
SOURCE_LOGIN_AS=sysdba

# Source table schema (Optional)
# Default value is the same with SOURCE_USER
SOURCE_SCHEMA=SCOTT
# Source table name (Mandatory)
SOURCE_TABLE=emp
```

소스 데이터베이스에 대한 각 항목은 〈표 6-35〉와 같다.

표 6-35 | Table Migrator 환경파일 소스 데이터베이스 설정

옵션	설명
SOURCE_TYPE	원본 데이터베이스의 타입을 설정한다.
SOURCE_DRIVER	원본 데이터베이스의 드라이버를 설정한다.
SOURCE_URL	원본 데이터베이스가 설치가 된 정보를 입력한다.
SOURCE_USER	원본 데이터베이스에서 데이터베이스 관리자 권한을 가진 사용자를 입력한다.
SOURCE_PASSWORD	원본 데이터베이스에서 데이터베이스 관리자 권한을 가진 사용자 비밀번호를 입력한다.
SOURCE_LOGIN_AS	원본 데이터베이스에 로그인 시에 로그인 옵션을 입력한다.
SOURCE_SCHEMA	원본 데이터베이스에서 전환하고자 하는 스키마를 입력한다.
SOURCE_TABLE	원본 데이터베이스에서 전환하고자 하는 스키마 중에서 전환 대상 테이블 이름을 입력한다.

◆ 목표 데이터베이스 설정

```
#######################
# Target DB Connection
#######################

# Target DB type (Optional, generic | DEFAULT)
# GENERIC option needs TARGET_DRIVER property
TARGET_TYPE=DEFAULT


# Target DB JDBC driver class name
# Use with TARGET_TYPE=GENERIC option
TARGET_DRIVER=com.tmax.tibero.jdbc.TbDriver


# Target DB JDBC connection URL (Optional, Default=jdbc:tibero:thin:@
localhost:8629:tibero)
TARGET_URL=jdbc:tibero:thin:@localhost:8629:tibero


# Target DB login ID (Optional, Default=sys)
TARGET_USER=sys


# Target DB login password (Optional, Default=tibero)
TARGET_PASSWORD=tibero


# Target table schema (Optional)
# Default value is the same with TARGET_USER
```

```
TARGET_SCHEMA=tibero

# Target table name (Optional)
# Default value is the same with SOURCE_TABLE
TARGET_TABLE=emp
```

목표 데이터베이스에 대한 각 항목은 〈표 6-36〉과 같다.

표 6-36 | Table Migrator 환경파일 목표 데이터베이스 설정

옵션	설명
TARGET_TYPE	목적 데이터베이스의 타입을 설정한다. 기본은 tibero
TARGET_DRIVER	목적 데이터베이스의 드라이버를 설정한다.
TARGET_URL	목적 데이터베이스가 설치가 된 정보를 입력한다.
TARGET_USER	목적 데이터베이스에서 DBA Role을 가진 사용자를 입력한다.
TARGET_PASSWORD	목적 데이터베이스에서 DBA Role을 가진 사용자 비밀번호를 입력한다.
TARGET_SCHEMA	목적 데이터베이스에서 전환하고자 하는 스키마를 입력한다.
TARGET_TABLE	목적 데이터베이스에서 전환하고자 하는 스키마 중에서 전환 대상 테이블 이름을 입력한다.

목적 데이터베이스에서 스키마의 변경이 가능하며, 테이블의 레이아웃이 동일하다면 테이블 이름도 변경할 수 있다.

◆ 전환 옵션 설정

```
#################
# Data Extractor
#################
# Use TSN(or SCN) option (Optional)
#SELECT_TSN=

# Where conditions (Optional)
# ex. column1 > 10 AND column2 = 'abc'
#SELECT_CONDITION=

# Fetch size of source table cursor (Optional, Default=1024)
# Some DB is not supported this feature.
#SELECT_FETCH_SIZE=1024

# Source table partition name (Optional)
```

```
#SELECT_PARTITION=

# Ignore source/target DB character set (Optional, y | N )
#SELECT_AS_BYTE=N

##############
# Data Loader
##############

# Use direct path loading (Optional, cpl | DPL)
# CPL means conventional path loading
# DPL means direct path loading
INSERT_METHOD=CPL

# Use batch insert (Optional, Y | n)
# Use with INSERT_METHOD=CPL option
INSERT_BATCH=Y

# Use parallel loading (Optional, Y | n)
INSERT_PARALLEL=Y

# Number of data loader thread (Optional, Default=4)
# Use with INSERT_PARALLEL=Y option
INSERT_THREAD_COUNT=4

# Target table partition name (Optional)
#INSERT_PARTITION=

# Specifies whether to keep the column names of the source table case-
sensitive.
# (Optional, Y | n )
# If set to Y, the original column name format will be preserved by enclosing it in
# double quotes.
# If set to N, the column name format will follow the database naming rules.
#INSERT_COLUMN_NAME_CASE_SENSITIVE=Y
```

목적 데이터베이스에 대한 각 항목은 〈표 6-37〉과 같다.

표 6-37 | Table Migrator 환경파일 전환 옵션 설정

옵션	설명
SELECT_TSN	전환을 여러 번 할 경우에 티베로 TSN 번호를 알고 있는 경우에 해당 번호부터 전환을 한다.
SELECT_CONDITION	테이블의 WHERE 조건절을 부여하여 전환이 가능하다. 예) column1 > 10 AND column2 = 'abc'
SELECT_FETCH_SIZE	소스 테이블에 커서에 대한 패치(Fetch) 사이즈를 지정한다.
SELECT_PARTITION	파티션 테이블을 전환하고자 하는 경우에 소스 데이터베이스의 파티션 이름을 명시한다.
SELECT_AS_BYTE	소스/목적 데이터베이스의 캐릭터 셋을 무시하고자 하는 경우에 사용을 한다(기본 값 : N).
INSERT_METHOD	데이터 로딩 방식을 지정한다(기본 값은 DPL). - CPL : Conventional Path Loading, DPL : Direct Path Loading
INSERT_BATCH	데이터 로딩 방식이 CPL일 경우에만 사용하며, 배치 입력 여부를 결정한다. 기본 값은 Y이며, N 설정 가능
INSERT_PARALLEL	병렬 로딩 가능 여부를 결정한다. 기본 값은 Y이며, N 설정 가능
INSERT_THREAD_COUNT	병렬 로딩을 사용을 할 경우에 쓰레드 개수를 설정한다(기본 값 : 4).
INSERT_PARTITION	목적 데이터베이스의 파티션 이름을 입력한다.

INSERT_COLUMN_NAME_CASE_SENSITIVE	기본 값은 Y이며, 이 경우는 기존과 동일하게 따옴표 처리를 하여 원본 컬럼명의 대소문자를 유지하여 동작된다. N을 설정하면 table migrator에서 따옴표 처리를 하지 않는다. 다만, 대소문자를 무시하도록 해주는 것은 아니며, 데이터베이스의 정책을 따른다.
	예) 소스 데이터베이스
	`create table i89770 ("c1" varchar2(10), "C2" varchar2(10));`
	`insert into i89770 values ('ab', 'cd');`
	`commit;`
	목표 데이터베이스
	`create table i89770 (c1 varchar2(10), c2 varchar2(10));`

사용 시에는 주석처리 부분을 제거해야 적용되며, 매개변수 명은 반드시 대문자로 작성돼야 한다. 인덱스가 생성되어 있는 경우 CPL로 처리된다.

◆ 전환

Table migrator는 데이터 전환에 대해서만 수행 가능하다. 따라서 목적 데이터베이스에 테이블스페이스, 사용자, 테이블까지 미리 생성해 놓아야 해당 툴을 사용할 수 있다.

```
TABLESPACE 생성 -> USER 생성 -> TABLE 생성 -> TABLE MIGRATOR로 전환
```

티베로에 지정한 사용자 또는 사용자의 테이블이 없는 경우 다음과 같은 에러가 발생한다. 데이터 타입 또한 동일하게 맞춰야 한다.

```
java.sql.SQLException: JDBC-8033:Specified schema object was not found.
```

◆ Table Migrator 실행 방법

실행하는 방법은 두 가지라 할 수 있다. 앞에서 설정한 환경파일을 이용하여 실행하는 방법과 옵션을 나열해주는 방법이 있다. 일반적으로 환경파일을 사용하지 않는 경우에는 좀 더 복잡하다.

다음은 환경파일을 이용하는 방법이다. migrator.sh를 실행하게 되면 기본적으로 migrator.properites을 사용하게 된다. 즉, migrator.sh = migrator.sh PROPERTY_FILE=migrator.properties 동일한 의미가 되는 것이다.

```
# sh migrator.sh
=== Parameters ===
PROPERTY_FILE=migrator.properties
SOURCE_TYPE=ORACLE
SOURCE_DRIVER=oracle.jdbc.OracleDriver
SOURCE_URL=jdbc:oracle:thin:@localhost:1521:orcl
SOURCE_USER=sys
SOURCE_PASSWORD=************
SOURCE_LOGIN_AS=sysdba
SOURCE_SCHEMA=SCOTT
SOURCE_TABLE=emp
TARGET_TYPE=DEFAULT
TARGET_DRIVER=com.tmax.tibero.jdbc.TbDriver
TARGET_URL=jdbc:tibero:thin:@localhost:8629:tibero6
TARGET_USER=sys
TARGET_PASSWORD=************
TARGET_SCHEMA=tibero
TARGET_TABLE=emp
SELECT_FETCH_SIZE=1024
SELECT_AS_BYTE=N
INSERT_METHOD=CPL
INSERT_BATCH=Y
INSERT_PARALLEL=Y
INSERT_THREAD_COUNT=4

==================
[E0]1437983147071 - STARTED
[E0]1437983147085 - TOTAL Extracted ROWS: 14
[L0]1437983147165 Loader started
[L1]1437983147167 Loader started
[L2]1437983147168 Loader started
[L3]1437983147170 Loader started
```

```
[L0]1437983147262 TOTAL Loaded ROWS: 4
[L3]1437983147262 TOTAL Loaded ROWS: 3
[L1]1437983147262 TOTAL Loaded ROWS: 3
Loader finished
[L2]1437983147262 TOTAL Loaded ROWS: 4
Loader finished
Loader finished
Loader finished
Loading is ended.
Elapsed Time (milliseconds) : 13220
ADD BATCH : 3
EXECUTE BATCH : 0
```

다음의 예시는 환경파일을 사용하지 않고, 옵션을 모두 기술하여 실행하는 방법이다.

```
# sh migrator.sh SOURCE_URL=jdbc:oracle:thin:@localhost:1521:oraedu SOURCE_
USER=SYSTEM SOURCE_PASSWORD=oracle SOURCE_LOGIN_AS=NORMAL SOURCE_SCHEMA=scott
SOURCE_TABLE=emp TARGET_URL=jdbc:tibero:thin:@localhost:8629:tibero6 TARGET_
USER=sys TARGET_PASSWORD=tibero TARGET_SCHEMA=tibero


=== Parameters ===
PROPERTY_FILE=migrator.properties
SOURCE_TYPE=ORACLE
SOURCE_DRIVER=oracle.jdbc.oracle Driver
SOURCE_URL=jdbc:oracle:thin:@localhost:1521:oraedu
SOURCE_USER=sys
SOURCE_PASSWORD=************
SOURCE_LOGIN_AS=sysdba
SOURCE_SCHEMA=SCOTT
SOURCE_TABLE=emp
TARGET_TYPE=DEFAULT
TARGET_DRIVER=com.tmax.tibero.jdbc.TbDriver
TARGET_URL=jdbc:tibero:thin:@localhost:8629:tibero6
TARGET_USER=sys
TARGET_PASSWORD=************
TARGET_SCHEMA=tibero
TARGET_TABLE=emp
SELECT_FETCH_SIZE=1024
SELECT_AS_BYTE=N
```

```
INSERT_METHOD=CPL
INSERT_BATCH=Y
INSERT_PARALLEL=Y
INSERT_THREAD_COUNT=4


==================
[E0]1437983147071 - STARTED
[E0]1437983147085 - TOTAL Extracted ROWS: 14
[L0]1437983147165 Loader started
[L1]1437983147167 Loader started
[L2]1437983147168 Loader started
[L3]1437983147170 Loader started
[L0]1437983147262 TOTAL Loaded ROWS: 4
[L3]1437983147262 TOTAL Loaded ROWS: 3
[L1]1437983147262 TOTAL Loaded ROWS: 3
Loader finished
[L2]1437983147262 TOTAL Loaded ROWS: 4
Loader finished
Loader finished
Loader finished
Loading is ended.
Elapsed Time (milliseconds) : 13220
ADD BATCH : 3
EXECUTE BATCH : 0
```

6.3.2.2. Data 확인

데이터를 확인하는 방법은 소스/목적 테이블 데이터를 조회하여 건수 및 데이터를 확인하는 방법이 있다. tbMigrator를 이용하여 그래픽 환경으로 검증하는 방법 또한 존재한다.

◆ 소스 데이터 확인

```
SQL> SELECT  EMPNO,ENAME,MGR,HIREDATE,SAL,COMM,DEPTNO
     FROM scott.emp


EMPNO ENAME          MGR HIREDATE       SAL        COMM       DEPTNO
---------- -------------------- ---------- ---------- ----------
 7369 SMITH         7902 17-DEC-80      800                    20
 7499 ALLEN         7698 20-FEB-81     1600         300        30
 7521 WARD          7698 22-FEB-81     1250         500        30
 7566 JONES         7839 02-APR-81     2975                    20
```

```
7654 MARTIN          7698 28-SEP-81     1250         1400         30
7698 BLAKE           7839 01-MAY-81     2850                      30
7782 CLARK           7839 09-JUN-81     2450                      10
7788 SCOTT           7566 19-APR-87     3000                      20
7839 KING                 17-NOV-81     5000                      10
7844 TURNER          7698 08-SEP-81     1500            0         30
```

◆ 목표 데이터 확인

```
SQL> SELECT   EMPNO,ENAME,MGR,HIREDATE,SAL,COMM,DEPTNO
     FROM scott.emp


EMPNO ENAME           MGR HIREDATE     SAL         COMM      DEPTNO
----- --------------- ---- --------   -------   ---------   -------
7369 SMITH           7902 17-DEC-80      800                      20
7499 ALLEN           7698 20-FEB-81     1600          300         30
7521 WARD            7698 22-FEB-81     1250          500         30
7566 JONES           7839 02-APR-81     2975                      20
7654 MARTIN          7698 28-SEP-81     1250         1400         30
7698 BLAKE           7839 01-MAY-81     2850                      30
7782 CLARK           7839 09-JUN-81     2450                      10
7788 SCOTT           7566 19-APR-87     3000                      20
7839 KING                 17-NOV-81     5000                      10
7844 TURNER          7698 08-SEP-81     1500            0         30
```

6.3.3. tbMigrator 유틸리티를 이용한 전환

전환 작업이 단순한 경우는 tbMigator 만을 이용하여 전환 작업을 할 수 있다. 해당 툴을 이용하여 전환하는 방법을 보도록 한다. tbMigrator는 티베로가 설치되면 기본적으로 설치되며, 압축을 해제하여 사용한다. $TB_HOME/client/bin/tbMigrator2.zip 디렉토리에 위치하고 있다. tbMigrator 2.0 유틸리티를 실행하면 〈그림 6-28〉과 같은 초기 화면이 나타난다.

6.3.3.1. tbMigrator 환경 설정

tbMigrator에서 오라클을 접속하기 위해서는 오라클 ojdbc6.jar 파일을 tbMigrator 홈디렉토리 내의 lib 디렉토리에 해당 파일이 존재해야 한다.

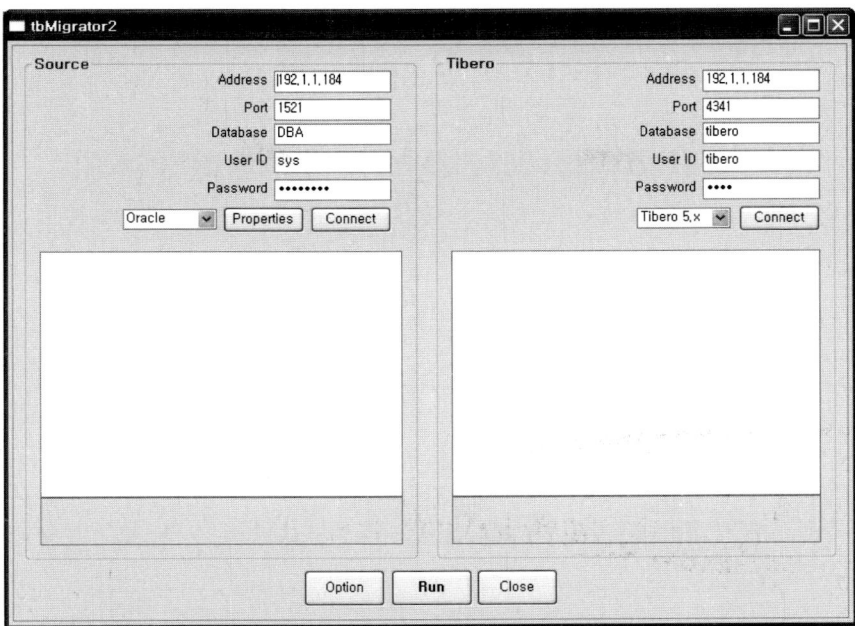

그림 6-28 | **전환–초기 화면**

접속할 소스 데이터베이스의 사용자 아이디, 패스워드 등의 입력이 완료되면 [Connect] 버튼을 클릭한다.

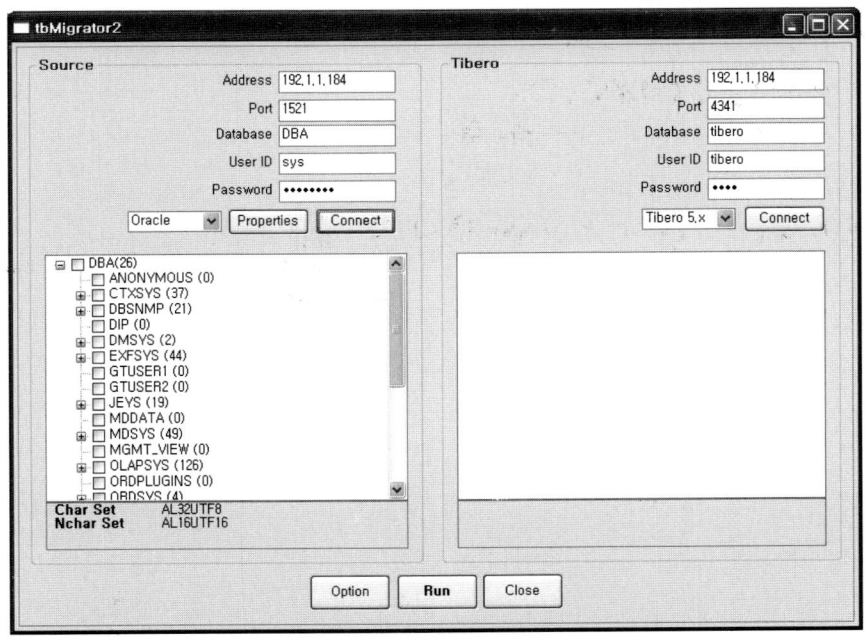

그림 6-29 | **전환–소스 데이터베이스 접속 정보 입력**

접속할 티베로 데이터베이스의 사용자 아이디, 패스워드 등의 입력이 완료되면 [Connect] 버튼을 클릭한다.

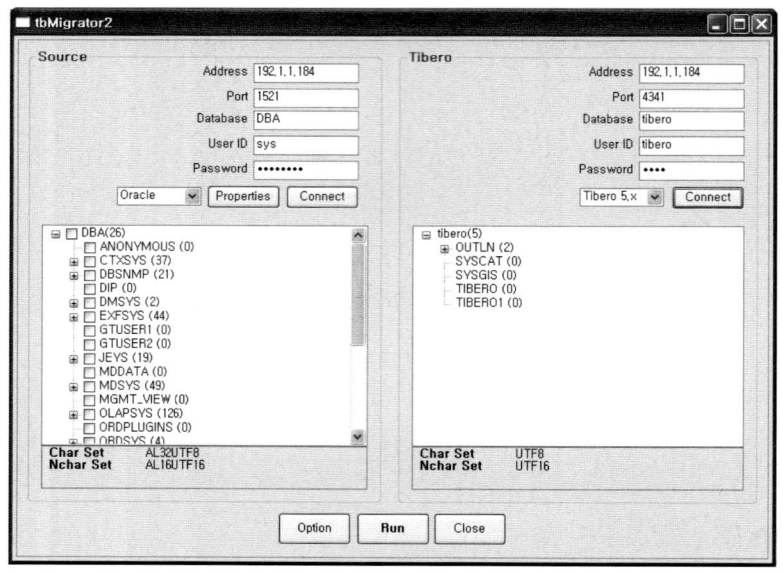

그림 6-30 | 전환 – 목표 데이터베이스 접속 정보 입력

[OPTION] 버튼을 클릭한다. 그리고 Option 정보 설정이 완료되면 [OK] 버튼을 클릭한다.

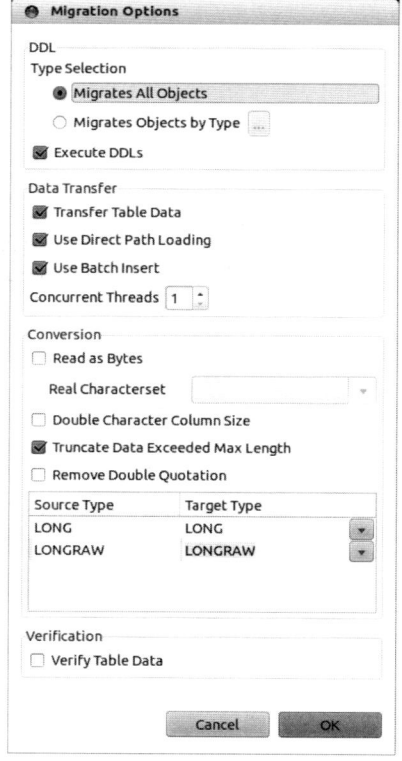

그림 6-31 | 전환–Migration Option 입력 화면

소스 데이터베이스 뷰에서 아무것도 선택하지 않고 [Run] 버튼을 클릭하면 다음과 같은 경고 창이 나타난다.

그림 6-32 | 전환-경고창

소스 데이터베이스 뷰에서 전환할 대상을 선택하여 [Run] 버튼을 클릭하면 전환이 진행된다.

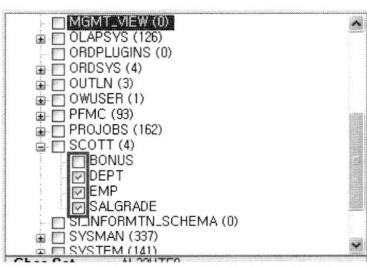

그림 6-33 | 전환-메뉴 선택 완료

6.3.3.2. 전환

전환을 진행하면 〈그림 6-34〉와 같이 진행상황을 보여주는 대화상자가 나타난다. 화면 하단의 뷰에서 진행상황 로그를 확인할 수 있다.

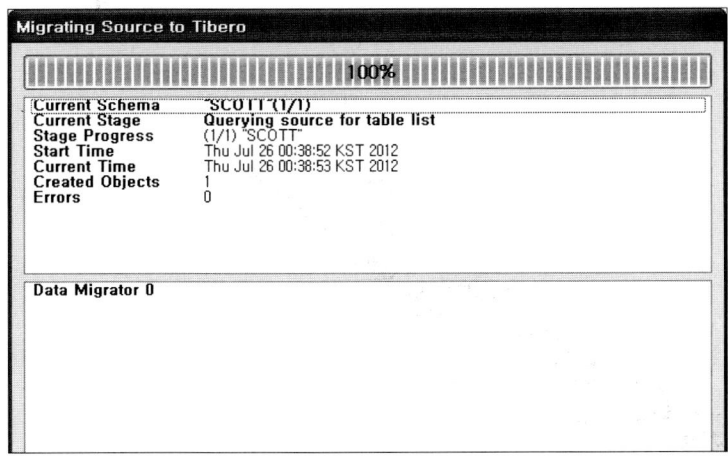

그림 6-34 | 전환 진행

진행 중 또는 종료 후 [Show Report] 버튼을 누르면 〈그림 6-35〉와 같은 리포트 창이 뜨고 전환 진행 내역을 확인할 수 있다.

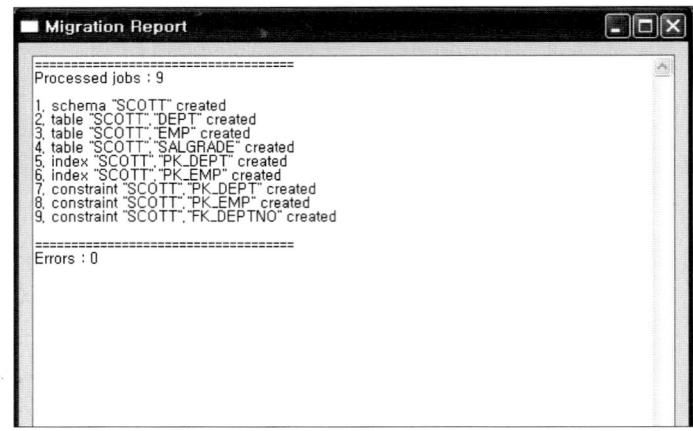

그림 6-35 | 전환-Report 화면

모든 과정이 끝난 뒤 진행상황 대화상자를 닫으면 〈그림 6-36〉과 전환이 완료되었다는 대화상자가 나타난다. [OK] 버튼을 클릭한다.

그림 6-36 | 전환-완료화면

6.3.3.3. Data 확인

데이터 확인 작업은 나중에 설명할 전환 검증 부분을 참고해 데이터 확인 작업을 하도록 한다.

6.3.4. 데이터베이스 링크를 이용한 전환

데이터베이스 링크(DB_LINK)를 이용한 전환 방법은 앞에서 설명을 한 이기종 데이터베이스에 데이터베이스 링크를 생성한 후에 전환을 수행한다.

6.3.4.1. 환경 설정

티베로에서 이기종 데이터베이스(오라클)에 데이터베이스 링크가 생성된 이후에 DBA_DB_LINKS 뷰를 통해서 조회를 해보도록 한다.

```
SQL> create database link olink connect to scott identified by 'tiger' using
'gw_local';
Database Link 'OLINK' created.

SQL> set linesize 160
SQL> SELECT * FROM dba_db_links;


OWNER       DB_LINK        USERNAME     HOST        CREATED
-----       -------        --------     ----        -------
SYS         OLINK          SCOTT        gw_local    2015/07/1
```

6.3.4.2. 전환

다음은 데이터베이스 링크(DB Link)를 이용하여 전환을 수행하는 작업이다. SCOTT 스키마 밑에 존재하는 emp 테이블을 생성하고 전환을 수행한다.

```
SQL> CREATE TABLE emp
     AS SELECT * FROM scott.emp@olink;

Table 'EMP' created.
```

6.3.4.3. Data 확인

전환이 완료된 데이터는 tbMigrator2를 이용할 수도 있고, 다음과 같이 직접 조회가 가능하다.

```
SQL> SELECT  EMPNO,ENAME,MGR,HIREDATE,SAL,COMM,DEPTNO
      FROM scott.emp


EMPNO  ENAME        MGR  HIREDATE       SAL      COMM     DEPTNO
-----  -----        ---  --------       ---      ----     ------
7369   SMITH        7902 17-DEC-80      800                20
7499   ALLEN        7698 20-FEB-81      1600     300       30
7521   WARD         7698 22-FEB-81      1250     500       30
7566   JONES        7839 02-APR-81      2975               20
7654   MARTIN       7698 28-SEP-81      1250     1400      30
7698   BLAKE        7839 01-MAY-81      2850               30
7782   CLARK        7839 09-JUN-81      2450               10
7788   SCOTT        7566 19-APR-87      3000               20
7839   KING              17-NOV-81      5000               10
7844   TURNER       7698 08-SEP-81      1500     0         30
```

6.3.5. tbLoader 유틸리티를 이용한 전환

대용량 데이터 로드 툴인 tbLoader를 이용하는 경우 이기종 데이터베이스에서 해당하는 데이터를 먼저 파일 행태로 내려 받아야 한다. 테이블 내에 각 컬럼을 일정한 크기로 나눌 수도 있고, 구분자를 통해서 가변적인 크기로 내려 받는 것도 가능하다. 6.3.6의 예제는 디스크 공간을 줄이기 위해서 가변적인 크기로 사용하는 예시이다.

6.3.6. 환경 설정

이기종 데이터베이스(오라클)에서 SCOTT 스키마에 존재하는 EMP 테이블을 파일 형태(SAM)로 내려 받아야 한다. 다음은 emp.dat 형태의 예제 파일이다.

```
7654, "Martin", "Sales",7698,1981/10/28,1312.50,3,10
7782, "\,Clark","Manager" ,7839, 1981/01/11 ,2572.50,10,20
7839, "King",President,,1981/11/17,5500.00,,10
7934,"Miller","Clerk",7782 ,1977/10/12,920.00,,10
7566, "Jones",Manager" ,7839, 1981/04/02,3123.75,,20
7658, "Chan", Ana lyst, 7566,1982/05/03,3450,,20
```

tbloader에서 사용할 컨트롤 파일(emp.ctl)을 생성한다. 컨트롤 파일에 대한 자세한 사항은 앞장을 참조하도록 한다.

```
LOAD DATA
INFILE 'emp.dat'
LOGFILE 'emp.log'
BADFILE 'emp.bad'
APPEND
INTO TABLE emp
FIELDS TERMINATED BY ','
OPTIONALLY ENCLOSED BY '"'
ESCAPED BY '\\'
LINES TERMINATED BY '\n'
(empno, ename, job, hiredate, sal, comm, deptno)
```

6.3.7. 전환

컨트롤 파일과 데이터 파일을 이용하여 티베로에 tbloader를 이용하여 데이터를 전환해본다.

```
# tbloader userid=tibero/tmax control=emp.ctl

tbLoader 6
TmaxData Corporation Copyright (c) 2008-. All rights reserved.
Start loading...
Committed and Completed successfully.
```

6.3.8. Data 확인

전환이 완료된 데이터는 tbMigrator2를 이용할 수도 있고, 다음과 같이 직접 조회가 가능하다.

```
SQL> SELECT   EMPNO,ENAME,MGR,HIREDATE,SAL,COMM,DEPTNO
     FROM scott.emp


EMPNO ENAME              MGR HIREDATE          SAL       COMM      DEPTNO
---------- -------------------- ---------- ------------ ---------- ----------
7369 SMITH             7902 17-DEC-80        800                    20
7499 ALLEN             7698 20-FEB-81       1600        300         30
7521 WARD              7698 22-FEB-81       1250        500         30
7566 JONES             7839 02-APR-81       2975                    20
7654 MARTIN            7698 28-SEP-81       1250       1400         30
7698 BLAKE             7839 01-MAY-81       2850                    30
7782 CLARK             7839 09-JUN-81       2450                    10
7788 SCOTT             7566 19-APR-87       3000                    20
7839 KING                   17-NOV-81       5000                    10
7844 TURNER            7698 08-SEP-81       1500          0         30
```

6.4 전환 검증

전환이 완료된 후 데이터베이스 측에서 확인하는 사항으로 크게 오브젝트 개수와 데이터 검증이 있다.

6.4.1. 오브젝트 개수

사전 전환 검증항목에서 출력한 원본 데이터베이스의 결과와 다음과 같이 티베로에서의 SQL 구문 수행결과를 비교하여 개수가 맞지 않다면 원인 파악 후에 재실행을 해야 한다.

Table

```
SET LINESIZE 150
column OWNER format a30

SELECT OWNER,COUNT( TABLE_NAME ) AS "TABLE_CNT"
FROM dba_tables
GROUP BY OWNER ORDER BY OWNER;
```

View

```
SET LINESIZE 150
column OWNER format a30

SELECT OWNER,COUNT( VIEW_NAME ) AS "VIEW_CNT"
FROM dba_views
GROUP BY OWNER ORDER BY OWNER;
```

Synonym

```
SET LINESIZE 150
column OWNER format a30

SELECT OWNER, COUNT (1) AS "syn_cnt"
    FROM dba_synonyms
   WHERE OWNER NOT IN ('SYS', 'SYSCAT', 'SYSGIS', 'PUBLIC')
GROUP BY OWNER
ORDER BY OWNER;

SELECT ORG_OBJECT_OWNER AS "OWNER", COUNT (1) AS "pub_syn_cnt"
FROM dba_synonyms
WHERE ORG_OBJECT_OWNER NOT IN ('SYS', 'SYSCAT', 'SYSGIS')
AND OWNER = 'PUBLIC'
GROUP BY ORG_OBJECT_OWNER
ORDER BY ORG_OBJECT_OWNER;
```

Sequence

```
SET LINESIZE 150
column SEQUENCE_OWNER format a30
```

▶

```
SELECT SEQUENCE_OWNER, COUNT (SEQUENCE_NAME) AS "SEQ_CNT"
FROM dba_sequences
GROUP BY SEQUENCE_OWNER
ORDER BY SEQUENCE_OWNER;
```

Package

```
SET LINESIZE 150
column OWNER format a30

SELECT OWNER, COUNT (NAME) AS "PKG_CNT"
FROM dba_source
WHERE TYPE = 'PACKAGE' AND OWNER NOT IN ('SYS', 'SYSGIS')
GROUP BY OWNER
ORDER BY OWNER;
```

Package Body

```
SET LINESIZE 150
column OWNER format a30

SELECT OWNER, COUNT (NAME) AS "PKGBD_CNT"
FROM dba_source
WHERE TYPE = 'PACKAGE BODY' AND OWNER NOT IN ('SYS', 'SYSGIS')
GROUP BY OWNER
ORDER BY OWNER;
```

Function

```
SET LINESIZE 150
column OWNER format a30

SELECT OWNER, COUNT (NAME) AS "FUNC_CNT"
FROM dba_source
WHERE TYPE = 'FUNCTION' AND OWNER NOT IN ('SYS', 'SYSGIS')
GROUP BY OWNER
ORDER BY OWNER;
```

Procedure

```
SET LINESIZE 150
column OWNER format a30

SELECT OWNER, COUNT (NAME) AS "PROC_CNT"
FROM dba_source
WHERE TYPE = 'PROCEDURE' AND OWNER NOT IN ('SYS', 'SYSGIS')
GROUP BY OWNER
ORDER BY OWNER;
```

Index

```
SET LINESIZE 150
column OWNER format a30

SELECT OWNER COUNT( INDEX_NAME ) AS "INX_CNT"
FROM dba_indexes
WHERE OWNER NOT IN ('SYS', 'SYSGIS') GROUP BY OWNER
ORDER BY OWNER;
```

Contraint

```
SET LINESIZE 150
column OWNER format a30

SELECT OWNER, CONSTRAINT_TYPE, COUNT (CONSTRAINT_NAME) AS "CON_CNT"
FROM dba_constraints
WHERE OWNER NOT IN ('SYS', 'SYSGIS')
GROUP BY OWNER, CONSTRAINT_TYPE
ORDER BY OWNER, CONSTRAINT_TYPE;
```

Grant

```
SET LINESIZE 150
column OWNER format a30

SELECT OWNER, COUNT (1)
FROM DBA_TAB_PRIVS
WHERE OWNER NOT IN ('SYS', 'SYSCAT', 'SYSGIS')
GROUP BY OWNER
ORDER BY OWNER;
```

Trigger

```
SET LINESIZE 150
column OWNER format a30

SELECT OWNER, COUNT (TRIGGER_NAME) AS "TRIGGER_CNT"
FROM dba_triggers
GROUP BY OWNER
ORDER BY OWNER;
```

6.4.2. 데이터 검증

tbMigrator를 이용하여 데이터를 검증한다. 해당 툴을 사용할 경우 데이터 건수를 손쉽게 비교할 수 있다. Table 데이터가 존재하는 사용자만 선택(①)한 후 [Option] 버튼을 클릭한다.

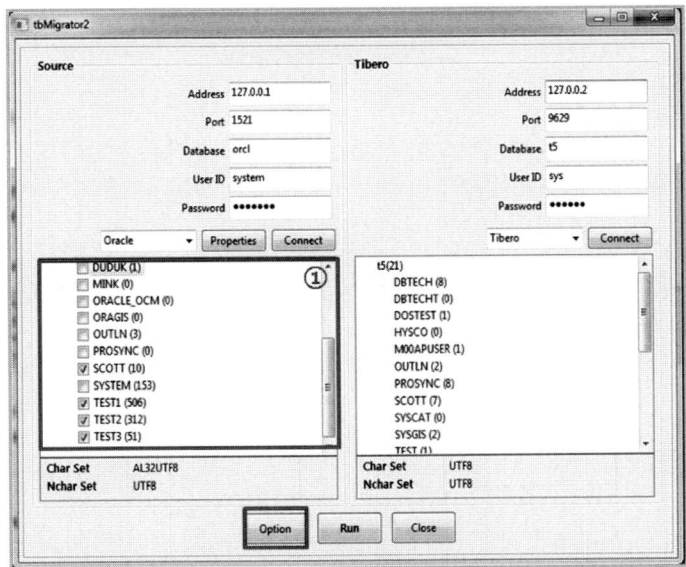

그림 6-37 | tbMigrator 검증 사용자 선택

Migrator 옵션에서 다른 옵션은 모두 체크 해제하고 검증 옵션만 체크한다. 설정을 완료한 후 [OK] 버튼을 클릭하고, 〈그림 6-37〉의 [RUN] 버튼을 클릭하면 데이터 검증이 시작된다.

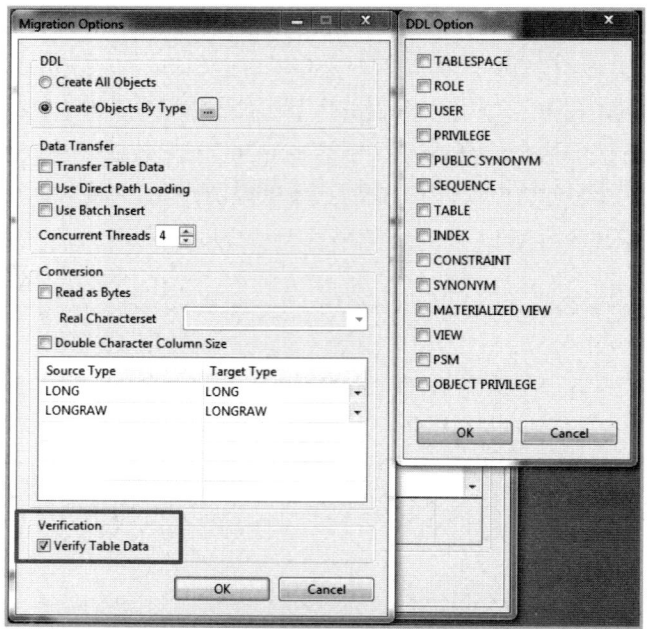

그림 6-38 | tbMigrator 검증 옵션 체크

검증이 완료되면 [OK] 버튼이 활성화된다. [Show Report] 버튼을 클릭하여 "OK" 메시지가 표시되는 지 확인한다. 만약, "OK" 메시지가 표시되지 않으면 확인이 필요하다.

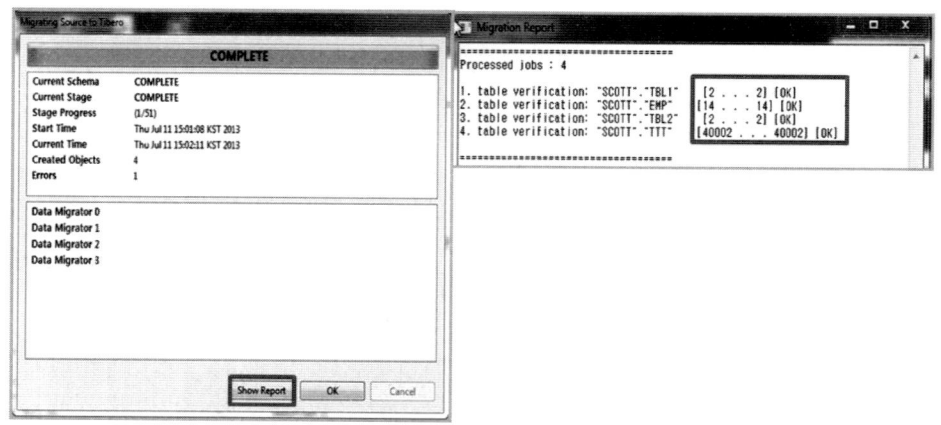

그림 6-39 | tbMigrator 검증 확인

6.5 애플리케이션 전환(Application Migration)

데이터베이스 전환이 완료된 후 애플리케이션 전환을 수행한다. 크게 인터페이스 수정 및 애플리케이션 쿼리 수정이 필요할 수 있다.

6.5.1. 인터페이스 수정

관련 Driver 복사 또는 설치를 진행한 후 Connection String 변경을 해야 한다. 앞장에 설명을 했던 인터페이스 부분을 참조하여 수정을 하도록 한다.

- JDBC

  $TB_HOME/client/lib/jar 폴더에 tibero6-jdbc.jar 드라이버를 애플리케이션의 드라이버 관리 폴더에 복사한다.

```
Oracle

String jdbc_url = "jdbc:oracle:thin:@127.0.0.1:1521:ORCL";
String user = " oracle_username";
String passwd = " oracle_passwd";
Class.forName("oracle.jdbc.driver.oracleDriver");


Tibero

String jdbc_url = "jdbc:tibero:thin:@127.0.0.1:8629:t6";
String user = "tibero_username";
String passwd = "tibero_passwd";
Class.forName("com.tmax.tibero.jdbc.TbDriver");
```

- ODBC

  티베로 ODBC를 설치한다.

```
Oracle
DRIVER={Microsoft ODBC for oracle}; server=(DESCRIPTION=
(ADDRESS=(PROTOCOL=TCP)(HOST=127.0.0.1)(PORT=1521)) (CONNECT_DATA=(SERVICE_NAM
E=utf8)));UID=scott;PWD=tiger;


Tibero
DRIVER={Tibero 6 ODBC Driver};SERVER=127.0.0.1;PORT=8629
;DB=t6;UID=tibero;PWD=tmax;
```

- OLE DB

    티베로 OLE DB를 설치한다.

```
Oracle
Provider=msdaora;Data Source=MyDB;User Id=myUsername
;Password=myPassword;

Tibero
Provider=tbprov.Tbprov.6;Data Source=MyDB;User ID=tibero;Password=tmax
;Updatable Cursor=True;OLE DB Services=-2
```

6.5.2. 애플리케이션 쿼리(Query) 수정

애플리케이션 쿼리 수정은 필요한 경우에만 사용하며 다음과 같은 상황에서 필요하다.

표 6-38 | 문법 에러가 발생하는 경우

상황 1	SQL을 작성할 때 from절에 있는 Table 또는 서브쿼리 절에 별칭을 주지 않고, 조인 등을 실행할 때 중복된 컬럼이 존재할 경우 문법 에러가 발생한다.
대응 방법 1	별칭을 주어서 중복되지 않게 처리한다.
상황 2	union All 같은 쿼리를 사용하여 결과를 보려는 경우 실제 상위 쿼리는 특정 컬럼을 숫자형 타입으로 하고, 하위 쿼리는 문자형 타입으로 하면 문법 에러가 발생한다.
대응 방법 2	같은 컬럼 절에서는 동일한 타입을 사용한다.
상황 3	PSM(=PL/SQL) 내부에 같은 이름의 변수를 선언할 경우 문법 에러가 발생한다.
대응 방법 3	최종 선언된 변수 이름을 사용하고 앞 부분에 선언한 같은 이름의 변수를 삭제한다.

표 6-39 | 결과가 정렬된 상태로 출력되지 않을 경우

상황	오라클은 order by를 주지 않아도 결과가 정렬된 형태로 나오는 경우가 있는 반면에 티베로는 정렬된 상태로 출력되지 않을 수 있다. 단, 대용량 테이블에서 Index 등을 강제로 사용하게 하여 일부 값만 보고자 하는 쿼리 구현의 경우는 티베로 역시 order by를 사용하지 않아도 정렬되어 출력된다.
대응 방법	정렬된 결과를 꼭 얻어야 한다면 order by를 명시해준다.

표 6-40 | PSM(=PL/SQL) 작성 후 컴파일을 수행할 때 에러가 발생하는 경우

상황	PSM(=PL/SQL)을 작성한 후 컴파일을 수행할 때 내부 SQL의 오브젝트에 대하여 실제 오브젝트, 컬럼 등이 존재하는지 체크해서 유효하지 않다면 티베로는 에러를 발생한다. 반면에 오라클은 이와 같은 상황에서 컴파일을 성공했더라도 runtime 때 에러가 발생하는 차이가 있다.
대응 방법	실제 존재하는 오브젝트를 사용하고 정확한 컬럼명을 사용한다.

찾아보기

영문

$TB_HOME/client/config/tbdsn.tbr	67
$TB_HOME/config/$TB_SID.tip	67
$TB_HOME/config/psm_commands	67
$TB_SID.tip	73
_WTHR_PER_PROC	73
ACCT	264
ACTIVE_REPLACATION	247
ACTIVE_SHARED	247
bin	79
CCC	263
CHARACTER_SET	53
CLUSTER MODE	260
CMPT	264
config	81
CONNECT_BY_ISCYCLE	196
CONNECT_BY_ISLEAF	195
CONNECT_BY_ROOT	218
CONTROL FILE EXPIRE	261
CONTROL_FILES	61
Current Info	421
CWS	262
DB_BLOCK_SIZE	53
DB_CACHE_SIZE	74
DB_CREATE_FILE_DEST	73
DB_NAME	52
DBA_TABLESPACES	86
DBMS	12
DBMS_LOG_FILE_SIZE	82
DBMS_LOG_TOTAL_SIZE_LIMIT	73
DBWR_CNT	73
DIAG	264
FILE HEADER SIZE	261
FTP 활성화	52
GCA	263
GRANT ALL	109
GWA	263
HEARTBEAT PERIOD	260
HOST	72
IMMEDIATE	87
INCARNATION_NO	260, 263
Index Range Scan	29
Index Unique Scan	30
JDBC	473
Join	213
LEVEL	195
lib	82
license	82
LISTENER_PORT	62
LOG LEVEL	261
LOG_BUFFER	74
LOG_LVL	74
MAX_SESSION_COUNT	61
MEMBERSHIP	261
MEMORY_TARGET	61
Migration	526
MTC	263
Multi Node Parallel Recovery	24
NMGR	265
NMS	263
NORMAL	87
NULL	196
ODBC	454
OLD DB	468
PORT	72
PostgreSQL	540
PRIOR	217
PSM	228
PSM Editor	130
Relation DBMS	17
REVOKE ALL	109
ROWID	193
ROWNUM	194
SAN 장애	257
scripts	82
SQL	148
SQL Editor	125
SQL Translation Framework	28
SQL_LOG_ON_MEMORY	74
STATUS	260
Subprogram	231, 235
Sub-Query	215
SVC DOWN CMD	260
SVC PROBE PERIOD	260
TAC	23, 261
TAS	295
TB_HOME	52
TB_NLS_LANG	72
TB_SID	52
tbAdmin	120
tbCLI	434
TBCLI_LOG_DIR	72
TBCLI_LOG_LVL	72
TBCM	246
tbdv	80
tbExport	80, 489

tbImport	80, 496	서브 프로그램	233
tbLoader	80, 502	세그먼트	83
TBMC	248	스칼라 부질의	216
tbMigrator	80	스토리지 가상화	25
tbpc	80	시스템 리소스 사용량	426
tbPSM	225	시스템 특권	105
tbrmgr	80	시퀀스	179, 182
tbSQL	80, 483	시퀀스 프로세스	23
TDE	29	아카이브 로그	95
TOTAL_SHM_SIZE	62	애플리케이션 전환	607
TPR	409	에이전트 프로세스	38
TRACE_LOG_FILE_SIZE	82	워커 쓰레드	36
TRACE_LOG_TOTAL_SIZE_LIMIT	73	워커 프로세스	34
TSC	54	워킹 프로세스	23
TSM 사이즈	52	의사 컬럼	195
USE_TRUNCATE_PRIVILEGE	108	익스텐트	83
USER_TABLESPACES	86	인덱스	177
V$TABLESPACE	86	인포믹스	538
WATH, CATH	264	전환	526
WLGC, CLGC	265	정의자 권한	237
WRCF, CRCF	265	조인 조건	210
		중첩된 부질의	214

한글

		집합 연산자	224
감사	115	참조 정합성 제약	18
감시 프로세스	37	카티션 프로덕트	211
게이트웨이	510	커넥션 풀링	470
계층 질의	217	컨트롤 쓰레드	36
계층형 데이터베이스	13	컨트롤 파일	81
관계형 데이터베이스	14	컬럼 암호화	431
네트워크형 데이터베이스	14	테이블	166
데이터 블록	83	테이블 스페이스	82
데이터 정의어	149, 150	트랜잭션 제어어	149, 158
데이터 제어어	149	트레이스 로그 파일	81
데이터 조작어	149, 154	특권 관리	103
데이터 타입	182	티베로 Object	164
데이터 파일	81	티베로 데이터베이스 링크	508
데이터베이스	12	티베로 로그	429
데이터베이스 로그 파일	81	티베로 매니저 프로세스	37
데이터베이스 쓰기 프로세스	38	티베로 모니터 프로세스	23
동의어	181	티베로 아키텍처	32
로그 파일	81	티베로 클러스터링	246
리터럴	189	파티션	27
마이그레이션 툴	28	패키지	238
멀티쓰레디 프로세스	23	프로시저	236
백그라운드 프로세스	23	프로파일	112
병렬 질의	223	프리컴파일	446
복구 프로세스	38	함수	205
부질의	213	호스트 컴퓨터 시스템	13
뷰	179	호출자 권한	237
사용자 관리	90	힌트	198

티베로 6 실무 활용 테크닉

1판 1쇄 발행 2016년 4월 20일

저　　자　티맥스데이터, 백성수, 김원만
발 행 인　김길수
발 행 처　(주)영진닷컴
주　　소　서울특별시 금천구 가산디지털1로 24 대륭13차 10층 (우)08591

등　　록　2007. 4. 27. 제16-4189호

ⓒ2016. ㈜영진닷컴

ISBN 978-89-314-5300-3